A Governação de Bancos
nos Sistemas Jurídicos Lusófonos

A Governação de Bancos nos Sistemas Jurídicos Lusófonos

Paulo Câmara • Clara Raposo • Bruno Ferreira
José Ferreira Gomes • Manuel Requicha Ferreira
Ana Perestrelo de Oliveira • Hugo Moredo Santos
Orlando Vogler Guiné • Rui Cardona Ferreira
Miguel Ferreira • Diogo Costa Gonçalves
André Figueiredo • Vasco Freitas da Costa
Francisco Mendes Correia • Sofia Vale
Maurício Von Bruck Lacerda • Raquel Spencer Medina
José Espírito Santo Leitão • Telmo Ferreira
José Miguel Lucas • Kiluange Tiny
Bernardo Correia Barradas

2016

ALMEDINA   GOVERNANCE LAB

A GOVERNAÇÃO DE BANCOS
NOS SISTEMAS JURÍDICOS LUSÓFONOS

AUTORES

Paulo Câmara • Clara Raposo • Bruno Ferreira • José Ferreira Gomes
Manuel Requicha Ferreira • Ana Perestrelo de Oliveira
Hugo Moredo Santos • Orlando Vogler Guiné • Rui Cardona Ferreira
Miguel Ferreira • Diogo Costa Gonçalves • André Figueiredo
Vasco Freitas da Costa • Francisco Mendes Correia • Sofia Vale
Maurício Von Bruck Lacerda • Raquel Spencer Medina
José Espírito Santo Leitão • Telmo Ferreira • José Miguel Lucas
Kiluange Tiny • Bernardo Correia Barradas

EDITOR

EDIÇÕES ALMEDINA, S.A.
Rua Fernandes Tomás, nºs 76, 78 e 79
3000-167 Coimbra
Tel.: 239 851 904 · Fax: 239 851 901
www.almedina.net · editora@almedina.net

DESIGN DE CAPA

FBA.

PRÉ-IMPRESSÃO

EDIÇÕES ALMEDINA, S.A.

IMPRESSÃO E ACABAMENTO

PAPELMUNDE

Abril, 2016

DEPÓSITO LEGAL

408143/16

Apesar do cuidado e rigor colocados na elaboração da presente obra, devem os diplomas legais dela constantes ser sempre objeto de confirmação com as publicações oficiais.
Toda a reprodução desta obra, por fotocópia ou outro qualquer processo, sem prévia autorização escrita do Editor, é ilícita e passível de procedimento judicial contra o infrator.

GRUPOALMEDINA

BIBLIOTECA NACIONAL DE PORTUGAL – CATALOGAÇÃO NA PUBLICAÇÃO

A GOVERNAÇÃO DE BANCOS NOS
SISTEMAS JURÍDICOS LUSÓFONOS

A governação de bancos nos sistemas jurídicos
lusófonos / Paulo Câmara... [et al.]. – (Governance Lab)
ISBN 978-972-40-6559-5

I – CÂMARA, Paulo, 1967-

CDU 347

PRINCIPAIS ABREVIATURAS E SIGLAS UTILIZADAS:

al. alínea
AMCM Autoridade Monetária de Macau, criada pelo Decreto-Lei nº 14/96/M, de 11 de Março
art. artigo
arts. artigos
BdP Banco de Portugal
BNI Banco Nacional de Investimento, S.A. (Moçambique)
CC Código Civil português, aprovado pelo DL nº 47.344, de 25 de Novembro de 1966
CCom Código Comercial de Macau, aprovado pelo Decreto-Lei nº 40/99/M, de 3 de Agosto
CComM Código Comercial moçambicano, aprovado pelo Decreto-Lei nº 2/2005, de 27 de Dezembro e alterado pelo Decreto-Lei nº 2/2009, de 24 de Abril;
CRD IV Diretiva 2013/36/UE do Parlamento Europeu e do Conselho, de 26 de junho de 2013
CRR Regulamento nº 575/2013 do Parlamento Europeu e do Conselho, de 26 de junho
CSC Código das Sociedades Comerciais português, aprovado pelo DL nº 262/86, de 2 de Setembro
CVM ou CdVM Código dos Valores Mobiliários português, aprovado pelo DL nº 486/99, de 13 de Novembro
DMIF Directiva nº 2004/39/CE, de 21 de Abril de 2004, sobre mercados de instrumentos financeiros
EH Estudos em Homenagem
IGEPE Instituto de Gestão das Participações do Estado (Moçambique)

GBPGCE Guião de Boas Práticas de Governação Corporativa nas Empresas Participadas pelo Estado aprovado a 22 de Junho de 2009, pelo Instituto de Gestão das Participações do Estado (Moçambique)
LICSF Lei nº 15/99, de 1 de Novembro, tal como alterada pela Lei nº 9/2004, de 21 de Julho – Lei das Instituições de Crédito e Sociedades Financeiras (Moçambique)
LOBM Lei nº 1/92, de 3 de Janeiro – Lei Orgânica do Banco de Moçambique
RAEICSF Regulamento da Actividade dos Auditores Externos e Técnicos de Contas Junto das Instituições de Crédito e Sociedades Financeiras, aprovado pelo Decreto nº 65/2011, de 21 de Dezembro (Moçambique)
RAEM Região Administrativa Especial de Macau
RGIC ou RGICSF Regime Geral das Instituições de Crédito e Sociedades Financeiras, aprovado pelo DL nº 298/92, de 31 de Dezembro (Portugal)
RJSF Regime Jurídico do Sistema Financeiro de Macau, aprovado pelo Decreto-Lei nº 32/93/M, de 5 de Julho
RLICSF Regulamento da Lei das Instituições de Crédito e Sociedades Financeiras, aprovado pelo Decreto nº 56/2004, de 10 de Dezembro (Moçambique)

APRESENTAÇÃO

O governo societário dos bancos ocupa um lugar destacado na história do nosso tempo. De um lado, o início do século XXI assistiu a crises agudas num número alargado de instituições bancárias, muitas das quais expuseram deficiências nítidas nas estruturas e práticas de governação respetivas. De outro lado, o caudal de intervenções legislativas e recomendatórias sobre este tema tem sido impressivo e não cessou ainda de se manifestar. Ambas as vertentes reclamam a maior atenção e justificam o presente volume.

Neste âmbito, o objetivo deste livro é o de procurar analisar, no âmbito dos sistemas jurídicos lusófonos, os desenvolvimentos recentes ocorridos em resposta aos progressos internacionais no governo societário dos bancos. Como constitui marca identitária do Governance Lab, a abordagem utilizada é crítica, transversal e interdisciplinar, de modo a poder servir de contributo para as reformas futuras nesta área.

Enquanto ciência social, o governo das sociedades comporta uma dimensão universal e uma dimensão local. Por esse motivo, o livro encontra-se dividido em duas partes. A Parte I debruça-se sobre a evolução internacional dos temas que gravitam em torno da governação de bancos, combinando análises jurídicas e análises económico-financeiras. Por seu turno, a Parte II retrata o regime de cada sistema jurídico lusófono. A estrutura dos artigos da Parte II obedece a uma padronização comum, de modo a permitir leituras comparatísticas.

O livro abre com um capítulo introdutório, a cargo de Paulo Câmara, que explora as linhas mestras da recente evolução internacional e reconstitui os princípios fundamentais nesta matéria. A relação entre o governo dos bancos e o seu desempenho, à luz da literatura financeira, é analisada por Clara Raposo, no Capítulo II. Bruno Ferreira, por seu turno, cuida das novas regras sobre adequação dos membros do órgão de administração, no Capítulo III. No capítulo seguinte, José Ferreira Gomes encarrega-se do tema central da densificação dos deveres do órgão de administração e do princípio de direção global. Em continuação de estudos anteriores dos respetivos autores, surgem dois capítulos relevantes: os comités de nomeações dos bancos constituem a referência temática de nova exposição de Manuel Requicha Ferreira, que já havia tratado o tema na obra antecedente do Governance Lab (capítulo V); de seu lado, em continuação da sua investigação sobre grupos societários, Ana Perestrelo ocupa-se do governo dos grupos bancários no capítulo VI. O capítulo VII está confiado a Rui Cardona Ferreira e ao tema dos deveres de informação.

A remuneração é objeto de dois artigos complementares: no capítulo IX, Miguel Ferreira trata, de um ponto de vista financeiro, da relação entre política remuneratória e risco; o capítulo subsequente, da autoria de Diogo Costa Gonçalves, é dedicado aos comités de remunerações dos bancos (capítulo X).

Os artigos finais da Parte I incidem sobre temas relacionados com a supervisão do governo societário dos bancos. De um lado, André Figueiredo preenche o capítulo XI com uma reflexão sobre o governo dos bancos em desequilíbrio financeiro e os poderes de intervenção precoce do Banco de Portugal. De outro lado, Vasco Freitas da Costa oferece um tratamento geral sobre supervisão do governo dos bancos, no capítulo XII. Segue-se, por fim, o exame de Francisco Mendes Correia ao governo do Mecanismo Único de Supervisão europeia (capítulo XIII).

A Parte II desta obra inclui os artigos organizados por jurisdição, sendo analisados sucessivamente os dados respeitantes a Angola (Sofia Vale, no capítulo XIV), Brasil (Maurício Von Bruck Lacerda, que assina o capítulo XV), Cabo Verde (capítulo XVI, a cargo de Raquel Spencer Medina), Macau (José Espírito Santo Leitão, no capítulo XVII), Moçambique (Telmo Ferreira, no capítulo XVIII), Portugal (José Miguel Lucas, no capítulo XIX) e São Tomé e Príncipe (Kiluange Tiny, no capítulo XX). Por fim, pela primeira vez num livro do Governance Lab, inclui-se um artigo sobre o regime de Timor-Leste, a cargo de Bernardo Correia Barradas, que conclui o livro, no capítulo XXI.

Este volume é organizado pelo Governance Lab – grupo dedicado à investigação jurídica e à reflexão crítica sobre temas relacionados com o governo das organizações, sejam estas privadas ou públicas, procurando, desta forma, contribuir ativamente para o progresso das práticas, das recomendações e das regras jurídicas aqui envolvidas.

Trata-se da oitava obra do Governance Lab, precedida por *Código das Sociedades Comerciais e o Governo das Sociedades*, (2008), *Conflito de Interesses no Direito Societário e Financeiro. Um balanço a partir da crise financeira*, (2010), *O Governo das Organizações. A vocação expansiva do Corporate Governance* (2011), *Código de Governo das Sociedades Anotado* (2012), *O Governo da Administração Pública* (2013) e *A Governação das Sociedades Anónimas nos Sistemas Jurídicos Lusófonos* (2013) e *A Designação de Administradores* (2015), todos editados pela Almedina.

À semelhança do sucedido nas obras referidas, cada contributo para o presente livro é individual, e – embora tenha pressuposto, ao longo da sua preparação, diálogo e troca coletiva de ideias – não vincula os demais co-autores, nem as instituições a que uns e outros pertençam ou a que estejam associados.

O Governance Lab assume-se como um projeto independente, internacional e sem finalidade lucrativa, revertendo as receitas das suas iniciativas para instituições de solidariedade social. As receitas provenientes da venda deste volume serão exclusivamente destinadas à Plataforma de Apoio aos Refugiados, que é uma plataforma de organizações de apoio aos refugiados no âmbito da atual crise humanitária. Mais informação sobre este projeto pode obter-se em www.refugiados.pt.

As iniciativas e as reflexões dos autores do Governance Lab são divulgadas e sujeitam-se a comentários através do sítio da Internet disponível em www.governancelab.org.

Fevereiro de 2016

PARTE I
ESTUDOS GERAIS

CAPÍTULO I

O GOVERNO DOS BANCOS: UMA INTRODUÇÃO

Paulo Câmara

Sumário: § 1º Relevo atual do tema; fatores estruturais e conjunturais. § 2º Fontes e *benchmarks* internacionais; a evolução regulatória recente. § 3º Os princípios gerais do sistema de governação de bancos. § 4º Estrutura do sistema e instrumentos de governação. § 5º Critérios de adequação individual e coletiva de dirigentes. § 6º Administração. § 7º Fiscalização. § 8º Titulares de funções essenciais; o sistema de controlo interno. § 9º Remuneração. § 10º Supervisão. § 11º Conclusões.

§ 1º RELEVO ATUAL DO TEMA; FATORES ESTRUTURAIS E CONJUNTURAIS

I – É incontroverso o relevo central que ocupa o governo societário dos bancos nos debates regulatórios de início de milénio. Tal deve-se a um concurso de fatores de dupla ordem: de natureza estrutural e de natureza conjuntural.

Começando pelos primeiros, interessa reconstituir os traços que marcam a especificidade do governo das sociedades do setor financeiro[1]. Esta progressiva autonomização funda-se, de um lado, na influência que pode ser exercida pelos bancos[2] e no particular círculo de sujeitos afetados (*stakeholders*) pelas atividades destas instituições financeiras – mormente os respetivos depositantes.

---

[1] Peter Mülbert, *The uncertain role of banks' corporate governance in systemic risk regulation*, ECGI (2011), 10-13; Gottfried Wohlsmannstetter, *Corporate Governance von Banken* em Klaus Hopt/ Gottfried Wohlsmannstetter, *Handbuch Corporate Governance von Banken* (2011), 38-43.

[2] Massimo Belcredi/Guido Ferrarini, *Corporate Boards, incentive pay and shareholder activism in Europe: main issues and policy perspectives*, in Massimo Belcredi/Guido Ferrarini, *Boards and Shareholders in European Listed Companies* (2013), 10.

Soma-se a especificidade adicional que decorre a sua natureza de entidades reguladas por normativos de direito bancário, em termos prudenciais e comportamentais. No domínio bancário revela-se, assim, uma interligação mais profunda entre governação e regulação – o que encontra ilustração designadamente nos poderes confiados à autoridade de supervisão nesta matéria[3]. De outro lado, a singularidade do governo de sociedades bancárias liga-se ao típico perfil de risco destas instituições, que podem exibir um nível elevado de alavancagem financeira, detendo ativos cuja valorização denuncia um elevado grau de volatilidade[4].

Como especificidade adicional, mostra-se relevante atender ao risco sistémico que pode ser determinado por desequilíbrios verificados nestas instituições – a explicar, por si, um acentuado relevo dos sistemas de gestão de riscos[5]. Por este motivo, em muitos casos, as previsões normativas ou recomendatórias extravasam a consideração monossocietária dos bancos, abrangendo igualmente os grupos bancários[6]. Salienta-se, em particular, as indicações para que a administração da sociedade dominante tenha uma responsabilidade global pela estrutura da governação dentro do grupo[7], o que envolve o conhecimento de todos os riscos rele-

---

[3] Cfr. *infra*, §8º e, desenvolvidamente, Vasco Freitas da Costa, *Aspetos relativos à supervisão do governo de bancos*, neste volume.

[4] Peter Mülbert, *Corporate Governance of Banks after the Crisis: Theory, Evidence, Reforms*, ECGI (2010), 10-15.

[5] Renée Adams/Hamid Mehran, *Is Corporate Governance Different for Bank Holding Companies?*, FRBNY Economic Policy Review (April 2003); Basel Committee On Banking Supervision, *Enhancing corporate governance for banking organizations*, (2006); Ross Levine, *The Corporate Governance of Banks: A concise discussion of concepts & evidence*, Global Corporate Governance Forum, (2003); Jonathan Macey/Maureen O'Hara, *The Corporate Governance of Banks*, FRBNY Economic Policy Review (April 2003); Peter Mülbert, *Corporate Governance of Banks*, ECGI WP nº 130/09 (2009); Id., *Corporate Governance of Banks after the Crisis: Theory, Evidence, Reforms*, ECGI, (2010); Andy Mullineux, *The Corporate Governance of Banks*, Journal of Financial Regulation and Compliance Vol. 14, nº 4 (2006) 375-382; Andrea Minto, *La Governance Bancaria tra Autonomia Privata ed Eteronomia*, Milano (2012), 29-35.

[6] Jens-Hinrich Binder, *Interne Corporate Governance im Bankkonzern*, em Klaus Hopt/ Gottfried Wohlmannstteter, *Handbuch Corporate Governance von Banken*, München (2011), 686-715; Sabine Lautenschläger/ Adam Ketessidis, *Führung von gruppenangehörigen Banken und ihre Beaufsichtigung*, Id., ibid., 759-776; Paulo Câmara, *O governo dos grupos bancários*, em Estudos de Direito Bancário (1999), 111-205.

[7] Basel Committee on Banking Supervision, *Corporate governance principles for banks* (Jul.-2015), Princípio nº 5; European Banking Authority, *Guidelines on Internal Governance* (GL 44), (Set.--2011), 17. Cfr. a propósito Klaus Hopt, *Corporate Governance of banks after the financial crisis*, in Eddy Wymeersch/Klaus Hopt/Guido Ferrarini (eds.), *Financial Regulation and Supervision: A post-crisis analysis*, Oxford (2012), 356; Paulo Câmara, *O governo dos grupos bancários*, em Estudos de Direito Bancário, Coimbra, (1999), 111-205; e Ana Perestrelo, *O governo de grupos bancários*, neste volume.

vantes e problemas que possam afetar o grupo, a instituição de uma estrutura de governação global e uma política de governação aplicável a todas as sociedades[8].

II – Importa também compreender os fatores de natureza conjuntural que fundam, no presente, a importância do governo societário dos bancos. A um tempo, tal decorre no contexto pós-crise que ainda atravessamos. Afigura-se seguro afirmar que algumas causas determinantes da crise financeira iniciada em 2007/08 – o grau excessivo de assunção de riscos, o enfoque excessivo no curto prazo – foram agravadas através de deficiências de governação em algumas instituições financeiras[9]. Os principais problemas de governação nesse âmbito detetados ligam-se às falhas do sistema de controlo interno, às limitações de atuação do órgão de administração e ao desajustamento da estrutura e montantes da remuneração de dirigentes de bancos[10].

A outro tempo, colhem-se indícios da importância deste tema no número elevado de escândalos e deficiências graves detetadas na governação de instituições de crédito nos últimos dez anos. Em Portugal, verificaram-se quatro crises bancárias relevantes, na generalidade envolvendo problemas de governo societário: a nacionalização do Banco Português de Negócios, SA decretada em Novembro de 2008[11]; a incapacidade financeira verificada em 2009 e a posterior revogação

---

[8] BASEL COMMITTEE ON BANKING SUPERVISION, *Corporate governance principles for banks* (Jul.-2015), Princípio nº 5, §§ 95-96; EUROPEAN BANKING AUTHORITY, *Guidelines on Internal Governance* (GL 44), cit., 18.

[9] BRIAN CHEFFINS, *Did Corporate Governance "Fail" During the 2008 Stock Market Meltdown? The Case of the S&P 500*, (2008) 4 –ss; HAMID MEHRAN/ALAN MORRISON/JOEL SHAPIRO, *Corporate Governance and Banks: What Have We Learned from the Financial Crisis?*, FRB of New York Staff Report No. 502 (2011); WILLIAM SUN/JIM STEWART/DAVID POLLARD, *Corporate Governance and the Global Financial Crisis. International Perspectives*, Cambridge (2012), 3-7, 28-128.

[10] KLAUS HOPT, *Corporate Governance of banks after the financial crisis*, in EDDY WYMEERSCH/ KLAUS HOPT/ GUIDO FERRARINI (eds.), *Financial Regulation and Supervision: A post-crisis analysis*, Oxford (2012), 343-347; GRANT KIRKPATRICK, *The corporate governance lessons from the financial crisis*, OECD (2009); ANTONIA PATRIZIA IANUZZI, *Le politiche di remunerazione nelle banche tra regolamentazione e best practices*, Napoli (2013), 13-128.

[11] Reenvia-se para o relatório da Comissão de Inquérito Parlamentar, *Sobre a situação que levou à nacionalização do BPN – Banco Português de Negócios – e sobre a supervisão bancária inerente* (2009), que concluiu nomeadamente pela necessidade de *Melhorar o governo societário, em particular, promover políticas de remuneração centradas na criação de valor no médio e longo prazos e em regras de comportamento ético e socialmente responsável, ao invés das atuais focadas nos lucros imediatos que incentivam a exposição excessiva ao risco*, e pela conveniência em se ponderar *Alterar os modelos de governo societário no sentido de estabelecer a imposição de que os auditores internos não dependam hierarquicamente do Conselho de Administração*.

da autorização do Banco Privado Português, SA deliberada em Abril de 2010[12]; a aplicação de medidas de resolução ao Banco Espírito Santo, SA, determinada em 3 de Agosto de 2014[13]; e o processo de resolução do Banif-Banco Internacional do Funchal imposto em 20 de dezembro de 2015[14]. No Brasil, é justo destacar o caso "Mensalão" (2005), cujas implicações financeiras envolveram pelo menos dois bancos – o Banco do Brasil e o Banco Rural[15] – e o caso do Banco Panamericano, que envolveu falsificação de informação financeira através da inscrição contabilística de carteiras de créditos transmitidas a outras instituições financeiras (2007). No contexto de São Tomé e Príncipe, é possível indicar os exemplos de governação deficiente detetada nos processos envolvendo dirigentes do Island Bank (2014) e do Banco Equador (2015)[16].

Os grandes escândalos bancários geram consternação pública e impacto mediático – e, por estes motivos, o governo dos bancos deslocou-se também para o centro das preocupações políticas. Para referir uma concretização recente, no seu discurso de tomada de posse proferido em 2015, o Governador do Banco de Portugal indicou como prioridades o reforço do modelo de governo das instituições financeiras *tomando como referência as melhores práticas, com particular incidência sobre a competência, capacidade e autonomia das funções de avaliação e gestão do risco, de controlo e de compliance e auditoria interna e a transparência das decisões estratégicas e da situação extrapatrimonial*[17]. Os exemplos próximos poderiam multiplicar-se, também em outras jurisdições lusófonas.

Este tema encontra-se, assim, no topo da agenda regulatória e de supervisão, em termos globais. Tal determinou, por seu turno, um elevado volume de intervenções legislativas e recomendatórias que é recenseado e tratado mais à frente[18]. O impacto das reformas regulatórias nesta sede é amplíssimo na esfera dos bancos.

---

[12] O comunicado do Banco de Portugal sobre o tema encontra-se disponível em http://www.bportugal.pt/pt-PT/OBancoeoEurosistema/ComunicadoseNotasdeInformacao/Paginas/combp20100416-1.aspx.

[13] Comissão Parlamentar de Inquérito à Gestão do BES e do GES, Relatório Final (28-abr.-2015), em especial pags. 301-307.

[14] O comunicado do Banco de Portugal sobre o tema encontra-se disponível em https://www.bportugal.pt/pt-PT/OBancoeoEurosistema/ComunicadoseNotasdeInformacao/Paginas/combp20151220.aspx.

[15] Cfr. Ação Penal 470/STF, envolvendo crimes de lavagem de dinheiro, gestão fraudulenta e evasão de divisas.

[16] BANCO CENTRAL DE SÃO TOMÉ E PRÍNCIPE, *Norma de Aplicação Permanente 02/2015*, (27-jan.-2015). Cfr. KILUANGE TINY, *O Governo dos Bancos em São Tomé e Príncipe*, neste volume.

[17] CARLOS COSTA, *Discurso na tomada de posse* (10-jul.-2015), disponível em http://www.bportugal.pt/pt-PT/OBancoeoEurosistema/IntervencoesPublicas/Paginas/intervpub20150710.aspx.

[18] Cfr. *infra*, § 2º.

III – Apesar de esta obra se dedicar exclusivamente ao governo societário de bancos, importa ter presente que, em muitas das jurisdições agora consideradas, as regras e recomendações nesta área merecem aplicação também a outras instituições financeiras.

Assim, na Europa, as regras sobre política remuneratória de instituições de crédito têm um conteúdo muito semelhante às aplicáveis às gestoras de organismos de investimento coletivo, às empresas seguradoras e resseguradoras[19]. Além disso, com a entrada em vigor da Diretiva DMIF II, será também estendido o núcleo essencial das regras sobre governo de bancos às empresas de investimento[20].

Em Portugal as regras sobre governação vigoram para instituições de crédito e também, com algumas adaptações, para as sociedades financeiras[21]; além disso, o regime segurador recebe aplicação de prescrições muito semelhantes às que vigoram para o setor bancário[22]. Em Cabo Verde, as regras de governação societária são aplicáveis às instituições financeiras e não apenas a bancos[23].

IV – Importa ainda recordar que, na sua vertente normativa, a governação societária dos bancos assenta não apenas em leis em sentido formal e em regulamentos mas releva igualmente da *soft law*, ao envolver normas destituídas de

---

[19] Tal deve-se em particular à influência que irradiou a partir da Diretiva 2010/76/UE do Parlamento Europeu e do Conselho, de 24 de novembro de 2010 (CRD III): cfr. *infra*, 2. Cfr. igualmente ESMA, *Guidelines on sound remuneration policies under the AIFMD. Final report* (2013).

[20] Artigo 9º da Diretiva 2014/65/EU do Parlamento Europeu e do Conselho de 15 de maio de 2014 (DMIF II). Esta Diretiva inclui ainda regras de *corporate governance* quanto ao órgão de administração dos operadores de mercado (artigo 45º) e dos prestadores de serviços de comunicação de dados (artigo 63º).

[21] Tal o que decorre da articulação entre os artigos 174º-A e 196º RGIC – dado que este preceito exclui algumas regras importantes em matéria prudencial.

[22] Refiro-me ao amplo conjunto de novos requisitos ligados ao governo societário de empresas seguradoras constante da Lei nº 147/2015, de 9 de setembro, que transpôs a Diretiva Solvência II (Diretiva 2009/138/CE, do Parlamento Europeu e do Conselho, de 25 de novembro de 2009). Cabe relembrar que além da Diretiva Solvência II existem outras intervenções relevantes em matéria de governação de empresas seguradoras. No âmbito da soft law, cabe referir nomeadamente as Orientações da OCDE sobre governo das empresas seguradoras (de 2005, revistas em 2011) e as Orientações da EIOPA sobre sistema de governo (Guidelines on system of governance, de 2014). Embora sem referência a estes normativos, mantém interesse ANA RITA ALMEIDA CAMPOS, *O governo das seguradoras*, em *O Governo das Organizações*, (2011), 415-454.

[23] Artigos 24º h) e 29º da Lei de Bases do Sistema Financeiro (Lei 61/VIII/2014) e artigos 4º, nº 1 e), 6º, nº 1 g) e 32º e 33º da Lei das Atividades e Instituições Financeiras (Lei 62/VIII/2014). Cfr. a propósito RAQUEL MEDINA, *A governação de bancos em Cabo Verde*, neste volume.

sanção – normas deontológicas e recomendações[24]. Além do seu valor intrínseco como pontos cardeais para o reforço da cultura de bom governo dos bancos, estes documentos servem frequentemente de preparação e teste de reformas legislativas futuras[25].

Para que o retrato analítico inclua, na sua inteira extensão, a constelação de fontes relacionadas com o governo dos bancos, cabe atender não apenas às fontes legislativas e regulamentares, mas também aos documentos de natureza recomendatória, tarefa a que abaixo se dá cumprimento.

§ 2º FONTES E *BENCHMARKS* INTERNACIONAIS; A EVOLUÇÃO REGULATÓRIA RECENTE

I – As primeiras intervenções legislativas e recomendatórias sobre governo das sociedades na era moderna tiveram como objeto as sociedades cotadas, sem cuidar das particularidades relacionadas com a governação dos bancos. Filiam-se nesta tendência o Relatório Cadbury de 1992, os Princípios da OCDE de Corporate Governance (cuja versão originária é de 1999) e, no espaço lusófono, as primeiras recomendações da Comissão do Mercado de Valores Mobiliários portuguesa (1999) ou da Comissão de Valores Mobiliários brasileira (2002).

Este quadro deve-se a razões históricas, dado que os primeiros escândalos de governação de grande visibilidade e magnitude afetaram empresas não-financeiras cotadas (Polly Peck, Enron, Worldcom, Parmalat)[26]. De todo o modo, os bancos emitentes de ações admitidas à negociação em mercado beneficiaram desde logo do influxo da evolução das boas práticas ligadas ao mercado de capitais, que no contexto europeu foi muito apoiada pelo princípio *comply or explain*[27].

II – O standard-setter internacional a quem deve ser creditado o pioneirismo na arquitetura de propostas de regulação específicas sobre o governo societário dos bancos é o Comité de Basileia sobre Supervisão Bancária[28].

---

[24] Klaus Hopt, *Corporate governance – Zur nationale und internationalen Diskussion*, em Klaus Hopt/ Gottfried Wohlmannstteter, *Handbuch Corporate Governance von Banken*, München (2011) 8-9; Paulo Câmara, *Introdução*, em *Código do Governo das Sociedades Anotado*, (2012), 11-43.
[25] A progressão hierárquica normativa nas fontes é tratada *infra*, §2º.
[26] Paul W. MacAvoy/Ira M. Millstein, *The Recurrent Crisis in Corporate Governance*, Hampshire/New York (2003).
[27] Paulo Câmara, *Introdução*, em *Código do Governo das Sociedades Anotado*, (2012).
[28] Sobre esta evolução, cfr. Klaus Hopt, *Corporate Governance of Banks after the Financial Crisis*, in Eddy Wymeersch, Klaus J. Hopt, Guido Ferrarini *(eds.)*, *Financial Regulation and Supervision, A*

Este organismo internacional tem vindo a desenvolver um acervo amplo de indicações relacionadas com a disciplina prudencial[29] e assentam o Pilar II dessa estrutura normativa na organização e governação interna dos bancos[30]. Não é, assim, de surpreender que o Comité de Basileia tenha aprovado em 1999 um documento orientador para os bancos – intitulado *Enhancing corporate governance for banking organisations* – que foi revisto em 2006. Pese embora o seu sumário enunciado, este documento já albergava as traves mestras da reflexão sobre governação bancária – valores societários, adequação dos membros do órgão de administração, sindicabilidade, controlo interno, remuneração e transparência. O texto de 1999 assinalava também o relevo da intervenção das autoridades de supervisão neste âmbito[31]. Como se confirma abaixo, o Comité de Basileia nunca cessou de desenvolver continuamente este tema, procurando atualizar e aprofundar as suas recomendações sobre bom governo dos bancos.

Sob o influxo destas orientações, a Diretiva europeia 2006/43/CE, de 17 de maio de 2006, impôs para as entidades de interesse público a autonomização do órgão de fiscalização em relação ao revisor oficial de contas. Apesar de as instituições de crédito serem qualificadas como entidades de interesse público, a aplicação deste regime aos bancos foi consignada como opção de cada Estado-membro[32]. Além disso, a Diretiva europeia 2006/48/CE do Parlamento Europeu e do Conselho, de 14 de junho de 2006, consagrou uma cláusula geral a obrigar as instituições de crédito a serem dotadas de dispositivos robustos de governação societária incluindo linhas de responsabilidade bem definidas e um eficaz sistema de controlo interno[33]. As concretizações que este diploma dispensou nesta maté-

---

post-crisis analysis, Oxford University Press 2012, 337-347; FERNANDO FARIA DE OLIVEIRA, *Corporate Governance: Nomeações para os Órgãos de Gestão*, APB (23-set.-2015), 4-11.

[29] Em Basileia I já se apontava a necessidade de haver processos internos robustos para cálculo da posição de capital (*A New Capital Adequacy Framework* (1999), 16). O salto maior foi dado com Basileia II e III: cfr. a propósito VASCO FREITAS DA COSTA, *Aspetos relativos à supervisão do governo de bancos*, neste volume.

[30] MANUEL MAGALHÃES, *A evolução do Direito prudencial no pós-crise: Basileia III e CRD IV*, em PAULO CÂMARA/MANUEL MAGALHÃES, *O Novo Direito Bancário*, 2ª edição (2016).

[31] *Sound corporate governance considers the interests of all stakeholders, including depositors, whose interests may not always be recognised. Therefore, it is necessary for supervisors to determine that individual banks are conducting their business in such a way as not to harm depositors*: BASEL COMMITTEE ON BANKING SUPERVISION, *Enhancing Corporate Governance for Banking Organisations*, (set.-1999), §31.

[32] Artigo 39º da Diretiva 2006/43/CE, de 17 de maio de 2006. V. a propósito; PAULO CÂMARA, *O governo das sociedades e a reforma do Código das Sociedades Comerciais*, em *Código das Sociedades Comerciais e Governo das Sociedades*, (2008), 189; GABRIELA FIGUEIREDO DIAS, *Fiscalização de sociedades e responsabilidade civil*, (2006) 16-17, 28-29.

[33] Artigo 22º da Diretiva 2006/48/CE do Parlamento Europeu e do Conselho, de 14 de junho de 2006.

ria³⁴ – nomeadamente em matéria de avaliação interna do risco – revelavam-se todavia muito fragmentárias e insuficientes.

III – O governo das instituições financeiras – e sobretudo o governo dos bancos – constituiu um dos temas regulatórios mais tratados no âmbito do dilúvio regulatório surgido em reação à crise financeira iniciada em 2007.

Esta tendência começou a desenhar-se com as primeiras intervenções do *Financial Stability Board* em matéria de remuneração – através dos seus Princípios[35] e dos Padrões para a sua Aplicação[36], ambos aprovados em 2009[37]. Os Princípios e os Padrões para a sua Aplicação são estruturados em torno de três vetores, que se viriam a revelar os eixos principais de tratamento desta matéria: a governação das práticas remuneratórias; o alinhamento da remuneração com o perfil de risco dos bancos; e a supervisão pelas autoridades competentes e o envolvimento dos *stakeholders*. De resto, desde então o *Financial Stability Board* mantém uma observação permanente sobre estas matérias, documentada através de relatórios anuais de acompanhamento sobre a adoção das suas orientações[38].

No mesmo ano de 2009, a Comissão Europeia encomendou a uma comissão liderada por Jacques de Larosière um estudo sobre a reformulação normativa e institucional da estrutura de regulação e supervisão financeira na Europa. As conclusões do Relatório de Larosière incluíam uma análise às deficiências de governação detetadas nas instituições financeiras, em particular no âmbito remuneratório, tendo formulado diversas recomendações dirigidas à imposição de políticas de remuneração plurianuais, ao alinhamento entre remuneração e desempenho e a uma intervenção das autoridades de supervisão no acompanhamento das políticas remuneratórias, para prevenir a assunção de risco excessivo[39].

Em momento temporalmente muito próximo, a Comissão Europeia faria aprovar as suas Recomendações de 30 de Abril de 2009 relativas às políticas

---

[34] Anexo V da Diretiva 2006/48/CE do Parlamento Europeu e do Conselho, de 14 de junho de 2006.
[35] FINANCIAL STABILITY BOARD, *Principles for Sound Compensation Practices* (Abril 2009).
[36] FINANCIAL STABILITY BOARD, *Implementation Standards for FSB Principles for Sound Compensation Practices*, (Setembro 2009).
[37] Sobre estes documentos do FSB: GUIDO FERRARINI/MARIA CRISTINA UNGUREANU, *Lost in Implementation: the rise and value of the FSB Principles for Sound Compensation Practices at Financial Institutions*, International Centre for Financial Regulation (2010); GUIDO FERRARINI, *CRD IV and the Mandatory Structure of Banker's Pay*, ECGI WP n. 289/2015, (2015), 22-25; ANTONIA PATRIZIA IANUZZI, *Le politiche di remunerazione nelle banche tra regolamentazione e best practices*, Napoli (2013), 25-37.
[38] Como exemplo mais recente, v. FINANCIAL STABILITY BOARD, *Implementing the FSB Principles for Sound Compensation Practices and their Implementation Standards. Fourth Annual Progress Report*, (Nov.-2015).
[39] THE HIGH LEVEL GROUP ON FINANCIAL SUPERVISION IN THE EU, *Report* (25-fev.-2009), 31-32.

de remuneração no sector dos serviços financeiros[40]. Este documento parte da premissa, em diagnóstico à crise financeira internacional, de que "existe um consenso generalizado quanto ao facto de a inadequação das práticas remuneratórias no sector dos serviços financeiros também ter induzido essa excessiva disponibilidade para assumir riscos e, assim, contribuído para perdas significativas nas principais instituições financeiras". As Recomendações refletem um alinhamento com as indicações do FSB e são dirigidas não apenas aos membros dos órgãos sociais mas a todos cuja atividade profissional tenha um impacto material sobre o perfil de risco da instituição financeira.

IV – No contexto das propostas de reforma no pós-crise, as primeiras propostas com âmbito mais alargado – e nomeadamente não confinadas aos temas remuneratórios – devem-se à OCDE, que também em 2009 publicou um relatório a preconizar reformas importantes na área do governo societário das instituições financeiras, nomeadamente no tocante à independência e adequação dos administradores, à determinação dos seus deveres, à função de gestão do risco e à remuneração[41]. O final desse ano de 2009 assistiria ainda à divulgação das recomendações da *Walker Review* britânica, sob coordenação de Sir DAVID WALKER[42]. Este influente relatório cuidava também da administração dos bancos, da avaliação do seu desempenho e da gestão do risco, a par dos temas remuneratórios.

V – A partir de 2010, registou-se uma viragem no tratamento destas matérias, com a assunção de um papel mais influente por parte do Comité de Basileia e da União Europeia.

De um lado, no âmbito europeu, o primeiro sinal relevante[43] viria a ser dado com a publicação de um Livro Verde sobre o governo das instituições financei-

---

[40] Recomendação 2009/384/CE, de 30 de Abril de 2009, sobre remunerações do sector financeiro.

[41] *Corporate governance reform is required, with the OECD recommending: separation of CEO and Chairman (except for smaller banks where the CEO is the main shareholder); a risk officer reporting to the board and whose employment conditions do not depend on the CEO; a "fit and proper person" test for directors expanded to include competence, and fiduciary duties clearly defined*: OECD, The Financial Crisis – Reform And Exit Strategies, (2009): 21, 51-57, 86-88. Este documento foi precedido por um estudo importante elaborado por um dirigente da OCDE nesta área: v. GRANT KIRKPATRICK, *The corporate governance lessons from the financial crisis*, OECD (2009).

[42] *A review of corporate governance in UK banks and other financial industry entities. Final recommendations* (26 Nov.-2009).

[43] Interessa notar que, no âmbito segurador, diversas prescrições relevantes constavam da Diretiva Solvência II (cfr. artigos 41 a 50 da Diretiva n. 2009/138/CE).

ras, em 2010⁴⁴. Este Livro Verde serviu de documento de consulta pública e de programa de trabalho plurianual.

A consulta pública em torno do Livro Verde aplainou o caminho para a aprovação da Diretiva 2010/76/UE do Parlamento Europeu e do Conselho, de 24 de Novembro de 2010, usualmente conhecida como CRD III. Além de tratar dos requisitos dos fundos próprios das instituições de crédito, este diploma marcou a primeira intervenção legislativa europeia no tema da remuneração das instituições de crédito – seja no que respeita à estrutura da política remuneratória, seja no tocante às comissões de remunerações.

Estas indicações sobre temas remuneratórios mereceram uma dupla extensão. Em termos de conteúdo, as Orientações do CEBS sobre Políticas e Práticas Remuneratórias, de 2010 (documento interpretativo extenso, com 86 páginas), contribuíram de modo significativo para a densificação das regras constantes da Diretiva⁴⁵. Além disso, em termos de âmbito, a Diretiva CRD III revelou-se influente na regulação europeia da política remuneratória de outras instituições financeiras, designadamente gestores dos fundos de investimento alternativos⁴⁶, gestores de fundos de investimento harmonizados (UCITS)⁴⁷ e empresas seguradoras e de resseguro⁴⁸.

De outro lado, a remuneração dos bancos foi objeto de um documento analítico preparado pelo Comité de Basileia que se assumiu não pretender substituir os Princípios do FSB, mas antes servir como auxiliar metodológico na sua aplicação⁴⁹. No ano seguinte, o Comité de Basileia voltou ao tema através de dois documentos de referência, dedicando-se à metodologia de alinhamento entre risco e desempenho e à divulgação da remuneração de bancos⁵⁰.

---

⁴⁴ EUROPEAN COMMISSION, *Green Paper. Corporate governance in financial institutions and remuneration policies*, 2.6.2010, COM(2010) 284 final.

⁴⁵ COMMITTEE OF EUROPEAN BANKING SUPERVISORS, *Guidelines on Remuneration Policies and Practices* (2010). O CEBS foi subsequentemente substituído pela European Banking Authority.

⁴⁶ PAULO CÂMARA, *The AFM's Governance and Remuneration Committees*, em DIRK ZETZSCHE (ed.), *The Alternative Investment Fund Managers Directive: European Regulation of Alternative Investment Funds²*, Wolters Kluwer (2015), 237-251.

⁴⁷ Em referência estão sobretudo os artigos 14º-A e 14º-B introduzidos na Diretiva UCITS (Diretiva 2009/65/CE) através da Diretiva 2014/91/UE, de 23 julho de 2014.

⁴⁸ Cfr. em particular o artigo 275º do Regulamento Delegado da Comissão 2015/35, de 10 de outubro de 2014.

⁴⁹ BASEL COMMITTEE ON BANKING SUPERVISION, *Compensation Principles and Standards Assessment Methodology*, (Jan.-2010).

⁵⁰ BASEL COMMITTEE ON BANKING SUPERVISION, *Pillar 3 disclosure requirements for remuneration*, (2011); Id., *Range of methodologies for risk and performance alignment of remuneration*, (2011).

Ainda em 2010, foi aprovada a primeira versão dos princípios do Comité de Basileia sobre governo dos bancos, de 2010[51]. Este documento aprofundou a desenvolveu o documento de 1999 revisto em 2006.

Este ano de 2010 foi ainda marcado pela aprovação de um diploma norte-americano de elevado fôlego e ambiciosa extensão: o *Wall Street Reform and Consumer Protection Act* de 2010 – usualmente designado por *Dodd-Frank Act*[52]. Este diploma incluía nomeadamente um lote de regras sobre remuneração de administradores de bancos (s. 951-957), confirmando o relevo internacional do tema[53].

Este ciclo viria a ser encerrado com as orientações da Autoridade Bancária Europeia em matéria de governo interno, datado de 2011[54]. Este documento denota um claro desenvolvimento analítico e vasta cobertura temática. Um complemento importante viria a ser prestado através de orientações da mesma autoridade em matéria de adequação dos dirigentes, aprovadas no ano seguinte[55]; parte do seu conteúdo viria a ser posteriormente promovido a regra jurídica injuntiva, através da Diretiva CRD IV, abaixo referida.

VI – Os anos mais recentes ditaram um acréscimo de regulação europeia em matéria de governação de bancos. O avanço regulatório mais significativo foi consumado com a Diretiva 2013/36/UE do Parlamento Europeu e do Conselho, de 26 de junho de 2013 (correntemente designada por *Capital Requirements Directive IV* ou CRD IV) e com o Regulamento (UE) nº 575/2013 do Parlamento Europeu e do Conselho, de 26 de junho de 2013 (*Capital Requirements Regulation* ou CRR). Além de recolherem todas as indicações provindas da Diretiva CRD III e de utilizarem parte das Orientações da EBA de 2011, estes novos instrumentos legislativos desenvolveram significativamente o tema, nomeadamente no tocante

---

[51] BASEL COMMITTEE ON BANKING SUPERVISION, *Principles for enhancing corporate governance*, (Oct.-2010).

[52] VIRAL ACHAYA/THOMAS COOLEY/MATHEW RICHARDSON/INGO WALTER (ed.), *Regulation Wall St.: The Dodd-Frank Act and the New Architecture of Global Finance*, New Jersey (2011); STEPHEN BAINBRIDGE, *Corporate Governance and the Financial Crisis*, Oxford (2012), 9-15 e *passim*; DAVID SKEEL, *The New Financial Deal. Understanding the new Dodd-Frank Act and its (unintended) consequences*, New Jersey (2011), 43-153; PAULO CÂMARA/BRIAN TAVARES, *United States Regulatory developments in Banking law*, em PAULO CÂMARA/MANUEL MAGALHÃES, *O Novo Direito Bancário*, 2ª edição (2016).

[53] Consulte-se a lista de temas enunciada pela SECURITIES AND EXCHANGE COMMISSION, *Corporate Governance Issues, Including Executive Compensation Disclosure and Related SRO Rules*, (2010), disponível em https://www.sec.gov/spotlight/dodd-frank/corporategovernance.shtml. Cfr. ainda STEPHEN BAINBRIDGE, *The corporate governance provisions of Dodd-Frank Act* (2010), ssrn.com/abstract=1698898.

[54] EUROPEAN BANKING AUTHORITY, *Guidelines on Internal Governance* (GL 44), (27-set.-2011).

[55] EUROPEAN BANKING AUTHORITY, *Guidelines on the assessment of the suitability of members of the management body and key function holders*, GL 2012/06 (2012) (22-nov.-2012).

ao sistema de governação, ao sistema de controlo interno e às funções das comissões de nomeações[56].

No âmbito remuneratório, sirva ainda de exemplo o Regulamento Delegado da Comissão (UE) nº 604/2014 de 4 de Março 2014 que, em complemento à Diretiva CRD IV, fixa orientações regulatórias técnicas para identificar os colaboradores com impacto no perfil de risco da instituição.

A Diretiva CRD IV delega na Autoridade Bancária Europeia um papel relevante na aprovação de diversos documentos orientadores em matéria de governação societária[57]. Constituem ilustrações relevantes as *Guidelines on the remuneration benchmarking exercise* (2014), as *Guidelines on high earners data collection and remuneration benchmarking*, (2014), as *Guidelines on the applicable notional discount rate for variable remuneration*, (2014), os *Regulatory Technical Standards for the definition of material risk takers for remuneration purposes*, (2014) e, mais recentemente, as importantes *Guidelines on sound remuneration policies* (2015)[58].

VII – Em 2015, o Comité de Basileia aprovou a revisão do seu documento orientador em matéria de princípios de governo dos bancos, que se mantém na linha da frente dos *benchmarks* internacionais nesta matéria[59].

---

[56] Sobre estes diplomas, v. nomeadamente LUCA ENRIQUES/DIRK ZETZSCHE, *Quack Corporate Governance, Round III? Bank Board Regulation Under the New European Capital Requirement Directive*, 16 Theoretical Inquiries in Law 211 (2015); JAAP WINTER, *Does good Corporate Governance matter and how to achieve it?*, in EDDY WYMEERSCH/KLAUS HOPT/GUIDO FERRARINI (eds.), *Financial Regulation and Supervision: A Post-Crisis Analysis*, Oxford (2012), 378-388; PETER MÜLBERT/ALEXANDER WILHEIM, *CRD IV framework for banks' corporate governance*, in GUIDO FERRARINI/DANNY BUSCH (ed.), *European Banking Union*, (2015), 155-199.

[57] Artigos 74º, 75º e artigo 91º, nº 12 c) da Diretiva 2013/36/UE do Parlamento Europeu e do Conselho, de 26 de junho de 2013 (CRD IV). Sobre esta autoridade, v. nomeadamente EILIS FERRAN, *The Existential Search of the European Banking Authority*, University of Cambridge Faculty of Law Research Paper nº 40/2015 (2015), disponível em http://ssrn.com/abstract=2634904; EDDY WYMEERSCH, *The European Financial Supervisory Authorities or ESA's*, in EDDY WYMEERSCH/KLAUS HOPT/GUIDO FERRARINI (eds.), *Financial Regulation and Supervision: A Post-Crisis Analysis*, Oxford (2012), 232-317; SOFIA THIBAUT TROCADO, *A nova estrutura europeia de supervisão bancária, em especial a Autoridade Bancária Europeia*, em PAULO CÂMARA/MANUEL MAGALHÃES (coord.), *O Novo Direito Bancário*, 2ª edição (2016).

[58] EBA, *Guidelines on sound remuneration policies. Final report* (2015). Refira-se adicionalmente que esta autoridade tem aprovado outros documentos interpretativos, de entre os quais a *Opinion On The Application Of Proportionality to the Remuneration Provisions in Directive* 2013/36/EU (2015).

[59] BASEL COMMITTEE ON BANKING SUPERVISION, *Corporate governance principles for banks* (Jul.-2015). Para um comentário ao projeto que conduziu a esta revisão de 2015, v. NESTOR ADVISORS, *Corporate governance principles for banks – Response to the consultative document*, (8-jan.-2015).

Apesar da proeminência internacional do Comité de Basileia, o *Financial Stability Board* não se desligou dos temas relacionados com a governação tendo em 2013 publicado o seu *Thematic Review on Risk Governance*, Peer Review Report.

VIII – Os desenvolvimentos institucionais mais recentes na Europa relacionam-se com o processo da União Bancária Europeia e, numa primeira fase, com a entrada em vigor do Mecanismo Único de Supervisão. Este implicou, a título principal, uma transferência para o Banco Central Europeu (BCE) de poderes de supervisão prudencial sobre instituições de crédito da zona euro ou de outro Estado-membro que pretenda aderir a este mecanismo[60].

De acordo com o Regulamento do Mecanismo Único de Supervisão[61], uma das atribuições confiada ao BCE envolve precisamente a supervisão do *cumprimento dos requisitos às instituições de crédito para implementarem disposições adequadas em matéria de governo das sociedades*.

Assim, além da competência central agora atribuída ao BCE, este pode ainda aprovar orientações, recomendações e regulamentos[62] em desenvolvimento dos diplomas legislativos em vigor nesta matéria[63].

As competências do Banco Central Europeu são exercidas em articulação com as autoridades de supervisão de cada Estado-membro. Para indicar um exemplo, o regime jurídico de supervisão da adequação dos administradores assenta, de um lado, em deveres de comunicação das instituições de crédito supervisionadas à autoridade nacional competente de qualquer alteração na titularidade de órgãos sociais e de qualquer novo facto que possa afetar ou ter impacto no juízo inicial de adequação de administradores[64]. Neste âmbito são subsequentemente estabelecidos deveres de comunicação das autoridades competentes nacionais ao BCE de alterações na composição dos órgãos sociais de instituições de crédito

---

[60] Cfr. o artigo 4º (quanto às atribuições conferidas ao BCE) e o artigo 7º (no tocante à cooperação estreita com países fora da zona euro) do Regulamento nº 1024/2013/UE do Conselho, de 15 de outubro de 2013 e o Regulamento do BCE, de 16 de abril de 2014, que estabelece o quadro de cooperação, no âmbito do Mecanismo Único de Supervisão, entre o BCE e as autoridades nacionais competentes e com as autoridades nacionais designadas (Regulamento-Quadro do Mecanismo Único de Supervisão). Para desenvolvimentos, cfr. PAULO CÂMARA, *Supervisão Bancária: recentes e próximos desenvolvimentos*, em *I Congresso de Direito Bancário*, (2014), 287-324.

[61] Artigo 4º nº 1 e) do Regulamento nº 1024/2013/UE do Conselho, de 15 de outubro de 2013.

[62] Artigos 4º, nº 3 II e 6º, nº 5 do Regulamento nº 1024/2013/UE do Conselho, de 15 de outubro de 2013.

[63] Como primeiro exemplo de intervenção regulamentar neste âmbito: EUROPEAN CENTRAL BANK, *Regulation to complete the requirements about how banks shall report supervisory financial information* (2014).

[64] Artigos 93º e 94º do Regulamento do BCE, de 16 de abril de 2014 (Regulamento-Quadro do Mecanismo Único de Supervisão).

ou de outros factos relevantes nesta matéria, cabendo a decisão final sobre a avaliação das pessoas em causa ao BCE, sempre que estejam em causa instituições consideradas significativas para efeitos da supervisão direta daquele supervisor europeu[65]. Tal não impede a possibilidade de exercício pelo BCE das competências que são atribuídas às autoridades nacionais nesta matéria[66].

Além disso, nota-se que a matéria do governo das instituições de crédito (*bank governance*) é classificada na legislação bancária como relativa à supervisão prudencial[67]. Trata-se de uma classificação grosseiramente redutora, dado que a governação bancária pode afetar a estabilidade prudencial dos bancos mas tem em vista outros objetivos: prevenção de conflito de interesses, transparência decisória, maximização do escrutínio sobre os atores societários e equilíbrio organizativo, entre outros[68]. Pode afirmar-se que a governação bancária complementa a regulação prudencial[69], mas uma não se confunde com a outra. Aquela é baseada em escolhas e na aferição da sua legitimidade e adaptabilidade a cada banco; diferentemente, esta centra-se em atos de cumprimento baseados num princípio de prudência. A assimilação entre regulação e governação bancária deve ser rejeitada energicamente, porque é não raras vezes, ainda que inadvertidamente, tida como pretexto para uma híper-rigidez normativa numa área que deve mostrar adaptabilidade às feições próprias de cada organização.

IX – No espaço lusófono, colhem-se plúrimos exemplos recentes de evoluções regulatórias ligadas ao governo societário dos bancos.

Em Portugal, a Diretiva CRD IV foi transposta através da Lei nº 23-A/2015, de 26 de março, que promoveu alterações profundas ao Regime Geral das Instituições de Crédito e das Sociedades Financeiras[70].

Os episódios bancários portugueses dos anos recentes determinaram ainda dois conjuntos de recomendações ligadas à governação societária de bancos. De um lado, foi constituída uma Comissão de peritos presidida pelo Dr João Costa

---

[65] Artigo 93º do Regulamento do BCE, de 16 de abril de 2014 (Regulamento-Quadro do Mecanismo Único de Supervisão).

[66] Artigo 93º nº 2 do Regulamento do BCE, de 16 de abril de 2014 (Regulamento-Quadro do Mecanismo Único de Supervisão).

[67] Por exemplo: artigo 4º nº 1 alínea e) do Regulamento nº 1024/2013/UE do Conselho, de 15 de outubro de 2013.

[68] Paulo Câmara, *O Governo societário dos bancos – em especial as novas regras e recomendações sobre remuneração na banca*, Revista de Direito das Sociedades nº 1 (2012), 9-46.

[69] Massimo Belcredi/Guido Ferrarini, *Corporate boards, incentive pay and shareholder activism in Europe: main issues and policy perspectives*, in Massimo Belcredi/Guido Ferrarini, Boards and Shareholders in European Listed Companies (2013), 19.

[70] José Miguel Lucas, *O governo dos bancos em Portugal*, neste volume.

Pinto para avaliação à atuação e às decisões no caso BES/GES que formulou diversas recomendações, algumas das quais relacionadas com conflito de interesses e relação com acionistas[71]. De outro lado, a Comissão de peritos presidida pelo Dr Rui Cartaxo formulou diversas recomendações importantes relacionadas com a reforma do regime normativo, com as recomendações e com a prática da supervisão na área do governo dos bancos. Em síntese, o grupo de trabalho detetou deficiências sobretudo em três áreas: (i) funcionamento coletivo do órgão de administração enquanto fiscalizador e contrapeso da gestão executiva; (ii) processos de seleção de membros não executivos desses órgãos e (iii) prevenção dos conflitos de interesses envolvendo partes relacionadas[72]. Todavia, não é conhecido nem um calendário de intervenções em execução do proposto nem a reação oficial do Banco de Portugal às sugestões apresentadas.

Em Angola, pontuam os regulamentos aprovados pelo Banco Nacional de Angola em 2013 – sobre governação de instituições de crédito e sistema de controlo interno[73].

Por fim, em Cabo Verde salienta-se a Lei de Bases do Sistema Financeiro e a Lei das Atividades e Instituições Financeiras e respetiva regulamentação[74], num processo que tem sido liderado pelo Banco de Cabo Verde e pela AGMVM. Os diplomas aprovados preveem nomeadamente um futuro Código de Governance das instituições financeiras[75].

X – Impõe-se um resumo dos traços salientes desta evolução descrita. Em primeiro lugar, interessa notar que a harmonização internacional relativa aos temas de governo societário dos bancos progrediu de modo tão assinalável por se ter entendido, desde as reações iniciais à crise financeira, que as reformas adotadas unilateralmente por alguns países não seria suficientes e não atingi-

---

[71] Banco de Portugal, *Comunicado sobre as Recomendações do Grupo de Avaliação às Decisões e à Atuação do Banco de Portugal na Supervisão ao Banco Espírito Santo, SA*, (2015), disponível em https://www.bportugal.pt/pt-PT/OBancoeoEurosistema/ComunicadoseNotasdeInformacao/Lists/FolderDeListaComLinks/Attachments/545/combp20150604.pdf
[72] Banco de Portugal, *Recomendações do Grupo de Trabalho sobre os Modelos e as Práticas de Governo, de Controlo e de Auditoria das Instituições Financeiras*, (2015), disponível em https://www.bportugal.pt/pt-PT/OBancoeoEurosistema/ComunicadoseNotasdeInformacao/Lists/FolderDeListaComLinks/Attachments/546/combp20150612.pdf
[73] Avisos nºs 1/2013 e 2/2013, ambos de 19 de Abril de 2013. Cfr. a propósito Sofia Vale, *A governação de bancos em Angola*, neste volume.
[74] Cfr. Lei de Bases do Sistema Financeiro (Lei 61/VIII/2014) e artigos 4º, nº 1 e), 6º, nº 1 g) e 32º e 33º da Lei das Atividades e Instituições Financeiras (Lei 62/VIII/2014). Cfr. a propósito Raquel Spencer Medina, *A governação de bancos em Cabo Verde*, neste volume.
[75] Artigo 33º da Lei das Atividades e Instituições Financeiras.

riam o desejável *level playing field* entre os diversos sistemas bancários nacionais[76]. É igualmente patente a proliferação de standard-setters ao nível mundial (FSB, Comité de Basileia, EBA), o que constitui um negativo reflexo da fragmentação institucional hoje existente em termos internacionais[77].

Saliente-se, além disso, que, apesar de haver uma combinação de regras jurídicas em sentido técnico (as regras constantes das diretivas europeias e do CRR) com um elevado número de indicações recomendatórias influentes, a evolução internacional descrita promoveu múltiplas indicações que originariamente assumiam natureza recomendatória a regras jurídicas injuntivas. Esta progressão hierárquica normativa nas fontes[78] é designadamente encontrada no âmbito europeu no elevado número de regras jurídicas que têm como origem as orientações do FSB, que tinham como destinatários as instituições com elevado risco sistémico[79].

Afigura-se ainda patente o alargamento crescente dos temas relacionados – compare-se, a propósito, as 14 páginas do primeiro documento do Comité de Basileia com as 43 páginas da versão recente dos seus Princípios. Por fim, em resultado dos traços previamente identificados, é de registar o caudal muito elevado de intervenções de relevo, tornando até difícil a reconstituição e atualização de todos os elementos significativos sobre boas práticas na governação de bancos. Por força desta sucessão de vagas normativas, os bancos passaram a ser as organizações empresariais mais densamente reguladas em termos de governo societário.

§ 3º OS PRINCÍPIOS GERAIS DO SISTEMA DE GOVERNAÇÃO DE BANCOS

I – O amplo desenvolvimento de normas e recomendações sobre governo dos bancos é frequentemente criticado por se ter processado em termos céleres e sem apoio da investigação científica jurídica ou económica na sustentação das soluções estabelecidas. Muitas orientações normativas brotaram antes como forma

---

[76] Guido Ferrarini/Maria Cristina Ungureanu, *Lost in Implementation: the rise and value of the FSB Principles for Sound Compensation Practices at Financial Institutions*, International Centre for Financial Regulation (2010), 3.

[77] Mantém atualidade o convincente libelo a favor de uma simplificação institucional apresentado por Howard Davies/David Green, *Global Financial Regulation. The Essential Guide*, Cambridge (2008), 32-109, 215-216..

[78] Para a análise de outro caso de progressão hierárquica normativa, cfr. Paulo Câmara, *O governo das sociedades e a reforma do Código das Sociedades Comerciais*, em *Código das Sociedades Comerciais e Governo das Sociedades*, (2008), 17.

[79] Guido Ferrarini, *CRD IV and the Mandatory Structure of Banker's Pay*, ECGI WP n. 289/2015, (2015), 22-31.

de dar resposta imediata a pressões políticas de atuação, sobretudo no contexto da crise financeira[80]. Fala-se, por isso, de uma governação societária *"de fachada"* (*"quack corporate governance"*)[81].

Para se compreender devidamente este ponto, o dilúvio regulatório[82] em matéria de governação de bancos deve ser decomposto e analisado de modo a destrinçar os vetores profundos do sistema daqueles que são mais contingentes. No âmbito deste exercício, importa nomeadamente reconstituir os princípios gerais que regem o regime jurídico de governação dos bancos. Neste âmbito, adquire prioridade a compreensão dos seguintes princípios fundamentais, abaixo densificados:

– princípio de efetividade;
– princípio de proporcionalidade;
– princípio de transparência (ou plena informação).

II – O primeiro elemento basilar do sistema de governo societário dos bancos é o princípio de efetividade.

Este princípio impõe uma real adoção dos documentos societários atinentes à governação – estatutos, manuais de procedimentos, políticas e regulamentos internos – e uma adesão permanente em relação ao respetivo conteúdo. Todos os documentos internos relacionados com a governação devem ser observados na prática, a todo o tempo, pelas comissões e pelos órgãos societários, pelos seus membros e pelos colaboradores dos bancos. Dito de outro modo, impõe-se uma congruência entre os procedimentos aprovados e as práticas adotadas em matéria de governação. Além disso, não deve haver um acolhimento mecanicista das orientações internas de bom governo, mas antes um enraizamento destas na cultura profunda de cada banco. Nas palavras acertadas do FINANCIAL STABILITY

---

[80] GUIDO FERRARINI/MARIA CRISTINA UNGUREANU, *Lost in Implementation: the rise and value of the FSB Principles for Sound Compensation Practices at Financial Institutions*, International Centre for Financial Regulation (2010), 2.

[81] A expressão deve-se a um estudo de ROBERTA ROMANO (*The Sarbanes-Oxley Act and the Making of Quack Corporate Governance*, Yale Law Journal, (2005)), retomada no âmbito europeu por LUCA ENRIQUES/DIRK ZETZSCHE, *Quack Corporate Governance, Round III? Bank Board Regulation Under the New European Capital Requirement Directive*, 16 Theoretical Inquiries in Law 211 (2015); e PAULO CÂMARA, *The AFM's Governance and Remuneration Committees*, em DIRK ZETZSCHE (ed.), *The Alternative Investment Fund Managers Directive: European Regulation of Alternative Investment Funds²*, Wolters Kluwer (2015).

[82] Sobre este fenómeno e sua extensão, permito-me reenviar para o meu *Supervisão Bancária: recentes e próximos desenvolvimentos*, cit., 285-290.

BOARD: *The Principles need to become ingrained overtime into the culture of the entire organization*[83].

O princípio de efetividade dos instrumentos de governação apresenta uma dependência profunda em relação à cultura organizativa de cada instituição de crédito. Aspetos relevantes, para este efeito, da cultura de um banco são os relativos ao empoderamento interno das funções de fiscalização e de controlo interno[84], ao grau de transparência interna e à circulação interna de informação, ao nível de risco tolerado e ao desenho da política remuneratória[85]. Frise-se, neste contexto, que o desenvolvimento sistemático de uma cultura de integridade e de cumprimento constitui uma caução relevante da efetividade dos mecanismos de governação. A promoção de uma cultura alinhada com o bom governo societário deve, por isso, ser assumida como necessária em cada instituição de crédito[86]. Essa tarefa encontra-se não apenas a cargo dos dirigentes, mas também de todos os colaboradores do banco: afinal, segundo a máxima inaciana, todos são aptos a transmitir gestos de liderança[87]. Não é já suficiente que o exemplo venha de cima, segundo o princípio *tone at the top*[88]; reclama-se igualmente que todos os colaboradores do banco sejam, em termos transversais, protagonistas das boas práticas assumidas (*tone at the middle*)[89].

O princípio de efetividade comporta não apenas implicações jurídicas mas também implicações éticas. A este propósito, cabe adiantar que a integridade e sentido ético dos dirigentes constituem um reduto fundamental do governo dos bancos, na falta do qual todo o sistema organizativo (por perfeito que possa aparentar, por relatórios elogiosos que possa merecer) pode a qualquer momento

---

[83] FINANCIAL STABILITY BOARD, *Principles for Sound Compensation Practices* (Abril 2009), 2). Embora expressa a propósito da remuneração, esta formulação apresenta aplicação a todos os domínios da governação bancária.

[84] Para o contexto português, consulte-se o artigo 7º do Aviso nº 5/2008 do Banco de Portugal, que dispõe que *a cultura organizacional da instituição deve garantir que todos os colaboradores reconhecem a importância do controlo interno, de modo a assegurar uma gestão sã e prudente da atividade da instituição.*

[85] Para mais desenvolvimentos: Group of 30, *Banking Conduct And Culture: A Call For Sustained And Comprehensive Reform*, (2015); FINANCIAL STABILITY BOARD, *Guidance on Supervisory Interaction with Financial Institutions on Risk Culture: A Framework for Assessing Risk Culture*, (ab.-2014); ANDREWLO, *The Gordon Gekko Effest: The Role of culture in the financial Industry* (2015).

[86] BASEL COMMITTEE ON BANKING SUPERVISION, *Corporate governance principles for banks* (Jul.-2015), §§ 26, 29-30.

[87] Recorde-se, a propósito, a inspiradora obra de CHRIS LOWNEY, *Liderança Heróica*, (2013), 265-266.

[88] BASEL COMMITTEE ON BANKING SUPERVISION, *Corporate governance principles for banks* (Jul.-2015), § 30.

[89] DAN RYAN/ADAM GILBERT/ARMEN MEYER/MIKE ALIX/BHUSHAN SETHI, *Bank culture: it's more than bad apples*, in *CLS Blue Sky Blog* (10-dez.-2015).

soçobrar[90]. Neste contexto, RUI SEMEDO afirmava: *O permanente conflito entre e os interesses pessoais e o bem comum, seja de clientes, de acionistas, de empregados e até da própria sociedade, põe à prova a solidez moral de quem gere. Liderança e ética são, assim, dois pólos indissociáveis*[91].

III – No âmbito do governo societário dos bancos, o princípio de proporcionalidade foi consagrado na Diretiva 2010/76/UE (Diretiva CRD III)[92] e posteriormente desenvolvido na Diretiva 2013/36/UE (Diretiva CRD IV)[93]. Como este último instrumento o clarificou diretamente, o âmbito aplicativo deste princípio atinge todos os aspetos relacionados com a governação dos bancos. De resto, o princípio da proporcionalidade na aplicação de regras sobre governance, já tinha sido também acolhido através das Orientações da EBA sobre Governação Interna[94].

O princípio da proporcionalidade opera em dois fundamentais sentidos. De um lado, em sentido positivo, a proporcionalidade tem como corolário a adequação das soluções em cada momento impostas na governação. Tal determina que as regras internas de governação devem revestir o caráter necessário e suficiente para lidar com os riscos de cada banco. Quanto maior a dimensão, a complexidade do negócio ou o nível de riscos dos bancos, maiores serão as exigências de governação.

Este imperativo de adequação encontra-se plasmado nos Princípios do Comité de Basileia, que impõem que o desenho das estruturas e práticas de governação devem ser aplicadas e revistas para assegurar a sua contínua eficácia[95]. De igual forma, as orientações internacionais forçam os órgãos de fiscalização a examinar continuamente e eficácia do sistema de controlo interno. Por aqui se entende

---

[90] Afigura-se, neste contexto, particularmente acertada a imagem escolhida por José Ferreira Gomes para a caracterização do sistema de governo "como castelo de cartas" (JOSÉ FERREIRA GOMES, *Os Princípios da Responsabilidade e da Direção Global*, neste volume).
[91] RUI SEMEDO, *Comportamento individual e Corporate Governance*, Governar (ab.-2009), 68-69. Sobre o autor, cfr. *infra*, § 11º.
[92] Cfr. o Considerando nº 4, art. 22º, nºs 1 e 2 da Diretiva 2010/76/UE e Anexo V, Secção 11, 23. e Anexo 12. Parte 2 da Diretiva nº 2006/48/CE, na redação dada pela Diretiva 2010/76/UE (CRD III).
[93] Cfr. o Considerando nº 66 e os artigos 74º, 86º, nº 2, 97º, nº 4, 161º, nº 2 a) da Diretiva 2013/36/UE (CRD IV). Relativamente ao regime português, refira-se nomeadamente os artigos 14º nº 2, 17º nº 3, 30º nº 5, 115º-J nº 2, 115º-U nº 2 b), 116º-A nº 3, 116º-E nº 2 e 139º n. 2 RGIC.
[94] EUROPEAN BANKING AUTHORITY, *Guidelines on Internal Governance* (GL 44), cit., 16.
[95] É o seguinte o teor do Princípio 3: *The board should define appropriate governance structures and practices for its own work, and put in place the means for such practices to be followed and periodically reviewed for ongoing effectiveness* (BASEL COMMITTEE ON BANKING SUPERVISION, *Corporate governance principles for banks* (Jul.-2015)).

igualmente que a adequação implica uma revisão contínua dos instrumentos de governação para assegurar a sua adaptabilidade a cada momento histórico que atravessam as organizações bancárias.

De outro lado, este princípio comporta uma vertente simétrica que pode ser expressa através da máxima dominante no âmbito do governo de sociedades (financeiras ou não – financeiras): *one size does not fit all*. O grau de exigência de soluções e de instrumentos de governação deve variar, em termos diretos, em função das necessidades concretas de cada banco – em razão da sua dimensão, dos riscos que o afetem, da complexidade da sua organização ou do seu modelo de negócio[96]. A generalização de padrões de conduta não pode desatender às especificidades das instituições destinatárias: a proporcionalidade opera, assim, como "válvula de segurança"[97] a prevenir soluções excessivas. Trata-se de um ponto particularmente relevante para instituições de crédito de pequena dimensão, relativamente às quais se revela desajustado impor exigências ligadas à governação que desatendam à dimensão da organização e dos riscos que lhe estão subjacentes.

Nesta sede, o princípio de proporcionalidade serve para calibrar a intensidade das restrições ao princípio de autonomia empresarial bancária, em função dos riscos inerentes ao modelo de negócio de cada banco, e da dimensão, organização interna e natureza, âmbito e complexidade das atividades desenvolvidas.

O princípio de proporcionalidade determina a suficiência de respostas mais simples em termos de governação para bancos de menor dimensão, menor risco e menor complexidade[98]. Para uma avaliação, estes critérios – e outros com possível relevância – devem ser encarados em termos integrados[99].

IV – Por fim, o governo dos bancos encontra-se submetido a um princípio de plena informação. A prestação de informação sobre governo societário reúne diversas vantagens: permite que os mecanismos de censura social possam influenciar os padrões de governação dos bancos, favorece uma disseminação de boas práticas e faculta uma prevenção de irregularidades relacionadas com

---

[96] Para uma aplicação em relação ao sistema de controlo interno: Mads Andenas/Iris H-Y Chiu, *The Foundations and Future of Financial Regulation. Governance for Responsibility*, London/New York (2014), 358.

[97] Guido Ferrarini/Maria Cristina Ungureanu, *Lost in Implementation: the rise and value of the FSB Principles for Sound Compensation Practices at Financial Institutions*, cit., 6.

[98] A propósito dos temas remuneratórios, é neste sentido que se pronuncia a EBA ("*small and non-complex institutions can comply with the principles by implementing less complex but still appropriate remuneration policies*"):*Opinion On The Application Of Proportionality to the Remuneration Provisions in Directive* 2013/36/EU (2015), 3.

[99] CEBS, *Guidelines on Remuneration Policies and Practices*, (2010), 21.

a governação. Recorde-se a frase mais que centenária de BRANDEIS, expressa precisamente a propósito de bancos: *sunlight is said to be the best desinfectants; eletric light the most efficient policeman*[100].

No âmbito europeu, o *Capital Requirements Regulation* (CRR) encarregou-se de estabelecer uma ampla rede de deveres de informação relacionados com os documentos internos de governação bancária – política de avaliação de adequação de dirigentes, número de cargos exercidos pelos membros do órgão de administração, política de remuneração e informação sobre existência de comissão de risco e sobre os fluxos de informação relacionados com o risco[101].

Além disso, é prevista uma transmissão de informação sobre a avaliação prévia e a reavaliação anual de adequação dos dirigentes[102] à autoridade de supervisão e, no caso de avaliação ou reavaliação de membros de cargos eletivos, também à assembleia geral[103]. A razão de ser deste envolvimento informativo com os acionistas prende-se com a relevância dos exercícios internos de reavaliação de adequação dos dirigentes para efeitos de tomada de deliberações societárias com impacto na composição dos órgãos eletivos – isto é, deliberações de designação, destituição ou ratificação de cooptação.

Em termos mais gerais, na lógica das regras de Basileia III, o relevo das regras de informação explica-se pela influência positiva que pode encontrar-se nos mecanismos de mercado para estimular bons padrões de governação nos bancos[104]. Este constitui, assim, não apenas uma manifestação do Pilar III, mas também uma demonstração da inter-relação que os Pilares II e III exibem entre si.

Este princípio de plena informação comporta exceções, havendo documentos de trabalho em matéria de governação que devem ser considerados como confidenciais. As comunicações internas de deteção de irregularidades ou os exercícios de auto-avaliação constituem exemplos de documentos que por regra devem circunscrever-se à esfera interna dos bancos.

---

[100] LOUIS D. BRANDEIS, *Other People's Money and How the Bankers Use It*, Boston/New York (reimp. 1995), 89.

[101] Artigos 435º (especialmente nº 2) e 450º do Regulamento (UE) nº 575/2013 do Parlamento Europeu e do Conselho, de 26 de junho de 2013 (CRR).

[102] Sobre este regime, reenvia-se para a exposição subsequente (*infra*, § 5º).

[103] Em Portugal, cfr. artigo 30º-A nºs 7 e 9 RGIC.

[104] ANTONIA PATRIZIA IANUZZI, *Le politiche di remunerazione nelle banche tra regolamentazione e best practices*, Napoli (2013), 209 e ss.

§ 4º ESTRUTURA DO SISTEMA E INSTRUMENTOS DE GOVERNAÇÃO

I – O governo societário dos bancos estrutura-se como um sistema: pressupõe diversos instrumentos de governação que operam entre si através de relações de complementaridade e de influência recíproca[105].

Um modelo de apresentação muito divulgado do governo societário de bancos é o que, na senda do trabalho do COSO (*Committee of Sponsoring Organizations of the Treadway Commission*), assenta na descrição do sistema de governo como sendo composto por múltiplas linhas de defesa na gestão do risco de cada instituição[106]. Nesta conceção, o órgão de administração funciona como primeira linha de defesa: cabe-lhe definir o nível de risco tolerado, assumir os riscos e aprovar os processos de gestão dos riscos assumidos em função da estratégia por si determinada. A segunda linha de defesa está a cargo das áreas de gestão de risco, controlo financeiro, controlo de qualidade, segurança e compliance, enquanto áreas de suporte à atuação da administração. A auditoria interna procura avaliar os processos aplicados em cada banco e representa a terceira linha de defesa. O sistema é, por fim, complementado pela atuação dos revisores oficiais de contas (e auditores externos) e das autoridades de supervisão[107].

Este modelo tem o mérito de sintetizar, numa linguagem muito gráfica, a interdependência e complementaridade de atuação dos órgãos sociais e do sistema de controlo interno[108]. Todavia, a ideia de uma tripla linha Maginot em cada instituição sugere uma ordem sucessiva na deteção de problemas de governação que não encontra forçosamente adesão prática; é frequente a deteção de riscos por departamentos dos bancos que são objeto de subsequente reenvio decisório (*escalation*) para a administração[109]. A acrescer, esta construção relega para um plano secundário alguns relevantes instrumentos de governação, dos quais se destaca, em particular:

– os estatutos e os regulamentos de funcionamento dos órgãos sociais;

---

[105] A propósito do efeito de substituição que alguns elementos do sistema de governo podem apresentar, reenvia-se para CLARA RAPOSO, *O governo dos bancos e o desempenho*, 1.3., neste volume.

[106] Este modelo não confina a sua aplicação ao governo dos bancos: cfr. por todos COMMITTEE OF SPONSORING ORGANIZATIONS OF THE TREADWAY COMMISSION, *Internal Control – Integrated Framework*, Jersey City (Maio-2013).

[107] INSTITUTE OF INTERNAL AUDITORS, *The Three Lines of Defense in Effective Risk Management and Control* (Jan.-2015); Id., *Leveraging COSO across the three lines of defense*, (Jul.-2015).

[108] Não surpreende, assim, que as orientações da EBA se tenham considerado coerentes e compatíveis com o modelo de tripla linha de defesa: EBA, *Guidelines on Internal Governance* (GL 44), (27-set.-2011), 10-11.

[109] A Diretiva CRD IV obriga, aliás, a instituir linhas de reporte para a administração sobre riscos significativos: cfr. artigo 76º, nº 2 da Diretiva 2013/36/UE.

- as comissões societárias;
- os regulamentos internos e as políticas;
- os fluxos de informação.

II – A um tempo, merece notar o papel das comissões societárias que – em temas variados como a remuneração, a designação de dirigentes, o risco, o controlo de crédito ou a sustentabilidade – constituem um indispensável complemento do funcionamento dos órgãos sociais. Na legislação europeia, a constituição de comissões de remunerações apenas constitui um dever no caso das instituições de crédito significativas em termos de dimensão, organização interna, natureza, âmbito e complexidade das suas atividades[110].

As comissões devem ser compostas por pessoas que assegurem a sua especialização. Para estes objetivos serem cumpridos com eficácia, é necessário fazer aprovar um regulamento interno que estabeleça as funções e o funcionamento de cada comissão. Cabe ainda fazer aprovar actas, para documentar as reuniões realizadas e os temas tratados e comprovar, deste modo, a efetividade de funcionamento das comissões e a poder avaliar o respetivo desempenho.

III – O dever de estabelecimento de políticas e regulamentos internos funciona como substituto parcial à direta fixação de critérios gerais de bom governo, implicando uma devolução ao critério e avaliação de cada banco.

Os regulamentos internos e as políticas operam, assim, como mecanismos de auto-regulação porquanto são da autoria e da responsabilidade de cada instituição de crédito. Na sua elaboração, devem ser sopesadas as especificidades de cada banco, a natureza e âmbito das suas atividades e os riscos que lhe são inerentes.

IV – Os membros dos órgãos sociais devem ter acesso à informação relevante para o desempenho das suas funções. Por esse motivo, os regulamentos internos devem prever mecanismos de acesso direto ou indireto à informação relevante.

A este propósito, refira-se que certos atores societários podem igualmente desempenhar um papel adicional no *corporate governance* dos bancos. Note-se em particular que o papel dos diretores jurídicos (*chief legal officer* ou *general cousel*) na governação societária, como guardiões da integridade, tem sido cada vez mais evidenciado na literatura recente[111]. O mesmo se diga, *mutatis mutandis*, dos diretores das áreas de sistemas de informação. Além disso, embora também não

---

[110] Cfr. artigo 95º, n. 1 da Diretiva 2013/36/UE (CRD IV).
[111] ROBERT C. BIRD/PAUL BOROCHIN/JOHN D. KNOPF, qualificam o diretor jurídico como o *gatekeeper* mais proeminente: *The Role of the Chief Legal Officer in Corporate Governance*, Journal of Corporate Finance (2016), disponível em http://ssrn.com/abstract=2379612; DEBORAH A. DEMOTT, *The Discrete Roles of General Counsel*, Fordham Law Review n. 74 (2005) 955-981.

mereça atualmente menção na legislação ou recomendações bancárias, o secretário da sociedade pode ser um auxiliar importante na organização dos processos decisórios, no apoio ao funcionamento dos órgãos e comissões de cada banco e na circulação de informação instrumental à tomada de deliberações[112].

§ 5º CRITÉRIOS DE ADEQUAÇÃO INDIVIDUAL E COLETIVA DE DIRIGENTES

I – O governo das sociedades é uma ciência humana: centra-se no escrutínio de decisões e atuações humanas. Nessa medida, a designação dos titulares dos órgãos sociais consubstancia uma deliberação de central prioridade[113]. O regime respeitante a esta matéria encontra-se balizado pelos seguintes objetivos de fundo: a profissionalização e transparência dos processos eletivos, a profissionalização e especialização dos membros dos órgãos sociais e a adequação individual e coletiva para as funções de dirigentes de bancos.

Embora com raízes em anteriores intervenções europeias[114], o tema dos requisitos de designação de administradores nas instituições de crédito foi submetido a uma recente e profunda reforma, por força da Diretiva nº 2013/36/UE (Diretiva CRD IV)[115] e pelo Regulamento UE nº 575/2013 (CRR). Segundo o novo regime, os membros dos órgãos de administração e fiscalização devem mostrar-se adequados, não apenas no início das suas funções mas também ao longo do seu mandato[116]. Neste contexto, a adequação refere-se à capacidade daquelas pessoas assegurarem, em permanência, garantias de gestão sã e prudente das instituições de crédito, tendo em vista, de modo particular, a salvaguarda do sistema financeiro e dos interesses dos respetivos clientes, depositantes, investidores e demais credores[117]. Para o efeito, devem os membros dos órgãos sociais cumprir aperta-

---

[112] Paulo Tarso Domingues, *O(s) secretário(s) das sociedades comerciais*, Revista Eletrónica de Direito nº 1, (fev.-2015); Id., Código das Sociedades Comerciais em Comentário, vol. VI (2013), 850 e ss.
[113] Desenvolvidamente: *A Designação de Administradores*, (2015), *per totum*.
[114] O artigo 3º, nº 2, da Diretiva nº 77/780 já aludia às exigências de idoneidade e experiência dos dirigentes bancários, mas os artigos 5º e 11º da Diretiva nº 89/646 introduziram um decisivo desenvolvimento à matéria: cf. a propósito Marc Dassesse/Stuart Isaacs/Graham Penn, *EC Banking Law*², London/New York/Hamburg/Hong Kong, (1994), 115-116; Paulo Câmara, *O Governo de Grupos Bancários*, em Estudos de Direito Bancário, Coimbra Editora, (1999), 111-205.
[115] Luca Enriques/Dirk Zetzsche, *Quack Corporate Governance, Round III? Bank Board Regulation Under the New European Capital Requirement Directive*, ECGI Law Working Paper nº 249 (2014).
[116] Em Portugal, transposto através do artigo 30º, nº 1 RGIC. Larga parte destas exigências aplica-se igualmente aos titulares de funções essenciais (artigo 33º-A RGIC).
[117] Em Portugal, transposto através do artigo 30º, nº 2 RGIC. Consulte-se ainda a Instrução nº 12/2015, do Banco de Portugal.

dos requisitos de idoneidade, independência, disponibilidade e qualificação profissional[118]. Os três primeiros requisitos merecem abaixo atenção mais detida[119].

A avaliação de adequação é tarefa que cabe em primeira linha aos próprios bancos[120], através da comissão de nomeações (ou órgão equivalente) e do escrutínio acionista, mas a autoridade de supervisão mantém um poder importante de autorização de dirigentes. Aliás, em Portugal, a autorização para o exercício de funções dos membros dos órgãos de administração e fiscalização pelo Banco de Portugal é condição necessária para o início do exercício das respetivas funções[121].

II – O requisito de idoneidade surge agora previsto na CRD IV[122] e é complementado por orientações interpretativas da EBA, intituladas *Guidelines on the assessment of the suitability of members of the management body and key function holders*, de 2012. Importa recordar que a idoneidade implica um juízo relacional entre uma pessoa e a função que por esta pode ser exercida. Na acertada linguagem da EBA, *suitability means the degree to which something or someone has the right qualities for a particular purpose*[123].

O juízo de avaliação da autoridade de supervisão é dirigido não apenas à ponderação de circunstâncias pretéritas tipificadas que revelem o modo de atuação profissional do candidato, como também para *toda e qualquer circunstância cujo conhecimento lhe seja legalmente acessível e que, pela gravidade, frequência ou quaisquer outras características atendíveis, permitam fundar um juízo de prognose sobre as garantias que a pessoa em causa oferece em relação a uma gestão sã e prudente da instituição de crédito*[124].

III – O dever de independência dos administradores consubstancia uma novidade relevante deste enquadramento regulatório. Em vez de estabelecer

---

[118] O tema ainda irá conhecer ainda desenvolvimentos regulatórios por parte da Autoridade Bancária Europeia (EBA): artigo 91º, nº 12 c) da Diretiva nº 2013/36/UE.

[119] Para um levantamento sobre os estudos empíricos disponíveis sobre independência, competência profissional e disponibilidade dos administradores, remete-se para CLARA RAPOSO, *O governo dos bancos e o desempenho*, 3.1, neste volume. Sobre a análise jurídica dos critérios de adequação, cfr. ainda BRUNO FERREIRA, *As novas regras de adequação dos membros do órgão de administração*, neste volume; LUÍS GUILHERME CATARINO, *O Controlo Administrativo da Idoneidade nos corpos sociais das Instituições de Crédito e Sociedades Financeiras*, Instituto dos Valores Mobiliários/Estudos, (2015); PAULO CÂMARA, *Introdução: Designação de Administradores e Governo das Sociedades*, em *A Designação de Administradores*, (2015), 25-33.

[120] JOSÉ MIGUEL LUCAS, *O governo dos Bancos em Portugal*, neste volume.

[121] Artigo 30º-B nº 4 RGIC.

[122] Em Portugal, transposto através do artigo 30º-D RGIC.

[123] EBA, *Guidelines on the assessment of the suitability of members of the management body and key function holders*, (2012), 6.

[124] Em Portugal, transposto através do artigo 30º-D (especialmente nº 4) RGIC.

requisitos quantitativos quanto ao número de administradores em instituições de crédito independentes em relação à gestão executiva e aos acionistas qualificados (como usual nas sociedades cotadas[125]), o novo regime exige a independência como atributo geral de cada administrador[126]. Em causa está, por outras palavras, a "independência de espírito" dos administradores referida na Diretiva europeia[127], matéria que se sujeitará a orientações interpretativas a emitir pela EBA[128]. Por outras palavras, a independência reconduz-se neste âmbito a uma "autonomia do juízo de avaliação" do titular do órgão de administração[129].

A técnica legislativa é claramente distinta da utilizada no Código das Sociedades Comerciais português a propósito da independência dos membros dos órgãos de fiscalização – sendo esta alicerçada numa listagem de indícios de falta de independência (artigo 414º, nº 5 CSC). Por este motivo, a verificação de um requisito fixado neste normativo (ligação a grupos de interesses, a titulares de participações qualificadas ou tripla renovação de mandatos) não indicia necessariamente a perda de independência dos membros da administração para efeitos do regime bancário.

O texto europeu consigna também deveres de honestidade e integridade[130] e o dever de separação entre presidente do órgão de administração e da comissão executiva[131].

A propósito, deve recusar-se a leitura que vislumbra aqui um modelo inevitavelmente confrontacional[132] ou, ao invés, de potencial distanciamento em relação ao exercício da gestão das instituições de crédito. O cumprimento dos requisitos de independência não pode, em todo o caso, prescindir da pontual observância

---

[125] Reenvia-se para a recomendação IV.3 do Código de Corporate Governance do IPCG (2014) e para a recomendação II.1.7 do Código de Governo das Sociedades da CMVM. Cfr. *supra*, 2.b.

[126] Artigo 30º, nº 3 e 31º-A RGIC.

[127] Artigo 91º, nº 8 da Diretiva 2013/36/UE do Parlamento Europeu e do Conselho, de 26 de junho de 2013: *Os membros do órgão de administração devem agir com honestidade, integridade e independência de espírito que lhes permitam avaliar e criticar efetivamente as decisões da direção de topo, quando necessário, e fiscalizar e monitorizar efetivamente o processo de tomada de decisões em matéria de gestão.*

[128] Artigo 91º, nº 12 da Diretiva 2013/36/UE do Parlamento Europeu e do Conselho, de 26 de junho de 2013.

[129] ANDREA MINTO, *La Governance Bancaria tra Autononomia Privata ed Eteronomia*, Milano (2012), 112.

[130] Artigo 91º, nº 8 da Diretiva 2013/36/UE do Parlamento Europeu e do Conselho, de 26 de junho de 2013.

[131] Artigo 88º, nº 1 e) da Diretiva 2013/36/UE do Parlamento Europeu e do Conselho, de 26 de junho de 2013.

[132] LUCA ENRIQUES/DIRK ZETZSCHE, *Quack Corporate Governance, Round III? Bank Board Regulation Under the New European Capital Requirement Directive*, cit., 20-22.

dos deveres de gestão[133] e do dever de conhecimento do negócio por parte dos administradores.

IV – Com a Diretiva CRD IV, a disponibilidade passou a ser enunciada como requisito geral que devem obedecer os administradores de instituições de crédito[134]. Além disso, este requisito deve ser preenchido de forma completa e proporcional aos riscos inerentes ao modelo de negócio e à natureza, nível e complexidade das atividades de cada instituição de crédito.

Por outro lado, prevê-se um regime importante para o tema da acumulação de funções, facultando à autoridade de supervisão a oposição *a que os membros dos órgãos de administração ou fiscalização das instituições de crédito exerçam funções de administração ou fiscalização noutras entidades se entender que a acumulação é suscetível de prejudicar o exercício das funções que o interessado já desempenhe, nomeadamente por existirem riscos graves de conflitos de interesses ou por de tal facto resultar falta de disponibilidade para o exercício do cargo*. Na sua avaliação, deve-se atender às circunstâncias concretas do caso, às exigências particulares do cargo e à natureza, escala e complexidade da atividade da instituição de crédito. Além disso, o Regulamento (UE) nº 575/2013 obriga à divulgação externa dos cargos exercidos pelos administradores de instituições de crédito[135].

Em relação ao regime em apreço importa frisar, em primeiro lugar, que o tema da acumulação de cargos é colocado não apenas no prisma da disponibilidade, mas também no do conflito de interesses. A admissibilidade de administradores com posições em bancos concorrentes afigura-se, agora, arredada ou ao menos fortemente condicionada. Além disso, é vedada a acumulação de *mais do que um cargo executivo com dois não executivos, ou quatro cargos não executivos* aos membros dos órgãos de administração e fiscalização das instituições de crédito significativas em função da sua dimensão, organização interna, natureza, âmbito e complexidade das suas atividades[136]. Por outro lado, o conceito de instituição de crédito

---

[133] Pedro Caetano Nunes, *Dever de gestão dos administradores de sociedades anónimas*, (2012), 469--492 (482-483).

[134] O artigo 14º j) RGIC obriga a instituição a ter nos órgãos de administração e fiscalização membros cuja idoneidade, qualificação profissional, independência e *disponibilidade*, quer a título individual, quer ao nível dos órgãos no seu conjunto, garantias de gestão sã e prudente da instituição de crédito (itálico acrescentado ao texto original). Cfr. também artigo 103º, nº 2 b) (disponibilidade dos administradores designados na sequência de aquisição de participação qualificada) e 115-I nº 1 (divulgação de informação sobre política de disponibilidade) RGIC. Este regime mostra também uma ligação ao regime de perda definitivo do mandato por acumulação de faltas (art. 393º CSC)

[135] Artigo 435º, nº 2 a) do Regulamento (UE) nº 575/2013, de 26 de junho de 2013 (CRR).

[136] Artigo 33º, nº 3 RGIC.

significativa parece ser distinto do conceito homólogo para efeitos do Mecanismo Único de Supervisão, que assenta em critérios delimitativos diferentes[137].

V – Refira-se que a análise de adequação prévia consiste sobretudo numa análise apriorística e preventiva. A supervisão das decisões de gestão e do modo como a governação em concreto se revela diariamente é bastante mais importante. Por outro lado, as exigências de qualificação profissional devem ser aplicadas de acordo com bitolas de razoabilidade, não podendo obstar à renovação da composição dos órgãos sociais: nomeadamente, a transição cultural assente no novo regime de diversidade de género[138] pode implicar candidatos menos experientes em funções de topo.

Por fim, para efeitos da avaliação sucessiva de adequação, este regime surge acompanhado de um dever, a cargo dos dirigentes, de comunicação de factos – originários ou supervenientes – geradores de falta de adequação.

VI – No âmbito do governo societário, um dos novos deveres estabelecidos no regime europeu é o dever de aprovação de uma *política interna de seleção e avaliação dos titulares dos órgãos sociais e dos titulares de funções essenciais* da instituição de crédito.

Procura-se com este instrumento de auto-conformação organizativa que, no âmbito da seleção e avaliação dos dirigentes, cada instituição de crédito desenvolva uma reflexão autónoma e adaptada às suas especificidades, em complemento do regime fixado por lei e por regulamento.

Como conteúdo mínimo[139], a política interna de seleção e avaliação da adequação dos membros dos órgãos de administração e fiscalização deve estabelecer: a identificação dos responsáveis na instituição de crédito pela avaliação da adequação dos dirigentes; os procedimentos de avaliação adotados; os requisitos de adequação exigidos; as exigências de diversidade impostas[140]; as regras sobre prevenção, comunicação e sanação de conflitos de interesses[141]; e os meios de formação profissional disponibilizados.

Na preparação da política de seleção e avaliação devem ser cumpridas os três requisitos gerais das políticas organizativas: adequação e eficácia em relação aos

---

[137] Paulo Câmara, *Supervisão Bancária: recentes e próximos desenvolvimentos*, em *I Congresso de Direito Bancário*, (2014), 303.
[138] Cfr. *infra*, § 5º, VII.
[139] Artigo 30º-A, nº 2 RGIC.
[140] Artigo 30º, nº 6 RGIC.
[141] Artigo 33º, nº 9 RGIC.

objetivo visados[142]; adequação à dimensão e natureza da instituição e das atividades por si prestadas; e a transversalidade, na cobertura de todas as áreas de atuação das instituições de crédito[143].

Embora centrada nos membros dos órgãos sociais, esta política deve igualmente aplicar-se à seleção e à adequação de *titulares de funções essenciais*. Estas funções essenciais reportam-se às funções que conferem influência significativa na gestão da instituição de crédito, o que abrange nomeadamente os responsáveis pelas funções do sistema de controlo interno[144].

A política interna de seleção e de avaliação dos membros dos órgãos de administração e fiscalização atinge diversos objetivos. De um lado, é instrumental ao cumprimento das novas prescrições sobre adequação dos titulares dos órgãos sociais e titulares de funções essenciais. Além disso, destina-se a enquadrar e a desenvolver o regime interno de cada instituição de crédito quanto ao conflito de interesses[145]. Por fim, serve para promover a diversidade de qualificações e competências necessárias para o exercício das funções de administração, fixando objetivos para a representação de homens e mulheres e concebendo uma política destinada a aumentar o número de pessoas do género sub-representado[146].

Note-se que a política de seleção e avaliação e as suas atualizações devem ser divulgadas publicamente[147], para adequado escrutínio pelas autoridades de supervisão e pelo público em geral.

---

[142] Para confirmação deste ponto, cfr. o Considerando 114 do Regulamento (UE) nº 575/2013 (CRR) do Parlamento Europeu e do Conselho, de 26 de junho de 2013 (CRR).

[143] Sobre as políticas de instituições financeiras em geral: PAULO CÂMARA, *Manual de Direito dos Valores Mobiliários*², (2011), 369-372.

[144] Artigo 33º-A, nº 2 RGIC.

[145] Artigo 33º, nº 9 RGIC. Quanto à política de gestão de conflito de interesses nos serviços de intermediação financeira: PAULO CÂMARA, *Manual de Direito dos Valores Mobiliários*², (2011), 369--372.

[146] Artigo 30º, nº 6 RGIC e Considerando 60 e artigos 88º, nº 2 a) e 91º, nº 10 da Diretiva nº 2013/36/EU, do Parlamento Europeu e do Conselho, de 26 de junho de 2013 (CRD IV).

[147] Artigo 435º, nº 2 b) e c) do Regulamento (UE) nº 575/2013 (CRR) do Parlamento Europeu e do Conselho, de 26 de junho de 2013 (CRR). O Considerando 114 do Regulamento (UE) nº 575/2013 (CRR) do Parlamento Europeu e do Conselho, de 26 de junho de 2013 (CRR) indica que o órgão de administração das instituições de crédito deveria declarar publicamente que as políticas estabelecidas em matéria de governação são adequadas e suficientes. No corpo do diploma, porém, esta exigência apenas surge associada à adequação dos sistemas de gestão de risco (Artigo 435º, nº 1 e) do Regulamento (UE) nº 575/2013 (CRR) do Parlamento Europeu e do Conselho, de 26 de junho de 2013).

VII – A avaliação sucessiva da adequação dos dirigentes de bancos constitui uma das novidades mais importantes do regime[148]. Deve distinguir-se a avaliação sucessiva anual e a avaliação sucessiva extraordinária. Esta última reporta-se ao exame permanente a novos factos que afetem a adequação dos dirigentes[149], o qual deve ser realizado com carácter de urgência. De outro lado, é constituído um dever de preparação de um relatório anual de avaliação coletiva de adequação dos órgãos de administração e de fiscalização e de um relatório anual de avaliação individual de adequação por cada um dos respetivos membros. Estes relatórios devem documentar uma avaliação atualizada de todos os critérios de adequação, seja individual, seja coletiva[150]. Nesse âmbito devem ser ponderados novos factos ou factos antigos não anteriormente comunicados. O relatório anual obriga ainda a uma verificação da observância de recomendações anteriores – nomeadamente quanto à estrutura ou dimensão do órgão ou às ações de formação frequentadas pelos administradores – e a ponderar modificações na atividade do banco e alterações regulatórias entretanto ocorridas.

VIII – Uma tendência importante detetada em instrumentos legislativos e recomendatórios é a de procurar que na política de adequação dos dirigentes bancários, as instituições de crédito desenhem objetivos relacionados com a diversidade nos órgãos sociais e funções dirigentes.

O apelo à diversidade é formulado em termos muito amplos para cobrir todas as manifestações principais de diversidade, mas é particularmente centrado na diversidade de género. Esta orientação legislativa e recomendatória procura contrariar o quadro estatístico usualmente verificado na composição dos órgãos sociais de bancos, que revela uma percentagem significativamente baixa de mulheres nos órgãos de administração[151].

---

[148] Artigo 91º, nº 1 da Diretiva nº 2013/36/UE, do Parlamento Europeu e do Conselho, de 26 de junho de 2013 (CRD IV). Em Portugal, o tema encontra tratamento nas alíneas c) e d) do nº 2 artigo 115º-B RGIC.

[149] No direito português, o dever de comunicação destes factos é consagrado no artigo 30º-A, nº 4 RGIC.

[150] Sobre a adequação coletiva: EBA, *Guidelines on the assessment of the suitability of members of the management body and key function holders*, (2012), 6.3. e, no direito português, artigo 30º, nº 4 RGIC.

[151] EUROPEAN COMMISSION, *Women on Boards. Factsheet 2. Gender Equality in the Member States*, (2012); EGON ZEHNDER, *European Board Diversity Analysis* (2014); SOFIA LEITE BORGES, *Designação obrigatória de administradores e diversidade do género: algumas reflexões sobre a proposta de Diretiva relativa à melhoria do equilíbrio entre homens e mulheres no cargo de administrador não executivo das empresas cotadas em bolsa e a outras medidas conexas*, em *A Designação de Administradores* (2015); Id., *Mulheres em cargos de administração: algumas notas sobre a proposta de Directiva COM (2012) 614 final relativa à melhoria do equilíbrio entre homens e mulheres no cargo de administrador não executivo das empresas cotadas em bolsa e a outras medidas conexas*, in Revista de Direito das Sociedades, Ano V – Número 3, Almedina (2013);

Deste ponto de vista, a diversidade de género nos órgãos sociais e funções dirigentes mostra-se vantajosa pelos seguintes motivos diretamente relacionados com a governação societária: (i) propicia uma diversidade de opiniões, sensibilidades e abordagens que pode permitir um conhecimento mais informado da atividade do banco e dos riscos em que incorre (ii) faculta um aproveitamento mais eficiente do talento nas organizações ao nível do topo da cadeia decisória; (iii) promove um maior equilíbrio nos processos decisórios[152], contrariando um espírito acrítico de pensamento de grupo (*group thinking*)[153]; (iv) permite um alinhamento da estrutura dirigente com o perfil do cliente.

Há, além disso, um significado civilizacional mais amplo que decorre deste quadro regulatório. A esta luz, com efeito, as orientações sobre diversidade: (i) contrariam a discriminação das mulheres na designação de funções de topo; (vi) apoia a conciliação entre a vida familiar e profissional; (ii) quebram uma possível atmosfera clubista na seleção de administradores; e, por fim, (iii) facilitam um processo cultural relevante e socialmente positivo de incremento de líderes que sejam mulheres[154].

Deve anotar-se que o Regulamento (UE) nº 575/2013 obriga à divulgação externa da política de diversidade seguida em cada instituição de crédito[155]. De qualquer modo, importa sublinhar que a legislação europeia confia avisadamente uma larga margem de autonomia a cada banco na conformação das respetivas políticas de diversidade.

§ 6º ADMINISTRAÇÃO

I – Em termos internacionais, o órgão de administração constitui o primeiro responsável pelo planeamento, pela aplicação e pela revisão do sistema de governação societária. Tal o que decorre nomeadamente da Diretiva europeia CRD

PAULO CÂMARA, *Introdução: Designação de Administradores e Governo das Sociedades*, em *A Designação de Administradores*, (2015), 34-36; Id., *Diversidade de género e governo das sociedades*, Inside Sérvulo (2016).

[152] Para uma ilustração empírica recente: MIRIAM SCHWARTZ-ZIV, *Gender and Board Activeness: The Role of a Critical Mass*, Journal of Financial and Quantitative Analysis (2016), disponível em http://ssrn.com/abstract=1868033.

[153] Considerando 60 da Diretiva nº 2013/36/EU, do Parlamento Europeu e do Conselho, de 26 de junho de 2013 (CRD IV); PETER MÜLBERT/ALEXANDER WILHEIM, *CRD IV framework for banks' corporate governance*, cit., 163.

[154] Relevante, a este propósito, é o convincente manifesto de SHERYL SANDBERG, *Lean In: Women, Work, and the Will to Lead*, London (2015), 12-173.

[155] Artigo 435º, nº 2 c) do Regulamento (UE) nº 575/2013, de 26 de junho de 2013 (CRR).

IV[156] e dos Princípios de Basileia[157]. Os Princípios, aliás, estendem a responsabilidade do órgão de administração das empresas dominantes à governação societária do grupo[158].

O papel de liderança do órgão de administração deve ser todavia articulado com os poderes dos acionistas, nomeadamente na aprovação e alteração dos estatutos sociais, onde consta nomeadamente o modelo de governo societário, na designação de titulares dos órgãos sociais ou na aprovação da política de remuneração ou da política de avaliação de adequação dos membros daqueles órgãos.

II – O governo das instituições de crédito implica não apenas a constituição de deveres nos bancos mas também de deveres na esfera jurídica dos seus administradores.

Cabe, referir, a propósito: o dever de gestão sã e prudente (art. 14º 1 j), 30º/2 e 118º RGIC); o dever de diligência na gestão do banco (art. 75º RGIC); o dever de conhecimento da atividade dos riscos inerentes à atividade do banco[159]; o dever de aplicação de mecanismos de controlo interno que assegurem uma gestão sã e prudente (17º 2 c) RGIC)[160]; e o dever de denúncia de irregularidades (*whistleblowing*) (116º-AA e 116º-AB RGIC)[161].

III – Na dinâmica dos órgãos de administração, um aspeto relevante reporta-se ao relevo de um processo decisório de qualidade, com capacidade de discernimento e independência de espírito de cada membro. A este propósito, a influência excessiva de um membro pode revelar-se perniciosa se conduzir a uma compressão ou a uma aniquilação dos mecanismos de debate e de escrutínio interno. Neste âmbito, a autoridade prudencial britânica considera expressamente que podem suscitar-se dúvidas sobre o cumprimento dos requisitos normativamente impostos se um membro do órgão for particularmente dominante

---

[156] Cfr. nomeadamente os artigos 76º, 88º e 91º da Diretiva 2013/36/UE (CRD IV). No regime português, refira-se em particular os artigos 115º-A nº 1 e 116º-D nº 6 RGIC.
[157] BASEL COMMITTEE ON BANKING SUPERVISION, *Corporate governance principles for banks* (Jul.-2015), Princípio 1.
[158] KLAUS HOPT, *Corporate Governance of banks after the financial crisis*, in EDDY WYMEERSCH/KLAUS HOPT/GUIDO FERRARINI (eds.), *Financial Regulation and Supervision: A post-crisis analysis*, Oxford (2012), 356.
[159] Artigo 91º nº 7 da Diretiva 2013/36/UE (CRD IV).
[160] O incumprimento deste dever pode, aliás, relevar igualmente como violação do dever de cuidado – cfr. PAULO CÂMARA, *Código das Sociedades Comerciais e Governo das Sociedades*, (2008), 30.
[161] PATRÍCIA MARQUES FERREIRA, *O Whistleblowing: O Reporte Protegido nos Artigos 116º-AA e 116º-AB do RGICSF*, Dissertação de mestrado, Universidade Nova de Lisboa (2015); OECD, *Commiting to Effective Whistleblower Protection*, (2016). Cfr. *infra*, § 6º.

nessa instituição financeira, seja presidente da comissão executiva, administrador ou ocupe outro cargo[162].

IV – Importa conceder destaque aos administradores não executivos no sistema de governação societária dos bancos. Particularmente relevante é o papel que lhes é reconhecido nas comissões societárias – nomeadamente a comissão de remunerações e a comissão de nomeações[163].

No contexto da governação bancária, o Banco Nacional de Angola caracterizou em termos lapidares o perfil funcional destes atores societários, ao dispor que aos administradores não executivos cabe: "garantir que os membros executivos realizam a gestão corrente de forma sã, prudente e efetiva; fornecer uma opinião independente no processo de decisão; participar na definição e monitorização da estratégia de negócio; analisar e debater os relatórios produzidos pelas funções--chave do sistema de controlo interno e supervisionar o processo de divulgação de informação contabilística e de gestão"[164].

A efetividade do contributo dos titulares não executivos do órgão de administração para a cultura de cada banco consubstancia um processo – que encontra concretizações dissemelhantes de banco para banco. As recomendações que as autoridades de supervisão venham, neste âmbito, a emitir podem revelar utilidade[165].

§ 7º FISCALIZAÇÃO

I – Os membros do órgão de fiscalização estão igualmente sujeitos a relevantes deveres jurídicos relacionados com o bom governo do banco. Além dos deveres gerais de cuidado e de lealdade, estão sobretudo em foco os deveres de fiscalização da gestão, os deveres de acompanhamento do cumprimento das normas aplicáveis e os deveres de escrutínio do processo de relato financeiro, da eficácia do sistema de controlo interno e do sistema de reporte de irregularidades[166].

---

[162] PRUDENTIAL REGULATORY AUTHORITY, *Internal Governance*, Supervisory Statement SS21/15 (2015), 5.
[163] A propósito desta última, reenvia-se para DIOGO COSTA GONÇALVES, *A remuneração dos administradores das instituições de crédito: o comité de remunerações*, neste volume.
[164] Artigo 9º nº 5 do Aviso nº 1/2013 do BNA.
[165] Cfr. *infra*, § 6º.
[166] Trata-se de um tema relativamente ao qual o Grupo de Peritos designado pelo Banco de Portugal recomenda um significativo reforço: BANCO DE PORTUGAL, *Recomendações do Grupo de Trabalho sobre os Modelos e as Práticas de Governo, de Controlo e de Auditoria das Instituições Financeiras*, (2015), Recomendação nº 11.

A fiscalização societária constitui um tema tratado em termos particulares na legislação bancária europeia, porque esta toma como paradigma o modelo anglo-saxónico de governo (i.e. pressupondo uma fiscalização intra-orgânica)[167] – embora seja neutra em relação ao tipo de modelo de governo utilizado em cada jurisdição ou em cada banco[168].

II – Note-se que o novo regime europeu de auditoria reforça significativamente as exigências de independência dos revisores oficiais de contas e os deveres de vigilância dos membros dos órgãos de fiscalização em relação àqueles atores societários. Este regime decorre do Regulamento (UE) nº 537/2014 do Parlamento Europeu e do Conselho, de 16 de abril de 2014, e da Diretiva nº 214/56/UE, do Parlamento Europeu e do Conselho, de 16 de abril de 2014. Em Portugal, este diploma foi transposto através da Lei nº 140/2015, de 7 de setembro, que aprovou um novo Estatuto dos Revisores Oficiais de Contas, e da Lei nº 148/2015, de 9 de setembro, que aprova o Regime Jurídico da Supervisão de Auditoria.

Tenha-se designadamente em conta que para efeitos deste regime os bancos são qualificados como entidades de interesse público[169], o que implica nomeadamente uma segregação necessária entre fiscalização societária e revisão de contas, a inclusão obrigatória de uma maioria de membros independentes, incluindo o seu presidente, e deveres especiais a cargo do órgão de fiscalização[170]. Paralelamente, os profissionais de auditoria externa encontram-se submetidos a deveres acrescidos relacionados com a sua independência[171].

---

[167] Esse paradigma é patente no catálogo de conceitos quanto aos órgãos societários, que coloca algumas dificuldades de transposição aos modelos dualista e clássico: cfr. artigo 3º, nº 1 7-9 da Diretiva 2013/36/UE (CRD IV).

[168] PETER MÜLBERT/ALEXANDER WILHEIM, *CRD IV framework for banks' corporate governance*, in GUIDO FERRARINI/DANNY BUSCH (ed.), *European Banking Union*, (2015), 168-169, 173-177.

[169] Artigo 2º, nº 13 da Diretiva 2006/43/CE do Parlamento Europeu e do Conselho, de 17 de maio de 2006, relativa à revisão legal das contas anuais e consolidadas, na redação dada pela Diretiva nº 214/56/UE, do Parlamento Europeu e do Conselho, de 16 de abril de 2014. No direito português, tem aplicação o artigo 2º b) do DL nº 225/2008, de 20 de novembro.

[170] Artigo 39º da Diretiva 2006/43/CE do Parlamento Europeu e do Conselho, de 17 de maio de 2006, relativa à revisão legal das contas anuais e consolidadas, na redação dada pela Diretiva nº 214/56/UE, do Parlamento Europeu e do Conselho, de 16 de abril de 2014. Em Portugal, v. o artigo 3º da Lei nº 148/2015, de 9 de setembro.

[171] Em Portugal, reenvia-se nomeadamente para os artigos 62º, 63º, 77º-80º do Estatuto da Ordem dos ROC, aprovado pela Lei nº 140/2015, de 7 de setembro e para o Regulamento nº 4/2015 da CMVM.

§ 8º TITULARES DE FUNÇÕES ESSENCIAIS; O SISTEMA DE CONTROLO INTERNO

I – No tocante ao âmbito intra-bancário, as implicações do governo societário dos bancos não se circunscrevem aos titulares dos órgãos de administração e de fiscalização.

De um lado, como foi notado, o regime europeu sobre adequação de dirigentes estende-se não apenas aos membros de órgãos sociais mas também aos titulares de funções essenciais[172].

De outro lado, as regras sobre política de remunerações aplicam-se não apenas aos administradores e membros dos órgãos de fiscalização, como também aos dirigentes com estatuto remuneratório equivalente e aos dirigentes do sistema de controlo interno[173].

Por fim, como abaixo será analisado, no governo societário dos bancos são assinaladas funções importantes aos colaboradores que integram o sistema de controlo interno.

II – O sistema de controlo interno pode ser caracterizado funcionalmente por referência às três áreas que envolve – controlo de cumprimento (*compliance*), gestão de riscos e auditoria interna – as quais por seu turno se articulam com os órgãos sociais da sociedade[174]. Em Portugal, o Aviso nº 5/2008 define o sistema de controlo interno como o *conjunto das estratégias, sistemas, processos, políticas e procedimentos definidos pelo órgão de administração, bem como das ações empreendidas por este órgão e pelos restantes colaboradores da instituição, com vista a garantir: o desempenho eficiente e rentável da atividade, no médio e longo prazos, que assegure a utilização eficaz dos ativos e recursos, a continuidade do negócio e a própria sobrevivência da instituição; a existência de informação financeira e de gestão, completa, pertinente, fiável e tempestiva; e o respeito pelas disposições legais e regulamentares aplicáveis*[175].

O sistema de controlo interno constitui um sub-sistema do sistema geral de governo societário dos bancos. Supõe, com efeito, uma inter-relação e complementaridade entre as suas três vertentes – compliance, gestão de risco e auditoria interna – e os órgãos sociais que as criam, orientam e vigiam. A sua importância não pode ser negligenciada: como refere acertadamente PAOLO MONTALENTI,

---

[172] Cfr. *supra*, §5º.
[173] Artigo 92º nº 2 e) e f) da Diretiva 2013/36/UE (CRD IV). Cfr. *infra*, §9º.
[174] IRIS H-Y CHIU, *Regulation (From) the Inside. The legal framework for internal control in banks and financial institutions*, Oxford, (2015), 5,11.
[175] O texto representa uma síntese do enunciado do artigo 2º do Aviso nº 5/2008 do Banco de Portugal.

o sistema de controlo interno representa *um dos pilares fundamentais, senão mesmo a trave mestra, da estrutura de governo societário nos países industriais avançados*[176].

O objeto do sistema de controlo interno é a deteção de atos de inadequação organizativa, atos ilegais, atos dissipatórios, atos de gestão abusiva ou de atos ineficientes[177]. Não é, assim, um escrutínio confinado ao controlo formal ou de legalidade, mas estende-se ao controlo de mérito e de adequação organizativa.

III – O sistema de controlo interno interage, por seu turno, com os demais órgãos sociais. À administração cabe criar o sistema e dotá-lo de recursos adequados (nomeadamente em termos humanos); ao órgão de fiscalização incumbe vigiar a eficácia do sistema de controlo interno.

Nesta medida, o sistema apoia as decisões do órgão de administração e vê a eficácia da sua atuação vigiada pelo órgão de fiscalização[178]. Nessa medida, é crucial entender que o sistema de controlo interno não opera em termos extrínsecos à sociedade, mas antes consubstancia uma atividade intrínseca à gestão societária[179].

Qualquer das componentes do sistema de controlo interno representa funções de apoio à administração. Esta natureza, se não é devidamente equilibrada com a integridade dos processos e o profissionalismo dos colaboradores, comporta em si o risco de uma falta de independência interna ou de manipulação organizativa[180]. A falta de recursos humanos e técnicos destas áreas pode também constituir uma causa direta para um subaproveitamento (ou mesmo, no limite, um esvaziamento) das suas funções. Por este motivo, os seus responsáveis não devem depender hierarquicamente de membros do órgão de administração com o pelouro de áreas fiscalizadas[181]. Além disso, os membros do sistema de controlo

---

[176] PAOLO MONTALENTI, *Corporate governance e sistema dei controlli interni*, in *Saggi sui Grandi Temi della Corporate Governance*, Instituto per il Governo Societario, Milano (2013), 90.

[177] MARIO LIBERTINI, *Il sistema dei controlli nelle banche*, in VINCENZO CATALDO, *La Governance delle Societá Bancarie*, Milano, (2014), 63.

[178] No direito português, cfr. os artigos 420º, nº 1 i), 423º, nº 1 i) e 441º, nº 1 i) CSC. Sobre o regime italiano: MARIO LIBERTINI, *Il sistema dei controlli nelle banche*, cit., 72.

[179] PAOLO MONTALENTI, *Corporate governance e sistema dei controlli interni*, in *Saggi sui Grandi Temi della Corporate Governance*, Instituto per il Governo Societario, Milano (2013), 95.

[180] IRIS H-Y CHIU, *Regulation (From) the Inside. The legal framework for internal control in banks and financial institutions*, Oxford, (2015), 297-299.

[181] "Nos órgãos de administração das instituições de crédito não devem ser atribuídos ao mesmo administrador executivo pelouros relativos a funções de controlo interno e a funções de natureza operacional": BANCO DE PORTUGAL, *Recomendações do Grupo de Trabalho sobre os Modelos e as Práticas de Governo, de Controlo e de Auditoria das Instituições Financeiras*, (2015), Recomendação 26.

interno devem ter um acesso a informação necessária para o exercício das suas funções[182].

IV – O sistema de controlo interno serve de *gatekeeper* interno de cada banco, ao prevenir irregularidades e ao reforçar a robustez da governação[183]. Nesta perspetiva, assume uma função relevante no processo de cumprimento das prescrições bancárias, nomeadamente perante as autoridades de supervisão. Este traço do regime encontra-se profundamente enraizado na atual disciplina europeia[184].
De um lado, constituem-se deveres de denúncia diretos (*whistleblowing*) perante as autoridades de supervisão competentes[185].
De outro lado, a política remuneratória dos seus membros é regulada, de modo a evitar uma erosão na sua independência[186].

V – A relação entre o sistema de controlo interno, enquanto género, e cada uma das suas componentes, como espécie, nem sempre é todavia adequadamente retratada na legislação[187]. A complementaridade entre cada componente do sistema de controlo interno não anula as especificidades correspondentes. De resto, a cumulação de funções entre mais do que uma destas funções (*dual hatting*) é explícita ou implicitamente vedada[188]. As concretas funções a cargo das diversas áreas do controlo interno devem, em cada banco, desejavelmente ser descritas em manual de sistema de controlo interno, ou documento equivalente. Adiante procede-se à sua sumária análise.

VI – Para se entender corretamente o relevo do controlo de cumprimento nos bancos, importa ter presente o elevado caudal de legislação bancária aprovada recentemente.

---

[182] Iris H-Y Chiu, *Regulation (From) the Inside. The legal framework for internal control in banks and financial institutions*, Oxford, (2015), 99.
[183] Iris H-Y Chiu, *Regulation (From) the Inside. The legal framework for internal control in banks and financial institutions*, cit., 11, 134-136.
[184] Artigos 4º, nº 5, 50º, nº 1 e 123º, nº 2 da Diretiva 2013/36/UE do Parlamento Europeu e do Conselho, de 26 de junho de 2013 (CRD IV).
[185] No regime português, refira-se o artigo 116º-AB RGIC.
[186] Cfr. *infra* §9º.
[187] Veja-se nomeadamente o Artigo 22º da Diretiva europeia 2006/48/CE do Parlamento Europeu e do Conselho, de 14 de junho de 2006, que tratava a gestão de riscos e o controlo interno como vertentes autónomas. Além disso, o artigo 508º-C CSC português refere-se aos principais elementos dos sistemas de controlo interno e de gestão de riscos do grupo – sendo certo que este se inclui naquele.
[188] Basel Committee on Banking Supervision, *Corporate governance principles for banks* (Jul.-2015), § 110 e § 140.

No âmbito europeu, refiram-se, como principais fontes: a Diretiva 2013/36/UE do Parlamento Europeu e do Conselho, de 26 de junho de 2013 (correntemente designada por CRD IV), o Regulamento (UE) nº 575/2013 do Parlamento Europeu e do Conselho, de 26 de junho de 2013 (*Capital Requirements Regulation* ou CRR), o Regulamento do Conselho nº 1024/2013, de 15 de outubro de 2013 (Regulamento do Mecanismo Único de Supervisão), o Regulamento do BCE, de 16 de abril de 2014, que estabelece o quadro de cooperação, no âmbito do Mecanismo Único de Supervisão, entre o BCE e as autoridades nacionais competentes e com as autoridades nacionais designadas (Regulamento-Quadro do Mecanismo Único de Supervisão), o Regulamento (UE) nº 806/2014, do Parlamento Europeu e do Conselho, de 15 de julho de 2014, sobre o Mecanismo Único de Resolução, a Diretiva 2014/59/UE, do Parlamento Europeu e do Conselho, de 15 Maio de 2014 sobre Recuperação e Resolução de Instituições de Crédito e a Diretiva 2014/49/UE, do Parlamento Europeu e do Conselho, de 16 de Abril de 2014 sobre sistema de garantia de depósitos. Estes diplomas, por seu turno, são objeto de múltiplos complementos através de orientações técnicas da EBA e de instrumentos de *soft law*[189].

O dilúvio regulatório na área da banca determina uma elevada pressão para as instituições de crédito. As alterações regulatórias determinam modificações profundas do ponto de vista da estrutura de capital e da organização, sobretudo na área do *Compliance*. Uma ilustração que pode ser indicada a este propósito é a de um banco internacional que, após um processo de redução de pessoal que envolveu, ao longo de 2 anos, a supressão de 40.000 postos de trabalho anunciou em 2013 a contratação de mais 13.000 *compliance officers*[190].

O sistema de controlo de cumprimento, neste contexto, deve procurar contribuir ativamente para o cumprimento de todas as prescrições dirigidas ao banco, visando também robustecer a respetiva cultura de cumprimento, nomeadamente através da organização de sessões de formação sobre os normativos mais relevantes e da avaliação atempada do potencial impacto de eventuais alterações do enquadramento legislativo e regulatório[191].

VII – O governo societário deve considerar-se instrumento de medição do risco da instituição; além disso, inclui o sistema de gestão e mensuração de risco.

---

[189] Paulo Câmara/Manuel Magalhães, *O Novo Direito Bancário*, 2ª edição (2016).
[190] Jeffrey Golden, *Preface, The International Capital Markets Review*³, (2013), vii.
[191] Para uma determinação do âmbito de atuação do compliance: João Labareda, *Contributo para o Estudo do Sistema de Controlo e da Função de Cumprimento («Compliance»)*, Instituto dos Valores Mobiliários/Estudos, (2014).

A função de identificação e gestão de riscos dos bancos esteve sob revisão regulatória recente, dado que as insuficiências na gestão de risco estiveram na base de alguns escândalos e fraudes recentes ocorridos desde 2008 (UBS e *Société Générale*)[192].

Na atual regulação bancária, o tema do risco assume uma central importância. Tal revela-se, em termos prudenciais, no dever que cada banco tem de deter uma base de capital suficientemente sólida para cobrir a natureza e o nível de riscos a que está ou pode estar exposto[193]. Além disso, o governo societário de cada banco deve incluir processos eficazes para identificar, gerir, controlar e comunicar os riscos a que estão ou podem vir a estar expostos[194].

A área de gestão de riscos tem um papel particularmente relevante na preparação dos planos de recuperação e de resolução (*living wills*) de instituições de crédito[195].

VIII – O âmbito da auditoria interna tem sofrido um alargamento significativo. Originariamente centrada na integridade do processo de relato financeiro, passou – sob as indicações do Comité de Basileia – a auditoria interna a cobrir toda a atividade bancária[196]. Assim, entre as modalidades de auditoria, ao lado da auditoria destinada a verificar a regularidade do processo de preparação dos documentos de prestação de contas (auditoria dos documentos financeiros), pontuam agora como relevantes a auditoria que visa a verificação da eficácia operacional (auditoria operacional)[197] e a que avalia a conformidade com regras jurídicas ou éticas (auditoria de cumprimento)[198].

O exercício profissional da auditoria interna pauta-se por regras de conduta próprias. De acordo com o Código de Ética do *Institute of Internal Auditors*, em

---

[192] IRIS H-Y CHIU, *Regulation (From) the Inside. The legal framework for internal control in banks and financial institutions*, Oxford, (2015), 99.
[193] Cfr. nomeadamente o artigo 73º da Diretiva 2013/36/UE (CRD IV).
[194] Artigo 74º da Diretiva 2013/36/UE (CRD IV).
[195] Artigo 5º e 10º da Diretiva 2014/59/UE (BRRD) e, no direito português, artigos 116º-D – 116º-Q RGIC. IRIS H-Y CHIU, *Regulation (From) the Inside. The legal framework for internal control in banks and financial institutions*, Oxford, (2015), 96-97; PAULO CÂMARA, *A renovação do Direito bancário no início do novo milénio*, em PAULO CÂMARA/MANUEL MAGALHÃES, *O Novo Direito Bancário*, 2ª edição (2016).
[196] BASEL COMMITTEE ON BANKING SUPERVISION, *The internal audit function in banks*, www.bis.org/publ/bcbs223.pdf.
[197] BASEL COMMITTEE ON BANKING SUPERVISION, *Principles for sound operational risk management*, www.bis.org/publ/bcbs195.pdf.
[198] ALVIN A. ARENS/RANDAL J. ELDER/MARK S. BEASLEY, *Auditing and Assurance Services. An Integrated Approach*[9], Prentice-Hall (2003), 13-16.

causa estão as regras de integridade, objetividade, confidencialidade e competência[199].

§ 9º REMUNERAÇÃO

I – A remuneração de dirigentes bancários tem merecido um grosso caudal de intervenções normativas, no rescaldo da crise financeira internacional iniciada em 2007-8[200]. Os fatores que impulsionaram a evolução regulatória recente na área remuneratória são múltiplos e relacionam-se nomeadamente com a ligação das estruturas remuneratórias à assunção excessiva de risco e de adoção de perspetiva de curto prazo em instituições financeiras[201]. Registaram-se, além disso, casos de remunerações desproporcionais ao desempenho em bancos que atravessaram situações de dificuldades financeiras e em bancos que foram objeto de recapitalizações estatais (*bail-outs*). Por último, uma estrutura de incentivos mal alinhada pode agravar exponencialmente o risco de irregularidades ou ilicitude na distribuição de instrumentos e produtos financeiros[202].

Atentos estes motivos e também porque, de modo mais geral, tem havido uma elevação progressiva dos níveis remuneratórios dos administradores e outros dirigentes, nota-se uma maior atenção política, mediática e do público em geral sobre os temas remuneratórios. Em resultado deste contexto, o relevo regulatório dos temas remuneratórios acentuou-se à medida do incremento de sofisticação dos pacotes remuneratórios e da crescente aprovação de intervenções legislativas e recomendatórias, nomeadamente no rescaldo da crise financeira internacional. Tal pode documentar-se pelo acervo de regras e recomendações desenvolvido. Os temas remuneratórios apresentam, assim, uma proeminência no âmbito da constelação de problemas em torno do governo societário de bancos. De resto, a remuneração de dirigentes bancários tem conhecido um lugar de tal modo central que um dos principais desafios atuais reside na dificuldade

---

[199] O dever de integridade dos auditores internos é apresentado do seguinte modo: "*1.1. Shall perform their work with honesty, diligence, and responsibility.1.2. Shall observe the law and make disclosures expected by the law and the profession. 1.3. Shall not knowingly be a party to any illegal activity, or engage in acts that are discreditable to the profession of internal auditing or to the organization.1.4. Shall respect and contribute to the legitimate and ethical objectives of the organization.*": THE INSTITUTE OF INTERNAL AUDITORS, *Code of Ethics*, (2013).

[200] Cfr. *supra*, § 2º.

[201] SARAH-LENA SCHMIDT/ZACHARY KOLKIN/JONATHAN REINSTEIN, *EU Overview*, em ARTHUR KOHN/RICHARD SUSKO (ed.), *The Executive Remuneration Review*[3], London (2014), 98-110.

[202] IRIS H-Y CHIU, *Regulation (From) the Inside. The legal framework for internal control in banks and financial institutions*, Oxford, (2015), 215.

na reconstituição, em toda a sua extensão, das regras e recomendações nesta área[203].

II – O elemento central de análise nesta matéria é a política remuneratória. Cada banco deve adotar uma política remuneratória aplicável todos os colaboradores[204]. O regime português faz incidir o dever apenas sobre os titulares dos órgãos sociais e sobre uma parcela do universo dos colaboradores (em suma: *high earners, risk-takers* e dirigentes de funções de controlo[205]). Todavia, além do alargamento promovido pelo Regulamento delegado nesta matéria[206], as orientações da EBA preconizam a extensão da política de remuneração a todos os colaboradores e agentes vinculados[207].

A política de remuneração constitui, é certo, um instrumento de atração e de fidelização de dirigentes e de colaboradores, na área bancária. Deve, nesse sentido, estar alinhada com a estratégia do banco.

Todavia, uma orientação fundamental é a de que as políticas e práticas de remuneração devam ser coerentes com uma gestão sã e prudente dos riscos. Por outro lado, os temas remuneratórios encontram uma ligação direta à prevenção do risco reputacional de cada banco[208].

III – Os princípios gerais em matéria de estrutura da remuneração têm sofrido alguma evolução nos tempos recentes. O ponto nevrálgico situa-se na estrutura da remuneração variável. A este propósito, as primeiras reflexões consideravam essencial o princípio de adequação entre remuneração e desempenho (*Pay for performance*). Em relação a bancos, este princípio tem vindo a ser progressivamente temperado com o princípio de gestão prudente, como indicado, e com o necessário alinhamento entre os interesses dos dirigentes e os interesses dos bancos.

---

[203] Cfr. *supra*, § 2º, para um recenseamento das intervenções mais representativas.
[204] Artigo 74º da Diretiva 2013/36/UE (CRD IV).
[205] Artigo 115º-C nº 2 RGIC.
[206] *Commission Delegated Regulation (EU) No 604/2014 of 4 March 2014 supplementing Directive 2013/36/EU of the European Parliament and of the Council with regard to regulatory technical standards with respect to qualitative and appropriate quantitative criteria to identify categories of staff whose professional activities have a material impact on an institution's risk profile.*
[207] EBA, *Guidelines on sound remuneration policies. Final report* (2015), 25.
[208] Antonia Patrizia Ianuzzi, *Le politiche di remunerazione nelle banche tra regolamentazione e best practices*, Napoli (2013), 29-30.

Para o compreender em termos mais integrados, refira-se que as orientações internacionais, acolhidas no regime europeu, têm preconizado diversos mecanismos de alinhamento entre remuneração e interesses dos bancos[209].

De um lado, é encorajada a atribuição de parte da remuneração variável através da entrega de instrumentos financeiros, ganhando relevo os valores mobiliários com restrições temporárias de transmissibilidade (*restricted stock*)[210].

De outro lado, a disciplina europeia impõe a inclusão de cláusulas *malus* e *claw-back* nas políticas remuneratórias de instituições de crédito[211]. A redução (*malus*) permite à empresa reduzir total ou parcialmente o montante remuneratório diferido mas que não constitua um direito adquirido: o pagamento da prestação remuneratória indevida é, assim, evitado. Por seu turno, a reversão (*claw-back*) faculta à empresa reter o montante da remuneração variável e cujo pagamento constitui um direito adquirido. Na configuração tradicional do *claw-back*, o mesmo pode implicar uma restituição de montantes já recebidos[212]; mas a menção a devolução de prestações remuneratórias – nomeadamente por implicações juslaborais em relação aos titulares de funções essenciais – está ausente do regime português, que faz equivaler reversão a retenção de prestações remuneratórias. Nos seu todo, estes dois expedientes assentam numa regulação contratual estabelecida entre o dirigente e o banco ao abrigo da qual aquele acorda na afetação de uma parte da remuneração variável, se os requisitos correspondentes estiverem cumpridos – nomeadamente o comportamento ilícito por parte do dirigente ou o seu contributo para perdas significativas do banco[213]. Para a sua operacionalidade, estas cláusulas de redução e reversão devem ser contratualizadas e devem nomeadamente estabelecer com nitidez os fatos determinantes da retenção ou restituição remuneratória – numa lógica de gravidade gradativa, devendo estes ser mais graves do que aqueles.

Nota-se ainda o apelo a uma maior diversidade de indicadores de desempenho (*key performance indicators*). Os indicadores não devem ser exclusivamente financeiros nem devem ser unicamente individuais – ponderando resultados da unidade e resultados globais da instituição numa escala plurianual[214].

---

[209] Guido Ferrarini, *CRD IV and the Mandatory Structure of Banker's Pay*, ECGI WP n. 289/2015, (2015), 20-39
[210] Sobre o tema, v. Miguel Ferreira, *Política de remuneração e risco*, neste volume.
[211] Artigo 94º, nº 1 i) e n) da Diretiva 2013/36/UE (CRD IV).
[212] Iris H-Y Chiu, *Regulation (From) the Inside. The legal framework for internal control in banks and financial institutions*, Oxford, (2015), 226.
[213] Artigo 115º-E, nºs 9 e 10 RGIC. Cfr. ainda João Pedro Machado Teles, *Devolução de remunerações indevidamente recebidas ("claw-back") de instituições de crédito*, Governance Lab WP 6/2014 (2014).
[214] Artigos 115º-E, nº 2 a) RGIC e 94º, nº 1 a) e b) da Diretiva 2013/36/UE (CRD IV).

O regime obriga ainda a um diferimento de parte da remuneração variável. De acordo com o regime da Diretiva CRD IV, entre 40% e 60% da remuneração variável deve ser diferida por um período entre 3 a 5 anos[215].

Por fim, há uma severa limitação de *golden parachutes*. Com efeito, as cláusulas de compensação em caso de cessação de contrato devem refletir o desempenho[216].

IV – Em 1990, um estudo financeiro de referência sobre remuneração considerava que o essencial na reflexão sobre remuneração de executivos situava-se não nos montantes a pagar, mas apenas na estrutura de remuneração. A monografia era precisamente intitulada CEO Incentives: *It's not How Much you Pay, But How*[217]. Todavia, volvidos 25 anos o panorama alterou-se significativamente. A verdade, porém, é que o regime europeu tem vindo gradualmente a temperar o princípio de adequação entre pagamento e desempenho e a exigir alguma base confortável de remuneração fixa como modo de redução do risco inerente aos programas remuneratórios.

O culminar desta evolução encontra-se na fixação do limite à remuneração variável (*bonus cap*) imposta pela Diretiva CRD IV. Como regra, a componente variável da remuneração não pode agora exceder o valor da componente fixa da remuneração para cada colaborador[218]. Embora seja permitida uma deliberação acionista que fixe a remuneração variável até ao dobro da componente fixa, esta medida, rodeada de intensa polémica na Europa, representa uma das novidades mais intrusivas do regime remuneratório[219]. Por seu turno, a mesma acaba por conduzir a uma elevação do montante da componente fixa da remuneração, o que constitui uma consequência negativa no plano de uma adequada estruturação de incentivos[220].

V – Merecedor de particular atenção é o tema do aperfeiçoamento do processo decisório ligado aos temas remuneratórios. As preocupações centrais prendem-se com a prevenção de conflito de interesses, com a promoção da intervenção

---

[215] Artigo 94º, nº 1 m) da Diretiva 2013/36/UE (CRD IV).
[216] Artigo 94º, nº 1 h) da Diretiva 2013/36/UE (CRD IV).
[217] MICHAEL JENSEN/KEVIN MURPHY, *CEO Incentives: It's Not How Much You Pay, But How*, Harvard Business Review, Nº 3, (May-June 1990), 138-153.
[218] Artigo 94º, nº 1 g) da Diretiva 2013/36/UE (CRD IV).
[219] GUIDO FERRARINI, *CRD IV and the Mandatory Structure of Banker's Pay*, ECGI WP n. 289/2015, (2015), 31-38; PETER MÜLBERT/ALEXANDER WILHEIM, *CRD IV framework for banks' corporate governance*, cit., 165-166. O Reino Unido chegou a suscitar no TJE a invalidade das regras sobre limites remuneratórios – mas desistiu da ação judicial na sequência da opinião (negativa) do Advogado-Geral Jääskiner, de 20 de Novembro de 2014 (cfr. caso C-507/13).
[220] IRIS H-Y CHIU, *Regulation (From) the Inside. The legal framework for internal control in banks and financial institutions*, Oxford, (2015), 222.

dos acionistas e com o envolvimento de especialistas em termos adequados – de modo a favorecer um alinhamento de interesses entre os dirigentes e os interesses de longo prazo da sociedade, através de uma estrutura de incentivos equilibrada.

Como pano de fundo, interessa relembrar que nos sistemas jurídicos lusófonos são variadas as soluções quanto à competência para fixar remunerações[221]. Em Portugal, a assembleia geral (ou, no modelo dualista, o conselho geral de supervisão) retém competência para fixar a remuneração dos membros dos órgãos sociais, diretamente ou através de comissão de remunerações[222].

A comissão de remunerações constitui uma solução de governação que favorece a robustez e a limpidez do processo de fixação de remunerações, cuja importância é sublinhada em todas as intervenções, no contexto da evolução regulatória recente.

No âmbito europeu, a Recomendação 2005/162/CE, de 15 de fevereiro de 2005 sobre o papel dos administradores não executivos já preconizava a criação *de um comité de remunerações*. Mais recentemente, a transposição da Diretiva CRD IV para o setor bancário, consumada através do Decreto-Lei nº 157/201, veio impor a constituição de um comité de remunerações para as instituições de crédito significativas em termos de dimensão, de organização interna e da natureza, âmbito e complexidade das respetivas atividades.

Para retirar um pleno aproveitamento desta solução, apresentar-se-ia como vantajoso um desfasamento temporal entre o início de funções da comissão de vencimentos e do órgão de administração. Tal reforçaria o papel da comissão de remunerações na preparação dos novos pacotes remuneratórios dos futuros titulares dos órgãos sociais, ampliaria a sua independência de facto a aumentaria sensivelmente as condições de eficiente funcionamento da comissão de remunerações[223].

Paralelamente, vigora em diversas jurisdições um dever periódico de apresentação de um documento relativo à política remuneratória de bancos (*say on pay*). O tema encontra-se a ser tratado em termos europeus, no âmbito da revisão da Diretiva dos Direitos dos Acionistas de sociedades cotadas. Portugal tem em vigor um regime português de *say on pay* merecedor de severas críticas: de um lado, por revestir periodicidade anual – o que interfere com um planeamento plurianual da política remuneratória preconizado desde o Relatório De Laro-

---

[221] Em geral: *A Governação de Sociedades Anónimas nos Sistemas Jurídicos Lusófonos*, (2014).

[222] PAULO CÂMARA, *Say on Pay: O dever de apreciação da política remuneratória pela assembleia geral*, Revista de Concorrência e Regulação nº 2 (2010), 321-344; *A Comissão de Remunerações*, Revista de Direito das Sociedades nº 1 (2011), 3-52.

[223] PAULO CÂMARA, *A Comissão de Remunerações*, Revista de Direito das Sociedades nº 1 (2011), 46.

sière[224]; de outro lado, a solução portuguesa atribui legitimidade para apresentação do documento sobre política de remuneração em termos concorrentes ao órgão de administração e à comissão de remuneração[225]. Em particular, a intervenção do órgão de administração pode (inadvertidamente ou não) contribuir para uma diminuição dos poderes da comissão de remunerações e até do espaço de intervenção acionista, o que se revela uma solução insatisfatória e contrária às orientações internacionais. À luz desta apreciação, mostrar-se-ia plenamente justificada uma alteração profunda deste traço do regime remuneratório.

§ 10º SUPERVISÃO

I – A atribuição explícita de poderes de supervisão sobre a governação de bancos constitui uma das traves mestras e uma das especificidades nesta área[226]. Assim, se as autoridades de supervisão são responsáveis por uma parcela importante do desenvolvimento regulatório e interpretativo do direito bancário, assistir-se-á a um agravamento desta tendência na área da governação.

As funções que as autoridades de supervisão podem desempenhar são múltiplas: *i*) esclarecimento interpretativo das normas vigentes; *ii*) emissão de orientações recomendatórias para promoção de boas práticas; *iii*) prática de atos autorizativos com impacto na governação (v.g. autorização de bancos, aprovação de planos de recuperação, preparação de planos de resolução); *iv*) avaliação das estruturas de governação dos bancos; *v*) perseguição infracionatória de comportamentos ilícitos.

II – Nos termos gerais, a supervisão do governo dos bancos encontra-se sujeita aos princípios gerais da atividade administrativa (v.g. princípio da legalidade, princípio da proporcionalidade e princípio da imparcialidade) e pode ser desen-

---

[224] Cfr. *supra*, § 2º.
[225] A solução descrita decorre do artigo 2º da Lei nº 28/2009, de 19 de junho e do artigo 115º-C nº 4 RGIC, tendo merecido análise mais desenvolvida em anteriores estudos meus: PAULO CÂMARA, *El Say on Pay Português*, Revista de Derecho de Mercado de Valores nº 6 (2010), 83-96; Id, *Conflito de Interesses no Direito Societário e Financeiro* (2010), 53-55; Id., *Say on Pay: O dever de apreciação da política remuneratória pela assembleia geral*, Revista de Concorrência e Regulação nº 2 (2010), 321-344; Id., *Crise Financeira e Regulação*, Revista da Ordem dos Advogados (2009), 720-721; Id., *Medidas Regulatórias Adoptadas em Resposta à Crise Financeira: Um Exame Crítico*, Direito dos Valores Mobiliários, Vol. IX (2009), 95-97.
[226] Como foi notado (*supra*, § 2º), desde a formulação originária dos Princípios de Basileia de 1999 que este elemento é central de entre os standard-setters. Cfr. VASCO FREITAS DA COSTA, *Aspetos relativos à supervisão do governo de bancos*, neste volume.

volvida em termos prévios ou *a posteriori*. Como instrumentos comuns de supervisão prévia de governação podemos apontar a autorização de constituição de bancos, o controlo de adequação de membros dos órgãos sociais e a aprovação de planos. Pelo contrário, a análise das políticas de governação e de decisões adotadas pelos órgãos societários é realizada usualmente *a posteriori*.

Um dos desafios mais exigentes da supervisão do governo bancário consiste na reconstituição e no acompanhamento, nas suas múltiplas manifestações, da cultura organizativa de cada banco. Cabe, além disso, à autoridade de supervisão analisar a eficácia do controlo interno[227].

No cumprimento destas competências, as autoridades de supervisão devem interagir com uma vasta gama de interlocutores[228]: com os órgãos de administração e de fiscalização, com o auditor, com os dirigentes do sistema de controlo interno e com os acionistas do banco[229]. A recolha permanente de informação sobre o funcionamento interno de cada banco revela-se crítica para que a supervisão seja realizada em termos satisfatórios.

III – É certo que a supervisão de práticas de Governance e a juridificação dos deveres nesta matéria sujeita os infratores a sanções, o que pode ampliar a eficácia das prescrições legislativas nesta matéria. Porém, o espaço para desenvolvimentos autónomos de práticas ajustadas – na linha do princípio de *comply or explain* – é postergado em benefício de uma lógica de *comply or be punished*, o que na sua essência é estranho ao ambiente adaptado do sistema de governo societário.

Cabe notar, aliás, que no espaço europeu os avanços em matéria de governação dos bancos ocorreram em simultâneo com reformas muito profundas, quer do regime institucional, quer do regime prudencial bancário. Por isso, uma faceta relevante da atuação das autoridades de supervisão nesta matéria prende-se com a emissão de orientações interpretativas e com a formulação de recomendações

---

[227] BASEL COMMITTEE ON BANKING SUPERVISION, *Corporate governance principles for banks* (Jul.-2015), Princípio nº 13, §160; GROUP OF 30, *A New Paradigm: Financial Institution Boards and Supervisors*, (out.-2013); IRIS H-Y CHIU, *Regulation (From) the Inside. The legal framework for internal control in banks and financial institutions*, Oxford, (2015), 123.

[228] Em Portugal, as recomendações da Comissão Cartaxo preconizam um envolvimento direto do supervisor com a administração e com os acionistas mais relevantes: BANCO DE PORTUGAL, *Recomendações do Grupo de Trabalho sobre os Modelos e as Práticas de Governo, de Controlo e de Auditoria das Instituições Financeiras*, (2015), 8.

[229] BASEL COMMITTEE ON BANKING SUPERVISION, *Corporate governance principles for banks* (Jul.-2015), Princípio nº 13.

que possam orientar os bancos na estruturação do seu governo societário. Esta vertente assenta bem na primazia preventiva da moderna supervisão bancária[230].

IV – A intensidade da supervisão de governação é variável. Com efeito, durante crises bancárias – designadamente em processos de intervenção corretiva, de administração provisória, de resolução ou em outros processos equivalentes – é tipicamente maior a intrusividade da autoridade de supervisão[231].

O relevo da atuação dos reguladores nesta área conduz também a que a correspondência trocada entre os mesmos e os bancos deva ser objeto de particular atenção. Mostra-se designadamente fundamental que todos os membros da administração tenham acesso à correspondência trocada com as autoridades de supervisão competentes e que haja um envolvimento forçoso do órgão de administração na resposta às autoridades de supervisão.

V – As práticas de supervisão sobre governo bancário apresentam uma natureza e uma profundidade variáveis entre cada autoridade de supervisão.

Todos os esforços de convergência aplicativa são, a este propósito, importantes. De um lado, é de notar que as Orientações do Comité de Basileia sobre Governance de Bancos (2015) dedicam um princípio à supervisão da governação de bancos[232]. Também os documentos do *Financial Stability Board* podem manifestar alguma influência na progressiva convergência das práticas de supervisão aplicadas neste domínio.

Na Europa, a abordagem de cada Estado-membro pode ser sensivelmente diversa, dado que persistem diferenças importantes nas estruturas societárias e porque a harmonização da governação dos bancos é realizada sobretudo atra-

---

[230] PAULO CÂMARA, *Supervisão bancária: novos e próximos desenvolvimentos*, cit.; GROUP OF 30, *Banking Conduct And Culture: A Call For Sustained And Comprehensive Reform*, (2015), 44.

[231] ANDRÉ FIGUEIREDO, *Governo das instituições de crédito em desequilíbrio financeiro e intervenção precoce do Banco de Portugal*, neste volume; PAULO CÂMARA, *O Governo societário dos bancos*, em *O Novo Direito Bancário* (2016); PEDRO LOBO XAVIER, *Das medidas de resolução de instituições de crédito em Portugal – análise do regime dos bancos de transição*, Revista da Concorrência e Regulação nº 18, abril/junho 2014, p. 149 ss.; TIAGO FREITAS E COSTA, *Da Nova Arquitectura de Supervisão Bancária – Considerações a Propósito da Medida de Resolução*, FDUC (2015); DIOGO PESSOA/MARTA VASCONCELOS LEITE, *A Resolução De Instituições De Crédito: O Regime Nacional*, Working Paper Governance Lab 1/2016, (2016); MALFADA MIRANDA BARBOSA, *A Proposito do Caso BES: Algumas notas acerca da medida de resolução*, Boletim de Ciências Económicas da Faculdade de Direito da Universidade de Coimbra, Vol. LVIII, (2015), 187-240; MARIA LUÍSA AZEVEDO, *Contributo para o Debate Sobre o(s) Regime(s) Jurídico(s) Aplicável(eis) aquando e após a medida de Resolução aplicada ao BES*, Cadernos do Mercado de Valores Mobiliários – Ensaios de Homenagem a Amadeu Ferreira, Vol. II, CMVM, Lisboa, (2015), 119-126.

[232] BASEL COMMMITTEE ON BANKING SUPERVISION, Guidelines Corporate Governance Principles for Banks (2015), Princípio 13.

vés de Diretiva – que pode implicar variações na transposição por parte de cada Estado-membro. Além disso, a CRD IV assenta numa harmonização mínima e não exclui adições nacionais. Note-se, todavia, que o BCE prepara *Thematic Reviews sobre Governance*, que poderão ter um condão harmonizador.

§ 11º CONCLUSÕES

I – Os anos recentes acentuaram as diferenças entre a governação do setor financeiro e não financeiro. Em termos internacionais, as novas intervenções legislativas e recomendatórias sobre governo societário bancário vieram, em síntese, acentuar esta clivagem. Com efeito, a densidade regulatória na área da governação de bancos foi exponencialmente agravada em tempos mais recentes na generalidade das jurisdições aqui analisadas – pese embora se detete uma acentuada variedade de modelos e de respostas[233].

Na sua essência, as orientações de governação dos bancos são dirigidas à salvaguarda da gestão sã e prudente dos bancos, o que implica o estabelecimento de novos deveres jurídicos a cargo destas instituições e dos membros dos correspondentes órgãos sociais e de outros dirigentes. No plano dos instrumentos normativos, tem-se assistido a um acelerado endurecimento legislativo e a uma proliferação de normas injuntivas. Em todos os ordenamentos lusófonos analisados, não é seguida uma abordagem "*comply or explain*" em sentido técnico[234], pelo que é sobretudo do espaço auto-conformador dos bancos – na aprovação de políticas e regulamentos internos e na celebração de contratos em sede remuneratória, nomeadamente no âmbito das cláusulas malus e de *claw-back* – e da correta aplicação do princípio de proporcionalidade que depende a salvaguarda do equilíbrio do sistema.

II – É igualmente pertinente refletir se este acelerado desenvolvimento gerado no âmbito da governação societária dos bancos pode irradiar influências para outras empresas. A este propósito, importa distinguir. De um lado, os princípios gerais (efetividade, proporcionalidade, transparência)[235] e algumas indicações sobre controlo interno (gestão de risco, controlo de cumprimento e auditoria interna) servem de referências centrais, que permitem utilizações adaptadas por outras organizações. Nas palavras de um autor italiano, algumas

---

[233] Reenvia-se para a Parte 2 deste livro.
[234] A única possível exceção respeita a Cabo Verde, atento o Código de Governo das Instituições Financeiras – já previsto na lei mas a finalizar previsivelmente apenas em 2017.
[235] Cfr. *supra*, § 3º.

regras sobre governo dos bancos representam uma espécie de *"laboratório normativo para idealizar e testar alguns institutos"*, com potencialidades aplicativas ao direito societário comum[236]. Os demais aspetos da governação bancária, pelo contrário, prefiguram-se como respostas normativas que se devem circunscrever à província do direito das instituições de crédito[237]. Aspetos próprios da governação dos bancos e não generalizáveis são nomeadamente os referentes à compressão dos direitos dos acionistas nesta área – o que é patente nos requisitos à composição dos órgãos sociais[238] mas ganha agudo significado sobretudo nos casos de controlo de participações qualificadas e deveres impostos a estes participantes, intervenção corretiva, resolução e outras medidas de recuperação de crises bancárias. Identicamente singular é a circunstância de as autoridades de supervisão verem os seus poderes significativamente reforçados neste domínio[239].

III – Importa reconhecer que ainda atravessamos uma etapa de um processo cultural cujo enraizamento é progressivo, na generalidade das instituições de crédito. Releva ter presente que no passado recente se manifestaram profundas crises de governação em diversos bancos do espaço jurídico lusófono. Ora, o governo das instituições não representa um exercício verbal inconsequente ou um mero ornamento. As práticas efetivas das organizações constituem o seu teste mais decisivo. Nessa medida, as crises de governação devem constituir sinais de alerta.

A este propósito, é útil evocar o pensamento e a memória do Dr Rui Semedo[240], que nos confiou algumas reflexões importantes em matéria de governação de bancos, seja por escrito, seja no seu testemunho pessoal e na sua atuação profissional. Afirmava o reputado dirigente bancário, a quem se presta aqui homenagem, que *é nos atributos mais estruturantes do comportamento individual que se encontra a raiz de muitos problemas de governo das organizações*. E acrescentava: *Para*

---

[236] Andrea Minto, *La Governance Bancaria tra Autonomia Privata ed Eteronomia*, cit., 53-54.
[237] Klaus Hopt, *Corporate Governance in Europe. A Critical review of the European Commission's Initiatives on Corporate Law and Corporate Governance*, ECGI WP 296/2015 (2015), 39-40.
[238] Cfr. supra, § 3º
[239] Vasco Freitas da Costa, *Aspetos relativos à supervisão do governo de bancos*, neste volume.
[240] Rui Semedo (1958-2015) foi um destacado dirigente bancário português e um intransigente defensor do relevo das orientações de bom governo na área bancária, tendo exercido funções no Banco Pinto & Sotto Mayor (1984-1987), no BCP (1987-2003), no Barclays Bank (CEO e Country Manager: 2003-2008) e no Banco Popular Portugal (Presidente do Conselho de Administração: 2003-2015). Para uma reconstituição do seu pensamento, merece consultar nomeadamente os seguintes textos da sua autoria: *Comportamento individual e Corporate Governance, Governar*, (Abril 2009), 66-69; *São as pessoas que fazem as organizações, Executive Digest* (jan.-2012) 22-26; *As escolhas que temos pela frente*, em AAVV, *Portugal: E Agora? Que fazer?*, (2010), 171-173.

que o formalismo dos modelos seja mais do que decorativo, terão de ser o escrutínio e a ética sociais que definam em última análise o governo das organizações. Por isso, só uma sociedade robusta e aberta gera organizações sólidas e bem governadas[241].

IV – Neste cenário, de um lado, fica confirmado uma vez mais que as falhas de governação são causadoras de danosidade muito elevada. Por outro lado, é sabido que a crise financeira expôs algumas deficiências de governação em bancos. Espera-se, pois, que o novo quadro regulatório permita um progresso qualitativo efetivo a este propósito. Repise-se que o governo societário opera não apenas como sistema de normas mas também (e sobretudo) *de práticas*. Em pleno rescaldo da crise, o Relatório De Larosière declarava, aliás, que *There should be no illusion that regulation alone can solve all these problems and transform the mindset that presided over the functioning (and downward spiral) of the system*[242]. O significado desta mensagem deve ser compreendido em toda a sua extensão. Não basta atender ao corpo de normas vigente, mas também à prática aplicativa por operadores e autoridades de supervisão. A este propósito, as bitolas gerais de proporcionalidade e de efetividade assumem-se como as chaves do funcionamento do novo regime[243]. Na pior das hipóteses daqui decorre um incremento de comportamentos robóticos (*box-ticking*), dado existir uma excessiva proximidade entre uma lógica de cumprimento e a análise estratégica das opções de governação dos bancos.

Porém, é igualmente certo que os bancos encontram neste acervo normativo elementos bastantes para um salto qualitativo na sua governação e na sua cultura organizacional. Deste ponto de vista, o novo regime não assegura melhorias nas práticas de governação mas concede largas oportunidades para que tais progressos venham a ocorrer. Espera-se que assim venha a suceder, em benefício de um sistema bancário mais estável, resiliente e desenvolvido.

---

[241] Rui Semedo, *Comportamento individual e Corporate Governance*, cit., 68-69.
[242] The High Level Group on Financial Supervision in the EU, *Report* (25-fev.-2009),30.
[243] Cfr. *supra*, § 3º.

CAPÍTULO II

O GOVERNO DOS BANCOS E O DESEMPENHO

Clara Raposo

Este capítulo analisa a relevância do governo de um banco – e da banca, em geral – em termos do desempenho. O próprio título deste capítulo encerra em si mesmo, e não por mero acaso, alguma ambiguidade. A que desempenho nos referimos?

De facto, se este livro abordasse a temática do governo de uma empresa de um outro setor de atividade, por exemplo o setor da indústria transformadora, imediatamente nos inclinaríamos para a análise do desempenho das empresas desse setor, fundamentalmente em termos de criação de riqueza para os seus proprietários, os detentores do seu capital próprio. Quando pensamos no desempenho do setor da banca é possível que mantenhamos o mesmo enquadramento de análise – o paradigma de criação de valor para os acionistas; contudo, é também provável que tenhamos uma preocupação adicional – ou, até, alternativa – quanto ao desempenho dos bancos em termos do seu contributo para o conjunto da economia de uma nação e de um mundo globalizado.

Tendo em conta a complexidade do tema e os diferentes enfoques que os diversos leitores procurarão, este capítulo vai estar estruturado da forma que a seguir se descreve. A primeira secção identifica em termos sumários os principais elementos do governo das sociedades, bem como a forma como se relacionam com o desempenho das sociedades. Numa segunda secção analisamos as especificidades do setor bancário e o modo como a análise do governo destas entidades tem uma natureza ou resultado diferente daquilo que é estudado para outros setores. A terceira secção do capítulo dedica-se à análise dos diversos estudos empíricos que têm sido realizados sobre a relação entre o governo dos bancos e o seu desempenho. Por último, a quarta secção conclui o capítulo com uma breve reflexão e comentário aos diversos pontos elencados ao longo do capítulo.

Interessa mencionar que este capítulo é escrito por uma economista, com interesses na área de finanças, sendo essa a perspetiva de análise adotada nestas páginas: as referências apresentadas, os paradigmas de análise, os elementos que constituem o governo dos bancos, e a forma como se mede o desempenho são apresentados da perspetiva da teoria económico-financeira. Trata-se de um capítulo introdutório e de enquadramento à análise mais aprofundada e detalhada apresentada nos capítulos subsequentes desta obra. Naturalmente a seleção de referências bibliográficas será sempre subjetiva e excluirá algumas referências importantes, dadas as restrições.

1. O GOVERNO DAS SOCIEDADES E O DESEMPENHO

Quando os economistas e os financeiros discutem a problemática do governo das sociedades têm, normalmente, em mente a forma de gestão, prestação de contas a terceiros e *compliance* dessas sociedades. O tema torna-se, então, relevante na medida em que se espera que esse governo societário influencie o desempenho da sociedade. Neste contexto, por desempenho entende-se a criação de valor para os proprietários (acionistas) da sociedade. Os estudos académicos desenvolvidos nesta área têm tido como principal objetivo identificar o melhor modelo de governo das sociedades em termos de desempenho acionista.[244]

Resumidamente, os mecanismos de governo das sociedades que têm sido estudados, quer na teoria quer em estudos empíricos, podem subdividir-se em duas categorias – os mecanismos internos e os mecanismos externos de governo, sumariamente descritos de seguida.

1.1. Mecanismos Internos de Governo das Sociedades

Os mecanismos internos de governo de uma sociedade são aqueles sobre os quais mais atenção tem incidido, quer por parte de legisladores, quer por parte de supervisores, quer ainda por parte dos *media*. Referimo-nos, essencialmente, ao papel do órgão de administração da sociedade (o *Board of Directors*) e à forma de remuneração dos gestores executivos, em particular do CEO[245] da empresa.

---

[244] A forma como este desempenho é habitualmente medido é descrita no capítulo II de Câmara et al. (2015).
[245] Chief Executive Officer ou Presidente da Comissão Executiva.

1.1.1. O papel do Órgão de Administração

Quando a teoria financeira se debruça sobre o papel do órgão de administração de uma sociedade, distingue claramente as funções dos administradores executivos das funções dos não executivos. Enquanto que dos administradores executivos se espera um conhecimento de pormenor sobre todas as atividades da empresa e a implementação de uma estratégia com planos concretos, dos administradores não executivos espera-se um outro tipo de contributo. A literatura financeira de *governance* foca, sobretudo, o papel destes administradores não executivos e o impacto do seu contributo para o melhor desempenho das sociedades (e.g., Adams, Hermalin e Weisbach (2008)). Destes administradores não executivos espera-se um duplo contributo, nem sempre conciliável de forma simples, que se materializaria no exercício de duas funções: a função de aconselhamento (*advising*) e a função de controlo e monitorização (*monitoring*) dos executivos.

Os principais elementos do órgão de administração que têm sido estudados são a dimensão do órgão de administração, a presença de administradores independentes, a *expertise* dos administradores, a diversidade presente no órgão de administração e a disponibilidade efetiva dos seus membros.

No que diz respeito à dimensão do órgão de administração, a teoria considera que um conselho com maior dimensão poderá gerar mais informação e mais *advising* (e.g., Dalton, Daily, Johnson e Ellstrand (1999)). Por outro lado, um órgão de administração com muitos membros gerará maior dificuldade de coordenação, o que trará custos à sociedade, para além de poder levar a *free riding* de alguns administradores que não investem esforço pessoal no desempenho da sua função ao confiarem que os restantes (muitos) membros desempenharão essas funções (Lipton e Lorsch (1992) e Jensen (1993)). Apesar de não haver consenso nos diferentes estudos realizados, predomina a opinião de que um órgão de menor dimensão será preferível, desde que os seus membros sejam verdadeiramente conhecedores dos *dossiers* em apreço. Um órgão de maior dimensão apenas será justificável em organizações particularmente complexas, em que são necessários os *skills* de administradores com diferentes características, quer para *adivsing* quer para exercer a função de *monitoring* (ver, por exemplo, Boone, Field, Karpoff, e Raheja (2007) ou Yermack (1996)).

Quanto à presença de administradores independentes[246], pensa-se ser vantajoso para o desempenho de uma sociedade aumentar-se a percentagem de administradores independentes que melhor desempenharão a função de monitorização dos executivos da empresa. Contudo, Adams e Ferreira (2007) apontam

---

[246] No capítulo II de Câmara et al. (2015), define-se independência de acordo com os estudos a que aqui nos referimos.

igualmente uma limitação associada à presença de independentes no órgão de administração no que diz respeito à sua função de *advising*. O argumento apresentado resume-se à falta de confiança e entrosamento entre executivos e não executivos, que poderá levar a que os primeiros não partilhem informação relevante com os não executivos – que, nesse caso, não terão oportunidade de dar um contributo construtivo – uma vez que os executivos receiam virem a ser monitorizados e penalizados por esses mesmos administradores independentes. Os estudos empíricos nesta área não encontram uma solução ótima única para este grau de independência do órgão de administração (e.g., Coles, Daniel, e Naveen (2008)), estando a sua relação com o desempenho da sociedade condicionada por outras características da mesma[247]. Por último, em termos de cobertura mediática, a palavra "independência" tem uma conotação tão positiva nas sociedades modernas, que dificilmente um legislador nestas matérias resistirá a defender a independência do órgão de administração como um dos principais alicerces de um modelo de governo das sociedades[248].

Os estudos realizados sobre as características pessoais dos gestores – como sejam a sua *expertise* (por via de formação académica e/ou experiência profissional, e.g., Davidson, Xie e Xu (2004)) ou a sua disponibilidade (medida pelo número de cargos que assumem em diferentes sociedades, pela idade, ou pela taxa de absentismo às reuniões dos órgãos de administração e comités das sociedades, ver e.g., Booth e Deli (1995) ou Vafeas (1999)), ou mesmo o seu contributo para a diversidade no órgão de administração (por exemplo, a presença de mulheres num órgão tradicionalmente composto por homens, e.g., Adams e Ferreira (2009) e Carter, Simkins, e Simpson (2003)) igualmente sugerem que, em termos da função de monitorização dos administradores não executivos, o desempenho das sociedades melhorará com a maior *expertise*, disponibilidade dos seus administradores e também com maior diversidade. Porém, a função de *advising* poderá ficar algo comprometida quando o ambiente de trabalho no órgão de administração se tornar algo hostil, o que poderá ter um efeito menos positivo no desempenho societário.

1.1.2. O papel da Remuneração de Executivos

Na disciplina de Finanças, a Teoria da Agência (e.g., Jensen e Meckling (1976)) tem ocupado um papel central nas últimas décadas. Neste contexto,

---

[247] Em Câmara et al. (2015), o capítulo II revê mais detalhadamente estas relações.
[248] No tocante às exigências de independência para os membros de administração de bancos, remete-se para a análise de Paulo Câmara e Bruno Ferreira nos capítulos I e IV desta obra.

podemos salientar o potencial de conflito de interesses entre os proprietários de uma empresa e os seus gestores, quando estas duas entidades não coincidem, como sucede na generalidade das grandes empresas que têm o seu capital (total ou parcialmente) disperso. Para além da existência de um conselho de administração que desempenhe as funções de aconselhamento e de monitorização, a literatura e os profissionais na prática têm-se dedicado à exploração de um outro mecanismo de motivação dos gestores, por forma a melhor alinhar os seus incentivos com os dos acionistas – a remuneração dos gestores.

Sumariamente, a teoria sugere que um modelo de remuneração que faça dos gestores proprietários (por atribuição de ações da sociedade), eventualmente até dando-lhes um incentivo para maior tomada de risco (por atribuição de *stock otpions*[249]), poderá contribuir para o alinhamento de interesses entre proprietários e executivos. Desde os estudos iniciais (ver e.g., Murphy (1999)) até à atualidade, muita água tem corrido sobre este tema, sendo que estes mecanismos de remuneração são também criticados por poderem dar um incentivo para uma gestão enviesada para o curto prazo (*short-termism*) e por contribuírem para um maior risco que poderá trazer problemas mais generalizados em períodos de crise económica.

Para além das formas de remuneração em si mesmas (remuneração fixa, ações, *stock options*, ou até instrumentos de capital alheio), também é de considerar o próprio sistema de recondução de um executivo no seu cargo, ou a forma como é substituído, num mercado de trabalho peculiar como é o dos gestores de topo. A interação deste mecanismo de *turnover* com a remuneração é também alvo de investigação.

Este livro dedica um capítulo inteiro (capítulo IX) a este tema, pelo que remetemos para esse capítulo uma análise mais detalhada da relação entre a política de remuneração e o risco dos bancos.

1.2. Mecanismos Externos de Governo das Sociedades

Para além dos mecanismos que mais habitualmente associamos ao governo das sociedade e sobre os quais incidem medidas legislativas, regulatórias e de supervisão, existe também um outro conjunto de fatores que influenciam a forma como as sociedades são governadas. De entre estes salientamos a estrutura de propriedade das sociedades (e, em particular, a existência de *blockholders*, ou seja, acionistas com um peso mais significativo) o tipo de acionistas de uma sociedade (em particular se se trata de acionistas *"passivos"/"cinzentos"* ou de acionistas

---

[249] Opções de compra de ações da própria empresa ou instituição.

"ativos"/"*participativos*") e a profundidade do mercado de *corporate control*, ou seja, a facilidade com que num determinado mercado se desenvolvem processos de fusões e aquisições de sociedades.

Em relação à estrutura de propriedade das empresas alguns estudos sugerem que a presença de *blockholders* poderá garantir uma maior monitorização dos gestores e, finalmente, melhor desempenho (veja-se, por exemplo, a análise do artigo clássico de Burkart, Gromb, e Panunzi (1997)), havendo ainda o *trade-off* quanto à função de aconselhamento. Diversos estudos identificam igualmente a importância do "tipo" de acionista de que estamos a falar – mais concretamente, um grande acionista sem *expertise* não desempenhará um papel particularmente relevante, ao invés do que poderá suceder se estivermos a falar de grandes acionistas bem informados. A título de exemplo, a literatura considera expectável que um investidor institucional seja bem informado e mais ativo na sua participação no órgão de administração (e.g., Chen, Harford e Li (2007)). Finalmente, a existência de um mercado ativo de *corporate control* poderá servir de mecanismo externo de disciplina dos gestores de uma empresa que corra o risco de vir a ser objeto de uma aquisição por parte de terceiros caso não esteja a ser bem gerida (veja-se o artigo pioneiro de La Porta, Lopez-de-Silanes, Shleifer e Vishny (2000)).

1.3. Outros Fatores e sua interação

Resta mencionar que a interação dos diversos elementos que compõem o governo de uma sociedade pode ter um efeito complementar, mas também poderá gerar algum efeito de substituição. Exemplificando, uma sociedade sujeita a um mercado de aquisições hostis muito ativo poderá não necessitar de implementar um esquema de remuneração tão complexo para os seus executivos, ou de constituir um órgão de administração fortemente fiscalizador.

Para concluir este ponto, há que salientar a importância do enquadramento em que o governo de uma sociedade se insere. As regras contabilísticas, a legislação, a regulação e a supervisão a que está sujeita, bem como a forma como estas são aplicadas na prática, são fundamentais para se compreender a eficácia dos diversos mecanismos de governo. Para além das regras e das práticas, há que considerar o que sucede, *efetivamente*, em caso de violação de alguma regra, para que se consiga medir o seu grau de implementação (*enforcement*). Estudos internacionais, e também setoriais, apontam para uma enorme variabilidade no governo societário e na sua relação com o desempenho.

2. POR QUE MOTIVO A ANÁLISE DO GOVERNO DOS BANCOS É DIFERENTE

O governo dos bancos é analisado de uma forma diferente da que é aplicada a outros setores, fundamentalmente porque os bancos são instituições fortemente reguladas (cf. Flannery (1998)), com uma estrutura de capital diferente daquilo que encontramos noutros sectores e cuja atividade é particularmente complexa e opaca pela sua natureza (cf. Haan e Vlahu (2013)). Dadas estas diferenças, é natural que os mecanismos de governo dos bancos apresentem, também eles, diferenças face ao que encontramos na generalidade dos outros setores, menos regulados e intangíveis, da economia.

Dermine (2013) chama a atenção para um outro elemento essencial deste *puzzle*, que nos recorda a ambiguidade mencionada no início do capítulo: Que desempenho? Quando analisámos, genericamente, a arquitetura do governo das sociedades na secção anterior, fizemo-lo de acordo com a perspetiva da maximização do valor acionista – o bom governo seria aquele que melhorasse o desempenho nesta dimensão. No entanto, a literatura apresenta-nos uma outra perspetiva possível para a apreciação da qualidade de um sistema de governo – a perspetiva do conjunto dos *stakeholders*, normalmente os acionistas, mas também credores, trabalhadores, reguladores e a sociedade em geral.

No caso dos bancos, esta segunda perspetiva, a dos *stakeholders*, assume uma relevância ainda mais acentuada. Porquê? Porque os bancos estão no centro das economias modernas, desempenhando funções essenciais como recetores de poupança e como fornecedores de liquidez. Por outro lado, esta centralidade faz com que as economias fiquem fortemente fragilizadas caso haja dificuldades financeiras sentidas pelos bancos e risco de falência. Dada a elevada correlação entre os ativos e passivos de muitos bancos, é possível (como se viu na recente crise financeira que teve como protagonistas os bancos *Bear Stearns* e *Lehman* numa primeira fase) que, a partir do falhanço de um banco, se propague o chamado risco sistémico – contaminando todo o sistema financeiro e comprometendo o normal funcionamento das economias. Em certa medida, ao medirmos o desempenho da banca com os mesmos parâmetros que utilizamos para outros setores, exigindo mais rendibilidade média por mais risco assumido, podemos acabar por dar um incentivo à tomada de risco (que não deixa de ser a natureza do negócio da banca), o qual pode ficar algo "descontrolado" se se propagar com facilidade entre instituições. Acresce, ainda, que a generalidade dos sistemas financeiros fomentam fundos de garantia de depósitos, o que pode ser um fator adicional conducente à tomada de risco por parte dos bancos, uma vez que parte dos "credores" (depositantes) têm o seu capital garantido em caso de incumprimento por parte do banco (ver Mehran, Morrison e Shapiro (2011), Bebchuk e Spamann (2010), Laeven (2012)). Por último, os sucessivos resgates (*bailouts*) a que se tem assistidos em diversas economias quando os bancos enfrentam dificuldades – em particular quando são "*too big to fail*" – podem levar a uma menor eficácia na prática dos mecanismos com os quais um regulador pretende disciplinar os administradores dos bancos. Se estes últimos esperarem ser resgatados (e, no fundo, os seus acionistas também) em períodos de crise, então talvez acabem por arriscar mais em períodos de maior prosperidade (durante os quais os seus acionistas estão satisfeitos com a remuneração adicional que obtêm pelo risco assumido). Este comportamento pro-cíclico, não particularmente prudente, tem de ser objeto de análise por parte dos reguladores[250].

É, assim, difícil conceber-se um sistema de governo para os bancos, uma vez que não há uma visão clara daquilo que deles se pretende. Tendo em conta iniciativas recentes, notamos que o relatório Walker (2009) no Reino Unido, nas suas recomendações para o governo dos bancos, assume mais claramente a perspetiva dos acionistas; já as recomendações da União Europeia (EU (2010a,2010b)) e do Comité de Basileia são mais abrangentes, incluindo explicitamente os interesses dos vários *stakeholders*.

Tal como Dermine (2013) sugere, é importante definir-se com clareza quais as atribuições e objetivos das entidades reguladoras (e de supervisão) e quais as atribuições e objetivos dos bancos. Nesta perspetiva dual, aos supervisores caberiam as preocupações com a estabilidade do sistema bancário e com a sua própria "prestação de contas" (*accountability*), enquanto que o governo dos bancos se focaria na maximização do bem estar (valor) dos seus acionistas. Também Levine (2011) apresenta as suas reservas quanto à ligação entre os interesses da sociedade em geral e os interesses dos reguladores designados como protetores do interesse público. Abre-se, portanto, caminho ao desenvolvimento da investigação do governo das próprias entidades reguladoras e supervisoras. A supervisão bancária é objeto de análise num outro capítulo (capítulo XII) deste livro.

Como se confirmará na próxima secção, efetivamente o governo dos bancos parece ser *diferente*, quer a nível do órgão de administração, quer da estrutura de propriedade, quer da política de remuneração, quer em termos do mercado de *corporate control*.

---

[250] Bernanke (2009) revelou preocupação pessoal sobre esta matéria no rescaldo da crise financeira.

3. EVIDÊNCIA SOBRE O GOVERNO DOS BANCOS E O SEU DESEMPENHO

O facto de os bancos e outras instituições financeiras serem fortemente regulados tem, surpreendentemente, levado os académicos a conhecerem pior este setor do que outros, em especial no que diz respeito a estudos empíricos, nos quais se testam hipóteses provenientes de diferentes teorias com bases de dados com muitas observações de diversos períodos temporais e de muitas empresas. Esta lacuna na literatura da área das Finanças deve-se à convicção dos investigadores de que as decisões tomadas nestas instituições financeiras são condicionadas por regras e restrições, sendo difícil extrair dos dados algum elemento que reflita "vontade" e "decisão" em vez de mero cumprimento escrupuloso de requisitos legais. No entanto, nos últimos anos, temos assistido a uma alteração desta perspetiva e a uma maior exploração de dados relativos a bancos e grupos bancários, inicialmente com um enfoque mais descritivo, mas também com outros objetivos, como o de relacionar determinadas caraterísticas do governo dos bancos com o seu desempenho.

Passando mais concretamente àquilo que sabemos até à data caraterizar o governo dos bancos, poderemos referir, de forma sintética, que a relação entre os diversos mecanismos de governo e o desempenho dos bancos não replica os resultados mais habitualmente encontrados nas empresas de outros sectores não regulados. Talvez ainda mais relevante seja notar a dificuldade em obter resultados conclusivos – estatisticamente – nos estudos sobre a relação do governo dos bancos e o desempenho.

3.1. Caraterísticas do órgão de administração e desempenho dos bancos

No que diz respeito ao órgão de administração não se verifica necessariamente um melhor desempenho de bancos com maior percentagem de administradores independentes, nem um pior desempenho de bancos com um maior número de membros no seu órgão de administração.

Começando pela **dimensão do órgão de administração** dos bancos, diversos estudos confirmam que os *boards* dos bancos têm mais membros do que os da generalidade dos sectores de atividade (veja-se Walker (2009) para o Reino Unido, Adams e Mehran (2003) para os Estados Unidos ou Haan e Vlahu (2013) com dados de 19 países europeus). Saliente-se que há evidência de que a dimensão do órgão de administração dos bancos tem vindo a diminuir (Adams e Mehran (2012) apresentam dados, para os Estados Unidos de 1982 a 1999, relativos a grupos bancários) e que no caso europeu há muitas diferenças entre países. Quanto ao impacto da dimensão no desempenho, ao invés do que maioritariamente se encontra noutros setores, no caso dos bancos há alguma evidência a favor do impacto positivo da dimensão do *board* no desempenho dos bancos, medido pelo Q de Tobin, pelo ROE ou pelo ROA[251] (e.g., Adams e Mehran (2012) encontram este efeito para uma amostra de 35 grupos bancários dos Estados Unidos entre 1964 e 1985, tal como Aebi, Sabato e Schmid (2012) com dados de 372 bancos no período de crise 2007-2008). No entanto, existem outros indicadores e estudos que não confirmam este benefício associado à maior dimensão do órgão de administração, tais como Adams (2012) quando compara os bancos que receberam apoio estatal nos Estados Unidos durante a recente crise financeira com outros. Outros autores encontram uma relação não linear entre o desempenho e a dimensão do órgão de administração (veja-se Andres e Vallelado (2008) ou Grove, Patelli, Victoravich e Xu (2011)). Alguns autores também analisam a relação entre a dimensão do *board* e o risco dos bancos, numa outra perspetiva de desempenho. Pathan (2009) reporta uma relação negativa entre tomada de risco e dimensão do órgão de administração, ao contrário do que Faleye e Krishnan (2010) encontram na sua amostra. Concluindo, parece ser natural ter mais membros no órgão de administração dos bancos, dada a complexidade do negócio subjacente, como salientámos na primeira parte deste capítulo, o que exige um maior aconselhamento dos executivos por parte dos outros membros do órgão de administração. Contudo, haverá um limite para a vantagem de inclusão de novos membros no órgão de administração, uma vez que se geram maiores custos de coordenação. É importante notar que em todos estes estudos é sempre difícil identificar-se a direção de causalidade nos resultados obtidos.

No que diz respeito à **independência** do órgão de administração, que tanto centra as atenções de reguladores, os dados de Adams (2010) identificaram uma menor percentagem de independentes nos órgãos de administração dos bancos comparativamente a outros setores. No caso europeu parece existir variabilidade significativa quanto à percentagem de administradores independentes no *board* (ver Haan e Vlahu (2013)). A evidência quanto ao impacto da independência no desempenho dos bancos não é encorajadora – Adams e Mehran (2012) não encontram uma relação positiva, tal como Aebi et al. (2012) ou Minton et al. (2014). Quanto à tomada de risco, Pathan (2009) e Faleye e Krishnan (2010) apresentam dados favoráveis a uma relação negativa entre o grau de independên-

---

[251] Q de Tobin sendo uma medida (rácio) de valor de mercado sobre valor contabilístico, muitas vezes interpretado como potencial de criação de valor ou crescimento. ROE, *return on equity*, é o rácio do resultado líquido contabilístico pelo valor do capital próprio. ROA, *return on assets*, nestes estudos é medido pelo rácio do resultado líquido pelo valor dos ativos.

cia do órgão de administração e a tomada de risco. Existe, também, um conjunto de estudos que aponta para um papel importante dos administradores independentes nas comissões de risco e auditoria.[252]

O impacto da **diversidade** no órgão de administração de um banco está ainda por explorar, com poucos e inconclusivos resultados a reportar.

Quanto à **expertise** dos administradores, novamente a evidência empírica é contraditória: Minton, Taillard e Williamson (2014) encontram uma relação inversa entre a *expertise* financeira dos administradores e o desempenho das ações e o valor da empresa, tal como Aebi et al. (2012) no que diz respeito à experiência profissional no setor por parte dos administradores independentes. Por outro lado, Minton et al. (2014) verificam que a *expertise* financeira em vésperas da crise está positivamente correlacionada com o risco assumido pelos bancos, mas também com maior rendibilidade durante esse período. Estes resultados recordam as reflexões apresentadas na secção 2 deste capítulo quanto à pro-ciclicidade da atividade bancária.

No que diz respeito à taxa de **absentismo** às reuniões do órgão de administração e seus comités, é interessante analisar os dados de Adams e Ferreira (2012), que identificam mais problemas de absentismo de administradores de bancos do que de outros setores, em particular quando o órgão de administração tem mais membros, o que sugere a teoria de *free-riding* a que já aludimos. Estatisticamente estes autores também não encontram maior probabilidade de substituição dos administradores com problemas de absentismo, o que pode ser relevante do ponto de vista da supervisão. Os estudos realizados sobre o grau de **disponibilidade** dos administradores ("ocupados" ou *busy*, quando acumulam muitos cargos de administração em diferentes entidades) e o desempenho são inconclusivos (e.g., Fernandes e Fitch (2013), Aebi et al. (2012)).

3.2. Política de remuneração e desempenho dos bancos

Este assunto que tem atraído muita atenção nos meios de comunicação nos últimos anos é abordado de forma detalhada, separadamente, no capítulo IX, pelo que não o desenvolvemos aqui.

---

[252] A título de exemplo, Ellul e Yerramilli (2013).

3.3. Estrutura de propriedade e desempenho dos bancos

Segundo estatísticas descritivas deste setor, a banca aparenta ter uma estrutura de propriedade tendencialmente concentrada, sendo possível identificar grandes blocos acionistas, apesar de existirem diferenças importantes entre bancos de diferentes países. Caprio, Laeven e Levine (2007) apresentam dados de uma amostra internacional de 44 países e os seus maiores bancos. Nesta amostra, cerca de 75% dos bancos têm um grande acionista, detentor de mais de 10% do capital do banco e dos seus direitos de voto.

Quanto à relação entre a estrutura de propriedade e o desempenho dos bancos, os resultados empíricos não apresentam grande significância: Aebi et al. (2012) não encontram uma relação forte entre a presença de investidores institucionais e o desempenho dos bancos, tal como Grove et al. (2011) não identificam uma relação positiva entre a concentração de propriedade e o desempenho. Tendo em conta diferenças internacionais, até em termos de regulação e práticas de proteção dos acionistas, Laeven e Levine (2009) sugerem algum efeito de substituição entre a existência de uma estrutura de propriedade mais concentrada e a presença de leis que protegem os acionistas, as quais podem até induzir maior tomada de risco. Adams e Mehran (2003) sugerem, igualmente, um potencial efeito de substituição entre a regulação e o governo dos bancos, em particular no que concerne aos blocos acionistas. Os estudos que relacionam tomada de risco pelos bancos com a presença de investidores institucionais apresentam resultados variados (ver e.g., Ellul e Yerramilli (2013)).

As questões de propriedade que tenham a ver com ações dos próprios executivos (e do CEO, em particular) são remetidas para o capítulo sobre política de remuneração. Notamos apenas a evidência de Adams e Mehran (2003) que aponta para uma menor percentagem de capital detido pelos CEOs de bancos face a outros sectores.

Por último, é oportuno mencionar que, no caso dos bancos, é relevante considerar ainda o papel do Estado enquanto acionista, papel este que veio a crescer e a revelar-se crucial no auge da recente crise financeira. A generalidade dos estudos sobre o impacto da presença do Estado enquanto acionista no desempenho dos bancos parece indicar pior *performance*. Contudo, nestes estudos não deixa de ser difícil aferir até que ponto esse desempenho inferior não se deve ao facto de, em muitos casos, a propriedade do Estado se dever a intervenções em circunstâncias pouco favoráveis, em que os Estados se tornam acionistas (mesmo que temporariamente) de bancos problemáticos, por pressões políticas e com o intuito de evitarem propagação de risco sistémico (veja-se, por exemplo, Shen, Hasan e Lin (2014)).

3.4. Mercado de *corporate control* e desempenho dos bancos

O mercado de fusões e aquisições que, em muitos sectores, funciona como mecanismo disciplinador da gestão – por vezes, apenas o risco de aquisição leva a uma gestão mais atenta para evitar uma *takeover* indesejada – parece não ter grande expressão no caso dos bancos. Nos últimos anos, as alterações na propriedade dos bancos a que temos assistido estão mais associadas à intervenção dos diversos Estados do que, propriamente, a iniciativas "de mercado". As especificidades do setor da banca, incluindo o peso que a regulação tem assumido, podem justificar a falta de dados que permitam analisar cuidadosamente o impacto destas operações de fusões e aquisições no desempenho dos bancos.

4. COMENTÁRIO FINAL

As especificidades do setor da banca, essencialmente em termos da sua centralidade para as economias, acarretando risco sistémico, levam a que as regras do seu jogo sejam diferentes das que encontramos noutros sectores. Estas regras implicam um peso muito significativo de regulação e supervisão bancárias, as quais afetam, fortemente, a gestão e o governo dos bancos. Não é, portanto, de estranhar que o governo dos bancos seja diferente do de outras entidades, quer em termos da composição do seu órgão de administração, quer em termos da política de remuneração dos seus executivos. Estas diferenças sentem-se internacionalmente e refletem-se, também, no desempenho dos bancos, uma vez que a forma de o analisar é particularmente complexa – tendo em conta os objetivos dos seus acionistas e/ou dos seus outros *stakeholders*. Neste sentido, é da maior importância discutir os objetivos de atuação das entidades reguladoras e dos próprios bancos, para que todos sejam *accountable* pelos motivos certos.

CAPÍTULO III

AS NOVAS REGRAS DE ADEQUAÇÃO DOS MEMBROS DO ÓRGÃO DE ADMINISTRAÇÃO

Bruno Ferreira

1. INTRODUÇÃO

A história recente não deixa esquecer a importância do sistema financeiro para a vida em sociedade. O papel desempenhado pelos bancos e o impacto que as suas falhas podem ter no sistema financeiro, na economia e na vida social em geral obrigam a um esforço continuado de regulação. Os cuidados em torno do governo dos bancos são um aspeto central deste esforço regulatório.

As investigações e reflexões em torno das causas da crise financeira global têm destacado com frequência crescente a importância das falhas ao nível do governo dos bancos, ainda que pareça dever concluir-se que o papel desempenhado por tais falhas não tenha sido decisivo quando confrontado com outros fatores[253].

O presente artigo visa refletir sobre o enquadramento jurídico de um dos aspetos centrais do governo dos bancos e que diz respeito à adequação dos administradores, o qual foi objeto de profundas alterações em resultado da transposição da Diretiva 2013/36/UE do Parlamento Europeu e do Conselho de 26 de junho de 2013 relativa ao acesso à atividade das instituições de crédito e à supervisão prudencial das instituições de crédito e empresas de investimento, que altera a Diretiva 2002/87/CE e revoga as Diretivas 2006/48/CE e 2006/49/CE ("CRD IV").

---

[253] Klaus J. Hopt, "Corporate governance of banks and other financial institutions after the financial crisis", Journal of Corporate Law Studies, Vol. 13/2, 2013, p. 237.

2. O OBJETIVO DO SISTEMA DE GOVERNO BANCÁRIO

O Decreto-Lei nº 157/2014, através do qual foi transposta a CRD IV, veio introduzir no Título VII do RGICSF um novo Capítulo II-A com o título "Governo". Os 9 artigos deste capítulo são, no essencial, dedicados a matérias relacionadas com a remuneração, sendo que as exceções são os artigos 115º-A, 115º-B e 115º-I, tratando estes dois últimos do comité de nomeações e da divulgação da informação sobre governo em sítio na Internet, respetivamente.

O artigo 115º-A parece almejar a configurar-se como a norma basilar sobre o sistema de governo das instituições de crédito mas está longe de atingir essa ambição, sendo que retirar conteúdo útil deste artigo é um desafio enorme. Aliás, diga-se que o artigo 88º da CRD IV já padecia de algumas fragilidades que foram contudo aumentadas pelo artigo 115º-A ao realizar a sua transposição.

A simples leitura do artigo deixa diversas dúvidas, não sendo em particular claro se o mesmo visa atribuir competências adicionais aos órgãos de administração e fiscalização. Caso se chegue a essa conclusão após analisar todo o espectro de competências, o intérprete terá ainda uma dificuldade adicional pois será obrigado a tentar distribuir as competências entre cada um dos órgãos em causa tendo em conta a sua referência em paralelo.

Deixando de parte a tarefa de sistematizar a norma em causa[254] podemos contudo retirar da mesma que o sistema de governo das instituições de crédito deve procurar garantir uma gestão eficaz e prudente (artigo 115º-A/1 do RGICSF).

Em linha com tal objetivo, os membros do órgão de administração das instituições de crédito estão sujeitos a determinadas exigências de adequação com vista a procurar assegurar a gestão sã e prudente da instituição. Por muito boas que possam ser as instituições e os sistemas de governo, "in the end, everything depends on the people"[255].

3. A REALIDADE

A recente reforma representa uma densificação das exigências legais relativas à adequação dos membros do órgão de administração dos bancos, não apenas no que respeita aos procedimentos a realizar aquando da sua designação ou recon-

---

[254] Que terá de enfrentar diversas dificuldades de entre as quais compreender como podem os órgãos em causa "assumir a responsabilidade pela instituição de crédito" tendo caído a referência à "responsabilidade global" constante do artigo 88º da CRDIV.
[255] KLAUS J. HOPT, "Corporate governance of banks and other financial institutions after the financial crisis", Journal of Corporate Law Studies, Vol. 13/2, 2013, p. 224.

dução, mas acima de tudo no que respeita à maior exigência no que toca às qualidades que os mesmos devem possuir para que possam ser designados ou para que possam permanecer em funções.

A intuição dir-nos-ia que quanto maior a qualidade dos administradores melhores serão os resultados da sua gestão (em termos de configurar uma gestão sã e prudente, critério que preside a esta análise).

Contudo, são diversos os fatores que obrigam a testar esta intuição e o consenso que da mesma poderia derivar, quer na avaliação da bondade das regras, quer na sua aplicação em concreto.

Em primeiro lugar surgem as exigências constitucionais: haverá que obter um equilíbrio entre os objetivos da regulação financeira em torno da preservação da estabilidade do sistema financeiro (com assento constitucional) e a preservação da liberdade de escolha de profissão.

Por outro lado, para além de alguns factos concretos cuja verificação pode fundamentar a falta de adequação para o exercício do cargo de administrador, a complexidade da realidade social leva a que não apenas o tipo de gestão a que se deve almejar (uma gestão sã e prudente) mas também parte dos critérios que podem fundar tal juízo de inadequação, tenham de ser estabelecidos a partir de conceitos indeterminados. Ora a apreciação em concreto coloca delicados problemas, em particular porque implica um elemento de prognose face ao que em cada circunstância concreta se poderá considerar como gestão sã e prudente e à atuação futura da pessoa em causa com base na sua atuação passada.

São conhecidas as dificuldades cognitivas inerentes ao pensamento humano no que respeita à previsão.

Adicionalmente, em termos empíricos, também não é clara a relação de causalidade entre a qualidade do banco e da sua gestão e a qualidade dos administradores. Além de muitíssimos outros fatores que são relevantes para a qualidade da gestão do banco, não é claro se são os melhores administradores que fazem os melhores bancos ou se são os melhores bancos (com melhor governação, *stakeholders* mais envolvidos e empenhados, etc.) que atraem os melhores administradores.

Aliás, existem estudos bastante recentes que apontam no sentido de que, por exemplo, a maior experiência financeira dos membros independentes do conselho de administração dos bancos norte americanos corresponderá a uma maior assunção de riscos pelas instituições em causa, a qual terá sido acompanhada por um pior desempenho durante a recente crise financeira[256]. Ainda

---

[256] BERNADETTE A. MINTON/JÉRÔME P. TAILLARD/ROHAN WILLIAMSON, "Financial Expertise of the Board, Risk Taking, and Performance: Evidence from Bank Holding Companies", Journal of Financial and Quantitative Analysis, Vol. 49/2, 2014, pp. 351 e ss.

assim, também neste caso parece não ser clara a eventual relação de causalidade no sentido de determinar se são os bancos que assumem ou querem assumir maiores riscos que escolhem os administradores com maior experiência ou se são os bancos com administradores com maior experiência que levam a uma maior assunção de riscos, ainda que os autores em causa pareçam apontar neste último sentido.

4. AS PRINCIPAIS ALTERAÇÕES

Ainda que inseridas no diploma que procede à transposição da CRD IV não são tanto as normas desta diretiva que conformam diretamente o essencial do conteúdo do novo regime de adequação dos administradores mas sim as Orientações da EBA sobre a avaliação da aptidão dos membros do órgão de administração e fiscalização e de quem desempenha funções essenciais de 22 de Novembro de 2012.

A CRD IV contém as seguintes referências basilares a este respeito: o número 1 do artigo 91º estabelece que "Os membros do órgão de administração devem, a todo o tempo, ter a idoneidade necessária e possuir conhecimentos, competências e experiência suficientes para desempenharem as suas funções"; o número 8 do artigo 91º prevê que "Os membros do órgão de administração devem agir com honestidade, integridade e independência de espírito que lhes permitam avaliar e criticar efetivamente as decisões da direção de topo, quando necessário, e fiscalizar e monitorizar efetivamente o processo de tomada de decisões em matéria de gestão".

Para além destas referências, a CRD IV acaba por em grande medida remeter para a EBA o estabelecimento de orientações sobre a generalidade das matérias em causa, com exceção do regime de acumulação de cargos que merece maior desenvolvimento. Ainda que representem novidades face ao RGICSF parte do teor das Orientações da EBA estava já incorporado na prática de supervisão do Banco de Portugal.

Em termos globais as novidades que o Decreto-Lei nº 157/2014 traz em concreto podem ser enquadradas em diversos níveis.

Por um lado, surge a mudança de um sistema de registo para um sistema de autorização[257].

---

[257] Não entraremos nas implicações em termos de Direito Administrativo que poderão resultar desta alteração.

Adicionalmente nota-se o estabelecimento de um conceito geral de adequação, nos termos do qual se consideram adequados aqueles que tenham a capacidade de assegurar, em permanência, garantias de gestão sã e prudente das instituições de crédito, tendo em vista de modo particular, a salvaguarda do sistema financeiro e a salvaguarda dos interesses dos respetivos clientes, depositantes, investidores e demais credores. Trata-se de um estalão bastante exigente, que se consubstancia em particulares exigências (ou requisitos) de idoneidade, qualificação profissional, independência e disponibilidade.

Em termos de procedimento estabelece-se agora um duplo patamar de avaliação da adequação.

Para além da avaliação pelo Banco de Portugal surge agora também de forma detalhada na lei uma avaliação da adequação pela própria instituição de crédito, que deve ser feita na expressão da lei "em primeira linha" (artigo 30º-A), podendo aqui desempenhar um papel preponderante o comité de nomeações caso exista nos termos do artigo 115º-B.

A nosso ver a preponderância da instituição será um dos aspetos que impacta de forma mais impressiva com o modelo da estrutura de governo societário típico nacional e que já antes estava presente não apenas nas Orientações da EBA sobre a avaliação da aptidão mas também nas Orientações sobre governação interna.

Por exemplo, a lei refere em diversas passagens que a instituição deve tomar as medidas para resolver a situação de inadequação superveniente que venha a afetar um administrador. Contudo, a aprovação de tais medidas poderá enfrentar as dificuldades inerentes à distribuição de competências entre os diversos órgãos societários. Assim, mesmo que se considere que a perda da adequação seja justa causa de destituição, esta terá ainda assim de ser deliberada pelos órgãos competentes, com tudo o que tal significa em termos, por exemplo, da convocatória e realização de assembleias gerais.

Salienta-se a este respeito no que concerne à avaliação pelo próprio Banco de Portugal surge a possibilidade de existência de "entrevista pessoal com o interessado".

Note-se, por último, como novidade as alterações em sede de suspensão provisória de administradores agora constante do artigo 32º-A do RGICSF.

Esta mesma suspensão era já um instrumento previsto no RGICSF em sede de desequilíbrio da instituição, inicialmente no seio das providências de saneamento e na sequência da nomeação de administradores provisórios, mais recentemente como medida de intervenção corretiva (constante atualmente do artigo 141º).

Refira-se, porém, que o artigo 32º-A revela pouco acerca das situações que podem levar à suspensão provisória, apenas indicando que serão situações de justificada urgência (exigindo-se a suspensão para "prevenir o risco de grave dano para a gestão sã e prudente de uma instituição de crédito ou para a estabilidade do sistema financeiro").

Deverão tratar-se de situações de falta de adequação superveniente (aliás nos termos da alínea c) do número 3 do artigo 32º-A a suspensão cessa quando o Banco de Portugal tome uma das medidas que estão ao seu alcance aquando da avaliação da falta de adequação superveniente), pelo que a suspensão poderá, em princípio, ser determinada antes de iniciado o procedimento de revogação da autorização.

Fica a dúvida de saber se a suspensão pode ser determinada antes de confirmados os indícios de falta de adequação superveniente, sendo que o sentido geral da presente reforma parece apontar nessa mesma direção.

5. OS CRITÉRIOS DE ADEQUAÇÃO EM PARTICULAR

Como acima referido apenas se deverá considerar adequada para o exercício do cargo de administrador aquela pessoa que demonstre determinadas qualidades em termos de idoneidade, qualificação profissional, independência e disponibilidade.

Os critérios de adequação dos administradores dos bancos sofreram diversos ajustamentos com a recente reforma, ainda que com extensão diversa. Vejamos, pois, quais as alterações começando por aqueles requisitos que foram menos afetados.

5.1. Qualificação profissional

De acordo com disposto no artigo 31º, número 1, do RGICSF, os administradores devem demonstrar que possuem as competências e qualificações necessárias ao exercício das suas funções, adquiridas através de habilitação académica ou de formação especializada apropriadas ao cargo a exercer e através de experiência profissional com duração e níveis de responsabilidade que estejam em consonância com as características, a complexidade e a dimensão da instituição de crédito, bem como com os riscos associados à atividade por esta desenvolvida.

O número 2 do referido artigo estabelece que a formação e a experiência prévias dos administradores devem possuir relevância suficiente para permitir a compreensão do funcionamento e da atividade da instituição de crédito, avaliar os riscos a que a mesma se encontra exposta e analisar criticamente as decisões tomadas.

Aqui onde antes havia a disjuntiva entre "habilitação académica" ou "experiência profissional" surge agora que a pessoa deve demonstrar que possui as qualificações necessárias adquiridas "através de habilitação académica ou de formação especializada e através de experiência profissional". Isto em consonância com o comando comunitário com a sua referência a "conhecimentos, competências e experiência" (artigo 91º/1 da CRD IV).

5.2. Disponibilidade

A disponibilidade dos administradores continua a regular-se essencialmente a propósito da acumulação de cargos, ainda que, é claro, esta tenha também relevância em sede de conflito de interesses.

Nos termos do artigo 33º/1 do RGICSF, o Banco de Portugal poderá opor-se a que os administradores das instituições de crédito exerçam funções de administração ou fiscalização noutras entidades se entender que a acumulação é suscetível de prejudicar o exercício das funções que o interessado já desempenhe, nomeadamente por existirem riscos graves de conflitos de interesses ou por de tal facto resultar falta de disponibilidade para o exercício do cargo, em termos a regulamentar pelo Banco de Portugal. Para este efeito o Banco de Portugal deve atender às circunstâncias concretas do caso, às exigências particulares do cargo e à natureza, escala e complexidade da atividade da instituição de crédito (artigo 33º/2).

A acumulação será apreciada em sede de autorização ou em momento posterior (de acordo com o procedimento agora estabelecido na Instrução do Banco de Portugal nº 12/2015, em particular no seu artigo 7º).

No que respeita à limitação de mandatos propriamente dita, o artigo 33º, número 3 estabelece que é vedado aos membros dos órgãos de administração e fiscalização das instituições de crédito significativas em função da sua dimensão, organização interna, natureza, âmbito e complexidade das suas atividades, acumular mais do que um cargo executivo com dois não executivos, ou quatro cargos não executivos.

A CRD IV não cuida do estabelecimento do âmbito concreto das entidades abrangidas pela norma em causa sendo que caberá aos Estados-membros proceder a esta concretização. O RGICSF não fornece elementos adicionais, sendo que resta esperar pela regulamentação do Banco de Portugal.

Para efeitos da determinação do número de cargos que podem ser acumulados por parte dos administradores para efeitos dos limites acima referidos, o número 4 do artigo 33º estabelece que se devem considerar como um único cargo os cargos executivos ou não executivos em órgão de administração ou fiscalização de instituições de crédito ou outras entidades que estejam incluídas no mesmo perímetro de supervisão em base consolidada[258] ou nas quais a instituição de crédito detenha uma participação qualificada.

As limitações acima referidas não se aplicam aos membros dos órgãos de administração e fiscalização de instituições de crédito que beneficiem de apoio financeiro público extraordinário e que tenham sido designados especificamente no contexto desse apoio (artigo 33º/5), estando também excluídos os cargos desempenhados em entidades que tenham por objeto principal o exercício de atividades de natureza não comercial, salvo se, pela sua natureza e complexidade, ou pela dimensão da entidade respetiva, se mostrar que existem riscos graves de conflitos de interesses ou falta de disponibilidade para o exercício do cargo na instituição de crédito (artigo 33º/6).

De qualquer forma, prevê o artigo 33º/7 do RGICSF que o Banco de Portugal pode autorizar os membros dos órgãos de administração e fiscalização a acumular um cargo não executivo adicional.

Aguardam-se, contudo, as Orientações da EBA sobre a matéria, em particular sobre o tempo suficiente consagrado, a emitir até 31 de Dezembro de 2015. Até lá ficamos com as Orientações da EBA sobre governação interna que apenas indicam que "O tempo mínimo que todos os membros do órgão de administração e fiscalização devem dedicar ao exercício das suas funções é indicado num documento escrito".

A nosso ver o número 9 do artigo 33º surge deslocado e teria merecido um artigo autónomo: não é apenas da acumulação de cargos que surgem situações de conflito de interesses pelo que não é apenas nesse enquadramento que "As instituições de crédito devem dispor de regras sobre prevenção, comunicação e sanação de situações de conflitos de interesses".

5.3. Independência

Nesta sede optou-se por seguir aquela que é a posição das Orientações da EBA com a sua visão da independência como a situação em que está alguém que não está sujeito à "influência indevida de outras pessoas ou entidades".

No dizer do artigo 31º-A do RGICSF são situações suscetíveis de afetar a independência: (i) o exercício atual ou de cargos na instituição ou noutras instituições (ii)

---

[258] A nosso entender esta norma deve ser interpretada no sentido de incluir entidades dentro do mesmo grupo societário, em linha com o estabelecido no artigo 91º/4 da CRD IV.

a existência de relações de parentesco, profissionais ou económicas com (A) outros membros dos órgãos da instituição, da empresa-mãe ou das filiais ou com (B) detentores de participações qualificadas na instituição, na empresa-mãe ou nas suas filiais.

Torna-se, ainda assim, difícil de entender qual a estatuição da norma. Quando se verifiquem tais situações deixa de existir independência e consequentemente deixa de existir adequação? Certamente não poderá ser esta a conclusão em particular no confronto com a clareza do número 3 do referido artigo 31º-A quanto à independência dos membros do órgão de fiscalização segundo os critérios estabelecidos no artigo 414º número 5 do Código das Sociedades Comerciais.

A nosso ver o sentido a atribuir à norma será o de tornar necessária a avaliação do comportamento da pessoa quando estejam em causa situações suscetíveis de afetar a sua independência.

Sempre que se verifique que o administrador não lidou da melhor forma com situações em que estão em causa influências por parte das entidades mencionadas no número 2 do artigo 31º-A deverá concluir-se que não se pauta por um comportamento independente e não será adequado para o exercício do cargo.

O preceito terá assim uma carga mais programática, sendo que enfrenta as dificuldades com que o governo das sociedades se tem vindo a debater no que diz respeito às vantagens e desvantagens da independência.

5.4. Idoneidade

De acordo com o disposto no artigo 30º-D do RGICSF, na avaliação da idoneidade dos administradores deve ter-se em conta o modo como a pessoa gere habitualmente os negócios, profissionais ou pessoais, ou exerce a profissão, em especial nos aspetos que revelem a sua capacidade para decidir de forma ponderada e criteriosa, ou a sua tendência para cumprir pontualmente as suas obrigações ou para ter comportamentos compatíveis com a preservação da confiança do mercado, tomando em consideração todas as circunstâncias que permitam avaliar o comportamento profissional para as funções em causa.

Note-se em primeiro lugar que a própria utilização pela lei do conceito de idoneidade acaba por não deixar transparecer na sua plenitude aquele que parece ser o sentido da exigência que nesta sede é feita aos administradores.

Na verdade, apesar de como faz o RGICSF a versão portuguesa da CRDIV empregar o conceito de idoneidade, as expressões utilizadas nas versões da CRDIV em algumas das outras línguas transportam-nos de forma mais imediata para considerações de natureza não jurídica: em inglês: *good repute*; em francês: *honorabilité*; em italiano: *onorabilità*; em espanhol: *oportuna reputación*; em alemão: *gut beleumundet*.

A expressão "idoneidade", tradicionalmente empregue pelo legislador nacional e pelas versões em português da legislação europeia, não transporta de forma tão clara a ideia de honorabilidade ou boa reputação na medida em que na linguagem não jurídica "idoneidade" significa aptidão, capacidade ou adequação.

Aliás, a versão portuguesa da CRD IV emprega o mesmo conceito de idoneidade para efeitos da apreciação de participação qualificada sendo que as versões das restantes línguas utilizam as expressões *suitability*, *caractère approprié*, *Eignung*, *idoneidad* e *idoneità* (artigo 23º).

Neste aspeto, a versão portuguesa da CRD IV acabaria até por ser algo circular caso se considerasse o conceito de idoneidade em termos estritos na medida em que estabelece que para determinar a idoneidade do potencial adquirente de participação qualificada (23º/1) se deve considerar, entre outros fatores, a sua idoneidade (alínea a) do mesmo número), diferentemente do que acontece nas restantes línguas (onde para determinar a *suitability*, *caractère approprié*, *Eignung*, *idoneidad* e *idoneità* do proposto adquirente se deve ter em conta a sua *reputation*, *honorabilité*, *Leumund*, *onorabilità* e *reputación*).

As Orientações da EBA têm a nosso ver o mesmo problema, onde em português se refere a "Critérios de idoneidade" nas restantes línguas refere--se "Reputation criteria", "criteres d'honorabilité", "critérios de reputación", "Zuverlässigkeit" e "criteri d'onorabilità".

Parece-nos assim relativamente claro que o critério ínsito no preceito europeu em causa remete para considerações não apenas ao nível de comportamentos suscetíveis de configurar punições ao nível criminal ou contraordenacional, mas em termos mais amplos. Ou seja, poderão e terão mesmo de ser consideradas circunstâncias em que não existe expressão jurídica criminal ou contra-ordenacional, etc. dos comportamentos anteriores da pessoa em causa.

Discordamos pois da conclusão do Banco de Portugal na sua Nota Técnica de 27 de Novembro de 2014 em que a páginas 13 salienta o facto de o legislador não fazer uso do "conceito geral de honorabilidade ou integridade" como algo de distintivo da ordem jurídica nacional que obriga a maior prudência na aplicação de factos da vida pessoal que não envolvam responsabilidade infracional (ilícitos criminais, contraordenacionais, etc.), mesmo antes da transposição da CRD IV.

Mesmo que fosse essa a opção do legislador nacional, ou seja que o conceito de idoneidade fosse empregue sem que dele retirássemos elementos que obrigam a considerar comportamentos sem expressão criminal ou contraordenacional, uma interpretação conforme com os textos europeus não poderia deixar de nos remeter para tais considerações.

Quer o sentido da norma europeia quer os critérios estabelecidos no artigo 30º-D apontam a nosso ver neste mesmo sentido.

É a esta luz que se deve ponderar o modo como a pessoa gere habitualmente os seus negócios (profissionais ou pessoais) ou o modo como exerce a profissão. Deverão em especial atender-se aos aspetos que revelem a (i) sua capacidade para decidir de forma ponderada e criteriosa, (ii) a sua tendência para cumprir pontualmente as suas obrigações ou (iii) para ter compromissos compatíveis com a preservação da confiança do mercado (tudo isto agora pela positiva em vez de pela negativa como acontecia antes da alteração legislativa).

Foram inseridos no artigo 30º-D dois conjuntos de circunstâncias (número 3) e de situações (número 5).

As circunstâncias do número 3 são as que devem ter-se em conta na avaliação e na apreciação da idoneidade. As situações do número 5 são as que devem ser tomadas em consideração para fundar o juízo de prognose sobre as garantias que a pessoa em causa oferece em relação a uma gestão sã e prudente.

Não conseguimos descortinar qual o critério que presidiu à elaboração destes dois elencos de forma separada e portanto torna-se difícil fazer considerações sobre a sua relevância e o seu regime.

Sempre se diga que representam uma simplificação face às 4 listas de fatores a considerar constantes das Orientações da EBA.

Por exemplo as alíneas a) a d) do número 3 correspondem às alíneas do artigo 13.6 das Orientações e de acordo com estas devem relevar para efeitos da "regularidade da conduta do membro em atividades profissionais anteriores".

Já as alíneas alíneas e) a f) do mesmo número 3 correspondem às alíneas do artigo 13.7 das Orientações e de acordo com estas devem relevar para efeitos não apenas do "desempenho profissional passado e presente" mas também da sua "solidez financeira".

Há também alguma sobreposição nas Orientações visto que quer o 13.6 quer o 13.7 relevam para efeitos do avaliação da conduta profissional. Faz portanto algum sentido proceder à sua unificação.

Já no que respeita ao número 5, herança da anterior redação do artigo 30º, repete algumas das circunstâncias que constam do número 3 (por exemplo a insolvência da pessoa, referida na alínea g) do número 3 e na alínea a) do número 5; a insolvência das entidades por si geridas, referida na alínea f) do número 3 e na alínea a) do número 5; etc.). Existem ainda outras sobreposições.

O número 5 acaba por tendencialmente elencar situações em que existem intervenções judiciais ou atos em procedimentos judiciais, com exceção da alínea d) que fala apenas em infrações de regras disciplinares ou deontológicas (há que ver se também aqui terá de ter havido uma decisão por parte dos órgãos competentes ou se ficará ao critério do Banco de Portugal a apreciação acerca dessa mesma infração).

Atrevemo-nos a sugerir (sem que a nosso ver a norma o diga expressamente) que a instituição de crédito e o Banco de Portugal deverão dar mais peso a estas situações do número 5 na sua apreciação, sendo que esta sugestão pode não ser de aplicar uniformemente relativamente a todas visto que uma acusação terá peso diverso de uma condenação.

CAPÍTULO IV

OS PRINCÍPIOS DA RESPONSABILIDADE E DA DIREÇÃO GLOBAL

José Ferreira Gomes

Sumário: 1. Introdução: o governo das instituições de crédito e a CRD IV; 2. A densificação da obrigação de administração de acordo com os princípios da responsabilidade global e da direção global no sistema alemão; 3. A concentração do board em funções de fiscalização no sistema norte-americano; 4. O papel do *board* no Reino Unido: *to lead and control*; 5. O sistema jus-societário português: o "princípio da responsabilidade global" vigilância e limites da delegação de poderes de administração; 6. O "princípio da responsabilidade global" no domínio bancário: O art. 115º-A RGIC.

1. INTRODUÇÃO: O GOVERNO DAS INSTITUIÇÕES DE CRÉDITO E A CRD IV

I. O governo das instituições de crédito assume hoje um destaque impar no debate internacional sobre *corporate governance*, disciplina que é hoje uma das mais discutidas na ciência jurídico-económica[259]: está em causa, na conhecida e sintética fórmula do Relatório Cadbury (1992), «*the system by which companies are directed and controlled*»[260].

---

[259] Klaus J. Hopt, "Corporate Governance – Zur nationalen und internationalen Diskussion", in Klaus J. Hopt e Gottfried Wohlmannstetter (eds.), *Handbuch Corporate Governance von Banken*, München: Beck, 2011, p. 3.
[260] Committee on the Financial Aspects of Corporate Governance, *Report on the financial aspects of corporate governance*, 1992, § 2.5.

As dimensões internacionais e interdisciplinares deste debate são, provavelmente, as suas maiores riquezas. A discussão para além das fronteiras de cada sistema jurídico permite compreender a tensão entre a *path dependency* e a tendência para a convergência funcional que decorre da concorrência legislativa[261]. A interdisciplinaridade habilita os juristas a conhecer melhor o problema a que se propõem dar resposta – eminentemente económico[262], mas também social e psicológico – e as consequências que da mesma advêm, no contexto de uma interpretação sinépica[263] enquadrada no círculo hermenêutico[264], que justifica o recurso à análise económica do Direito[265], mas não só[266].

A atualidade do tema não permite, porém, ignorar a sua profundidade histórica. É relativamente recente o desenvolvimento significativo de estudos e de regimes jurídicos específicos sobre o governo dos bancos, mas os problemas verificados na administração e fiscalização destes estiveram sempre no centro do desenvolvimento do direito das sociedades comerciais, desde o séc. XIX. Exemplo disso é a discussão que se seguiu às falências do Banco Lusitano e do Banco do Povo[267] e a proposta do Visconde de Carnaxide que se lhes seguiu, de fiscalização dos balanços das sociedades anónimas por agentes do governo, em situações de

---

[261] Reconhecido até pelo nosso legislador. Cfr. CMVM, *Governo das sociedades anónimas: Propostas de alteração do código das sociedades comerciais (processo de consulta pública nº 1/2006)*, 2006, 8.

[262] Neste sentido, Hopt, *Corporate Governance*, 4.

[263] Cfr. Wolfgang Fikentscher, *Methoden des Rechts*, 5 - Nachträge, Register, Tübingen: Mohr, 1977, 30, 32, e António Menezes Cordeiro, *Da boa fé no direito civil*, Coimbra: Almedina, 1984, 36-37, 39, que prefere o uso do neologismo "sinépica" à transposição rigorosa de *synépeia* para "sinépeica" proposta por Fikentscher.

[264] Engisch refere-se a um "ir e vir de perspetiva" entre o elemento de previsão da norma e a situação fáctica. Karl Engisch, *Logische Studien zur Gesetzesanwendung*, 2ª ed., Heidelberg: Carl Winter Universitatsverlag, 1942, 15. Cfr. também Menezes Cordeiro, *Da boa fé*, 36-40, Karl Larenz, Metodologia da ciência do Direito, Lisboa: Fundação Calouste Gulbenkian, 2005, 286-287, António Castanheira Neves, *O actual problema metodológico da interpretação jurídica*, 1, Coimbra: Coimbra Editora, 2003, 104.

[265] José Ferreira Gomes, *Da Administração à Fiscalização das Sociedades: A obrigação de vigilância dos órgãos da sociedade anónima*, Coimbra: Almedina, 2015, nºs 35-41.

[266] Particularmente relevantes são os estudos sociológicos, que permitem compreender a articulação das normas jurídicas com as normas sociais, e os estudos de psicologia cognitiva e de psicologia comportamental, particularmente relevante na compreensão do comportamento dos indivíduos no contexto das organizações que integram e, em particular, as consequências práticas da articulação entre o *modo singular* e o *modo coletivo* de conduta.

[267] Cfr. Visconde de Carnaxide, *Sociedades anonymas: Estudo theorico e pratico de direito interno e comparado*, Coimbra: F. França Amado, 1913, 17-18.

crise²⁶⁸, a qual viria a ser parcialmente adotada, pelo Decreto de 12 de julho de 1894, relativo a instituições bancárias²⁶⁹.

II. Estamos, atualmente, num ponto de viragem no desenvolvimento desta matéria não só a nível internacional, mas, sobretudo, também a nível nacional.

A transformação do panorama nacional assenta em três pilares fundamentais: (i) a transposição da Diretriz 2013/36/UE, de 26-jun.-2013 – conhecida como *"Capital Requirements Directive IV"* ou *"CRD IV"*²⁷⁰ – pelo Decreto-Lei nº 157/2014, de 24-out., que alterou profundamente o Regime Geral das Instituições de Crédito e Sociedades Financeiras (RGIC); (ii) a atuação do Banco de Portugal, não só na aplicação do novo quadro normativo, mas, de uma forma mais ampla, na sua abordagem dos problemas de governo conhecidos no nosso sistema, com base no seu amplo leque de poderes de intervenção; (iii) o desenvolvimento da jurisprudência em casos mediáticos, como o BPN, o BCP, o BPP e agora o BES.

Neste artigo concentramo-nos no primeiro pilar, conscientes, porém, de que mais importante do que a *law in the books*, é a *law in action*, assente precisamente nos segundo e terceiro pilares indicados.

III. A CRD IV teve, na sua origem, a crise financeira de 2007-2009 e os Acordos de Basileia III que lhe sucederam. Foi, porém, particularmente marcada pela crise do Euro posterior a tais acordos. Quanto à referida crise e como desenvol-

---

[268] O Visconde de Carnaxide, então deputado, apresentou um projeto de lei «com o fim de tutelar os portadores de obrigações e donos de depósitos, evitando-se quanto possível a insolvencia das sociedades anonymas, que pela limitação da responsabilidade dos accionistas ou sócios deixariam a descoberto todos os seus credores», em que se estabelecia a fiscalização dos balanços das sociedades anónimas por agentes do governo em caso de crise. Esta proposta deu origem a uma acesa discussão, havendo quem preferisse «uma determinação precisa e rigorosa da responsabilidade civil e penal dos directores e fiscaes das sociedades anonymas». Visconde de Carnaxide, *Projecto de lei relativo à fiscalização de sociedades anonymas apresentado na Camara dos Senhores Deputados: em sessão de 20 de Janeiro de 1892*, Lisboa: Imprensa Nacional, 1892, 3. Cfr. também José Benevides, *Um projecto de lei e a responsabilidade na gerência das sociedades anonymas*, Coimbra: Imprensa da Universidade, 1893, 27.

[269] O Decreto de 12-jul.-1894, relativo a instituições bancárias, adotou parcialmente a proposta do Visconde de Carnaxide no que toca àquelas instituições. *CLP* 1894, 217-219 (219, 1ª col.). Cfr. José Ferreira Gomes, *Da Administração à Fiscalização das Sociedades*, nºs 240-244.

[270] Diretriz 2013/36/UE do Parlamento Europeu e do Conselho, de 26-jun.-2013, relativa ao acesso à atividade das instituições de crédito e à supervisão prudencial das instituições de crédito e empresas de investimento, que altera a Diretriz 2002/87/CE e revoga as Diretrizes 2006/48/CE e 2006/49/CE. Esta Diretriz, juntamente com o Regulamento (UE) nº 575/2013 do Parlamento Europeu e do Conselho, de 26 de junho de 2013, relativo aos requisitos prudenciais para as instituições de crédito e para as empresas de investimento e que altera o Regulamento (UE) nº 648/2012, compõe o chamado "pacote CRD IV".

vemos noutra sede[271], segundo o Relatório de Larosière (2009)[272], o governo das instituições financeiras não foi, *per se*, uma das suas principais causas. Porém, um adequado governo daquelas instituições teria permitido mitigar os piores efeitos desta crise[273]. Sabe-se hoje que, em muitos casos, os conselhos de administração e os altos dirigentes das instituições financeiras simplesmente não compreendiam as características dos novos e altamente complexos produtos financeiros que negociavam e não tinham conhecimento da exposição global das suas sociedades, tendo por isso subestimado, em grande medida, o risco que as mesmas corriam[274]. Prevaleceu frequentemente o "instinto de manada", numa corrida desenfreada pelo aumento de lucros, sem adequada ponderação dos riscos subjacentes. Os conselhos de administração não exerceram o devido controlo e vigilância sobre a sociedade; os administradores não-executivos estiveram "ausentes" ou foram incapazes de desafiar os executivos. A inadequada estrutura de remuneração dos administradores e *traders* conduziu à excessiva assunção de riscos e a uma perspetivação de curto prazo[275].

Face a esta situação, a Comissão Europeia manifestou a necessidade de fortalecer significativamente e aplicar devidamente (*duly apply and enforce*) o atual sistema de pesos e contra-medidas, de forma a que todos os envolvidos tenham maior consciência da sua responsabilidade (*accountability and liability*), sem minar

---

[271] Cfr. José Ferreira Gomes, *Da Administração à Fiscalização das Sociedades*, nº 1693.

[272] The High-Level Group on Financial Supervision In the EU, *Report on financial supervision in the EU*, 2009.

[273] Note-se que, como realça Hopt numa análise da doutrina produzida até ao início de 2013, apesar de as opiniões ainda divergirem, a visão maioritária é de que o papel das falhas de *governance* das instituições de crédito na crise foi limitado. Muito mais importantes foram a política monetária do American Federal Reserve Bank, a política e prática de financiamento hipotecário a largas massas da população, a titularização de créditos em complicados e opacos instrumentos financeiros, as falhas das agências de crédito, dos reguladores e supervisores e, não menos importante – segundo o autor – a ganância e curtas vistas dos investidores, incluindo instituições financeiras. Cfr. Klaus J, Hopt, *Better governance of financial institutions*, 2013, disponível em http://ssrn.com/abstract=2212198, 49, artigo publicado em duas partes, "Corporate Governance of Banks after the Financial Crisis", in Eddy Wymeersch, Klaus J. Hopt e Guido Ferrarini (eds.), *Financial Regulation and Supervision, A post-crisis analysis*, Oxford: Oxford University Press, 2012; Corporate Governance of Banks and Other Financial Institutions After the Financial Crisis, *Journal of Corporate Law Studies*, 13:2, 2013.

[274] Relatório de Larosière, 8, Comissão Europeia, *Corporate Governance in Financial Institutions: Lessons to be drawn from the current financial crisis, best practices*, SEC(2010) 669, 2010, 3.

[275] Relatório de Larosière, 8. Para mais detalhes sobre este estudo, cfr. José Ferreira Gomes, Novas regras sobre o governo das instituições de crédito: primeiras impressões e densificação da obrigação de administração de acordo com o "princípio da responsabilidade global", *Revista de Direito das Sociedades*, 7:1, 2015, 10-11.

o espírito de empreendedorismo necessário ao crescimento económico[276]. Decidiu então intervir sobre a composição e funcionamento do órgão de administração das instituições de crédito, com o propósito último de assegurar que este cumpre efetivamente os seus papéis de liderança e de fiscalização, transformando *"too friendly boards"* em *"monitoring boards"*.

IV. Neste domínio específico, o legislador europeu foi ambicioso, deixando de lado as cautelas manifestadas no tratamento geral da estrutura e do funcionamento dos órgãos de administração e fiscalização desde o abandono definitivo da Proposta de 5ª Diretriz[277]. O *Livro verde sobre o governo das sociedades nas instituições financeiras e as políticas de remuneração*[278], divulgado pela Comissão Europeia, as *Guidelines on internal governance*, de 27-set.-2011[279], e as *Guidelines on the assessment*

---

[276] Cfr. também o Relatório Liikanen (High-Level Expert Group, *Report on reforming the structure of the EU banking sector*, 2012) cujas conclusões descrevemos em *Novas Regras*, 10-11.

[277] A Comissão Europeia anunciou em 2003 o seu plano de ação "Modernizar o direito das sociedades e reforçar o governo das sociedades na União Europeia – Uma estratégia para o futuro", nos quais incluía, entre outras, medidas destinadas modernizar a estrutura do conselho de administração. Não obstante, optou por atuar através de um instrumento não vinculativo, apresentando, em 2005, recomendações sobre o papel dos administradores não executivos e membros dos órgãos de fiscalização de sociedades cotadas e sobre as comissões dos órgãos de administração e fiscalização. Depois disso publicou, em 2011, o Livro verde sobre o quadro da UE do governo das sociedades e, com base neste, apresentou, em 2012, o seu plano de ação sobre Direito das sociedades europeu e governo das sociedades. Cfr. Comissão Europeia, *Comunicação da Comissão ao Conselho e ao Parlamento Europeu – Modernizar o direito das sociedades e reforçar o governo das sociedades na União Europeia – Uma estratégia para o futuro*, COM (2003) 284 final, 2003; Recomendação relativa ao papel dos administradores não executivos ou membros do conselho de supervisão de sociedades cotadas e aos comités do conselho de administração ou de supervisão, de 15 de fevereiro de 2005 (2005/162/CE), JO 51/52, 25.2.2005; *Livro verde sobre o quadro da UE do governo das sociedades*, COM(2011) 164 final, 2011; Comissão Europeia, *Comunicação da Comissão ao Parlamento Europeu, ao Conselho, ao Comité Económico e Social Europeu e ao Comité das Regiões – Plano de ação: Direito das sociedades europeu e governo das sociedades – Um quadro jurídico moderno com vista a uma maior participação dos acionistas e a sustentabilidade das empresas*, COM (2012) 0740 final, 2012.
Apesar das cautelas, ouvem-se críticas àquilo que se qualifica como reformas legislativas determinadas pela crise, céticas quanto ao sucesso da Comissão Europeia na concretização dos seus ambiciosos planos. Cfr. Eilís Ferran, "Crisis-driven EU financial regulatory reform: where in the world is the EU going?", in Eilís Ferran, Niamh Moloney, Jennifer G. Hill e John C. Coffee, Jr. (eds.), *The regulatory aftermath of the global financial crisis*, Cambridge: Cambridge University Press, 2012, 1-110. Secundando o ceticismo de Eilís Ferran, cfr., *v.g.*, Hopt, *Better governance*, 37.

[278] Comissão Europeia, *Livro verde sobre o governo das sociedades nas instituições financeiras e as políticas de remuneração*, COM(2010) 284 final, 2010.

[279] European Banking Authority, *Guidelines on Internal Governance (GL44)*, 2011, disponível em http://www.eba.europa.eu/regulation-and-policy/internal-governance/guidelines-on-internal-governance.

of suitability of members of the management body and key function holders, de 22-nov.-2012[280], ambas da European Banking Authority (EBA), permitiam antecipar as iniciativas legislativas que se vieram a concretizar no pacote CRD IV[281].

Assim, através da CRD IV o legislador europeu interveio sobre a composição e funcionamento do órgão de administração das instituições de crédito, com o propósito último de assegurar que este cumpre efetivamente os seus papéis de liderança e de fiscalização[282].

As alterações aprofundam o regime anteriormente vigente, consolidando, densificando e concretizando diversas normas, de forma a oferecer soluções que a incipiência da nossa jurisprudência e doutrina não permitiram extrair de conceitos indeterminados pré-existentes.

O objetivo foi assegurar a identificação e disseminação de padrões mínimos de governo societário, corrigindo comportamentos inadequados, mas enraizados nos nossos agentes económicos. No fundo, estão em causa as ideias de que o bom governo das instituições de crédito é condição essencial à estabilidade do sistema financeiro e de que a adequada supervisão pública do sistema bancário depende da sua articulação com os mecanismos internos de controlo.

Pensando neste sistema como um castelo de cartas – composto, em diferentes pisos, pelos órgãos de administração, pelos órgãos de fiscalização e pelas autoridades de supervisão pública –, não é possível construir o terceiro piso sem assentar corretamente os dois primeiros. Se estes apresentarem fragilidades, estas repercutir-se-ão naquele de acordo com um efeito multiplicador.

Não pode contudo ignorar-se que estas alterações, traduzindo uma enorme desconfiança face aos órgãos de administração e de fiscalização das instituições de crédito, foram profundamente marcadas pelas crises referidas, o que tem sido objeto de intensas críticas[283].

---

[280] European Banking Authority, *Guidelines on the assessment of the suitability of members of the management body and key function holders (EBA/GL/2012/06)*, 2012, disponível em https://www.eba.europa.eu/-/guidelines-on-the-assessment-of-the-suitability-of-members-of-the-management-body-and-key-function-holders-eba-gl-2012-06-.

[281] Hopt, *Better governance*, 38, apresenta um quadro mais vasto das intervenções do legislador europeu nesta área.

[282] Para uma análise dos diferentes vetores desta intervenção, cfr. José Ferreira Gomes, *Novas regras*, 14-15.

[283] Em *Novas regras*, 16-19, alertámos para a discussão em torno daquilo que que Roberta Romano apelidou, em 2005 e a propósito do *Sarbanes Oxley Act*, de *quack corporate governance*. Ou seja, a discussão sobre se as iniciativas legislativas que se seguem a cada crise se limitam a reciclar soluções "ineficazes" e sem qualquer apoio na doutrina empírica de contabilidade e finanças, criando custos sem benefícios tangíveis. Roberta Romano, The Sarbanes-Oxley Act and the making of quack corporate governance, *Yale Law Journal*, 114, 2005, 1521-1611; Stephen Bainbridge, Dodd-Frank: Quack Federal Corporate Governance Round II, *Minnesota Law Review*,

V. Neste estudo concentramo-nos na densificação dos deveres do "conselho de administração" (entendido aqui no sentido determinado pela específica técnica legislativa europeia que analisamos criticamente adiante) e dos seus membros a título individual (arts. 88º CRD IV e 115º-A RGIC).

Ao "conselho" cabe necessariamente um conjunto de tarefas relativas ao planeamento estratégico, à organização, coordenação e vigilância da atividade empresarial.

Os "administradores" surgem vinculados permanentemente à obtenção dos conhecimentos, competências e experiência suficientes ao desempenho das suas funções, a consagrar tempo suficiente ao exercício das suas funções e a atuar *«com honestidade, integridade e independência de espírito que lhes permitam avaliar e criticar efetivamente as decisões da direção de topo, quando necessário, e fiscalizar e monitorizar efetivamente o processo de tomada de decisões em matéria de gestão»*, no art. 91º/1, 2 e 8, transposto (mal, em nossa opinião) nos arts. 14º/1, 30º, 30º-D e 31º RGIC.

Naturalmente, a concentração nestes pontos não permite ignorar a sua articulação umbilical com os demais desenvolvimentos verificados a este nível, incluindo, em particular, os relativos à gestão de riscos.

2. A DENSIFICAÇÃO DA OBRIGAÇÃO DE ADMINISTRAÇÃO DE ACORDO COM OS PRINCÍPIOS DA RESPONSABILIDADE GLOBAL E DA DIREÇÃO GLOBAL NO SISTEMA ALEMÃO

I. Como ensina Hopt, na base do governo das sociedades está sempre o órgão de administração:

«The key actors in firms and banks are the directors. (...) The directors (...) are the ones that run the bank and undertake risks»[284].

Partindo do pressuposto de que o órgão de administração é o primeiro responsável pela promoção dos interesses da instituição, o art. 88º CRD IV densifica os seus deveres: a este cabe necessariamente um conjunto de tarefas relativas ao planeamento estratégico, à organização, coordenação e vigilância da atividade empresarial, que a doutrina alemã sintetizou nos princípios da responsabilidade

---

95, 2011, 1779-1821; Luca Enriques e Dirk Zetsche, Quack Corporate Governance, Round III? Bank Board Regulation Under the New European Capital Requirement Directive, *Theoretical Inquiries in Law*, 16:1, 2015, 211-244.

[284] Hopt, *Better governance*, 23.

global (*Prinzip der Gesamtverantwortung*) e da direção global (*Prinzip der Gesamtleitung*), princípios que o nosso legislador não refletiu da melhor maneira na transposição deste preceito para o art. 115º-A RGIC.

A exposição deste princípio nesta sede parece decalcada de um manual de direito societário ou de direito bancário alemão[285]. No sistema tudesco, a competência do *Vorstand* para a administração da sociedade assenta no § 76(1) AktG, de acordo com o qual lhe cabe dirigir a sociedade sob responsabilidade própria. Trata-se, tal como entre nós, de uma competência *ex lege* que, nessa medida, não decorre da assembleia geral ou do *Aufsichtsrat*, nos termos da qual deve fazer tudo quanto seja necessário para um efetivo e bem sucedido desenvolvimento da empresa[286]. Apesar de a lei não definir claramente o conteúdo desta tarefa ou competência[287], entende-se pacificamente que inclui tanto o planeamento estratégico, como todas as medidas de gestão corrente necessárias à sua concretização.

Apesar do silêncio da lei, que não prevê uma norma idêntica ao nosso art. 407º CSC, entende-se também pacificamente que muitas destas tarefas podem ser delegadas em membros individuais do *Vorstand*, bem como em dirigentes subordinados. Em todo o caso, essa delegação não prejudica a "responsabilidade global" de todos os administradores, questionando-se quais as tarefas que o *Vorstand* deve desenvolver diretamente, por si, para assegurar o cumprimento do disposto no referido § 76(1) AktG.

II. De acordo com o *princípio da responsabilidade global* (*Prinzip der Gesamtverantwortung*), todos os membros do órgão (coletivo) de administração são responsáveis pelas decisões do mesmo (quer unânimes, quer maioritárias), independentemente de quaisquer divisões de tarefas ou delegações de poderes. Desta afirmação decorre aqueloutra de que todos e cada dos administradores, incluindo os não-delegados[288], são responsáveis pelo sucesso e pelo insucesso da instituição. Assim sendo, perante decisões ou omissões sobre questões fundamentais, não poderá um administrador exonerar-se afirmando tratar-se de matéria delegada a um seu colega. Quando entenda verificar-se o incumprimento de exigências

---

[285] O mesmo pode ser dito, aliás, de grande parte das *Guidelines on Internal Governance* da EBA.
[286] Johannes Semler, *Leitung und Überwachung der Aktiengesellschaft*, 2ª ed., Bonn, München: Heymann, 1996, 9-10.
[287] A regulação de determinados aspectos prende-se com a relação do *Vorstand* com outros órgãos ou com questões de interesse público. Cfr. Semler, *Leitung und Überwachung*, 8-9.
[288] Ou "não-executivos", na opção terminológica que agora se afirma na prática com insuficiências manifestas. Cfr. José Ferreira Gomes, *Da Administração à Fiscalização das Sociedades*, § 59.

deste princípio, o BaFin pode, *v.g.*, emitir avisos ou exigir a destituição de quaisquer administradores [§ 36(2) KWG][289].

A afirmação da responsabilidade global dos administradores não determina, porém, a sua sujeição a um regime de responsabilidade civil objetiva: a sua responsabilização depende, naturalmente, da verificação dos correspondentes pressupostos. Estamos perante um regime de responsabilidade subjetiva, por ato próprio, no qual assume lugar de destaque a obrigação de vigilância[290].

III. Este princípio conhece ainda uma outra concretização: há competências que são da responsabilidade do plenário do *Vorstand*, não sendo suscetíveis de exercício pelos seus membros em modo singular[291].

Está aqui em causa o *princípio de direção global (Prinzip der Gesamtleitung)*, de acordo com o qual o *Vorstand* deve assegurar a bem sucedida existência da sociedade no presente e a sua preparação para o futuro[292]. Para tanto, deve desempenhar diretamente determinadas tarefas que, qualificadas como originárias *(originären unternehmerischen Führungsfunktionen)*, não são suscetíveis de delegação[293], nem devem ser postas em causa pela constituição ou participação em sociedades-filhas[294], constituindo a competência mínima do plenário do *Vorstand* (*Mindestzuständigkeit des Gesamtvorstands*).

Para além das que resultam diretamente da lei[295], Semler, seguido por grande parte da doutrina, identifica as seguintes matérias indelegáveis: (i) determinação

---

[289] Reinfrid Fischer, in Karl-Heinz Boos, Reinfrid Fischer e Hermann Schulte-Mattler (eds.), *Kreditwesengesetz: Kommentar zu KWG und Ausführungsvorschriften*, 4ª ed., München: Beck, 2012, § 36, nº 22.
[290] Fischer, *KWG*, § 36, nºs 23-26.
[291] Fleischer, in Gerald Spindler e Eberhard Stilz (eds.), *Kommentar zum Aktiengesetz*, München: Beck, 2015, § 77, nº 44.
[292] Semler, *Leitung und Überwachung*, 10-11.
[293] Semler, *Leitung und Überwachung*, 13-22. Cfr. também, *v.g.*, Michael Hoffmann-Becking, Zur rechtlichen Organisation der Zusammenarbeit im Vorstand der AG, *Zeitschrift für Unternehmens- und Gesellschaftsrecht*, 27:3, 1998, 506-514, Uwe Hüffer, *Aktiengesetz*, 11ª ed., München: C.H. Beck, 2014, § 77, nº 18, Seibt, *AktG Kommentar*, § 77, nº 19, Fleischer, *Leitungsaufgabe*, Fleischer, *Leitungsaufgabe* (ZIP), 2, Fleischer, *Überwachungspflicht*, nº 5.
[294] Para a aplicação deste princípio face à existência de sociedades-filhas, cfr., *v.g.*, Heinrich Götz, Leitungssorgfalt und Leitungskontrolle der Aktiengesellschaft hinsichtlich abhängiger Unternehmen, *Zeitschrift fur Unternehmens- und Gesellschaftsrecht*, 27:3, 1998.
[295] Cfr., *v.g.*, Gerald Spindler, in *Münchener Kommentar zum Aktiengesetz*, 3ª ed., München: Beck, Franz Vahlen, 2008, § 77, nº 64.
Em Itália, na sequência da reforma de 2003, dispõe o art. 2381(4) *Codice Civile* serem indelegáveis as atribuições indicadas nos arts. 2420-ter (relativo à emissão de obrigações convertíveis), 2423 (relativo à preparação das contas anuais), 2443 (relativo ao aumento do capital autorizado pelos estatutos), 2446 (relativo à redução do capital por perdas), 2447 (relativo à redução do capital

dos objetivos de médio e longo prazo da política empresarial (*Unternehmensplanung*); (ii) organização e coordenação das tarefas administrativas cometidas a áreas parciais da empresa (*Unternehmenskoordinierung*); (iii) controlo corrente e posterior da execução e dos resultados das tarefas de gestão delegadas (*Unternehmenskontrolle*); (iv) atribuição de posições de direção (*Führungspostenbesetzung*)[296].

Mais recentemente, Fleischer criticou esta enumeração que considera ser "incolor" (*farblos*) e demasiado cautelosa do ponto de vista da moderna gestão de empresas. Segundo este autor, as tarefas de direção inalienáveis traduzem-se na responsabilidade: (i) pelo planeamento e direção (*Planungs- und Steuerungsverantwortung*), incluindo o dever de estabelecimento de um quadro estratégico (determinação dos objetivos empresariais a longo-prazo e das principais áreas de negócio e tomada das mais importantes decisões de investimento) e, paralelamente, o dever de intervir quando surjam perturbações na execução do plano; (ii) pela organização (*Organisationsverantwortung*), traduzida na estruturação da empresa em subunidades funcionais (com particular destaque para a unidade de controlo) e seu ajustamento contínuo em função das necessidades da empresa; (iii) pelas finanças (*Finanzverantwortung*), compreendendo tanto o planeamento como o controlo financeiro da empresa; e (iv) pela informação (*Informationsverantwortung*), dado que esta não tem apenas um papel auxiliar da gestão, antes constituindo "o bem empresarial por excelência" (*"Unternehmensressource schlechthin"*), constituindo a sua gestão uma verdadeira tarefa de liderança[297].

---

abaixo do mínimo legal e consequente aumento), 2501-ter (relativo ao projeto de fusão) e 2506-bis (relativo ao projeto de cisão) do mesmo código. Para uma breve análise do novo regime face ao anterior, cfr., *v.g.*, Giuseppe Ferri Jr., L'amministrazione delegata nella riforma, *Rivista del Diritto Commerciale e del Diritto Generale delle Obbligazioni*, 101:1, 2003, 625-626, 634-635.

No Direito francês, dispõe o art. L. 225-35 *Code de Commerce* que o conselho de administração determina as orientações da atividade da sociedade e assegura a sua concretização. Cabem portanto a este órgão os impulsos fundamentais e as orientações estratégicas da empresa.

No Direito suíço, o art. 716a do *code des obligations* inclui entre as atribuições inalienáveis e irrevogáveis do conselho a alta direção da sociedade e a definição da sua organização. Cfr. Giorgio Maria Zamperetti, *Il dovere di informazione degli amministratori nella governance della società per azioni*, Milano: Giuffrè, 2005, 63-64.

[296] Semler, *Leitung und Überwachung*², 10. No mesmo sentido, *v.g.*, Hans-Joachim Mertens, *Kölner Kommentar zum Aktiengesetz*, 2ª ed., Köln, Berlin, München: Heymanns, 1996, § 76, nº 5, Uwe Hüffer, *Aktiengesetz*, 10ª ed., München: C.H. Beck, 2012, § 76, nº 8, Uwe Hüffer, "Der Vorstand als Leitungsorgan und die Mandats- sowie Haftungsbeziehungen seiner Mitglieder", in Walter Bayer e Mathias Habersack (eds.), *Aktienrecht im Wandel*, 2 – Grundsatzfragen des Aktienrechts, München: C.H. Beck, 2007, 345, nºs 20-21. Esta perspetiva é reflectida também no nº 4.1.2 *Deutscher Corporate Governance Kodex* (DCGK).

[297] Holger Fleischer, Leitungsaufgabe des Vorstands im Aktienrecht, *Zeitschrift für Wirtschaftsrecht*, 24:1, 2003, 5. Cfr. também o § 4.1.2 do *Deutscher Corporate Governance Kodex* (DCGK), nos

IV. Em suma: o princípio da responsabilidade global é configurado como um princípio geral da colegialidade, do qual decorre um dever de mútua vigilância aplicável aos membros dos órgãos colegiais (um *Pflicht zur Selbstkontrolle*)[298], bem como o princípio da direção global, que se apresenta como um limite imanente à divisão de tarefas e à repartição de pelouros (com base no § 76(1) AktG)[299].

3. A CONCENTRAÇÃO DO *BOARD* EM FUNÇÕES DE FISCALIZAÇÃO NO SISTEMA NORTE-AMERICANO

I. O panorama norte-americano é diverso do germânico, apresentando uma concentração do *board of directors* em funções de fiscalização, com inerente desvalorização das demais funções que, além-Reno, decorrem do princípio da direção global[300].

II. Nas leis societárias norte-americanas[301], tal como no nosso art. 405º CSC, a obrigação de administração é apresentada como um conceito indeterminado[302]. Face a esta indeterminação, coube à jurisprudência e à doutrina a densificação do seu conteúdo ao longo dos tempos.

Não obstante, desde meados do séc. XX, estudos empíricos demonstram a existência de um fosso entre as funções legais do *board*, tal como concretizadas pela jurisprudência e pela doutrina, e as funções efetivamente desenvolvidas pelo mesmo, tanto em pequenas, como em grandes sociedades[303]. O reconhecimento

---

termos do qual o *Vorstand* desenvolve a orientação estratégica da empresa, em coordenação com o *Aufsichtsrat*, e assegura a sua concretização.

[298] Cfr., *v.g.*, Michael Hoffmann-Becking, Zur rechtlichen Organisation der Zusammenarbeit im Vorstand der AG, *Zeitschrift für Unternehmens- und Gesellschaftsrecht*, 27:3, 1998, 497-519 (507). No sentido da sua articulação, cfr. Holger Fleischer, in Gerald Spindler e Eberhard Stilz (eds.), *Kommentar zum Aktiengesetz*, München: Beck, 2015, § 77, nº 45.

[299] Klaus-Peter Martens, "Der Grundsatz gemeinsamer Vorstandsverantwortung", *Festschrift für Hans-Joachim Fleck zum 70. Geburtstag am 30. Januar 1988*, Berlin: de Gruyter, 1988, 191-208 (194).

[300] Sem prejuízo da formulação legal típica das leis estaduais, da qual o § 141(a) da *General Corporations Law* do Estado do Delaware é bom exemplo:
  «The business and affairs of every corporation (...) shall be managed by or under the direction of a board of directors, except as may be otherwise provided in this chapter or in its certificate of incorporation».

[301] Recorde-se que o Direito societário norte-americano é de natureza estadual e não federal. Cfr., para um enquadramento, José Ferreira Gomes, *Da Administração à Fiscalização das Sociedades*, § 55.1.

[302] Cfr., *v.g.*, o § 141(a) *General Corporations Law* do Estado do Delaware.

[303] Cfr. Alfred F. Conard, *et al.*, Functions of directors under the existing system, *Business Lawyer*, 27, 1972, 23-24.

deste fosso é tanto mais relevante quanto, como sublinha Eisenberg[304], muitas normas societárias foram desenvolvidas no pressuposto de que o *board of directors* efetivamente administra a sociedade, tanto *de iure*, como *de facto*[305].

III. Ao longo dos anos 1970, multiplicaram-se as propostas de reforma relativas às *public corporations*[306], no sentido de alinhar a prática societária com as exigências legais[307]. Contra este movimento, Eisenberg afirmava em 1978 que tais

---

[304] Melvin Aron Eisenberg, *The structure of the corporation: A legal analysis*, reimp., Washington DC: Beard Books, 2006, 148.

[305] Quanto às pequenas sociedades, Mace concluiu, em 1948, que o *board* era, tendencialmente, um órgão composto por membros subservientes e dóceis face ao *owner-manager* que não desempenhava funções de gestão. Não passava, portanto, de um órgão no papel, sem consistência prática. Myles L. Mace, *The board of directors in small corporations*, Boston: Division of Research, Graduate School of Business Administration, Harvard Univ., 1948, 87.

Quanto às grandes sociedades, explicava Baker, em 1945, que o *board of directors* não gere a sociedade, porque, na prática, simplesmente não consegue geri-la ou dirigi-la, no sentido operacional do termo. Esta função caberia aos *executives*. Era no entanto comum afirmar-se que o *board* estabelecia a política empresarial a ser concretizada e desenvolvida por aqueles *executives* e que, dessa forma, cumpria as exigências legais. Independentemente das críticas aduzidas a esta afirmação, o facto é que, na prática, os *boards* das grandes sociedades nem isso faziam, como concluíram os estudos de Gordon e Baker, ambos de 1945. Cfr. J.C. Baker, *Directors and their functions: a preliminary study*, Boston: Division of Research, Graduate School of Business Administration, Harvard University, 1945, 12 No mesmo sentido, cfr. Eisenberg, *The structure of the corporation*, 131-132, 140, Robert Aaron Gordon, *Business leadership in the large corporation*, Washington, D. C.: The Brookings Institution, 1945.

No mesmo sentido, Mace, em 1971, baseado em centenas de entrevistas com administradores de sociedades norte-americanas, concluiu existir um enorme fosso entre as funções legais do *board*, identificadas pela doutrina e pelos *business executives*, e aquelas que eram efetivamente desempenhadas pelo mesmo. Assim, na prática, os *boards of directors* não desempenhavam as funções de (i) estabelecer os objetivos básicos, as estratégias e as grandes opções políticas da sociedade, (ii) colocar questões pertinentes e (iii) escolher o presidente. Sendo constituídos por uma larga maioria de *insiders*, desempenhavam essencialmente três funções: (i) prestar conselho aos *executives*, (ii) disciplinar a atividade dos mesmos, e (iii) atuar em situações de crise. Cfr. Myles L. Mace, *Directors: Myth and reality*, Boston: Division of Research, Graduate School of Business Administration, Harvard Univ., 1971.

Para maiores desenvolvimentos, cfr. José Ferreira Gomes, *Da Administração à Fiscalização das Sociedades*, nºs 1535-1553.

[306] O conceito de *public corporations* aproxima-se do nosso conceito de sociedade aberta. Cfr., por todos, Paulo Câmara, *Manual de direito dos valores mobiliários*, 2ª ed., Coimbra: Almedina, 2011, 501-514.

[307] Eisenberg sistematiza e critica as propostas então apresentadas, dividindo-as em três categorias: as que reclamam administradores profissionais, as que reclamam administradores a tempo inteiro e as que reclamam conselhos munidos de colaboradores e consultores próprios. Eisenberg, *The structure of the corporation*, 149-156.

propostas assentavam numa premissa errada, na medida em que não era expectável que o *board of directors* das grandes *public corporations* pudesse efetivamente gerir a atividade da sociedade ou estabelecer a sua política empresarial. O desafio – defendia – consistia na estruturação do *board* para assegurar o desempenho de funções significativas que *pode* efetivamente desempenhar e para as quais está devidamente habilitado[308].

De entre as funções que o *board* pode desempenhar – (i) aconselhamento, (ii) autorização dos principais atos societários, (iii) exercício de influência ou controlo por acionistas e *stakeholders*, (iv) seleção e destituição do CEO e vigilância do seu desempenho – Eisenberg sustentou que este último conjunto de funções é não só o mais importante, mas também o único que só pode ser desempenhado pelo *board of directors*. Por isso, defendendo a reconstrução do modelo legal como um *monitoring model*, o autor sustenta que a função do *board* é responsabilizar (*to hold accountable for*) os *executives* pela obtenção de resultados adequados, cabendo a estes últimos determinar os meios para alcançar esses resultados[309].

Segundo o autor, as normas e os institutos legais deveriam ser reorientados para esse fim: o escopo das normas e dos institutos societários deveria ser, na medida do possível, (i) assegurar a independência do *board* face aos *executives* cujo desempenho deve vigiar, e (ii) assegurar o fluxo de informação (ou pelo menos a capacidade de obter informação) adequada e objetiva sobre o desempenho dos *executives* para o *board*[310].

IV. O primeiro objetivo era consistente com a evolução entretanto verificada na composição do *board of directors* das *public companies*, no sentido de uma crescente participação de administradores *outsiders*. Contudo, segundo Eisenberg, era necessária, por um lado, uma mais clara definição do conceito de independência e, por outro, que os administradores ditos independentes o fossem não só em sentido formal, mas também material, devendo ter o poder efetivo de selecionar e afastar os membros da equipa de gestão[311].

V. A proposta de Eisenberg enquadrava-se num movimento então em curso, assente, em parte, na divulgação da teoria dos problemas de agência e na reação a um conjunto de acontecimentos que marcaram a década de 1970: a queda da *Penn Central Railroad* (vista então como a mais *blue* das *blue chips* norte-americanas) e, no contexto do caso *Watergate*, o conhecimento público das contribuições ilegais

---

[308] Eisenberg, *The structure of the corporation*, 156.
[309] Eisenberg, *The structure of the corporation*, 156-171.
[310] Eisenberg, *The structure of the corporation*, 170-187.
[311] Eisenberg, *The structure of the corporation*, 174-176.

para campanhas políticas e da corrupção de funcionários públicos estrangeiros por sociedades norte-americanas para obter vantagens competitivas nos respetivos mercados[312].

Neste contexto, a proposta percursora de Eisenberg de reconstrução do modelo normativo – do *advisory model* para o *monitoring model*[313] – teve um forte impacto na evolução da jurisprudência[314] e da doutrina norte-americana nas décadas seguintes, bem como nas posições públicas da *Securities and Exchange Commission* (SEC), da *American Bar Association* (ABA) e até da *Business Roundtable*[315].

Juntamente com aqueles acontecimentos, esta reconstrução determinou a ascensão dos administradores independentes e do *audit committee*[316] que analisamos noutra sede[317].

VI. A afirmação do *monitoring model* continuou o seu curso ao longo dos anos 1980. Desta feita, o seu principal propulsor foi a própria elite da comunidade de gestores, ao constatar que a robustez do *board of directors* lhes conferia uma maior defesa (*safe harbor*) contra aquisições hostis (*hostile takeovers*), naquela que seria apelidada de *"Deal Decade"*[318]: (i) os gestores necessitavam de um mecanismo de governo das sociedades que substituísse a abordagem centrada no mercado, associada a ofertas públicas de aquisição hostis; e (ii) os administradores independentes conferiam fundamento legal de resistência a tais ofertas hostis, de acordo com os padrões fiduciários do Estado do Delaware[319].

O resultado ficou patente não só na construção normativa dos deveres dos administradores, explicitada nas recomendações da *Business Roundtable* e do *American Law Institute* (ALI), mas também na *praxis* das *public corporations*. De acordo com o estudo empírico *Pawns or Potentates: The Reality of America's Corporate Boards*, publicado em 1989 por Lorsch e MacIver, no final da década de 1980

---

[312] Cfr. Jeffrey N.Gordon, The rise of independent directors in the United States, 1950-2005: Of shareholder value and stock market prices, *Standford Law Review*, 59:6, 2007, 1514-1515, Jay W. Lorsch e Elizabeth Maciver, *Pawns or potentates: The reality of America's corporate boards*, Boston: Harvard Business School Press, 1989, 5. Para uma análise destes acontecimentos, cfr. Joel Seligman, A sheep in wolf's clothing: The American Law Institute Principles of Corporate Governance project, *George Washington Law Review*, 55, 1987, 325-381.

[313] Segundo Fischel, o termo é da autoria de Eisenberg. Cfr. Daniel R. Fischel, The corporate governance movement, *Vanderbilt Law Review*, 35:6, 1982, 1281 (nota 78).

[314] Para uma análise detalhada, cfr. José Ferreira Gomes, *Da Administração à Fiscalização das Sociedades*, nº 1546, n. 2038.

[315] Gordon, *The rise*, 1518.

[316] Gordon, *The rise*, 1518-1519.

[317] José Ferreira Gomes, *Da Administração à Fiscalização das Sociedades*, §§ 55.3 e 55.4.

[318] Gordon, *The rise*, 1521-1523.

[319] Gordon, *The rise*, 1522-1523.

os administradores já não se perspetivavam como "peões" da equipa de gestão, mas continuavam a reconhecer um sem número de limitações à sua capacidade para governar a sociedade de forma atempada e eficaz[320].

Os *boards of directors* passaram a ser tendencialmente compostos por uma maioria de *outsiders*, multiplicaram-se as comissões destinadas a facilitar o seu funcionamento, e tornou-se mais séria a perspetiva pessoal dos administradores relativamente às suas responsabilidades e ao seu envolvimento na administração da sociedade[321].

VII. Neste movimento de reconstrução normativa e de afirmação prática dos deveres dos administradores, assumiu particular destaque a introdução e o desenvolvimento do papel dos "administradores não-executivos" e dos "administradores independentes" no *board of directors* das *publicly traded corporations*. Nestas, como vimos, verificou-se uma evolução do *inside board* para *outside board*[322], com base não só na percepção de que aqueles administradores constituíam um importante contributo para a sociedade, mas também no facto de os tribunais assentarem o seu juízo sobre a adequação de determinadas condutas societárias na participação daqueles administradores[323].

Paralelamente, foi especialmente relevante a progressiva introdução dos *audit committees* nas *public corporations*, como forma de melhorar o processo de produção e divulgação de informação financeira e de garantir a independência do *auditor* externo face à equipa de gestão. A introdução de uns e outras no espaço norte-americano foi detalhadamente analisada noutra sede[324], pela relevância que teve na inclusão do novo modelo de governo societário no CSC, em 2006[325].

---

[320] Lorsch e MacIver, *Pawns or Potentates*, 1. Para uma análise detalhada, cfr. José Ferreira Gomes, *Da Administração à Fiscalização das Sociedades*, nº 1549.
[321] Lorsch e MacIver, *Pawns or Potentates*, 5.
[322] Lorsch e MacIver, *Pawns or Potentates*, 5.
[323] James D. Cox e Thomas L. Hazen, *Cox & Hazen on corporations: Including unincorporated forms of doing business*, 2ª ed., New York: Aspen Publishers, 2003, 103.
[324] José Ferreira Gomes, *Da Administração à Fiscalização das Sociedades*, §§ 55.3 e 55.4.
[325] A centralidade dos administradores independentes e da comissão de auditoria não só na evolução normativa – tanto através de instrumentos legais e regulamentares, como na construção jurisprudencial e doutrinária – (*hard law*), mas também nos códigos de bom governo das sociedades (*soft law*) revela a crescente importância da estrutura e composição do *board of directors*. Este facto não deixa de causar estranheza, na medida em que os estudos empíricos entretanto desenvolvidos não permitem estabelecer uma necessária correlação entre alterações na estrutura e composição do conselho de administração e o bom desempenho das sociedades (para uma análise destes estudos, cfr., v.g., Gordon, *The rise*, 1500 ss.). A justificação, segundo Richard Leblanc e James Gillies, prende-se com o difícil conhecimento do que efetivamente se passa no seio dos conselhos de administração. Muito pouco se sabe sobre o funcionamento do conselho: seja sobre as características

4. O PAPEL DO *BOARD* NO REINO UNIDO: *TO LEAD AND CONTROL*

I. No Reino Unido, tal como na Alemanha e contrariamente ao verificado nos EUA, verifica-se uma marcada preocupação na afirmação de uma dupla função do *board of directors*: *to lead and control*.

II. O *Companies Act 2006* imputa poderes e deveres diretamente aos administradores e não ao conselho de administração. De facto, não existe qualquer dever de organização dos administradores em "conselho"; não existe sequer qualquer referência na lei ao "conselho de administração" ou ao seu "presidente"[326]. O *board of directors* resulta portanto da prática empresarial e não de imposição legal[327], pelo que, como afirma Davies, é difícil compreender a importância deste a partir de uma leitura do *Companies Act 2006*[328].

Esta perspetiva não pode, porém, ser entendida em termos absolutos. Face a mais um conjunto de escândalos societários verificados no Reino Unido, iniciou-se, com o Relatório Cadbury de 1992, um processo de reforma do governo das sociedades britânico, nos termos do qual foi instituído um conjunto de prin-

---

dos seus membros no contexto do processo decisório, seja sobre a forma como os indivíduos atuam conjuntamente para alcançar uma decisão, seja numa situação de crise, seja no desenvolvimento da gestão corrente da sociedade. Não sendo a reunião do conselho um evento público, o conhecimento dessa realidade depende da informação divulgada ao público (no contexto de processos judiciais, inquéritos parlamentares ou por imposição das bolsas de valores ou das entidades reguladoras, etc.) ou transmitida pessoalmente pelos seus membros. Os elementos que necessariamente se conhecem e que são susceptíveis de apreciação objetiva são precisamente os relativos à estrutura e composição do *board*. Cfr. Richard Leblanc e James Gillies, *Inside the boardroom : How boards really work and the coming revolution in corporate governance* Mississauga, Ontario: Wiley, 2005, 1, 6-8.

[326] Company Law Review Steering Group, *Modern company law for a competitive economy: Developing the framework*, 2000, disponível em http://webarchive.nationalarchives.gov.uk/, 18, § 3.4.

[327] A lei contém referências à estrutura habitual da prática empresarial, mas não impõe uma qualquer estrutura.

[328] A *ratio*, segundo DAVIES e RICKFORT, reside na proteção de terceiros que confiem numa decisão de um conselho indevidamente constituído ou de administradores *de facto*. Este enquadramento legal traduz a perspetiva tradicional do Direito societário inglês de não regulação da estrutura e funcionamento do conselho de administração. Contrariamente ao verificado no espaço continental, o legislador britânico sempre entendeu que a divisão interna de poderes devia ser determinada pelos acionistas e não pelo Parlamento, independentemente da dimensão da sociedade. Cfr. Paul L. Davies e Sarah Worthington, *Principles of modern company law*, 9ª ed., London: Sweet & Maxwell, 2012, 384, Paul Davies e Jonathan Rickford, An introduction to the new UK Companies Act, *European Company & Financial Law Review*, 5:1, 2008, 59, Paul Davies, Board structure in the UK and Germany: Convergence or continuing divergence, *International and Comparative Corporate Law Journal*, 2:4, 2001, 441-442.

cípios sobre a estrutura e as funções básicas do conselho de administração[329]. Este processo, sendo embora *privado*[330], foi claramente marcado pela sombra da potencial intervenção *pública* pela via legislativa[331].

Os princípios desenvolvidos só são diretamente aplicáveis às sociedades com valores mobiliários admitidos à negociação em mercado regulamentado (*listed companies*)[332]. Não obstante, esta restrição gerou incómodos no seio da própria comissão Cadbury, que acabou por referir que o seu relatório era dirigido a todas as *listed companies* constituídas no Reino Unido, mas que encorajava o seu cumprimento por tantas sociedades quanto possível[333].

Este apelo teve reflexos nalguma jurisprudência que considerou que, na ausência de adequada justificação, a não conformidade com os padrões assim estabelecidos constituía violação dos deveres dos administradores[334]. Segundo Eilís Ferran é expectável que esta perspetiva se generalize, à imagem do que sucedeu face à determinação de padrões contabilísticos pelo *City Code on Takeovers and Mergers*[335]. De facto, como escreve Hoffmann LJ em *Bishopsgate Investment Management Ltd. V. Maxwell*[336]:

---

[329] Davies, *Board structure*, 441.

[330] Cfr., *v.g.*, Eilís Ferran, Corporate law, codes and social norms: Finding the right regulatory combination and institutional structure, *Journal of Corporate Law Studies*, 2001:2, 2001, 384-385, Richard C. Nolan, "The legal control of directors' conflicts of interest in the United Kingdom: Non-executive directors following the Higgs Report", in John Armour e Joseph A. Mccahery (eds.), *After Enron: Improving corporate law and modernising securities regulation in Europe and the US*, 2006, 370-371, e também Eilís Ferran, *Company law and corporate finance*, Oxford, New York: Oxford University Press, 1999, 218-219.

[331] Cfr. Eilís Ferran, *Corporate law, codes*, 382-383, e também Eilís Ferran, *Company law*, 218-219.

[332] O Relatório Cadbury continha propostas a implementar através de normas relativas à admissão à negociação em mercado regulamentado.

[333] Esta declaração, segundo Davies, reconheceu os argumentos em favor do cumprimento das recomendações por outras sociedades com dispersão acionista, mas não cotadas, sem contudo oferecer um mecanismo para assegurar esse cumprimento. Reconheceu ainda que as sociedades constituídas fora do Reino Unido (mas neste cotadas) não deveriam estar sujeitas ao seu *Code of Best Practice*, mas às regras do Estado de origem. Davies, *Board structure...*, 440.

[334] Cfr. exposição de Arden J., no aresto da *Chancery Division* no caso *Re Macro (Ipswich) Ltd.*, [1994] 2 BCLC 354, relativo à proteção de acionistas contra *unfair prejudice* (nos termos da secção 461 Companies Act 1985). Cfr. Sealy e Worthington, *Cases and materials*, 243, 570-571 para uma análise deste caso. Cfr. também *Re BSB Holdings Ltd.*, [1996] 1 BCLC 155, e, em contraposição, *Re Astec (BSR) plc.*, [1999] BCC 59. O Institute of Chartered Accountants in England and Wales, *The Company Law Review: Completing the structure*, 2001, sugeriu a extensão das recomendações do *Combined Code* a todas as *publicly traded companies*.

[335] Eilís Ferran, *Company law*, 223-224.

[336] [1994] 1 All ER 261, CA, 264.

«In the older cases the duty of a director to participate in the management of a company is stated in very undemanding terms[337]*. The law may be evolving in response to changes in public attitudes to corporate governance».*

II. Dito isto, a secção 154 do *Companies Act 2006* exige apenas que as *public companies* tenham dois administradores e que as *private companies* tenham um, mas deixa, em grande medida, a determinação das suas funções para os estatutos da sociedade, a conformar pelos acionistas. Temos então de recorrer ao referido Relatório Cadbury para compreender o papel fundamental que, na prática, o *board* desempenha nas sociedades comerciais. De acordo com o ponto 4.1.,

«Every public company should be headed by an effective board which can both lead and control the business».

Este princípio continuaria a ser afirmado nos instrumentos que lhe sucederam, consistindo hoje o primeiro princípio do *UK Corporate Governance Code*[338], de acordo com o qual

«Every company should be headed by an effective board which is collectively responsible for the long-term success of the company».

Princípio este que é desenvolvido com a afirmação de que

«The board's role is to provide entrepreneurial leadership of the company within a framework of prudent and effective controls which enables risk to be assessed and managed. The board should set the company's strategic aims, ensure that the necessary financial and human resources are in place for the company to meet its objectives and review management performance. The board should set the company's values and standards and ensure that its obligations to its shareholders and others are understood and met».

---

[337] Recorde-se o famoso caso *Re Cardiff Savings Bank*, [1892] 2 Ch 100, 109-109, no qual o tribunal considerou que o Marquês de Bute, nomeado para o cargo de administrador do banco quando tinha seis meses de idade, cargo que ocupou durante trinta anos, não incumpriu os seus deveres ao confiar nos administradores executivos do banco, nem devia ser responsabilizado pela sua não participação na administração da sociedade, apesar de, durante os trinta anos em que ocupou o cargo, só ter estado presente numa reunião do conselho e, apesar de ter recebido cópias das contas anuais e de circulares do banco, não se recordar de alguma vez as ter recebido. Cfr., *v.g.*, Eilís Ferran, *Company law*, 224-225.

[338] Cfr. A.1 do *UK Corporate Governance Code*, atualizado em setembro de 2014. Cfr. https://www.frc.org.uk/Our-Work/Codes-Standards/Corporate-governance/UK-Corporate-Governance-Code.aspx.

III. Neste contexto, em 1992, o Relatório Cadbury[339], sustentando a unidade e a coesão do conselho de administração, imputava duas funções essenciais aos administradores não-executivos: a fiscalização e a contribuição para o estabelecimento da estratégia empresarial. Esta configuração, com óbvio impacto ao nível da responsabilidade civil dos administradores face ao Direito britânico[340], seria depois refletida nas diferentes versões do *Combined Code*, entretanto substituído pelo referido *UK Corporate Governance Code*.

Estes instrumentos, tal como o Relatório Higgs (2003), tentaram evitar uma concentração excessiva sobre a vigilância e o controlo, face ao risco de os administradores não-executivos se verem a si próprios como meros fiscalizadores, separados do resto do conselho[341].

5. O SISTEMA JUS-SOCIETÁRIO PORTUGUÊS: O "PRINCÍPIO DA RESPONSABILIDADE GLOBAL" VIGILÂNCIA E OS LIMITES DA DELEGAÇÃO DE PODERES DE ADMINISTRAÇÃO

I. Entre nós, o Código das Sociedades Comerciais não define exaustivamente o conteúdo da obrigação de administração. Este constitui uma situação jurídica complexa e compreensiva (ou um conceito síntese), analiticamente decomponível em múltiplas situações jurídicas, parcialmente indeterminada, mas determinável em cada caso concreto de acordo com o padrão de diligência normativa[342].

Como sustentámos noutra sede, quanto mais complexa for a organização administrativa de uma sociedade, *maior é a probabilidade* de que o conselho de administração se limite (i) a planear a estratégia empresarial, (ii) a definir a estrutura organizacional adequada à prossecução daquela estratégia, (iii) a decidir sobre os assuntos mais importantes (que, nos termos da lei[343], dos estatutos ou de acordo com a perspetiva dos administradores, são levados a deliberação do mesmo) e (iv) a exercer uma função de vigilância sobre a administração da socie-

---

[339] §§ 4.1, 4.4, 4.10, em termos confirmados depois pelos §§ 3.7 e 3.8 do Relatório Hampel (1998) e pelos §§ 6.1 e 6.2 do Relatório Higgs (2003). Cfr. José Ferreira Gomes, *Da Administração à Fiscalização das Sociedades*, §§ 3.3 e 56 para mais desenvolvimentos.

[340] Para uma interessante síntese sobre a problemática da responsabilidade civil dos administradores e, em particular, dos administradores não-executivos por incumprimento dos *duties of care and skill*, aos quais se reconduz esta discussão, cfr. Ferran, *Company law*, 206-238.

[341] Relatório Higgs, 27, §§ 6.1 a 6.2. Para mais desenvolvimentos, cfr. José Ferreira Gomes, *Da Administração à Fiscalização das Sociedades*, nºs 1654-1656.

[342] José Ferreira Gomes, *Da Administração à Fiscalização das Sociedades*, § 13.

[343] Cfr. art. 407º, nºs 2 e 4.

dade (desenvolvida pela estrutura administrativa no seu todo, incluindo os administradores com competências delegadas)[344].

II. Porém, esta *maior probabilidade* não é, no nosso sistema jus-societário, uma *inevitabilidade*. Contrariamente ao verificado no sistema alemão, é admissível entre nós, nos modelos de governo tradicional e anglo-saxónico [art. 278º/1, a) e b) CSC], a derrogação *parcial* do princípio de direção global (*Prinzip der Gesamtleitung*), analisada cima – sem colocar em causa a responsabilidade global (*Gesamtverantwortung*) do conselho pela administração da sociedade –, quando os acionistas assim o autorizem nos estatutos, nos termos do art. 407º/3 CSC[345].

---

[344] Com isto não se pretende afirmar uma limitação das competências do conselho de administração para a gestão da sociedade. Efetivamente, tanto o encargo especial, segundo o art. 407º/1, como a delegação da gestão corrente da sociedade, de acordo com o art. 407º/3 e 4 num ou mais administradores delegados (ou numa comissão executiva), não exclui a competência do conselho para atuar sobre os mesmos assuntos (cfr. 407º/2 e 8). Trata-se portanto de uma competência concorrente ou cumulativa.

[345] A lei estabelece um equilíbrio entre os poderes do conselho de administração e os poderes dos acionistas. Em princípio, são os acionistas que escolhem a matriz organizacional básica da administração e fiscalização da sociedade, cabendo ao conselho o dever de se organizar internamente e de organizar as estruturas administrativas a si subordinadas. No entanto, face ao poder que pela "delegação da gestão corrente" é conferido aos administradores delegados ou à comissão executiva, o legislador estabeleceu um desvio a esta regra: a iniciativa para a criação do órgão, a definição das suas competências e a regulação do seu funcionamento continuam a caber ao conselho, mas a criação do mesmo depende de prévia autorização dos acionistas no contrato de sociedade. Pelo contrário, a mera repartição de pelouros no seio do conselho não exige o consentimento dos sócios, porque não cria um novo órgão com extensos poderes de administração e, logo, não altera o equilíbrio subjacente à matriz organizacional escolhida pelos acionistas no contrato de sociedade. Recordem-se, a este propósito, as palavras de Abbadessa, sublinhando que a autorização dos acionistas tem um fim garantístico que não tem sentido perante a distribuição interna de pelouros. Segundo este autor, a subordinação da delegação de poderes do conselho no Direito italiano a autorização dos sócios devia ser adequadamente enquadrada no desenvolvimento histórico--dogmático do instituto da delegação de tais poderes. Pietro Abbadessa, *La gestione dell'impresa nella società per azioni: profili organizzativi*, Milano: Giuffrè, 1975, 108 (em particular, nota 82).
Face a esta construção, poderia concluir-se ser esta solução formalista e inoperante na prática, podendo o conselho de administração alcançar o mesmo resultado prático sem delegar formalmente a gestão corrente da sociedade, seja através de sucessivos encargos especiais em administradores (segundo o art. 407º/1), seja através do desenvolvimento de estruturas administrativas subordinadas ao conselho mas que, na prática, desenvolveriam a gestão corrente da sociedade, seja através da constituição de uma ou mais sociedades-filhas através das quais a sociedade – então sociedade-mãe – desenvolveria a sua atividade.
Parece-nos, contudo, que do art. 407º/3 CSC resulta um princípio de direção global (*Prinzip der Gesamtleitung*) ou de responsabilidade global (*Gesamtverantwortung*), nos termos do qual um núcleo central de matérias – relativas ao planeamento estratégico, à organização e coordenação da atividade empresarial – não pode ser delegado pelo conselho de administração, nem posto em causa

Esta disposição prevê a delegação da "gestão corrente" da sociedade, termo que parece restringir o conjunto de matérias delegáveis a uma atividade de concretização diária das opções de "alta administração" que deveriam permanecer na competência exclusiva do conselho de administração. Essa restrição, porém, perde sentido perante a conjugação desta norma com a do nº 4 do mesmo artigo, que fixa os limites à "delegação da gestão corrente".

Contrariamente ao verificado no "encargo especial", previsto no art. 407º/1 CSC[346], admite-se agora a delegação de poderes para a aquisição, alienação e one-

---

pela constituição de sociedades-filhas, salvo autorização dos acionistas no contrato de sociedade (possibilidade esta que o distingue do densificado no sistema alemão, não admite delegação destas tarefas em caso algum). Do mesmo princípio resulta que a tarefa de vigilância do pleno não pode ser posta em causa, nem sequer com autorização estatutária.

Tendo os acionistas definido uma matriz organizacional para a administração e fiscalização no contrato de sociedade – nos termos da qual o conselho de administração deve assegurar a direção global –, não pode a mesma ser subvertida por uma desoneração do conselho face a tarefas nucleares da administração. Há portanto um conjunto de tarefas que devem ser desenvolvidas diretamente pelo conselho, sem prejuízo de tanto os atos preparatórios, como os atos de execução das deliberações do conselho poderem ser cometidos seja a administradores (individualmente ou organizados em comissões), seja a outros colaboradores da sociedade.

[346] Sem prejuízo das concretizações que possam resultar diretamente da lei, a concretização do núcleo de matérias insusceptível de delegação sem autorização dos acionistas no contrato de sociedade – ou seja, nos termos de encargo especial previsto no art. 407º/1 CSC – depende das concretas circunstâncias da sociedade em causa. Em todo o caso, para além daquelas que resultam diretamente do art. 407º/2 CSC, podem identificar-se algumas matérias que normalmente farão parte desse núcleo – numa análise tipológica, orientada não só por considerações económicas, mas sobretudo por considerações normativas –, sendo certo que tais matérias se subsumem à ideia de que o conselho deve assegurar que a sociedade é bem sucedida no presente e que está preparada para o futuro (Semler, *Leitung und Überwachung*², 10).

Para tanto, podemos partir da densificação da tarefa de direção (*Leitungsaufgabe*) do *Vorstand* no sistema alemão. Esta permite concretizar o núcleo mínimo de competências do conselho de administração, insusceptível de delegação sem autorização dos acionistas no contrato de sociedade. No contexto desta transposição, parece-nos que a proposta de Fleischer, referida em cima, tem o mérito de colocar o planeamento e o controlo financeiros, por um lado, e a gestão da informação, por outro, no centro da atuação do conselho de administração. Esta proposta peca, porém, em dois pontos essenciais: desvaloriza a tarefa de vigilância do conselho e eleva a obtenção de informação a um fim em si mesmo.

Nessa medida, parece-nos que a matriz tipológica apresentada por Semler, também referida em cima, continua a constituir um adequado ponto de partida para a concretização da obrigação de administração do conselho no caso concreto e dos limites à delegação dos seus poderes, nos termos do art. 407º/1 e 2 CSC.

Fazendo uso das considerações tecidas por Fleischer, acrescentamos apenas que hoje se justifica uma densificação das funções de planeamento e de controlo que destaque o planeamento e o controlo financeiros. Para além disso, hoje, mais do que nunca, é clara a importância transversal da informação e a responsabilidade do conselho pela criação e manutenção de adequados fluxos

ração de bens imóveis; para a abertura ou encerramento de estabelecimentos ou de partes importantes destes; para as extensões ou reduções importantes da atividade da sociedade; para as modificações importantes na organização da empresa; e para o estabelecimento ou cessação de cooperação duradoura e importante com outras empresas [als. *e)* e *g)* a *j)* do art. 406º CSC]. Basicamente, está em causa o planeamento estratégico, a organização e a coordenação da atividade empresarial. A admissibilidade da delegação destas matérias afasta qualquer pretensão de restrição do conceito de gestão corrente nos termos referidos[347].

III. Em geral, esta perspetiva parece ser aceite pela nossa doutrina que, como vimos já, admite uma constrição dos deveres dos administradores não-delegados perante a "delegação da gestão corrente", de tal forma que deixa de lhes ser exigível uma participação ativa na gestão da sociedade, para passar a exigir-se-lhes apenas que fiscalizem ou controlem a atividade dos administradores delegados, segundo o nº 8 do art. 407º CSC[348]. Como sustentámos noutra sede, não podemos admitir uma tal *função negativa* da "delegação da gestão corrente". Parece-nos porém admissível a sua *função positiva*, traduzida na habilitação de um ou mais administradores ou da comissão executiva para a prática de atos subsumíveis à direção global (*Gesamtleitung*)[349]. Devem no entanto acrescentar-se algumas notas.

Em primeiro lugar, a nossa doutrina parece assumir que a "delegação da gestão corrente" é sempre feita em bloco[350] quando, na verdade, o art. 407º/3 CSC admite a delegação parcial de poderes, ao prever o dever de fixação dos limites da delegação na correspondente deliberação. Face a uma delegação parcial de poderes de "gestão corrente" – mais ampla do que a admitida pelo art. 407º/1

de informação que permitam não só ao próprio conselho, mas também aos demais órgãos sociais, desempenhar eficaz e eficientemente as correspondentes funções. O mesmo será dizer que a obrigação de administração constitui um conceito-síntese (*Inbegriff*) do complexo normativo a que estão sujeitos os órgãos de administração.
Cfr. José Ferreira Gomes, *Da Administração à Fiscalização das Sociedades*, § 17 ss.
[347] Determinando um afastamento significativo deste modelo face ao modelo alemão no qual, como veremos, uma tal delegação de poderes não faria sentido – e não é admissível – face ao equilíbrio de competências entre o conselho de administração executivo e o conselho geral e de supervisão. Cfr. as remissões do art. 431º/3 para o regime do conselho de administração, entre as quais se destaca a omissão do art. 407º.
[348] Cfr. José Ferreira Gomes, *Da Administração à Fiscalização das Sociedades*, § 14, parág. II.
[349] Sem prejuízo das críticas já dirigidas à descrição habitual desta função positiva. Cfr. José Ferreira Gomes, *Da Administração à Fiscalização das Sociedades*, nºs 359-365.
[350] Só assim se compreende que se defenda a constrição dos deveres dos administradores não-delegados ao ponto de lhes ser exigível apenas uma vigilância geral da atuação dos administradores delegados ou da comissão executiva.

CSC –, o conselho de administração deve instituir mecanismos e procedimentos que permitam a articulação dos diferentes sujeitos encarregues da administração da sociedade numa visão de conjunto. A delegação parcial é admitida face ao disposto no art. 407º/3 CSC, mas não pode pôr em causa a administração da sociedade como um todo. Este é um corolário do dever de organização da administração pelo conselho[351], cuja violação sujeitará os seus membros a responsabilidade civil e demais consequências do inadimplemento.

Em segundo lugar, sem prejuízo da manutenção da competência do conselho de administração para deliberar sobre as matérias delegadas (art. 407º/8 CSC), o normal é que tal competência não seja exercida *de facto*[352], a menos que o administrador delegado ou a comissão executiva entendam submeter determinado assunto a deliberação do conselho ou que este decida intervir por si num determinado assunto, como reação a uma situação patológica. Esta realidade fáctica deve ser normativamente enquadrada não como uma desoneração do conselho de administração ou dos seus membros não-delegados – o que corresponderia à *função negativa* da delegação que expressamente rejeitámos – mas como modelação das correspondentes obrigações de administração. Nas matérias delegadas nem o conselho de administração, nem os seus membros não-delegados, deixam de estar adstritos a uma participação ativa. Simplesmente, essa participação é de *natureza subsidiária*[353]: o conselho e os seus membros não-delegados *podem* e *devem* intervir sempre que a atuação dos administradores delegados ou da comissão executiva não seja adequada ou suficiente[354].

IV. Esse dever de intervenção, modelado pelas circunstâncias do caso concreto, deve ser dogmaticamente reconduzido à obrigação de vigilância que, por sua vez, decorre da obrigação de diligente administração da sociedade.

Independentemente da complexidade que possa assumir a estrutura organizatória da sociedade, o conselho é sempre o primeiro responsável pela sua ativi-

---

[351] Cfr. José Ferreira Gomes, *Da Administração à Fiscalização das Sociedades*, § 21.
[352] Segundo Pedro Maia, *Função*, 188, quando o conselho de administração delega poderes visa justamente desobrigar-se do exercício dos poderes objeto da delegação.
[353] Parece-nos que esta construção dá resposta às preocupações manifestadas por Raul Ventura, *Estudos vários*, 541, acerca da tendência do conselho de administração para se demitir da sua competência e responsabilidade na sequência da delegação de poderes.
[354] Esta perspetiva é consentânea com a obrigação dos administradores de exercício pessoal do cargo, imposta não só para satisfazer o interesse creditório da sociedade, na fisionomia que este assume como uma avaliação socialmente típica, mas também em consequência do particular estatuto subjetivo ao qual o legislador entendeu sujeitar de forma inderrogável o exercício da função para tutela dos interesses externos à própria sociedade». Cfr. Abbadessa, *La gestione*, 75-76.

dade empresarial, devendo promover o interesse social não só na sua intervenção direta, mas também através do controlo exercido sobre a atuação dos diferentes níveis dessa estrutura[355]. Nessa medida, o facto de a prática de um ato ter sido confiada a um dos administradores ou a um qualquer colaborador da sociedade não isenta os demais administradores do cumprimento dos seus deveres para com a sociedade. Nas palavras de Ferri,

> «a lei não quer administradores inertes que se limitam a estar presentes nas reuniões do conselho, indiferentes aos interesses da sociedade e sem consciência da responsabilidade que assumiram ao aceitar o seu cargo»[356].

Por isso mesmo, a lei prevê expressamente que, *mesmo nos casos* em que seja delegada a gestão corrente da sociedade, os demais administradores devem vigiar a atuação dos administradores delegados, salvaguardando o interesse social (art. 407º/8)[357]. A vigilância sobre a administração da sociedade, em toda

---

[355] A nossa jurisprudência não ignora a concreta modelação da obrigação de administração, identificando uma função de vigilância do conselho de administração. Cfr., *v.g.*, STJ 14-maio-2009 (Oliveira Rocha), processo nº 09B0563, disponível em www.dgsi.pt, no qual o tribunal considerou, numa ação de responsabilidade civil dirigida contra um ex-administrador, um ex-trabalhador da autora e contra uma sociedade por quotas da qual aqueles eram os únicos sócios-gerentes, que as funções exercidas pelo 1º réu, administrador à data dos factos, estavam sujeitas ao controlo dos demais administradores. O tribunal parece rejeitar implicitamente a argumentação da autora de que não relevava, no caso, a conduta dos demais administradores, dado que estes «não tinham intervenção na gestão efectiva da empresa (sendo por isso que o 1º réu era o único administrador remunerado)». No entanto, acabou por decidir em favor da autora na questão em apreço – ou seja, em saber se era admissível no caso o incidente de intervenção principal provocada relativamente aos demais administradores –, por entender que, sendo a responsabilidade subjetiva e tendo a autora intentado ação apenas contra os referidos réus, só se justificava a intervenção dos demais administradores se os réus tivessem mencionado «factos concretos que implicassem a responsabilidade dos chamados, ou seja, a sua participação causal conjunta na produção dos alegados resultados danosos, que constitui o pressuposto da solidariedade passiva». Apesar de esta afirmação final ser equívoca – porquanto a responsabilidade solidária decorre não apenas da «participação causal conjunta na produção dos alegados resultados danosos», mas também da omissão da conduta devida para evitar a prática desses atos – a conclusão do tribunal parece acertada no caso: só se justificaria a intervenção principal provocada dos demais administradores para efeitos do exercício do direito de regresso. Ora, neste caso, os réus não tinham qualquer direito de regresso sobre os demais administradores.

[356] Giuseppe Ferri, "Le Società", in Filippo Vassalli, *Trattato di Diritto Civile Italiano*, 10:3, Torino: UTET, 1971, 489.

[357] Como bem explica Bonelli, a obrigação de vigilância, não sendo algo de diverso da obrigação de administrar com diligência, cabe necessariamente a todos e a cada um dos administradores, independentemente de existir ou não delegação de poderes. Franco Bonelli, *La responsabilità degli amministratori di società per azioni*, Milano: Giuffrè, 1992, 53-54.

a sua dimensão, constitui, assim, uma "tarefa originária de gestão" (*originären Geschäftsführungsaufgabe*)[358] que não pode ser posta em causa por qualquer delegação de poderes, seja ao nível interno do conselho, seja face às estruturas administrativas ao mesmo subordinadas. O conselho de administração é, portanto, o primeiro fiscalizador da atividade da empresa[359].

Caso os administradores não-delegados, na sequência da informação recolhida, concluam pela existência de irregularidades na condução da gestão corrente da sociedade – e isto vale tanto para a condução dessa atividade pelos administradores delegados como por qualquer outro colaborador da sociedade – e pela necessidade de reação, na sequência de uma avaliação ponderada da situação, têm não só o *poder*, mas também o *dever* de intervir diretamente nas matérias delegadas.

Em princípio, essa intervenção é mediada pelo plenário do conselho de administração, a quem é imputada, em primeira linha, a obrigação de diligente administração da sociedade. No entanto, em casos de manifesta urgência, justifica-se a reação direta e preventiva de um administrador individualmente considerado, evitando a produção de danos ou o agravamento dos mesmos até à intervenção do conselho[360].

V. Em suma, a *função negativa* da delegação não consubstancia uma "retirada de deveres" aos administradores não-delegados, mas uma modelação do conteúdo dos deveres de todos os administradores. Fica portanto salvaguardada a responsabilidade global (*Gesamtverantwortung*) do conselho pela administração da sociedade, sendo certo, porém, que as funções de planeamento empresarial (*Unternehmensplanung*), organização e coordenação empresarial (*Unternehmenskoordinierung*)[361] e atribuição de cargos de direção (*Führungspostenbesetzung*)[362] passam a estar enquadradas na função de controlo ou vigilância (*Unternehmenskontrolle*): o conselho em princípio não *determina* a estratégia e organizações empresariais, nem *designa* os titulares de posições de direção, limitando-se a *controlar* a prática desses atos pelos órgãos a quem foi delegada a gestão corrente, *intervindo ou reagindo*

---

[358] Cfr. Johannes Semler, "Die interne Überwachung in der Holding", in Marcus Lutter (ed.), *Holding Handbuch: Recht, Management, Steuern*, 4ª ed., Köln: Schmidt, 2004, 177-178.

[359] Associazione fra le Società Italiane per Azioni, Circolare ASSONIME n. 16/2010, *Rivista delle Società*, 55:4, 2010, 888.

[360] Cfr. José Ferreira Gomes, *Da Administração à Fiscalização das Sociedades*, nºs 478-498.

[361] Cfr. als. *e*) e *g*) a *j*) do art. 406º.

[362] Assumindo, quanto a este ponto, a existência de uma *reserva de competência do pleno não escrita* que, nos termos referidos no corpo do texto, não pode ser posta em causa, salvo autorização dos acionistas nos estatutos. Integra, portanto, a competência mínima do plenário, numa articulação simbiótica com a sua competência de organização (externa) e coordenação.

apenas quando entenda que a atuação destes não é adequada ou suficiente. Só assim não será nas matérias insusceptíveis de delegação, nos termos do art. 406º, *a) a d), f), l), m), ex vi* art. 407º/4[363].

VI. Tudo isto vale, como referimos antes, nos nossos modelos tradicional e anglo-saxónico [art. 278º/1, a) e b) CSC]. No modelo de governo dito germânico [art. 278º/1, c) CSC], tal como no Direito alemão, o Código das Sociedades Comerciais não prevê a possibilidade de o conselho de administração executivo delegar poderes de gestão num ou mais administradores ou numa comissão executiva.

O silêncio da lei, porém, não impediu que a jurisprudência e a doutrina alemã reconhecessem a possibilidade de repartição de competências ou de pelouros (*Ressortverteilung, Geschäftsverteilung*) no seio do *Vorstand* que, contudo, não pode incidir sobre as já referidas matérias que, pela sua importância, constituem a competência mínima do pleno (*Mindestzuständigkeit des Gesamtvorstands*)[364]. Havendo repartição de pelouros, não é excluída a responsabilidade do *Vorstand* pela execução das tarefas delegadas. Este deve intervir no âmbito da sua função de controlo, tomando as medidas necessárias à correção de problemas detectados[365]. Reconhece-se, portanto, ao *Vorstand* e a cada *Vorstandsmitglieder*, um dever de vigilância[366], ao qual é associado um poder-dever de informação sobre toda a atividade social[367].

Admite-se ainda a delegação de poderes a colaboradores da sociedade, desde que salvaguardada a já referida competência mínima do pleno[368]. Nestes casos,

---

[363] Para além destas, poderia discutir-se a inclusão de outras matérias por exigência do sistema. Para questão paralela no Direito italiano, cfr., *v.g.*, Abbadessa, *La gestione*, 101 (nota 64), com indicações bibliográficas sobre cada ponto em discussão.

[364] Esta questão foi desenvolvida em José Ferreira Gomes, *Da Administração à Fiscalização das Sociedades*, nºs 372-377. Esta densificação da tarefa de direção (*Leitungsaufgabe*) cometida ao *Vorstand* pode ser transposta para o nosso sistema, em concretização do núcleo mínimo de competências do plenário do conselho de administração executivo.

[365] Semler, *Leitung und Überwachung*², 19.

[366] O dever de vigilância de cada *Vorstandsmitglieder* estende-se tanto aos seus colegas como à estrutura empresarial subordinada ao *Vorstand*. Na medida em que não concordem com medidas de algum dos seus colegas ou entendam que estas suscitam dúvidas, devem requerer ao *Vorstand* (como um todo) que tome as medidas apropriadas. *Ibidem*, 22.

[367] Cfr. *e.g.*, Seibt, *AktG Kommentar*, § 77, nºs 16-18, Johannes Semler e Martin Peltzer, *Arbeitshandbuch für Vorstandsmitglieder*, München: C. H. Beck, 2005, nºs 303-338.

[368] Cfr., *v.g.*, Semler, *Leitung und Überwachung*², 17-22. Alguns autores, porém, apresentam uma construção mais restritiva. Fleischer, por exemplo, parece admitir apenas a delegação de tarefas de preparação ou de execução de decisões de direção (*Führungsentscheidungen*) em pessoal administrativo subordinado ao *Vorstand* (que goza nesta matéria de discricionariedade empresarial). De acordo com esta perspetiva só é admissível a delegação de tarefas (*Aufgaben*) e já não de decisões de direção (*Leitungsentsceidungen*): o princípio da congruência, formulado pela teoria económica,

o *Vorstand* responde por *cura in eligendo, cura in instruendo* e *cura in custodiendo*[369]; os *Vorstandsmitglieder* respondem por *cura in vigilando*[370]. O *Vorstand* e cada um dos seus membros devem tomar as precauções adequadas e razoáveis na vigilância dos colaboradores subordinados e dos membros do *Vorstand*[371].

O mesmo vale necessariamente no nosso modelo germânico: deve admitir-se a distribuição de pelouros, enquanto encargo especial, em termos paralelos aos previstos no art. 407º/1, mas não pode aceitar-se a delegação da gestão corrente, nos termos previstos no art. 407º/3 CSC. Por outras palavras, não pode ser posta em causa a direção global (*Gesamtleitung*) da sociedade pelo conselho de administração executivo, estando a delegação de poderes pelo conselho de administração executivo sujeita aos limites expostos a propósito do alcance do "encargo especial", previsto no art. 407º/1 e 2, no modelo tradicional[372].

Em todo o caso, a distribuição de pelouros deve ser conjugada com a adequada construção das obrigações de vigilância do conselho de administração e dos seus membros.

6. O "PRINCÍPIO DA RESPONSABILIDADE GLOBAL" NO DOMÍNIO BANCÁRIO: O ART. 115º-A RGIC

I. Feito este percurso, estamos em condições de melhor enquadrar as alterações introduzidas no RGIC pelo Decreto-Lei nº 157/2014, em transposição da CRD IV.

De acordo com o art. 88º/1 CRD IV:

> «Os Estados-Membros asseguram que o órgão de administração defina, fiscalize e é responsável pela aplicação dos sistemas de governo que garantem a gestão efetiva e prudente de uma instituição, incluindo a separação de funções no seio da organização e a prevenção de conflitos de interesses.
>
> Esses sistemas devem respeitar os seguintes princípios:

---

segundo o qual tarefas (*Aufgaben*), competências (*Kompetenzen*) e responsabilidade (*Verantwortung*) devem coincidir, não teria aplicação no quadro do § 76(1) AktG. Fleischer, *Leitungsaufgabe (ZIP)*, 8-9.

[369] Fleischer, *Leitungsaufgabe (ZIP)*, 8-9.
[370] Fleischer, *Überwachungspflicht*, nº 1.
[371] *Ibidem*, nº 1.
[372] Cfr. nota 99 supra. Cfr. também José Ferreira Gomes, *Da Administração à Fiscalização das Sociedades*, § 44.

a) O órgão de administração deve assumir a responsabilidade global pela instituição e aprovar e fiscalizar a aplicação dos objetivos estratégicos, da estratégia de risco e do governo interno da instituição;

b) O órgão de administração deve assegurar a integridade dos sistemas contabilístico e de informação financeira, incluindo o controlo financeiro e operacional e o cumprimento da lei e das normas aplicáveis;

c) O órgão de administração deve supervisionar o processo de divulgação e as comunicações;

d) O órgão de administração deve ser responsável pela supervisão efetiva da direção de topo;

e) O presidente do órgão de administração na sua função de fiscalização de uma instituição não pode exercer simultaneamente funções de administrador executivo na mesma instituição, salvo justificação pela instituição e autorização pelas autoridades competentes.

Os Estados-Membros asseguram que o órgão de administração acompanhe e avalie periodicamente a eficácia dos sistemas de governo da instituição e tome medidas adequadas para corrigir quaisquer deficiências».

II. Na leitura deste preceito deve recordar-se que, na sua redação, o legislador comunitário enfrentou o desafio da diversidade de sistemas e modelos de governo jus-societários nos quais o mesmo ganharia vida. O desafio é o mesmo com que se depara sistematicamente o Comité de Basileia para a Supervisão Bancária, na formulação das suas *Guidelines – Corporate governance principles for banks*, ou a European Banking Authority (EBA), na redação das suas *Guidelines on internal governance*.

Nesse sentido, a EBA explica, nas suas *Guidelines*, de setembro de 2011[373], que:

«31. *The EBA is aware that within the Member States usually one of two governance structures is used – a unitary or a dual board structure. Under a unitary board structure, one body (e.g. the Board of Directors) performs both supervisory and management functions while, under a dual board structure, these functions are performed by a supervisory board and a board of managers respectively. (...)*

32. The Guidelines do not advocate any particular structure. The term "Management body" is used in the Guidelines to embrace all possible governance structures. The concept is purely functional, for the purpose of setting out guidance and principles aimed at a particular outcome irrespective of the specific legal structure applicable to an institution in its Member State. Consequently the Guidelines generally do not state whether a particular task or responsibility falls within the management body's management or supervisory function; that will vary according

---

[373] EBA, *Guidelines on Internal Governance*, 10.

to the national legislation within each Member State. The key point is to ensure that the particular task or responsibility is carried out».

Complementa depois[374] o que se deve entender por *"management function"* e *"supervisory function"*:

«*The management function proposes the direction for the institution; ensures the effective implementation of the strategy and is responsible for the day-to-day running of the institution.*
The supervisory function oversees the management function and provides advice to it. Its oversight role consists in providing constructive challenge when developing the strategy of an institution; monitoring of the performance of the management function and the realisation of agreed goals and objectives; and ensuring the integrity of the financial information and effective risk management and internal controls».

Por seu turno e no mesmo sentido, o Comité de Basileia, na sua proposta de *Guidelines* de janeiro de 2015, explicou que:

«*15. This document refers to a governance structure composed of a board of directors and senior management. The latter is sometimes called the executive committee, the executive board or the management board. Some countries use a formal two-tier structure, where the supervisory function of the board is performed by a separate entity known as a supervisory board or audit and supervisory board, which has no executive functions. Other countries use a one-tier structure in which the board of directors has a broader role. (...)*
16. Owing to these differences, this document does not advocate any specific board or governance structure. The term board of directors is used as a way to refer to the oversight function and the term senior management as a way to refer to the management function in general. These terms should be interpreted throughout the document in accordance with the applicable law within each jurisdiction».

Na linha das *Guidelines* da EBA, o conceito de "órgão de administração" é usado no art. 88º/1 CRD IV com o sentido definido pelo art. 3º/1, 7) CRD IV, de acordo com o qual corresponde ao:

«órgão ou órgãos de uma instituição, designado nos termos do direito nacional, com poderes para definir a estratégia, os objetivos e a direção global da instituição e que fiscaliza e monitoriza o processo de tomada de decisões de gestão e inclui as pessoas que dirigem efetivamente as atividades da instituição».

---

[374] EBA, *Guidelines on Internal Governance*, 22.

Esta definição, por sua vez, é completada com a apresentada no art. 3º/1, 8) CRD IV, de acordo com a qual se deve entender por "Órgão de administração na sua função de fiscalização":

> «o órgão de administração agindo no exercício da sua função de fiscalizar e monitorizar o processo de tomada de decisões de gestão».

III. A nosso ver, tanto o Comité de Basileia como a EBA partem, nos seus textos, de uma premissa errada que vicia a sua apresentação e condiciona a aplicação das respetivas *guidelines* por leitores menos atentos. Tanto uma como outra perspetivam o princípio jus-societário de dissociação das funções de administração e fiscalização (*aktienrechtliches Trennungsprinzip*), típico de sistemas como o alemão, o italiano ou o português, como determinando uma separação *rígida* entre as tarefas de administração e de fiscalização.

Em sentido contrário, constatamos que, na realidade, a dissociação funcional é mais aparente do que real, sendo fluídas as fronteiras entre as atividades de administração e de fiscalização. Constatamos também que a fiscalização é um todo, assente na articulação da conduta dos diferentes órgãos sociais, e não uma função perfeitamente autonomizável e imputada exclusivamente a um único órgão.

O primeiro fiscalizador é, necessariamente, o órgão de administração[375], com o qual se deve articular o órgão de fiscalização global[376]. O papel deste, por sua vez, não pode ser adequadamente desenvolvido senão em estreita colaboração com o revisor oficial de contas.

IV. Para além disso, parecem assumir que a "função de fiscalização" assenta essencialmente nos mesmos pilares, independentemente do sistema jurídico ou modelo de governo em causa.

Ora, é substancialmente diferente a função desempenhada pelo *Aufsichtsrat* no sistema alemão – com poderes para designar e destituir os membros do *Vorstand*, para determinar a remuneração destes, para aprovar as contas anuais e para reservar determinadas matérias ao seu consentimento[377] – e a função desempenhada por um *collegio sindacale* em Itália ou por um *conselho fiscal* em Portugal – na

---

[375] Sobre as obrigações de vigilância do conselho de administração e dos seus membros, cfr. José Ferreira Gomes, *Da Administração à Fiscalização das Sociedades*, §§ 13-21.

[376] Por "órgão de fiscalização global" deve entender-se o órgão ao qual compete fiscalizar a administração da sociedade (conselho fiscal, comissão de auditoria ou conselho geral e de supervisão, consoante o modelo de governo em causa), por contraposição ao "órgão de fiscalização contabilística".

[377] Cfr. *Ibidem*, § 40.2.

medida em que, não tendo aqueles poderes, se assumem como meras estruturas institucionais intermédias entre o conselho de administração e os acionistas[378].

V. Perante as definições da CRD IV, cabia ao legislador de cada Estado membro alocar os deveres previstos no art. 88º/1 CRD IV ao "órgão ou órgãos" relevantes, de acordo com os parâmetros do respetivo sistema jus-societário.

No art. 115º-A RGIC, porém, o nosso legislador optou por não fazer tal alocação ao impor genericamente tais deveres aos «órgãos de administração e de fiscalização das instituições de crédito», sem distinguir. Efetivamente, dispõe este artigo que:

> «1 – Os órgãos de administração e de fiscalização das instituições de crédito definem, fiscalizam e são responsáveis, no âmbito das respetivas competências, pela aplicação de sistemas de governo que garantam a gestão eficaz e prudente da mesma, incluindo a separação de funções no seio da organização e a prevenção de conflitos de interesses.
>
> 2 – Na definição dos sistemas de governo compete aos órgãos de administração e de fiscalização, no âmbito das respetivas funções:
>
> a) Assumir a responsabilidade pela instituição de crédito, aprovar e fiscalizar a implementação dos objetivos estratégicos, da estratégia de risco e do governo interno da mesma;
>
> b) Assegurar a integridade dos sistemas contabilístico e de informação financeira, incluindo o controlo financeiro e operacional e o cumprimento da legislação e regulamentação aplicáveis à instituição de crédito;
>
> c) Supervisionar o processo de divulgação e os deveres de informação ao Banco de Portugal;
>
> d) Acompanhar e controlar a atividade da direção de topo.
>
> 3 – Os órgãos de administração e de fiscalização acompanham e avaliam periodicamente a eficácia dos sistemas de governo da instituição de crédito e, no âmbito das respetivas competências, tomam e propõem as medidas adequadas para corrigir quaisquer deficiências detetadas nos mesmos».

Esta opção prejudica a eficácia prática do preceito. Perdeu-se uma oportunidade importante para densificar as funções dos órgãos de administração e de fiscalização e para clarificar a sua necessária articulação.

Cabe agora ao intérprete aplicador a tarefa de, na indistinta imputação de deveres, tentar perceber qual a conduta devida por cada um dos órgãos, prejudicando o propósito, delineado pelo legislador europeu, de identificação e disse-

---

[378] Cfr. *Ibidem*, § 26.1.

minação de padrões mínimos de governo societário, corrigindo comportamentos inadequados, mas enraizados nos nossos agentes económicos.

Fruto desta opção, mantém-se, desnecessariamente, uma indeterminação normativa não pretendida pelo legislador europeu que dificulta não só a aplicação deste preceito pelos seus destinatários diretos, mas também o seu *enforcement* pelos diferentes órgãos sociais chamados a controlar tal aplicação e, num segundo nível, pelas autoridades de supervisão pública.

Acresce o facto de, na redação da alínea a) do nº 2, o legislador português ter omitido o adjetivo "global" para qualificar a responsabilidade que necessariamente recai sobre o órgão de administração, convocando os desenvolvimentos operados sobre o princípio da responsabilidade global, nos termos já referidos em cima[379].

VI. Perante este cenário, propomo-nos aqui sugerir algumas linhas interpretativas, coerentes com o exposto anteriormente.

O disposto na alínea a) do art. 115º-A/2 RGIC não só densifica a obrigação de administração do órgão de administração de acordo com o "princípio da responsabilidade global" (*Prinzip der Gesamtverantwortung*) no sentido de uma maior liderança e controlo sobre a atividade societária, nos termos já expostos a propósito do enquadramento jus-societário, como estabelece um regime específico para as instituições de crédito que limita a liberdade do conselho de administração para delegar poderes de gestão, nos nossos modelos tradicional e anglo-saxónico [art. 278º/1, a) e b) CSC]. Nestes, deixa de ser possível a derrogação *parcial* do princípio de direção global (*Prinzip der Gesamtleitung*), nos termos do art. 407º/3 CSC, analisado cima.

---

[379] Para além disso, gera-nos sérias dúvidas a opção do nosso legislador de não transposição da alínea e) do art. 88º/1 CRD IV – segundo a qual «[o] presidente do órgão de administração *na sua função de fiscalização* de uma instituição não pode exercer simultaneamente funções de administrador executivo na mesma instituição» –, por considerar que, nos modelos de governo previstos no Código das Sociedades Comerciais, a separação funcional entre órgão de administração e órgão de fiscalização daria já cumprimento ao seu conteúdo.
Este entendimento do nosso legislador é coerente com as *Guidelines on Internal Governance* da EBA (2011), 27, nas quais se pode ler
«*In a one tier system, the chair of the management body and the chief executive officer of an institution should not be the same person. Where the chair of the management body is also the chief executive officer of the institution, the institution should have measures in place to minimise the potential detriment on its checks and balances*».
Parece-nos, porém, como referimos no corpo do texto, que as premissas de que parte a EBA não são corretas. Não podendo desenvolver este tema aqui, de acordo com a opção de centrar a nossa análise na questão da densificação da obrigação de administração de acordo com o "princípio da responsabilidade global", esperamos poder retomá-lo noutro momento.

Perante esta norma, constituem competências indelegáveis do conselho de administração[380]:

(i) A aprovação dos objetivos estratégicos e da estratégia de risco da instituição, ou seja, a determinação dos objetivos de médio e longo prazo da política empresarial, com especial incidência na ponderação e fixação dos objetivos de risco;

(ii) A aprovação do governo interno da organização, ou seja, a organização e coordenação das tarefas administrativas cometidas a áreas parciais da empresa, incluindo a atribuição de posições de direção;

(iii) A fiscalização da aplicação dos objetivos estratégicos e da estratégia de risco, bem como do funcionamento do governo interno da instituição, traduzida no controlo corrente e posterior da execução e dos resultados das tarefas de gestão delegadas.

No fundo, estão em causa as "tarefas originárias de gestão" identificadas por SEMLER (*originären Geschäftsführungsaufgaben*), que transpusemos para os nossos quadros dogmáticos – planeamento empresarial, coordenação empresarial (*Unternehmensplanung*), organização e coordenação empresarial (*Unternehmenskoordinierung*), atribuição de cargos de direção (*Führungspostenbesetzung*) e controlo ou vigilância empresarial (*Unternehmenskontrolle*) – que agora são da responsabilidade *primária* do conselho. As primeiras três não podem, por virtude de delegação na comissão executiva ou em administradores delegados, passar a ser apenas da sua competência *subsidiária*, nos termos antes expostos face ao nosso quadro jus-societário.

Quanto ao conselho de administração executivo, no nosso modelo germânico, mantêm-se o quadro jus-societário anteriormente analisado, de acordo com o qual estas limitações já lhe eram aplicáveis.

VII. Diversamente, do disposto nas alíneas b), c) e d) do art. 115º-A/2 não parece resultar uma alteração das coordenadas sistemáticas jus-societárias em nenhum dos nossos modelos de governo. Não se exige já, no contexto de uma competência *primária*, uma *aprovação* de determinados atos, mas tão só que o conselho *assegure* e *supervisione* a prática de tais atos.

Admite-se, portanto, a operacionalidade dos critérios gerais jus-societários de delegação de poderes pelo órgão de administração, nos termos já expostos.

---

[380] Sem prejuízo dos trabalhos preparatórios das suas deliberações. Cfr. José Ferreira Gomes, *Da Administração à Fiscalização das Sociedades*, nº 371 (nota 609).

VIII. O mesmo vale para o órgão de fiscalização global, em qualquer dos nossos modelos de governo, perante qualquer das alíneas referidas [a) a d)], cuja obrigação de vigilância é densificada na continuidade das coordenadas jus-societárias, sem alteração de paradigmas[381].

---

[381] Cfr. José Ferreira Gomes, *Da Administração à Fiscalização das Sociedades*, §§ 22-28 (para o conselho fiscal), §§ 45-51 (para o conselho geral e de supervisão), e § 60 (para a comissão de auditoria).

CAPÍTULO V

OS COMITÉS DE NOMEAÇÕES DOS BANCOS

Manuel Requicha Ferreira

1. A EXPERIÊNCIA NORTE-AMERICANA

I. O tema das comissões de nomeações já foi analisado por este autor num outro estudo elaborado no âmbito do projecto Governance Lab, intitulado "Comissão de Nomeações" e que consta do livro intitulado "Designação de Administradores" da colecção *Governance Lab*. Nesse estudo, tivemos a oportunidade de referir que a criação de comissões ou comités no âmbito do conselho de administração foi um fenómeno que surgiu primeiramente nos EUA[382].

A criação de comités e o recurso à técnica de delegação veio facilitar a capacidade operativa do conselho de administração perante os distintos condicionalismos (sobretudo de tempo) que impediam este órgão de desempenhar de forma eficiente as suas vastas funções. A constituição de comités visou também promover, em conjunto com a figura dos administradores independentes, um controlo mais eficaz da actuação da gestão (*management*) criando órgãos específicas para as questões que afectam, de uma forma mais intensa, o governo societário (e.g. auditoria; nomeação; remuneração). Estes comités potenciam uma maior independência dos seus membros face à gestão e um controlo mais eficaz sobre cada

---

[382] Cf. Requicha Ferreira, *Comissão de Nomeações*, in AAVV, *Designação de Administradores*, Colecção Governance Lab, 2015, pp. 125 e ss..

uma das áreas a seu cargo, fomentando um tratamento profissional sobre estes temas da vida societária[383].

II. Conforme se referiu no nosso estudo, o comité de nomeações (*nomination committee*) apenas se generalizou, entre as sociedades cotadas norte-americanas[384], no final dos anos setenta do século passado em virtude da política da SEC (*Securities and Exchange Commission*)[385] e dos principais textos e recomendações sobre *corporate governance*[386]. Em 1 de Agosto de 2003 e após a aprovação do

---

[383] Este objectivo foi identificado pelas entidades de supervisão e, posteriormente, pelos códigos de *corporate governance* (cf. LUTTER, *Corporate governance aus deutscher Sicht*, in ZGR *Symposium zum 60. Geburstag von Klaus Hopt*, Março 2001, pp. 229-232; PAULO CÂMARA, *A Comissão de Remunerações*, in Revista de Direito das Sociedades, Ano III, nº 1, Almedina, 2011, p. 10.

[384] A elaboração da lista de candidatos para o cargo de administrador era vista como uma prerrogativa do CEO, o qual tinha o "poder" de formar a sua equipa (cf. MURPHY, *The nominating process for corporate boards of directors: A decision-making analysis*, in *Berkeley Business Law Review*, vol. 5, nº 2, 2008, p. 131).

[385] Na sequência da análise realizada pela SEC à participação dos accionistas no processo de selecção dos administradores, a SEC emitiu, em 1978, um conjunto de regulamento que obrigavam à divulgação de informação sobre se a sociedade tinha um comité de nomeações, se os seus membros eram independentes, se o comité considerava as recomendações apresentadas pelos accionistas e, caso o fizesse, qual o processo para acolher essas recomendações. A SEC acreditava que a "instituição de comités de nomeações pode representar um passo importante para aumentar a participação dos accionistas no processo de eleição societária" (cf. MURPHY, *The nominating* cit., p. 131).

[386] No *Corporate Director's Guidebook* de 1976 da ABA (American Bar Association) sobre *Corporate Laws* descrevia-se o *nomination committee* como "potencialmente o canal mais importante para a melhoria do *corporate governance*". Ao disponibilizar um fórum no qual os accionistas podem apresentar as suas propostas para o cargo de administradores, o comité de nomeações oferecia "um método mais eficaz e operacional de permitir o acesso dos accionistas ao processo de nomeação em vez de um qualquer direito directo de nomeação no âmbito dos chamados *proxy contests*" (cf. MURPHY, *The nominating* cit., p. 132). Por seu lado a American Law Association (ALI) elaborou, em 1982, um *Tentative Draft nº 1 de* Princípios de *Corporate Governance*, que basicamente secundou o entendimento da ABA sobre comités de nomeações em grandes sociedades cotadas compostos exclusivamente por administradores que não sejam *officers*. Joseph Hinsey da ALI perspectivava o *nomination committee* como um "screening mechanism" comparável ao colégio eleitoral conforme pensado "pelos fundadores da Nação Americana". Ele defendia que o conceito de comité de nomeações independente "que dê uma resposta efectiva à propalada erosão da denominada democracia accionista que tem sido há muito lamentada pelos reformistas dos temas societários"; o "comité disponibiliza o link essencial para a efectiva, mas também prática, participação dos accionistas no processo eleitoral societário e a efectiva função de revisão independente que é a parte visível do papel de fiscalização do conselho". Contudo, e apesar deste optimismo da ALI e da ABA, a visão do comité de nomeações como um veículo para a participação accionista no processo de selecção de administradores nunca se tornou uma realidade e, nos anos 80, os investidores institucionais raramente estavam representados nos conselhos de administração. O relatório do *Conference Board's* de 1992 refere que apenas 3% das sociedades afirmam ter recebido sugestões para nomeações

Sarbanes-Oxley Act, a NYSE[387] (principal bolsa de Nova Iorque) consagrou, como requisito de admissão à negociação, a obrigação de criação, no seio do conselho, de um comité de nomeação composto exclusivamente por administradores independentes. O NASDAQ, principal índice norte-americano das empresas tecnológicas, aprovou pouco tempo depois regras similares com alguns matizes[388]. Nos comentários à Secção 303A.4 do *Listed Company Manual* do NYSE, refere-se que o comité de nomeações deve desempenhar uma função de liderança no estabelecimento de um sistema de governo societário, devendo ser elaborado (à semelhança do previsto para o comité de auditoria) um regulamento interno que defina as suas funções[389], objectivos e responsabilidades[390].

No ano de 2003, a SEC aprovou regras ainda mais pormenorizadas sobre a divulgação pública de informação relativa ao processo de nomeações, com o objectivo de encorajar os comités de nomeação a considerarem as recomendações dos accionistas[391]. O mesmo se verificou com outras instituições importan-

---

apresentadas por investidores institucionais e que "apenas uma sociedade tinha acedido ao pedido de um accionista de referência para que uma pessoa "externa" fosse nomeada como administrador" (cf. MURPHY, *The nominating* cit., p. 131).

[387] A criação desta obrigação resulta de uma recomendação do relatório elaborado pelo *Corporate Accountability and Listing Standards Committee* (cf. NYSE, CORPORATE ACCOUNTABILITY AND LISTING STANDARDS COMMITTEE, *Report, Recommendation to the NYSE Board of Directors*, número 4, p. 9).

[388] Nos termos da *Marketplace Rule* 4350(c) do NASDAQ aprovada em 25 de Julho de 2003, os novos administradores devem ser nomeados ou por uma maioria de administradores independentes ou por um comité de nomeações composto exclusivamente por administradores independentes (cf. BRAINBRIDGE, *Corporate Law*, 2ª edição, Foundation Press, 2009, p. 85). Em qualquer caso, as regras do NYSE e dos NASDAQ afastam a obrigatoriedade de constituição de uma comissão de nomeações em sociedades cuja maioria (50% ou mais) dos direitos de voto sejam controlados por um accionistas ou grupo de accionistas actuando em conjunto.

[389] Ao nível das funções, defende-se, neste comentário, que elas deverão incluir, como mínimo, (i) a identificação das pessoas com qualificações necessárias para poder integrar o conselho de administração, (ii) seleccionar ou recomendar ao conselho que seleccione as pessoas que deverão ser propostas na próxima assembleia geral para o cargo de administrador e (iii) elaborar e recomendar ao conselho de administração uma série de princípios de governo societário que sejam adequados à sociedade.

[390] Quanto aos objectivos e responsabilidades, o comentário refere que o regulamento deverá fazer menção, pelo menos, aos critérios de selecção estabelecidos para o cargo de administrador e aos critérios de avaliação da actuação do conselho e do *management*. Defende-se ainda que o regulamento deveria prever (i) as qualificações exigidas para os membros do comité, (ii) a sua nomeação e destituição, (iii) a estrutura do comité (incluindo a subdelegação), (iv) a informação que deve ser disponibilizada ao conselho e (v) a competência exclusiva para contratar empresas que seleccionem os candidatos para ocupar o cargo de administrador, incluindo os termos do contrato com essa empresa.

[391] As novas regras da SEC exigem, nomeadamente, (i) a divulgação da política do comité sobre as recomendações accionistas para os candidatos a administrador, (ii) uma descrição dos proce-

tes, como o *The Conference Board* e o *Business Roundtable*[392], o que levou a que actualmente quase 99% das sociedades cotadas no S&P 500 tenham um comité de nomeações composto integralmente por membros independentes[393].

IV. As regras *supra* referidas acabam por abranger os bancos norte-americanos mais relevantes, pois a maioria dos mesmos é cotado no NYSE. De todo modo, e especificamente no que diz respeito ao sector bancário, o direito norte-americano também esteve sempre na vanguarda da criação de regras (e não apenas recomendações) sobre a existência de comissões de nomeações dos membros dos órgãos de administração ou de funções directivas relevantes nos bancos. Os *"The Guiding Principles for Enhancing U.S. Banking Organization Corporate Governance/2015 Edition"* estabelecem que o conselho de administração e os cargos de direcção mais relevantes numa organização bancária deverão ter um comité composto totalmente por administradores independentes para conduzir e realizar o processo de nomeação dos administradores, avaliar as suas qualificações e independência. Recomenda-se ainda que o comité estabeleça os factores que devem ser considerados no processo de avaliação dos novos administradores e dos actuais administradores, tendo em conta as circunstâncias e os negócios da organização bancária e as responsabilidades dos vários comités.

Os EUA têm também algumas regras restritivas curiosas sobre os membros dos órgãos de administração que, não sendo este o espaço certo para as analisar, nos limitamos a referir para aguçar o apetite da investigação jurídica. A *US retirement policy* estabelece, por exemplo, como idade máxima para o cargo de administrador, 72 anos[394].

---

dimentos a serem observados pelos accionistas ao submeterem as suas recomendações, (iii) se o comité recebeu alguma recomendação de candidato por um accionista ou grupo de accionistas titulares de 5% das acções nos 120 dias anteriores ao *proxy statement* e (iv) se o comité acolheu essa proposta (cf. MURPHY, *The nominating* cit., p. 133). Contudo, um relatório de Spencer Stuart de 2006 dava conta que não houve qualquer nomeação proposta por accionistas nos três anos subsequentes à aprovação das regras pela SEC.

[392] No *Corporate Handbook 2005* do *The Conference Board* (importante associação empresarial e de *research* americana fundada em 1916), as funções do comité de nomeações são um dos principais capítulos das *best corporate governance practices*. Nos *Principles of Corporate Governance* do *Business Roundtable* (associação que reúne os maiores CEO's norte-americanos e que foi fundada em 1972), prevê-se igualmente um conjunto de princípios e regras sobre os *nomination committees*.

[393] Cf. Spencer Stuart Board Index 2013, Spencer Stuart, 2013, p. 31, disponível em https://www.spencerstuart.com/~/media/PDF%20Files/Research%20and%20Insight%20PDFs/SSBI-2013_01Nov2013.pdf).

[394] *Vide* a interessante análise de Richard J. Parsons, no American Banker, com dados, alguns surpreendentes, sobre as idades dos administradores e performance dos bancos, disponível em

2. RECOMENDAÇÕES DO *BASEL COMMITTEE ON BANKING SUPERVISION*

I. A nível internacional, o *Basel Committee on Banking Supervision* já recomendava, em 2010, num documento intitulado *"Principles for enhancing corporate governance"*, a criação de um comité de nomeações, ainda que sem detalhar muito as suas funções[395].

Este importante comité internacional, cujas práticas ou legislação são seguidas internacionalmente, recomendava que os bancos identificassem e nomeassem candidatos e assegurassem um processo de sucessão adequado, considerando que a existência de diferentes candidatos com experiências diversas reforçava a capacidade do conselho de administração actuar de forma objectiva, independente e desprendida de interesses políticos ou pessoais[396]. A independência dos candidatos era aliás uma das principais preocupações das recomendações, as quais sugeriam um número alargado de membros não executivos e apresentavam uma definição de membros independentes.

II. Em 2014 e 2015, o *Basel Committee* fez uma revisão profunda dos princípios sobre *corporate governance* dos bancos, incluindo as recomendações emitidas em 2010, sendo que um dos pontos principais da revisão visou "dar orientações aos supervisores na avaliação dos processos utilizados pelos bancos para escolher os administradores e *senior management*".

Na sequência desta revisão, foram elaborados os *corporate governance principles for banks* de Julho 2015. Estes princípios mantiveram a recomendação da criação de um comité de nomeações mas com um maior detalhe e regras sobre a sua composição e funções, nomeadamente a existência de um número de membros independentes[397].

---

http://www.americanbanker.com/bankthink/time-to-rethink-mandatory-retirement-for-bank-directors-1066015-1.html.

[395] Cf. Parágrafo 53 dos guidelines de 2010 do Basel Committee on Banking Supervision, *Principles for enhancing corporate governance*, disponível em https://www.bis.org/publ/bcbs176.pdf.

[396] Cf. Parágrafo 38 dos guidelines de 2010 do Basel Committee on Banking Supervision, Supervision, *Principles for enhancing corporate governance*, disponível em https://www.bis.org/publ/bcbs176.pdf.

[397] Cf. Basel Committee on Banking Supervision, *Guidelines Corporate Governance Principles for banks*, disponível em http://www.bis.org/bcbs/publ/d328.pdf.

3. EVOLUÇÃO AO NÍVEL DO DIREITO EUROPEU – *DO RELATÓRIO WINTER À DIRECTIVA 2013/36/EU*

3.1. Relatório Winter

I. Ao nível do Direito europeu, o tema da comissão de nomeações foi abordado pela primeira vez no relatório Winter[398]. Neste relatório, afirma-se a necessidade de existir uma supervisão independente de algumas áreas nucleares, entre elas a nomeação de administradores, por se considerar que os administradores estão numa situação de conflito de interesses[399]. No caso particular das nomeações, está em causa a manutenção do seu trabalho, do dos seus colegas e de potenciais novos colegas e de quem os supervisionam. Assim, o Grupo aconselha a criação de, entre outros, um comité de nomeações que deveria ser composto por administradores não executivos e membros do conselho geral e de supervisão que sejam, na sua maioria, independentes[400]. O Grupo sugere que a Comissão aprove apenas uma recomendação para que, num prazo curto, os Estados-Membros tenham "regras efectivas" (no mínimo, numa base de *comply or explain*)[401].

---

[398] Em 4 de Setembro de 2001, a Comissão Europeia encarregou um grupo de peritos presidido por Jaap Winter de elaborar um relatório sobre temas relacionados com OPAs e, na sequência dos acordos celebrados na reunião do ECOFIN de Oviedo (Abril de 2002) sobre uma série de matérias tendentes em à modernização e harmonização das sociedades na Europa. O relatório Winter foi apresentado em 4 de Novembro de 2002 e divide-se em nove capítulos, sendo de salientar, para o nosso tema, o capítulo III sob a epígrafe *corporate governance*, no qual se encontram diversas recomendações sobre a nomeação de administradores e o comité de nomeações (cf. Winter et Allii, *Report of the High Level Group of Company Law Experts on a Modern Regulatory Framework for Company Law in Europe*, pp. 8, 11, 60-63, 75-76 disponível em http://ec.europa.eu/internal_market/company/docs/modern_report_en.pdf).

[399] Cf. Winter et Allii, *Report* cit., p. 61; Armando Torrent, *Reflexiones sobre el gobierno corporativo: la comisión de nombramientos (Apuntes críticos al proyecto de código Conthe)*, in *Revista de Derecho de Sociedades*, p. 234.

[400] Cf. Winter et Allii, *Report* cit., p. 61. O relatório define independente para este efeito como "independente da actividade operacional da sociedade e daqueles que têm a responsabilidade primária como administradores executivos, e também como não recebendo qualquer benefício da sociedade que não seja a sua remuneração totalmente divulgada como administrador não executivo ou membro do órgão de fiscalização". O relatório afirma ainda que preferiu não recomendar a exigência de que a totalidade dos membros sejam independentes (ao contrário dos EUA), na medida em que, na Europa, é necessário ter em conta aspectos específicos nas estruturas do conselho de administração como a existência de accionistas controladores e de conselhos que são, em parte, compostos por trabalhadores, os quais não seriam qualificados como independentes e, segundo o Grupo, isso "seria ir demasiado longe" pois levaria à exclusão completa da participação nessas decisões (cf. Winter et Allii, *Report* cit., p. 61).

[401] Cf. Winter et Allii, *Report* cit., p. 61.

3.2. Recomendação da Comissão

II. Na sequência deste relatório e depois da aprovação do *action plan* em 2003[402], a Comissão aprovou, em 15 de Fevereiro de 2005, uma Recomendação[403] relativa ao papel dos administradores não executivos ou membros do conselho geral e de supervisão e aos comités do conselho de administração ou do conselho geral e de supervisão ("**Recomendação 2005**")[404].

No nº 5 da Recomendação 2005, a Comissão recomenda, entre outras, a criação de comissões de remuneração no seio do conselho de administração das sociedades cotadas quando este tenha, por força da legislação nacional, competência nesse domínio[405]. Esse comité deveria ter, no mínimo, três membros ou dois em casos excepcionais (Anexo I, nº 1.1), devendo existir, pelo menos, uma maioria de administradores não executivos[406] independentes (Anexo I, nº 2)[407]. Propunha-se que o comité de nomeações, à semelhança dos demais comités, não tivesse qualquer competência decisória-executiva, mas apenas consultiva, elaborando recomendações preparatórias ou pareceres de decisões do conselho de administração (Recomendação 2005 nº 6.1.), em particular (i) identificar e recomendar os candidatos ao preenchimento de vagas que surjam no conselho, (ii) avaliar periodicamente a estrutura, dimensão, composição e desempenho do conselho, as qualificações, conhecimentos e experiência dos administradores, e (iii) examinar a política do conselho em matéria de selecção e nomeação dos quadros superiores (Anexo, nº 2.2.). A Recomendação 2005 permitia que, por um lado, as funções atribuídas ao comité de nomeações fossem agrupadas com as do comité de remunerações e de auditoria, criando-se menos de três comités

---

[402] Cf. Comunicação da Comissão ao Conselho e ao Parlamento Europeu – Modernizar o direito das sociedades e reforçar o governo das sociedades na União Europeia – Uma estratégia para o futuro COM/2003/0284 final disponível em http://eur-lex.europa.eu/legal-content/PT/TXT/HTML/?uri=CELEX:52003DC0284&from=EN.

[403] Sobre a natureza desta recomendação e a sua fonte no quadro do direito comunitário, *vide* LUTTER, *Die Empfehlungen der Kommission vom 14.12.2004 und vom 15.2.2005 und ihre Umsetzung in Deutschland*, in *EuZW*, 2009, p. 799.

[404] Sobre esta evolução ao nível comunitário em matéria de comités do conselho de administração, *vide* LUTTER, *Die Empfehlungen* cit., p. 799.

[405] Cf. DAVIES/HOPT, *Boards in Europe – Accountability and Convergence*, Law Working Paper nº 205/2013, Abril de 2013, p. 30; COUTINHO DE ABREU, *Governação das Sociedades Comerciais*, Almedina, 2006, p. 102-104.

[406] Os nºs 2.3 e 2.4 da Recomendação 2005 definem administrador não executivo com o administrador não encarregado da gestão corrente da sociedade.

[407] Quanto ao comité de remuneração e de auditoria, a Recomendação 2005 sugeria que todos os membros fossem administradores não executivos e, pelo menos, a maioria independentes (Anexo I, nºs 3.1.2. e 4.1.).

e explicando tal opção (nº 7.1.), e, por outro lado, nos casos em que o conselho de administração tenha um número reduzido de membros, as funções atribuídas àqueles três comités podiam ser desempenhadas pelo conselho no seu conjunto, conquanto este cumpra os requisitos de composição previstos para os comités e se divulgue esse facto (nº 7.2).

3.3. Directiva 2013/36/UE – Comissão de Nomeações das Instituições de Crédito

III. A Directiva 2013/36/UE do Parlamento Europeu e do Conselho, de 26 de Junho, relativa ao acesso à actividade das instituições de crédito e à supervisão prudencial das instituições de crédito e empresas de investimento ("**Directiva 2013/36**"), veio consagrar, pela primeira vez, regras específicas (e não só meras recomendações) quanto a criação e competências das comissões de nomeações de instituições de crédito e empresas de investimento[408].

No considerando 59) da Directiva 2013/36, o legislador comunitário refere que, ao "nomearem os membros do órgão de administração, os accionistas ou sócios de uma instituição deverão analisar se os candidatos têm os conhecimentos, qualificações e competências necessários para assegurar uma gestão sã e prudente da instituição", sendo que "estes princípios deverão ser aplicados e demonstrados através de procedimentos de nomeação transparentes e abertos no que se refere aos membros do órgão de administração".

IV. Face a esta necessidade identificada pela Directiva 2013/36, o seu artigo 88º, nº 2, estabelece que os "Estados-Membros asseguram que as instituições significativas em termos de dimensão, organização interna e natureza, âmbito e complexidade das suas actividades criem um comité de nomeação composto por membros do órgão de administração que não desempenhem funções executivas na instituição em causa".

A nível comunitário, é assim actualmente exigido que as instituições "significativas", sendo este conceito subjectivo aferido por referência à dimensão, organização, natureza e complexidade das suas actividades, criem um comité de nomeações.

---

[408] Antes da Directiva 2013/36, os *guidelines* da EBA já previam expressamente, para as instituições de crédito, a obrigação de criarem, pelo menos, comités de remunerações, nomeações e de governação e *compliance* (cf. Nr. 14, parágrafos 6 e ss., das EBA *Guidelines*; GIESELER, *Der Aufsichtsrat in Kreditinstituten*, in NZG, 2012, p. 1329).

A composição desse comité não poderá incluir administradores executivos, mas não se fixam regras quanto à sua independência.

V. O artigo 88º, nº 2, da Directiva 2013/36 prevê, como funções do comité de nomeações, a identificação e recomendação, para aprovação pelo órgão de administração ou pela assembleia geral, "dos candidatos a vagas dos órgãos de administração em termos de conhecimentos, competências, diversidade e experiência, bem como elaborar uma descrição das funções e qualificações para uma determinada nomeação e avaliar o tempo a consagrar ao exercício da função"[409].

A Directiva estabelece ainda regras sobre diversidade do conselho ao determinar que a comissão de nomeações deve fixar um objectivo para a representação do género sub-representado no órgão de administração e conceber uma política sobre a forma de aumentar o número de pessoas desse género naquele órgão para atingir o objectivo da representatividade. O tema da diversidade é considerado tão relevante que se exige uma publicação, nos termos do artigo 435º, nº 2, al. c), do Regulamento EU nº 575/2013, do objectivo, política e a respectiva aplicação para a representação do género sub-representado. A Directiva 2013/36 atribui também à comissão de nomeações o poder de "avaliar regularmente (pelo menos uma vez ao ano) a estrutura, dimensão, composição e o desempenho do órgão de administração e formular recomendações ao órgão de administração em relação a quaisquer alterações"[410].

VI. A Directiva 2013/36 prevê um conjunto de regras sobre o funcionamento e recursos humanos e financeiros do comité de nomeações.

Quanto ao funcionamento, a directiva estabelece que este comité deve ter sempre em conta, tanto quanto possível no exercício das suas funções, a necessidade de assegurar que a tomada de decisões do órgão de administração não seja dominada por um qualquer indivíduo ou pequeno grupo de indivíduos em detrimento dos interesses da instituição no seu conjunto.

---

[409] Os poderes da comissão são de mera recomendação mas abrangem a identificação dos candidatos a nomear, a descrição das funções e qualificações exigidas para determinada nomeação (e.g. qualificações para o cargo de CFO) e a duração do exercício da função (e.g. mandato do administrador).

[410] Ou seja, a comissão de nomeações avalia estruturalmente o conselho a todos os níveis: dimensão (i.e. verifica se o número de membros é adequado), composição (e.g. as competências nas várias áreas, financeira, risco, gestão operacional, legal, estão asseguradas) e o desempenho. Este último ponto está profundamente relacionado com o poder que também é atribuído à comissão de nomeações de avaliar regularmente, pelo menos uma vez ao ano, os conhecimentos, as competências e a experiência de cada um dos membros do órgão de administração e deste no seu conjunto, comunicando os respectivos resultados ao órgão de administração.

Relativamente aos recursos humanos e financeiros, prevê-se que o comité de nomeações pode utilizar todos os meios que considere necessários, incluindo o recurso a consultores externos, e obter o financiamento adequado para esse efeito.

VII. As disposições sobre comités de nomeações da Directiva 2013/36 terminam com um preceito relativamente estranho: "Caso, nos termos do direito nacional, o órgão de administração não seja competente para o processo de selecção e nomeação de qualquer dos seus membros não sc aplica o presente número".

Na grande maioria dos países da UE, o órgão de administração não é competente para o processo de nomeação de qualquer dos seus membros, pois as nomeações são feitas geralmente (excepto nos casos de cooptação) pela assembleia geral (em sociedades com estruturas clássicas ou monísticas) ou pelo órgão de supervisão (em sociedades com estruturas dualistas)[411]. Deste modo, consideramos que aquele preceito deve ser objecto de uma interpretação restritiva no sentido de não aplicar o nº 2 do artigo 88º da Directiva 2013/36 apenas aos casos em que, expressamente, o direito nacional tenha atribuído a competência sobre o processo de selecção e de nomeação à assembleia geral ou a uma comissão eleita por esta, impedindo, por exemplo, que o órgão de administração crie um comité com essas funções[412]. Não será aplicável aos casos em que o direito nacional permite que o conselho crie um comité de nomeações responsável pelo processo de selecção e nomeação mesmo que, no final, a decisão sobre a nomeação seja de um outro órgão, nomeadamente a assembleia geral.

---

[411] A própria Directiva reconhece esta realidade quando afirma, como competência do comité de nomeação, "identificar e recomendar, para aprovação pelo órgão de administração ou pela assembleia geral, os candidatos a vagas no órgão de administração".

[412] Neste sentido, afirmando existir uma obrigação legal das entidades de supervisão dos Estados- -Membros de fixar a obrigação de criação dos referidos comités (incluindo o de nomeações) sempre que a instituição de crédito seja significativa atenta a sua natureza, dimensão e complexidade da sua actividade, vide GIESELER, *Der Aufsichtsrat* cit., p. 1328. O legislador alemão aprovou, em Abril de 2014, alterações ao KWG (*Kreditwesengesetz*) impondo às instituições de crédito significativas a criação de comités de remuneração, nomeação, auditoria e risco (§25d Abs. 7-12 do KWG), o que revela que adoptou uma interpretação restritiva sobre o último parágrafo do artigo 88º, nº 2 da Directiva 2013/36 (sobre o processo legislativo de aprovação, vide ROTH, *Corporate Boards in Germany*, in AAVV, *Corporate* cit., p. 275; GIESELER, *Der Aufsichtsrat* cit., pp. 1328-1329; sobre as razões e *ratio* da criação das referidas normas, vide BT-Dr 17/10704, pp. 110-111).

4. A EVOLUÇÃO DAS RECOMENDAÇÕES E PRÁTICA PORTUGUESAS SOBRE COMISSÕES DE NOMEAÇÕES

I. Conforme se referiu no nosso estudo *"Comissão de Nomeações"* [413], a criação de comissões de nomeações é um fenómeno muito recente na prática de *corporate governance* das sociedades cotadas portuguesas e é, como já se teve a oportunidade de afirmar, o "parente pobre" das comissões especializadas do conselho de administração.

No final do ano de 2013, eram apenas onze as sociedades cotadas portuguesas que afirmavam ter uma comissão de nomeações ou equiparável. Este número é muito inferior à percentagem média de outros países comunitários. Se atendermos ao sector de actividade, verificamos que todas as cotadas do sector financeiro e da distribuição têm uma comissão de nomeações e que nenhuma das sociedades dos sectores da construção ou de actividades desportivas têm uma comissão de nomeações [414].

II. Para estes "fracos" números, contribui seguramente o facto de o código de governo das sociedades da CMVM de 2013 apenas referir que, "salvo por força da reduzida dimensão da sociedade, o conselho de administração e o conselho geral e de supervisão, consoante o modelo adoptado, devem criar as comissões que se mostrem necessárias para: a) assegurar uma competente e independente avaliação do desempenho dos administradores executivos e do seu próprio desempenho global, bem assim como das diversas comissões existentes; b) reflectir sobre sistema, estrutura e as práticas de governo adoptado, verificar a sua eficácia e propor aos órgãos competentes as medidas a executar tendo em vista a sua melhoria". Há, portanto, só uma referência tímida a uma função da comissão de nomeações – "assegurar uma competente e independente avaliação do desempenho dos administradores executivos" – a qual, diga-se, é, por vezes, uma função da comissão de nomeações.

A única análise estruturada, e respectiva recomendação, sobre comissões de nomeações encontra-se no "Livro branco sobre *corporate governance*" [415]. Nas reco-

---

[413] Cf. REQUICHA FERREIA, *Comissão de Nomeações*, in AAVV, *Designação de Administradores*, Colecção Governance Lab, 2015, pp. 132-135.
[414] Cf. *Relatório Anual sobre o Governo das Sociedades Cotadas em Portugal*, CMVM, 2014, pp. 17-18.
[415] Cf. SANTOS SILVA/ANTÓNIO VITORINO/FRANCISCO ALVES/ARRIAGA DA CUNHA/MANUEL MONTEIRO, *Livro branco sobre corporate governance em Portugal. Práticas de governo das principais empresas*, 2006, pp. 96 e 114.

mendações 47) a 50) deste Livro, recomenda-se a criação de uma *Comissão de Avaliação, Nomeação e Remuneração* com as seguintes funções[416]:

- "Caso seja necessário proceder à cooptação de um administrador, o processo de selecção" será conduzido por aquela comissão que *"deve efectuar uma proposta fundamentada ao Conselho de Administração;"*
- *"O processo de cooptação de novos administradores seja explicitado e fundamentado no Relatório Anual dirigido aos accionistas;*
- *Qualquer proposta à Assembleia Geral de ratificação de cooptação de administradores ou qualquer proposta de lista para uma nova eleição seja fundamentada no trabalho efectuado por esta Comissão;"*
- "Acompanhar o processo de selecção e nomeação de quadros superiores, em ordem a garantir que a empresa disponha de uma base de recrutamento de futuros administradores executivos que garantam a tranquilidade de futuras sucessões".

III. Há igualmente uma recomendação expressa sobre comissões de nomeações no Código de Corporate Governance do Instituto Português do Corporate Governance.

Na recomendação IV.4. deste Código, refere-se que as "sociedades devem constituir comissões especializadas adequadas à sua dimensão e complexidade, abrangendo, separada ou cumulativamente, as matérias de governo societário, de remunerações e avaliação do desempenho, e de nomeações". Em seguida, recomenda-se, excepto quando a dimensão da sociedade não o justifique, a criação de uma comissão com a função de acompanhamento e apoio às nomeações que deverá ser composta por, pelo menos, um independente. Sugere-se que a comissão tenha também por função "adoptar mecanismos que facilitem futuras sucessões e deve acompanhar o processo de designação de quadros superiores e de titulares de órgãos em sociedades participadas". O Código apresenta ainda um princípio basilar em matéria de nomeações: "independentemente do modo de designação, o perfil, os conhecimentos e o currículo dos membros dos órgãos de administração e de fiscalização devem adequar-se à função a desempenhar".

---

[416] Refira-se que o grupo de análise não "considera imperativo que o seu número e a sua designação sejam as aqui referidas, antes importando assegurar que as funções que lhes são atribuídas são cumpridas nos termos recomendados" (cf. SANTOS SILVA/ANTÓNIO VITORINO/FRANCISCO ALVES/ARRIAGA DA CUNHA/MANUEL MONTEIRO, *Livro branco* cit., p. 149).

5. COMITÉ DE NOMEAÇÕES DAS INSTITUIÇÕES DE CRÉDITO

I. O Regime Geral das Instituições de Crédito e Sociedades Financeiras ("**RGICSF**"[417]) é a única legislação que consagra normas específicas sobre as comissões de nomeações. O CSC ou a legislação societária extravagante, bem como as recomendações sobre governo das sociedades cotadas, não prevêem nem regulam especificamente a constituição, composição e funcionamento das comissões de nomeações.

Tal, deve-se única e exclusivamente à transposição da Directiva 2013/36 para o Direito interno português, através do Decreto-Lei nº 157/2014, de 24 de Outubro, uma vez que, antes da entrada em vigor deste diploma, não havia qualquer regra sobre comissões de nomeações. O RGICSF passou assim a prever um conjunto de regras sobre o comité de nomeações das instituições de crédito. Vejamos como estão estruturadas.

5.1. Nomenclatura e modelo estrutural

I. No ordenamento jurídico português (à semelhança do que se sucede noutros países), a nomenclatura "comissão de nomeações" ou "comité de nomeações" não é a única designação utilizada para este tipo de comissões[418]. Ela é frequentemente inserida na nomenclatura de outras comissões como a de remunerações ou a de governo societário (e.g. comissão de nomeações e remunerações) ou então não há qualquer referência a "nomeações" na denominação da comissão a quem se atribuem as suas competências (e.g. comissão de governo societário).

O artigo 115º-B, nº 1, do RGICSF optou pela expressão "comité de nomeações", seguindo mais à letra a designação anglo-saxónica de "committee". Para além disso, conferiu-se um carácter totalmente autónomo ao comité de nomeações, não o inserindo noutro tipo de comités mais genéricos como comité de governo societário ou comité de remunerações, não podendo também simplesmente acometer-se a responsabilidade pela nomeação dos administradores a um grupo de administradores independentes[419] ou ter de se provar que a sua

---

[417] Aprovado pelo Decreto-Lei nº 298/92, de 31 de Dezembro, e sucessivamente alterado por vários diplomas legais.
[418] A comissão nomeações é usualmente denominada de *nomination committee* nos países anglo--saxónicos, de *comisión de nombramiento* nos países hispânicos, de *comité des nominations* nos países francófonos e de *Nominierungsausschuss* nos países germânicos.
[419] A regra 4350(c) da Marketplace Rule do NASDAQ prevê que os novos administradores sejam designados ou por uma maioria de administradores independentes ou por um *nomination com-*

nomeação foi efectuada de acordo com princípios de independência[420]. É verdade que a Directiva 2013/36 parece impor a sua autonomização, mas a escolha do legislador nacional veio reconfirmar essa autonomia, o que reforça a sua importância.

II. Em termos de estrutura, o RGICSF não fixa qualquer especificidade face ao regime mais geral.

A comissão de nomeações será, por norma e nas instituições de crédito com modelo monista ou clássico[421], uma comissão especializada do conselho de administração[422]. Os membros da comissão são nomeados, regra geral, pelos administradores, sendo que há regras específicas sobre a sua composição que se analisarão adiante. Sendo uma comissão especializada do conselho, o seu regulamento interno é quase, invariavelmente, elaborado e aprovado por aquele órgão, o qual designa também os membros que o compõem.

Nos modelos de governação dualista, a comissão de nomeações é uma comissão especializada do conselho geral e de supervisão[423], não podendo ser uma mera

---

mittee composto exclusivamente por administradores independentes (cf. BRAINBRIDGE, *Corporate* cit., p. 85).

[420] Sobre esta possibilidade, *vide* STILES, *Board Committees*, in WRIGHT/SIEGEL/KEASEY/FILATOTCHEV, *The Oxford Handbook of Corporate Governance*, Oxford University Press, 2013, p. 187.

[421] Ela insere-se no já referido processo de reconhecimento da utilidade da criação de comissões especializadas ao nível societário e da necessidade de uma repartição de responsabilidades de forma a alcançar um tratamento mais profissional e completo sobre temas específicos da vida societária.

[422] No Reino Unido, o *nomination committee* é um dos *board committees* criado ao abrigo do poder do conselho de administração delegar os seus poderes numa comissão (cf. DAVIES, *Corporate Boards in the United kingdom*, in AAVV, *Boards* cit., p. 736). No ordenamento jurídico espanhol, o comité de nomeações é uma comissão cuja constituição deriva, à semelhança do comité de remunerações e do de auditoria (este obrigatório por força do artigo 18 da *Ley de Mercado de Valores*), do conselho de administração e que é recomendada no ponto 44 do CUBG (cf. RECALDE CASTELLS/LEÓN SANZ/LATORRE CHINER, *Corporate Boards in Spain*, in AAVV, *Boards* cit., p. 575). Não se exige uma comissão separada para os temas de governance, pois a função de supervisionar o cumprimento dos códigos internos de conduta e corporate governance pode ser realizada pela comissão de auditoria ou de nomeações (cf. FERNÁNDEZ DE LA GÁNDARA, *Las comisiones de supervisión y control del Consejo de Administración (Recomendaciones 44 a 58)*, in *Revista de Derecho de Sociedades*, 27, 2006, p. 149 e ss.). No ordenamento jurídico italiano, o comité de nomeações, tal como os comités de remunerações e de controlo interno, são comités criados pelo conselho de administração (artigo 4 do *Codice di Condutta*) (cf. FERRARINI/PERUZZO/ROBERTI, *Corporate Boards in Italy*, in AAVV, *Boards* cit., p. 386; CHIAPPETTA, *Diritto del Governo Societario. La corporate governance delle società quotate*, Cedam, 2007, Verona, pp. 107 e 110).

[423] No ordenamento jurídico alemão, o § 107 (3) do AktG prevê que o conselho geral e de supervisão possa nomear comités deste conselho, fazendo depois referência expressa ao comité de auditoria ainda que o mesmo não seja obrigatório, pois tem-se considerado que o conselho geral e

delegação de poderes sobre esta matéria em determinados membros daquele órgão. Esta diferença do órgão "fonte" da delegação de poderes (que constitui a "comissão de nomeações") não é tanto uma especificidade estrutural deste comité, mas antes uma decorrência da diferente repartição estrutural de competências nos sistemas de governação monista e dualista.

Voltaremos a este tema em detalhe quando se abordar a constituição dos comités de nomeações.

5.2. Obrigatoriedade da consagração de um comité de nomeações?

I. O artigo 115º-B, nº 1, do RGICSF determina que as "instituições de crédito, atendendo à sua dimensão, organização interna, natureza, âmbito e à complexidade das suas actividades, *podem* criar um comité de nomeações, composto por membros do órgão de administração que não desempenhem funções executivas ou por membros do órgão de fiscalização".

A utilização do verbo "poder" parece transmitir a ideia de que as instituições de crédito têm a liberdade de criar o comité de nomeações. No entanto, uma interpretação conforme à Directiva 2013/36 (que assegure o integral respeito pela mesma) exige que, se a dimensão, organização interna, natureza, âmbito e a complexidade das actividades da instituição de crédito o justificar, estas têm o *dever* de criar um comité de nomeações. Com efeito, o artigo 88º, nº 2, da Directiva 2013/36 determina que os "Estados-Membros *asseguram* que as instituições de créditos significativas criem um comité de nomeações composto por membros do órgão de administração que não desempenhem funções executivas", estabelecendo que esse comité "*deve* ter as funções previstas nas várias alíneas do nº 2

---

de supervisão, como um todo, pode desempenhar a função do comité de auditoria (§ 107 (4) do AktG; artigo 4 (2) da Directiva 2006/43/CE; na doutrina, *vide* ROTH, *Corporate Boards in Germany*, in AAVV, *Corporate* cit., p. 301). A doutrina alemã considera, portanto, admissível a criação de comités de nomeação como comités especializados do conselho geral e de supervisão, exigindo-se uma deliberação deste órgão para esse efeito (cf. HABERSACK, in *Münchener Kommentar zum Aktiengesetz*, Band 2, 4 Auflage, Verlag C.H. Beck, 2014, § 107, Rdn. 106; MERTENS/CAHN, *Münchener Kommentar zum Aktiengesetz*, Band 2/2, 3 Auflage, Carl Heymanns Verlag, 2012, § 107, Rdn. 121). Por sua vez, o §§ 5.3.2 e 5.3.3 do Corporate Governance Kodex recomenda a criação, como comités do conselho geral e de supervisão, do comité de auditoria e do de remunerações (cf. KREMER, in RINGLEB/KREMER/LUTTER, *Deutscher Corporate Governance Kodex. Kommentar*, 5. Auflage, Verlag C.H. Beck, 2014, § 5, Rdn. 962; HAMBLOCH-GESINN/GESINN, in HÖLTERS, *Aktiengesetz*, Verlag C.H. Beck, 2. Auflage, 2014, § 107, Rdn. 113). De referir que todas as empresas cotadas no DAX 30 têm um comité de nomeações e cerca de 59% de todas as empresas cotadas na Alemanha têm um comité de nomeações (cf. WERDER/BARTZ, *Corporate Governance Report 2013*, in *Der Betrieb*, 2013, p. 889; KREMER, in RINGLEB/KREMER/LUTTER, *Deutscher* cit., § 5, Rdn. 962).

do artigo 88º". A utilização de expressões como "asseguram" e "deve" significa que os Estados-Membros têm de fixar regras que obriguem à criação do comité de nomeações com aquela composição e funções caso o seu direito interno não consagre essas normas[424].

II. Na Alemanha, o legislador aprovou, em Abril de 2014, alterações ao KWG (Kreditwesengesetz)[425], no sentido de impor às instituições de crédito significativas a criação de comités de remuneração, nomeações, auditoria e risco (§25d Abs. 7-12 do KWG), composto por membros do conselho geral e de supervisão[426].
Refira-se também que os guidelines do *Basel Committee on Banking Supervision* sobre princípios de *corporate governance* de bancos do ano de 2015 prevêem que os bancos devem ter um comité de nomeações ou um comité similar composto por um número suficiente de membros independentes, o qual é responsável por identificar e indicar candidatos para o cargo de membro do conselho de administração ou de outros órgãos[427].

III. Voltando ao direito português, salientamos, como nota final, que a competência para aferir da necessidade do comité de nomeações é, em primeira linha, da instituição de crédito mas está sujeita à sindicância do Banco de Portugal, o qual pode exigir a sua criação se considerar que a dimensão, organização, natureza e complexidade das actividades da instituição o exigem[428].

---

[424] Neste sentido, afirmando que existe uma obrigação legal das entidades de supervisão dos Estados-Membros de fixar a obrigação de criação dos referidos comités (incluindo o de nomeações) sempre que a instituição de crédito seja significativa atenta a sua natureza, dimensão e complexidade da sua actividade, *vide* GIESELER, *Der Aufsichtsrat* cit., p. 1328; LEYENS/SCHMIDT, *Corporate Governance durch Aktien-, Bankaufsichts- und Versicherungsaufsichtsrecht, – Ausgewählte Einflüsse, Impulse und Brüche –,* in AG, Heft 15, 2013, p. 541.
[425] Sobre o processo legislativo de aprovação, *vide* ROTH, *Corporate* cit., in AAVV, *Corporate* cit., p. 275; GIESELER, *Der Aufsichtsrat* cit., pp. 1328-1329.
[426] Os membros do comité têm de ter conhecimentos, qualidades e experiência para exercer as responsabilidades que lhes serão acometidas (cf. §25d Abs. 7 do KWG; GIESELER, *Der Aufsichtsrat* cit., p. 1330).
[427] Cf. Basel Committee on Banking Supervision, *Guidelines Corporate Governance Principles for banks,* disponível em http://www.bis.org/bcbs/publ/d328.pdf .
[428] Neste sentido, no direito alemão, afirmando ser uma competência do BaFin, *vide* expressamente o §25d Abs. 7 do KWG e, na doutrina, PLAGEMANN, *Der Aufsichtsratsausschuss für Integrität, Unternehmenskultur und Unternehmensreputation am Beispiel des Integritätsausschusses der Deutsche Bank AG,* in NGZ, 2013, p. 1295; GIESELER, *Der Aufsichtsrat* cit., p. 1328; LEYENS/SCHMIDT, *Corporate* cit., p. 541.

5.3. Constituição

I. Não há quaisquer normas legais transversais sobre as comissões de nomeações no ordenamento jurídico português, ao contrário do que se verifica em relação a outros comités como o de auditoria (artigos 423º-B e segs. do CSC) ou, num paralelo mais próximo, o de remunerações (artigos 399º e 429º do CSC).

O RGICSF também não fixou quaisquer regras específicas quanto à competência para a criação deste tipo de comissões. Com efeito, o artigo 115º-B do RGICSF refere apenas que as "instituições de crédito (...) podem criar um comité de nomeações composto por membros do órgão de administração", não especificando qual o órgão societário competente para o efeito, nem mesmo a sua natureza, nomeadamente se é um órgão autónomo ou se exerce funções delegadas de outro órgão.

Na ausência de disposições legais sobre esta matéria, impõe-se a pergunta: qual o órgão que tem competência para a criação deste tipo de comissões? Deverá ser aplicável, por analogia, o disposto nos artigos 399º e 429º do CSC? Ou, à semelhança de outros países, essa competência deve ser alargada a outros órgãos como o conselho de administração?

II. Julgo que a solução mais adequada é esta última, com excepção dos sistemas de governação dualista.

Em primeiro lugar, não há uma norma que atribua a competência sobre a constituição das comissões de nomeações à assembleia geral e, nessa medida, o conselho de administração, tendo uma competência decisória-executiva geral que inclui inclusivamente matérias atinentes à nomeação de administradores (artigo 406º b) e c) do CSC), tem poderes para a realização de grande parte das funções daquela comissão[429].

Em segundo lugar, e conforme se detalhará *infra*, o comité de nomeações é composto por membros do órgão de administração, o que sugere que o mesmo é uma emanação da vontade daquele órgão, uma comissão especializada no seio do conselho de administração, ainda que independente do mesmo (como o comprova o facto de os administradores não poderem ter funções executivas).

---

[429] Neste sentido, COUTINHO DE ABREU considera que, "se a competência atribuída aos comités não colidir com a de qualquer órgão necessário da sociedade, nada se opõe à admissibilidade dos mesmos" e, no caso do comité de nomeações, refere que "só excepcionalmente compete ao conselho de administração designar administradores: nos casos de substituição por cooptação (...)" e "atendendo a estas casos e às demais funções previstas na Recomendação *da Comissão Europeia*, nada impede a constituição de comités de nomeação" (cf. *Governação* cit., pp. 83 e 105, nota 266).

Em terceiro lugar, a *ratio* da atribuição imperativa da competência à assembleia geral ou a uma comissão por ela nomeada (artigo 339º do CSC) radica no objectivo de não permitir que os administradores, sendo os directamente interessados e estando claramente numa situação de conflito de interesses, tenham o poder de fixar a sua remuneração ou de definir os critérios para o seu cálculo, em particular quando uma parte da remuneração é variável. Nesta medida, o legislador considerou que o órgão competente nesta matéria deveria ser independente dos interesses dos administradores[430]. Tal *ratio* não se verifica nas comissões de nomeações. É verdade que a análise da comissão de nomeações pode redundar na necessidade de substituir alguns membros do conselho e que, ao pensar que o seu cargo pode estar em perigo, estes procurem nomear alguém da sua "confiança". Não obstante, a intensidade da potencialidade de conflito de interesses não é a mesma que a de uma comissão de remunerações e não justifica a atribuição de competência à assembleia geral[431]. Prova disso é que aquele órgão tem competência sobre algumas matérias de nomeação: cooptação de administradores (artigo 406º b) do CSC) ou escolha do presidente do conselho (artigo 406º a) CSC). Por fim, e de um ponto de vista da boa governação societária, há alguns argumentos importantes no sentido da atribuição da competência ao conselho de administração. Os administradores têm, em princípio, um conhecimento profundo da actividade da empresa, da área de negócio em que opera, dos seus pontos fracos e fortes e da sua concorrência no mercado, o que faz deles uma peça importante e não dispensável na análise dos critérios de selecção de novos administradores, dos critérios de "sucessão" (sobretudo em empresas de matriz mais familiar) e da identificação de sectores em que o conselho pode necessitar de maior experiência, conhecimentos técnicos ou energia para a tomada das suas decisões[432]. O importante é não permitir um excesso de influência dos administradores e, em particular do presidente do conselho de administração executivo, no desempenho das funções da comissão de nomeações[433]. Este objectivo deve ser logrado através dos requisitos de independência dos membros do comité de nomeações e, segundo alguns, através da não presença de administradores nos mesmos, permitindo-lhes apenas ter o poder de escolha daquela comissão e elaboração do seu regulamento.

---

[430] Cf. COUTINHO DE ABREU, *Governação* cit., p. 83.
[431] Isso não significa que não haja uma potencialidade de conflito de interesses. As medidas para as prevenir é que não passam pela atribuição de competência à assembleia geral mas antes por, nomeadamente, a maioria dos seus membros da comissão ser independente.
[432] Cf. STILES, *Board* cit., p. 188.
[433] Cf. STILES, *Board* cit., p. 188.

Refira-se que esta é a solução expressamente consagrada na Alemanha no KWG, em que o comité de nomeações é constituído pelo órgão de administração ou de fiscalização dependendo do modelo de administração adoptado (§25d Abs. 7 do KWG)[434].

III. Assim em suma, nas sociedades com modelo clássico e modelo monística, a competência para a constituição é do conselho de administração das instituições de crédito, salvo cláusula estatutária em contrária. A admissibilidade da sua constituição e a correspectiva competência funda-se na norma expressa do RGICSF e no exercício da faculdade do conselho encarregar especialmente algum ou alguns administradores de se ocuparem de certas matérias de administração (artigo 407º, nº 1, do CSC e artigo 115º-B, nº 1, do RGICSF)[435]. O conselho pode, portanto, criar comissões especializadas sobre determinadas matérias, incluindo a nomeação de administradores. Foi aliás ao abrigo deste poder de delegação que, conforme se explanou em 1. *supra*, se constituíram os primeiros comités do conselho que hoje adquiriram uma importância fulcral no *corporate governance*, como é o caso do comité de auditoria, o de remunerações e mais recentemente o de nomeações.

5.4. Composição

I. Quanto à composição do comité de nomeações, o artigo 115º-B, nº 1, do RGICSF permite expressamente que o mesmo seja composto por membros do órgão de fiscalização ou do órgão de administração, desde que, neste caso, não desempenhem funções executivas. Esta é uma inovação face à directiva e ao direito interno, pois os comités de nomeações são normalmente só compostos por membros do órgão de administração sem funções executivas.

Em termos de número mínimo de membros, e apesar de a lei nada fixar, é necessário um mínimo de dois membros.

Não se fixam quaisquer critérios de independência, o que (apesar de replicar a Directiva) não segue as melhores práticas de *governance*. O legislador nacional perdeu uma excelente oportunidade para melhorar o *governance* bancário, no qual a relação de fidúcia entre cliente e banco é fundamental. Temos de reconhecer que há algum critério de independência quando se exige que os membros do comité que sejam administradores não tenham funções executivas, mas é muito

---

[434] Cf. GIESELER, *Der Aufsichtsrat* cit., p. 1330; PLAGEMANN, *Der Aufsichtsratsausschuss* cit., p. 1295.
[435] Neste sentido, *vide* MENEZES CORDEIRO, *Artigo 407º*, in MENEZES CORDEIRO (coord.), *Código das Sociedades Comerciais Anotado*, Almedina, 2009, p. 992; PAULO CÂMARA, *O governo das sociedades em Portugal: Uma introdução*, in Cad.MVM nº 12, 2001, p. 49.

curto para o que seria exigível para o sector bancário. A relação de fidúcia assim o exigiria.

II. Se procurarmos constar quais as soluções seguidas nos demais países da UE, verificamos que a composição da comissão de nomeações varia muito de país para país. Nalguns ordenamentos jurídicos, estabelece-se um número mínimo de membros, noutros fixa-se um número mínimo de independentes e noutros não há quaisquer regras.

Na Recomendação de 2005, a Comissão sugeria que o comité de nomeações tivesse, no mínimo, três membros (ou dois em casos excepcionais[436]) e ser composto, pelo menos, por uma maioria de administradores não executivos[437] independentes[438]. Estranhamente, a Directiva 2013/36 não fixa quaisquer exigências em termos de independência. Não se percebe que, numa instituição de crédito em que a independência e objectividade da gestão e escolha dos gestores são fundamentais para assegurar a relação de fidúcia entre cliente e banco, não haja quaisquer regras sobre independência dos membros do comité de nomeações. A estranheza é ainda maior tendo em conta que os guidelines do Comité de Basileia de Supervisão Bancária sobre princípios de *corporate governance* de bancos do ano de 2015 prevêem que os bancos devem ter um comité de nomeações ou um comité similar composto por um *número suficiente de membros independentes*[439].

Em contraste, nos Estados Unidos, as regras de admissão à negociação da NYSE exigem que todos os membros do comité de nomeações, incluindo instituições financeiras, sejam independentes[440], sendo que o conceito de independência é mais exigente que o estabelecido na Recomendação 2005[441]. No próprio Reino Unido, o *Code 2012*, aplicável a instituições financeiras, não fixa um número mínimo de membros mas exige que a maioria dos membros sejam administradores não executivos independentes (B.2.1 do Code 2012)[442]. Admite-

---

[436] Vide Anexo I, nº 1.1 (cf. DAVIES/HOPT/NOWAK/SOLINGE, Boards cit., p. 25).

[437] Os nºs 2.3 e 2.4 da Recomendação 2005 definem administrador não executivo como o administrador não encarregado da gestão corrente da sociedade.

[438] Cf. Anexo I, nº 2. Relativamente ao comité de remuneração e de auditoria, a Recomendação 2005 sugeria que todos os membros fossem administradores não executivos e, pelo menos, a maioria independentes (Anexo I, nºs 3.1.2. e 4.1.).

[439] Cf. Parágrafo 54 dos guidelines do Basel Committee on Banking Supervision, *Guidelines Corporate Governance Principles for banks*, disponível em http://www.bis.org/bcbs/publ/d328.pdf .

[440] Cf. § 303A.04 NYSE Listed Company Manual (cf. BRAINBRIDGE, *Corporate* cit., p. 85).

[441] O conceito de independente "exclui os "officers" e quase todos os "*directors* com relações com a sociedade" (cf. BROWN/CASEY, *Corporate Governance: Cases and Materials*, LexisNexis, 2011, p. 125).

[442] Cf. MALLIN, *Corporate* cit., p. 176.

-se ainda que a presidência do comité possa ser ocupada pelo presidente do conselho de administração ou por um administrador não executivo independente[443].

Na Alemanha, o *Deutscher Corporate Governance Kodex* não fixa um número mínimo de membros do comité de nomeações[444] nem exige que os mesmos sejam independentes[445]. O referido código apenas prevê que o comité de nomeações seja composto exclusivamente por representantes dos accionistas, uma vez que a proposta de candidatos para o conselho geral e de supervisão apresentada por esse comité diz respeito exclusivamente à eleição dos representantes dos accionistas e não dos trabalhadores[446]. Já, na legislação bancária, o Kreditwesengesetz apenas exige que os membros do comité de nomeações sejam membros do órgão de administração ou do órgão de fiscalização e que tenham os necessários conhe-

---

[443] Em qualquer caso, o *Code 2010* determina que se deve assegurar que o presidente do conselho de administração não presida ao comité de nomeações quando o mesmo lidar com o processo de selecção do seu sucessor. Assim, como salienta PAUL DAVIES, um comité com 5 pessoas, incluindo o *chairman* e o *CEO*, cumpre as recomendações do *Code 2012*, o que significa que se "considera que os conflitos de interesses dos executivos nas nomeações do conselho de administração são menores do que no comité de auditoria ou remuneração e/ou que a necessidade de assegurar administradores que sejam reais tanto como independentes justifica o maior *input* dos executivos neste comité" (cf. *Corporate* cit., *in* AAVV, *Boards* cit., p. 736).

[444] Na doutrina, é possível encontrar diferentes posições sobre este tema. HABERSACK defende que, tendo o comité de nomeações competência decisória-executiva, devem ser compostos por, pelo menos, 3 membros (cf. *in Münchener* cit., § 107, Rdn. 108). Por sua vez, KREMER limita-se a sustentar que, "idealmente", o comité deverá ter 3 ou 4 membros (cf. *in* RINGLEB/KREMER/LUTTER, *Deutscher* cit., § 5, Rdn. 966; num sentido similar, *vide* WERDER/WIECZOREK, *Anforderungen* cit., p. 302; LEUBE/WIECZOREK, *Kompetenzorientierte Auswahl von Aufsichtsratsmitgliedern, in Der Aufsichtsrat*, Heft 3/2008, p. 38). HAMBLOCH-GESINN/GESINN afirmam que o conselho geral e de supervisão tem o poder de fixar com discricionariedade o número de membros do comité ainda que reconheçam que o mesmo deveria ser composto por, pelo menos, 3 membros (cf. *in* HÖLTERS, *Aktiengesetz* cit., § 107, Rdn. 114; no mesmo sentido, *vide* MEDER, *Der Nominierungsausschuss in der AG – Zur Änderung des Deutschen Corporate Governance Kodex 2007, in* ZIP, 2007, p. 1541).

[445] Na ausência de norma sobre o número de independentes, a maioria da doutrina defende que o comité de nomeações pode não ter qualquer membro independente, não existindo um número mínimo que tenha de ser observado (neste sentido, *vide* HABERSACK, *in Münchener* cit., § 107, Rdn. 108; KREMER, *in* RINGLEB/KREMER/LUTTER, *Deutscher* cit., § 5, Rdn. 966; igualmente neste sentido, mas afirmando que, "idealmente, o comité deveria ter uma maioria de membros independentes, *vide* HAMBLOCH-GESINN/GESINN, *in* HÖLTERS, *Aktiengesetz* cit., § 107, Rdn. 114; contra, defendendo que o comité de nomeações deve ter uma maioria de membros independentes, *vide* LEUBE/WIECZOREK, *Kompetenzorientierte* cit., p. 37). O §25d Abs. 11 da KWG não fixou regra específica sobre este ponto, pelo que as considerações gerais *supra* são também válidas para este preceito.

[446] Cf. ROTH, *Corporate* cit., *in* AAVV, *Boards* cit., p. 302. Ainda assim o mesmo autor reconhece que, de acordo com a doutrina dos "mesmos direitos, mesmos deveres" aplicada à representação dos trabalhadores nos conselhos gerais de supervisão, o Tribunal Federal da Alemanha exige, por norma, uma representação adequada nos comités (cf. Bundesgerichtshof, 17 Maio 1993, II ZR89/92, BGHZ 122, p. 355).

cimentos, capacidade e experiência para o exercício das suas funções (25d Abs. 7 do KWG)[447].

5.5. Competências

I. Em matéria de competências do comité de nomeações, a primeira nota a realçar é que elas se dirigem, a nível subjectivo, ao órgão de administração (conforme exigido pela Directiva 2013/36) e também ao órgão de fiscalização.
Esta solução vai mais longe do que a solução adoptada na Alemanha (cujo §25d Abs. 7-12 do KWG abrange o órgão administração e o conselho geral e de supervisão) e alarga a competência do comité de nomeações aos vários órgãos de governo societário. Ou seja, as funções do comité de nomeações previstas no artigo 115º-B, nº 2, do RGICSF abrangem, para além do órgão de administração, o conselho fiscal, o conselho geral e de supervisão, a comissão de auditoria e o revisor oficial de contas.

II. Analisando o leque das competências elencadas nas várias alíneas do artigo 115º-B, nº 2, do RGICSF e comparando-o com a Directiva 2013/36, constatamos que o legislador nacional se limitou a reproduzir as disposições comunitárias[448], salientando-se apenas que, enquanto a Directiva exige que a recomendação dos candidatos a vagas seja "para aprovação pelo órgão de administração ou pela assembleia geral", o RGICSF basta-se com a recomendação dos candidatos não especificando a quem a mesma se deve dirigir.
Considero que a mera recomendação interna dirigida ao órgão societário em causa menoriza a recomendação do comité, torna-a mais permeável a influências externas (e.g. accionistas e administradores), pelo que se justifica que o Banco

---

[447] Cf. GIESELER, *Der Aufsichtsrat* cit., p. 1330.
[448] É uma solução similar à adoptada no ordenamento jurídico alemão, em que o caso do comité de nomeações tem como competências: (i) a identificação dos candidatos para preencher vagas e para a eleição de membros do conselho de administração e conselho geral e de supervisão, tendo em consideração um equilíbrio e diversidade de conhecimentos, qualidades e experiência de todos os candidatos; (ii) aumentar a representação do sexo sub-representado naqueles órgãos e a estratégia para o conseguir; (iii) avaliação regular (no mínimo, uma vez ao ano) da estrutura, dimensão, composição e performance do conselho de administração e conselho geral e de supervisão; (iv) avaliação regular (no mínimo, uma vez ao ano) dos conhecimentos, qualidades e experiência de cada administrador e membro do conselho geral e de supervisão, bem como do órgão como um todo; (v) análise dos princípios de gestão adoptados para a selecção de pessoas com funções de direcção e recomendação ao conselho sobre esta matéria (cf. ROTH, *Corporate* cit., *in* AAVV, *Corporate* cit., p. 275; GIESELER, *Der Aufsichtsrat* cit., p. 1330).

de Portugal tenha o poder de exigir a divulgação dos candidatos recomendados para os vários órgãos[449]. A mera recomendação interna ao nível do conselho sem qualquer repercussão externa ao nível accionista global (e não apenas no circuito fechado dos accionistas controladores ou qualificados) poderá ser insuficiente para dar maior relevância ao trabalho da comissão de nomeações[450]. Assim, o escrutínio dos candidatos será mais verdadeiro e permitirá expor alguma influência nas recomendações apresentadas. Se dúvidas houvesse quanto à inépcia e irrelevância das recomendações internas, os recentes casos públicos revelaram que, apesar de as instituições de crédito terem comités de nomeações, nem as suas propostas (se existiram) nem tampouco a sua existência (enquanto comité) foi referida ou tida em conta nos processos decisórios de nomeação dos administradores. Exigia-se mais do regulador neste particular, mas espera-se que a regulamentação que seja implementada em execução das alterações introduzidas no RGICSF possa obrigar à divulgação das recomendações e ao trabalho realizado pelo comité de nomeações.

Vejamos agora mais em detalhe cada uma das competências previstas nas diversas alíneas do nº 2 do artigo 115º-B do RGICSF.

III. A alínea a) consagra a principal função atribuída à comissão de nomeações que é a de identificar e recomendar os candidatos ao preenchimento de vagas que surjam no conselho de administração (seja em virtude cooptação ou, menos frequente, das eleições para um novo mandato)[451].

---

[449] Infelizmente, as recomendações do Comité de Basileia prevêem que as indicações do comité de nomeações se dirijam apenas ao órgão de administração (cf. parágrafo 77 dos guidelines do Basel Committee on Banking Supervision, *Guidelines Corporate Governance Principles for banks*, disponível em http://www.bis.org/bcbs/publ/d328.pdf).

[450] Nos Estados Unidos, a SEC exige, desde 2003, (i) a divulgação da política do comité sobre as recomendações accionistas para os candidatos a administrador, (ii) uma descrição dos procedimentos a serem observados pelos accionistas ao submeterem as suas recomendações, (iii) se o comité recebeu alguma recomendação de candidato por um accionista ou grupo de accionistas titulares de 5% das acções nos 120 dias anteriores ao *proxy statement* e (iv) se o comité acolheu essa proposta (cf. MURPHY, *The nominating* cit., p. 133). No Reino Unido, o Code, passou a exigir desde 2012, a divulgação, no relatório anual de *corporate governance*, do trabalho do comité de nomeações e, em particular, da política adoptada em matéria de diversidade do conselho (nomeadamente género). Esta exigência é aplicável às instituições financeiras.

[451] *Vide*, no mesmo sentido, na Alemanha, o §25d Abs. 11 Nr. 1 do KWG (cf. ROTH, *Corporate* cit., in AAVV, *Corporate* cit., p. 275; GIESELER, *Der Aufsichtsrat* cit., p. 1330). *Vide* Recomendação 2005, Anexo 2.2.; § 303A.04 NYSE Listed Company Manual; 4350(c) NASDAQ Market Place Rule; Recommendation B.2.1 do UK Corporate Governance Code (cf. BRAINBRIDGE, *Corporate* cit., pp. 84-85; STILES, *Board* cit., p. 187; DAVIES/HOPT, *Boards in Europe – Accountability and Convergence*, Law Working Paper nº 205/2013, April 2013, p. 29; DAVIES/HOPT/NOWAK/SOLINGE, *Boards in Law and Practice: A cross-country analysis in Europe*, in AAVV, *Corporate Boards in Law and Practice. A compara-

Ainda no âmbito desta função, assume particular relevo a coordenação e preparação da sucessão do *CEO*[452] Esta tarefa é particularmente importante em empresas em que a liderança executiva assume um papel mais preponderante, como é o caso das empresas do sector tecnológico ou as situações de sucessão familiar[453], em que o fundador da empresa responsável pela gestão executiva prepara a transição da gestão a nível familiar[454].

IV. A alínea a) do n.º 2 do artigo 115.º-B do RGICSF prevê também, como competências para o comité de nomeações das instituições de crédito, a avaliação global da composição daqueles órgãos – em termos de conhecimentos, competências, diversidade e experiência e a elaboração de um "perfil" do "candidato adequado" com uma descrição das funções e qualificações para os cargos e o tempo que deverá ser dedicado à função.

---

tive analysis in Europe, Oxford University Press, 2013, p. 25). Na Alemanha, o § 5.3.3 do Corporate Governance Kode, atribui como competência ao comité de nomeação a proposta de candidatos adequados para o conselho geral e de supervisão para que este os recomenda à assembleia geral para eleição (cf. Habersack, *in Münchener* cit., § 107, Rdn. 107; Kremer, *in* Ringleb/Kremer/Lutter, *Deutscher* cit., Rdn. 964; Hambloch-Gesinn/Gesinn, *in* Hölters, *Aktiengesetz* cit., § 107, Rdn. 113; Roth, *Corporate* cit., *in* AAVV, *Corporate* cit., p. 303). No Reino Unido, o Code 2012 recomenda que exista um *nomination committee* que lidere o processo de designação de membros do conselho de administração e que faça recomendações ao conselho (cf. para. B.2.1; Mallin, *Corporate* cit., p. 176).

[452] Cf. Murphy, *The nominating* cit., p. 133. No Reino Unido, o Code 2010 recomenda-se que, caso esteja em causa o processo de substituição do *chairman*, o mesmo não deve presidir à reunião (cf. para. B.2.1; Davies, *Corporate Boards in United Kingdom*, *in* AAVV, *Boards* cit., p. 736).

[453] No direito norte-americano, *vide* Brainbridge, *Corporate* cit., p. 85; no direito alemão, *vide* Meder, *Der Nominnierungsausschuss* cit., p. 1528; Lieder, *The German Supervisory Board on its way to professionalism*, *in* German Law Journal, vol. 11, 2012, p. 141. A sucessão do CEO é considerada uma tarefa crítica do conselho e que deve estar adequadamente tratada, nomeadamente por comités especializados. O caso da MacDonald's é dado como exemplar, na medida em que teve, no espaço de 18 meses, de substituir dois CEOs que faleceram por ataque cardíaco e cancro e, em qualquer dos casos, tinham sempre um candidato identificado para a sucessão (cf. Lorsch, *Board Challenges 2009*, *in* Sun/Stewart/Pollard (ed.), *Corporate Governance and the Financial Crisis. International Perspectives*, Cambridge University Press, 2012, p. 182).

[454] Larcker e Tayan salientam que os estudos e inquéritos realizados revelam que a maioria dos conselhos de administração não estão preparados para o processo de sucessão do CEO e das posições mais importantes de gestão (cf. *CEO Succession Planning: Who's behind door number one?*, *in* Rock Center for Corporate Governance at Stanford University Closer Look Series: Topics, Issues and Controversies in Corporate Governance, n.º CGRP-05). Por isso, no Spencer Stuart UK Board Index de 2011, Will Dawkins referia que a sucessão do *chairman* não é normalmente discutida nas reuniões do conselho de administração porque "há poucos mecanismos formais para tratar deste assunto para além da revisão anual do *chairman* com o administrador independente sénior".

Com efeito, uma das funções mais importantes do comité de nomeações é esta avaliação do equilíbrio/balanceamento das capacidades, conhecimentos, experiência e diversidade do conselho como um todo e identificar quais os pontos que devem ser reforçados para a melhoria do mesmo, elaborando o perfil de candidato que pode trazer valor acrescentado à gestão da sociedade[455].

V. Passando à alínea b) do nº 2 do artigo 115º-B do RGICSF, esta aborda um dos temas mais em voga e importantes do nosso tempo: a igualdade de género. A alínea estabelece, como competência do comité de nomeações, a fixação de objectivos para representação de género nos órgãos de administração e fiscalização e a elaboração de uma política destinada ao aumento da representatividade do género sub-representado nos mesmos[456].

O nº 5 do artigo 115º-B do RGICSF estabelece ainda que o objectivo e a política para a representação do género sub-representado referidos na alínea b) do nº 2 do artigo 435º do Regulamento (EU) nº 575/2013, do Parlamento Europeu e do Conselho, de 26 de junho, bem como a respectiva aplicação, são publicados nos termos da alínea c) do nº 2 desse mesmo artigo.

VI. Quanto às alíneas c) e d), elas prevêem como competências do comité de nomeações, por um lado, uma avaliação estrutural daqueles órgãos (no mínimo uma vez ao ano) – é avaliada a estrutura, dimensão, composição e desempenho dos mesmos, formulando-se recomendações sempre que se considere que se justifica alguma alteração (al. c), e, por outro lado, uma avaliação individual dos membros e conjunta dos órgãos de administração e fiscalização (no mínimo uma vez ao ano) – são avaliados os conhecimentos, as competências e a experiência de cada um dos membros e dos órgãos no seu conjunto, sendo-lhes comunicado os respectivos resultados (al. d).

---

[455] *Vide*, na Alemanha, o §25d Abs. 11 Nr. 2 do KWG (cf. ROTH, *Corporate* cit., *in* AAVV, *Corporate* cit., p. 275; GIESELER, *Der Aufsichtsrat* cit., p. 1330).

[456] *Vide*, no mesmo sentido, na Alemanha, o §25d Abs. 11 Nr. 3 do KWG (cf. ROTH, *Corporate* cit., *in* AAVV, *Corporate* cit., p. 275; GIESELER, *Der Aufsichtsrat* cit., p. 1330). Igualmente a Recomendação 2005, Anexo 2.2. Os conselhos de administração das sociedades cotadas na NYSE têm de realizar anualmente uma auto-avaliação da *performance* do conselho de administração, a qual é supervisionada pelo *nomination committee* (cf. STILES, *Board* cit., p. 189). Identificando igualmente esta função como relevante para os comités de nomeações à luz do direito alemão, *vide* KREMER, *in* RINGLEB/KREMER/LUTTER, *Deutscher* cit., Rdn. 964; WERDER/WIECZOREK, *Anforderungen an Aufsichtsratmitglieder und ihre Nominierung*, *in* DB, 2007, pp. 302-303.

Recorde-se que a função de avaliar periodicamente a estrutura, dimensão e composição do conselho de administração[457] (nomeadamente o *rácio* e número de administradores executivos e não executivos[458]) é uma das funções mais relevantes dos comités de nomeações das sociedades cotadas. O mesmo se diga, ainda que com menos frequência, quanto à competência de analisar o desempenho dos administradores e de directores ou outros quadros superiores, com reflexo na remuneração final auferida pelos mesmos[459], ou de negociar os termos do contrato com o novo *CEO* ou da compensação a atribuir ao *CEO* ou administrador que se pretenda dispensar[460].

VII. A fechar o leque de competências do comité de nomeações, a alínea e) prevê a revisão periódica da política do órgão de administração em matéria de selecção e nomeação da direcção de topo, formulando recomendações. Novamente, o papel da comissão de nomeações terá de ser consultivo e dirigir-se ao conselho de administração[461].

VIII. Numa análise global, e à semelhança da Directiva, consideramos que há alguma sobreposição das diferentes alíneas mas destaca-se uma visão alargada das competências do comité de nomeações ao incluir-se a avaliação periódica, individual e conjunta dos órgãos e dos seus membros, o que é de salutar. Seria importante que fosse obrigatória a criação de um regulamento interno da comissão de nomeações[462].

---

[457] *Vide*, no mesmo sentido, na Alemanha, o §25d Abs. 11 Nr. 3 do KWG (cf. Roth, *Corporate* cit., in AAVV, *Corporate* cit., p. 275; Gieseler, *Der Aufsichtsrat* cit., p. 1330). Igualmente a Recomendação 2005, Anexo 2.2. Os conselhos de administração das sociedades cotadas na NYSE têm de realizar anualmente uma auto-avaliação da *performance* do conselho de administração, a qual é supervisionada pelo *nomination committee* (cf. Stiles, *Board* cit., p. 189). Identificando igualmente esta função como relevante para os comités de nomeações à luz do direito alemão, *vide* Kremer, *in* Ringleb/Kremer/Lutter, *Deutscher* cit., Rdn. 964; Werder/Wieczorek, *Anforderungen an Aufsichtsratmitglieder und ihre Nominierung, in* DB, 2007, pp. 302-303.
[458] Cf. Bullet 1 da Box 2.2. da *Action list for deciding board composition* dos guidelines que se encontram no *Standard for the Board (2006)* publicados pelo *Institute of Directors (IoD)*.
[459] Cf. § 303A.04 NYSE Listed Company Manual (cf. Brainbridge, *Corporate* cit., p. 85; Stiles, *Board* cit., p. 188).
[460] Cf. Brainbridge, *Corporate* cit., p. 85.
[461] Neste sentido, no direito alemão quanto à nomeação dos cargos superiores de gestão, *vide* Roth, *Information und Organisation des Aufsichtsrats, in* ZGR, 2012, p. 359. No mesmo sentido, as recomendações do Comité de Basileia (cf. parágrafo 77 dos guidelines do Basel Committee on Banking Supervision, *Guidelines Corporate Governance Principles for banks*, disponível em http://www.bis.org/bcbs/publ/d328.pdf).
[462] Este deverá prever, entre outros, os critérios de selecção para o cargo de administrador e de avaliação do conselho e *management*, bem como a estrutura da comissão, critérios de qualificação

5.6. Interferência?/Independência?

I. Uma última nota para o artigo 115.-B, nº 3, do RGICSF, que prevê que, no exercício das suas funções, o comité de nomeações deve procurar evitar que a tomada de decisões do órgão de administração seja dominada por um qualquer indivíduo ou pequeno grupo de indivíduos em detrimento dos interesses da instituição de crédito no seu conjunto.

O legislador nacional seguiu muito de perto a Directiva 2013/36 e também os princípios e recomendações do Comité de Basileia, nomeadamente o seu princípio 77[463]. Em relação à Directiva 2013/36, a diferença verbal de "deve ter sempre em conta, tanto quanto possível" para "procurar evitar" não me parece ser relevante. No entanto, e à semelhança da Directiva comunitária, fica a questão: qual a relevância prática deste princípio ou norma programática?

Desde logo não se percebe como pode o comité de nomeações evitar a tomada de decisões do órgão de administração... Só de forma muito indirecta alertando, através das avaliações periódicas e recomendações, que o órgão de administração está "capturado" por um indivíduo (e.g. accionista ou administrador) ou grupo de indivíduos e suscitar a intervenção do regulador, o qual tem um poder "real" de evitar a tomada de decisões do órgão de administração através, por exemplo, da retirada da idoneidade dos seus membros. O legislador nacional poderia ter sido mais audaz (sobretudo após os casos públicos recentes) e atribuir poderes mais actuantes ao comité de nomeações, nomeadamente quando há "coincidência" entre interesses de accionistas específicos e de administradores e em que é mais difícil assegurar a prossecução do interesse da instituição. Os casos de conflitos de interesses ou de abuso de posições de maioria são de tal forma relevantes nas instituições de crédito que uma mera recomendação nos parece ser insuficiente.

---

dos seus membros, a sua nomeação e destituição (*vide*, no direito norte-americano, GUERRA MARTÍN, *El gobierno* cit., p. 411).
[463] Cf. Parágrafo 77 dos guidelines do Basel Committee on Banking Supervision, *Guidelines Corporate Governance Principles for banks*, disponível em http://www.bis.org/bcbs/publ/d328.pdf.

CAPÍTULO VI

O GOVERNO DOS GRUPOS BANCÁRIOS

Ana Perestrelo de Oliveira

1. O que há de diferente e especial no governo dos grupos bancários?[464] A pergunta tem um duplo alcance, reportando-se às especificidades do governo dos *grupos* bancários por confronto com o governo dos bancos em geral, mas também às particularidades dos grupos *bancários* no contexto do governo dos grupos. Do cruzamento das preocupações gerais da *corporate governance* com as preocupações especiais do direito dos grupos[465] e do direito bancário resultará um sistema próprio de governo dos grupos bancários[466]. Não podemos, é certo, falar num sistema autónomo, uma vez que são as preocupações gerais de alinhamento de interesses conflituantes que se encontram em jogo, mas estas alcançam uma intensidade sem paralelo noutros quadrantes. Aos perigos gerais inerentes ao governo da sociedade, e aos perigos próprios dos conflitos de interesses siste-

---

[464] A este respeito, veja-se a pergunta paralela – *"What is special about banks and bank governance?"* – feita por Klaus Hopt, *Better governance of financial institutions* (abril 2013), *Corporate Governance of Banks and Other Financial Institutions After the Financial Crisis,* Journal of Corporate Law Studies 13 Part 2 (2013) 219-253 (Part B), *Corporate Governance of Banks after the Financial Crisis,* em E. Wymeersch/K. J. Hopt/G. Ferrarini (eds.), *Financial Regulation and Supervision, A post-crisis analysis,* Oxford University Press 2012, 337-367 (Part A) ECGI – Law Working Paper Nº 207.
[465] Cf., sobre estas, o que escrevemos em Ana Perestrelo de Oliveira, *Grupos de sociedades e deveres de lealdade. Por um critério unitário de solução do "conflito do grupo",* Coimbra, 2012, *passim.*
[466] Cf. Binder, *Interne Corporate Governance im Bankkonzern,* em Hopt/Wohlmannstetter, *Handbuch Corporate Governance von Banken,* München, 2011, 711 e 712, sublinhando que a *corporate governance* interna dos bancos é uma combinação de regras gerais de grupos e de regras de supervisão bancária, tendo em conta os interesses públicos dos investidores e depositantes e a proteção da estabilidade do sistema.

máticos e multidirecionais de qualquer grupo[467], vêm somar-se os perigos específicos da atividade bancária, simétricos da necessidade de tutela dos clientes bancários – depositantes e investidores – e do sistema bancário em si[468].

São diversas as categorias de conflitos suscetíveis de surgir no grupo bancário, entendido este como um conjunto de instituições de crédito sujeitas a uma direção económica unitária, seja *de jure* (grupo de direito)[469], seja em termos meramente fácticos (grupo de facto). Pensamos fundamentalmente nos grupos compostos por bancos[470], mas as preocupações específicas da *corporate governance* dos grupos bancários não são, na essência, diversas nos grupos financeiros que incluem entidades não bancárias (grupos financeiros mistos ou conglomerados

---

[467] E não ocasionais ou acidentais : *v.g.*, TOMBARI, *Gruppi e diritto societario: profili metodologici, individuazione del problema e techniche di riconstruzione della disciplina*, em *I gruppi di società. Atti del convegno internazionale di studi, Venezia, 16-17-18 novembre 1995*, vol. II, Milano, 19962217-2236 (2224); MARINO BIN, *Il conflitto d'interessi nei gruppi di società*, CI ano 9, 1993, 879-890 (879); PATRONI GRIFFI, *Fiduciary duties e gruppi di società*, GiurCom 21.5, set.-out. 1994, 886-914 (886). Cf., em geral sobre o governo dos grupos, JOSÉ FERREIRA GOMES, *O governo dos grupos de sociedades*, em *O governo das organizações. A vocacção universal do corporate governance*, Coimbra, 2011, 125-166.

[468] Sobre os interesses conflituantes que condicionam o governo dos bancos em geral, cf. SOFIA LEITE BORGES, *O governo dos bancos*, em *O governo das organizações* cit., 261-317 (274 ss.).

[469] O conceito de grupos de direito no Regime Geral das Instituições de Crédito (RGIC) é equivalente ao conceito do Código das Sociedades Comerciais (CSC) para o qual remete, embora o âmbito de aplicação espacial não fique sujeito às restrições gerais do artigo 481º do CSC. Assim, nos termos do artigo 2º-A, *jj*) do RGIC, "sociedades em relação de grupo, sociedades coligadas entre si nos termos em que o Código das Sociedades Comerciais caracteriza este tipo de relação, independentemente de as respetivas sedes se situarem em Portugal ou no estrangeiro". Serão, pois, modalidades de relação de grupo os grupos constituídos por domínio total (artigos 488º e 489º), por contrato de subordinação (artigo 493º) e por contrato de grupo paritário (artigo 492º). Todas as demais situações em que surja uma direção económica unitária mas que não assente na detenção de participação totalitária ou num dos contratos referidos serão grupos de facto, não dispondo de regime legal de tutela dos interesses em jogo. À luz do CSC, configurarão normalmente relações de domínio (artigo 486º) e não beneficiarão de regras especiais de proteção.

[470] Sobre as implicações mais amplas do fenómeno dos grupos bancários, cf. PAULO CÂMARA, *O governo dos grupos bancários*, em *Estudos de Direito Bancário, Estudos de Direito Bancário*, Coimbra, 1999, 111-205 (113), chamando também a atenção para o fator de complexidade adicional constituído pelas ligações societárias da banca no tecido empresarial: o tema "relaciona-se, a montante, com o regime das participações na banca, e, a jusante, com as regras das participações de sociedades noutras sociedades, bancárias ou não". Como também sublinha o Autor (p. 115), a expressão grupo bancário constituiu uma metonímia: "em virtude do princípio da banca universal, o estudo do regime das sociedades bancárias coligadas não pode limitar-se ao desenvolvimento que por estas seja empreendido da actividade bancária tradicional: o exercício de outras actividades financeiras, designadamente na área da intermediação em valores mobiliários, há-de merecer pelo menos idêntica atenção". A este respeito, deve lembrar-se as limitações à detenção de participações pelos bancos (artigo 101º do RGIC) e as exigências relativas à detenção de participações qualificadas em bancos (artigos 102º ss. do RGIC).

financeiros)[471], sem prejuízo de se adensarem as dificuldades regulatórias e de supervisão: estruturalmente, são semelhantes as tipologias dos conflitos de interesses relevantes e dos riscos envolvidos (*maxime*, os riscos de opacidade e sistémicos).

A importância do estudo da matéria assume-se perante o reconhecimento do desfasamento do tradicional direito das sociedades em face da realidade da empresa bancária multissocietária (muitas vezes multinacional), com necessidade de repensar os mecanismos legais clássicos, a que acresce o imperativo de incorporar as regras e preocupações do direito bancário nesta área: os interesses dos depositantes e demais clientes, bem como os interesses do sistema bancário e económico em geral, ganham uma primazia que acarreta dificuldades especiais. Não é necessário, neste contexto, desenvolver as especialidades do governo dos bancos perante os riscos próprios da atividade bancária, aliás suficientemente evidenciadas no conjunto dos outros escritos que integram esta obra[472]. Procuremos, antes, sistematizar os conflitos de interesses próprios dos grupos bancários.

2. Em primeiro lugar, encontramos conflitos entre a *holding* e a(s) subsidiária(s): se é transversal a todos os grupos a tensão entre o "interesse do grupo" e os interesses individuais das várias sociedades situadas num escalão inferior da hierarquia do grupo, as quais se tornam "sociedades de soberania limitada"[473], no caso dos grupos bancários, o impacto do conflito é agravado em virtude do interesse público (económico e social) da subsidiária, que se encontra ao serviço não só (ou não tanto) dos seus acionistas mas também e fundamentalmente dos *stakeholders* (credores, clientes) que assumem papel decisivo no governo societário dos bancos. Situamo-nos, aqui, plenamente no âmbito da denominada *stakeholder society*, em que os interesses a tutelar na gestão societária (bancária) não são os dos acionistas mas sim os de outros financiadores[474].

A orientação da gestão do banco para a realização do interesse do grupo coloca problema exatamente inverso daquele outro, por vezes identificado a respeito do governo dos bancos em ordenamentos jurídicos estrangeiros, consistente na difi-

---

[471] Por conglomerado financeiro entende-se o grupo com atividade em diversos setores como o bancário, o mobiliário e o dos seguros. Cf. especificamente sobre o governo dos conglomerados financeiros, ERDLAND/NEUBUGER, *Corporate Governance von Finanzkonglomeraten*, em HOPT/WOHLMANNSTETTER, *Handbuch* cit., 718.

[472] Ainda assim, não pode deixar de se reconhecer que, de um ponto de vista estrutural, não existem grandes diferenças em relação ao direito dos grupos geral. Cf. BINDER, *Interne Corporate Governance* cit., 689.

[473] Na feliz expressão de MIGNOLI, *Interesse di gruppo e società "a sovranità limitata"*, CI 1986, 729-738.

[474] Cf., *v.g.*, ALBERTO ZAZZARO, *Specificità e modelli di governo delle banche: un'analisi degli assetti proprietari dei gruppi bancari italiani*, Moneta e Credito n. 216, dez. 2001, 487-517(490).

culdade de garantir o alinhamento dos interesses da subsidiária com os interesses do grupo, por força da ausência de um direito da *holding* de dar instruções às subsidiárias e da vigência do *separate entity principle,* que agrava, no campo bancário, o conflito entre o interesse e a política do grupo (definidos pela *holding*) e os interesses das subsidiárias[475]. No caso português, o problema poderia quando muito colocar-se nos grupos de facto[476]. Nos demais, o perigo fundamental é, antes, o de a sociedade-mãe poder impor legalmente medidas ou transações contrárias aos interesses das subsidiárias, com sacrifício dos múltiplos interesses situados ao nível destas, nos termos do art. 503º do Código das Sociedades Comerciais (CSC). Mesmo nos grupos de facto, o poder de controlo exercido pela *holding* e a existência de administradores colocados por esta garantem-lhe o alinhamento dos interesses das subsidiárias com os seus próprios interesses, não obstante a ausência de regras legitimadoras ou de tutela dos interesses afetados.

3. Ao lado deste primeiro conflito entre a *holding* e as subsidiárias em si, encontramos duas outras dimensões problemáticas a considerar: a do conflito entre *holding* e eventuais acionistas minoritários das subsidiárias – o qual não apresenta especificidades relevantes nos grupos bancários por confronto com os grupos de sociedades em geral – e a dos conflitos entre *holding* e credores da subsidiária, incluindo os clientes bancários e investidores. Aqui colocam-se questões de particular relevância, nomeadamente sobre a identificação de eventuais deveres da *holding* e da sua administração diretamente para com os clientes e outros *stakeholders* da subsidiária, em quebra dos tradicionais padrões do direito societário geral. De resto, não deve esquecer-se que, no campo bancário, já se tem admitido – fora dos grupos de sociedades – que os administradores têm deveres para com os *stakeholders*[477]: o grupo bancário, mais do que uma ferramenta ao serviço dos seus proprietários, é instrumento primário da realização dos interesses de depositantes e credores. A *corporate governance* deve, antes do mais, ser encarada como parte da proteção destes sujeitos[478]. Se, em geral, os administradores devem gerir o banco não apenas no interesse dos seus acionistas mas também no dos seus credores, os perigos decorrentes de uma gestão da subsidiária em função de interesses que lhe são alheios assumem-se com muito

---

[475] HOPT, *Better governance* cit., 12.
[476] Mas, mesmo nestes, a gestão unitária está assegurada de facto ainda que não *de jure*. Naturalmente que é possível haver uma relação de domínio em que a sociedade-mãe não logre impor o seu poder de direção com intensidade suficiente para formar um grupo, mas nesses casos os perigos próprios do grupo não se colocam.
[477] Cf. JONATHAM R. MACEY/MAUREEN O'HARA, *The corporate governance of banks*, FRBNY Economic Policy Review, abril 2013, 91-107 (97 ss.).
[478] HOPT, *Better governance* cit., 5.

especial nitidez. A radical diferença em relação ao direito societário geral é também evidente. Este está vocacionado para a maximização do valor para os acionistas (*shareholder value*)[479], assumindo-se o aumento do valor por ação do capital existente como objetivo primordial da gestão financeira da sociedade[480]. Ora, se no comum direito societário se encontra ultrapassada a ideia, popular nos Estados Unidos até ao início dos anos 80, segundo a qual as sociedades deveriam ser "empresas socialmente responsáveis geridas no interesse público", no caso dos bancos, o interesse público surge como necessária condicionante da atuação bancária e os *stakeholders* são os referentes principais da gestão societária. O artigo 76º do Regime Geral das Instituições de Crédito dispõe, aliás, que "os membros dos órgãos de administração das instituições de crédito, bem como as pessoas que nelas exerçam cargos de direção, gerência, chefia ou similares, devem proceder nas suas funções com a diligência de um gestor criterioso e ordenado, de acordo com o princípio da repartição de riscos e da segurança das aplicações e ter em conta o interesse dos depositantes, dos investidores, dos demais credores e de todos os clientes em geral".

Arriscando o exercício do poder de direção pela sociedade-mãe lesar os interesses dos *stakeholders* das subsidiárias, as exigências de bom governo devem tomar em consideração esta expansão dos conflitos de interesses para o plano do grupo como um todo. Tal explica que no âmbito do governo dos grupos bancários conflua um conjunto de regras de supervisão, harmonizadas a nível europeu, nomeadamente estabelecendo um sistema de supervisão em base consolidada, fundamental num mercado único de serviços financeiros: podendo o desequilíbrio de uma sociedade acarretar o desequilíbrio das demais, a supervisão prudencial estende-se a todo o perímetro do grupo, com o controlo agregado da solvabilidade e exposição a riscos[481].

---

[479] Cf. ANA PERESTRELO DE OLIVEIRA, *Manual de Corporate Finance*, 2ª ed., Coimbra, 2015; GREGOR VON BONIN, *Die Leitung der Aktiengesellschaft zwischen Shareholder Value und Stakeholder-Interessen*, Baden-Baden, 2003, 29 ss.

[480] Ao contrário do lucro, conceito de contornos pouco claros, o valor das ações é definido, de forma simples, pelos investidores, atendendo aos valores gerados pela sociedade e ao risco associado ao capital. O fim da sociedade será maximizar o valor presente do capital. Cf., *v.g.*, GUIDO FERRARINI, *Shareholder value and the modernization of European corporate law*, em KLAUS HOPT/EDDY WYMEERSCH (eds.), *Capital markets and company law*, Oxford, 2005 (reimpr. da ed. de 2003), 223-260 (223 e 224). Apontando que o conceito de maximização do *shareholder value* "não é muito melhor", em termos de precisão, do que o conceito de maximização do lucro, cf. CHRISTIAN KIRCHNER, *Shareholder value: a new standard for company conduct*, em HOPT/WYMEERSCH (eds.), *Capital markets* cit., 341-345.

[481] Cf. PAULO CÂMARA, *O governo* cit., 152 ss.

4. Existe, ainda, um conjunto de vertentes adicionais a ponderar. Desde logo, não são apenas os interesses dos clientes da subsidiária bancária que são potencialmente afetados. Também os clientes, credores em geral e restantes *stakeholders* da *holding* passam, nos grupos de direito, a contar com uma mais ampla responsabilidade da sociedade-mãe, suscetível de afetar a respetiva posição[482], em resultado de o património do banco passar a responder por dívidas de outras sociedades, nos termos do artigo 501º do CSC.

Por outro lado, há que atender aos conflitos de interesses horizontais no grupo bancário, seja no grupo horizontal (entendido como aquele em que a direção económica unitária é exercida *em conjunto* pelas diversas sociedades agrupadas, que se encontram colocadas num plano paritário), seja, mais frequentemente, num grupo vertical (em que as empresas se situam em relação hierárquica). Neste último, os conflitos das subsidiárias entre si são normalmente mediados pela *holding*, decorrendo de as mesmas serem levadas frequentemente a praticar atos prejudiciais em benefício de uma outra sociedade do grupo. Trata-se, porém, de modalidade com autonomia muito limitada, em virtude de os atos em causa serem praticados por instrução da *holding* no interesse desta ou, se se preferir, no "interesse do grupo".

Finalmente, também os grupos multinível, i.e., estruturados em cadeia, constituem fator de agravamento dos diversos problemas descritos, gerando uma complexa teia de inter-relações.

5. Estes são apenas alguns dos planos em que o impacto do grupo no domínio bancário é bem visível, tornando incontestável a necessidade de um sistema tendente à gestão dos múltiplos interesses conflituantes. Assim, não estudamos todos os problemas relativos ao governo dos grupos bancários mas apenas as respostas da *corporate governance* para um conjunto de dificuldades centralmente decorrentes de a instituição bancária passar a ser gerida em função do "interesse do grupo"[483] e não do seu próprio interesse, com os inevitáveis perigos subjetivos – para os *stakeholders* – e objetivos – para o sistema financeiro. Em termos nucleares pergunta-se: (i) que deveres e responsabilidades estão a cargo da sociedade-mãe na direção do grupo bancário; (ii) qual o âmbito e limites do respetivo poder de instrução; (iii) se existem deveres da *holding* e da sua administração diretamente para com os clientes e outros *stakeholders* da subsidiária e ainda (iv) qual o âmbito da responsabilidade da administração da subsidiária na sua gestão.

---

[482] Não introduzimos aqui os problemas relacionados com a posição dos sócios da sociedade-mãe, que pode ser atingida pela mediatização da influência resultante da criação de um grupo, uma vez que não apresentam especificidades no campo bancário.

[483] Ou do interesse da sociedade-mãe se não se aceitar a existência de um interesse do grupo *a se*.

6. A sociedade-mãe tem, em primeiro lugar, o dever de assegurar uma estrutura adequada e transparente do grupo. Estruturas bancárias complexas e opacas têm-se consabidamente revelado um impedimento ao bom governo dos bancos: aponta-se falhas na criação de linhas de responsabilidade claras no conjunto do banco como um todo e, em particular, no grupo bancário. No Principle 5 dos *Corporate Governance Principles for Banks*, emitidos pelo Comité de Basileia de Supervisão Bancária (versão de consulta de outubro 2014)[484], respeitante ao governo das estruturas de grupo, pode ler-se que "numa estrutura de grupo, o órgão de administração da sociedade-mãe tem a responsabilidade global pelo grupo e por assegurar que existe um quadro claro de governo apropriado para a estrutura, negócio e riscos do grupo e das suas entidades. A administração e os quadros superiores devem conhecer e compreender a estrutura operacional do banco e os riscos que ela coloca". A administração da sociedade-mãe deve evitar estabelecer estruturas desnecessariamente complexas ou um número desadequado de subsidiárias[485], dispondo de procedimentos capazes de permitir identificar e gerir os riscos decorrentes dessas estruturas, incluindo a falta de transparência da gestão, riscos operacionais que resultem de estruturas de financiamento interligadas e complexas, de exposições intragrupo, *inter alia*.

Por outro lado, é certo que as subsidiárias bancárias formam um conjunto altamente heterogéneo, devendo o seu governo adaptar-se às respetivas estruturas de propriedade, graus de autonomia da administração, modelos de negócio e estruturas de governo. Por outras palavras, as regras de bom governo devem ser adequadas e proporcionais à natureza das subsidiárias a que se aplicam[486].

7. Em segundo lugar, a sociedade-mãe tem um dever de vigilância global do grupo (*konzerndimensionale Überwachungspflicht*): a responsabilidade dos órgãos da sociedade-mãe alarga-se à dimensão do grupo no que respeita tanto ao governo das subsidiárias, como ao controlo e gestão dos riscos e à *compliance*[487], o que implica também uma simétrica expansão do seu direito de informação (e do dever de informação das subsidiárias). Para garantir a efetiva supervisão do grupo, a *holding* deve assegurar o funcionamento de sistemas eficientes de troca

---

[484] Disponível em http://www.bis.org/bcbs/publ/d328.htm.
[485] A necessidade de levar a cabo uma avaliação centralizada da estrutura do grupo é importante da ótica da decisão sobre a criação e dissolução de subsidiárias, evitando a comum proliferação desnecessária de subsidiárias.
[486] W. RICHARD FREDERICK, *Challegnges in group governance: the governance of cross-border bank subsidiaries*, IFC Corporate Governance Group, Focus 13, 2014.
[487] BINDER, *Interne Corporate Governance* cit., 694 ss.

de informações[488-489]. Reclama-se, pois, da sociedade-mãe a capacidade de acompanhar com rigor o governo das subsidiárias e assegurar que estas dispõem de mecanismos adequados, podendo inclusive justificar-se, em função da dimensão do grupo, a existência de uma unidade de governo das subsidiárias.

Os bancos têm sido acusados de não valorizar o papel da *corporate governance* no controlo do risco em grupos bancários internacionais cada vez mais complexos[490]. Este é, todavia, reconhecido como vetor importante no respetivo governo, sem prejuízo da relevância da *local accountability*[491]. À *holding* pede-se que implante uma cultura de risco ao nível do grupo (*gruppenweite Risikokultur*)[492] e que avalie os riscos suscetíveis de afetar o banco como um todo, exercendo, em função disso, o controlo sobre as subsidiárias, ainda que com observância dos limites da independência e das responsabilidades de governo das respetivas administrações.

Impõe-se, mais amplamente, uma "política de grupo" no que se refere aos objetivos estratégicos, ao quadro do governo de risco, aos valores societários e princípios de *corporate governance*, devendo a sociedade-mãe ajudar a subsidiária a cumprir as suas responsabilidades de governo e os requisitos regulatórios que lhe sejam aplicáveis[493]. O quadro de governo do grupo deve incluir procedimentos adequados de identificação e gestão de potenciais conflitos de interesses, nomeadamente decorrentes de transações intragrupo.

8. Em terceiro lugar, entendemos que, nos grupos bancários, mais do que um direito, existe um dever de direção unitária do grupo e de controlo positivo das subsidiárias. Tal dever é maioritariamente rejeitado no âmbito societário

---

[488] Cf. *Principle 5* dos *Corporate Governance Principles for Banks* (BIS), cit.

[489] A circulação de informação no grupo gera, todavia, problemas inversos da necessidade de segregação de informação entre as várias sociedades tendo em conta potenciais conflitos de interesses, razão pela qual os grupos bancários constituem um dos domínios em que as *chinese walls* assumem mais importância, isolando-se áreas de negócio de forma a que a informação sensível conhecida de um lado da barreira informativa não seja imputada ao outro lado da separação divisional. Assim, PAULO CÂMARA, *O governo* cit., 191 ss.

[490] Cf. EDDY WYMEERSCH, prefácio a W. RICHARD FREDERICK, *Challenges in group governance: the governance of cross-border bank subsidiaries*, IFC Corporate Governance Group, Focus 13, 2014.

[491] Cf. W. RICHARD FREDERICK, *Challenges* cit., 26: a sociedade-mãe tem de procurar um equilíbrio entre a visão geral e responsabilidade ao nível do grupo e a responsabilidade das diversas sociedades-filhas em si.

[492] LAUTENSCHLÄGER/KETESSIDIS, *Führung von gruppenangehörigen Banken und ihre Beaufsichtigung*, em HOPT/WOHLMANNSTETTER, *Handbuch* cit., 767 ss.

[493] *Idem*.

geral⁴⁹⁴ e, da nossa perspetiva, com boas razões: em princípio, existe um direito mas não um dever de direção unitária do grupo, sendo o respetivo exercício uma faculdade da sociedade-mãe, sem prejuízo de, no plano das relações dos administradores desta sociedade com a mesma, poder afirmar-se o dever destes de maximizar a posição da sociedade-mãe através do aproveitamento das potencialidades conferidas pelo grupo. Assim, poderá, quando muito, identificar-se um dever de direção a cargo dos administradores da cúpula na relação com a sociedade que diretamente administram, mas não existe um dever paralelo da própria sociedade-mãe ou dos seus administradores perante as subsidiárias. No campo bancário, a necessidade de controlo dos riscos bancários e as responsabilidades assacadas à sociedade-mãe no controlo global do risco do grupo, imporão um efetivo exercício do poder de direção pela sociedade *holding*, tendente a maximizar a tutela dos demais interesses em jogo, *maxime* dos depositantes e investidores⁴⁹⁵. Trata-se, pois, de dever que vai para além do normal dever de legalidade

---

⁴⁹⁴ Existem, todavia, autores que excecionalmente se orientam neste sentido. Cf., sobretudo, HOMMELHOFF, *Die Konzernleitungspflicht. Zentrale Aspekte eines Konzernverfassungsrechts*, Köln, Berlin, Bonn, München, 1982, 41 ss. e, em especial, 70 ss., para quem o dever de prossecução do fim social e o inerente dever de utilização de todos os recursos societários disponíveis para o efeito obrigam a sociedade dominante a fazer uso dos direitos próprios das participações societárias de que é titular, intensificando o poder de domínio de que dispõe (§ 17 AktG) e convertendo-o em direção unitária do grupo. Cf. também a análise desta posição por BRUNO KROPFF, *Zur Konzernleitungspflicht*, ZGR 1/1984, 112-133 (114 ss.). No mesmo sentido de HOMMELHOFF acaba por orientar--se GÖTZ, *Leitungssorgfalt und Leitungskontrolle der Aktiengesellschaft hinsichtlich abhängiger Unternehmen*, ZGR 3/1998, 524-546 (530): demarcando-se embora formalmente da posição daquele autor, GÖTZ afirma que não existe, *per se*, uma obrigação de direção do grupo; no entanto, na medida em que o dever de gestão consagrado no § 76 AktG seja realizável apenas com referência às empresas dependentes poderia, em concreto, surgir o referido dever de direção do grupo, cujo conteúdo seria concretizado a partir do § 93 AktG. Este dever de direção do grupo (*Konzernleitungspflicht*) é frequentemente apartado do dever de emissão de instruções (*Weisungspflicht*). Para uma síntese do posicionamento da doutrina alemã sobre a matéria, cf. ALTMEPPEN, *Die Haftung des Managers im Konzern*, München, 1998, 32 e 33. Não obstante a construção de HOMMELHOFF, para a solução do problema da responsabilidade pela não emissão de instruções é decisiva a demarcação de duas perspetivas de imputação ou de dois planos de análise: o plano da sociedade diretora em si mesma e o plano dos respetivos administradores. Assim, no que toca à *sociedade diretora*, tem-se considerado que esta não pode ser responsabilizada pela *omissão* de emissão de instruções à sociedade subordinada: não existe um dever desta de emitir instruções nem um correlativo direito da sociedade subordinada a recebê-las. Afirmar uma obrigação de a sociedade diretora emitir instruções seria contrariar o sentido e a lógica de funcionamento do contrato de subordinação, por força do qual a sociedade-mãe adquire o direito de dar instruções vinculativas às administrações das sociedades-filhas, sem que fique obrigada a exercer esse direito. Nestes termos, a sociedade diretora não pode ser responsabilizada (por omissão) no caso de não levar a cabo uma direção económica efetiva do grupo.

⁴⁹⁵ Sobre o tópico, cf. BINDER, *Interne Corporate Governance* cit., 694.

(*Legalitätspflicht*), i.e., do dever de a administração assegurar o cumprimento das regras legais aplicáveis à sociedade administrada, incluindo especificamente a regulamentação bancária[496]. Existe responsabilidade solidária dos membros do órgão de administração, mesmo havendo delegação de funções num ou vários, ficando estes obrigados ao seu controlo recíproco[497]. Todavia, nos termos do artigo 72º/2 do CSC, "não são igualmente responsáveis pelos danos resultantes de uma deliberação colegial os gerentes ou administradores que nela não tenham participado ou hajam votado vencidos (...)". Dizer que a sociedade-mãe é responsável pela direção unitária do grupo não é, todavia, sinónimo da existência de um dever de gestão centralizada: a margem de liberdade de decisão da administração da *holding* compreende a opção entre uma direção assumida fundamentalmente através desta ou de forma descentralizada por intermédio das subsidiárias.

Importante é também afastar a prática que tem sido apontada de ver o governo das subsidiárias como mero dever *pro forma*, sem valor marginal para as respetivas operações ou como mero exercício *tick the box*[498].

9. Em quarto lugar, o poder(-dever) de direção do grupo bancário conhece limites mais estreitos do que o poder de direção nos comuns grupos societários: não só se impõe o respeito pela generalidade das normas prudenciais (inclusive quando a *holding* é entidade não bancária), o que por si só já implica uma restrição não conhecida doutros domínios, como o próprio poder de lesar a sociedade-filha – afinal conferido expressamente pelo artigo 503º do CSC – não pode ser encarado com ligeireza.

É sabido que, nos grupos de direito, esta última norma[499] consagra expressamente o poder legal de a sociedade-mãe dar instruções à sociedade-filha (no caso do domínio total, por remissão do artigo 491º), as quais podem, em princípio, assumir caráter desvantajoso (transferências intragrupo, empréstimos, *pooling* de liquidez sem garantias, preços desajustados em serviços prestados e outras transações, *inter alia*). Não se tem questionado a aplicação desta norma ao domínio bancário. Não obstante, julgamos que deve encarar-se com especial reserva a permissão de instrumentalização da sociedade-filha, uma vez

---

[496] Sobre o dever de os administradores respeitarem os deveres legais da sociedade e a responsabilidade perante a sociedade no caso de esta vir a ser sancionada por terceiros, cf. CHRISTOPH THOLE, *Managerhaftung für Gesetzverstöße. Die Legalitätspflicht des Vorstands gegenüber seiner Aktiengesellschaft*, ZHR 173 (2009), 504-535 (506 ss. e 525 ss.); FLEISCHER, *Aktuelle Entwicklungen der Managerhaftung*, NJW 32/2009, 2337-2400 (2337).
[497] BINDER, *Interne Corporate Governance* cit., 701.
[498] W. RICHARD FREDERICK, *Challenges* cit.
[499] Diretamente ou por via do artigo 491º.

que os interesses dos respetivos depositantes, investidores, clientes e outros credores são sempre padrão de avaliação da licitude das instruções emitidas (cf. artigo 76º do RGIC). Todas as instruções que não se pautem por esta bitola são ilegítimas, tal como, em geral, aquelas que violem regras prudenciais vigentes no setor bancário.

Especialmente problemáticas, pelos riscos que acarretam, são as operações de crédito intragrupo, o que justifica, em teoria, um regime rigoroso aplicável ao crédito a detentores de participações qualificadas (artigo 109º/1 do RGIC[500]), o qual, todavia, cessa perante empréstimos cujo beneficiário seja entidade situada dentro do perímetro da consolidação (artigo 109º/5[501]). Tal revela que a preocupação com o equilíbrio financeiro do grupo sobreleva o cuidado com a saúde individual das sociedades que o compõem[502]. Nos termos conjugados desta última norma e do artigo 503º do CSC, dir-se-ia que a *holding* pode determinar que a subsidiária realize empréstimos a seu favor ou de outra sociedade do grupo, mesmo que sem justa contrapartida[503]. Não obstante, tem sempre de se considerar o impacto do empréstimo na posição dos *stakeholders* da subsidiária, que gozam de uma especial proteção.

Os administradores da subsidiária têm, por seu lado, o dever de controlar a legitimidade da instrução, recusando o cumprimento das instruções ilícitas (não

---

[500] "O montante dos créditos concedidos, sob qualquer forma ou modalidade, incluindo a prestação de garantias, a pessoa que direta ou indiretamente detenha participação qualificada numa instituição de crédito e a sociedade que essa pessoa direta ou indiretamente domine, ou que com ela estejam numa relação de grupo, não poderá exceder, em cada momento e no seu conjunto, 10% dos fundos próprios da instituição".

[501] "O disposto no presente artigo não se aplica às operações de concessão de crédito de que sejam beneficiárias instituições de crédito, sociedades financeiras ou sociedades gestoras de participações sociais, que se encontrem incluídas no perímetro de supervisão em base consolidada a que esteja sujeita a instituição de crédito em causa (...)".

[502] Cf. PAULO CÂMARA, *O governo* cit., 162 ss.

[503] O art. 503º/4 parece estabelecer um limite específico para a emissão de instruções cujo conteúdo consiste na transferência de bens do ativo da sociedade subordinada para outras sociedades do grupo: estas dependeriam de "justa contrapartida", ao contrário da regra geral do art. 503º/2, que permite a emissão de instruções desvantajosas meramente sujeitas à exigência de importarem vantagens para a sociedade-mãe ou para outra sociedade do grupo, requisito que se encontra inequivocamente preenchido nas situações em análise. Uma interpretação teleológica e sistemática da norma revela, porém, que tal "justa contrapartida" pode, também ela, consistir numa vantagem para a sociedade diretora ou para outra sociedade do grupo, não devendo proceder-se à sua apreciação em termos isolados (*i.e.*, circunscritos à sociedade subordinada), o que seria contrário ao sistema normativo do art. 503º e impediria, contra a *ratio juris*, uma afetação eficiente dos recursos e o consequente acréscimo de rentabilidade do grupo. A autonomização da regra do art. 503º/4 – que apenas se explicará pela sensibilidade da matéria – é, pois, objetivamente desnecessária e injustificada.

necessariamente desvantajosas), incluindo as que não observem o dever de respeito pelos interesses dos clientes da subsidiária. Quanto aos grupos de facto, as limitações de índole prudencial e a necessidade de consideração dos interesses dos *stakeholders* constituirão sempre também obstáculos adicionais, a acrescer à exigência de compensação das desvantagens infligidas, decorrente da inexistência de norma privilegiadora especial[504].

Dos limites apontados resulta que, mesmo nos grupos de direito, os órgãos de administração das subsidiárias podem ser forçados a praticar atos contrários ao interesse da sociedade-mãe: "os administradores podem ser confrontados com situações que desafiam a sua lealdade para com a sociedade-mãe. (...) Os bancos são um caso particular, uma vez que existe a expectativa de que irão agir de forma responsável e não assumirão riscos indevidos que possam prejudicar a saúde do banco e a estabilidade do sistema financeiro. Tal implica que as administrações das subsidiárias sejam obrigadas a agir contra os interesses da sociedade-mãe se uma ação puder ter um efeito negativo na subsidiária"[505].

Esta afirmação, embora não seja formulada à luz do direito português, onde existe um dever legal de acatamento das instruções emitidas pela sociedade-filha, tem a máxima relevância: não pode, nos grupos bancários, aceitar-se a emissão de instruções desvantajosas com a mesma presteza que se admite nos grupos de sociedades em geral. Julgamos que a permissão constante do artigo 503º do CSC é, na prática, inaplicável no setor bancário, salvo situações excecionais. Uma vez que, sem justa contrapartida para a sociedade-filha, a medida lesiva será prejudicial para os clientes da subsidiária, é difícil divisar circunstâncias em que o poder de instrução consagrado na norma em análise se afirma no grupo bancário, para além daquelas em que a própria solvabilidade da sociedade-mãe esteja em causa (o que atinge o grupo como um todo e, portanto, os interesses dos clientes da sociedade-filha).

Bem se vê, pois, que o âmbito do poder de direção é forçosamente muito mais restrito nos grupos bancários do que nos demais grupos. Basta lembrar que, no direito societário geral, único limite que aparentemente se coloca ao poder de direção da *holding* é o respeito pela capacidade de sobrevivência autónoma da subsidiária, sendo, para lá desse *minimum*, legítimo o seu sacrifício, tendo apenas como contrapartida a imputação da responsabilidade à sociedade-mãe pela totalidade do passivo da sociedade-filha nos termos do artigo 501º do CSC.

No caso da subsidiária bancária, a responsabilidade do artigo 501º não é suficiente para acautelar o respeito pelos interesses em jogo nos grupos: trata-

---

[504] Cf. Ana Perestrelo de Oliveira, *Grupos* cit., 554 ss.
[505] W. Richard Frederick, *Challenges* cit., 30.

-se, na verdade, de responsabilidade que não funciona de forma automática, dependendo da prévia demanda da sociedade-filha e da sua mora por mais de trinta dias, para além de se reclamar a proposição de ação declarativa contra a *holding*, uma vez que o título executivo contra a subsidiária não serve na relação com aquela[506]. Por isso, o artigo 501º não é sucedâneo adequado em termos de proteção dos *stakeholders* da subsidiária. O mesmo se diga da proteção indireta conferida pelo artigo 502º, que obriga a *holding* a compensar a totalidade das perdas sofridas pela subsidiária mas em termos tais que a responsabilidade apenas é exigível depois de cessar a relação de grupo. Assim, o requisito do artigo 503º de que a instrução desvantajosa tenha contrapartida para outra sociedade do grupo, incluindo a *holding*, não pode esquecer igualmente os legítimos interesses dos depositantes e investidores, de tal maneira que não podem ser consideradas lícitas as medidas que direta ou indiretamente atentem contra os interesses destes.

5. Por outro lado, constituem também limites ao poder de direção os deveres de lealdade da sociedade-mãe e dos seus administradores, bem como os deveres de cuidado destes, os quais são mais amplos (senão mesmo mais intensos) do que os deveres dos administradores das sociedades em geral[507].

Os deveres de lealdade são emanações do princípio da boa fé e a sua atuação em concreto é reclamada sempre que se identifica uma "ligação especial" (*Sonderverbindung*), que implica um poder de influência sobre a esfera jurídica alheia e, portanto, uma suscetibilidade agravada de lhe causar danos. No caso dos grupos, já defendemos, em termos gerais, a multidireccionalidade dos deveres de lealdade das sociedades agrupadas e dos seus administradores, abrangendo o grupo como um todo[508]. Nos grupos bancários, alarga-se ainda a eficácia de proteção dos deveres de lealdade de modo a garantir a proteção dos depositantes, investidores e outros clientes das instituições bancárias. Assim, ficam a *holding* e os seus administradores impedidos de causar prejuízos aos interesses destes sujeitos sem compensação adequada. Trata-se de natural consequência da forte dimensão de interesse público da banca. As obrigações do órgão de administração do banco envolvem a necessidade de tomar em consideração os legítimos interesses dos *stakeholders* situados nos vários níveis do grupo, ao mesmo tempo que se garante

---

[506] Sobre esta norma, cf. ANA PERESTRELO DE OLIVEIRA, *Questões avulsa em torno dos artigos 501º e 502º do Código das Sociedades Comerciais*, Revista de Direito das Sociedades IV (2012), 4, 871--898.
[507] Cf. JONATHAM R. MACEY/MAUREEN O'HARA, *The corporate governance* cit., 99, reportando-se aos deveres de cuidado dos administradores dos bancos, referindo a origem jurisprudencial norte--americana do *standard* mais elevado do *duty of care* dos administradores de bancos.
[508] Desenvolvidamente sobre o tema, cf. ANA PERESTRELO DE OLIVEIRA, *Grupos* cit., passim.

o cumprimento da regulamentação prudencial que visa garantir estes interesses (sobretudo de depositantes e investidores). Mesmo quem não aceite um dever de a administração da *holding* agir no interesse dos *stakeholders* da sociedade-filha, terá de reconhecer, pelo menos, um dever de respeito destes interesses, ainda que localizados num plano hierárquico distinto daquele em que se situam os interesses dos seus próprios clientes e outros *stakeholders*. A proteção da posição destes sujeitos, por outro lado, reclama que se considerem vedadas não só instruções mediata ou imediatamente danosas, mas também instruções que acarretem o *perigo* de lesão dos seus interesses. A própria confiança na estabilidade do sistema bancário impede a emissão e a adoção de instruções que acarretem o risco de lesão da posição destes interessados.

Encontra-se, assim, uma via para a responsabilização direta da sociedade *holding* por parte dos depositantes, investidores, clientes e demais credores da subsidiária, devendo aplicar-se aqui o sistema de presunções que no contexto geral dos grupos societários delineámos, como forma de garantir a operatividade dos deveres em causa[509].

6. Finalmente, por motivos paralelos, o dever da subsidiária de controlo da licitude e legitimidade das instruções recebidas é significativamente incrementado em relação ao dever que em geral resulta dos artigos 503º e 504º do CSC. O papel da subsidiária, mesmo nos grupos centralizados, não deve ser desvalorizado. Tal traduz-se na recomendação frequentemente formulada da existência de administradores independentes ao nível da subsidiária[510], que assegurem independência de facto de não apenas *de jure*. Na verdade, a prática de acumulação de cargos na sociedade diretora e nas subsidiárias – consentida pelo artigo 33º/4 do RGIC[511] – põe em causa a efetividade da função de controlo desempenhada pela subsidiária. Idealmente, o órgão de administração da subsidiária assegura um balanço

---

[509] Cf. ANA PERESTRELO DE OLIVEIRA, *Grupos* cit., 568.
[510] Cf. WYMEERSCH, *Conflict of Interest in Financial Services Groups* (janeiro 2008), disponível em SSRN: http://ssrn.com/abstract=1087001, 6.
[511] Esta norma dispõe que se considera como um um único cargo os cargos executivos ou não executivos em órgão de administração ou fiscalização de instituições de crédito ou outras entidades que estejam incluídas no mesmo perímetro de supervisão em base consolidada ou nas quais a instituição de crédito detenha uma participação qualificada. Como refere PAULO CÂMARA, *O governo* cit., 186 e 187, " a acumulação de cargos de administração em várias sociedades bancárias do grupo conduz, de modo necessário e inevitável, à aplicação de critérios de decisão que têm em vista o interesse das sociedades dominantes do grupo. A nomeação para os cargos de administração é feita ao nível da cúpula do grupo de sociedades e, se uma mesma pessoa pode desempenhar funções em várias sociedades, *é sinal bem evidente que o grau mínimo de autonomia na gestão de uma sociedade bancária integrada num grupo é muito pouco exigente*".

adequado entre administradores da sociedade-mãe que assegurem a implementação efetiva da política do grupo e administradores que assegurem o controlo do impacto das medidas em causa nos interesses situados no plano da subsidiária[512]. Por outro lado, não pode também esquecer-se a existência de deveres de lealdade da subsidiária perante a *holding*, devendo esta adotar um "comportamento amigo do grupo" (*konzernfreundliches Verharlten*)[513].

---

[512] Sobre o tópico, cf. W. RICHARD FREDERICK, *Challenges* cit., 40.
[513] Num contexto geral, cf. KOPPENSTEINER, *Kölner Kommentar zum Aktiengesetz*, vol. VI, 3ª ed., Köln, Berlin, München, 2006, § 308.

CAPÍTULO VII

CONFLITOS DE INTERESSES NA INTERMEDIAÇÃO FINANCEIRA OBRIGATÓRIA EM SEDE DE OFERTAS PÚBLICAS

Hugo Moredo Santos/Orlando Vogler Guiné

Plano: 1. Ofertas públicas relativas a valores mobiliários; 2. A intermediação obrigatória em sede de ofertas públicas relativas a valores mobiliários; 3. A intermediação obrigatória e os conflitos de interesses; 4. A assistência como serviço auxiliar de intermediação financeira obrigatório; 4.1 Introdução: a assistência como serviço auxiliar; 4.2 A assistência como serviço de intermediação financeira obrigatório; 5. A colocação (incluindo a receção de declarações de aceitação) como serviço e atividade de investimento obrigatório; 5.1 Introdução: a colocação (incluindo a receção de declarações de aceitação) como serviço de investimento; 5.2 A colocação (incluindo a receção de declarações de aceitação) como serviço de intermediação financeira obrigatório

Sumário: O texto analisa os serviços que integram a intermediação financeira obrigatória em sede de ofertas públicas de distribuição e de aquisição relativas a valores mobiliários, os deveres dos intermediários financeiros que prestam esses serviços e os potenciais conflitos de interesses a que se encontram expostos.

Abstract: This text discusses the services comprised within the mandatory financial intermediation in public offers to distribute or acquire securities, the duties of financial intermediaries providing such services and the potential conflicts of interest to which they are exposed.

Nota: Este texto foi finalizado em 30 de novembro de 2015.

1. OFERTAS PÚBLICAS RELATIVAS A VALORES MOBILIÁRIOS

O CdVM estabelece uma distinção essencial entre ofertas públicas de distribuição e ofertas públicas de aquisição. O critério que separa umas das outras é o tipo de ação solicitada aos destinatários: nas primeiras, o oferente – entidade que lança a oferta – propõe-se entregar aos investidores valores mobiliários, quer a oferta tenha lugar em mercado primário e, por isso, vise valores mobiliários a emitir (oferta pública de distribuição na modalidade de subscrição), quer a oferta decorra em mercado secundário e, nesse caso, tenha como objeto valores mobiliários já emitidos (oferta pública de distribuição na modalidade de venda); nas segundas, o oferente propõe-se receber dos investidores valores mobiliários já emitidos, sendo a oferta realizada em mercado secundário. Normalmente, a contrapartida é numerário, mas nada obsta, e sucede por vezes, à realização das chamadas ofertas públicas de troca, que combinam uma oferta pública de distribuição com uma de aquisição, e em que, portanto, o oferente se propõe entregar valores mobiliários já emitidos ou a emitir. Nada obsta também a que a contrapartida para a aquisição de valores mobiliários combine numerário e valores mobiliários, emitidos ou a emitir, ou mesmo permita aos destinatários escolher uma coisa ou outra.

Sem prejuízo desta *summo divisio*, há princípios e regras que são comuns a umas e outras ofertas. Na verdade, é compreensível que assim seja, pois a natureza pública da oferta acaba por marcar indelevelmente a mesma, independentemente de quais sejam a sua modalidade e as suas características mais específicas. Princípios estruturantes das ofertas públicas, como a igualdade de tratamento, a estabilidade, a irrevogabilidade ou a atualidade[514], são aplicáveis a todas e quaisquer ofertas públicas precisamente por serem públicas, e não por serem de distribuição ou de aquisição, e isto apesar de o enquadramento de Direito da União Europeia ser muito mais denso para as primeiras (Diretiva e Regulamento dos Prospetos) do que para as segundas (Diretiva das OPA).

2. A INTERMEDIAÇÃO OBRIGATÓRIA EM SEDE DE OFERTAS PÚBLICAS RELATIVAS A VALORES MOBILIÁRIOS

I. Nem os emitentes nem oferentes, sejam ou não intermediários financeiros, têm nessa qualidade um contacto imediato com o público em sede de ofertas públicas. A relação com o público é intermediada e aos intermediários finan-

---

[514] Sobre os princípios gerais aplicáveis às ofertas públicas, veja-se, por todos, PAULO CÂMARA, *Manual de Direito dos Valores Mobiliários*, 2ª edição, Almedina, Coimbra 2011, p. 554 e ss.

ceiros está reservado o exclusivo de, a título profissional, desenvolver atividades de intermediação financeira. Entre as atividades de intermediação financeira incluem-se os serviços e as atividades de investimento em instrumentos financeiros, nomeadamente, a receção de ordens por conta de outrem (em oferta pública de distribuição e aquisição) e a colocação com ou sem garantia (em oferta pública de distribuição); adicionalmente, as atividades de intermediação financeira abrangem os serviços auxiliares dos serviços e atividades de investimento, em especial a assistência relativa a valores mobiliários (em oferta pública de distribuição ou aquisição)[515]. Veremos de seguida que a contratação de intermediários financeiros para prestar estes serviços é obrigatória nos termos do artigo 113º.

II. O artigo 113º prevê vários casos de intermediação financeira obrigatória: as ofertas públicas relativas a valores mobiliários em que seja exigível prospeto devem ser realizadas com intervenção de intermediário financeiro. Este intermediário financeiro prestará, pelo menos, serviços de assistência e colocação, nas ofertas públicas de distribuição[516], e de assistência no decurso da oferta e receção das declarações de aceitação, nas ofertas públicas de aquisição.

Em primeiro lugar, há que esclarecer que a nem todas as ofertas públicas se aplica o título III do CdVM – os casos em que a uma oferta pública não se aplica o título III encontram-se listados no artigo 111º –, e que aquelas a que esse título se aplica podem não exigir a preparação e aprovação de um prospeto – embora a regra a seja a de que realização de qualquer oferta pública relativa a valores mobiliários deve ser precedida de divulgação de um prospeto, encontram-se casos residuais de não exigibilidade de prospeto em ofertas públicas de distribuição no artigo 134º, nº 2; em segundo lugar, naturalmente só estão aqui em causa as ofertas públicas relevantes para o artigo 108º.

Algumas notas adicionais. A primeira para referir que o oferente pode contratar um ou mais intermediários financeiros para prestar os serviços de intermediação legalmente obrigatórios. Com efeito, a lei impõe apenas que intervenha "intermediário financeiro", não exigindo um número mínimo de intermediários financeiros – nem faria sentido que, de antemão, tal imposição constasse da lei.

---

[515] Sobre o contrato de assistência, vejam-se LUIS MENEZES LEITÃO, Atividades de intermediação e responsabilidade dos intermediários financeiros, *Direito dos Valores Mobiliários*, vol. II, Coimbra Editora, Coimbra 2000, p. 139 e ss, PAULO CÂMARA, *Manual de Direito dos Valores Mobiliários*, cit., p. 429, RUI PINTO DUARTE, Contratos de Intermediação no Novo Código dos Valores Mobiliários, *Cadernos do Mercado de Valores Mobiliários*, nº 7, Abril de 2000, p. 367 e ss.

[516] No anterior CdMVM, a colocação incluía a assistência, pelo que os intermediários financeiros contratados para a prestação dos serviços de colocação também deveriam prestavam serviços de assistência (ver artigo 125º do referido Código).

A escolha entre a singularidade ou a pluralidade fica dependente, assim, de aspetos como a natureza, o montante ou a complexidade da operação em causa, cabendo sobretudo ao oferente decidir o que fazer a este respeito. Porém, a experiência mostra que se não parece haver tendência mais evidente ao nível da assistência, a pluralidade tem acabado por ser mais frequente do que a singularidade na prestação de serviços de colocação, em especial se o oferente for não bancário, dado que os bancos de investimento (que, usualmente, têm a seu cargo a prestação dos serviços de assistência) se fazem acompanhar, na colocação, de outros bancos que integram o seu grupo)[517].

A segunda para dizer que o oferente é livre de concentrar na mesma entidade os aludidos serviços de prestação obrigatória, desde que o intermediário financeiro em causa esteja habilitado para o efeito, ou distribuir por várias entidades as funções a desempenhar. Para além de não existir razão para o efeito ou proibição expressa, veja-se neste sentido o artigo 338º, nº 2, que estabelece que o contrato de colocação pode ser celebrado com intermediário financeiro diferente daquele que presta os serviços de assistência na oferta.

Uma referência ainda deve ser feita à possibilidade, muitas vezes concretizada[518], de o oferente atuar também como assistente e/ou colocador e/ou recetor de ordens, desde que esteja registado para o efeito (intermediação própria). É uma hipótese prevista na lei expressamente (artigo 113º, nº 2) e que poderá contribuir para reduzir o nível dos custos quando contrastada com o recurso aos serviços de terceiros (intermediação de terceiro). Por último, que a terminologia utilizada em prospetos e em outros documentos relativos a ofertas nem sempre é igual à usada na lei, ainda que para descrever as mesmas funções. É habitual,

---

[517] A título exemplificativo, vejam-se a oferta pública de subscrição e admissão à negociação no Euronext Lisbon da Euronext Lisbon – Sociedade Gestora de Mercados Regulamentados, S.A., de até 8.000.000 Obrigações nominativas, escriturais, de valor nominal de 5 euros cada, representativas do empréstimo obrigacionista "FC Porto SAD 2015-2018", lançada em maio de 2015, a oferta pública de subscrição de obrigações, com o valor global de até €95.000.000, a emitir pela Mota-Engil, através de uma oferta pública de subscrição de até 140.000 obrigações e de uma oferta pública de troca, parcial e voluntária, de obrigações Taxa Fixa Mota-Engil 2013/2016 por entrega de até 50.000 novas obrigações, lançada em junho de 2015, ou a oferta pública de subscrição e admissão à negociação no Euronext Lisbon, de até 9.000.000 de obrigações ao portador, escriturais, de valor nominal de 5 euros cada, representativas do empréstimo obrigacionista "Benfica SAD 2015-2018", lançada em junho de 2015 (informação consultável em www.cmvm.pt).

[518] Esta situação é particularmente frequente quando o emitente e oferente é um intermediário financeiro, em especial um banco nacional. Por um lado, seria estranho um banco convocar outros bancos seus concorrentes, com produtos concorrentes, para se dirigir ao mercado de retalho; por outro lado, cada banco procura estreitar a relação com os seus clientes diversificando produtos e ofertas, em função das oportunidades e tendências de mercado, pelo que a situação mais normal é aquela em que o próprio banco concebe e distribui os instrumentos financeiros que emite.

por exemplo, os assistentes serem mencionados como coordenadores ou coordenadores globais.

III. A assistência é um serviço auxiliar dos serviços e atividades de investimento obrigatório comum a todas as ofertas públicas relativas a valores mobiliários em que seja exigível prospeto. De acordo com o artigo 337º, o contrato de assistência (aliás, de assistência técnica, económica e financeira) em oferta pública inclui a prestação dos serviços necessários à preparação, ao lançamento e à execução da oferta. O nº 2 da referida disposição esclarece que, sem prejuízo de outros, os serviços de assistência a prestar devem abranger obrigatoriamente a elaboração do prospeto (em caso de oferta pública de distribuição ou aquisição)[519] e do anúncio de lançamento (em caso de oferta pública de aquisição)[520], a preparação e apresentação do pedido de aprovação de prospeto (em caso de oferta pública de distribuição) ou de registo prévio na CMVM (em caso de oferta pública de aquisição) e proceder ao apuramento das declarações de aceitação da oferta (em caso de oferta pública de distribuição ou aquisição), salvo se o apuramento de resultados for realizado em sessão especial de mercado regulamentado. Por outro lado, o nº 3 diz ainda que o assistente em oferta pública deve aconselhar o oferente sobre os termos da oferta, nomeadamente no que se refere ao calendário e ao preço, e assegurar o respeito pelos preceitos legais e regulamentares, em especial quanto à qualidade da informação transmitida.

Nas ofertas públicas acima referidas é ainda obrigatório que o oferente contrate um intermediário financeiro para prestar o serviço de colocação, no âmbito do qual o intermediário financeiro se obriga a desenvolver os melhores esforços em ordem à distribuição dos valores mobiliários que são objeto de oferta pública (em caso de oferta pública de distribuição), incluindo a receção das ordens de

---

[519] Por esta razão, o(s) intermediário(s) financeiro(s) encarregado(s) da assistência à oferta são, nos termos previstos no artigo 149º, responsáveis pelos danos causados pela desconformidade do conteúdo do prospeto com o disposto no artigo 135º, salvo se provarem que agiram sem culpa (responsabilidade subjetiva), respondendo ainda o chefe do consórcio de assistência, nos termos previstos no artigo 150º, alínea c), independentemente de culpa por aqueles danos se for responsável um dos membros do consórcio, nos termos da alínea g) do nº 1 do artigo 149º (responsabilidade objetiva). Naturalmente, se o(s) assistente(s) for(em) responsável(is) subjetiva ou objetivamente outras entidades ou pessoas poderão também ser responsabilizados nos termos dos artigos 149º e 150º.

[520] Estas obrigações devem ser interpretadas hoje, tendo em conta as atuais circunstâncias e evolução do mercado. Efetivamente, na prática, boa parte ou algumas partes pelo menos destes documentos são redigidas pelo emitente ou por consultores dos intermediários financeiros ou do emitente, devendo o intermediário financeiro assegurar sobretudo uma revisão do documento e validação dos parâmetros qualitativos da informação que consta dos documentos, em especial do prospeto.

subscrição ou de venda[521] (caso de oferta pública de distribuição) ou de aquisição (em caso de oferta pública de aquisição).

Pela descrição feita, facilmente se entende que a assistência está mais associada à banca de investimento. Na verdade, em regra os serviços de assistência em ofertas públicas são prestados por bancos de investimento (quando sejam entidades jurídicas e funcionais autónomas) ou por divisões de banca de investimento dos bancos comerciais (quando não haja uma entidade autónoma). Já a colocação e receção de declarações de aceitação encontram-se mais ligadas à banca comercial. Embora os bancos de investimento também tenham aqui um papel a desempenhar, são os bancos comerciais, através das suas agências e canais de comunicação telefónicos e eletrónicos, que promovem a colocação dos valores mobiliários objeto de ofertas junto dos seus clientes e que buscam as correspondentes declarações de aceitação.

IV. Quais as razões que motivam a intermediação obrigatória? Note-se que o que está em causa não é a prestação dos serviços de intermediação financeira em questão (ou seja, assistência, colocação e receção de declarações de aceitação) através de um intermediário financeiro – por força do artigo 295º, nº 1 apenas um intermediário financeiro registado para o efeito poderá prestar esses serviços a título profissional.

O que está, de facto, em causa é a necessidade de, no âmbito de ofertas públicas de distribuição e aquisição, contratar um intermediário financeiro para prestar estes serviços. Quer isto dizer o seguinte: por um lado, a CMVM não poderá aprovar um prospeto de oferta pública de distribuição ou conceder o registo prévio a uma oferta pública de aquisição sem que os serviços de intermediação financeira obrigatória estejam contratualizados (v. artigo 115º, nº 1, alíneas i) e j)); por outro lado, que, se durante a oferta o contrato cessar, seja por razão relativa ao próprio contrato seja por motivo relativo ao intermediário financeiro, outro terá que ser nomeado antes de cessar a relação com o originalmente designado ou, se tal não for possível, logo que seja viável, constituindo contraordenação a realização de oferta pública sem a intervenção de intermediário financeiro, nos casos em que esta seja obrigatória (nos termos do artigo 393º, nº 3, alínea a)).

Antes de apurar as razões que podem ter levado à criação desta norma percetiva, vale a pena refletir se estes serviços poderiam ou não ser prestados caso o oferente não contratasse especificamente um intermediário financeiro para os realizar.

---

[521] Embora o artigo 338º, nº 1 não mencione venda, não há nenhuma razão para restringir neste âmbito as ofertas públicas de distribuição à modalidade de subscrição.

No que respeita à assistência, e como veremos adiante, há um núcleo de serviços obrigatórios que se insere no âmbito mais vasto dos serviços de assistência: tratam-se daqueles que estão elencados no artigo 337º, nº 2. A formulação desta disposição legal não é perfeita. As atividades profissionais de intermediação financeira, incluindo os serviços auxiliares dos serviços e atividades de investimento e, no caso concreto, a assistência em oferta pública relativa a valores mobiliários, são desenvolvidas por intermediários financeiros. Assim sendo, o que o artigo 337º, nº 2, quando contrastado com o artigo 337º, nº 1, pretende identificar é o leque de serviços cuja prestação em sede de oferta pública é obrigatória, sem prejuízo de o oferente e o assistente poderem acordar a prestação, por este àquele, de outros serviços "necessários à preparação, ao lançamento e à execução da oferta". Vamos por partes. Os atos listados nas alíneas b) e c) poderiam, em tese, ser praticados pelo próprio oferente (no que se refere à alínea b)) e podem ser da responsabilidade de terceiro (relativamente à alínea c)). O mesmo já não se pode dizer quanto à alínea a). O intermediário financeiro incumbido da assistência em oferta pública deve aconselhar o oferente sobre os termos da oferta, nomeadamente no que se refere ao calendário e ao preço, e assegurar o respeito pelos preceitos legais e regulamentares, em especial quanto à qualidade da informação transmitida (artigo 337º, nº 3), isto é, deve aportar conhecimento e experiência na conformação da operação, o que se refletirá no seu prospeto.

O que dizer quanto à colocação em ofertas públicas de distribuição? Seria inviável realizar uma tal oferta sem colocador? Em termos conceptuais, não. Cada investidor interessado em subscrever ou adquirir os valores mobiliários poderia dirigir-se a um intermediário financeiro e transmitir a sua declaração de aceitação. Aliás, qualquer investidor é livre de, no contexto de uma oferta pública de distribuição, transmitir a sua declaração de aceitação a um colocador contratado pelo oferente ou a qualquer outro intermediário financeiro autorizado a receber declarações de aceitação. No entanto, para promover o maior sucesso possível destas operações, o legislador veio exigir que as mesmas envolvessem sempre um colocador. Porém, note-se que o legislador não se preocupou em assegurar o resultado, forçando uma colocação plena. Embora seja desejável, para a imagem e reputação do emitente, do oferente e dos intermediários financeiros envolvidos numa oferta que a mesma seja bem sucedida, tal sucesso não é tido como crucial pela lei para a eficácia da oferta. Se esse objetivo for visado, a lei fornece os meios para o efeito – tomada firme e garantia de colocação. Mas não exige que esse resultado seja alcançado, sem prejuízo de os termos da oferta deverem especificar o que sucede se o objeto da oferta não se esgotar com as ordens, de subscrição/compra ou de venda, recebidas, isto é, se a oferta termina sem se proceder à liquidação das ordens ou se é de liquidar as ordens que existam[522].

Por fim, o artigo 113º, nº 1, alínea b) exige que, no âmbito de ofertas públicas de aquisição, seja contratado um intermediário financeiro para a receção das declarações de aceitação. Também neste caso, conceptualmente, seria admissível que a lei tivesse seguido por outro caminho. A receção das referidas declarações não é exclusiva dos intermediários financeiros contratados pelo oferente para o efeito – essa é a ilação que se extrai do artigo 126º, nº 1, que requer a transmissão de declarações de accitação a *um* intermediário financeiro mas não *ao(s)* intermediário(s) financeiro(s) nomeados pelo oferente para dar cumprimento ao determinado no artigo 113º. Em teoria, até pode suceder que o intermediário financeiro contratado pelo oferente para prestar este serviço não receba qualquer declaração, em virtude de nenhum destinatário aceitante da oferta ter valores mobiliários registados junto de si.

3. A INTERMEDIAÇÃO OBRIGATÓRIA E OS CONFLITOS DE INTERESSES

I. Como vimos, o oferente tem alguma amplitude de movimentos na definição do modelo aplicável aos serviços de assistência, colocação e receção de declarações de aceitação, podendo optar por intermediação própria (quando aplicável) ou de terceiro, singular ou plural. Por outro lado, o oferente tem ainda a hipótese de acordar com o(s) intermediário(s) financeiro(s) que vier a contratar, dentro da prática e das tendências de mercado que prevaleçam a cada momento, o conteúdo dos serviços a prestar e, consequentemente, a estrutura, o montante e as demais condições relativas à remuneração a pagar.

Sendo a assistência, a colocação e a receção de declarações de aceitação, nos casos referidos, serviços de intermediação financeira cuja prestação é obrigatória, o oferente não tem a hipótese de optar entre recorrer ou não a esses serviços. Esses serviços de intermediação financeira têm que estar assegurados, pelo que o espaço de liberdade do oferente resume-se, assim, ao modelo em que os serviços serão prestados e por que entidade(s).

II. Há muitos casos em que a intermediação financeira não é obrigatória. Veja-se, por exemplo, o artigo 64º. Considerando os três modelos de registo indi-

---

[522] Saliente-se, contudo, que não existe semelhante exigência legal nas ofertas públicas de aquisição.

vidualizado de valores mobiliários escriturais constantes do artigo 61º, prevê aquela disposição que os valores mobiliários escriturais nominativos que não se encontram integrados em sistema centralizado nem estejam registados num único intermediário financeiro são registados junto do emitente, podendo, no entanto, esse registo junto do emitente ser substituído por registo a cargo de intermediário financeiro atuando na qualidade de representante do emitente. Nesta situação, o intermediário financeiro pode ou não ser chamado a intervir consoante a vontade do emitente e, se não for, nem sequer se colocam questões relativas ao cumprimento dos seus deveres como tal, nomeadamente no que se refere a conflitos de interesses.

Há depois outros casos em que, sendo o serviço e atividade de investimento em instrumentos financeiros ou o serviço auxiliar em causa obrigatório, o mesmo não está dependente do respetivo resultado. Ainda em sede de registo, refira-se como exemplo o artigo 63º, que determina o registo num único intermediário financeiro, quando não estejam integrados em sistema centralizado, dos valores mobiliários escriturais ao portador, dos distribuídos através de oferta pública e outros que pertençam à mesma categoria, dos emitidos conjuntamente por mais de uma entidade e ainda das unidades de participação em instituição de investimento coletivo. Nestes casos, há que contratar um intermediário financeiro para proceder ao registo dos valores mobiliários (artigo 291º, alínea a)), sendo esse intermediário financeiro registador indicado pelo emitente ou pela entidade gestora da instituição de investimento coletivo, conforme aplicável, que suportam os custos de uma eventual mudança de entidade registadora. Aqui, ainda que esteja sujeito aos deveres genericamente aplicáveis aos intermediários financeiros, em particular no que diz respeito a conflitos de interesses, a prestação dos serviços em causa é essencialmente alheia ao respetivo resultado, desde que o serviço seja prestado.

III. O que singulariza os serviços de intermediação financeira cuja prestação é obrigatória em sede de ofertas públicas é a combinação entre, por um lado, essa mesma obrigatoriedade, que elimina a possibilidade de o oferente desenhar uma oferta pública sem os incluir, e, por outro, a sua (forte) associação ao resultado, criando incentivos ao intermediário financeiro com impacto na prestação dos serviços em causa, em especial ao nível da sua remuneração.

Veremos que a mencionada associação ao resultado não é igual em todos os casos, dado que os serviços a prestar são de natureza diversa. Em si mesmo, este quadro não suscita qualquer problema. Mas, naturalmente, por gerar uma tensão entre a prestação do serviço e o resultado que se pretende alcançar, esse quadro encontra-se sujeito a um escrutínio elevado, considerando a possibilidade de ocorrência de casos de conflitos de interesse[523], sobretudo porque estão em causa ofertas públicas, ou seja, operações nas quais a interação com investidores não qualificados é particularmente visível.

4. A ASSISTÊNCIA COMO SERVIÇO AUXILIAR DE INTERMEDIAÇÃO FINANCEIRA OBRIGATÓRIO

4.1. Introdução: a assistência como serviço auxiliar

I. À prestação de serviços de assistência são aplicáveis, em geral, o regime da intermediação previsto no CdVM e, em particular, o disposto no artigo 337º e, nos casos de consórcio, no artigo 341º[524].

O regime do atual Código é inspirado no regime do anterior, o Código do Mercado de Valores Mobiliários, aprovado pelo DL nº 142-A/91, de 10 de abril, cujo artigo 125º, nº 3 determinava que os intermediários financeiros encarregados da colocação de uma emissão com subscrição pública deveriam adicionalmente prestar um leque de serviços, reconduzíveis (hoje) aos serviços de assistência à oferta.

Em qualquer caso, note-se que a assistência não integra nem a lista de serviços e atividades de investimento (secção A), nem mesmo a lista de serviços auxiliares (secção B) do anexo I (*lista de serviços e atividades e instrumentos financeiros*) da DMIF[525].

---

[523] Sobre os conflitos de interesses na intermediação financeira, veja-se, por todos, Sofia Leite Borges, O Conflito de interesses na intermediação financeira, *Conflito de interesses no Direito Societário e Financeiro – Um balanço a partir da crise*, Almedina, Coimbra 2010, p. 315 e ss.

[524] A existência de um contrato de consórcio para assistência (ou colocação) é particularmente relevante, dado que fixa para o chefe do consórcio, para além da responsabilidade subjetiva pelo conteúdo do prospeto (artigo 149º, nº 1, al. (g)), um perímetro de responsabilidade objetiva (artigo 150º, al. (c)).

[525] O que coloca, desde logo, uma questão quanto à "passaportabilidade" desse tipo de serviço, da Portugal para outra jurisdição e, o que é mais relevante na prática, vice-versa. Tenderíamos a dizer, neste último caso, que se tem suscitado na prática, que um intermediário financeiro com passaporte global DMIF (porventura outros, com passaportes de âmbito mais reduzido) não deverá deixar de poder desempenhar esse serviço, ainda que não formalmente autorizados como tal no seu Estado-Membro de origem, por uma questão de assegurar plena concorrência no mercado interno.

4.2. A assistência como serviço de intermediação financeira obrigatório

I. A assistência, como mencionado, é obrigatória tanto em ofertas públicas de distribuição como em ofertas públicas de aquisição. Os processos relativos a estes dois tipos de ofertas públicas são distintos: naquelas, sem prejuízo do disposto no artigo 162º, pode suceder que a primeira referência pública à oferta seja a divulgação do seu prospeto; nestas, a primeira menção pública à oferta será o anúncio preliminar.

Daí que a assistência, sendo obrigatória com relação a ambos os tipos de ofertas, não é exigível a partir da mesma fase processual. O artigo 113º, nº 1, alínea b) precisa o momento a partir do qual a assistência se torna obrigatória no que respeita às ofertas públicas de aquisição. Mas já não o faz com relação às ofertas públicas de distribuição, pelo menos de forma expressa.

Dado que relativamente às ofertas públicas de aquisição vigoram, por um lado, uma regra de sigilo até à divulgação do anúncio preliminar (artigo 174º) e, por outro lado, uma regra de imediata divulgação pública do anúncio preliminar depois de o lançamento da oferta estar decidido (artigo 175º, nº 1), associadas ao facto de processualmente o prospeto e o anúncio de lançamento serem preparados e apreciados após a divulgação do anúncio preliminar, é possível conceber um cenário em que na data de divulgação deste anúncio ainda nenhum intermediário financeiro se encontre designado para atuar como assistente. Aliás, o artigo 176º, nº 1, alínea e) admite-o de forma clara. Contudo, a prática mais frequente tem sido outra[526], por razões atinentes à necessidade de estruturar, da melhor forma possível e desde o primeiro momento, uma operação tão relevante e, em muitos casos, tão complexa como uma oferta pública de aquisição.

Naturalmente, temos aqui como paradigma as ofertas públicas de aquisição tendo como objeto ações. Às ofertas públicas de aquisição lançadas sobre valores mobiliários que não sejam ações, nem confiram direito à subscrição ou aquisição de ações, não se aplicam as regras sobre o anúncio preliminar (artigo 173º, nº 3). Assim, a assistência será obrigatória a partir da fase que, nas ofertas sobre esses outros valores mobiliários, corresponde à fase subsequente à divulgação do anúncio preliminar, ou seja, a preparação do prospeto e do anúncio de lançamento para efeito de registo da oferta e cumprimento dos deveres de informação previstos na lei.

---

[526] Vejam-se, a título de exemplo, o anúncio preliminar de lançamento de oferta pública geral e voluntária de aquisição, na modalidade de troca, abrangendo a totalidade das ações ordinárias da Semapa – Sociedade de Investimento e Gestão, S.A., lançada em maio de 2015, ou o anúncio preliminar de lançamento de oferta pública geral e obrigatória de aquisição das ações representativas do capital social da Futebol Clube do Porto – Futebol, SAD, lançada em outubro de 2014.

Já no que se refere às ofertas públicas de distribuição nada é dito a este respeito. Pergunta-se então: a partir de quando é obrigatória a assistência? Nestas ofertas, tal como referido, o primeiro momento público tende a coincidir com a divulgação do prospeto. Isto significa que a estruturação da oferta e preparação daquele documento, âmbitos nos quais é crucial a assistência, ocorrem antes da publicação do prospeto e do conhecimento público da oferta, pelo que desde os primeiros momentos da oferta há, ou pode haver, prestação dos serviços de assistência. No entanto, e embora a cópia do contrato com o intermediário financeiro encarregado da assistência seja uma das peças que instrói o pedido de aprovação do prospeto a dirigir à CMVM (artigo 115º, nº 1, alínea i)), muitas vezes sucede este ser formalmente celebrado já perto da data de aprovação do prospeto, ficando entretanto os serviços de assistência regulados em carta-mandato acordada entre o oferente e o(s) assistente(s) e sem prejuízo de uma minuta em negociação do contrato de assistência poder servir como um guião útil.

II. Ainda que os serviços de intermediação financeira sejam, de uma forma ou de outra, remunerados, a estrutura e o peso remuneratórios não são iguais. Exceção feita aos casos em que as respetivas cartas-mandato fixam o pagamento de comissões (ou de compensações) se o prospeto ou a oferta não vier a ser aprovado ou registado, consoante a oferta seja de distribuição ou de aquisição, a remuneração pelos serviços prestados pelo(s) assistente(s) não depende dos resultados da oferta. Assim é porque os serviços de assistência a prestar se esgotam no momento da aprovação do prospeto ou do registo prévio da oferta, ressalvando, naturalmente, o caso menos habitual de apuramento de resultados pelo intermediário financeiro e, claro, o acompanhamento contínuo dado durante o prazo da oferta e os casos em que tenham lugar a aprovação de adenda ou retificação.

Por isso, em regra, as comissões devidas pela assistência tendem a corresponder a um valor fixo, ainda que variável em função do montante da operação. Os interesses em conflito são, por isso, de um lado, a prestação de serviços de intermediação financeira nos termos previstos na lei e, de outro lado, a concretização da operação, mediante a aprovação do prospeto ou o registo da oferta. No que se refere àquele, recorde-se, entre outros deveres gerais, o intermediário financeiro deve aconselhar o oferente sobre os termos da oferta, nomeadamente no que se refere ao calendário e ao preço, e assegurar o respeito pelos preceitos legais e regulamentares, em especial quanto à qualidade da informação transmitida. Ou seja, e em suma: deve auxiliar o oferente a estruturar uma operação em termos que façam sentido.

III. Na prestação de serviços de assistência, os conflitos de interesses podem ser vistos de forma distinta consoante haja intermediação própria ou intermediação de terceiro. Uma vez que as comissões não desempenham um papel crucial na assistência própria, poderá haver um conflito de interesses caso o oferente, enquanto assistente e não como oferente, não desempenhe as suas funções corretamente por recear um impacto adverso na oferta ou mesmo por temer a sua viabilidade.

Já numa situação de intermediação de terceiro o conflito poderá afetar a oferta, claro, mas em primeira linha o prestador de serviços pretenderá preservar a relação com o oferente. Os interesses em conflito são, por isso, de um lado a prestação de um serviço de assistência de qualidade (e que tem em conta também um interesse público na prestação correta desse serviço) e, de outro, o interesse comercial em atender à vontade do oferente sempre que tal interesse não convirja com aquele interesse o recebimento das comissões relativas à prestação do serviço.

O enquadramento feito, permite concluir que esta área é particularmente exposta a conflitos de interesses: primeiro, porque os serviços a prestar são obrigatórios e não é possível ao oferente realizar uma oferta pública sem contratar um assistente (embora o próprio oferente posa desempenhar esse papel); segundo, porque os serviços a prestar evidenciam forte associação ao resultado, na medida em que os serviços de assistência se referem à preparação, lançamento e execução da oferta e incidem, em especial, sobre os documentos da oferta e, dentro destes, sobre o prospeto (em ofertas públicas de distribuição e aquisição) e o anúncio de lançamento (em ofertas públicas de aquisição); terceiro e último, porque as ofertas públicas convocam, por definição, destinatários indeterminados ou um número expressivo de destinatários determinados que não são investidores qualificados.

Assim, e sem prejuízo do cumprimento dos deveres gerais relativos à prestação de serviços de intermediação financeira, em especial em torno de conflitos de interesses, é relevante considerar as regras acerca da prestação de informação relativa a conflitos de interesses. É o que veremos de seguida.

IV. Para assegurar que existe a maior transparência possível sobre os incentivos que os intermediários poderão ter no contexto de determinada operação, seja em caso de intermediação financeira própria ou por terceiro, há regras sobre a divulgação de conflitos de interesses, bem como sobre remunerações.

O Regulamento dos Prospetos (aplicável a ofertas públicas de distribuição) requer que seja a divulgada de informação relativa a conflitos de interesses emergentes da prestação de serviços de intermediação financeira, para além, naturalmente, de outros conflitos de interesses que possam ser relevantes no contexto da oferta. A prestação de informação sobre esses conflitos de interesses tem incidência ao nível do sumário[527] e do próprio texto do prospeto[528].

---

[527] As referências a conflitos de interesses têm duas incidências distintas: primeiro, enquanto elemento da categoria C no ponto 3 do sumário (ou seja, aqueles elementos que podem surgir no prospeto de base como espaço em branco para posterior preenchimento apenas para a informação que não seja conhecida no momento da aprovação do prospeto de base), quando

As indicações constantes do Regulamento dos Prospetos a este respeito são muito relevantes. Por um lado, a impossibilidade de ocorrência de conflitos de interesses não é assumida, razão pela qual se solicita a sua descrição; por outro lado, para a descrição a refletir no prospeto, só importam interesses "significativos" com impacto na "emissão/oferta"; por último, caso existam interesses em conflito e estes sejam "significativos" e tenham impacto na "emissão/oferta", tais interesses motivam a indicação "das pessoas envolvidas e da natureza dos interesses em causa".

V. A Diretiva das OPA não é, ao contrário da Diretiva e do Regulamento dos Prospetos, exaustiva no conteúdo que o prospeto deve ter[529]. Esse papel está

---

forem aplicáveis os anexos V (requisitos mínimos de informação relativos à nota sobre os valores mobiliários relacionada com títulos de dívida com um valor nominal unitário inferior a €100,000) e XII (requisitos mínimos de informação relativos à nota sobre os instrumentos derivados) ou XIII (requisitos mínimos de informação relativos à nota sobre os valores mobiliários relacionada com os títulos de dívida com um valor nominal unitário igual ou superior a €100,000); segundo, enquanto elemento E.4 da Secção E (Oferta), que determina a "descrição de eventuais interesses significativos para a emissão/oferta, incluindo situações de conflito de interesses".

A título de exemplo, veja-se o que se menciona no elemento E.4 (*Interesses significativos para a Oferta e situações de conflito de interesses*) do sumário do prospeto de oferta pública de subscrição e de admissão à negociação no Euronext Lisbon, de até 9.000.000 de obrigações ao portador, escriturais, de valor nominal de 5 euros cada, representativas do empréstimo obrigacionista "Benfica SAD 2015-2018": "O Banco Espírito Santo de Investimento, S.A. e o Montepio Investimento, S.A., na qualidade de intermediários financeiros responsáveis pela organização e montagem da presente Oferta e os membros do sindicato de colocação na qualidade de intermediários financeiros responsáveis por desenvolver os melhores esforços em ordem à distribuição das Obrigações objeto da Oferta, <u>têm um interesse direto de cariz financeiro na Oferta a título de remuneração pela prestação daqueles serviços</u>" (sublinhado dos autores).

[528] O prospeto deve atender ao anexo III (requisitos mínimos de informação relativos à nota sobre os valores mobiliários, ponto 3.1), V (requisitos mínimos de informação relativos à nota sobre os valores mobiliários relacionada com títulos de dívida com um valor nominal unitário inferior a €100.000 – ponto 3.3), X (requisitos mínimos de informação relativos a certificados de depósito emitidos sobre ações – ponto 31.2.1), XII (requisitos mínimos de informação relativos à nota sobre os instrumentos derivados – ponto 3.1), XIII (requisitos mínimos de informação relativos à nota sobre os valores mobiliários relacionada com os títulos de dívida com um valor nominal unitário igual ou superior a €100.000 – ponto 3), XV (requisitos mínimos de informação relativos ao documento de registo respeitante a valores mobiliários emitidos por organismos de investimento coletivo de tipo fechado – ponto 3.5), ou XIV (modelo proporcionado de requisitos mínimos de divulgação para a nota sobre os valores mobiliários nas emissões de direitos – ponto 3.3).

[529] Aliás, a Diretiva das OPA nem sequer menciona a palavra "prospeto". Refere antes o artigo 6º, nº 2, que 2 "os Estados-Membros asseguram que o oferente esteja sujeito à obrigação de elaborar e divulgar, em tempo oportuno, um <u>documento relativo à oferta</u> que contenha as informações necessárias para permitir aos titulares de valores mobiliários da sociedade visada tomar uma decisão sobre a mesma com pleno conhecimento de causa." (sublinhado dos autores).

reservado para o artigo 138º e, adicionalmente, para o anexo 2 ao Regulamento da CMVM nº 3/2006. No que respeita à assistência, o ponto 2.7 (assistência) deste último refere que, entre outros aspetos, devem ser indicadas no prospeto as "condições gerais do contrato de assistência".

Com efeito, a prática revela que as menções no prospeto a este respeito se cingem a afirmar que o contrato de assistência contém informação sobre comissões, despesas e procedimentos operacionais relativos à oferta e, se aplicável, ao eventual processo de aquisição potestativa[530].

Compreende-se que assim seja, desde logo por duas razões: primeira, não parece ser, de antemão, crucial para os destinatários da oferta (acionistas da sociedade visada ou titulares de valores mobiliários que deem direito à aquisição ou subscrição de ações) saber qual o acordo sobre comissões, aliás, sobre as condições em geral, existente entre o oferente e o intermediário financeiro que lhe presta serviços de assistência; por outro lado, tal contrato integra os documentos que devem ser submetidos à CMVM para efeito de registo prévio da oferta, pelo que está disponível para análise pela autoridade de supervisão, que poderá confrontar as respetivas partes caso o contrato revela algum aspeto menos usual ou pouco claro.

5. A COLOCAÇÃO (INCLUINDO A RECEÇÃO DE DECLARAÇÕES DE ACEITAÇÃO) COMO SERVIÇO E ATIVIDADE DE INVESTIMENTO OBRIGATÓRIO

5.1. Introdução: a colocação (incluindo a receção de declarações de aceitação) como serviço de investimento

I. À prestação de serviços de colocação são aplicáveis, em geral, o regime da intermediação previsto no CdVM e, em particular, o disposto no artigo 338º e, nos casos de consórcio, no artigo 341º[531].

A informação referida na nota de rodapé anterior pode ser reencontrada no capítulo 18.1 do prospeto.

[530] Vejam-se neste sentido os prospetos referentes à oferta pública de aquisição, na modalidade de troca, geral e voluntária, de ações representativas do capital social da Semapa – Sociedade de Investimento e Gestão, SGPS, S.A., lançada pela própria Semapa – Sociedade de Investimento e Gestão, SGPS, S.A., sendo a respetiva contrapartida composta por ações ordinárias da Portucel, S.A., ou à oferta pública de aquisição, geral e voluntária, preliminarmente anunciada pela FARMINVESTE 3 – Gestão de Participações SGPS, LDA, sobre 43.716.248 ações representativas do capital social da Glintt – Global Intelligent Technologies, S.A., que podem ser consultados em www.cmvm.pt.

[531] Ver nota 13.

Ao contrário da assistência, a colocação de instrumentos financeiros sem garantia (ou seja, a colocação em sentido estrito), a colocação de instrumentos financeiros com garantia (ou seja, a garantia de colocação) e a receção e transmissão de ordens relativas a um ou mais instrumentos financeiros, bem como a execução de ordens por conta de clientes com aquelas relacionadas encontram assento quer na DMIF quer no CdVM – vejam-se o anexo I (*lista de serviços e atividades e instrumentos financeiros*), secção A (*serviços e atividades de investimento*) da DMIF, als. 1), 2), 6) e 7) e o artigo 290º,nº1, als. (a), (b) e (d) do CdVM.

Ainda que o CdVM não siga rigorosamente a ordem, nem mesmo a terminologia utilizada na DMIF, nem por isso deixa de acomodar a colocação (com ou sem garantia) e a receção das ordens de subscrição ou de aquisição que lhe está associada entre os serviços e atividades de investimento em instrumentos financeiros.

5.2. A colocação (incluindo a receção de declarações de aceitação) como serviço de intermediação financeira obrigatório

I. Também a colocação é obrigatória, embora apenas nas ofertas públicas de distribuição, ou seja, quando o oferente apela ao investimento em valores mobiliários, seja mediante a sua subscrição ou aquisição. Relativamente a este tipo de operações, o legislador entendeu crucial assegurar que a um ou mais intermediários financeiros deveria ser entregue a missão de desenvolver os melhores esforços para que a oferta seja bem sucedida. Uma vez que a oferta pública de distribuição é, em regra, precedida pela aprovação do correspondente prospeto, a aprovação deste é necessariamente precedida pela celebração de um contrato de colocação relativamente aos valores mobiliários objeto da oferta.

Por isso, e embora o artigo 113º, nº 1, alínea b) não indique expressamente o momento a partir do qual a colocação se torna obrigatória, não é difícil identificá-lo: dado que se refere a um ato efetivo de distribuição de valores mobiliários, a colocação só pode ter início quando tiver início a oferta. Aliás, e dito de outro modo, os esforços de colocação devem ter início logo que se inicie o período de subscrição ou de venda.

Porém, isto não significa que o(s) intermediário(s) financeiro(s) colocador(es) não possa(m), antes mesmo do começo da oferta, desenvolver contactos tendo em vista criar as melhores condições possíveis para assegurar uma colocação bem sucedida. Tais contactos, em regra, têm lugar com apoio em material publicitário depois da divulgação do prospeto (porventura antes desse momento, nos termos do artigo 122º), para levar ao conhecimento de potenciais investidores os termos da oferta e, assim, despertar o seu interesse nos valores mobiliários em causa.

II. No contexto de uma oferta pública de distribuição, que apela a uma decisão de investimento pelos seus destinatários, o papel da colocação é crucial, como vimos. Já numa oferta pública de aquisição esse papel esbate-se, sendo até difícil enquadrar as atividades que são desenvolvidas por um "colocador" no artigo 338º, desde logo pelo obstáculo literal que aí se encontra na primeira parte do nº 1: "... desenvolver os melhores esforços em ordem à distribuição dos valores mobiliários". Sucede, porém, que o mesmo nº 1 termina dizendo "... incluindo a receção de ordens de subscrição ou de aquisição".

Colocam-se, então, duas questões: é possível falar de colocação em sede de ofertas públicas de aquisição? Em caso afirmativo, esse serviço é obrigatório? Comecemos pela segunda questão, que é de resposta mais simples e, claramente, negativa. Ainda que se admita a prestação de serviços de colocação em ofertas públicas de aquisição, o artigo 113º, nº 1, al. (b) sem dúvida não requer a prestação de serviços de colocação.

Abordemos agora a primeira questão. Apelando a oferta pública de aquisição a um desinvestimento – a oferta dirige-se aos titulares dos valores mobiliários por si visados e propõem-lhes a sua alienação, mediante venda ou troca –, não podemos entender o que se encontra descrito no artigo 338º, nº 1 como sendo aplicável sem mais. Até porque aí se fala, como dito acima, de distribuição. Mas, não obstante, parece haver espaço, e a prática confirma-o, sobretudo em ofertas públicas de troca, para que o oferente possa contratar os serviços de intermediários financeiros que desenvolvam os seus melhores esforços no sentido de visar o sucesso da oferta, mediante a adesão dos destinatários à mesma.

III. Muito mais do que sucede com a remuneração referente a serviços prestados pelo(s) assistente(s), a remuneração pela prestação de serviços de colocação depende e muito dos resultados da oferta. Regra geral, cada colocador é remunerado em função dos instrumentos financeiros por si efetivamente colocados, ou seja, pelas ações ou obrigações ou outros valores mobiliários que, após aplicação dos critérios de rateio que se encontrarem refletidos na documentação da oferta, forem, de facto, atribuídos aos investidores que hajam transmitido declarações de aceitação durante o prazo da oferta.

Compreende-se que assim seja, por duas razões principais: a primeira, associada ao facto de a colocação ser indispensável – legalmente e de facto – no âmbito de uma oferta pública de distribuição, uma vez que é necessário designar quem terá como função garantir o interface com os destinatários da oferta; a segunda, porque apelando a oferta pública de distribuição ao investimento, é preciso que certas entidades estejam especificamente comprometidas com a promoção da oferta junto dos seus destinatários e a recolha das correspondentes declarações de aceitação.

Por outro lado, não é invulgar que a estrutura de remuneração seja progressiva, sendo o valor da remuneração mais elevado uma vez alcançado determinado patamar mínimo, estimulando assim a performance do colocador e recompensando-o em maior medida. Para mais, em muitos casos, o mesmo grupo financeiro atua através de várias entidades autónomas, sendo as comissões calculadas por referência ao valor colocado pelo grupo globalmente, permitindo deste modo que o sucesso de umas entidades aproveite a outras.

Neste contexto, é fácil antecipar os interesses aqui em conflito: de uma parte, os interesses dos potenciais investidores em ser devidamente esclarecidos antes de tomar uma decisão de investimento; de outra parte, o forte incentivo financeiro para criar as condições mais favoráveis para que o investidor tome uma decisão de investimento, pois o sucesso da operação (ao qual cada colocador estará mais ou menos associado) e a sua própria remuneração (neste caso, na situação de intermediação alheia) dependem do nível de declarações de aceitação recebidas e validadas.

IV. O Regulamento dos Prospetos (aplicável a ofertas públicas de distribuição) requer a indicação dos conflitos de interesses emergentes da prestação de serviços de intermediação financeira, para além, naturalmente, de outros conflitos de interesses que possam ser relevantes no contexto da oferta, conforme referido[532]. Por outro lado, e tal como mencionado a propósito da assistência, no prospeto devem ser revelados os custos a incorrer pelo oferente dos valores mobiliários objeto da oferta no que se refere à prestação dos serviços de colocação. Estas informações devem ser vertidas tanto no sumário como no prospeto, pelo que remetemos para o que atrás foi dito[533].

Embora os destinatários da oferta possam dirigir a sua declaração de subscrição ou venda junto de qualquer intermediário financeiro autorizado para o efeito, é normal que sejam contactados pelos intermediários financeiros com os quais têm uma relação de clientela no âmbito de uma oferta pública. Também é normal que os membros de um sindicato de colocação diligenciem mais ativamente junto dos seus clientes a subscrição ou venda de valores mobiliários naquele contexto. Mas ainda que ambas as situações sejam normais, é desejável – dir-se-á mesmo, indispensável – que aos destinatários da oferta seja comunicado se o intermediário financeiro que lhe sugere a subscrição ou venda de um valor mobiliários está contratado para o efeito e se será compensado por isso. Desse modo, ao destinatário da oferta poderá ponderar com maior rigor (e com mais informação) a sua decisão de investimento.

---

[532] Ver ponto 4.2, IV.
[533] Ver ponto 4.2, IV.

Já o objetivo principal das indicações sobre comissões não parece ser revelar ao mercado o resultado de um processo negocial sempre delicado no âmbito do qual o emitente e oferente visa pagar ao(s) colocador(es) o valor mais reduzido possível. Nem, por outro lado, expor os intermediários financeiros aos seus concorrentes, revelando o montante de comissões relativas a serviços cobrados. Nem mesmo indicar a estrutura de cálculo dessas comissões ou a sua distribuição por colocador – que, aliás, só se saberá a final. Neste âmbito deve deixar-se no domínio privado detalhes de natureza comercial cuja divulgação apenas serviria para revelar publicamente a estratégia comercial do(s) colocador(es) e o valor das comissões por estes cobradas, cenário que julgamos não ser benéfico para as partes envolvidas e, acima de tudo, não aportar proteção adicional aos investidores.

Mas então qual é o objetivo principal? Na nossa opinião, esta indicação procura colocar a descoberto o valor global das despesas a pagar pelo emitente para permitir ao investidor (e à autoridade de supervisão responsável pela aprovação do prospeto), por um lado, percecionar se o valor a pagar é a tal ponto elevado que poderá pôr em causa o cumprimento de outros compromissos financeiros assumidos pelo emitente e, por outro lado, se o valor a pagar revela um desvio significativo face à normal prática de mercado que deva, por isso, suscitar suspeitas quanto à regularidade da situação.

V. Tal como mencionado, a Diretiva das OPA não é, ao contrário da Diretiva e do Regulamento dos Prospetos, exaustiva no conteúdo que o prospeto deve ter[534]. E, no que se refere à colocação, nem o artigo 138º nem o anexo 2 ao Regulamento da CMVM nº 3/2006 contêm informação adicional a este propósito.

Em conformidade, remetemos para o que foi dito a este respeito quando se tratou da assistência[535], pois também neste caso a ausência de informação parece normal, dado que os destinatários da oferta suportarão normalmente apenas os encargos inerentes à alienação dos seus valores mobiliários, os quais devem ser indicados pelos intermediários financeiros no momento da entrega das ordens de venda/troca, juntamente com os impostos que forem aplicáveis.

VI. Sendo a receção de ordens de aceitação um serviço essencialmente passivo (se o recetor nada tiver feito em momento anterior e, pura e simplesmente, receber a ordem de alguém que, querendo aceitar a oferta, dirigiu a ordem àquele intermediário financeiro como poderia ter dirigido a outro qualquer), ou decorrente do serviço de colocação (se o recetor receber a ordem após desenvolver os seus melhores esforços para a colocação dos valores mobiliários em causa), não

---

[534] Ver ponto 4.2, V.
[535] Ver ponto 4.2, V.

surpreende que, na prática, não existam intermediários financeiros especificamente contratados *apenas* para prestar os serviços de receção de ordens.

Aliás, é comum encontrar-se em documentos referentes a ofertas públicas de distribuição ou de aquisição menções informando que os destinatários da oferta em causa que a desejarem aceitar deverão transmitir a sua declaração de aceitação (ordem de subscrição ou de venda, nas ofertas públicas de distribuição, consoante sejam de subscrição ou de venda, ou de venda ou troca, nas ofertas públicas de aquisição, consoante sejam de compra ou de troca) diretamente aos intermediários financeiros, junto dos quais se encontre aberta a respetiva conta de registo de valores mobiliários.

Por estas razões, a incidência de conflitos de interesses neste concreto serviço de intermediação financeira, ainda que obrigatório, é muito menor do que nos casos antes analisados.

CAPÍTULO VIII

DEVERES DE INFORMAÇÃO

Rui Cardona Ferreira

Sumário: **1.** Introdução **2.** O acesso à informação nas sociedades anónimas **3.** Os deveres de informação nas sociedades cotadas **4.** Os deveres de informação específicos do setor bancário **5.** Conclusão

1. INTRODUÇÃO

São de todos conhecidas a importância vital dos bancos e do setor financeiro para a moderna economia e as vicissitudes que, noutras latitudes e também entre nós, têm recentemente abalado a confiança na estabilidade e no regular desempenho das instituições de crédito e do próprio sistema financeiro, o que coloca na ordem do dia, decisivamente, o tema da governação dessas instituições.

A acessibilidade e a qualidade da informação constituem, por sua vez, um elemento crucial na governação dos bancos, como, aliás, na governação das sociedades comerciais em geral. No entanto, no domínio bancário, o tendencial *desalinhamento* entre os interesses dos acionistas, focados na maximização do lucro, e o interesse público na estabilidade das instituições de crédito e do sistema financeiro constitui um fator diferenciador de que derivam especificidades quanto ao modelo de governação e ao regime de acesso e divulgação de informação[536].

---

[536] Assinalando estas especificidades, cf. Andreas Kokkinis, "A primer on corporate governance in banks and financial institutions: are banks special?", in AA.VV., *The Law on Corporate Governance in Banks*, Cheltenham/Northampton, 2015, pp. 9 ss.

Tais especificidades, que se prendem, em larga medida, com a interação e o reforço dos poderes das entidades encarregues da supervisão bancária, não obnubilam outras vertentes em que se espraia o regime de acesso à informação. Na verdade, é possível distinguir três círculos de interesses diferenciados de que resultam regimes de acesso à informação que coexistem paralelamente, embora com interseções entre si: em primeiro lugar, os interesses dos acionistas e o respetivo direito de acesso a informação, regulados no Código das Sociedades Comerciais ("CSC")[537]; em segundo lugar, os interesses dos investidores e o interesse público no normal funcionamento do mercado de capitais – uma vez que a generalidade dos bancos ou, pelo menos, os bancos mais representativos do nosso sistema financeiro serão qualificáveis como sociedades abertas, na modalidade de sociedades cotadas –, o que nos remete para a normação constante do Código dos Valores Mobiliários ("CVM")[538]; finalmente, a regulação específica da informação no domínio bancário, em grande parte de influência europeia e condensada, entre nós, no Regime Geral das Instituições de Crédito e das Sociedades Financeiras ("RGICSF"), para além de diversos instrumentos normativos europeus diretamente aplicáveis na ordem jurídica nacional, de que se destacam, nomeadamente, o Regulamento (UE) nº 575/2013, do Parlamento Europeu e do Conselho, de 26 de junho de 2013 – relativo aos requisitos prudenciais para as instituições de crédito e para as empresas de investimento –, e o Regulamento (UE) nº 1024/2013 do Conselho, de 15 de outubro de 2013, que confere ao Banco Central Europeu ("BCE") atribuições específicas no que diz respeito às políticas relativas à supervisão prudencial das instituições de crédito[539].

Em seguida, passamos em revista, sucessivamente, cada um destes domínios, no que toca ao regime de acesso à informação.

---

[537] Todos os artigos referidos neste texto sem indicação da fonte pertencem ao CSC.

[538] Nos termos do artigo 13º do CVM, revestem a qualidade de sociedades abertas, nomeadamente, as sociedades emitentes de ações ou de outros valores mobiliários que confiram direito à sua subscrição ou aquisição, que estejam ou tenham estado admitidas à negociação em mercado regulamentado situado ou a funcionar em Portugal – cf. alínea c) do respetivo nº 1.

[539] Encontram-se atualmente sujeitos à direta supervisão prudencial do BCE, entre nós, o Banco Comercial Português, SA, o Banco BPI, SA, a Caixa Geral de Depósitos, SA e o Novo Banco, SA. Para uma visão geral da supervisão bancária, destacando o papel preponderante da normação europeia, cf. PAULO CÂMARA, "Supervisão bancária: recentes e próximos desenvolvimentos", in AA.VV., *I Congresso de Direito Bancário*, Coimbra, 2015, pp. 283 ss.

2. O ACESSO À INFORMAÇÃO NAS SOCIEDADES ANÓNIMAS

2.1. Considerações gerais

Nos termos do artigo 21º, nº 1, alínea c), todos os sócios têm direito a obter informações sobre a vida da sociedade, nos termos da lei e do contrato de sociedade. Trata-se, como é evidente, de um direito essencial para a tutela do sócio individualmente considerado e dos interesses minoritários[540], devendo mesmo entender-se que o pacto social apenas pode facilitar o exercício e alargar o âmbito do direito à informação previsto na lei, não podendo restringi-lo[541].

No que se refere às sociedades anónimas, a lei estabelece diferentes categorias ou modos de acesso à informação societária, distinguindo entre um direito *mínimo* à informação (cf. artigo 288º), um direito a informações *preparatórias da assembleia geral* (cf. artigo 289º), um direito à *informação em assembleia geral* (cf. artigo 290º) e um direito *coletivo* à informação (cf. artigo 291º).

2.2. O direito *mínimo* à informação

No que tange ao direito *mínimo* à informação, este não é reconhecido a qualquer acionista, mas apenas àquele que for titular de, pelo menos, 1% do capital social. Esta limitação não constava da versão originária do CSC e foi apenas introduzida pelo Decreto-Lei 280/87, de 8 de julho, sendo compreensível à luz do tendencial distanciamento entre a titularidade do capital social e a gestão nas sociedades anónimas, bem como da facilidade de circulação das ações e da correspondente necessidade de assegurar a reserva da vida da empresa[542].

A este respeito, tem-se discutido, na doutrina nacional, se pode haver lugar a um agrupamento de acionistas com vista à obtenção conjunta do referido limiar percentual que confere o direito *mínimo* à informação societária. Assim, no sentido favorável a essa possibilidade, entendia RAÚL VENTURA que *"se é admissível por motivos de conveniência prática que o chamado «direito mínimo à informação» não*

---

[540] Cf. JOÃO LABAREDA, "O direito à informação", in AA.VV., *Problemas de Direito das Sociedades*, Coimbra, 2002, pp. 130 ss, e ARMANDO MANUEL TRIUNFANTE, *A Tutela das Minorias nas Sociedades Anónimas – Direitos Individuais*, Coimbra, 2004, pp. 111 ss.

[541] Cf. RAÚL VENTURA, *Novos Estudos sobre Sociedades Anónimas e Sociedades em Nome Coletivo*, Coimbra, 1994, p. 133.

[542] Em sentido crítico desta alteração, defendendo que *"(...) a informação enquanto instrumento de saber e de poder deve estar à disposição do maior número possível de sócios que queiram participar conscientemente na vida social (...)"*, cf. COUTINHO DE ABREU, *Direito Comercial*, vol. II, 4ª ed., Coimbra, 2011, p. 260.

possa ser exercido por quem possua muito pequeno número de ações (...) não se vê motivo para obstar ao exercício desde que se reúna a requerida percentagem mínima de capital, embora pertencente a vários acionistas"[543]. E no mesmo sentido se pronunciam António Menezes Cordeiro[544] e Coutinho de Abreu[545]. Diversamente, Paulo Olavo Cunha sustenta que, da redação do artigo 288º e do seu confronto com o artigo 291º, se infere que *"os acionistas, para terem direito à informação mínima, deverão ser titulares de 1% do capital social, não havendo, assim, lugar ao agrupamento de participações sociais"*[546]. ...

Pela nossa parte, e não obstante a formulação literal do artigo 288º apontar, realmente, no sentido de uma posição mais restritiva, parece-nos que nenhuma razão material impede a agregação de participações para o efeito de ser alcançado o limiar mínimo de 1% do capital social, favorecendo-se o acesso à informação como instrumento indispensável para a tutela dos sócios minoritários.

No entanto, alcançado o limiar percentual do direito *mínimo* à informação, o acesso aos elementos contemplados no artigo 288º pressupõe ainda a invocação pelo acionista em causa de *motivo justificado*, exigência introduzida, igualmente, pelo Decreto-Lei nº 280/87, de 8 de julho. A noção de *motivo justificado* parece dever ser entendida com grande latitude e não apresentar conteúdo preciso, tendo sobretudo o sentido de, pela negativa, permitir vedar o acesso à informação na falta de alegação de qualquer motivo atendível ou em face da invocação de um motivo espúrio, contrário à boa-fé ou inteiramente desligado do interesse objetivo do sócio enquanto tal[547]. Não obstante, poderá entender-se que, em princípio, carecerá de justificação o pedido de acesso a documentação acessível por outra via, não devendo impor-se à sociedade o ónus de suprir a falta de diligência dos próprios sócios, ou na hipótese de o interessado ter exercido, recentemente, este direito[548].

Em todo o caso, como a própria noção de direito *mínimo* à informação sugere, os elementos informativos a disponibilizar ao abrigo do artigo 288º não são vastos. Efetivamente, o que se contempla nesse preceito é apenas que o acionista titular de, pelo menos, 1% do capital social possa consultar, na sede social, os seguintes documentos e informações:

---

[543] Cf. Raúl Ventura, *Novos Estudos...*, pp. 134-135.
[544] Cf. António Menezes Cordeiro, *Direito das Sociedades II*, 2ª ed. Coimbra, 2007, p. 590.
[545] *Ob. cit.*, p. 261.
[546] Cf. Paulo Olavo Cunha, *Direito das Sociedades Comerciais*, 5ª ed., Coimbra, 2012, p. 352.
[547] Neste sentido, ensinava Raúl Ventura que *"(...) o solicitante deve demonstrar um interesse sério e relevante na informação solicitada"* (*loc. cit,*. p. 136). Coutinho de Abreu assinala também que a noção de motivo justificado *"deve interpretar-se muito latamente"* (*ob. cit.*, p. 261).
[548] Assim, António Menezes Cordeiro, *Direito das Sociedades – II*, cit., p. 591.

a) Os relatórios de gestão e os documentos de prestação de contas previstos na lei, relativos aos três últimos exercícios, incluindo os pareceres do conselho fiscal, da comissão de auditoria, do conselho geral e de supervisão ou da comissão para as matérias financeiras, bem como os relatórios do revisor oficial de contas sujeitos a publicidade, nos termos da lei;

b) As convocatórias, as atas e as listas de presença das reuniões das assembleias gerais e especiais de acionistas e das assembleias de obrigacionistas realizadas nos últimos três anos;

c) Os montantes globais das remunerações pagas, relativamente a cada um dos últimos três anos, aos membros dos órgãos sociais;

d) Os montantes globais das quantias pagas, relativamente a cada um dos últimos três anos, aos 10 ou aos 5 empregados da sociedade que recebam as remunerações mais elevadas, consoante os efetivos do pessoal excedam ou não o número de 200;

e) O documento de registo de ações.

Do elenco acabado de transcrever, que reveste caráter taxativo[549], cabe salientar ou esclarecer três aspetos. Em primeiro lugar, o acesso à informação contemplado na alínea *a)* é *dobrado*, em termos até mais favoráveis e que dispensam a invocação da qualidade de acionista, pelo artigo 70º, nº 2. Em segundo lugar, o acesso à informação sobre a remuneração paga aos membros dos órgãos sociais e aos empregados da sociedade que recebam remunerações mais elevadas, a que aludem as alíneas *c)* e *d)*, refere-se unicamente aos montantes globais[550] e não às remunerações individualmente auferidas, solução que salvaguarda a reserva da vida privada dos visados e que, para as sociedades anónimas não cotadas, parece ser equilibrada. Em terceiro e último lugar, é discutível o âmbito do acesso ao registo de ações, sustentando ANTÓNIO MENEZES CORDEIRO que *"(...) deve entender-se este preceito em termos restritivos, de modo a abranger apenas as participações qualificadas sujeitas a publicidade"* e que é legítima, fora desses casos, a recusa de prestação de informações, mediante aplicação extensiva do artigo 291º, nº 4[551].

Quanto a este último aspeto, o entendimento de ANTÓNIO MENEZES CORDEIRO não é insuscetível de crítica[552], parecendo-nos que a redação da alínea em causa aponta em sentido inverso e que a invocação do nº 4 do artigo 291º, situado em diferente contexto normativo, não se mostra inteiramente persuasiva. Mas

---

[549] É o se depreende da formulação literal do artigo 288º e se acha corroborado pela doutrina (cf. RAÚL VENTURA, *loc. cit.*, pp. 136-137, e ANTÓNIO MENEZES CORDEIRO, *Direito das Sociedades – I*, 3ª ed., Coimbra, 2011, p. 725).

[550] A exatidão destes montantes deve ser certificada pelo revisor oficial de contas, se o acionista o requerer, nos termos do nº 2 do mesmo preceito legal.

[551] Cf. *Código das Sociedades Comerciais Anotado*, 2ª ed., Coimbra, 2011, anotação *sub* artigo 288º, pp. 826-827.

[552] Recusando esta interpretação restritiva, cf. ALEXANDRE DE SOVERAL MARTINS, in *Código das Sociedades Comerciais em Comentário* (coord. COUTINHO DE ABREU), vol. V, Coimbra, 2010, p. 190).

somos sensíveis à ideia de que o acesso ilimitado à titularidade das participações sociais envolve, nomeadamente, um tratamento diferenciado de acionistas titulares de ações nominativas e de ações ao portador, pelo que tendemos a subscrever a posição de António Menezes Cordeiro, em homenagem ao referido princípio e por coerência sistemática com o artigo 448º, que impõe a comunicação à sociedade da aquisição de ações ao portador representativas de, pelo menos, um décimo, um terço ou metade do capital social. Limitaríamos, pois, o acesso ao registo de ações contemplado na alínea *e)* do nº 1 do artigo 288º às participações sociais que atinjam, pelo menos, 10% do capital social.

Quanto ao modo de exercício deste direito *mínimo* à informação societária, o nº 3 do artigo 288º estatui que a consulta pode ser feita pessoalmente pelo acionista ou por pessoa que possa representá-lo em assembleia geral[553], sendo-lhe permitido fazer-se assistir de um revisor oficial de contas ou de outro perito, bem como usar da faculdade reconhecida pelo artigo 576º do Código Civil[554].

Finalmente, nos termos do nº 4 deste preceito legal, e a não ser que os estatutos o proíbam, os elementos referidos nas alíneas *a)* a *d)* acima transcritas devem ser enviados, por correio eletrónico, aos acionistas nas condições ali previstas que o requeiram ou, se a sociedade tiver sítio na Internet, divulgados nesse sítio. Verificado este circunstancialismo, ficará, em princípio, precludido o direito de consulta destes elementos na sede social, por falta de motivo justificado, salvo sendo invocável dúvida razoável sobre a veracidade, completude ou exatidão dos elementos já disponibilizados por aquelas vias[555].

2.3. O direito a informações *preparatórias da assembleia geral*

Passando ao tema do direito a informações *preparatórias da assembleia geral*, o artigo 289º, nº 1 – com a redação que lhe foi dada, por último, pela reforma do Decreto-Lei nº 76-A/2006, de 29 de março –, prevê que, durante os 15 dias anteriores à data da assembleia geral, devem ser facultados à consulta dos acionistas – ou seja, de qualquer acionista, independentemente da participação social detida –, na sede da sociedade:

---

[553] Nos termos do artigo 380º, na redação dada pelo Decreto-Lei nº 49/2010, de 19 de maio, o contrato de sociedade não pode proibir ou limitar a participação de acionista em assembleia geral através de representante, não se exigindo uma especial relação entre o representante e o representado.

[554] Nos termos deste preceito legal, o requerente do acesso à informação tem a faculdade de tirar cópias ou fotografias, ou usar de outros meios destinados a obter a reprodução da coisa ou documento, desde que a reprodução se mostre necessária e se lhe não oponha motivo grave.

[555] Apontando neste sentido, cf. cf. Alexandre de Soveral Martins, *loc. cit.*, p. 192.

a) Os nomes completos dos membros dos órgãos de administração e de fiscalização, bem como da mesa da assembleia geral;

b) A indicação de outras sociedades em que os membros dos órgãos sociais exerçam cargos sociais, com exceção das sociedades de profissionais;

c) As propostas de deliberação a apresentar à assembleia pelo órgão de administração, bem como os relatórios ou justificação que as devam acompanhar;

d) Quando estiver incluída na ordem do dia a eleição de membros dos órgãos sociais, os nomes das pessoas a propor, as suas qualificações profissionais, a indicação das atividades profissionais exercidas nos últimos cinco anos, designadamente no que respeita a funções exercidas noutras empresas ou na própria sociedade, e do número de ações da sociedade de que são titulares;

e) Quando se trate da assembleia geral anual prevista no nº 1 do artigo 376º, o relatório de gestão, as contas do exercício, demais documentos de prestação de contas, incluindo a certificação legal das contas e o parecer do conselho fiscal, da comissão de auditoria, do conselho geral e de supervisão ou da comissão para as matérias financeiras, conforme o caso, e ainda o relatório anual do conselho fiscal, da comissão de auditoria, do conselho geral e de supervisão e da comissão para as matérias financeiras.

Nos termos do nº 2 do mesmo preceito legal, *"devem igualmente ser facultados à consulta dos acionistas, na sede da sociedade, os requerimentos de inclusão de assuntos na ordem do dia"* apresentados ao presidente da mesa da assembleia geral, ao abrigo do artigo 378º do CSC. O nº 3 deste artigo estatui ainda que os referidos documentos devem ser enviados, no prazo de oito dias, através de carta, aos titulares de ações correspondentes a, pelo menos, 1% do capital social, que o requeiram e, através de correio eletrónico, aos titulares de ações – independentemente da percentagem do capital social por si detida – que também o requeiram, se a sociedade não os divulgar no respetivo sítio na Internet.

Finalmente, o nº 4 do artigo 289º impõe que, quando a sociedade tenha sítio na Internet, e a não ser que tal seja proibido pelos estatutos, os documentos previstos nos nºs 1 e 2 devem também aí estar disponíveis, a partir da mesma data e durante um ano, no caso previsto nas alíneas *c)*, *d)* e *e)* do nº 1 e no nº 2, e permanentemente, nos demais casos.

Apesar da sua simplicidade, a disciplina instituída por este preceito legal é merecedora de algumas observações complementares.

Assim, e em primeiro lugar, cabe salientar a particular importância de que se reveste o cumprimento da referida disciplina legal, uma vez que, nos termos da alínea *c)* do nº 1 do artigo 58º e da alínea *b)* do nº 4 do mesmo artigo, a sua inobservância pode constituir causa de anulabilidade das deliberações que sejam tomadas pela assembleia geral a respeito de matérias relativamente às quais se impunha o fornecimento aos acionistas de informação, nos termos do artigo 289º.

Em segundo lugar, quanto ao teor da alínea *d)* do nº 1 do artigo 289º, pode discutir-se se da mesma resulta uma limitação temporal à apresentação de propostas de listas candidatas às eleições pelos acionistas, uma vez que, diversamente do que dispõe a alínea *c)*, não se estabelece aí qualquer restrição às propostas a apresentar. Neste último sentido, entende PEREIRA DE ALMEIDA que *"(...) os acionistas que pretendam propor nomes para os órgãos sociais devem apresentar os respetivos currículos até aos 15 dias que precedem a assembleia geral, de modo a que os mesmos fiquem patentes na sede da sociedade para apreciação por todos os acionistas"*[556]. No entanto, como salienta a generalidade dos autores, parece-nos forçado extrair de uma obrigação de divulgação de informação uma limitação à apresentação, pelos acionistas, de propostas de nomes para os órgãos sociais[557]. Consequentemente, a referida alínea *d)* apenas encontrará aplicação quando as referidas propostas já existam com a antecedência aí prevista, mas não resulta daí um impedimento à sua ulterior apresentação pelos acionistas[558].

A este respeito, importa levar em conta o que dispõe o CVM, relativamente às sociedades emitentes de ações admitidas à negociação em mercado regulamentado. Na verdade, determina o artigo 21º-C do CVM, aditado pelo Decreto-Lei nº 49/2010, de 19 de maio, que, além dos elementos previstos no nº 1 do artigo 289º do CSC, as sociedades emitentes de ações admitidas à negociação em mercado regulamentado devem facultar aos seus acionistas, na sede da sociedade e no respetivo sítio na Internet, os seguintes elementos:

a) A convocatória para a reunião da assembleia geral;

b) Número total de ações e dos direitos de voto na data da divulgação da convocatória, incluindo os totais separados para cada categoria de ações, caso aplicável;

c) Formulários de documento de representação e de voto por correspondência, caso este não seja proibido pelo contrato de sociedade;

d) Outros documentos a apresentar à assembleia geral.

O nº 2 do referido artigo do CVM impõe ainda que as sociedades emitentes de ações admitidas à negociação em mercado regulamentado facultem a informação prevista no respetivo nº 1, bem como a referida no nº 1 do artigo 289º do CSC, na data da divulgação da convocatória, devendo manter a informação no sítio na Internet durante, pelo menos, um ano. Relativamente à acessibilidade, em sítio próprio na Internet, dos documentos de prestação de contas das sociedades emitentes de ações admitidas à negociação em mercado regulamentado, o prazo a considerar parece não ser o prazo mínimo de um ano, a que se refere o nº 2 do

---

[556] Cf. *Sociedades Comerciais* – vol. 1, 7ª ed., Coimbra, 2013, p. 155.
[557] Cf. RAÚL VENTURA, *loc. cit.*, p. 143.
[558] Cf. PAULO OLAVO CUNHA, *ob. cit.*, p. 355, e ALEXANDRE SOVERAL MARTINS, *loc. cit.*, pp. 198-199.

artigo 21º-C do CVM, mas o prazo de cinco anos, aplicável por força do disposto no artigo 245º, nº 1, do CVM.

Finalmente, assinale-se que, nos termos do artigo 110º do RGICSF, até cinco dias antes da realização das assembleias-gerais das instituições de crédito, deve ser publicada, em dois dos jornais mais lidos da localidade da sede, a relação dos acionistas, com indicação das respetivas participações no capital social, quando estas excedam 2% do capital social.

2.4. O direito à *informação em assembleia geral*

No que concerne ao direito à *informação em assembleia geral*, o artigo 290º, nº 1, estatui que o acionista *"pode requerer que lhe sejam prestadas informações verdadeiras, completas e elucidativas que lhe permitam formar opinião fundamentada sobre os assuntos sujeitos a deliberação"*, esclarecendo ainda que este dever de informação *"abrange as relações entre a sociedade e outras sociedades com ela coligadas"*.

Nos termos do nº 2 do mesmo preceito legal, as referidas informações *"devem ser prestadas pelo órgão da sociedade que para tal esteja habilitado e só podem ser recusadas se a sua prestação puder ocasionar grave prejuízo à sociedade ou outra sociedade com ela coligada ou violação do segredo imposto por lei"*. Se a recusa de prestação de informação for injustificada, a deliberação em causa será anulável, cominação esta expressamente imposta pelo nº 3 do mesmo artigo.

Como se retira implicitamente da redação do preceito, dispõe deste direito qualquer acionista habilitado a *assistir* às assembleias e a *participar na discussão*, independentemente da respetiva participação no capital social e ainda que não tenha direito de voto – como sucede, designadamente, com os titulares de ações preferenciais sem voto, nos termos do artigo 379º, nº 2 –, uma vez que a falta dos necessários elementos de informação inutilizaria, na prática, uma efetiva e útil participação na discussão[559].

De acordo com o disposto no nº 1, o direito de exigir informação apenas se refere, todavia, aos *assuntos sujeitos a deliberação*, devendo entender-se como tal, segundo a lição de RAÚL VENTURA, as matérias que sejam objeto de propostas apresentadas no decurso da assembleia, pois é sobre estas que se formarão as deliberações dos acionistas[560]. Significa isto que o direito à *informação em assembleia* geral não abrange, abstratamente, os assuntos constantes da ordem do dia,

---

[559] Admitindo mesmo que tal direito assista aos titulares de ações preferenciais sem voto estatutariamente impedidos de participar na discussão, cf. ALEXANDRE DE SOVERAL MARTINS, *loc. cit.*, p. 207.
[560] *Loc. cit.*, pp. 144-145.

relativamente aos quais pode não chegar a ser apresentada qualquer proposta que permita uma tomada de deliberação[561].

A informação prestada, segundo a própria formulação da lei, que é auto-explicativa, deve ser *verdadeira, completa e elucidativa*, podendo os esclarecimentos caber, como será mais habitual, aos membros do órgão de administração, mas também aos membros do órgão de fiscalização ou mesmo ao revisor oficial de contas, quando esteja em causa a aprovação das contas anuais por este analisadas.

No que respeita ao âmbito subjetivo da informação, parece que por *sociedade coligada* se deve entender qualquer sociedade que, com a sociedade diretamente em causa, se encontre numa das relações contempladas no artigo 482º, sendo indiferente, nomeadamente, que a *outra* sociedade seja dominante ou dominada pela sociedade considerada.

No entanto, este direito a informação – e o correspondente dever de a prestar – não é ilimitado, cessando quando a prestação de informação possa ocasionar grave prejuízo à sociedade ou a outra sociedade com ela coligada ou violação de segredo imposto por lei.

Quanto à violação de segredo imposto por lei, trata-se de pressuposto a aferir objetivamente e segundo um mero juízo técnico-jurídico, podendo estar em causa, nomeadamente, um dever de sigilo profissional ou o sigilo bancário. Já a verificação de um *grave prejuízo* envolve um juízo de prognose, a efetuar de acordo com critérios de razoabilidade e tendo em conta o interesse da sociedade, tal como resulta da conformação deste interesse subjacente ao artigo 64º, nº 1, alínea *b)*. A recusa de prestação de informação caberá ao órgão – ou presidente do órgão – a que, em princípio, competiria responder, embora o presidente da mesa deva exercer um controlo prévio sobre o preenchimento dos pressupostos do pedido de informação, como assinala ALEXANDRE DE SOVERAL MARTINS[562].

Importa também frisar que o âmbito da informação, no que se refere a sociedades coligadas, está limitado às *relações* entre as duas sociedades, afigurando-se-nos que estão excluídos desse âmbito aspetos atinentes à vida da outra sociedade, ainda que tais aspetos possam ser conexos com as relações estabelecidas entre ambas. Na verdade, aspetos atinentes à vida da outra sociedade, especialmente quando a relação de coligação se mostre mais ténue, além de excederem o âmbito literal do direito a informação consagrado neste preceito, sempre tenderiam a

---

[561] De outro modo, o legislador poderia bem ter-se referido expressamente aos assuntos constantes da ordem do dia. Admitindo, todavia, que este direito abranja assuntos sobre os quais não tenham sido apresentadas propostas, desde que a matéria concretamente em causa esteja a ser colocada à discussão, cf. ALEXANDRE DE SOVERAL MARTINS, *loc. cit.*, p. 210.

[562] *Loc. cit.*, p. 213.

achar-se abrangidos por dever de segredo, emerja este de específico instrumento contratual ou dos deveres de lealdade e boa-fé no relacionamento entre as duas sociedades. Já um dever de segredo comercial ou de reserva da vida da empresa diretamente atinente à sociedade em causa não parece invocável para recusar a prestação de informação, salvo quando da divulgação da mesma possa resultar *grave prejuízo* (na prática, porém, admitimos que as duas hipóteses tendam a sobrepor-se).

Além disso, como assinala ANTÓNIO MENEZES CORDEIRO, a informação será ainda licitamente recusada quando estejam em causas elementos que poderiam ter sido consultados pelo acionista ou quando prevaleçam direitos de terceiros concretamente mais ponderosos, como o direito à intimidade da vida privada[563].

2.5. O direito *coletivo* à informação

Nos termos do artigo 291º do CSC, com a redação que lhe foi dada pela reforma de 2006, os acionistas cujas ações atinjam 10% do capital social podem solicitar, por escrito, ao conselho de administração ou ao conselho de administração executivo que lhes sejam prestadas, também por escrito, informações sobre assuntos sociais (cf. nº 1).

Constata-se, assim, e antes de mais, que a epígrafe do preceito é enganadora, não exigindo a lei que se trate do exercício *coletivo* de um direito à informação, mas apenas que a solicitação de informação parta de um ou mais acionistas, desde que, individualmente ou em termos agregados, possa ser estabelecida uma correspondência entre esse pedido e, pelo menos, 10% do capital social[564]. Note-se que esta correspondência há de fazer-se, apenas, com a titularidade do capital social e não já com os direitos de voto, podendo os titulares de ações preferenciais sem voto socorrer-se do mecanismo contemplado no artigo 291º[565].

A percentagem de 10% do capital social constitui, pois, o limiar mínimo considerado adequado pelo legislador para fundar um amplo direito de acesso a informação, que é apenas balizado pela noção, bastante elástica, de *assuntos sociais*. Na verdade, tais *assuntos* podem respeitar a qualquer vertente da gestão societária, como se depreende do confronto com o artigo 214º, podendo os mesmos revestir natureza financeira, económica, jurídica ou comercial[566]. Além disso, o pedido de

---

[563] Cf. *Código...*, cit., p. 833.
[564] Cf. RAÚL VENTURA, *loc. cit.*, p. 147, ANTÓNIO MENEZES CORDEIRO, ..., e ALEXANDRE DE SOVERAL MARTINS, *loc. cit*, p. 217.
[565] Cf. RAÚL VENTURA, *loc. cit.*, p. 148, e ALEXANDRE DE SOVERAL MARTINS, *loc. cit*, p. 217.
[566] Cf. ALEXANDRE DE SOVERAL MARTINS, *loc. cit*, p. 218.

informação em causa não tem sequer de ser fundamentado e pode referir-se, nos termos do n.º 3 do mesmo artigo, tanto a factos já praticados como a atos cuja prática seja expectável, desde que, nesta última hipótese, de tais atos possa resultar a responsabilidade de membros do conselho de administração ou do conselho de administração executivo, do conselho fiscal ou do conselho geral e de supervisão.

Acresce que os fundamentos de recusa lícita desta informação são relativamente limitados, abrindo a porta a uma certa *devassa* da vida interna da sociedade. Com efeito, nos termos do n.º 2 deste preceito legal, o conselho de administração ou o conselho de administração executivo não pode recusar as informações se no pedido for mencionado que se destinam a apurar responsabilidade de membros daquele órgão, do conselho fiscal ou do conselho geral e de supervisão, a não ser que, pelo seu conteúdo ou outras circunstâncias, seja patente não ser esse o fim visado pelo pedido de informação.

Fora deste enquadramento, a informação solicitada apenas pode ser recusada nas circunstâncias descritas no n.º 4 do mesmo preceito legal, a saber:

a) Quando for de recear que o acionista a utilize para fins estranhos à sociedade e com prejuízo desta ou de algum acionista;

b) Quando a divulgação, embora sem os fins referidos na alínea anterior, seja suscetível de prejudicar relevantemente a sociedade ou os acionistas;

c) Quando ocasione violação de segredo imposto por lei.

Pelo menos no seu recorte concetual, o regime de recusa lícita da informação solicitada é, portanto, bastante claro: invocando o requerente a intenção de apurar a eventual responsabilidade de membros do conselho de administração, do conselho fiscal ou do conselho geral e de supervisão[567], a prestação de informação apenas pode ser recusada quando for *patente* – ou seja, quando possa objetivamente depreender-se – que não é esse o fim efetivamente visado ou, naturalmente – e ainda que o n.º 2 do preceito não o refira expressamente –, quando a prestação dessa informação envolver violação de segredo imposto por lei[568].

Não estando em causa a prossecução dessa intenção, a recusa lícita de informação pode ainda ter lugar em duas situações – que acrescem à violação de segredo imposto por lei, expressamente prevista na alínea *c)* do n.º 4 –, a saber: quando haja *fundado receio* de que a informação seja utilizada para fins estranhos à sociedade e daí possam resultar prejuízos – independentemente da relevância ou magnitude destes – para a própria sociedade ou para os acionistas – cf. alínea

---

[567] Daqui se retira que, não sendo, em princípio, exigível a invocação do fundamento ou da finalidade visada com o pedido, pode essa invocação ser útil ou conveniente, restringindo a possibilidade de a prestação de informação vir a ser licitamente recusada.

[568] Cf. Raúl Ventura, *loc. cit.*, p. 151, e Alexandre de Soveral Martins, *loc. cit.*, p. 222.

a) do nº 4; quando, não se verificando esse receio de uma utilização para fins estranhos ao universo societário, possa, ainda assim, suceder que a divulgação da informação seja suscetível de prejudicar *relevantemente* a sociedade ou os acionistas (não sendo a utilização estranha ao universo societário, já não é qualquer prejuízo, mas apenas um prejuízo *relevante*, que permite alicerçar uma recusa lícita de informação) – cf. alínea *b)* do nº 4.

Segundo dispõem os nºs 5 e 6 deste artigo, as informações solicitadas consideram-se recusadas se não forem prestadas nos 15 dias seguintes à receção do pedido e o acionista que as utilize de modo a causar à sociedade ou a outros acionistas um dano injusto é responsável, nos termos gerais.

Não deixa de ser surpreendente, no quadro do nosso ordenamento jurídico e neste concreto contexto, o emprego da noção de *dano injusto*, que ocupa um lugar central no sistema de responsabilidade civil italiano e se encontra plasmada no artigo 2043º do *Codice Civile*. No entanto, tal noção é algo equívoca, devendo o *dano injusto* a que alude aquele artigo ser situado no plano da ilicitude e do dano--lesão ou dano-evento, distinguindo-se, portanto, do dano ou prejuízo entendido como frustração de vantagens ou utilidades que integravam, ou viriam previsivelmente a integrar, a esfera jurídica do lesado e de que esta tenha ficado privado por efeito do facto ilícito ocorrido (que são objeto, no sistema italiano, do artigo 1223º do *Codice Civile*).

Com efeito, o artigo 2043º da lei civil italiana, embora demarcando-se do sistema francês da *faute* e *isolando* a culpa (latamente entendida, como dolo ou negligência) da ilicitude objetiva, permanece fiel à tradição napoleónica do artigo 1382º do código francês e não faz mais do que consagrar uma *cláusula aberta* em matéria de responsabilidade civil delitual[569], sem estabelecer uma tipologia das situações jurídicas cuja violação pode gerar o dever de indemnizar ou identificar, sequer, a fonte normativa ou o título jurídico em que essas situações se fundem.

Consequentemente, entendemos que também não se pode retirar da noção de *dano injusto* a que alude o artigo 291º qualquer restrição ou qualificação do dano a indemnizar pelo acionista em resultado do uso dado à informação fornecida ao abrigo desse preceito legal. Serão, obviamente, indemnizáveis, nos termos gerais da lei civil, *todos* os danos culposamente causados à sociedade, quando o(s) acionista(s) em causa não atuem com a prudência exigível segundo a boa fé, à

---

[569] Sobre a noção de *dano injusto* e a amplitude da cláusula de ilicitude no sistema italiano de responsabilidade civil delitual, cfr., *inter alia*, Guido Alpa/Mario Bessone, *Trattato di Diritto Privato* (coord. Pietro Rescigno), 14 – *Obbligazioni e contratti*, tomo VI, 1982, pp. 74-81, Massimo Bianca, *Diritto Civile – 5 – La Responsabilità*, Milão, 1994, pp. 582 e ss., Cesare Salvi, *La Responsabilità Civile*, Milão, 1998, pp. 58 e ss, Francesco Galgano, *Diritto Civile e Commerciale*, vol. II – *Le Obbligazioni e i Contratti*, t. II, 3ª ed., Pádua, 1999, pp. 327 e ss., e Giovanna Visintini, *Trattato Breve della Responsabilità Civile*, Turim, 2005, pp. 421 e ss..

semelhança do que prescreve o artigo 858º do Código de Processo Civil quanto ao dever de indemnização que impende sobre o exequente pelos prejuízos causados ao executado. Apenas ficam arredados do dever de indemnização, da nossa perspetiva, os prejuízos que emerjam do exercício normal e prudente dos direitos do acionista, que não poderá, em tais circunstâncias, ver-lhe imputadas as consequências da sua conduta nefastas para a própria sociedade (desde logo por inexistência de qualquer atuação ilícita).

Por fim, o nº 7 deste preceito legal determina ainda que as informações prestadas, voluntariamente ou por decisão judicial, ficarão à disposição de todos os outros acionistas – e não apenas daqueles que detenham pelo menos 10% do capital social –, na sede da sociedade.

Trata-se de uma solução que favorece a transparência e a igualdade dos acionistas no acesso à informação: embora exercido no próprio interesse do acionista – ou grupo de acionistas – requerente, o direito *coletivo* à informação beneficia toda a *comunidade acionista*. Naturalmente, os demais acionistas também incorrem, pelo uso da informação a que assim acedem, na responsabilidade expressamente prescrita pelo nº 6 do artigo 291º.

3. OS DEVERES DE INFORMAÇÃO NAS SOCIEDADES COTADAS

No que se refere às sociedades abertas e, em especial, às sociedades cotadas, o CVM estabelece um conjunto alargado de deveres de informação que visam a salvaguarda dos investidores e o normal funcionamento do mercado de capitais[570].

Assim, desde logo, as sociedades abertas encontram-se obrigadas à divulgação de participações qualificadas, estatuindo o artigo 16º, nº 1, do CVM que quem atinja ou ultrapasse participação de 10%, 20%, um terço, metade, dois terços e 90% dos direitos de voto correspondentes ao capital social de uma sociedade aberta, sujeita a lei pessoal portuguesa, e quem reduza a sua participação para valor inferior a qualquer daqueles limites deve, no prazo de quatro dias de negociação após o dia da ocorrência do facto ou do seu conhecimento, *(i)* informar desse facto a Comissão do Mercado de Valores Mobiliários ("CMVM") e a sociedade participada, e *(ii)* dar conhecimento às referidas entidades das situações que determinam a imputação ao participante de direitos de voto inerentes a valores mobiliários pertencentes a terceiros, nos termos do nº 1 do artigo 20º do CVM.

---

[570] Sobre esta matéria, cf., por todos, PAULO CÂMARA, *Manual de Direito dos Valores Mobiliários*, 2ª ed., Coimbra, 2011, pp. 528 ss e 695 ss.

Por sua vez, o nº 2 do mesmo preceito legal alarga o âmbito deste dever de informação, determinando que fica, igualmente, sujeito a esse dever quem atinja ou ultrapasse participação de 5%, 15% e 25% dos direitos de voto correspondentes ao capital social e quem reduza a sua participação para valor inferior a qualquer daqueles limites, relativamente, entre outras, a *(i)* sociedade aberta, sujeita a lei pessoal portuguesa, emitente de ações ou de outros valores mobiliários que confiram direito à sua subscrição ou aquisição, admitidos à negociação em mercado regulamentado situado ou a funcionar em Estado membro da União Europeia e *(ii)* sociedade, com sede estatutária noutro Estado membro, emitente de ações ou de outros valores mobiliários que confiram direito à sua subscrição ou aquisição, exclusivamente admitidos à negociação em mercado regulamentado situado ou a funcionar em Portugal.

De assinalar ainda que, nos termos da alínea *a)* do nº 3 deste preceito legal, se presume que o participante tem conhecimento do facto determinante do dever de comunicação no prazo máximo de dois dias de negociação após a ocorrência desse facto e que, nos termos do artigo 16º-B, nºs 1 e 2, do CVM se confere à CMVM o poder de, em face de dúvidas fundadas quanto à exigibilidade de uma comunicação que tenha sido omitida, notificar desse facto os interessados, os órgãos de administração e fiscalização e o presidente da mesa da assembleia geral da sociedade aberta em causa, que disporão do prazo de 30 dias para responder. Caso os elementos aduzidos ou as medidas tomadas pelos interessados não ponham fim à situação, a CMVM informa o mercado da falta de transparência quanto à titularidade das participações qualificadas em causa, ficando imediata e automaticamente suspenso o exercício do direito de voto e dos direitos de natureza patrimonial, com exceção do direito de preferência na subscrição em aumentos de capital, inerentes à participação qualificada em causa, até que a CMVM informe o mercado e as entidades em causa de que a titularidade da participação qualificada é considerada transparente – cf. artigo 16º-B, nºs 3 e 4 –, o que constitui um regime bastante *severo* e fortemente desincentivador de eventuais incumprimentos deste dever de comunicação.

Severas são, igualmente, as consequências do não cumprimento de outro dever de comunicação relacionado com as sociedades abertas, estabelecendo o artigo 19º do CVM que os acordos parassociais que visem adquirir, manter ou reforçar uma participação qualificada em sociedade aberta, ou assegurar ou frustrar o êxito de oferta pública de aquisição, devem ser comunicados à CMVM por qualquer dos contraentes no prazo de três dias após a sua celebração (cf. nº 1) e que, omitido esse dever, serão anuláveis as deliberações sociais tomadas com base em votos expressos em execução dos respetivos acordos, salvo se se provar que a deliberação teria sido adotada sem aqueles votos (cf. nº 3).

A estes deveres de comunicação de participações qualificadas, acrescem, para as sociedades abertas que sejam emitentes de valores mobiliários admitidos à negociação em mercado regulamentado, os deveres de informação contemplados nos artigos 244º e ss. do CVM.

As informações exigidas nesses artigos devem ser divulgadas de forma a permitir aos investidores o acesso rápido, dentro dos prazos especialmente previstos, e sem custos específicos, a essas informações numa base não discriminatória, devendo também ser enviadas para o sistema de difusão da informação previsto no artigo 367º do CVM (cf. artigo 244º, nº 4, do CVM). Além disso, nos termos do nº 7 do mesmo preceito legal, as sociedades cotadas e, em geral, os emitentes de valores mobiliários admitidos à negociação em mercado regulamentado ficam ainda obrigados a colocar e a manter no seu sítio Internet, durante um ano, salvo outros prazos especialmente previstos, todas as informações que sejam obrigados a tornar públicas ao abrigo do CVM, da sua regulamentação e da legislação materialmente conexa.

Tais informações respeitam, antes de mais, aos relatórios e contas anuais, encontrando-se as sociedades em causa obrigadas a divulgar, no prazo de quatro meses a contar da data de encerramento do exercício e a manter à disposição do público por cinco anos, os elementos contemplados no nº 1 do artigo 245º do CVM.

Já no artigo 245º-A do CVM, exige-se que os emitentes de ações admitidas à negociação em mercado regulamentado situado ou a funcionar em Portugal divulguem, em capítulo do relatório anual de gestão especialmente elaborado para o efeito ou em anexo a este, um relatório detalhado sobre a estrutura e as práticas de governo societário, contendo um *catálogo* de informações de grande exigência e minúcia, onde estão contemplados aspetos que respeitam não apenas ao estrito cumprimento da lei, mas também à adesão da sociedade a regras de *soft law* e de boas práticas governativas. Este capítulo do relatório anual de gestão constitui, pois, um instrumento fundamental para assegurar a transparência na gestão das sociedades cotadas – e, em geral, das sociedades emitentes de valores mobiliários admitidos à negociação em mercado regulamentado – e a correspondente formação de decisões *informadas* por parte dos investidores.

Além da informação anual acabada de descrever, as sociedades em causa estão ainda obrigadas à divulgação periódica de informação menos desenvolvida e à divulgação *ad hoc* de informação privilegiada.

No que tange à divulgação periódica, o artigo 246º do CVM impõe a divulgação, até dois meses após o termo do primeiro semestre do exercício, relativamente à atividade desse período, e a colocação à disposição do público por cinco anos, das seguintes informações:

a) As demonstrações financeiras condensadas;

b) Um relatório de gestão intercalar, contendo, pelo menos, uma indicação dos acontecimentos importantes que tenham ocorrido no período a que se refere e o impacto nas respetivas demonstrações financeiras, bem como uma descrição dos principais riscos e incertezas para os seis meses seguintes;

c) Declarações de cada uma das pessoas responsáveis do emitente, cujos nomes e funções devem ser claramente indicados, onde afirmem que, tanto quanto é do seu conhecimento, as demonstrações financeiras consolidadas foram elaboradas em conformidade com as normas contabilísticas aplicáveis, dando uma imagem verdadeira e apropriada do ativo e do passivo, da situação financeira e dos resultados do emitente e das empresas incluídas no perímetro da consolidação, quando for o caso, e que o relatório de gestão intercalar expõe fielmente as informações acima mencionadas.

O artigo 246º-A, nº 1, do CVM determina que estão ainda obrigados à prestação de informação trimestral os emitentes, sujeitos a lei pessoal portuguesa, de ações admitidas à negociação em mercado regulamentado que, durante dois anos consecutivos, ultrapassem dois dos seguintes limites:

a) Total do balanço: (euro) 100 000 000;
b) Total das vendas líquidas e outros proveitos: (euro) 150 000 000;
c) Número de trabalhadores empregados em média durante o exercício: 150.

E, nos termos dos nºs 2 e 3 do mesmo artigo, mesmo os emitentes que não estejam obrigados a prestar a informação trimestral devem divulgar, durante o primeiro e o segundo semestres do exercício financeiro – mais concretamente, entre o fim das primeiras 10 semanas e as últimas 6 semanas do semestre a que respeite –, uma declaração do órgão de administração relativa ao período compreendido entre o início do semestre e a data da declaração, contendo os seguintes elementos (informação *intercalar*):

a) Uma descrição explicativa das ocorrências relevantes e das transações feitas durante o período relevante e a sua incidência sobre a posição financeira do emitente e das empresas por si dominadas; e

b) Uma descrição geral da posição financeira e do desempenho do emitente e das empresas por si dominadas durante o período relevante.

Finalmente, no que se refere ao crucial dever de divulgação de informação privilegiada, o artigo 248º do CVM determina que os emitentes que tenham valores mobiliários admitidos à negociação em mercado regulamentado ou requerido a respetiva admissão a um mercado dessa natureza divulgam imediatamente:

a) Toda a informação que lhes diga diretamente respeito ou aos valores mobiliários por si emitidos, que tenha carácter preciso, que não tenha sido tornada pública e que, se lhe fosse dada publicidade, seria idónea para influenciar de maneira sensível o preço desses valores mobiliários ou dos instrumentos subjacentes ou derivados com estes relacionados;

b) Qualquer alteração à informação tornada pública nos termos da alínea anterior, utilizando para o efeito o mesmo meio de divulgação.

O n.º 2 do mesmo preceito legal esclarece que a informação privilegiada abrange os factos ocorridos, existentes ou razoavelmente previsíveis, independentemente do seu grau de formalização, que, por serem suscetíveis de influir na formação dos preços dos valores mobiliários ou dos instrumentos financeiros, qualquer investidor razoável poderia normalmente utilizar, se os conhecesse, para basear, no todo ou em parte, as suas decisões de investimento.

O n.º 6 desse artigo impõe ainda a obrigação de os emitentes e as pessoas que atuem em seu nome ou por sua conta elaborarem e manterem rigorosamente atualizada uma lista dos seus trabalhadores ou colaboradores, ao abrigo de contrato de trabalho ou de qualquer outro vínculo, que tenham acesso, regular ou ocasional, a informação privilegiada, comunicando a essas pessoas a inclusão dos seus nomes na lista e as consequências legais decorrentes da divulgação ou utilização abusiva de informação privilegiada.

A concluir, recorde-se que a divulgação de informação privilegiada pode ser diferida uma vez verificados os requisitos cumulativos previstos no artigo 248.º-A do CVM, ou seja, desde que *(i)* a divulgação imediata seja suscetível de prejudicar os legítimos interesses do emitente, *(ii)* o diferimento não seja suscetível de induzir o público em erro e *(iii)* o emitente demonstre que assegura a confidencialidade da informação.

4. OS DEVERES DE INFORMAÇÃO ESPECÍFICOS DO SETOR BANCÁRIO

No que se refere, especificamente, aos deveres de informação vigentes no setor bancário, importa levar em conta a normação constante do RGICSF, que em múltiplas disposições contempla deveres de informação que acrescem aos acima expostos.

Assim, para além da informação atinente, desde logo, aos membros dos órgãos de administração e fiscalização e aos titulares de funções essenciais nas instituições de crédito, cuja adequação para o exercício das respetivas funções é avaliada, nomeadamente, pelo próprio Banco de Portugal ("BdP"), nos termos dos artigos 30.º e ss. do RGICSF – avaliação esta que constitui, por sua vez, pressuposto do registo dos membros dos órgãos de administração e fiscalização, nos termos do artigo 69.º do RGICSF –, cabe recordar que o exercício da atividade bancária está dependente do registo das próprias instituições de crédito[571], sendo exigíveis para o efeito os elementos previstos no artigo 66º do mesmo diploma legal, onde se incluem a identificação dos acionistas detentores de participações qualificadas[572] e dos acordos parassociais a que alude o artigo 111º do RGICSF[573].

Coerentemente, o artigo 102º do RGICSF, na redação dada pela recente Lei nº 118/2015, de 31 de agosto, determina que a pessoa singular ou coletiva que, direta ou indiretamente[574], pretenda deter participação qualificada numa instituição de crédito deve comunicar previamente ao BdP o seu projeto (cf. nº 1), devendo ainda ser comunicados previamente ao Banco de Portugal os atos que envolvam aumento de uma participação qualificada, sempre que deles possa resultar, consoante os casos, uma percentagem que atinja ou ultrapasse qualquer dos limiares de 10%, 20%, um terço ou 50% do capital ou dos direitos de voto na instituição participada, ou quando esta se transforme em filial da entidade adquirente (cf. nº 2)[575].

Feita essa comunicação, o BdP pode opor-se ao projeto, se não considerar demonstrado que o proposto adquirente reúne condições que garantam uma gestão sã e prudente da instituição de crédito, tendo em conta a adequação do proposto adquirente, a sua influência provável na instituição de crédito e a solidez financeira do projeto, ou se as informações prestadas pelo proposto adquirente forem incompletas (cf. artigo 103º, nºs 1 e 2, do RGICSF)[576].

---

[571] Assinale-se que, quando esteja em causa instituição de crédito que deva ficar sujeita à supervisão prudencial do BCE, é a este que cabe a respetiva autorização, tendo por base a apreciação e um projeto de decisão do BdP, nos termos do artigo 14º do Regulamento (UE) nº 1024/2013, do Conselho, de 15 de outubro de 2013. No entanto, se o BdP considerar que o requerente não satisfaz todas as condições de autorização previstas na lei nacional, deve, desde logo, indeferir o pedido de autorização (cf. artigo 14º, nº 2, do mencionado Regulamento).

[572] Sobre o tema das participações qualificadas, cf., por todos, cf. ANTÓNIO MENEZES CORDEIRO, *Direito Bancário*, 5ª ed., Coimbra, 2014, pp. 1087 ss.

[573] Nos termos do artigo 111º do RGICSF, os acordos parassociais entre acionistas de instituições de crédito relativos ao exercício do direito de voto estão sujeitos a registo, *sob pena de ineficácia*, podendo o registo ser requerido por qualquer das partes no acordo.

[574] Para efeitos do cômputo de uma participação qualificada, são considerados não apenas os direitos de voto de que o participante tenha a titularidade ou o usufruto, mas também os detidos por terceiro, nas circunstâncias descritas no artigo 13º-A do RGICSF.

[575] Nos termos do artigo 107º do RGICSF, a pessoa singular ou coletiva que pretenda deixar de deter participação qualificada numa instituição de crédito, ou diminuí-la de tal modo que a percentagem de direitos de voto ou de capital de que seja titular desça a nível inferior a qualquer dos limiares de 20 %, um terço ou 50 %, ou de tal modo que a instituição deixe de ser sua filial, deve também informar previamente o BdP e comunicar-lhe o novo montante da sua participação.

[576] Ressalve-se que, quando esteja em causa a aquisição de participação qualificada em instituição de crédito sujeita à supervisão prudencial do BCE, é a este que cabe a respetiva decisão, tendo

De assinalar que, não obstante o BdP dever sopesar, nesta apreciação, os critérios discriminados no nº 2 do artigo 103º do RGICSF, é por demais evidente que se está perante uma formulação de valorações próprias da função administrativa, assentes num raciocínio de prognose, ou seja, uma indagação, formada a partir dos factos existentes e conhecidos (base da prognose), para, servindo-se de princípios reconhecidos de experiência, se projetar sobre a ocorrência (provável) de um acontecimento futuro[577]. E que, como tal, o BdP age aqui a coberto de uma *reserva de administração* em que o controlo jurisdicional é limitado, atendendo ao princípio da separação de poderes e à necessidade de atribuir à Administração a *última palavra* quanto a decisões para as quais ela dispõe de maior idoneidade funcional (em face, por exemplo, dos órgãos judiciais), em razão da sua estrutura orgânica, responsabilidade política, legitimidade democrática e específicos meios e procedimentos de atuação[578].

Refira-se, ainda sobre o tema das participações qualificadas, que o BdP pode, a todo o tempo e independentemente da aplicação de outras medidas previstas na lei, declarar que possui carácter qualificado qualquer participação no capital ou nos direitos de voto de uma instituição de crédito, relativamente à qual venha a ter conhecimento de atos ou factos relevantes cuja comunicação ao BdP tenha sido omitida ou incorretamente feita pelo seu detentor (cf. artigo 102º-A, nº 1, do RGICSF), do mesmo passo que pode determinar a inibição do exercício dos direitos de voto integrantes de uma participação qualificada[579], quando o interessado não tenha cumprido a obrigação de comunicação acima referida, tenha adquirido a participação antes de o BdP se ter pronunciado sobre o projeto ou em caso de oposição do BdP a essa aquisição (cf. artigo 105º do RGICSF).

Para além da questão *magna* das participações qualificadas, o RGICSF prevê variadíssimos deveres de comunicação e divulgação de informação no quadro da supervisão prudencial[580].

Assim, o artigo 115º-I, aditado pelo Decreto-Lei nº 157/2014, de 24 de outubro – que transpôs para a ordem jurídica interna a importante Diretiva nº

---

por base a apreciação e uma proposta de decisão formulada pelo BdP, nos termos do artigo 15º do Regulamento (UE) nº 1024/2013, do Conselho, de 15 de outubro de 2013.

[577] Cf. SÉRVULO CORREIA, *Direito do Contencioso Administrativo*, I, Lisboa, 2005, pp. 622 e ss..

[578] Cf. NUNO PIÇARRA, "A Separação de Poderes na Constituição de 1976", in *Nos dez anos da Constituição*, Lisboa, 1986, p. 151.

[579] Diversamente do que sucede no domínio da regulação do mercado de capitais e da atuação da CMVM ao abrigo do artigo 16º-B do CVM, esta norma não confere ao BdP a faculdade de determinar a inibição ou suspensão da generalidade dos direitos de natureza patrimonial, mas apenas dos direitos de voto.

[580] Sobre a noção, enquadramento e evolução da supervisão bancária e, em especial, da supervisão prudencial, cf. ANTÓNIO MENEZES CORDEIRO, *Direito Bancário*, cit, pp. 1056 ss.

2013/36/EU, do Parlamento Europeu e do Conselho, de 26 de junho, relativa à supervisão prudencial das instituições de crédito –, determina que as instituições de crédito e as sociedades financeiras que mantenham um sítio na Internet devem fazer constar do mesmo informação que exponha o cumprimento das normas previstas nos artigos 115º-A a 115º-F e 115º-H – atinentes ao sistema e regras de *governance* destas entidades –, bem como das normas que disponham sobre políticas relativas às exigências de idoneidade, qualificação profissional, disponibilidade e independência dos membros dos órgãos de administração e de fiscalização.

O artigo 116º-M, aditado pela Lei nº 23-A/2015, de 26 de março – que transpôs para a ordem jurídica interna a Diretiva 2014/49/UE, do Parlamento Europeu e do Conselho, de 16 de abril, relativa aos sistemas de garantia de depósitos, e a Diretiva 2014/59/UE, do Parlamento Europeu e do Conselho, de 15 de maio, que estabelece um enquadramento para a recuperação e a resolução de instituições de crédito –, contempla o dever de comunicação ao BdP de um vasto acervo de informação destinado à elaboração, revisão ou atualização de planos de resolução, quando os mesmos se tornem necessários, nos termos dos artigos 116º-J e 116º-K.

No que se refere à matéria do apoio financeiro, o artigo 116º-X, aditado pela mesma lei, estatui que, antes de prestar apoio financeiro nos termos do contrato de apoio financeiro intragrupo, o órgão de administração da entidade prestadora notifica o BdP, a autoridade responsável pela supervisão em base consolidada, a autoridade responsável pela supervisão da entidade beneficiária e a Autoridade Bancária Europeia. E, nos termos do artigo 116º-Y, as entidades que tenham celebrado um contrato de apoio financeiro intragrupo são obrigadas a divulgar essa informação, bem como uma descrição dos termos gerais do contrato e a identificação das restantes partes, no respetivo sítio na Internet, devendo aquelas informações ser atualizadas, pelo menos, anualmente.

Já nos termos do artigo 116º-Z, também aditado pela mesma lei, quando uma instituição de crédito se encontre, por qualquer razão, em situação de desequilíbrio financeiro ou de insolvência, ou em risco de o ficar, o órgão de administração ou de fiscalização devem comunicar imediatamente esse facto ao BdP (cf. nº 1). E, nos termos do nº 2 do mesmo artigo, os órgãos de administração e de fiscalização da instituição de crédito devem igualmente comunicar ao BdP a verificação de múltiplas situações aí enunciadas, ainda que considerem que tal possa não ter impacto no equilíbrio financeiro da instituição.

De assinalar que o cumprimento destes deveres de comunicação constitui exceção ao dever de segredo bancário previsto no artigo 79º (cf. nº 7) e impende *pessoalmente* sobre os membros dos órgãos de administração e fiscalização (cf. nº 3). Além disso, nos termos do nº 4, o órgão de fiscalização ou qualquer membro dos órgãos de administração ou de fiscalização, bem como os titulares de participações qualificadas, devem ainda comunicar de imediato ao BdP qualquer irregularidade grave de que tomem conhecimento relacionada com a administração, organização contabilística e fiscalização interna da instituição de crédito e que seja suscetível de a colocar em situação de desequilíbrio financeiro. Segundo esclarece ainda o nº 5 do mesmo preceito legal, estes deveres de comunicação subsistem após a cessação das funções em causa ou da titularidade da participação qualificada, relativamente a factos verificados durante o exercício de tais funções ou a titularidade da respetiva participação.

Estes deveres são ainda reforçados por um sistema interno de receção, tratamento e arquivo das participações de irregularidades graves relacionadas com a sua administração, organização contabilística e fiscalização interna e de indícios sérios de infrações a deveres prescritos no RGICSF ou no Regulamento (UE) nº 575//2013, do Parlamento Europeu e do Conselho, de 26 de junho, previsto no artigo 116º-AA do RGICSF.

Acresce que, nos termos do artigo 134º, nº 1, do RGICSF, com a redação que lhe foi dada também pela Lei nº 23-A/2015, de 26 de março, as instituições de crédito devem apresentar ao BdP as informações necessárias à avaliação do cumprimento do disposto no RGICSF e no mencionado Regulamento do Parlamento Europeu e do Conselho, nomeadamente para a verificação:

a) Do seu grau de liquidez e solvabilidade;

b) Dos riscos em que incorrem, incluindo o nível de exposição a diferentes tipos de instrumentos financeiros;

c) Das práticas de gestão e controlo dos riscos a que estão ou possam vir a estar sujeitas;

d) Das metodologias adotadas na avaliação dos seus ativos, em particular daqueles que não sejam transacionados em mercados de elevada liquidez e transparência;

e) Do cumprimento das normas, legais e regulamentares, que disciplinam a sua atividade;

f) Da sua organização administrativa;

g) Da eficácia dos seus controlos internos;

h) Dos seus processos de segurança e controlo no domínio informático;

i) Do cumprimento permanente das condições previstas nos artigos 14º, 15º e alíneas f) e g) do nº 1 do artigo 20º do RGICSF, atinentes aos pressupostos da autorização do BdP para o exercício da respetiva atividade.

E, segundo resulta dos nºs 3 e 4 do mesmo preceito legal, as instituições de crédito estão ainda obrigadas a facultar ao BdP a inspeção dos seus estabelecimentos e o exame da escrita no local, assim como todos os outros elementos que o BdP considere relevantes para a verificação dos aspetos acima mencionados, podendo o BdP extrair cópias e traslados de toda a documentação pertinente.

No que concerne, em especial, às transações relativas a serviços e atividades de investimento, o nº 6 deste artigo impõe a conservação e a manutenção à disposição do BdP dos respetivos dados, pelo prazo de cinco anos.

Finalmente, assinale-se que, nos termos dos artigos 431º e ss. do Regulamento (UE) nº 575/2013, do Parlamento Europeu e do Conselho, de 26 de junho de 2013, as instituições de crédito estão ainda obrigadas a divulgar publicamente, pelo menos uma vez por ano, múltiplas informações – referentes, nomeadamente, aos objetivos e políticas em matéria de gestão de risco (cf. artigo 435º), fundos próprios (cf. artigos 437º, 438º e 440º), posições em risco de crédito (cf. artigos 439º e 442º) e política de remuneração (cf. artigo 450º) –, embora o artigo 434º, nº 2, do mesmo Regulamento admita que a divulgação pública de *informações equivalentes*, em virtude do cumprimento de requisitos em matéria de contabilidade, admissão à cotação ou outros, satisfaça as exigências do referido Regulamento. Acresce que as instituições de crédito sujeitas à supervisão prudencial do BCE se encontram obrigadas a fornecer àquele todas as informações necessárias ao exercício das respetivas atribuições que lhes sejam exigidas pelo BCE, encontrando-se também sujeitas aos respetivos poderes de investigação e inspeção – cf. artigos 10º a 12º do Regulamento (UE) nº 1024/2013, do Conselho, de 15 de outubro de 2013.

5. CONCLUSÃO

De todo o exposto, pode extrair-se, em síntese, a conclusão de que os bancos se encontram hoje sujeitos, na sequência da crise financeira de 2008-2009, a uma apertadíssima malha de deveres de informação, em especial perante as entidades encarregues da respetiva supervisão prudencial, tendo em vista favorecer a transparência, a tutela dos investidores e depositantes e acautelar eventuais riscos sistémicos. O enfoque terá agora, portanto, de ser colocado na verificação do cumprimento desses deveres e não no desenvolvimento ou aprofundamento da normação bancária aplicável, já de si complexa e exigente e que convive ainda com os direitos de acesso a informação por parte dos acionistas, nos termos da lei comercial, e com os deveres de informação que impendem sobre as sociedades abertas e, em particular, sobre as sociedades cotadas.

CAPÍTULO IX

POLÍTICA DE REMUNERAÇÃO E RISCO

Miguel Ferreira

10. INTRODUÇÃO

O objetivo deste artigo consiste na análise das políticas de remuneração nas instituições financeiras na perspetiva do seu impacto no nível de tomada de risco. Começamos por definir quais os objetivos da política de remuneração de uma instituição financeira, explicando as principais diferenças entre estas instituições e as restantes empresas e o impacto que essas diferenças têm na definição destes objetivos. De seguida, apresentamos um conjunto de características que são, de forma relativamente consensual, aceites como desejáveis numa política de remuneração de uma instituição financeira. Posteriormente, analisamos um conjunto de instrumentos para política de remuneração habitualmente utilizados à luz dessas mesmas características. Por fim, concluímos com recomendações.

11. OBJETIVOS DE UMA POLÍTICA DE REMUNERAÇÃO NO SISTEMA FINANCEIRO

De uma maneira geral, entende-se que o objetivo mais frequente de qualquer reforma de governo societário, na qual se insere a política de remuneração, será o de alinhar os interesses dos acionistas, os detentores da instituição, com aqueles que a gerem no dia-a-dia e que têm o poder para influenciar os seus resultados, a equipa de gestão. Deste modo, como refere Bebchuck e Spamann (2010), não é de estranhar que a grande maioria das reformas implementadas a nível da política de remuneração no seguimento da crise financeira mundial de 2007-

-2009 tenham ido de encontro a este objetivo e tenham procurado alcançar este alinhamento; são exemplo destas reformas, como referem os autores, medidas como a obrigatoriedade dos acionistas deliberarem votarem sobre a política de remuneração dos executivos (*say-on-pay*), a criação de comités independentes destinados a aprovar os pacotes de remuneração dos executivos e a utilização de ações sujeitas a um tempo mínimo de permanência – ações sujeitas a um período mínimo de intransmissibilidade (*restricted stock*).

Contudo, embora estas medidas pareçam efetivamente fazer sentido para a grande maioria das empresas, a esmagadora maioria dos autores que se debruçam sobre o tema concordam que não pode ser esperado que estas sejam eficazes no caso particular das instituições financeiras, antes pelo contrário.

Com efeito, embora estas medidas contribuam de facto para um maior alinhamento entre os interesses dos acionistas e os interesses dos gestores, o que acontece é que no caso das instituições financeiras este alinhamento não é socialmente desejável, devido às caraterísticas particular dos bancos que fazem com que os acionistas tenham uma preferência por um nível de risco excessivo (Bebchuck e Spamann (2010)). Como explicam os autores, as tradicionais medidas de governo societário destinadas a alinhar os interesses dos acionistas e dos administradores (como é o caso das medidas citadas) não constituem uma solução adequada para os problemas de uma instituição financeira e podem mesmo tornar a situação ainda pior.

A. As Instituições Financeiras: Um Diferente Paradigma

A natureza do negócio de uma instituição financeira implica que estas possuam uma quantidade de dívida elevada no balanço. De facto, em média, mais de 90% da estrutura de capital de um banco é constituída por dívida (Mehran, Morrison e Shapiro (2011)), o que constitui uma diferença significativa face à estrutura de capital habitual de uma empresa não financeira. Deste modo, existe um grupo de *stakeholders*, os credores (nomeadamente os depositantes), que assume uma importância fora do comum numa instituição financeira.

Esta estrutura de capital significa que os bancos têm inerente um importante risco sistémico para a economia como um todo, em muito devido ao risco de liquidez que acarretam para o funcionamento da atividade económica de um país. De facto, como expõem Kim, Nofsinger e Mohr (2004), o colapso de grandes instituições financeiras desencadearia um risco sistémico no seguimento do qual outras empresas iriam entrar em liquidação muitas pessoas iriam perder os seus postos de trabalho e a economia iniciaria uma espiral descendente. Bernanke (2009) argumenta que este fator tem vindo a ser exacerbado pelo aumento da escala dos bancos, o que incrementa o risco associado ao desequilíbrio financeiro dos mesmos.

A maioria dos autores assume como válidas a razões que estão na génese destes fatores. Desde logo, num estudo levado a cabo por Laeven e Valencia (2008) que analisa 42 situações de crise sistémica do sistema bancário em 37 países, os autores concluem que embora as causas e os efeitos das crises variem, em todas as elas os governos foram forçados a decidir entre: subsidiar/perdoar a dívida, assumir o controlo do banco e reiniciá-lo sob uma nova gestão, ou uma combinação das duas. O estudo revela-se inconclusivo em termos de qual das soluções será a ideal, revelando no entanto que esta irá depender da natureza da crise financeira: para crises financeiras por problemas sistémicos da economia, é geralmente preferível manter a gestão em funções; ao passo que esta deve ser substituída em casos de colapso individual da instituição financeira.

Kim, Nofsinger e Mohr (2004) alegam que o argumento para os resgastes é de que é preferível gastar o dinheiro dos contribuintes a estabilizar partes críticas ao funcionamento da economia do que permitir uma insolvência que vai gerir uma cadeia de insolvências sucessivas e necessitar de ainda mais dinheiro. Os mesmos autores explicam de que modo, no seguimento da crise financeira, a maior parte dos Governos se viu forçado a intervir de alguma forma para suportar as grandes instituições financeiras e a conter o seu risco sistémico, citando o caso da Islândia como um exemplo do que pode vir a suceder no caso de não haver intervenção. Neste país, os três maiores bancos acabaram por sucumbir financeiramente, tendo resultado no colapso da moeda, na perda significativa do valor do seu mercado de capitais e na entrada da economia numa recessão severa. Este exemplo demonstra por que razão os reguladores se preocupam tanto com o risco sistémico de uma instituição financeira.

Como forma de suprimir o risco de liquidez inerente ao negócio dos bancos e de diminuir o risco sistémico que estes representam para a economia, o sector bancário tende, não só, a ser altamente regulado (o que impõe pesadas inibições nos mecanismos de governo societário habituais, a discutir nas secções seguintes), mas também a ser suportado por fundos de garantia de depósitos (Flannery (1998)). Embora o consenso da literatura seja de que as razões para a existência de fundos de garantia são válidas, é transversal o reconhecimento dos incentivos perversos que estes criam no sistema financeiro e no comportamento dos agentes económicos em geral. Como enunciado por Mehran, Morrison e Shapiro (2011), uma vez que os depositantes se sentem salvaguardados pelo fundo de garantia de depósitos, não exigem aos bancos um retorno que seja adequado ao nível de risco que está na realidade associado aos depósitos, criando uma oportunidade de arbitragem para os bancos que faz com que estes tenham vantagens indiscutíveis em financiarem-se com dívida ao invés de capital.

Como argumentam Mehran e Mollineaux (2012), esta situação resulta na passagem de uma situação de mercados perfeitos (em que os interesses dos acionistas estariam alinhados com os interesses dos restantes *stakeholders*) para uma situação de mercados imperfeitos caracterizada por *moral hazard*: como resultado da proteção que é dada aos bancos, os acionistas vão beneficiar numa situação de *upside*, mas não vão ser expostos a perdas da mesma magnitude numa situação de *downside*, uma vez que estas são assumidas pelos credores e pela sociedade como um todo (sob a forma dos fundos de garantia de depósitos), a qual passa assim, aliás, a *stakeholder* do banco. Como sumariza Macey e O'Hara (2003), o fundo de garantia de depósitos faz com que os acionistas consigam alocar eventuais perdas a terceiras partes que são os contribuintes que financiam o fundo. Deste modo, Levine (2004) alega que a existência do fundo de garantia de depósitos diminui o grau de aversão ao risco dos acionistas e Demirgüç-Kunt e Detragiache (2002) mostram que os países com fundos de garantia de depósitos mais generosos têm maior probabilidade de sofrer uma crise bancária.

No entanto, apesar dos múltiplos *stakeholders* envolvidos numa instituição financeira, em particular os credores e os contribuintes do fundo de garantia de depósitos (representados pelo Estado e/ou o sector financeiro em geral), continuam a ser os acionistas quem controla a instituição financeira e determina o seu nível de risco (Becht, Bolton e Röell (2011)). Como discutido acima, esta situação não teria de levar necessariamente a um desalinhamento de objetivos, mas as imperfeições de mercado induzidas pelo fundo de garantia de depósitos resultam em graus de aversão ao risco altamente distintos entre os acionistas as os restantes *stakeholders*.

B. Um Novo Objetivo

Como referido por Mehran, Morrison e Shapiro (2011), muitos dos relatórios oficiais (*Senior Supervisors Group* (2008)), tendem a discutir as falhas nos mecanismos de supervisão sem mencionarem que esses mesmos mecanismos fizeram exatamente aquilo para o qual foram desenhados: a representação adequada dos interesses dos acionistas pela empresa. A questão terá por isso de ser elevada a um outro nível, relacionada com a pertinência de serem os interesses dos acionistas, e não dos restantes *stakeholders*, os quais devem ser objeto de proteção por estes mecanismos.

Surge assim a necessidade de definir qual será um objetivo a considerar como sendo válido para a condução de reformas de governo societário de uma instituição financeira, e para a definição da política de remuneração em particular.

Mehran e Mollineaux (2012) alegam existir um *trade-off* entre a estabilidade necessária do sistema financeiro (interesses que tendem a estar alinhados com os dos credores e do Estado) e a necessidade deste inovar e gerar retornos (interesses que tendem a estar alinhados com os acionistas) e que conciliar estes objetivos será o futuro. Ainda que esta ideia não seja abertamente contestada pelos restantes autores, as considerações mais práticas dos restantes autores parecem ir mais no sentido de que o objetivo da política de remuneração dos gestores do sistema financeiro (e de qualquer reforma societária) deverá ser mais orientado no sentido de garantir a estabilidade do sistema financeiro em primeiro lugar, procurando respeitar e manter a necessidade dos bancos inovarem e gerarem retornos, que surge assim quase como um objetivo de caráter mais subordinado – condição a respeitar e não a maximizar. Esta ideia é particularmente suportada por Boyallian e Ruiz-Verdú (2015), que verificam que os bancos nos quais os executivos tinham menor aversão ao risco foram aqueles que sofreram mais perdas durante a crise financeira.

Deste modo, e aceitando esta premissa, o objetivo para a política de remuneração de um banco deverá passar por um maior controle do nível de risco ao qual este está exposto (conceito que não deve, no entanto, ser confundido com a minimização do risco de um banco[581]) sem comprometer a sua capacidade de gerar retornos, como forma de garantir a maximização dos interesses dos *stakeholders* como um todo.

12. CARACTERÍSTICAS DESEJÁVEIS NUMA POLÍTICA DE REMUNERAÇÃO

Tendo definido qual o objetivo de uma política de remuneração para o sistema financeiro, vamos agora definir quais as características que devem estar associadas a uma política de remuneração por forma a garantir este mesmo objetivo. A próxima seção estabelece aquelas que são consideradas as principais quatro destas características.

É de notar que, na generalidade da seção, o foco está concentrado na compensação dos principais executivos dos bancos. Como explicam Bebchuck e Spamann (2010), isto não significa no entanto que a compensação a um nível inferior da hierarquia não seja igualmente relevante para o nível de risco assumido por um banco; o foco nos níveis mais elevados prende-se apenas com o facto de serem esses executivos quem define a política de remuneração dos níveis inferiores,

---

[581] Uma vez que o negócio de um banco consiste precisamente na gestão do risco, a eliminação do risco consistiria, efetivamente, na eliminação do negócio do banco.

pelo que definir as características desejáveis para estes terá um efeito em cascata por toda a organização. Como referem os autores, os incentivos dos principais executivos são a chave para o comportamento do banco como um todo.

A. Interesses dos Vários *Stakeholders*

Face à discussão desenvolvida na seção 2 e ao objetivo definido para uma política de remuneração, não deverá ser surpreendente que a primeira característica que faça sentido considerar seja a de que garantir que os interesses dos vários *stakeholders* do banco, e não apenas os dos acionistas, estejam refletidos no instrumento de remuneração utilizado.

Esta ideia é amplamente suportada pela literatura. Vários autores demonstram que incentivos baseados na maximização do lucro para os acionistas não são desejáveis no caso das instituições financeiras, resultando numa pior performance e/ou num aumento do risco tomado (Allen e Gale (2000), Mehran e Rosenberg (2008), Peng e Röell (2008), Bebchuk e Spamann (2010), Chesney, Stromberg e Wagner (2010), Gropp e Kohler (2010), Mehran e Mollineaux (2012), Cheng, Hong e Scheinkman (2015)).

Face quer a estes resultados quer a toda a discussão anteriormente desenvolvida, apresenta-se então como primeira característica desejável a defesa dos interesses dos vários *stakeholders* e a não limitação apenas aos interesses dos acionistas, os quais se comprovam não serem aqueles que maximizam o valor do banco como um todo.

B. Componente Variável

Como refere Mehran e Mollineaux (2012), uma remuneração totalmente fixa poderá não dar aos gestores o incentivo para realizarem qualquer esforço adicional, à semelhança, aliás, do que sucede com qualquer outra empresa.

A conclusão lógica será portanto de que é vantajoso associar uma componente de remuneração variável no acordo remuneratório. Contudo, a este nível surgem três grandes dificuldades. A primeira está relacionada com a natureza opaca e complexa do negócio dos bancos dificultar severamente o desenho de mecanismos de compensação variáveis, uma vez que é relativamente fácil aos gestores influenciarem os resultados dos indicadores-chave do desempenho (*Key Performance Indicators*, KPIs) mediantes os quais estão a ser avaliados (Levine (2004)). A segunda dificuldade prende-se com as diferenças dos perfis dos gestores e dos acionistas; devido não só às assimetrias de informação mas também ao facto de os gestores tenderem a ter mais experiência, o que lhes permite percecionar os riscos de forma muito mais adequada, é possível que os seus incentivos continuem desalinhados com os acionistas, mesmo que a remuneração de ambos se baseie no mesmo indicador (Laeven (2013)). Por último, e sendo assumida como a maior dificuldade e uma importante distinção entre instituições financeiras e as restantes empresas, a decisão sobre quais os KPIs a associar à componente variável da remuneração é altamente complexa, como discutido de seguida – esta dificuldade será avaliada em maior detalhe aquando da análise dos possíveis instrumentos para a política de remuneração.

Ainda assim, e apesar das dificuldades associadas à criação de um sistema de compensação variável que seja eficaz no caso das instituições financeiras, o consenso entre os autores é de que esta é necessária para ultrapassar as limitações que uma política de remuneração exclusivamente fixa comporta. Deste modo, podemos estabelecer a presença de uma componente variável como sendo uma segunda característica desejável de uma política de remuneração.

C. Componente de Longo Prazo

Em termos de horizonte temporal, Tung e Wang (2011) mostram que maiores rácios de *inside debt incentives* (remuneração diferida, fundos de pensões) versus capital resultam num menor risco idiossincrático das instituições financeiras e na concessão de créditos menos arriscados. Bebchuck e Spamann (2010) notam que ao criar condições para que os executivos recebam a sua compensação antes que as consequências de longo prazo das suas decisões ocorram, a política de remuneração funciona efetivamente como um incentivo para um foco excessivo nos objetivos de curto prazo com um peso insuficiente dado aos resultados de longo prazo que vão influenciar em grande escala o valor da empresa.

Dermine (2011) alega assim que, para evitar que os gestores procurem influenciar os resultados de curto prazo, a sua retribuição deve estar associadas a períodos de retenção relativamente longos, de forma a poder ser assegurada a criação de valor a longo prazo, incluindo a existência de *clawbacks* (cláusula que determina a devolução de parte da remuneração quando ocorram cenários negativos).

Deste modo, Haan e Vlahu (2013) e Spong e Sullivan (2007) argumentam que uma das principais formas de alinhamento dos incentivos dos gestores dos bancos será o da atribuição de remuneração com uma forte componente de longo prazo – esta deverá ser a terceira característica desejável a procurar num sistema de remuneração.

D. Montante

Embora a discussão do montante de compensação considerado ideal seja de difícil quantificação e dependa sempre de um conjunto de fatores que muitas vezes são externos ao próprio banco, existe evidência de que um maior nível remuneração nas instituições financeiras está associado a um maior risco assumido (Adams e Mehran (2003)), sendo que estas instituições estão associadas a uma pior performance durante a crise financeira (Cheng, Hong e Scheinkman (2015)).

Deste modo, a moderação do montante total de remuneração nos bancos parece ser recomendável, uma ideia que aliás parece estar a ser implementada na prática, uma vez que vários autores concluem que os administradores dos bancos têm uma compensação inferior aos das restantes empresas financeiras (Houston e James (1995), Field e Fraser (1999), Adams e Mehran (2003), John e Qian (2003), Becher, Capmbell e Frye (2005), Adams (2010)). Esta deverá ser a quarta característica desejável de uma política de remuneração.

13. INSTRUMENTOS PARA A POLÍTICA DE REMUNERAÇÃO

Estabelecidas quais as características desejáveis numa política de remuneração, a seção seguinte procurará agora avaliar possíveis instrumentos para a política de remuneração de uma instituições financeira à luz destas características.

A propósito desta avaliação, importa distinguir entre objetos que funcionam como meios de remuneração em si – concessão da compensação – dos instrumentos que funcionam como indicadores de performance (KPIs) relativamente aos quais o valor da compensação é determinado – associação à compensação. Embora a forma mediante a qual estes instrumentos afetam a remuneração concedida difira, a sua adequabilidade, ou ausência da mesma, enquanto instrumentos de política de remuneração é idêntica nas duas situações.

A. Atribuição de Ações

Tradicionalmente, as ações são uma das formas mais utilizadas como forma de alinhar os incentivos dentro de uma empresa, sendo por isso frequentemente usadas como forma de compensação, quer por atribuição direta quer como KPI.

Todavia, vários autores demonstram que este tipo de incentivos, baseados na maximização do lucro para os acionistas, não é desejável no caso das instituições financeiras, resultando numa pior performance e/ou num aumento do risco tomado. Adicionalmente, tanto Fahlenbrach e Stulz (2010) como Suntheim (2010) demonstram que bancos com políticas de remuneração condicionadas no preço da ação ou com detenção de ações por executivos (incluindo o CEO) tiveram piores performances durante a recente crise financeira.

À luz dos objetivos estabelecidos para uma política de remuneração, estes resultados devem ser simples de compreender. Se os interesses dos acionistas tendem a conduzir os bancos a um nível de risco excessivo relativamente àquele que é o nível desejado para todos os seus *stakeholders*, o alinhamento da remuneração dos gestores com esses incentivos conduzirá a um resultado semelhante. Contudo, neste caso, a situação possui uma agravante adicional: devido à grande complexidade do negócio dos bancos, é ainda mais possível do que o habitual ao gestor manipular os resultados de curto prazo por forma a aumentar a sua compensação, criando assim grandes oportunidades de arbitragem (Jensen e Meckling (1976), Demsetz e Lehn (1985), John, Litov e Yeung (2008)). Deste modo, entende-se o argumento de Bebchuk e Spamann (2010), que alegam que a política de remuneração preferida pelos acionistas poderá potencialmente divergir daquela que é preferida pelas autoridades de supervisão.

Ainda assim, alguns autores explicam que as ações não são um instrumento de alinhamento perfeito entre acionistas e executivos, pelo que podem ser considerados instrumentos adequados. Esta ideia, como sumarizam Bebchuck e Spamann (2010), assenta no facto de, uma vez que os executivos são menos diversificados do acionistas na maioria das situações, estes vão ter uma tendência para procurar um menor nível de risco do que os acionistas, o que serviria para diminuir o nível de risco da organização financeira como um todo. Adicionalmente, os autores argumentam ainda que o colapso de uma instituição financeira acarreta custos pessoais para os gestores que não se aplicam no caso dos outros acionistas, como é o caso de problemas reputacionais e de um efeito adverso na carreira profissional dos mesmos.

Não obstante estes argumentos, ainda assim, a realidade é que a grande maioria dos autores continua a ser da opinião de que a concessão ou associação da remuneração a ações vai alinhar excessivamente os interesses de acionistas e gestores (sem prejuízo das discrepâncias mencionadas), não sendo por isso benéfico para os interesses do banco como um todo.

Adicionalmente, as ações comportam ainda o problema de não estarem devidamente orientadas para o longo prazo, uma vez que é possível aos executivos influenciarem os resultados de curto prazo para exponenciar o preço das suas ações, que são de seguida vendidas, antes dos resultados negativos deste comportamento se refletir na performance da empresa.

Tendo em conta estes resultados, não é de estranhar que Adams e Mehran (2003) observem que os CEOs dos bancos têm uma menor detenção de ações do que os CEOs de empresas não financeiras.

Face ao exposto, e considerando que as ações, embora se destaquem positivamente pela presença de uma componente variável, não são uma forma adequada de refletir os interesses dos vários *stakeholders* de um banco nem detêm uma componente de longo prazo suficientemente relevante, e como tal não se considera que estas sejam o instrumento mais adequado.

B. Atribuição de Opções

O reconhecimento dos problemas inerentes à utilização de ações como mecanismo de política de remuneração tem resultado na utilização de opções como uma alternativa. Contudo, este instrumento aparenta não ser também totalmente eficiente na resolução dos problemas que estão inerentes às ações.

O principal problema reside no facto de o KPI em causa continuar a ser, em última instância, o preço das ações. Como explicam Becht, Bolton e Röell (2011), ao receberem opções, os gestores recebem opções que estão "*at the money*", as quais vão aumentar com a volatilidade do ativo no qual estas se baseiam, criando assim um incentivo para estes aumentarem a sensibilidade da performance do banco, isto é, o risco, o que é obviamente não desejável. Como referem os autores, as opções falham enquanto instrumento de alinhamento de incentivos devido ao facto de possuírem um valor especulativo (i.e., a possibilidade de serem vendidas a investidores mais otimistas), que poderá ser mais cativante do que o valor de deter a opção. A introdução de cláusulas limitativas (por exemplo, a proibição de venda durante um certo período de tempo) limita este problema, embora não o elimine na totalidade.

Por outro lado, como referem Bebchuck e Spamann (2010), as opções possuem uma desvantagem adicional face às ações. Enquanto as ações, apesar de todos os problemas que comportam, possuem pelo menos a vantagem de tenderem a diminuir em alguma escala o nível de risco da instituição (uma vez que os gestores são menos diversificados do que os restantes acionistas e, por isso, vão tender a ter uma maior aversão ao risco, como explicado na seção anterior), as opções resultam nos gestores serem ainda menos adversos ao risco do que os acionistas. Isto ocorre devido ao facto de os executivos beneficiarem apenas no caso de *upside* mas não sofrerem no caso de *downside*, ao qual (pelo menos em teoria) os restantes acionistas estão sujeitos. Adicionalmente, a atribuição de opções esteve sujeita a práticas de *backdating* pelo conselho de administração. Esta prática consiste em definir a data de atribuição das opções ex-post para assim escolher uma data de atribuição com preço da acção mais favorável (ou seja, o preço de exercício da opção é fixado num dia em que preço da acção foi mais baixo permitindo assim maximizar o valor da opção). Heron and Lie (2006) estimam que cerca de 30% das empresas norte-americanas manipularam as atribuições de opções aos seus gestores.

Em suma, e considerando os dois efeitos, é razoável concluir que as opções são um instrumento que parece efetivamente diminuir o alinhamento dos interesses dos gestores com os acionistas, o que em teoria seria benéfico para a intuição como um todo, não fosse o facto de o desalinhamento ser no sentido de aumentar ainda mais o nível de risco da instituição para além do que é desejado mesmo pelos acionistas ao invés de o diminuir. Assim, e uma vez mais devido ao facto da primeira característica definida como sendo desejável numa política de remuneração – o alinhamento dos interesses dos vários *stakeholders* do banco – não ser respeitada, bem como o facto de haver um excesso de importância no curto prazo (devido ao valor especulativo das opções) que não beneficia a instituição no longo prazo, também as opções parecem ser um mecanismo desadequado para a política de remuneração de um banco.

C. Atribuição de Ações Preferenciais sujeitas a Intransmissibilidade

As ações restritas preferenciais são, à semelhança das opções, um instrumento que tem vindo a ser utilizado como tentativa de contornar os problemas que estão inerentes às ações.

A principal vantagem que este instrumento detêm face aos dois previamente analisados é a possibilidade de incluir de forma muito mais preponderante uma componente de longo prazo. De facto, como referem Bebchuck e Spamann (2010), o facto de se restringir a possibilidade de venda destes instrumentos reduz o seu valor especulativo, retirando assim a possibilidade de prejudicar a longo prazo a empresa com vista a beneficiar no curto prazo. Isto é sem dúvida uma característica desejável.

Contudo, o outro grande problema inerente às ações, relacionado com o facto de contribuírem para um alinhamento excessivo de interesses dos gestores com os acionistas e não com os restantes *stakeholders*, continua presente neste instrumento, o que o torna problemático uma vez mais.

Em suma, embora as ações preferenciais sujeitas a intransmissibilidade eliminem ou reduzam significativamente um dos problemas associados aos restantes instrumentos até aqui analisados (o horizonte temporal), o outro problema (alinhamento de interesses) mantém-se, pelo que esta solução, embora preferível, não é também a ideal.

D. Instrumentos Alternativos: Dívida e Medidas de Risco – Associação

Surge assim a necessidade de utilizar KPIs alternativos nos quais basear a componente variável da remuneração. Erkens, Hung e Matos (2012) mostram que as empresas cuja política de remuneração variável estava baseada em componentes como o lucro anual tiveram uma performance ainda pior do que aquelas que estavam baseadas em ações, pelo que resultados contabilísticos desta natureza (facilmente manipulados pelos gestores) não deverão ser uma alternativa viável.

Esta ideia é também amplamente desenvolvida por Bebchuck e Spamann (2010), que argumentam em duas vertentes no sentido de procurar que os interesses dos vários *stakeholders* sejam tomados em consideração no processo de decisão:

- Por um lado, os autores sugerem que ao invés de associar a componente variável da remuneração a medidas do valor criado para os acionistas, esta deveria estar associada a medidas de valor para os acionistas e a medidas de valor para os credores, por forma a estar associada a medidas de valor do banco como um todo.
- Por outro lado, e seguindo a mesma ideia, os autores argumentam que os bónus dos executivos não devem estar associados apenas a medidas contabilísticas que reflitam os interesses dos acionistas, mas sim a medidas mais genéricas que reflitam os interesses dos acionistas, dos credores e do sistema financeiro em geral.

Neste contexto, vários académicos têm vindo a defender a ligação da compensação a medidas de risco baseadas em preços de mercado, tais como *Credit Default Swaps* (*CDS*) (Mehran, Morrisson e Shapiro (2011)). Uma vez que o seu preço é essencialmente um preço de mercado para o risco de crédito e liquidez de um banco, um *spread* de *CDS* baixo ou decrescente traduzir-se-ia numa maior remuneração variável, e vice-versa. Como expõem Mehran e Mollineaux (2012), os gestores teriam assim um incentivo direto a minimizar o risco.

Dermine (2009) propõe a utilização de um *benchmark* passivo (um portfólio com risco comparável) como forma de medir a performance dos créditos bancários de uma instituição, a utilizar nas políticas de remuneração, à semelhança do que sucede na indústria de gestão de ativos. A dificuldade desta proposta passaria

POLÍTICA DE REMUNERAÇÃO E RISCO

pelo encontrar de portfólios que estivessem efetivamente estáveis e com riscos comparáveis para a multiplicidade de créditos de um banco.

Por fim, existem mesmo propostas que passam pela ligação da remuneração diretamente à dívida (Bebchuk e Spamann (2010), Edmans e Liu (2010)). No entanto, como alertam Graham, Harvey e Rajgopal (2005), esta solução é problemática no caso de o mercado não ser capaz de determinar corretamente o valor da dívida dos bancos, situação cuja probabilidade aumenta significativamente devido ao facto do negócio dos bancos ser de natureza complexa e opaca, dificultando assim a perceção do real estado do negócio pelos agentes económicos externos ao mesmo.

Uma alternativa, proposta por Dermine (2011), seria o pagamento de remuneração variável em dinheiro (bónus) sob a forma de obrigações temporariamente intransmissíveis; o autor cita o exemplo do Barclays, que em 2011 pagou os seus bónus sob a forma de obrigações convertíveis contingentes – obrigações que convertem automaticamente em ações no caso de um determinado nível de dificuldades financeiras (por exemplo, um certo valor de rácio de capital) ser atingido, criando desse modo um incentivo para reduzir os riscos do banco.

Independentemente do esquema concreto em utilização, e como referem Bebchuk e Spamann (2010) o importante será mesmo garantir que o instrumento utilizado contempla todo o valor do banco em questão e não apenas a componente do valor que diz respeito aos acionistas. Os autores sugerem como medida específica a soma do valor das ações, ações preferenciais e obrigações do banco num determinado momento de tempo, menos o valor esperado de futuros pagamentos que sejam necessários o Governo realizar, os quais devem ser estimados com base na probabilidade de *default* implícita nos CDS do momento e no valor dos depósitos do banco. Reconhecendo no entanto a dificuldade inerente em calcular esta segunda componente, os autores alegam que substituir as medidas associadas a preço de ações pela primeira componente (que soma o preço das ações com o das obrigações) produzirá já uma melhoria muito significativa do nível de risco do banco.

14. CONCLUSÃO

A política de remuneração de uma instituição financeira está inequivocamente sujeita a restrições que diferem das políticas de remuneração das restantes empresas. A diferença é especialmente visível quando se observa os diferentes objetivos de ambas – ao passo que nas empresas não financeiras o alinhamento dos interesses de gestores e acionistas é um meio viável para a maximização dos interesses dos *stakeholders* e da empresa como um todo, o mesmo não é verdade no caso de uma instituição financeira, resultando por isso num novo paradigma.

Este paradigma faz com que seja necessário definir um conjunto de características chave que são desejáveis encontrar na política de remuneração de uma instituição financeira. São estas: a reflexão dos interesses dos vários *stakeholders*, a presença de uma componente variável, a inclusão de uma componente de longo prazo e a moderação do montante total da remuneração.

À luz destas características, o que se observa é que a maior parte dos instrumentos que dependem única e exclusivamente de instrumentos de capital (tais como ações, opções ou ações preferenciais sujeitas a intransmissibilidade) não são, em maior ou menor escala, adequados, uma vez que nenhum deles contribui para uma maximização dos interesses dos *stakeholders* como um todo, o que irá inevitavelmente conduzir a um nível de risco que não é ótimo para a instituição.

Surge, por isso, a necessidade de utilizar instrumentos alternativos, tais como a consideração do valor da dívida ou do valor total da empresa, aquando da definição da remuneração dos gestores. Embora existam já várias propostas neste sentido, a realidade é que esta ainda aparenta ser uma área em grande desenvolvimento, quer não só no estudo académico das possibilidades a contemplar, quer sobretudo na implementação destas alternativas em termos de esquemas em utilização pelas instituições financeiras. Não obstante, este parece indubitavelmente ser o caminho a prosseguir para procurar harmonizar os interesses dos *stakeholders* de uma instituição financeira e, desse modo, conseguir atingir um nível de risco mais desejável nas instituições.

CAPÍTULO X

A REMUNERAÇÃO DOS ADMINISTRADORES DAS INSTITUIÇÕES DE CRÉDITO: O *COMITÉ DE REMUNERAÇÕES*

Diogo Costa Gonçalves

Sumário: *§ 1º Vetores fundamentais da política de remuneração dos administradores.* 1. A gestão sã e prudente de riscos. 2. A gestão de conflitos de interesses e a centralidade do *comité de remunerações.* 3. A remuneração nos códigos de bom governo. *§ 2º A transposição da Diretriz CRD IV e o Decreto-Lei nº 157/2014, de 24-out.* 4. Da Lei nº 28/2009, de 19-jun. ao Aviso nº 10/2011, de 29-dez. *§ 3º O comité de remunerações.* 7. Dever de criação. 8. Composição. 9. Funções. *§ 4º Tanto para tão pouco?*

Os critérios de remuneração dos membros da administração de uma qualquer organização económica estão intimamente associados a uma boa política de governo da instituição em causa. As instituições financeiras, em particular os bancos, não são exceção.

Da adopção de corretos critérios de remuneração depende, em larga medida, a capacidade de atrair quadros de excelência e, em não poucos casos, a possibilidade de monitorizar e controlar as motivações subjacentes a algumas decisões de gestão.

Os qualificados deveres de lealdade dos administradores – decorrentes do facto da administração configurar uma permissão normativa de atuação *in alienum* e *ad alienum*[582] – encontram na remuneração uma potencial situação de conflito de interesses. As vantagens económicas que o administrador obtém da sociedade configuram sempre um interesse próprio que pode não ser concordante com o interesse social. A permissão de atuação *in alienum* permite-lhe de facto prati-

---

[582] Com desenvolvimento, cfr. Diogo Costa Gonçalves, *Pessoa coletiva e sociedades comerciais – Dimensão problemática e coordenadas sistemáticas da personificação jurídico-privada*, 2015, 810 e ss.

car atos que não se orientam *ad alienum* mas antes à prossecução do seu próprio interesse, concretizado na vantagem remuneratória (em sentido amplo) que de tais atos possa advir.

Compreende-se, portanto, que ainda em 2010, o Aviso do Banco de Portugal nº 1/2010 viesse exigir que a política de remuneração dos administradores das entidades bancárias contivesse uma referência ao *"modo como a remuneração é estruturada de forma a permitir o alinhamento dos interesses dos membros do órgão de administração com os interesses de longo prazo da sociedade"* (art. 2º/1 c).

A centralidade do tema da remuneração dos administradores no âmbito do *corporate governance* bancário tem vindo, nos últimos anos, a ser posta a nú no palco nacional e internacional. Em particular, aponta-se a existência de más políticas de remuneração como uma das causas do colapso de muitas instituições financeiras, que assumiram uma exposição excessiva ao risco, apenas justificada pelos benefícios privados que daí potencialmente advinham para os seus quadros e administradores.

A crescente preocupação pelo tema tem-se traduzido no reforço dos instrumentos normativos e dos sistemas de controlo facultados por mecanismo de *soft law*.

As alterações introduzidas pelo Decreto-Lei nº 157/2014, de 24-out. ao Regime Geral das Instituições de Crédito e Sociedades Financeiras (RGICSF), em particular com o aditamentos dos artigos 115º-C a 115º-H, inserem-se neste movimento de reforço normativo, espelhando muito do que foi a reação à perturbação dos mercados vivida nos últimos anos.

Neste breve estudo, propomo-nos conhecer com melhor detalhe a política de remuneração dos administradores das instituições de crédito, tendo fundamentalmente em conta aos inovações trazidas pelo Decreto-Lei nº 157/2014.

Centrar-nos-emos, em especial, na figura do *comité de remunerações* e no alcance, afinal mitigado, da sua previsão no art. 115º-H RGICSF[583].

§ 1º VETORES FUNDAMENTAIS DA POLÍTICA DE REMUNERAÇÃO DOS ADMINISTRADORES

1. A gestão sã e prudente de riscos

I – Nos termos do art. 115º-C/3 RGICSF, aditado pelo Decreto-Lei nº 157/ /2014, a política de remuneração das instituições de crédito deve *"promover e ser*

---

[583] Sobre a avaliação económica da política de remunerações, veja-se MIGUEL FERREIRA, *Política de remuneração e risco*, neste volume.

coerente com uma gestão de riscos sã e prudente e não incentivar a assunção de riscos superiores ao nível de risco tolerado pela instituição de crédito" (alínea a).

O princípio programático ora enunciado conhece antecedentes relevantes na breve história normativa da política de remuneração. Recorde-se que já em 2010, a Carta-circular nº 2/2010/DSB, de 01-fev. enunciava, nos seus princípios gerais, o seguinte:

> *"I.4. As instituições devem adoptar uma política de remuneração consistente com uma gestão e controlo de riscos eficaz, que evite uma excessiva exposição ao risco (...)".*

II – A relação direta entre a excessiva exposição ao risco das instituições de crédito e a política de remuneração em vigor em determinada instituição foi abertamente assumida pelo legislador comunitário na CRD III.

Recorde-se, desde logo, o considerando (1) da Diretriz 2010/76/UE do Parlamento Europeu e do Conselho, de 24-nov.-2010[584]:

> *"A assunção excessiva e imprudente de riscos no sector bancário teve como consequências o colapso de instituições financeiras e problemas sistémicos nos Estados-Membros e a nível mundial. Embora as causas dessa assunção de riscos sejam inúmeras e complexas, é consensualmente reconhecido pelas autoridades de supervisão e pelos organismos de regulamentação, incluindo o G20 e o Comité das Autoridades Europeias de Supervisão Bancária (CAESB), que as estruturas de remuneração inadequadas de algumas instituições financeiras foram um dos factores que contribuíram para essa situação. As políticas de remuneração que dão incentivos à assunção de riscos que excedem o nível geral de risco tolerado pela instituição podem comprometer uma gestão sã e eficaz dos riscos e exacerbar comportamentos de assunção excessiva de riscos. (...)".*

O legislador europeu não podia ser mais claro: o colapso de instituições financeiras e a crise sistémica dos mercados teve origem, entre outras causas, na existência de estruturas de remuneração que consubstanciavam um incentivo objetivo à assunção de riscos para além do razoável.

A base normativa de Direito europeu foi, depois, sendo alvo de desenvolvimentos para-normativos, de entre os quais se salientam as *Guidelines on Remuneration Polices and Practices* (2010), emitidas pelo *Committee of European Banking Supervisors* (CEBS)[585] e os *Pillar 3 disclosure requirements for remuneration* (2011), divulgado pelo *Comité de Basileia*.

---

[584] Numa orientação que se vem consolidando na Escola de Lisboa, designamos as diretivas comunitárias por *diretrizes*. Cfr. ANTÓNIO MENEZES CORDEIRO, "Vernáculo jurídico: directrizes ou directivas?", *ROA* 64 (2004) I/II, 609-614.
[585] Em particular o ponto 2., referente ao *Governance of remuneration*.

Em transposição da CRD III[586], o Decreto-Lei nº 88/2011, de 20-jul. passou a exigir, na redação dada ao art. 14.º/1 i) RGICSF, que as políticas e práticas de remuneração das instituições de crédito promovessem uma *"gestão sã e prudente dos riscos"*.

III – O mesmo mote foi seguido e glosado na CRD IV (Diretriz nº 2013/36/UE do Parlamento Europeu e do Conselho, de 26-jun.) que estabelece, no seu art. 92º/2 a), que *"a política de remuneração deve promover e ser consistente com uma gestão de riscos sã e efetiva e não incentivar a assunção de riscos em níveis superiores ao nível de risco tolerado pela instituição"*.

O atual art. 115º-C/3 a) RGICSF corresponde à transposição do preceito comunitário ora citado.

IV – A hipótese da remuneração de um administrador estar associada à assunção de riscos intolerados pela instituição de crédito que este dirige pressupõe uma *possibilidade causal* estabelecida entre um ato de gestão, praticado nos termos legalmente aplicáveis, e uma vantagem económica diretamente associada à prática de tal ato.

Como se depreende, tal possibilidade causal só tem existência possível quando a remuneração do administrador está associada, de algum modo, à performance económica da instituição – à alea do negócio –, o que nos conduz pela mão aos critérios da formação da remuneração variável.

Por esta razão, o art. 115º-C/3 e) obriga a distinguir, de forma clara, como se forma a componente fixa e variável da remuneração, determinando que os critérios que presidem a esta última devem ter em conta *"o risco da instituição de crédito"*. No mesmo sentido segue o art. 115º-E/1, ao dispor que na definição da componente variável da remuneração devem ser tidos em conta *"todos os tipos de riscos, atuais e futuros"*.

2. A gestão de conflitos de interesses e a centralidade do *comité de remunerações*

I – O segundo critério que deve respeitar a política de remunerações das instituições de crédito vem enunciado no art. 115º-C/3 b):

> *"Ser compatível com a estratégia empresarial da instituição de crédito, os seus objetivos, valores e interesses de longo prazo e incluir medidas destinadas a evitar conflitos de interesses".*

---

[586] Para uma apreciação mais completa, veja-se PAULO CÂMARA, "A comissão de remunerações", *RDS* III (2011) 1, 9-52, 11 e ss.

A definição de uma política remuneratória dos administradores das instituições de crédito (e das sociedades em geral) deve assumir, portanto, como pano de fundo, a existência de um *latente conflito de interesses*, para o qual desde início chamámos a atenção. Toda a dogmática geral do conflito de interesses entre administradores e a sociedades deve aqui ser convocada e desenvolvida em razão da *differentia specifica* de que tratamos[587].

II – A atenção despendida pelo legislador a esta matéria também não é nova. O Aviso do Banco de Portugal nº 1/2010 previa, no seu art. 2º/1 c), que a divulgação da política de remuneração prevista na Lei nº 28/2009, de 19-jun. devia incluir informação sobre *"o modo como a remuneração é estruturada de forma a permitir o alinhamento dos interesses dos membros do órgão de administração com os interesses de longo prazo da sociedade"*.

Também a Carta-circular nº 2/2010/DSB, no seu ponto I.4, fazia referência à necessidade de que as políticas de remuneração adoptassem medidas que evitassem *"potenciais conflitos de interesses"*, seguindo-se a referência aos *"interesses a longo prazo da instituição financeira"* e à *"proteção dos interesses dos clientes e dos investidores"*.

III – Não nos alongaremos na crítica à redação do art.115º-C/3 b) que corresponde, aliás, à transcrição literal do art. 92º/2 b) da Diretriz nº 2013/36/UE. As críticas aduzidas a propósito da infeliz redação do art. 64º CSC e daquilo que denominámos *"armadinha hermenêutica"* – tecida pela inclusão num texto normativo, que se pretende analítico, de um discurso descritivo de matriz anglo-saxónica – podem aqui, em parte, ser reproduzidas[588].

A redação da Carta-circular nº 2/2010/DSB como antecedente normativo (ou para-normativo) do atual preceito evidencia que nos movemos nas mesmas águas.

IV – No âmbito específico da gestão de conflito de interesses em sede de remunerações, goza de um papel especialmente relevante a figura da comissão, agora comité de remunerações, atualmente prevista art. 115º-H:

---

[587] Com desenvolvimento e referências, cfr., por todos, PAULO CÂMARA, "Conflito de interesses no direito financeiro e societário: um retrato anatómico", *Conflito de interesses no direito financeiro e societário – Um balanço a partir da crise financeira* (Paulo Câmara), 2010, 9-74 e, em especial, JOSÉ FERREIRA GOMES, *Da administração à fiscalização das sociedades – A obrigação de vigilância dos órgãos da sociedade anónima*, 2015, 32 e ss.

[588] Com desenvolvimento, cfr. DIOGO COSTA GONÇALVES, *Pessoa coletiva e sociedades comerciais* cit., 891.

Artigo 115º-H
Comité de remunerações

1 – As instituições de crédito significativas em termos de dimensão, de organização interna e da natureza, âmbito e complexidade das respetivas atividades devem criar um comité de remunerações, composto por membros do órgão de administração que não desempenhem funções executivas ou por membros do órgão de fiscalização.

2 – Compete ao comité de remunerações formular juízos informados e independentes sobre a política e práticas de remuneração e sobre os incentivos criados para efeitos de gestão de riscos, de capital e de liquidez.

3 – O comité de remunerações é responsável pela preparação das decisões relativas à remuneração, incluindo as decisões com implicações em termos de riscos e gestão dos riscos da instituição de crédito em causa, que devam ser tomadas pelo órgão social competente.

4 – No âmbito da sua atividade, o comité de remunerações deve observar os interesses de longo prazo dos acionistas, dos investidores e de outros interessados na instituição de crédito, bem como o interesse público.

O preceito em causa remonta aos anexos 24 e seguintes do art. 28º/2 do Decreto-Lei nº 104/2007, de 3-abr. que, na redação dada pelo Decreto-Lei nº 88/2011, de 20-jul., dispunha no sentido de que os processos de auto-avaliação das instituições de crédito, em matéria remuneratória, fossem assegurados por uma *comissão de remunerações*.

Os pontos 25 e 26 determinavam mais especificamente:

"25 – As instituições de crédito significativas em termos de dimensão, de organização interna e da natureza, âmbito e complexidade das respetivas atividades devem criar uma comissão de remunerações. A comissão de remunerações deve ser constituída de forma que lhe permita formular juízos informados e independentes sobre as políticas e práticas de remuneração e sobre os incentivos criados para efeitos de gestão de riscos, de capital e de liquidez.

26 – A comissão de remunerações é responsável pela preparação das decisões relativas à remuneração, incluindo as decisões com implicações em termos de riscos e gestão dos riscos da instituição de crédito em causa, que devam ser tomadas pelo órgão societário competente. O presidente e os membros da comissão de remunerações devem ser membros do órgão de administração que não desempenhem quaisquer funções executivas na instituição de crédito em causa. Ao preparar tais decisões, a comissão de remunerações deve ter em conta os interesses a longo prazo dos acionistas, dos investidores e de outros interessados na instituição de crédito.".

A CRD IV (Diretriz nº 2013/36/UE) veio ocupar-se, no art. 95º, nos termos que segue:

Artigo 95º
Comissão de remunerações

1 – As autoridades competentes asseguram que as instituições significativas em termos de dimensão, organização interna e natureza, âmbito e complexidade de atividades criem uma comissão de remunerações. A comissão de remunerações deve ser constituída de forma que lhe permita formular juízos informados e independentes sobre as políticas e práticas de remuneração e sobre os incentivos criados para efeitos de gestão de riscos, de capital e de liquidez.

2 – As autoridades competentes asseguram que a comissão de remunerações seja responsável pela preparação das decisões relativas à remuneração, incluindo as decisões com implicações em termos de riscos e gestão dos riscos da instituição em causa que devam ser tomadas pelo órgão de administração. O presidente e os membros da comissão de remunerações devem ser membros do órgão de administração que não desempenham funções executivas na instituição em causa. Se a representação dos trabalhadores no órgão de administração estiver prevista no direito nacional, a comissão de remunerações deve incluir um ou mais representantes dos trabalhadores. Ao preparar as referidas decisões, a comissão de remunerações deve ter em conta os interesses a longo prazo dos acionistas, dos investidores e de outros interessados na instituição, bem como o interesse público.

3. A remuneração nos códigos de bom governo

I – Tendo em conta a centralidade das políticas de remuneração para o bom governo das instituições financeiras, não é de estranhar que encontremos abundantes referências a esta matéria nos códigos de bom governo. A comparação de instrumentos em Espanha, Itália, Reino Unido, Alemanha e Portugal, bem como das *Guidelines* da EBA, por exemplo, permite-nos uma visão sinótica muito rica e convergente nos aspetos essenciais de política de remuneração.

Em causa estão, fundamentalmente, os seguintes instrumentos:

- Espanha: Codigo de buen gobierno de las sociedades cotizadas (2015), elaborado pela Comisión Nacional del Mercado de Valores (CNMV);
- Itália: *Codice di Autodisciplina* (2014) e *Disposizioni di vigilanza per le banche* (2014), elaborados pelo *Comitato per la Corporate Governance* e pela *Banca D'Italia*, respetivamente;
- Reino Unido: *The UK Corporate Governance Code* (2014) e *A review of corporate governance in Banks and other financial industry entities – final recommenda-*

tions – Walker Report (2009), elaborados pelo *Financial Reporting Council* e por uma comissão liderada por Walker.
- Alemanha: *Deutscher Corporate Governance Kodex* (2014), elaborado pela *Regierungskommission Deutscher Corporate Governance Kodex.*
- Portugal: *Código de Governo das Sociedades da CMVM – Recomendações* (2013), elaborado pela *CMVM* e ainda o *Código de Governo das Sociedades do IPCG* (2014), elaborado pelo IPCG.
- *Guidelines on Internal Governance*, elaborados pela *European Banking Authority.*

II – Nos códigos analisados, a decisão da remuneração dos administradores fica a cargo do próprio órgão de administração, sob proposta de uma comissão de remunerações (Espanha e Itália).

No Reino Unido, distingue-se entre, por um lado, a remuneração do *chairman* e dos administradores executivos e, por outro, a remuneração dos administradores não executivos: na primeira hipótese, a remuneração é decidida pela comissão de remuneração e, na segunda, a decisão cabe ao órgão de administração ou aos acionistas (se assim estiver previsto nos estatutos), ou ainda a uma comissão especial para o efeito (que pode incluir o CEO).

Na Alemanha, a remuneração dos administradores é, nos termos legais, decidida pelo órgão fiscalização e, em Portugal, o Código da CMVM recomenda que a decisão sobre a remuneração dos administradores passe por uma comissão de remunerações (arts. 399º e 429º CSC).

A política de remuneração de altos dirigentes, que não sejam membros de órgãos sociais, é também objeto de atenção nos instrumentos ponderados: em Espanha, Itália e no Reino Unido, por exemplo, recomenda-se que seja a comissão de remunerações apresentar ao órgão de administração uma proposta de remuneração para tais cargos.

III – Os instrumentos em análise são uníssonos quanto *(i)* à recomendação de a remuneração ser indexada a um fator de desempenho; e quanto *(ii)* à necessidade de a remuneração pelo desempenho ser articulada com a política de risco da instituição, de modo a evitar que o sistema de remuneração de administradores e altos dirigentes redunde num incentivo à assunção de riscos intoleráveis, com eventuais consequências sistémicas, favorecendo assim o crescimento sustentado da sociedade (Alemanha, Espanha e Portugal, por exemplo).

Em Itália, cabe à comissão de remunerações a definição dos critérios e objetivos de desempenho em função dos quais se determina a remuneração variável.

No Reino Unido, recomenda-se a adopção de sistemas de remuneração em função do desempenho que configurem incentivos de longo prazo (como a atribuição de ações), moderando assim a apetência por decisões de gestão direcionadas a resultados imediatos.

Em Espanha vai-se mais longe: a atribuição de incentivos de longo prazo (ações, opções, etc.) só deve ser feita findo o mandato. Em Portugal, é igualmente recomendado o diferimento de parte da remuneração variável, sujeita à continuidade de um desempenho positivo. Quanto aos incentivos de longo prazo, recomenda-se, em Portugal, a criação de limitações à livre transmissibilidade de tais ativos, de modo a evitar potenciais comportamentos especulativos.

IV – Quanto à avaliação do desempenho, a generalidade dos instrumentos recomenda que ela seja individual e, na fixação da remuneração variável, que sejam ponderados os resultados positivos e negativos (Alemanha). Recomenda-se ainda que a avaliação apenas reflita os aspetos da performance pessoal e não a evolução favorável do mercado, da conjuntura económica, etc. (Espanha)

Em Itália, Espanha e Portugal, por exemplo, recomenda-se expressamente que os administradores não executivos não recebam qualquer remuneração em função do desempenho.

§ 2º A TRANSPOSIÇÃO DA DIRETRIZ *CRD IV* E O DECRETO-LEI Nº 157/ /2014, DE 24-OUT.

4. Da Lei nº 28/2009, de 19-jun. ao Aviso nº 10/2011, de 29-dez.

I – Os últimos 4 a 5 anos têm sido especialmente fecundos no que à política de remuneração dos administradores de entidades bancárias diz respeito.

Recuemos a 2010, já após a publicação da Lei nº 28/2009, de 19-jun. e das alterações então introduzidas em matérias de divulgação de políticas de remuneração dos titulares dos órgãos de administração das instituições financeiras.

A nível interno, merece desde logo referência o já *supra* mencionado Aviso do Banco de Portugal nº 1/2010. Aí se vinha prever, no art. 2º, que a divulgação da política de remuneração dos administradores deveria incluir informação referente:

(*i*) ao processo de decisão utilizado na definição da política de remuneração, em especial a composição e critérios adotados pela (eventual) comissão de remuneração;

(*ii*) aos critérios da fixação da remuneração variável;

(*iii*) ao modo como a remuneração se encontrava estruturada de forma a permitir o alinhamento dos interesses dos administradores com os interesses da sociedade;

(iv) à relação entre a remuneração e a avaliação do desempenho dos administradores; e, por fim,

(v) aos mecanismos de desincentivo à assunção excessiva de riscos e a sua relação com a política remuneratória.

O *Aviso* especificava depois critérios a observar na política remuneratória de administradores executivos e não executivos, consagrando no art. 4º um sistema de *complain or explain*.

II – Os critérios especificados no Aviso surgiam depois extensamente desenvolvidos na Carta-circular nº 2/2010/DSB, de 01-fev.-2010, cujos princípios gerais merecem ser retidos:

I.4. As instituições devem adoptar uma política de remuneração consistente com uma gestão e controlo de riscos eficaz, que evite uma excessiva exposição ao risco, que evite potenciais conflitos de interesses e que seja coerente com os objectivos, valores e interesses a longo prazo da instituição financeira, designadamente com as perspectivas de crescimento e rendibilidade sustentáveis e a protecção dos interesses dos clientes e dos investidores.

I.5. A política de remuneração deve ser adequada à dimensão, natureza e complexidade da actividade desenvolvida ou a desenvolver pela instituição e, em especial, no que se refere aos riscos assumidos ou a assumir.

I.6. As instituições devem adoptar uma estrutura clara, transparente e adequada relativamente à definição, implementação e monitorização da política de remuneração, que identifique, de forma objectiva, os colaboradores envolvidos em cada processo, bem como as respectivas responsabilidades e competências.

Especialmente relevante é o Ponto IV referente especificamente à remuneração dos membros do órgão de administração, executivos e não-executivos:

IV.1. A remuneração dos administradores que exerçam funções executivas deve integrar uma componente variável, cuja determinação dependa de uma avaliação do desempenho, realizada pelos órgãos competentes da instituição, de acordo com critérios mensuráveis predeterminados, incluindo critérios não financeiros, que considere, para além do desempenho individual, o real crescimento da instituição e a riqueza efectivamente criada para os accionistas, a protecção dos interesses dos clientes e dos investidores, a sua sustentabilidade a longo prazo e os riscos assumidos, bem como o cumprimento das regras aplicáveis à actividade da instituição.

IV.2. As componentes fixa e variável da remuneração total devem estar adequadamente equilibradas. A componente fixa deve representar uma proporção suficientemente elevada da remuneração total, a fim de permitir a aplicação de uma política plenamente flexível sobre a componente variável da remuneração, incluindo a possibilidade de não pagamento de qualquer componente variável da remuneração. A componente variável deve estar sujeita a um limite máximo.

IV.3. Uma parte substancial da componente variável da remuneração deve ser paga em instrumentos financeiros emitidos pela instituição e cuja valorização dependa do desempenho de médio e longo prazos da instituição. Esses instrumentos financeiros devem estar sujeitos a uma política de retenção adequada destinada a alinhar os incentivos pelos interesses a longo prazo da instituição e ser, quando não cotados em bolsa, avaliados, para o efeito, pelo seu justo valor.

IV.4. Uma parte significativa da remuneração variável deve ser diferida por um período não inferior a três anos e o seu pagamento deve ficar dependente da continuação do desempenho positivo da instituição ao longo desse período.

IV.5. A parte da componente variável sujeita a diferimento deve ser determinada em função crescente do seu peso relativo face à componente fixa da remuneração.

IV.6. Os membros do órgão de administração não devem celebrar contratos, quer com a instituição, quer com terceiros, que tenham por efeito mitigar o risco inerente à variabilidade da remuneração que lhes for fixada pela instituição.

IV.7. Até ao termo do seu mandato, devem os membros executivos do órgão de administração manter as acções da instituição a que tenham acedido por força de esquemas de remuneração variável, até ao limite de duas vezes o valor da remuneração total anual, com excepção daquelas que necessitem ser alienadas com vista ao pagamento de impostos resultantes do benefício dessas mesmas acções.

IV.8. Quando a remuneração variável compreender a atribuição de opções, o início do período de exercício deve ser diferido por um prazo não inferior a três anos.

IV.9. Após o exercício referido no número anterior, os membros executivos do órgão de administração devem conservar um certo número de acções, até ao fim do seu mandato, sujeito à necessidade de financiar quaisquer custos relacionados com a aquisição de acções, sendo que o número de acções a conservar deve ser fixado.

Membros não-executivos do órgão de administração

IV.10. A remuneração dos membros não executivos do órgão de administração não deve incluir nenhuma componente cujo valor dependa do desempenho ou do valor da instituição.

Indemnizações em caso de destituição

IV.11. Devem ser estabelecidos os instrumentos jurídicos adequados para que a compensação estabelecida para qualquer forma de destituição sem justa causa de um membro do órgão de administração não seja paga se a destituição ou cessação por acordo resultar de um inadequado desempenho do membro do órgão de administração.

III – Nesse mesmo ano, surgiu a Diretriz 2010/76/UE do Parlamento Europeu e do Conselho, de 24-nov.-2010, conhecida por CRD III.

O texto normativo não podia ser mais claro: a assunção imprudente de riscos no sector bancário teve como consequências o colapso de instituições financeiras e criação de problemas sistémicos de amplitude e consequências imprevisíveis. Pese embora as causas serem múltiplas e variadas, era evidente que certas estruturas de remuneração tinham consubstanciado um incentivo a uma assunção de riscos para além do economicamente razoável, promovendo comportamentos lesivos não só das instituições como do próprio sistema financeiro.

Urgia, portanto, adoptar medidas de promovessem sãs políticas remuneratórias nas instituições financeiras que consubstanciassem, desta sorte, incentivos a uma gestão prudente do risco.

IV – A CRD III foi transposta pelo Decreto-Lei nº 88/2011, de 20-jul. de onde resultaram, entre outras, duas alterações ao RGICSF fundamentais em matéria de remuneração:

(i) Em primeiro lugar, passou a exigir-se expressamente que as instituições de crédito com sede em Portugal adotassem políticas e práticas de remuneração que promovesse uma *"gestão sã e prudente dos riscos"* (art. 14º/1 i), devendo tais políticas constar dos *"dispositivos sólidos em matéria de governo da sociedade"*, nos termos do art. 17º/2 c), também estes exigidos no diploma de transposição.

(ii) Em segundo lugar, passou a permitir-se ao Banco de Portugal que exigisse, como medida corretiva, a limitação da remuneração variável, sempre que tal remuneração não se mostrasse adequada à *"manutenção de uma base sólida de fundos próprios"* da instituição em causa (art. 116º-C/2 f).

V – A base normativa de Direito europeu (Diretriz 2010/76/UE) e o regime interno de transposição (Decreto-Lei nº 88/2011) foram sendo alvos de desenvolvimentos infra-legais.

A nível europeu, salienta-se as *Guidelines on Remuneration Polices and Pratices* (2010), emitidas pelo *Committee of European Banking Supervisors* (CEBS), em particular o ponto 2., referente ao 2. *Governance of remuneration.*

Tenha-se ainda presente os *Pillar 3 disclosure requirements for remuneration* (2011), divulgado pelo Comité de Basileia.

Entre nós, o *Aviso do Banco de Portugal nº 10/2011, de 29-dez.*, que revogou o *Aviso nº 1/2010*, veio densificar a matéria de remuneração dos administradores, em particular nos arts. 8º a 10º:

Artigo 8º
Remuneração dos membros executivos do órgão de administração

1 – A remuneração dos membros executivos do órgão de administração deve integrar uma componente variável, com fixação de um limite máximo, cuja determinação dependa de uma avaliação do desempenho, realizada pelos órgãos competentes da instituição, de acordo com critérios mensuráveis predeterminados, incluindo critérios não financeiros, que considerem, para além do desempenho individual, o real crescimento da instituição e a riqueza efectivamente criada para os accionistas, a protecção dos interesses dos clientes e dos investidores, a sua sustentabilidade a longo prazo e a extensão dos riscos assumidos, bem como o cumprimento das regras aplicáveis à actividade da instituição.

2 – Até ao termo do seu mandato, devem os membros executivos do órgão de administração manter as acções da instituição a que tenham acedido por força de esquemas de remuneração variável, até ao limite mínimo de duas vezes o valor da remuneração total anual, com excepção daquelas que necessitem de ser alienadas com vista ao pagamento de impostos resultantes do benefício dessas mesmas acções.

3 – Quando a remuneração variável compreender a atribuição de opções, o início do período de exercício deve ser diferido por um prazo não inferior a três anos.

4 – O quadro plurianual a que se refere a alínea h) do ponto 24 do Anexo ao Decreto-Lei no 104/2007, de 3 de Abril, na redacção introduzida pelo Decreto-Lei no 88/2011, de 20 de Julho, para efeitos de avaliação de desempenho, deve ser composto por um período de três a cinco anos.

Artigo 9º
Remuneração dos membros não executivos do órgão de administração e dos membros dos órgãos de fiscalização

A remuneração dos membros não executivos do órgão de administração e dos membros dos órgãos de fiscalização não deve incluir nenhuma componente cujo valor dependa do desempenho ou do valor da instituição.

Artigo 10º
Indemnizações em caso de destituição

As instituições devem implementar os instrumentos jurídicos adequados para que não seja paga qualquer compensação ou indemnização, incluindo pagamentos relacionados com a duração de um período de pré-aviso ou cláusula de não concorrência, nos casos em que a destituição do membro do órgão de administração, ou a resolução do seu contrato por acordo, resultar de um inadequado desempenho das suas funções.

A continuidade com as orientações anteriores não surpreende.

6. A política de remuneração da Diretriz nº 2013/36/UE e a sua transposição para a ordem jurídica interna

I – A evolução seguinte no Direito europeu foi a adopção da Diretriz 2013/36/UE do Parlamento e do Conselho, de 26-jun.-2013, conhecida como CRD IV. Aí se prevê, novamente, a necessidade de estabelecer sãs políticas de remuneração, *"compatíveis com a apetência pelo risco, os valores e os interesses a longo prazo da instituição de crédito ou empresa de investimento"*[589].

Tais políticas de remuneração surgem associadas, desde logo, à função de fiscalização do órgão de administração[590]. É o que decorre dos considerandos (56) e (57), em particular deste último que atribui aos administradores não executivos o encargo de *"analisar a conceção e aplicação da política de remunerações"*:

> (57) Os membros não executivos do órgão de administração de uma instituição deverão ter o papel de criticar, de forma construtiva, a estratégia da instituição, contri buindo assim para o seu desenvolvimento, analisar o desempenho do órgão de administração na consecução dos objetivos acordados, confirmar que as informações financeiras são exatas e que os controlos financeiros e os sistemas de gestão de risco são sólidos e defensáveis, analisar a conceção e aplicação da política de remunerações da instituição e pronunciar-se objetivamente sobre recursos, nomeações e normas de conduta.

II – Com tal enquadramento, não é de estranhar que o regime fundamental sobre a remuneração surja nos arts. 92º a 95º ss., em sede de *governação da instituição* (arts. 88º e ss.):

Art. 88º – Sistemas de governo
Art. 89º – Comunicação discriminada por país
Art. 90º – Divulgação pública da rendibilidade de ativos
Artº 91º – Órgão de administração
Art. 92º – Políticas de remuneração
Art. 93º – Instituições que beneficiam de intervenção do Estado
Art. 94º – Elementos variáveis da remuneração
Art. 95º – Comissão de remunerações

---

[589] Considerando (63) da CRD IV.
[590] Para um enquadramento dogmático completo, cfr. JOSÉ FERREIRA GOMES, *Da administração à fiscalização das sociedades* cit., 148 e ss., com abundantes referências.

III – No que ao comité de remunerações diz respeito, dispõe o art. 95.:

Artigo 95º
Comissão de remunerações

1 – As autoridades competentes asseguram que as instituições significativas em termos de dimensão, organização interna e natureza, âmbito e complexidade de atividades criem uma comissão de remunerações. A comissão de remunerações deve ser constituída de forma que lhe permita formular juízos informados e independentes sobre as políticas e práticas de remuneração e sobre os incentivos criados para efeitos de gestão de riscos, de capital e de liquidez.

2 – As autoridades competentes asseguram que a comissão de remunerações seja responsável pela preparação das decisões relativas à remuneração, incluindo as decisões com implicações em termos de riscos e gestão dos riscos da instituição em causa que devam ser tomadas pelo órgão de administração. O presidente e os membros da comissão de remunerações devem ser membros do órgão de administração que não desempenham funções executivas na instituição em causa. Se a representação dos trabalhadores no órgão de administração estiver prevista no direito nacional, a comissão de remunerações deve incluir um ou mais representantes dos trabalhadores. Ao preparar as referidas decisões, a comissão de remunerações deve ter em conta os interesses a longo prazo dos acionistas, dos investidores e de outros interessados na instituição, bem como o interesse público.

IV – O CRD IV foi transposta pelo Decreto-Lei nº 157/2014, que manteve o enquadramento normativo oferecido pela diretriz. Em concreto, foi aditado ao RGICSF o Capítulo II-A, com a epígrafe *«Governo»*, correspondente aos arts. 115º-A a 115º-I.

A simples comparação do regime aí estauído com os arts. 88º e ss. da CRD IV revela uma acentuada proximidade normativa e textual:

Art. 115º-A – Sistemas de governo
Art. 115º-B – Comité de nomeações
Art. 115º-C – Política de remuneração
Art. 115º-D – Remunerações em instituições de crédito que beneficiem de apoio financeiro público extraordinário
Art. 115º-E – Componente variável da remuneração
Art. 115º-F – Rácio entre componentes fixa e variável da remuneração
Art. 115º-G – Comunicação e divulgação da política de remuneração
Art. 115º-H – Comité de remunerações
Art. 115º-I – Dever de divulgação no sítio na Internet

V – O RGICSF conheceu, após o Decreto-Lei nº 157/2014 e até a dezembro de 2015, diversas alterações. Em concreto: a Lei nº 16/2015, de 24-fev., a Lei nº 23-A/2015, de 26-mar., o Decreto-Lei nº 89/2015, de 29-mai., a Lei nº 66/2015, de 06-jul., o Decreto-Lei nº 140/2015, de 31-ju. e a Lei nº 118/2015, de 31-ag.

Nenhum dos diplomas alterou, contudo, a disciplina referente à remuneração.

§ 3º *O COMITÉ DE REMUNERAÇÕES*

7. Dever de criação

I – Nos termos do art. 399º/1 CSC, a existência de uma comissão de remunerações é *facultativa*: a assembleia geral pode, querendo, criar uma comissão para fixar a remuneração dos administradores[591].

Não assim nos termos do art. 115º-H/1, no qual se prevê que *"as instituições de crédito significativas em termos de dimensão, de organização interna e da natureza, âmbito e complexidade das respetivas atividades devem criar um comité de remunerações"*.

II – O *dever de criação* aí previsto deve ser interpretado em conformidade com o art. 95º/1 CRD IV, nos termos do qual as autoridades competentes *"asseguram"* que as instituições em causa criam uma comissão de remunerações.

Trata-se, portanto, de uma injuntividade normativa: algumas instituições de crédito (as significativas) estão juridicamente obrigadas a ter uma comité de remunerações; as outras (não significativas), tê-lo-ão ou não, consoante a *liber electio* da instituição em causa.

III – Tratando-se de uma obrigação legal de Direito interno, seria de esperar uma maior concretização normativa das entidades que se encontram obrigadas a adotar um comité de remunerações.

A lei, porém, basta-se com a reprodução do texto comunitário, densificando o que seja uma *"instituição significativa"* por referência a critérios, tão abertos quanto imprecisos, de *dimensão*, *organização interna*, *natureza*, *âmbito* e *complexidade de atividades*.

---

[591] ANTÓNIO MENEZES CORDEIRO, *CSC Anotado*, 2ª ed., 2011, 399º e JORGE COUTINHO DE ABREU, *CSC em comentário*, VI, 2013, 351 e ss.

O resultado aplicativo mais pacífico apontará no sentido de fazer coincidir as instituições significativas, para efeitos do art. 115º-H/1, com as *significant supervised entities*, sujeitas a supervisão direta do Banco Central Europeu (BCE).

Neste caso, e tendo em conta a *Lista de 30-set.-2015*, em causa estariam o *BPI*, a *CGD*, o *BCP* e o *Novo Banco*[592].

IV – No entanto, tal entendimento carece da demonstração de um pressuposto que não temos por certo: o de que existe um único conceito operativo de *instituição significativa*, independentemente dos efeitos aplicativos em presença.

Com efeito, é sempre em razão do escopo aplicativo da norma que o intérprete-aplicador determina o critério do seu preenchimento. De outra sorte, estar-se-ia a ignorar que o Direito é *jurisprudência problemática* e que as classificações conceptuais – se necessárias para conferir sistematicidade ao conhecimento – não podem redundar em conceptualismos aprioristas.

Temos, portanto, que para aferir normativamente o que seja uma instituição significativa – ou para concretizar os critérios da sua relevância (dimensão, organização interna, etc.) – o intérprete-aplicador não poderá esquecer a dimensão funcional ou o escopo concreto que norma visa assegurar.

Neste contexto, é possível sustentar que a relevância de uma instituição (ou a sua *significância*, parafraseando a lei) é distinta consoante em causa esteja a determinação de quais as entidades sujeitas a supervisão direta do BCE, ou quando em causa esteja saber que instituições de crédito devem adoptar um comité de remunerações.

Neste sentido, podemos chegar à conclusão que algumas instituições de crédito são significativas para efeitos do art. 115º-H/1, não o sendo, todavia, para efeitos de supervisão direta do BCE[593].

---

[592] Cfr. https://www.bankingsupervision.europa.eu/ecb/pub/pdf/list_sse_lsi_150930.en.pdf?9ae8cd8fe88af4aff22af7218fec6463

[593] *Mutatis mutandis*, algo de semelhante ocorre quanto à *plurifuncionalidade da imputação de direitos de voto*, à luz do art. 20º CVM: em razão do escopo da imputação, é possível obter concretizações normativas diversas do critério de imputação. Cfr., com desenvolvimento, PAULA COSTA E SILVA, "A imputação de direitos de voto na oferta pública de aquisição", *Direito dos Valores Mobiliários*, VII, 2007, 403-441, "Organismos de investimento coletivo e imputação de direitos de voto", *CVM* 26 (2007) 70-81, "O conceito de accionista e o sistema de *record date*", *Direito dos Valores Mobiliários*, VIII, 2008, 447-460; JOÃO MATTAMOUROS RESENDE, "A imputação de direitos de voto no mercado de capitais", *CVM* 26 (2007), 59-69, *A imputação de direitos de voto no mercado de capitais*, UCP, 2010, *passim*; JOÃO SOARES DA SILVA, "Algumas observações em torno da tripla funcionalidade da técnica de imputação de votos no Código dos Valores Mobiliários", *CVM* 26 (2007), 47-58; JOÃO CUNHA VAZ, *A OPA e o controlo societário – A regra da não frustração*, 2013, 316 e ss. Com maiores reservas, se bem o lemos, HUGO MOREDO DOS SANTOS, *Transparência, OPA obrigatória e imputação de direitos de voto*, 2011, 493 e ss.

V – Independentemente do que se entenda, existe sempre (quanto a algumas entidades) um dever de criação de um comité de remunerações.

Tal dever está diretamente associado a uma *adequada organização interna* da instituição financeira[594]. Todavia, e na medida em que a existência de um comité de remunerações e uma adequada implementação de uma política de remunerações tem relevância a nível sistémico, caberá sempre ao BdP, querendo, emitir uma determinação específica que obrigue determinada instituição a criar o comité de remunerações (art. 116º/1 c) RGICSF), caso entenda que tal instituição é *significativa*, para estes efeitos.

VI – Aferido o dever de criação do comité de remunerações, cumpre saber a quem é, tal dever, organicamente imputável.

A lei não esclarece. Afiguram-se possíveis duas teses:

(i) Ou entendemos que o comité de remunerações é em tudo idêntica à comissão de remunerações e, como tal, a competência para a sua criação é da assembleia geral (nos termos do art. 399º CSC) ou do conselho geral e de supervisão (arts. 429º e 444º/1 CSC);

(ii) Ou entendemos, mercê das regras sobre a sua composição e competências, que o comité é uma emanação do conselho de administração (art. 407º CSC), aproximando-se, assim, de uma comissão especializada.

A eleição exige, porém, uma ponderação mais ampla do regime do comité de remunerações.

8. Composição

I – Nos termos do art. 115º-H/1 RGICSF, o comité de remunerações é composto *"por membros do órgão de administração que não desempenhem funções executivas ou por membros do órgão de fiscalização"*.

A composição é surpreendente, se tivermos em conta a evolução das recomendações sobre esta matéria. Já não se atendermos aos circunstancialismos normativos da CRD IV.

II – Na redação originária do art. 399º CSC, só os sócios podiam fazer parte comissão de remunerações que era, na letra da lei, *"uma comissão de acionistas"*.

---

[594] José Ferreira Gomes, *Da administração à fiscalização das sociedades* cit., 239 e ss. 341 e ss. 436 e ss., por exemplo.

Admitia-se, contudo, que a comissão fosse integrada por não-sócios, se para tanto existisse uma deliberação unânime dos acionistas[595].

Com a Reforma 2006, o preceito passou a conhecer a atual redação. A substituição de uma *"comissão de acionistas"* pela locução *"comissão por aquela nomeada"* (a assembleia geral), visou justamente permitir que a comissão de remunerações fosse integrada por não acionistas, sem que para tal se exigisse uma deliberação unânime[596].

III – As *Guidelines* CEBS (2010), por referência à CRD III, vieram recomendar a composição do comité por não-executivos e independentes, sendo que pelo menos um dos membros deveria ser especialista em controlo do risco (2.2.2.).

A própria CRD IV sublinha que a *"(...) comissão de remunerações deve ser constituida de forma que lhe permita formular juízos informados e independentes sobre as políticas e práticas de remuneração e sobre os incentivos criados para efeitos de gestão de riscos, de capital e de liquidez."* (art. 95º/1).

A tendência internacional é reforçar a independência dos membros da comissão de remunerações, expressa no que se afigura ser um requisito mínio: ser um não-executivo.

Entre nós, autores como Paulo Câmara sublinhavam a importância de pelo menos algum dos membros da comissão integrar a administração da sociedade, enquanto membro não-executivo, a fim de garantir *"uma suficiente, mas não excessiva, ligação à gestão executiva"*[597]. Tal nota expressa netamente o que se esperava da composição de uma comissão de remunerações.

IV – Chegados que somos a 2014, o legislador, ao transpôr a CRD IV, veio fixar que os membros do comité são administradores não executivos ou membros do órgão de fiscalização.

Que sentido dar ao preceito?

A composição do comité de remunerações está intimamente relacionada com o sentido e alcance das suas funções. Também aqui vale o antigo aforismo, próprio de outras ciências, segundo o qual *a função faz o órgão*. A composição do comité deverá ser aquela que garanta a máxima optimização das funções que lhe são atribuídas. E tais funções são claras na lei: *"formular juízos informados e indepen-*

---

[595] Ac. RLx 18-dez.-2002 (Salazar Casanova), Proc. nº 0079688.
[596] Em articulação não exatamente pacífica com o art. 399º/1, a Reforma 2006 veio ainda prever que o conselho geral e de supervisão podia criar uma comissão para a "fixação da remuneração dos administradores" (444º/1).
[597] Paulo Câmara, "A comissão de remunerações" cit., 46.

dentes sobre a política e práticas de remuneração e sobre os incentivos criados para efeitos de gestão de riscos, de capital e de liquidez" (arts. 115º-H/2 RGICSF e 95º/1 CRD IV).

A formulação de *juízos* informados e, sobretudo, *independentes* é melhor servida se absolutamente independentes forem os membros do comité de remunerações. Este critério deve presidir ao processo hermenêutico.

V – Temos, portanto, que o resultado interpretativo do art. 115º-H/1 não pode ser o de uma composição exclusiva do comité por administradores não executivos ou membros do órgão de fiscalização.

A lei não proíbe, portanto, a presença de outros sujeitos no comité de remunerações. Estabelece, outrossim, que sendo o comité composto (também) por membros de órgãos sociais, estes só podem ser ou membros do órgão de fiscalização ou administradores não executivos.

A preocupação do legislador europeu foi, sobretudo, vedar a presença de administradores executivos no comité. A presença de administradores é, portanto, *tolerada*, desde que tais administradores não exerçam funções executivas na instituição em causa.

E, neste contexto, a presença de algum administrador (não executivo) pode até ser desejável, na medida em que garante uma ligação à gestão da instituição, com vantagens para o exercício prático das funções atribuídas ao comité.

VI – Nas franjas da interpretação preconizada, encontram-se as situações em que o comité seja composto exclusivamente *(i)* por independentes, que não sejam nem administradores não-executivos nem membros do órgão de fiscalização; ou *(ii)* pelos sujeitos previstos no art. 115º-H/1, em particular, por administradores não executivos.

O escopo do art. 115º-H não é, reitere-se, garantir um mínimo de participação de administradores ou membros do órgão de fiscalização no comité de remunerações; mas antes assegurar que, caso participem na composição do comité membros de órgãos sociais[598], eles serão sempre administradores não executivos ou membros do órgão de fiscalização.

Inclinamo-nos, assim, para sustentar que uma composição do comité sem a participação de qualquer administrador ou membro do órgão de fiscalização, não se encontra vedada pelo art. 115º-H.

Pode objectar-se, todavia, que a CRD IV, ao associar a política de remunerações à função fiscalizadora do conselho de administração, impõe uma composição do comité com a presença (ainda que não exclusiva) de administradores não exe-

---

[598] Abstraindo aqui da questão de saber se o comité de remunerações pode ser qualificado como órgão social.

cutivos; de onde, um comité composto sem a presença de qualquer administrador seria contrário à lei.

Cremos, todavia, que não devemos ir tão longe. Sem dúvida que a CRD IV quis reforçar as funções de fiscalização no *governance* das instituições financeiras, associando a tal função a criação e monitorização de uma sã política de remunerações. Mas daí a ter criado uma reserva de competências para o órgão de administração sobre esta matéria, impondo uma presença, ainda que residual, de administradores não executivos na composição do comité de remunerações, é um passo que entendemos não ter suficiente fundamentação.

Retenha-se que a própria CRD IV chama a atenção, no considerando (56), por exemplo, para o facto de em muitos Estados-Membros as funções de fiscalização do órgão de administração serem, na verdade, exercidas por um outro órgão da sociedade.

VII – Questão diversa é saber se o art. 115º-H permite uma composição do comité de remunerações apenas integrada por administradores não executivos, por exemplo, como *apertis verbis* parece resultar da lei.

Nesta hipótese, e tomando por referência o modelo tradicional português[599], o comité de remunerações funcionaria materialmente como uma comissão especializada do conselho de administração. Conheceria, eventualmente, um título diverso de constituição que não uma delegação de poderes (art. 407º CSC), teria um conteúdo funcional autónomo e não se aplicaria a regra da não exclusão de competências dos demais administradores (art. 407º/8 CSC). No entanto, materialmente, tudo se passaria no seio do conselho de administração.

Temos reservas quanto a esta possibilidade.

Pese embora a infeliz redação do preceito, deve prevalecer o sentido normativo de permita a optimização das funções atribuídas ao comité de remunerações que, em nosso entender, queda prejudicada por uma composição exclusiva do comité por administradores, ainda que não executivos.

Se bem vemos, e tendo em conta os aspetos sistémicos associados a uma boa prática remuneratória, o legislador quis que o comité de remunerações fosse composto por quem se encontrasse em condições de formular *"juízos informados e independentes sobre a política e práticas de remuneração"* da instituição em causa.

Tolerou, é certo, a presença de administradores no comité, exigindo, ainda assim, que fossem não executivos. Não cremos, todavia, que tolere uma composição exclusiva do comité por administradores (mesmo que sem funções executivas).

---

[599] Seguindo a terminologia de José Ferreira Gomes, *Da administração à fiscalização das sociedades* cit., 151-155.

VIII – Os dados ponderados parecem apontar no sentido de a competência para a criação de um comité de remunerações ser da assembleia geral, independentemente da natureza do comité face à comissão de remunerações prevista no art. 399º/1 CSC.

9. Funções

I – Vimos já que ao comité de remunerações cabe *"formular juízos informados e independentes sobre a política e práticas de remuneração e sobre os incentivos criados para efeitos de gestão de riscos, de capital e de liquidez"* (art. 115º-H/2).

Tais *juízos informados e independentes* materializam-se, depois na *"preparação das decisões relativas à remuneração, incluindo as decisões com implicações em termos de riscos e gestão dos riscos da instituição de crédito em causa"* (art. 115º-H/3). Tais decisões não são tomadas pelo comité, mas sim *"pelo órgão social competente"*.

O comité de remunerações tem, portanto, funções consultivas e preparatórias das decisões que serão tomadas por outros órgãos sociais. Qualquer capacidade decisória exigirá uma delegação do órgão competente.

II – Excluida, pela lei, qualquer competência deliberativa própria, há que reconhecer à *"preparação de decisões"*, prevista no art. 115º-H/3, uma acentuada plasticidade normativa.

Cabe a cada instituição de crédito concretizar, face ao modelo de governo adotado, em que consiste tal *preparação*. Os códigos de bom governo e as recomendações das entidades de supervisão jogam, aqui, um papel determinante.

Preparar uma decisão pode incluir desde a elaboração da proposta, à emissão de parecer vinculativo, à elaboração de estudos que suportem uma proposta não apresentada pelo comité. Cada instituição deve procurar aferir as melhores práticas e, sobretudo, definir quais os prodecimentos que melhor garantem uma gestão sã e prudente do risco e dos potenciais conflitos de interesses.

III – No art. 115º-H/4 surge prevista a norma de conduta a que se devem ater os membros do comité de remunerações, no exercício das suas funções (consultivas e preparatórias das decisões de outros órgãos, sublinhe-se).

No âmbito da sua atividade – reza o preceito – o *"comité de remunerações deve observar os interesses de longo prazo dos accionistas, dos investidores e de outros interessados na instituição de crédito, bem como o interesse público"*.

IV – A proximidade com a redação do art. 64º/1 b) CSC é manifesta e perplexante. *Por que razão aproxima, o legislador, do padrão normativo dos administradores a conduta dos membros do comité de remunerações, cujas atribuições nada têm que ver com a administração da sociedade? Pode um membro do comité de remunerações estar sujeito ao mesmo padrão normativo de conduta de um administrador? Quais as consequências em sede de responsabilidade?*

Mas mais dúvidas colocam as dissemelhanças: *porque razão não manda o legislador atender ao interesse da sociedade, mas já obriga a ponderar o interesse de longo prazo dos sócios? A sustentabilidade da própria instituição é alheia a uma política de remunerações? E como conjugar tal teia de interesses com o interesse público?*

Numa comissão cuja razão da existência é, justamente, garantir – em política remuneratória – o alinhamento do interesse dos administradores com o interesse da sociedade, o legislador teve por bem introduzir um flagrante conflito de interesses que se revela uma verdadeira "pedra de tropeço" no processo aplicativo.

V – Cabe ao intérprete-aplicador sublimar o enredo legislativo que em má hora o legislador criou, renunciando a um esforço de concretização analítica do preceito e rejeitando uma equiparação entre a conduta normativa exigida aos administradores e a que é esperada dos membros do comité de remunerações (que o sistema, no seu todo, não permite).

O que sobra, então, para o art. 115º-H/4? Pouco mais que uma norma de enquadramento, sem conteúdo normativo autónomo: a conduta normativamente exigível dos membros do comité resultará da conjugação de outros preceitos, em especial dos que densificam as exigências requeridas a uma política de remuneraçãoo das instituições de crédito.

§ 4º TANTO PARA TÃO POUCO?

I – Numa figura tão central e relevante quanto o comité de remunerações, o Decreto-Lei nº 157/2014 ficou muito aquém do desejável e do dogmaticamente expectável. À guisa de conclusão, podem sumariar-se as principais fragilidades de regime, para as quais fomos chamando a atenção:

(i) *Indeterminação de quais as instituições obrigadas a adotar um comité de remunerações.* A definição do que seja uma *instituição significativa*, para efeitos do disposto no art. 115º-H/1, por referência àquelas que estão sujeitas a supervisão direta do BCE, parece-nos excessivamente redutor e parte de um pressuposto que não está demonstrado: a existência de um único conceito operativo de *instituição significativa*, independentemente dos efeitos aplicativos em presença.

(ii) Incerteza quanto à composição. Mau grado a aparente assertividade da lei, a concreta composição do comité desejada, por um lado, e proibida, por outro, nos termos do art. 115º-H/1, está longe de ser clara.

(iii) Incerteza quanto à criação e conteúdo funcional. Também não é claro, no RGICSF, de que órgão emana o comité de remunerações e qual o seu concreto conteúdo funcional. Em concreto, há uma larga margem de indefinição quanto ao que seja a *preparação de decisões* que cabem a outros atores sociais.

II – Não se invoque, em justificação, que as insuficiências do regime resultam do próprio art. 95º CRD IV.

A transposição de uma diretriz para a ordem jurídica interna não pode ser entendida com uma mera reprodução acrítica do texto normativo europeu[600]. Exige-se uma verdadeira *recriação* do regime, à luz da tradição dogmática nacional (que o legislador histórico não pode ignorar[601]) e das concretas especificidades de cada ordem jurídica.

Tal esforço não foi bem sucedido. As sucessivas alterações ao RGICSF, posteriores ao Decreto-Lei nº 157/2014 – seis em menos de um ano!, duas no mesmo mês! –, tão pouco emendaram a mão.

Neste momento, não se pedem (nem desejam) mais alterações às fontes. Agora é o tempo da *praxis* cinzelar o regime, da dogmática superar as insuficiências normativas e de se consolidarem boas práticas de governo das instituições que possam ajudar a definir, com maior concretude, o papel do comité de remunerações no quadro delicado das políticas de remuneração das instituições bancárias.

---

[600] Sobre a transposição de diretrizes, veja-se ANTÓNIO PINTO PEREIRA, *A diretiva comunitária*, 2014, 155 e ss.

[601] Com desenvolvimento, CHRISTIAN BALDUS, "Gut meinen, gut verstehen? – Historischer Umgang mit historischen Intentionen", *Gesetzgeber und Rechtsanwendung* (Christian Baldus/Frank Theisen/Friederike Vogel), 2013, 5-28.

CAPÍTULO XI

GOVERNO DAS INSTITUIÇÕES DE CRÉDITO EM DESEQUILÍBRIO FINANCEIRO E INTERVENÇÃO PRECOCE DO BANCO DE PORTUGAL

André Figueiredo*

1. INTRODUÇÃO

Com vista à implementação de uma união bancária[602], foi recentemente estabelecido um enquadramento europeu para a recuperação e a resolução de instituições de crédito ("IC") e de empresas de investimento pela Diretiva 2014/59/EU, do Parlamento Europeu e do Conselho, de 15 de maio de 2014 ("BRRD")[603]. Devendo ser transposta até 31 de dezembro de 2014 (com exceção da medida de resolução *bail-in* (recapitalização interna, cuja data limite de transposição era 1 de janeiro de 2016), a BRRD foi transposta para o ordenamento jurídico nacional pelos Decretos-Lei nº 114-A/2014, de 1 de agosto e nº 157/2014, 24 de outubro, bem como pela Lei nº 23-A/2015, de 26 de março, todos alterando o Regime Jurídico das Instituições de Crédito e Sociedades Financeiras, aprovado pelo Decreto-Lei nº 298/92, de 31 de dezembro ("RGICSF")[604]. Um outro passo para

---

* Doutor em Direito, Advogado.

[602] Os pilares da União Bancária foram propostos por Van Rompuy, na qualidade de Presidente do Conselho Europeu, em Van Rompuy et. al. *Towards a Genuine Economic and Monetary Union*, 2012, disponível em http://www.consilium.europa.eu.

[603] A BRRD alterou a Diretiva 82/891/CEE do Conselho, e as Diretivas 2001/24/CE, 2002/47/CE, 2004/25/CE, 2005/56/CE, 2007/36/CE, 2011/35/CE, 2012/30/UE e 2013/36/UE e os Regulamentos (UE) nº 1093/2010 e (UE) nº 648/2012 do Parlamento Europeu e do Conselho.

[604] Para efeitos do presente estudo, será tomada em consideração a redação do RGICSF resultante da última alteração operada pelo Decreto-Lei nº 190/2015, de 10 de setembro. Não sendo indicada a fonte dos artigos, dever-se-ão considerá-los como pertencentes ao RGICSF, exceto se outro sentido resultar do texto. Pela Lei nº 23-A/2015, de 26 de março, foram ainda alteradas, entre outras, a Lei nº 5/98, de 31 de janeiro, tal como sucessivamente alterada (Lei Orgânica do BdP), e o Decreto-

a implementação da União Bancária foi dado recentemente com a entrada em vigor, a 1 de janeiro de 2016, do Regulamento (UE) nº 806/2014 do Parlamento Europeu e do Conselho de 15 de julho de 2014 ("Regulamento MUR") e do *"Acordo Relativo à Transferência e Mutualização das Contribuições para o Fundo Único de Resolução"*[605], que pretendem estabelecer um mecanismo único de resolução e um fundo de resolução único para a União Europeia.

Apresentado o quadro regulatório relevante, cumpre destacar que é na BRRD que são estabelecidas a grande maioria das regras que poderão ter impacto no governo de uma IC que se encontre em desequilíbrio financeiro, as quais já foram devidamente transpostas para o ordenamento jurídico nacional. A BRRD estabelece que o regime da recuperação e resolução assenta em três pilares: (i) preparação; (ii) intervenção precoce; e (iii) resolução. Neste sentido, o título VIII do RGICSF estabelece as regras de intervenção corretiva, administração provisória e resolução, as quais podem ser adotadas pela autoridade nacional bancária – o Banco de Portugal ("BdP") – sobre IC's (e respetivas sucursais estabelecidas em Portugal) e sociedades financeiras[606], com vista à salvaguarda da sua solidez financeira, dos interesses dos depositantes ou da estabilidade do sistema financeira, nos termos do artigo 139º do RGICSF. Na escolha e adoção destas medidas, o BdP não se encontra vinculado por qualquer precedente, podendo aplicar e combinar quaisquer medidas, ainda que de natureza diversa, conquanto se encontrem reunidos os pressupostos específicos de aplicação de cada medida adotada. Contudo, ao aplicar estas medidas, o BdP encontra-se vinculado a princípios de adequação e proporcionalidade, tendo em conta o risco e grau de incumprimento das disposições legais e regulamentares pela IC, bem como "a gravidade das respetivas consequências na solidez financeira na instituição em causa, nos interesses dos depositantes ou na estabilidade do sistema financeiro" (nº 2 do artigo 139º).

O presente estudo visa essencialmente determinar os poderes de intervenção corretiva e de administração provisória ao dispor do BdP, por serem aqueles que terão impacto no governo de uma IC em desequilíbrio financeiro. Por essa razão, encontra-se excluída do presente estudo a análise dos poderes e medidas de resolução do BdP, constantes do capítulo III do título VIII do RGICSF, os

---

-Lei nº 199/2006, de 25 de outubro, tal como sucessivamente alterado (relativo à liquidação de IC e sociedades financeiras).

[605] O Acordo foi ratificado pelo Decreto do Presidente da República nº 100/2015, após aprovação pela Resolução da Assembleia da República nº 129/2015, em 22 de julho de 2015.

[606] Por remissão do artigo 198º, nº 2, do RGICSF, todas as disposições constantes dos capítulos I, II e IV do título VIII do RGICSF serão aplicáveis, com as necessárias adaptações às sociedades financeiras do artigo 6º e às respetivas sucursais estabelecidas em Portugal. Contudo, por motivos de simplificação, doravante apenas me irei referir às IC's, embora sem desconsiderar aquelas entidades.

quais poderão ser aplicáveis quando reunidos os requisitos constantes do artigo 145º-E, nº 2. De outra forma, poderá dizer-se que se pretende avaliar os poderes de ingerência do BdP (e respetivos pressupostos) no governo de uma IC, desde a constatação (ou aparência) de desequilíbrio financeiro até ao momento da adoção de uma medida de resolução.

2. APRESENTAÇÃO E PRESSUPOSTOS DE MEDIDAS DE INTERVENÇÃO CORRETIVA E ADMINISTRAÇÃO PROVISÓRIA PELO BDP – AS "MEDIDAS DE INTERVENÇÃO PRECOCE" DA BDDR

Por serem instituições "especializadas no tratamento de dinheiro"[607] – realizam, entre outras atividades, a receção de depósitos e outros fundos reembolsáveis, a concessão de créditos e a realização de pagamentos –, as IC assumem um papel central no sistema financeiro – especialmente aquelas que se tornaram *too big to fail*[608] –, o qual assenta na confiança que os operadores e agentes de mercado nele depositam. Com o desenvolvimento recente da crise financeira iniciada em 2007, verificou-se quer uma preocupação acrescida com o governo das IC, quer uma crescente produção legislativa e regulatória com vista à prevenção deste tipo de situações e do risco sistémico. O desequilíbrio financeiro de uma IC e, em maior medida, a sua insolvência constituem situações com impacto na confiança dos agentes e na solidez do mercado financeiro, pelo que às autoridades bancárias nacionais foram atribuídos fortes poderes de supervisão e ingerência para intervir nas IC's, quando verificados determinados pressupostos.

A salvaguarda da solidez financeira da IC, dos interesses dos depositantes e da estabilidade do sistema financeiro são valores essenciais ao sistema bancário nacional e europeu, cumprindo ao BdP, na qualidade de autoridade bancária nacional, preservá-los[609]. Foram previstos nos artigos 27º e ss. da BRRD poderes preventivos de ingerência nas IC[610], ao dispor das autoridades bancárias nacionais para aplicar sobre aquelas, quando se verifique nomeadamente "uma deteriora-

---

[607] ANTÓNIO MENEZES CORDEIRO, *Manual de Direito Bancário*, 4ª edição, Almedina, 2010, p. 55.
[608] ERKKI LIIKANEN ET. AL., *High-level Expert Group on reforming the structure of the EU banking sector*, 2012, p. 13, disponível em http://ec.europa.eu.
[609] Com vista à preservação destes valores, foi instituída a obrigação de as IC prepararem planos de recuperação, nos artigos 5º e 7º da BRRD. Sobre estes, veja-se CHEN CHEN HU, "The Bank Recovery Framework under the BRRD: an analysis", *in International Company and Comercial Law Review*, Thomson Reuters, 2015, pp. 333 e ss. [328-337].
[610] Estes poderes já constavam do artigo 139º da Diretiva 2006/48/EC, do Parlamento e do Conselho, de 14 junho de 2006, relativa ao acesso à atividade das IC e ao seu exercício que veio a ser revogada pela CRD IV. Para uma análise destes poderes ao abrigo do anterior quadro regulatório,

ção rápida da sua situação financeira, incluindo a sua situação de liquidez, um aumento do rácio de alavancagem, empréstimos em incumprimento ou concentração de posições em risco, tal como avaliada com base num conjunto de fatores de desencadeamento, que podem incluir os requisitos de capitais próprios da instituição acrescidos de 1,5 pontos percentuais" (artigo 27º da BRRD).

Tais poderes foram transpostos para o ordenamento jurídico nacional pelos artigos 139º a 145º-B do RGICSF, tendo por objetivo corrigir a deterioração da situação financeira e económica da IC antes que esta chegue a um ponto em que o BdP não tenha outra alternativa que não seja a adoção de uma medida de resolução. Assim, perante a situação de desequilíbrio financeiro de uma IC, o BdP dispõe de poderes de intervenção que poderá adotar sobre a IC e que se traduzem essencialmente em três tipos: (i) medidas de intervenção corretiva; (ii) suspensão e destituição de membros do órgão de administração; e (iii) designação de administradores provisórios. Preferencialmente, a aplicação destes poderes tem lugar antes da adoção de uma medida de resolução (nos termos do artigo 144º). A adoção de uma medida de resolução por uma autoridade bancária nacional deve ser uma medida de último recurso, porque suscetível de afetar direitos patrimoniais preexistentes de terceiros, devendo por isso ser aplicada apenas após se verificar a insuficiência das medidas de prevenção da situação de insolvência da IC. É pois durante esta fase prévia, em que a recuperação ainda se afigura como possível, que os poderes de ingerência no governo da IC têm aplicação, traduzindo-se em instrumentos de intervenção precoce e rápida, para assegurar a continuidade das funções financeiras e económicas críticas da IC e minimizando o impacto da insolvência sobre o sistema económico e financeiro[611]. Todavia, a eficiência destes instrumentos de *early intervention* encontra-se estreitamente relacionada com a agilidade e capacidade estratégica das autoridades nacionais – no nosso caso, do BdP –, na medida em que é a estas que cabe decidir a verificação dos pressupostos e a natureza da medida a aplicar sobre a IC em desequilíbrio financeiro. Note-se contudo que, em certos casos, como se demonstrará, a aplicação destes poderes poderá inclusivamente ser preparatória de uma medida de resolução.

a. Pressupostos para aplicação das medidas de intervenção corretiva

Previstas no artigo 141º do RGICSF, as medidas de intervenção corretiva ao dispor do BdP consistem essencialmente em imposições ou proibições de deter-

---

vide MICHAEL SCHILLIG, *Bank Resolution Regimes in Europe I – Recovery and Resolution Planning, Early Intervention*, 2012, pp. 30 e ss. disponível em http://ssrn.com/abstract=2136101.
[611] Este objetivo é confessado no considerando 10 do Regulamento MUR.

minadas condutas à IC, mantendo tendencialmente intacto o património daquela e em funções a administração (ou pelo menos, como veremos, em parte) que foi designada pelos sócios.

Do nº 1 do artigo 141º do RGICSF, que procede à transposição do artigo 27º da BRRD, não se retira diretamente que a sua aplicação tem lugar quando a IC se encontre em desequilíbrio financeiro, mas antes que podem ser aplicadas "quando a IC não cumpra, ou esteja em risco de não cumprir, normas legais ou regulamentares que disciplinem a sua atividade". Tratando-se de uma previsão demasiado lata – nunca poderia admitir-se a intervenção corretiva pelo incumprimento (ou risco de incumprimento) de quaisquer normas legais ou regulamentares –, a lei densifica aqueles pressupostos no nº 2 do artigo 141º, devendo o BdP atender a determinadas circunstâncias para a aplicação daquelas medidas: (i) ao risco de incumprimento dos níveis mínimos regulamentares de adequação de fundos próprios; (ii) às dificuldades na situação de liquidez que possam pôr em risco o regular cumprimento das obrigações da IC; (iii) ao sistema de governo da IC ou ao facto de os membros do órgão de administração da IC terem deixado de oferecer garantias de gestão sã e prudente (iv) à verificação de que a organização contabilística ou o sistema de controlo interno da IC apresentam insuficiências graves que não permitem avaliar devidamente a situação patrimonial da IC (v) a outras circunstâncias, tendo em conta o risco e grau de incumprimento, bem como a gravidade das respetivas consequências na solidez financeira da IC, nos interesses dos depositantes ou na estabilidade do sistema financeira. Estes pressupostos parecem ter subjacente a manutenção das condições essenciais à autorização pelo BdP para o exercício da atividade pela IC.

O risco de incumprimento dos níveis mínimos regulamentares de adequação de fundos próprios são apreciados pelo BdP no âmbito da sua competência de supervisão prudencial, consistindo em níveis de fundos impostos às IC com vista reforçar e garantir a sua solvabilidade, através do "pacote CRD IV"[612]. Encontrando-se já transpostos para o ordenamento jurídico nacional, nos termos do artigo 96º, nº 2 do RGICSF, os fundos próprios de uma IC não podem tornar-se inferiores ao montante de capital social mínimo exigido para as IC, o qual, na presente data, corresponde ao montante de EUR 17.500.000,00 no caso de Bancos, nos termos da Portaria nº 95/94, de 9 de fevereiro, na redação atualizada. Assim, na consideração da necessidade de aplicação de uma medida corretiva sobre uma IC, releva, desde logo, o facto de esta ter incumprido aqueles níveis.

Por outro lado, o BdP deverá ainda atender a dificuldades na situação de liquidez que possam pôr em risco o regular cumprimento das obrigações da IC. Pretende-se verificar se a IC se encontra impossibilitada ou em risco de não cumprir

---

[612] *Vide* nota anterior.

as suas obrigações vencidas. Para o efeito, atende-se desde logo ao balanço da IC (se tem passivos superiores aos ativos). Contudo, não quer dizer que estes sejam os únicos critérios a atender. Na verdade, e uma vez que a IC recebe depósitos do público, tem de se encontrar em condições de restituir os fundos recebidos quando assim o seja requerido pelos depositantes. Assim, a situação de a IC ter investido os fundos recebidos em ativos pouco líquidos pode conduzir à verificação de casos em que, não obstante a situação financeira da IC se encontrar equilibrada, esta se encontra impossibilitada de cumprir regularmente as suas obrigações.

Também o sistema de governo das IC é considerado pelo BdP como circunstância atendível. Os modelos de *governance* estabelecidos pelo Código das Sociedades Comerciais[613] ("CSC") (e aplicáveis às IC, com as adaptações legalmente previstas), são compostos por um conjunto de *pesos e contrapesos*, os quais têm em especial atenção os *stakeholders* afetados pelas atividades da IC (com especial enfoque para o artigo 64º): os depositantes[614]. Por outro lado, deve ainda atender-se aos requisitos constantes das alíneas *f)* a *j)* do nº 1 do artigo 14º do RGICSF, que pretendem garantir a adequação dos órgãos para o desempenho da atividade da IC. A IC deve pois adotar um modelo adequado aos riscos inerentes ao modelo de negócio e à sua natureza, nível e complexidade das atividades[615].

Foi no rescaldo da crise que surgiu o Aviso do BdP nº 5/2008, nos termos do qual as IC, as sociedades financeiras e as sucursais de IC e de sociedades financeiras com sede em países terceiros[616] devem dispor de um sistema de controlo interno, o qual se define, nos termos do artigo 2º, nº 1, desse diploma como o "conjunto das estratégias, sistemas, processos, políticas e procedimentos definidos pelo órgão de administração[617], bem como das ações empreendidas por este

---

[613] Aprovado pelo Decreto-Lei nº 262/86, de 2 de setembro, na redação resultante da Lei nº 148/2015, de 9 de setembro.

[614] Neste sentido, Paulo Câmara, "O governo societário dos bancos – em particular, as novas regras e recomendações sobre remuneração da banca", in Paulo Câmara e Manuel Magalhães in (coord.) *O Novo Direito Bancário*, Almedina, 2012, p. 147 [141-174].

[615] Em concretização, o RGICSF prevê nos artigos 30º e ss. um conjunto de regras e requisitos (idoneidade, qualificação profissional, independência e disponibilidade) que devem ser respeitadas e preenchidos pelos membros a designar para o órgão da administração (e titulares de funções essenciais) da IC, para reunir a adequação legalmente exigida no desempenho de funções e garantir a sua gestão sã e prudente, a qual deverá ser cuidadosamente apreciada pelo BdP. Assim, sistema de governo da IC ou os membros do órgão de administração da IC terem deixado de oferecer garantias de gestão sã e prudente também deverá ser atendido pelo BdP para aplicação de uma medida corretiva.

[616] Doravante, não terei em consideração entidades que não qualifiquem como IC.

[617] Nos termos do artigo 4º do Aviso do BdP nº 5/2008, na sua redação atual, e ao longo de todo o aviso verifica-se uma responsabilização geral do órgão de administração pelo sistema de controlo,

órgão e pelos restantes colaboradores da instituição", com vista a garantir, entre outros objetivos definidos nesse preceito, "um desempenho eficiente e rentável da atividade, no médio e longo prazos (objetivos de desempenho), que assegure a utilização eficaz dos ativos e recursos, a continuidade do negócio e própria sobrevivência da instituição, através, nomeadamente, de uma adequada gestão e controlo dos riscos da atividade, da prudente e adequada avaliação dos ativos e responsabilidades, bem como da implementação de mecanismos de proteção contra utilizações não autorizadas, intencionais ou negligentes" (constante da alínea a)). O Aviso do BdP nº 5/2008 tem o mérito, desde logo, de tentar impor uma cultura organizacional nas entidades que a ele se encontram sujeitas, por forma a garantir que todos os colaboradores reconhecem a importância do controlo interno, de modo a assegurar uma gestão sã e prudente da atividade da IC, bem como o respeito pelas regras de conduta enunciadas nos artigos 73º a 75º do RGICSF[618]. Estas normas estão inseridas no âmbito da supervisão comportamental, da competência do BdP[619], no qual são estabelecidas regras de conduta a que as IC (artigo 73º), bem como os respetivos administradores e empregados[620], se encontram vinculados. Destes, o Aviso do BdP nº 5/2008 destaca, desde logo, o elevado nível de competência técnica em todas as atividades que exerçam esses sujeitos, garantindo que a organização empresarial da IC fun-

---

bem como uma preocupação constante com a adequada documentação de todas as ações desenvolvidas no âmbito da promoção e execução do sistema. É aliás o órgão de administração que é responsável por definir, ou propor ao órgão competente, a estratégia da instituição e garantir que a estrutura e a cultura organizacionais permitem desenvolver adequadamente a estratégia definida (artigo 9º, nº 1 do Aviso do BdP nº 5/2008). Aqui se revela toda a importância que os membros do conselho de administração assumem no seio da IC. Para além das tradicionais funções de gestão e representação da IC, o órgão de administração tem também a responsabilidade de definir e monitorizar o sistema de controlo. Com o desenvolvimento da crise, tem sido larga a preocupação nacional (que deriva de imposição europeia) na escolha dos membros dos órgãos sociais da IC, em especial, do conselho de administração. Tal justifica, designadamente, o regime complexo da adequação dos membros dos órgãos de administração e fiscalização e dos titulares de funções essenciais nas IC, constante dos artigos 30º e ss. do RGICSF, com elevada supervisão pelo BdP, assegurando que estes reúnem requisitos de idoneidade, qualificação profissional, independência, bem como total disponibilidade para o exercício das funções.

[618] Regime Geral das Instituições de Crédito e Sociedades Financeiras, aprovado pelo Decreto-Lei nº 298/92, de 31 de dezembro, na redação conferida pelo Decreto-Lei nº 190/2015, de 10 de setembro.

[619] A qual não exclui a competência de supervisão que cabe à Comissão de Mercado de Valores Mobiliários pelo Código dos Valores Mobiliários, como é expressamente prescrito no artigo 76º do RGICSF.

[620] Os quais "devem proceder, tanto nas relações com os clientes como nas relações com outras instituições, com diligência, neutralidade, lealdade e discrição e respeito consciencioso dos interesses que lhes estão confiados".

ciona com os meios humanos e materiais adequados a assegurar condições apropriadas de qualidade e eficiência (artigo 74º), bem como o dever diligência de um gestor criterioso e ordenado a que estão adstritos, quer os membros dos órgãos de administração das IC, quer as pessoas que nelas exerçam cargos de direção, gerência, chefia ou similares, "de acordo com o princípio da repartição de riscos e da segurança das aplicações e ter em conta o interesse dos depositantes, dos investidores, dos demais credores e de todos os clientes em geral" (artigo 75º). Neste sentido, se a organização contabilística ou o sistema de controlo interno da IC apresentarem insuficiências graves que não permitam avaliar devidamente a situação patrimonial da IC, que é essencial para apurar o seu eventual desequilíbrio financeiro, o BdP deve pois intervir preventivamente de modo a garantir que esse desequilíbrio não se verifica.

Por último, na consideração pela adoção de uma medida corretiva, o BdP deverá também atender a outras circunstâncias, tendo em conta o risco e grau de incumprimento, bem como a gravidade das respetivas consequências na solidez financeira da IC, nos interesses dos depositantes ou na estabilidade do sistema financeira: trata-se de uma cláusula aberta que atribui grande discricionariedade ao BdP para a aplicação de uma medida corretiva, numa sede que se pretendia de maior clarificação e segurança jurídica. A *European Banking Authority* ("EBA") emitiu orientações[621] sobre os fatores desencadeadores da intervenção precoce pelas autoridades bancárias nacionais, previstos no artigo 27º, nº 4 da BRRD (e transpostos nos termos referidos). Contudo, como se explica logo no sumário executivo, a verificação dos fatores desencadeadores nela previstos não obriga as autoridades nacionais a aplicar automaticamente uma medida de intervenção precoce, nem a falta dessa verificação proíbe as autoridades de aplicarem medidas de intervenção precoce, pelo que não se tratam de verdadeiro pressupostos, nos termos exigidos pelo RGICSF. O propósito é antes ajudar as autoridades nacionais na tomada de decisão, minimizando o risco de impugnação judicial pelas entidades sob sua supervisão. E, para esse efeito, estabeleceu nas definições das orientações que "condições para intervenção precoce" correspondem a "uma situação em que uma instituição não cumpra ou esteja em risco de não cumprir no futuro próximo os requisitos previstos no Regulamento (UE) nº 575/2013, na Diretiva 2013/36/UE[622], no Título II da Diretiva 2014/65/UE ou nos artigos 3º a

---

[621] EBA, *Guidelines on triggers for use of early intervention measures pursuant to Article 27(4) of Directive 2014/59/EU* (Final report), EBA/GL/2015/03, disponível em http://www.eba.europa.eu.

[622] A Diretiva 2013/36/CE, de 26 de junho de 2015 (CRD V) e o Regulamento (UE) nº 575/2013, do Parlamento Europeu e do Conselho, 26 de junho de 2013, relativo aos requisitos prudenciais para as IC e empresas de investimento, compõem o "pacote CRD IV". Nos termos do artigo 162º da CRD IV, esta deveria ter sido transposta até 31.12.2013, contudo só tendo sido transposta pelo Decreto-Lei nº 157/2014, de 24 de outubro. Este pacote surge na sequência do reconhecimento

7º, 14º a 17º e 24º, 25º e 26º do Regulamento (UE) nº 600/2014, ou em qualquer legislação de execução nacional ou europeia relevante".

E nas orientações da ENA são estabelecidos os seguintes fatores desencadeadores como aqueles a que devem se atendidos[623]:

a. "A notação global do SREP [processo de revisão e avaliação pelo supervisor] e as combinações predefinidas da notação global do SREP e das notações dos elementos individuais do SREP;

b. Alterações ou anomalias significativas identificadas na monitorização dos indicadores-chave financeiros no âmbito do SREP, que demonstrem que as condições para uma intervenção precoce foram preenchidas;

c. Acontecimentos significativos que indiquem que as condições para a intervenção precoce foram preenchidas".

De forma muito sumária, já que este tema merece um estudo autónomo, as notações no SREP são atribuídas com base em critérios especificados naquelas Orientações, devendo as autoridades atribuir uma notação a cada um dos seguintes aspetos: (i) estratégia e modelo de negócio; (ii) governo interno e controlos a nível da instituição; (iii) riscos individuais para o capital; (iv) adequação do capital; (v) riscos individuais de liquidez e de financiamento; (vi) adequação da liquidez; e (vii) avaliação global do SREP. No âmbito da referida avaliação, o BdP utiliza uma escala de «1» (ausência de risco percetível) a «4» (risco elevado), que reflita a sua opinião, na qualidade de supervisor, relativamente ao risco, com base nos quadros de notação pertinentes dos títulos referentes a cada elemento.

Encontramo-nos então em posição de densificar os fatores desencadeadores constantes das orientações da EBA[624], onde se poderá ler que:

---

de que não bastava apenas disciplinar a atividade da IC, sendo imperativo estabelecer regras mais densas sobre a composição e funcionamento dos órgãos de administração e fiscalização de IC. Sobre estas novas regras, vide JOSÉ JOÃO FERREIRA GOMES, «Novas regras sobre o governo de instituições de crédito», in Revista de Direito das Sociedades, ano VII, nº 1, 2015, pp. 12 e ss. [7-49]. Para uma descrição detalhada dos acordos de Basileia I, Basileia II e Basileia III, vide MANUEL MAGALHÃES, "A evolução do direito prudencial bancário no pós-crise: Basileia III e CRD IV", PAULO CÂMARA e MANUEL MAGALHÃES in (coord.) O Novo Direito Bancário, Almedina, 2012, pp. 285 e ss.

[623] EBA, *Guidelines on triggers for use of early intervention measures pursuant to Article 27(4) of Directive 2014/59/EU* (Final report), EBA/GL/2015/03, pp. 6 e 7, disponível em http://www.eba.europa.eu. No que respeita à aplicação desses fatores de desencadeamento, as orientações da EBA clarificam também os requisitos que as autoridades bancárias nacionais devem cumprir quando definem os limites relativos aos indicadores financeiros e de risco (os quais devem ser regularmente monitorizados no âmbito do SREP), bem como os procedimentos que devem seguir no caso de ultrapassagem desses limites.

[624] EBA, *Guidelines on triggers for use of early intervention measures pursuant to Article 27(4) of Directive 2014/59/EU* (Final report), EBA/GL/2015/03, pp. 7 e 8, disponível em http://www.eba.europa.eu.

"13. Em particular, se as autoridades competentes, na sequência de um SREP, atribuírem à instituição a notação global «4» do SREP, em conformidade com a metodologia prevista nas Orientações SREP, devem sem demora injustificada tomar uma decisão sobre a aplicação de medidas de intervenção precoce.

14. Além disso, as autoridades competentes devem, em determinadas circunstâncias, considerar igualmente a avaliação dos elementos individuais do SREP que originam uma notação «4». Essas circunstâncias podem surgir quando não existe um elevado risco para a viabilidade de uma instituição e a notação global do SREP é «3», mas a avaliação dos elementos do SREP que abrangem as áreas específicas mencionadas no artigo 27º, nº 1, da Diretiva 2014/59/UE indica que a instituição pode preencher as condições para uma intervenção precoce, o que resulta na atribuição de uma notação «4» aos elementos do SREP correspondentes. Em particular, as autoridades competentes devem decidir sobre a aplicação de medidas de intervenção precoce sempre que os resultados do SREP, executado nos termos das Orientações SREP, assumam a forma das seguintes combinações de uma notação global do SREP de «3» e uma notação «4» para os elementos individuais do SREP:

a. a notação global do SREP é «3» e a notação do governo interno e dos controlos a nível da instituição é «4»;

b. a notação global do SREP é «3» e a notação da estratégia e do modelo de negócio é «4»;

c. a notação global do SREP é «3» e a notação da adequação do capital é «4»; ou

d. a notação global do SREP é «3» e a notação da adequação da liquidez é «4».

16. Quando decidem sobre a aplicação de medidas de intervenção precoce com base nas notações do SREP acima indicadas e selecionam a medida mais adequada, as autoridades competentes devem analisar a fraqueza específica identificada e destacada na parte descritiva da avaliação global do SREP ou na avaliação de um elemento específico do SREP".

Caso algum destes fatores desencadeadores se verificar, a autoridade nacional deverá optar por tentar obter mais informações relativamente à IC ou optar pela adoção de uma medida significativa, tendo em conta as medidas de recuperação ou as medidas especificadas no plano de recuperação que a IC adotou[625], em qualquer caso sendo claramente documentado pela autoridade a verificação dos fatores de desencadeamento, as conclusões das investigações associadas e as decisões sobre a aplicação de medidas de intervenção precoce.

---

[625] Na própria BRRD se prevê que os planos de recuperação deverão incluir possíveis medidas a tomar pelo órgão de administração da instituição caso estejam reunidas as condições para uma intervenção precoce (*e.g.* no considerando 22)

b. Pressupostos para suspensão e destituição de membros do órgão de administração e designação de administradores provisórios

Uma vez verificado que as medidas de intervenção corretiva já aplicadas não permitiram recuperar a IC, ou considerando-se a sua aplicação não seria suficiente para o efeito, o BdP pode, alternativamente, nos termos do artigo 144º do RGICSF, (i) suspender ou destituir os administradores e designar novos membros provisórios do conselho de administração (alínea a)), (ii) aplicar uma medida de resolução (alínea b)), ou (iii) revogar a autorização para o exercício da respetiva atividade (alínea c))[626]. Assim, tendo já sido aplicada uma medida corretiva, e não podendo o BdP utilizar uma nova medida de correção (pois tal não permitiria recuperar a IC) ou, não tendo sido aplicada qualquer medida corretiva, não se justificar a sua aplicação ser insuficiente para a recuperação da IC, o BdP tem de recorrer às medidas mais fortes enunciadas. Se atendendo ao que se disse supra, mediante uma interpretação sistemática, a expressão "não permitam recuperar a IC" parece já ter algum conteúdo, a consideração de que estas seriam "insuficientes" (para essa recuperação) parece colocar mais dificuldades, atentando à necessidade da sua fundamentação[627]. Contudo, não são apenas estes os pressupostos para a utilização pelo BdP da prorrogativa de suspender ou destituir membros do órgão de administração da IC. O artigo 145º do RGICSF, nº 1 refere-se antes a um "justo receio da sua insuficiência para ultrapassar a situação de deterioração significativa da instituição e a respetiva recuperação financeira".

A suspensão ou destituição de administradores da IC pode ainda ter lugar quando se verifique alguma das situações que seguidamente se explica, desde que a sua verificação seja suscetível de colocar em sério risco o equilíbrio financeiro ou a solvabilidade da IC ou de constituir uma ameaça para a estabilidade do sis-

---

[626] Tipicamente, quando uma entidade se encontra numa situação económica difícil, é aplicável o Código da Insolvência e da Recuperação de Empresas, aprovado pelo Decreto-Lei nº 53/2004, de 18 de março, na redação resultante do Decreto-Lei nº 26/2015, de 6 de fevereiro ("CIRE"), podendo essa entidade recorrer ao processo especial de revitalização (PER) ou ao processo de insolvência, consoante o grau do desequilíbrio económico da entidade, com vista à sua recuperação económica. Contudo, quando essa entidade é uma IC, existe um quadro legal especialmente previsto, consoante o grau do desequilíbrio económico da IC, no RGICSF e no Regime Jurídico da Liquidação e Saneamento de Instituições de Crédito e Sociedades Financeiras, aprovado pelo Decreto-Lei nº 199/2006, de 14 de agosto, na redação resultante da Lei nº 23-A/2015, de 26 de março, que será aplicável na tentativa do seu saneamento. No que respeita à liquidação judicial, este diploma remete para a aplicação, com as devidas adaptações, do CIRE.

[627] Recorde-se que a aplicação desta medida encontra-se sujeita à fundamentação obrigatória de cada ato administrativo, desde logo quanto à verificação dos pressupostos e quanto ao juízo de necessidade e de proporcionalidade que presidiu a uma medida desta natureza, atendendo aos princípios do artigo 139º, sem prejuízo de eventual fundamentação que aquele concreto ato exija.

tema financeiro. Mais uma vez, encontramo-nos perante um critério amplamente discricionário e de difícil densificação que serve como pressuposto para aplicação de uma medida com grave ingerência na autonomia privada da IC.

A primeira situação que poderá justificar a suspensão e destituição nos termos enunciados consiste na deteção pelo BdP de uma violação grave ou reiterada de normas legais, regulamentares ou estatutárias que disciplinem a atividade da IC. Mas outras poderão justificar a suspensão ou destituição dos membros do órgão de administração, quando a sua verificação seja suscetível de colocar em sério risco o equilíbrio financeiro ou a solvabilidade da IC ou de constituir uma ameaça para a estabilidade do sistema financeiro: pode acontecer que o BdP suspeite (com base em motivos atendíveis) da (i) existência de graves irregularidades na gestão da IC; (ii) incapacidade dos acionistas ou dos membros do órgão de administração da IC para assegurarem uma gestão sã e prudente ou para recuperarem financeiramente a IC; e/ou (iii) existência de outras irregularidades que coloquem em sério risco os interesses dos depositantes e dos credores.

Um pressuposto alternativo para a determinação da suspensão (bem como da designação de uma administração provisória), encontra-se previsto no nº 3 do artigo 142º e verifica-se quando os acionistas ou o órgão de administração da IC não aprovem as condições estabelecidas pelo BdP para o plano de restruturação exigido nos termos da alínea *d)* do nº 1 do artigo 141º e do artigo 142º do RGICSF, bem como em caso de incumprimento desse plano de restruturação. Adicionalmente, ou em alternativa, verificado este pressuposto, o BdP poderá proceder à revogação da autorização da IC, sem prejuízo da aplicação de medidas de resolução nos termos previstos nos artigos 145º-C e ss.

c. Pressupostos para designação de administradores provisórios

Os pressupostos para a designação de administradores provisórios encontram-se previstos no nº 1 do artigo 145º-A, tratando-se de um poder de ingerência que só poderá ser adotada pelo BdP quando este considere que a suspensão ou destituição dos membros do órgão de administração da IC é insuficiente para resolver alguma das situações descritas nas alíneas *a)* a *d)* do nº 1 do artigo 145º. Tendo-se verificado que a suspensão e destituição dos administradores tem como pressuposto adicional que a verificação dos casos referidos nessas alíneas seja cumulada com a suscetibilidade de tal colocar em sério risco o equilíbrio financeiro ou a solvabilidade da IC ou de constituir uma ameaça para a estabilidade do sistema financeiro, será possível concluir que a designação de um administrador provisório constitui uma medida subsidiária face às demais, por ser ainda mais limitadora da autonomia privada e uma intervenção mais "forte" no governo da IC do que a simples suspensão e destituição dos administradores.

3. PODERES DE INGERÊNCIA DO BDP NO GOVERNO DE UMA IC EM DESEQUILÍBRIO FINANCEIRO

A partir de 1 de janeiro de 2016, os poderes de ingerência do BdP passaram a assumir contornos um pouco diferentes, com a entrada em vigor do Regulamento MUR. O BdP tem agora o dever de prestar assistência ao Conselho Único de Resolução – o "CUR", um conselho constituído pelo Regulamento MUR que coordena a preparação de adoção de medidas de resolução a nível europeu, com competências acrescidas relativamente a entidades significativas[628] e transfronteiriças (as denominadas "*too big to Fail*") – no planeamento das resoluções e na preparação das decisões de resolução (artigo 13º do Regulamento MUR). Para as entidades e grupos que não sejam significativos nem transfronteiriços, o BdP deverá ser responsável, em particular, pelo planeamento da resolução, pela avaliação da aplicação/eliminação de obstáculos à aplicação de uma medida de resolução, pelas medidas corretivas e pelas medidas de resolução. O BCE ou o BdP informam o CUR (o qual deve informar a Comissão Europeia do facto) de quaisquer medidas que exijam que uma IC ou grupo tome ou que eles próprios adotem ao abrigo dos poderes de ingerência (artigo 13º do Regulamento MUR). A partir da data dessa comunicação, o CUR pode preparar a resolução da IC ou do grupo em causa. Se o BCE ou as autoridades nacionais competentes tencionarem impor a uma instituição ou grupo qualquer medida adicional – antes de a IC ou grupo cumprirem na íntegra a primeira medida notificada ao CUR –, informam o CUR antes de imporem essa medida adicional à instituição ou grupo em causa.

d. Medidas de intervenção corretiva e plano de reestruturação

O BdP, ao abrigo do instituto da intervenção corretiva, ganha largos poderes para intervir diretamente ou indiretamente na gestão da IC. Face ao incumprimento ou risco de incumprimento (nos termos descritos) de normas legais ou regulamentares que disciplinem a atividade de uma IC, o BdP pode aplicar

---

[628] Esta apreciação faz-se nos termos do artigo 6º, nº 4, do Regulamento (UE) nº 1024/2013, de 15 de outubro de 2013, que confere ao Banco Central Europeu atribuições específicas no que diz respeito às políticas relativas à supervisão prudencial das IC.

quaisquer das medidas de intervenção corretiva elencadas nas alíneas *a)* a *t)* do n.º 1 do artigo 141.º do RGICSF (que transpôs o artigo 27.º da BRRD). Já acima foi notado, mas não será demais recordar, que a aplicação destas medidas se encontra sujeita à fundamentação obrigatória dos atos administrativo – bem como, aos demais requisitos procedimentais necessários à prática de uma ato válido –, pelo que aqui será necessário um juízo rigoroso e fundamentado de necessidade e de proporcionalidade para a aplicação destas medidas, atendendo aos princípios dos artigos 139.º e 141.º do RGICSF.

Por remissão da alínea *c)* do n.º 1 pode o BdP aplicar quaisquer das medidas corretivas aplicáveis no âmbito da sua função supervisora, constantes do artigo 116.º-C. Os poderes de ingerência constituem portanto um complemento aos poderes de supervisão já atribuídos pela CRD IV no artigo 104.º[629], já transpostos para o artigo 116.º-C do RGICSF e no âmbito do qual o BdP já tinha competência para, nomeadamente, verificados determinados requisitos, (i) requerer às IC a manutenção ou o aumento da base dos fundos próprios, como a retenção de lucros; (ii) requerer às IC a realização de planos de recuperação ou a sua adaptação a novos factos verificados; (iii) restringir o desempenho de certas atividades e prescrever a redução do risco excessivo pela IC; (iv) proibir a concessão de crédito pela IC; e (v) impor obrigações de reporte com maior regularidade e com mais informação. As medidas de intervenção corretiva poderão, por outro lado, servir também de meio para reforçar essa supervisão, na medida em que ao BdP são agora atribuídos poderes para designar uma comissão de fiscalização ou um fiscal único (alínea *e)* daquele preceito e nos termos do artigo 143.º[630]), mandar realizar por uma entidade independente, a expensas da IC, uma auditoria à atividade desta (alínea *m)*) ou realizar inspeções no local na preparação de uma resolução da IC (alínea *r)*). Pode ainda ser reforçada a supervisão à IC pela imposição de obrigações de comunicação de informações adicionais (alínea *k)*).

Por outro lado, poderão ser aplicadas no âmbito da intervenção corretiva outras medidas que assumem uma natureza preparatória de uma medida de resolução, como acontece com a realização de contactos, ao abrigo da alínea *t)*, com possíveis adquirentes dos direitos e obrigações da IC com vista à eventual aplicação da medida de resolução de alienação total ou parcial da atividade da instituição, prevista no artigo 145.º-M.

Na perspetiva do *governance*, o BdP poderá influenciar a gestão da IC pela exigência de o órgão de administração apresentar "um programa de ação que

---

[629] Neste sentido CHEN CHEN HU, "The Bank Recovery Framework under the BRRD: an analysis", *in International Company and Comercial Law Review*, Thomson Reuters, 2015, p. 335 [328-337].

[630] Adiante, a respeito da designação do administrador provisório, farei referências à comissão de fiscalização ou fiscal único nomeados.

identifique e proponha solução calendarizadas" para o incumprimento ou risco de incumprimento, que será sujeito ao seu controle (alínea *a*)) bem como pela execução por parte da instituição de mecanismos ou medidas estabelecidas num plano de recuperação ou mesmo a eventual atualização deste (alínea *b*)). Poderá ainda ser exigida à IC, ao abrigo da alínea *d*), a apresentação de um plano de reestruturação que será submetido à aprovação do BdP, no prazo por este fixado, e que poderá estabelecer, a qualquer momento, as condições que considera convenientes para a aceitação do plano[631]. No âmbito de um plano de recuperação o BdP pode também impor a apresentação de um plano para a IC negociar a reestruturação da sua dívida com os respetivos credores (alínea *l*)). A apresentação deste plano é sujeita aos termos do artigo 142º do RGICSF

No artigo 141º, encontra-se ainda previsto um outro conjunto de medidas que permite ao BdP, a vários níveis, interferir indiretamente na gestão da IC, impondo decisões ao órgão de administração que em circunstâncias normais seriam da sua estrita competência. Neste sentido, dispõe o artigo 141º, nº 1, alínea *q*) que o BdP poderá, genericamente, alterar a "estratégia de gestão da IC", embora estejam previstas medidas específicas que o BdP pode adotar que afetem: (i) a política de dividendos da instituição (alínea *i*)), tendo opção de estabelecer uma proibição ou limitação da distribuição dos mesmos; (ii) a aplicação de restrições à receção de depósitos (alínea *g*)); (iii) a concessão de crédito ou aplicação de fundos em determinadas espécies de ativos (alínea *f*)); ou (iv) a imposição da constituição de provisões especiais (alínea *h*)). Também poderá ser imposta à administração da IC a sujeição de certas operações ou de certos atos à aprovação prévia do BdP (alínea *j*)). Ao BdP são adicionalmente atribuídos poderes, nos termos da alínea n), para requerer ao presidente da mesa da assembleia geral a convocação de uma assembleia geral, como poderá o próprio BdP convocar esta assembleia face ao incumprimento dessa determinação.

Finalmente, a composição dos órgãos da IC poderá ser afetada no âmbito de uma intervenção corretiva do BdP. Tem o BdP poderes ao abrigo da alínea *s)* para destituir ou substituir membros dos órgãos de administração e fiscalização que considere terem deixado de preencher os requisitos de idoneidade, qualificação profissional, independência ou disponibilidade previstos no artigo 30º do RGICSF. Denote-se que aqui, em caso de substituição, ainda caberá aos

---

[631] Neste âmbito, são previstas condições exemplificativas no nº 2 do artigo 142º como o aumento ou redução do capital social, ou a alienação de participações sociais ou de outros ativos da IC. Caso os acionistas ou o órgão de administração da IC não aprovem as condições estabelecidas pelo BdP, ou em caso de incumprimento do plano de restruturação, encontram-se reunidos os pressupostos para a suspensão do órgão de administração pelo BdP e designação de uma administração provisória, bem como para a revogação da autorização da IC, sem prejuízo da possibilidade de aplicação de medidas de resolução.

acionistas a designação do novo membro do órgão de administração ou fiscalização, de acordo com o processo previsto no artigo 391º e ss. do CSC e nos artigos 30º e ss. do RGICSF, ao contrário do que acontece no poder de designação de administrador provisório (em que será o próprio BdP a proceder à designação). Também o próprio governo societário da instituição pode ser alvo de uma intervenção corretiva por "alterações nas estruturas funcionais" levadas a cabo pelo BdP nos termos da alínea *p)*, podendo mesmo ser eliminados e alterados cargos de direção de topo. Uma determinação de alteração poderá também ser feita ao nível das estruturas legais ou operacionais da instituição, nos termos da alínea *o)*.

e. Suspensão e destituição de membros do órgão de administração e designação membros dos órgãos sociais – designação de administradores provisórios e da comissão de fiscalização ou do fiscal único

Verificados os pressupostos acima enunciados, o BdP poderá suspender ou destituir membros do órgão de administração da IC. Os termos em que ocorre esta suspensão não são totalmente claros. A este propósito, deve notar-se que a suspensão de administradores não se encontra prevista no artigo 28º da BRRD, prevendo-se apenas a destituição de todos ou parte dos administradores pela autoridade nacional e a subsequente designação de novos administradores, nos termos do Direito nacional e sujeita à aprovação ou consentimento da autoridade nacional. De acordo com o CSC, a suspensão de funções implica, na falta de regulamentação pelo contrato de sociedade para a situação de administradores suspensos, a suspensão de todos os poderes, direitos e deveres, exceto os deveres que não pressuponham o exercício efetivo de funções (artigo 400º, nº 2). Pergunta-se em que termos se procederá essa suspensão no caso de o contrato de sociedade prever a manutenção de certos direitos (*e.g.* direito à remuneração) ou deveres (*e.g.* sigilo ou não concorrência). Atendendo aos pressupostos estabelecidos para o exercício deste poder de ingerência pelo BdP, considero que os preceitos estatutários deverão ser analisados casuisticamente e tendencialmente desconsiderados. Não faria sentido que um administrador que se encontre suspenso por um semestre – o que é muito bem conjeturável, porquanto nenhuma limitação temporal é estabelecida na aplicação da medida pelo BdP – continue a receber a remuneração correspondente, ainda mais quando, como é comummente conhecido, a *praxis* determina que essa remuneração é tipicamente muito elevada[632].

---

[632] Não desconsidero, contudo, que tal poderá levantar problemas de outra índole, na medida em que um dos requisitos para a designação de administradores de IC's consiste justamente na demonstração da disponibilidade para o cargo, nos termos *supra* descritos. Deste modo, em alguns

Em caso de suspensão, os membros do órgão de administração suspensos não terão qualquer direito a indemnização estipulado nos contratos com os mesmos celebrados ou nos termos gerais legalmente estabelecidos, de acordo com o artigo 145º do RGICSF. Contudo, após a cessação de funções, estes têm o dever de prestar imediatamente todas as informações requeridas pelo BdP, tal como um dever de colaboração com o BdP e com a IC, quando relevante e necessário, nos termos do preceito enunciado.

f. Designação do Administrador Provisório e da comissão de fiscalização ou do fiscal único

A designação do administrador provisório e dos membros do órgão de fiscalização segue um regime parcialmente semelhante, pelo que para estabelecermos um paralelo, passo a marcar diferenças existentes. Sempre que o BdP entender que a suspensão ou destituição de membros dos órgãos de administração da IC se mostra indispensável para a correção da situação em que esta se encontre, pode designar administradores provisórios, ao abrigo do nº 1, do artigo 145º-A. Sobre os administradores provisórios a nomear pelo BdP impendem, nos termos do nº 2, do artigo 145º-A, deveres adicionais àqueles legalmente previstos ou determinados previamente pelo BdP, elencados nas alíneas *a)* a *d)*. Os administradores provisórios ficam assim obrigados a manter o BdP informado sobre a situação financeira da instituição e sobre a respetiva gestão, tendo que elaborar relatórios periódicos (em períodos a definir pelo BdP) e um relatório no final do mandato. Ficam ainda obrigados a "observar as orientações genéricas e os objetivos estratégicos definidos pelo Banco de Portugal sobre quaisquer assuntos relacionados com a sua atividade e com a instituição de crédito", bem como a prestar todas as informações e colaboração requeridas pelo BdP no desempenho das suas funções. Para além do cumprimento destas obrigações adicionais e cumulativas, os administradores provisórios veem o exercício das suas funções constrangido pela sujeição, nos termos da alínea *d)*, à aprovação do BdP de vários atos, elencados no nº 3 do artigo 145º-A.

Por outro lado, o BdP pode nos termos do disposto na alínea *e)* do nº 1 do artigo 141º (medidas corretivas), proceder à nomeação de uma comissão fiscalização, composta por um mínimo de três elementos, presidida por um revisor

---

casos, poder-se-ia chegar a uma situação em que o administrador se encontraria sem desempenhar qualquer função nem receber qualquer remuneração durante um largo período, mas ter receio de iniciar outras funções noutra IC com receio de perder o requisito e constituir fundamento de destituição.

oficial de contas ou sociedade de revisor oficiais de contas,[633] Já naqueles casos em que a fiscalização da IC compete a um fiscal único, o BdP pode, em alternativa e de forma discricionária, nomear antes um fiscal único, conquanto seja revisor oficial de contas ou sociedade de revisores oficiais de contas. Estes têm especiais obrigações de reporte da atividade desenvolvida ao BdP.

Destaque-se, contudo, que os pressupostos de designação de um administrador provisório diferem dos da nomeação de uma comissão fiscalização (ou fiscal único). Enquanto a primeira tem como pressuposto o BdP entender que a suspensão ou destituição de membros dos órgãos de administração da IC se mostra indispensável para a correção da situação em que esta se encontre, a segunda tem como pressupostos os estabelecidos para as medidas de intervenção corretiva, para além dos estabelecidos na alínea *e)* do nº 1 do artigo 141º.

A designação de um administrador provisório (artigo 145º-A do RGICSF) é publicada no seu sítio na Internet, com especificação das funções e poderes que lhe são atribuídos. Também no artigo 29º da BRRD se encontra prevista a figura do administrador temporário. Nos termos do nº 2 e nº 3 daquele preceito, os poderes do administrador temporário devem ser especificados pela autoridade nacional no momento da sua nomeação. Esses poderes, cuja especificação deve ser realizada de forma proporcionada (em função das circunstâncias) e determinando-se as limitações do papel e das funções do administrador[634], podem incluir alguns ou todos os poderes do órgão de administração da IC desde que com respeito pelos respetivos estatutos, e de acordo com o direito nacional. Contudo, exige o nº 2 daquele preceito, *in fine,* que os poderes do administrador temporário cumpram a legislação nacional em matéria de sociedades[635].

Todavia, o legislador nacional decidiu ir mais longe do que o legislador europeu, e criar um novo sujeito jurídico, com poderes praticamente ilimitados, embora com um mandato tendencialmente limitado: trata-se de um "super-administrador". O mandato deste administrador musculado é, no entanto, como

---

[633] Os restantes deverão ter curso superior adequado ao exercício das funções e conhecimentos em auditoria ou contabilidade, nos termos do artigo 143º do RGICSF.

[634] Aos administradores provisórios podem ser atribuídos os poderes para determinação da situação financeira da instituição, gestão da atividade ou de parte da atividade da IC, tendo em vista preservar ou restabelecer a respetiva situação financeira e a adoção de medidas para restabelecer uma gestão sólida e prudente da atividade da IC. Estes são os poderes que são expressamente determinados no nº 3 do artigo 29º da BRRD.

[635] Aliás, o considerando 40 da Diretiva determina que "A nomeação de um administrador temporário não deverá contudo interferir indevidamente nos direitos dos acionistas ou dos titulares nem nas obrigações procedimentais ao abrigo da legislação da União ou do direito das sociedades nacional, devendo ainda respeitar as obrigações internacionais da União ou dos Estados-Membros no que respeita à proteção dos investidores".

o próprio nome indica, provisório pelo que deverá terminar ao fim de um ano, no máximo, sendo prorrogável pelo BdP, mediante decisão devidamente fundamentada[636] e bem caso de persistência dos motivos que conduziram à sua designação, a título excecional e por igual período. Nos mesmos termos se processa o mandato da comissão de fiscalização nomeada (e do fiscal único).

Determina o nº 3 do artigo 145º-A do RGICSF que para além dos poderes atribuídos pela lei e pelos estatutos, pode o BdP atribuir aos administradores provisórios poderes para realizar os atos naquele preceito previstos. Alguns dos poderes são poderes verdadeiramente novos e desconhecidos até agora no seio do direito das sociedades e do direito bancário, merecendo um estudo mais amplo sobre o seu sentido e limites, tendo ainda mais em conta que se trata de uma lista meramente exemplificativa, como resulta do advérbio de modo "nomeadamente".

A este respeito, atente-se, desde logo, ao poder constante das alíneas *a)* e *b)* do nº 3 daquele preceito[637]. O Administrador provisório nomeado pode pois ter poder de vetar as deliberações da assembleia geral que possam pôr em causa os objetivos das medidas aplicadas ou a aplicar pelo BdP com vista a salvaguardar a viabilidade da IC e a sua estabilidade financeira, bem como quaisquer outras deliberações dos restantes órgãos sociais da IC. Este poder torna o administrador provisório no grande responsável pela recuperação da IC, em prejuízo dos restantes órgãos sociais. Caiem verdadeiramente quaisquer *checks and balances* inerentes ao modelo de *governance* adotado.

A revogação de decisões anteriormente adotadas pelo órgão de administração da IC, constante da alínea *c)* daquele preceito, parece ser, em conjunto com a hipótese constante da alínea *e)* – a da promoção de uma avaliação detalhada da situação patrimonial e financeira da IC, de acordo com os pressupostos definidos pelo BdP – a única competência que verdadeiramente se integra nas competências de um órgão de administração. Contudo, esta é atribuída a apenas um administrador do órgão colegial, o qual passa a ter poderes mais fortes do que os do presidente do conselho de administração. Tanto assim é que tem competência para convocar a assembleia geral da instituição e determinar a ordem do dia, após aprovação prévia do BdP. Diga-se aliás que esta aprovação se encontra prevista no

---

[636] A fundamentação exigida para a decisão de prorrogação do mandato é enganadora. Repare-se, como já foi destacado, que a designação de um administrador provisório é realizada mediante ato administrativo, pelo que está sujeita ao dever de fundamentação em qualquer caso.

[637] Note-se desde logo que nos termos do nº 13 do artigo 145º-A do RGICSF, as deliberações adotadas pelo órgão de administração da IC compostos com administradores provisórios, presume-se, no âmbito de procedimentos cautelares que tenham por objeto a suspensão de deliberações, para todos os efeitos legais, que o prejuízo resultante da suspensão é superior ao que pode derivar da execução da deliberação.

nº 6 do artigo 29º da BRRD para quaisquer atos, encontrando-se à discrição do BdP. Tal é reafirmado pelo nº 4 do artigo 145º-A, que estabelece que essa prorrogativa ao BdP, bem como a de delimitar alguns dos poderes atribuídos. Por outro lado, ao administrador provisório podem ainda ser atribuídas competências para gerir a totalidade ou algumas das linhas de negócio estratégicas da IC, possuindo assim poderes de gestão alargados.

O administrador provisório dispõe ainda de competências que visam auxiliar e informar o BdP da situação da IC, cabendo-lhe apresentar ao Banco de Portugal propostas para a sua recuperação financeira, e determinar a realização de auditorias financeiras e legais à entidade em causa. Mas pode ainda assumir o papel de mediador dos acionistas e dos credores da IC, promovendo o seu acordo relativamente a medidas que permitam a recuperação financeira da instituição, nomeadamente a renegociação das condições da dívida, a conversão de dívida em capital social, a redução do capital social para cobertura de prejuízos, o aumento do capital social ou a alienação de parte da atividade a outra instituição autorizada para o seu exercício. Por outro lado, caberá ao administrador provisório adotar medidas que entenda convenientes no interesse dos depositantes e da IC.

Para garantir que o administrador provisório cumpre as suas funções, ao BdP foram atribuídos vários poderes. Enquanto estiver em funções algum administrador provisório[638], o BdP pode determinar, nos termos do artigo 147º (por remissão do nº 12 do artigo 145º-A), que ficam suspensas, pelo prazo máximo de um ano, todas as execuções, incluindo as fiscais, contra a IC, ou que abranjam os seus bens, sem exceção das que tenham por fim a cobrança de créditos com preferência ou privilégio, e, ademais, sendo interrompidos os prazos de prescrição ou de caducidade oponíveis pela IC. Ademais, quando a IC seja parte num processo judicial, o BdP poderá solicitar a suspensão desse processo, por um período de tempo adequado, quando tal se revelar necessário para o desempenho das funções do Administrador Provisório.

"Where there is great power there is great responsibility". Contudo, o "super administrador", a par dos membros da comissão de fiscalização (ou o fiscal único) constituem uma exceção, estando sujeitos a um regime de responsabilidade menos severo do que aquele que se encontra previsto para a generalidade dos administradores de uma IC: estes só responderão perante os acionistas e credores da IC pelos danos que resultem de ações ou omissões ilícitas por eles cometidas no exercício das suas funções com dolo ou culpa grave (artigos 145º-A, nº 9 e 143º, nº 9 do RGICSD). Se de facto o administrador provisório tem o dever de adotar todas as medidas necessárias, bem como de promover todas as soluções com vista

---

[638] Também a remuneração do administrador provisório é determinada pelo BdP.

à recuperação da instituição e garantia de uma gestão sã e prudente[639] e ao órgão de fiscalização cabe o controlo apertado das contas da IC, é difícil de vislumbrar a *ratio* para este regime de responsabilidade. Apesar de esta não ser a sede própria para desenvolver um estudo alargado sobre o tema, parece-nos que este regime não se enquadra no espírito do sistema de responsabilidade estabelecido para os membros dos órgãos de uma IC.

Em especial no que ao administrador provisório diz respeito, a sua designação tem por base um juízo de adequação pelo BdP, em circunstâncias ainda mais apertadas do que todas as outras designações para os órgãos de administração das IC. Normalmente o BdP limita-se a apreciar os membros propostos pela IC, com base nos critérios de idoneidade, qualificação, disponibilidade e independência (estabelecidos nos artigos 30º a 33º do RGICSF), para aferir da sua adequação ao desempenho das funções. Contudo, no caso do administrador provisório, não só são igualmente apertados requisitos para a sua designação, como ele é ainda designado pelo próprio BdP, o que justifica a plena aplicação do regime de responsabilidade. O administrador provisório inicia funções nas mesmas condições daqueles que se mantêm na qualidade de administradores da IC, constituindo um profissional especialmente designado pela autoridade bancária para o efeito.

Se quanto ao regime de responsabilidade menos exigente da comissão de fiscalização (ou o fiscal único), inexiste qualquer fundamento para tal benefício, quanto aos administradores provisórios sempre se poderia argumentar que a sua responsabilidade é solidária com a dos restantes administradores (nos termos do artigo 72º do CSC) que se mantêm funções desde que a IC entrou em desequilíbrio financeiro, o que lhe poderia ser prejudicial, podendo tornar-se responsável pela prática de atos anteriores por outros administradores. Ademais, bastaria que um dos seus pares praticasse um ato gerador de responsabilidade – ainda que negligente – e o administrador provisório seria responsável. Contudo, a responsabilidade civil apenas se constitui por atos praticados após o início de funções, sendo que o administrador provisório assume um papel central num momento delicado e tem inclusivamente o poder de revogar decisões que sejam tomadas pelos seus pares, sem sua concordância. Só este facto justificaria, pelo menos, a aplicação da bitola da culpa exigível para o desempenho de funções de administração. A lei ressalva no entanto a responsabilidade de outro tipo (leia-se, natureza) destes membros dos órgãos sociais designados pelo BdP, incluindo-se a responsabilidade contraordenacional e a responsabilidade penal.

A destituição do administrador cabe apenas e discricionariamente ao BdP, bem como a alteração os deveres e poderes que lhe tenham sido conferidos, apli-

---

[639] MICHAEL SCHILLIG, *Bank Resolution Regimes in Europe I – Recovery and Resolution Planning, Early Intervention*, 2012, p. 33, disponível em http://ssrn.com/abstract=2136101.

cando-se para esse efeito, com as devidas adaptações, o disposto no nº 3 do artigo 145º do RGICSF. Tal demonstra, no que aos administradores diz respeito que se quebra qualquer vínculo de representação dos acionistas (os *agency power*), ainda que cumpra à IC o pagamento da remuneração do administrador provisório (e da comissão de fiscalização ou o fiscal único) estabelecida pelo BdP. O administrador provisório atua, pelo contrário, no interesse do sistema financeiro e dos interesses do mercado, sob supervisão do BdP.

CAPÍTULO XII

ASPETOS RELATIVOS À SUPERVISÃO DO GOVERNO DOS BANCOS

Vasco Freitas da Costa

1. CONSIDERAÇÕES INICIAIS

1. O modelo de governo dos bancos tem vindo a ser objeto de crescente atenção regulatória. No plano internacional, essa atenção verificou-se com particular intensidade a partir da viragem do século XX para o século XXI, quando diversos organismos internacionais – em especial, a Organização de Cooperação e Desenvolvimento Económico ("OCDE") e o Comité de Basileia para a Supervisão dos Bancos – lançaram documentos públicos salientando e concretizando a importância da adoção de um modelo adequado de governo das instituições comerciais e financeiras e, nomeadamente, dos bancos[640].

No presente artigo, procuraremos analisar o papel desempenhado pelo supervisor público na conformação do modelo de governo interno dos bancos, situando o tema especificamente no contexto de Portugal e da União Europeia. Em particular, procuraremos determinar a finalidade que deve presidir à regulação pública neste domínio, bem como os poderes específicos assumidos pelo Banco de Portugal ("BP") e pelo Banco Central Europeu ("BCE") no cumprimento das suas missões. A terminar, procuraremos identificar algumas vias adicionais de intervenção mais orgânica do regulador no sistema de controlos dos bancos, mais precisamente através do estabelecimento de formas de articulação institucional com os agentes privados de controlo dos bancos (auditores internos e externos)

---

[640] Cfr., da OCDE, o documento *"Principles of Corporate Governance"*, emitido em junho de 1999 e mais tarde reeditado em 2004 e, por último, em 2015. Da parte do Comité de Basileia, cfr. o documento *"Enhancing Corporate Governance for Banking Organisations"*, de setembro de 1999, também reeditado tempos depois, sucessivas vezes, em 2006, 2010 e 2015.

com vista a incrementar a independência destes e/ou a orientá-los para os objetivos públicos da supervisão prudencial.

Não iniciaremos a abordagem do tema sem, antes, tecer algumas considerações acerca do porquê da supervisão bancária em geral. Eis, pois, o que faremos já de seguida.

2. O PORQUÊ DA REGULAÇÃO DOS BANCOS

2. O papel desempenhado pelo regulador na conformação do modelo do governo dos bancos tem de ser compreendido no contexto mais geral das razões que desde sempre têm levado as autoridades públicas a regular, de forma mais ou menos intensa, as instituições de crédito e a atividade bancária.

O especial enfoque que estas instituições têm desde sempre merecido da parte do Estado funda-se, desde logo, na circunstância de elas se dedicarem profissionalmente ao recebimento de depósitos para, em seguida, os aplicar na concessão de crédito a pessoas e empresas. Ao contrário do perfil médio de sociedade comercial que se movimenta no tráfego jurídico, os bancos são por regra entidades altamente alavancadas, com um rácio de dívida sobre capitais próprios na ordem dos 95%[641]. Ao prosseguirem a sua atividade de captação de poupanças e subsequente aplicação das mesmas, por conta própria, em fins produtivos ou de consumo via concessão de crédito, os bancos operam uma "transformação de maturidade" no âmbito da qual contraem dívida a curto prazo e, por seu turno, concedem crédito com uma maturidade muito mais distendida[642]. Esta divergência de maturidades entre a dívida pela qual os bancos se financiam e, por outro lado, o crédito que concedem leva a que as instituições bancárias incorram num permanente risco de liquidez, o qual tem de ser gerido e monitorizado com prudência[643]. No limite, as instituições bancárias poderão soçobrar ante fenómenos súbitos de "corrida aos depósitos", em que, açodados pela quebra de confiança, os aforradores solicitem massivamente o reembolso

---

[641] Kokkinis, Andreas, "A primer on corporate governance in banks and financial institutions: are banks special?", in Chiu, Iris H-Y, *The law on corporate governance in banks*, 2015, p. 42.
[642] Brecht, Marco, Bolton, Patrick, Röel, Ailsa, "Why bank governance is different", in *Oxford Review of Economic Policy*, Vol. 27, nº 3, 2011, pp. 444-445.
[643] Laeven, Luc, "Corporate Governance: What's Special About Banks?", in *Annual Review of Financial Economics*, 2013, nº 5, pp. 66-68.

integral dos seus depósitos sem que, por seu turno, as instituições depositárias possam resgatar de forma imediata o crédito entretanto concedido[644].

3. A vigilância por parte do regulador público é importante não só por causa da simples incúria com que muitas vezes as instituições de crédito poderão ser geridas, mas também, de forma talvez mais decisiva, devido ao desalinhamento de incentivos que tenderá a ocorrer entre, por um lado, os acionistas detentores de controlo sobre a instituição de crédito e/ou os seus administradores e, por outro lado, a massa difusa dos depositantes e demais credores dessa mesma instituição. Efetivamente, tendo em conta que a porção de capital acionista no autofinanciamento bancário é muito reduzida em comparação com a porção de dívida, os detentores do banco poderão facilmente ser atraídos para o investimento com elevado risco dos fundos contraídos junto dos depositantes e credores, sabendo que tal investimento maximiza na mesma proporção o potencial de lucro. Como a porção de fundos aportada pelos próprios acionistas no negócio é incrivelmente mais reduzida do que a porção de fundos proveniente da dívida, os acionistas que controlam o banco terão muito a ganhar com a assunção elevada de riscos, e pouco a perder com o potencial fracasso do negócio[645]. Precisamente, esta atitude favorável ao incurso em elevados riscos exige da parte do Estado uma vigilância com vista a acautelar o interesse dos depositantes, credores obrigacionistas e demais *stakeholders* da instituição – os quais geralmente não terão incentivo económico, nem possibilidade efetiva, para desenvolver por si mesmos o escrutínio das instituições[646]. O regulador poderá optar por medidas mais ou menos rígidas no cumprimento dessa missão, desde a separação radical entre as atividades de receção de depósitos e de investimento[647] até medidas menos predefinidas e mais maleáveis como a restrição no diferencial de maturidades

---

[644] BRECHT, Marco, BOLTON, Patrick, RÖEL, Ailsa, "Why bank governance is different", *op. cit.*, p. 444; LAEVEN, Luc, "Corporate Governance: What's Special About Banks?", *op. cit.*, p. 67.

[645] Sobre este fenómeno de *"risk-shifting"* resultante da alavancagem do banco, cfr. de novo, em especial, LAEVEN, Luc, "Corporate Governance: What's Special About Banks?", *op. cit.*, p. 67.

[646] Sobre os problemas de ação coletiva dos credores e demais *"stakeholders"* dos bancos, cfr. HOPT, Klaus, "Better Governance of Financial Institutions", *Max Planck Institute for Comparative and International Private Law*, 2013, pp. 17-18.

[647] Como historicamente sucedeu nos EUA com a separação entre a banca comercial e a banca de investimento imposta a seguir à Grande Depressão de 1928 através do chamado *Glass-Steagall Act* de 1933, tendo a separação sido abolida mais tarde, em 1999. Após a crise de 2008, com a aprovação do *Dodd-Frank Act* em 2010, foi introduzida a chamada *"Volcker rule"* que proíbe os bancos comerciais de desenvolverem investimentos especulativos como a aquisição de participações em fundos de investimento (*"proprietary trading"*), embora com algumas exceções. Cfr., sobre esta última regra, COFFEE JR., John C., *"Political Economy of Dodd-Frank: Why Financial Reform Tends to be Frustrated and Systemic Risk Perpetuated"*, in *Cornell Law Review*, Vol. 97, 2012, nº 5, pp. 1073 ss.

entre a dívida do banco e o crédito concedido, ou a formulação de reservas de fundos próprios para cobertura de desvalorizações nos ativos[648].

4. Um outro fator que contribui ainda para explicar o porquê da supervisão bancária consiste na tendencial *opacidade* ou *difícil penetrabilidade* das contas destas instituições (ainda que mitigada e acomodada pela aplicação de normas internacionais de contabilidade rigorosas). Ao contrário dos ativos da sociedade comercial típica, os ativos bancários são de difícil avaliação e encerram muitas vezes um potencial de desvalorização cuja tradução contabilística envolve discricionariedade ou é, pelo menos, difícil de escrutinar[649]. Basta pensar no caso simples de um empréstimo bancário para entender que o valor do crédito detido sobre o mutuário se sujeita a uma ponderação de risco muito sensível que variará em função da maior ou menor solidez patrimonial do mutuário, e ainda em função do número e do tipo de garantias que este ofereça como colateral do empréstimo. A opacidade das contas bancárias acabou por ser um fator determinante da crise do *subprime* de 2008, na qual, como é sabido, uma quantidade massiva de créditos hipotecários à habitação havia sido titularizada e transacionada sucessivamente até que, com a implosão do mercado imobiliário, a falta de valor desses ativos se tornou patente[650].

3. O FOCO REGULATÓRIO NO MODELO DE GOVERNO DOS BANCOS: ALCANCE E JUSTIFICAÇÃO

5. A ênfase colocada no modelo de governo dos bancos por parte dos reguladores é relativamente recente no plano internacional, podendo ser reportada ao início do século XXI e, de forma mais vincada e decisiva, aos anos posteriores à crise financeira de 2008.

O que se deve entender, antes de mais, por governo societário ou por *corporate governance*, para usar o conhecido termo anglo-saxónico? No seu documento inicial sobre a matéria, emitido em 1999, a OCDE definia "*corporate governance*"

---

[648] Para uma descrição muito completa e clara das diversas medidas de supervisão prudencial ao dispor do regulador, cfr. HOCKETT, Robert, "The macroprudential turn: from institutional 'safety and soundness' to systemic 'financial stability' in financial supervision", in *Virginia Law & Business Review*, Vol. 9, 2015, nº 2, pp. 219 ss.

[649] LAEVEN, Luc, "Corporate Governance: What's Special About Banks?", *op. cit.*, p. 66-68 e 78.

[650] Sobre os problemas de deteção por parte do regulador da bolha imobiliária e dos fatores conducentes à crise, cfr. CAPPUCCI, Michael T., "Prudential Regulation and the Knowledge Problem. Towards a New Paradigm of Systemic Risk Regulation", in *Virginia Law & Business Review*, Vol. 9, 2014, nº 1, pp. 15 ss.

do seguinte modo: "*a set of relationships between a company's management, its board, its shareholders, and other stakeholders. Corporate governance also provides the structure through which the objectives of the company are set, and the means of attaining those objectives and monitoring performance are determined. Good corporate governance should provide proper incentives for the board and management to pursue objectives that are in the interests of the company and shareholders and should facilitate effective monitoring, thereby encouraging firms to use resources more efficiently*".

Poderemos assim definir o modelo de governo societário como o modelo pelo qual as diversas funções e responsabilidades são alocadas dentro da sociedade entre os diversos órgãos, comissões societárias e linhas de decisão, baseando-se nesse esquema de repartição o delineamento da estratégia da sociedade e a sua gestão, mas também a existência de controlos internos e de *checks and balances* quanto à forma como as diversas competências são exercidas. Com relevância para a exposição que se segue, partiremos de uma noção de governo dos bancos que se restringe aos titulares de órgãos, comissões societárias e colaboradores internos, excluindo portanto os auditores externos do conceito. Porém, desde já se previne que os auditores externos, embora em bom rigor não sejam elemento integrante do governo das instituições bancárias auditadas, constituem uma muito relevante linha de controlo dessas instituições (integrando portanto o sistema de controlos das instituições). Assim, a forma como essa linha de controlo entronca no governo bancário e nele se reflete não pode deixar de ser ponderada no âmbito da supervisão do governo bancário (como, de resto, faremos mais adiante no capítulo **5.2**).

6. A preocupação com o modelo de governo das instituições de crédito não foi fruto, na sua origem, de uma imposição regulatória ou de natureza pública – resultou, pelo contrário, de uma livre opção tomada pelas instituições de crédito mais sólidas no sentido de salvaguardar a sua boa gestão interna[651]. A preocupação com o *governance* é, portanto, antes de mais, uma preocupação assumida pelas instituições de crédito no seu interesse próprio, como parte de uma boa estratégia comercial, de bom serviço ao cliente e de gestão criteriosa do risco.

A crescente complexidade dos produtos bancários e também a crescente exigência de cumprimento de regras nos mais diversos domínios – desde requisitos na oferta pública de valores mobiliários até a regras de proteção dos clientes e consumidores – levam a que os bancos sintam a necessidade de implementar esquemas internos de clarificação de linhas de responsabilidade e também de controlo e fiscalização do cumprimento dos procedimentos e das regras. Visa-

---

[651] Cfr., neste sentido, CHIU, Iris H-Y, "Regulating (From) the Inside. The Legal Framework for Internal Control in Banks and Financial Institutions", 2015, p. 11.

-se assim, por um lado, garantir a prossecução efetiva da estratégia definida ao nível da administração quanto aos objetivos comerciais e de apetência de risco do banco (função positiva do *governance*) e, por outro lado, assegurar que não sejam cometidas infrações, furtos ou outros comportamentos de materialização de risco operacional suscetíveis de prejudicar quer a saúde financeira, quer a imagem e reputação da instituição (função negativa do *governance*)[652].

7. A circunstância de o modelo de governo dos bancos reverter em favor das próprias instituições que o implementam não significa, contudo, que os reguladores públicos não devam curar também da observância desse modelo – ou que não o tenham feito a partir de certo momento.

Desde logo, os reguladores tiveram a perceção crescente de que a instalação de um bom modelo de governo bancário é um fator indispensável de redução do risco das atividades. Esta é uma perceção que claramente ressalta no documento do Comité de Basileia "*Enhancing Corporate Governance for Banking Organisations*", de setembro de 1999, bem como nos acordos de Basileia II de 2004, por contraponto aos acordos de Basileia I de 1988. Cada vez mais houve a perceção de que a contenção do risco bancário não poderia fazer-se apenas por via de um modelo inânime de reservas de fundos próprios para cobertura de um percentual fixo dos ativos. A avaliação global da situação do banco requererá uma ponderação muito mais holística, na qual também se entre em linha de conta com os mecanismos de tomada de decisões internas, de *checks and balances*, de procedimentos instalados para a monitorização de riscos e criação de alertas. No fundo, a avaliação do banco não poderá ser apenas estática mas também dinâmica[653].

A este fator acresce ainda um outro que tem a ver com o próprio posicionamento do regulador público em face das entidades reguladas. A partir do momento em que as entidades reguladas passaram a dispor de mecanismos fiáveis de geração de informação financeira e de controlo interno, isso significou que o regulador passou a poder contar com a sua colaboração no cumprimento dos objetivos regulatórios. Mais precisamente, o regulador abdicou da sua tradicional abordagem meramente *prescritiva ou impositiva* e, mudando de método, passou a vincular as entidades reguladas à adoção interna de planos e mecanismos de *autocontrolo ou de autorregulação* que lhes garantissem o cumprimento dos objetivos regulatórios. Esta nova abordagem à regulação – frequentemente apelidada

---

[652] *Idem*, pp. 8-9.
[653] Sobre a diferença dos acordos de Basileia II e III em relação aos de Basileia I, em particular com a definição dos três pilares da supervisão bancária, cfr. THEISSEN, Roel, "EU Banking Supervision", 2014, cap. 1.

de *"meta-regulação"*[654] – possui um enorme potencial de vantagens, quer para o supervisor público – com a poupança de custos e o melhor aproveitamento dos conhecimentos, qualificações e proximidade dos agentes privados de controlo –, quer para as próprias instituições reguladas, as quais, mercê da adaptabilidade das normas regulatórias, acedem potencialmente a uma implementação mais eficiente dessas normas ao seu caso específico[655].

8. A atenção dada pelos reguladores ao modelo de governo dos bancos justifica-se, por fim, no contexto dos próprios métodos de avaliação dos requisitos de capitalização dos bancos – ainda, portanto, dentro do "nó górdio" que tradicionalmente serve de base à supervisão prudencial.

Na verdade, depois de um tempo em que, sob a influência dos acordos de Basileia I, de 1988, os reguladores propendiam a definir os requisitos de capitalização em termos absolutamente *rígidos* para todas as instituições – os ativos bancários eram divididos em cinco categorias, e a cada uma dessas categorias eram aplicados coeficientes de risco predefinidos –, a evolução fez-se no sentido de reconhecer sucessivos graus de abertura e flexibilidade às instituições de crédito para estabelecerem, dentro de certos limites, as suas metodologias de mensuração de risco e formulação de reservas de fundos próprios contra os ativos. A maior ou menor amplitude da discricionariedade concedida às instituições ficou geralmente dependente do seu grau de sofisticação e, em especial, da adoção ou não por elas de modelos de governo interno capazes de oferecer garantias suficientes de segurança e fidedignidade nos processos de avaliação do risco.

A transição para este sistema deu-se, em especial, com a adoção dos acordos de Basileia II em 2004, tendo sido reforçada nos acordos de Basileia III de 2010. Partindo de uma tripartição das tipologias de risco em riscos de crédito, operacionais e de mercado, estes acordos vieram prever, por exemplo, que, no tocante à cobertura dos riscos de crédito, o apuramento do nível de fundos próprios pudesse ser feito por cada instituição com recurso a uma de três metodologias: *(i)* uma metodologia *standard*; *(ii)* uma metodologia interna IRB (*internal rates based*) em que a própria instituição faria a avaliação do risco de crédito, contanto

---

[654] AKINBAMI, Folarin, "Is meta-regulation all it's cracked up to be? The case of UK financial regulation", in *Journal of Banking Regulation*, Vol. 14, 2013, nº 1, pp. 16 ss.; NAGARAJAN, Vijaya, "Banks as Regulators of Corporate Governance: The Possibilities and Challenges", in *Law in Context*, Vol. 30, 2014, pp. 171 ss.; CHIU, Iris H-Y, "Regulating (From) the Inside...", *op. cit.*, pp. 14 ss.
[655] Indicando as vantagens e desvantagens da "meta-regulação" no contexto bancário, cfr. AKINBAMI, Folarin, "Is meta-regulation all it's cracked up to be? ...", *op. cit.*, pp. 19-21; sobre as vantagens e desvantagens da "meta-regulação" aplicada especificamente aos auditores externos dos bancos, cfr. HÜPKES, Eva H. G., "The external auditor and the bank supervisor: 'Sherlock Holmes and Doctor Watson?'", in *Journal of Banking Supervision*, 2006, nº 7, pp. 155-156.

tivesse adotado procedimentos adequados de gestão e mensuração do risco; e *(iii)* uma metodologia interna AIRB (*advanced internal rates based*), destinada aos bancos mais sofisticados e conglomerados financeiros, em que estes disporiam de uma discricionariedade ainda mais ampla para aferir o risco de crédito, definindo critérios próprios de determinação da probabilidade de incumprimento e de exposição do banco a esse incumprimento[656].

4. PODERES DO BP E DO BCE NO DOMÍNIO DA SUPERVISÃO DO GOVERNO DOS BANCOS

9. Não é possível atualmente analisar o regime legal de supervisão prudencial das instituições de créditos portuguesas sem, a par do regime de supervisão nacional (aplicado pelo BP), se ter em linha de conta o regime de supervisão vigente ao nível mais vasto da União Europeia (aplicado, entre outros organismos, pelo BCE). Isto é assim porque, com a adoção do Mecanismo Único de Supervisão, passou a haver uma partilha de responsabilidades de supervisão prudencial entre as autoridades nacionais de supervisão (BP, no caso português) e as instâncias europeias, mesmo que tal supervisão incida puramente sobre instituições de crédito de âmbito nacional. Uma das matérias abrangidas no escopo material desta repartição de responsabilidades é, precisamente, a relativa ao *"governo das sociedades, incluindo requisitos de adequação e idoneidade das pessoas responsáveis pela gestão das instituições de crédito, processos de gestão dos riscos, mecanismos de controlo interno, políticas e práticas de remuneração, bem como processos internos eficazes de avaliação da adequação do capital, incluindo modelos baseados nas notações internas (Método IRB)"*[657].

10. O referido Mecanismo Único de Supervisão ("MUS") foi implementado a partir do final de 2013 com base no Regulamento nº 1024/2013 do Conselho da União Europeia, de 15 de outubro ("Regulamento MUS"), e no Regulamento nº 468/2014 do BCE, de 16 de abril, que concretizou aquele primeiro.

Em termos básicos, de acordo com este Mecanismo, o BCE passou a avocar atribuições e competências de supervisão prudencial *direta* sobre um conjunto de instituições classificadas como *entidades supervisionadas significativas*.

Estas entidades são identificadas com base num dos seguintes critérios: *(1)* dimensão (valor total dos ativos superior a 30 mil milhões de euros); *(2)* impor-

---

[656] Cfr. CHIU, Iris H-Y, "Regulating (From) the Inside...", *op. cit.*, pp. 23-24.
[657] Cfr. artigo 4º, nº 1, alínea e), do Regulamento nº 1024/2013 do Conselho da União Europeia, de 15 de outubro, a que se aludirá já de seguida no texto.

tância para a economia nacional (valor total dos ativos igual ou superior a 20% do PIB nacional, desde que igual ou superior a 5 mil milhões de euros) ou importância para a economia da União Europeia ou de outro Estado-Membro participante (com base em ligação a setores específicos dessas economias, dificuldade de substituição, complexidade da atividade, etc.); *(3)* importância no que se refere a atividades transfronteiriças (relevando aqui os grupos supervisionados que tenham filiais noutros Estados-Membros participantes e cujos rácios de ativos e passivos transfronteiriços sobre, respetivamente, ativos e passivos totais sejam de pelo menos 20%); *(4)* pedido ou obtenção pela entidade supervisionada de assistência financeira pública da parte do Mecanismo Europeu de Estabilidade ("MEE"); e *(5)* o facto de a entidade supervisionada ser uma das três instituições de crédito mais significativas do Estado-Membro participante[658].

A lista atual de entidades supervisionadas significativas, atualizada em 16 de março de 2015, inclui um total de 123 grupos supervisionados, entre os quais se contam os seguintes grupos em Portugal: Banco BPI, S.A. (ativos totais de 30-50 biliões de euros); Banco Comercial Português, S.A. (ativos totais de 75-100 biliões de euros); Caixa Geral de Depósitos, S.A. (ativos totais de 100-125 biliões de euros); e Novo Banco, S.A. (ativos totais de 50-75 biliões de euros).

11. A divisão de responsabilidades referida não é perfeitamente estanque, pelo contrário. Desde logo, existe um dever de cooperação leal entre o BCE e as autoridades nacionais de supervisão na prossecução das respetivas atribuições[659]. Por outro lado, embora as autoridades nacionais conservem os seus anteriores poderes de supervisão direta no respeitante a instituições consideradas *não significativas* à luz dos critérios expostos, as autoridades nacionais ficam sujeitas à superintendência do BCE no exercício dessa supervisão[660].

Deve ainda salientar-se que determinadas decisões de supervisão são tomadas *em conjunto* pelos dois níveis de supervisão – nacional e europeu – ao invés de o serem apenas por um deles. É o caso das decisões de autorização da constituição das instituições de crédito[661], bem como de autorização da aquisição de participações qualificadas nessas entidades[662]. Tais decisões são primeiro objeto de um

---

[658] Estes critérios são explicitados nos artigos 50º a 66º do Regulamento nº 468/2014 do BCE, de 16 de abril.
[659] Cfr. artigo 6º, nº 2, do Regulamento MUS.
[660] Cfr. artigo 6º, nº 5, do Regulamento MUS.
[661] Cfr. artigo 14º do Regulamento MUS.
[662] Cfr. artigo 15º do Regulamento MUS.

projeto de decisão por parte da autoridade nacional de supervisão, o qual é em seguida apresentado ao BCE para confirmação[663].

12. Uma derradeira nota para assinalar que a divisão de responsabilidades de supervisão entre os níveis nacional e europeu não significa que estes dois níveis decisórios apliquem regimes regulatórios diferentes. Pelo contrário, o regime jurídico regulatório tenderá a ser o mesmo – nomeadamente no tocante ao governo dos bancos – embora seja aplicado, nuns casos, pelo supervisor europeu (BCE) e, noutros, pelo supervisor nacional (BP)[664-665].

Na análise que se segue, teremos sobretudo em consideração os seguintes diplomas, sem prejuízo de outros poderem vir a ser considerados:

- o Regulamento MUS;
- a Diretiva nº 2013/36/UE do Parlamento Europeu e do Conselho, de 26 de junho ("CRD IV"), relativa ao acesso à atividade das instituições de crédito e à supervisão prudencial das instituições de crédito e empresas de investimento;
- o Regulamento nº 575/2013 do Parlamento Europeu e do Conselho, de 26 de junho ("CRR IV"), relativo aos requisitos prudenciais para as instituições de crédito e para as empresas de investimento; e
- no âmbito da legislação nacional, o Regime Geral das Instituições de Crédito e Sociedades Financeiras, aprovado pelo Decreto-Lei nº 298/92, de 31 de dezembro, e sucessivamente alterado ("RGICSF").

---

[663] Sobre o MUS e a complexa articulação entre o BP e o BCE, cfr. CÂMARA, Paulo, "Supervisão bancária: recentes e próximos desenvolvimentos", in *I Congresso de Direito Bancário*, 2014, pp. 303 ss.

[664] Esta unidade do regime jurídico é, desde logo, consequência do disposto no artigo 4º, nº 3, do Regulamento MUS, segundo o qual o BCE exercerá os seus poderes de supervisão direta nos termos da legislação aplicável da União, da legislação nacional que tenha transposto as diretivas e, ainda, da legislação nacional que tenha dado concretização a opções abertas na legislação da União. Verifica-se assim a situação curiosa de o BCE ser chamado a aplicar disposições do Regime Geral das Instituições de Crédito e Sociedades Financeiras no contexto da supervisão de instituições de crédito portuguesas.

[665] A dita unidade de regime jurídico é acima indicada no contexto da supervisão – nacional ou europeia – das instituições de crédito nacionais (portuguesas). Tal unidade já não se verificará se a comparação for feita entre os diversos Estados-Membros participantes no MUS: com efeito, a divergência de modelos de transposição das diretivas ou de concretização dos regulamentos, e mesmo a divergência na interpretação e aplicação das normas europeias por cada Estado-Membro, leva a que o regime regulatório seja ainda múltiplo em vez de único dentro do MUS. Cfr., sobre este ponto, CÂMARA, Paulo, "Supervisão bancária: ...", *op. cit.*, pp. 310 ss.

4.1. Receita regulatória geral

13. Quer a legislação europeia, quer a legislação nacional consagram um conjunto de coordenadas gerais de boa *governance* dos bancos[666]. Trata-se de um patamar mínimo que será depois aplicado pelos supervisores às diversas instituições de crédito numa base flexível e com atenção ao perfil específico de risco, atividades e dimensão de cada uma dessas instituições.

Essas coordenadas gerais inspiram-se em boa medida nos *standards* internacionais que têm vindo a ser desenvolvidos, nomeadamente nas *guidelines* sobre *governance* dos bancos definidas pelo Comité de Basileia desde pelo menos 1999, e republicadas recentemente no documento "*Corporate governance principles for banks*", de julho de 2015.

Sem pretensões de exaustividade, que iriam necessariamente para além da economia do presente artigo, poderemos sintetizar aquele conjunto de coordenadas nas seguintes fundamentais:

a) O órgão de administração dos bancos deve assumir a responsabilidade global pela instituição e aprovar e fiscalizar os objetivos estratégicos, a estratégia de risco e o sistema de governo interno. Este sistema de governo interno deve garantir a *gestão sã e prudente* da instituição, designadamente com separação de funções no seio da organização e prevenção de conflitos de interesses.

b) O órgão de administração dos bancos deve superintender efetivamente a direção de topo do banco, não ficando refém desta última na apreciação e acompanhamento das atividades. É igualmente recomendável que o presidente do órgão de administração não seja um administrador executivo nem cumule, designadamente, a função de CEO da instituição de crédito, sob pena de a administração do banco não efetuar uma superintendência efetiva da direção executiva das atividades.

c) Os membros dos órgãos de administração e fiscalização dos bancos devem possuir qualificações, competências e experiência adequadas à função, assim como ter, tanto quanto possível, capacidades e competências diversas e complementares entre si. É também importante evitar a preponderância de um dos membros sobre os restantes no seio daqueles órgãos, a fim de que todos preservem o seu sentido crítico e contributo útil e independente.

d) No caso das instituições que apresentem já uma certa dimensão ou nível de complexidade, deverá ponderar-se a criação no seio dos órgãos de administração e fiscalização de comités de nomeações, remunerações, gestão

---

[666] Cfr., em particular, os artigos 73 ss. e 88º ss. da CRD IV; e os artigos 115º-A ss. do RGICSF.

do risco, *compliance* e auditoria interna do banco, compostos por membros independentes – não envolvidos na gestão executiva da instituição – e dotados de qualificações, competências e experiência adequadas à função, com vista a sinalizar junto da administração os aspetos merecedores de atenção relativos a todas estas áreas de gestão do banco.

e) No plano remuneratório, o órgão de administração deve (com o parecer do comité de remunerações, se este existir) definir a política de remuneração aplicável aos diversos colaboradores da instituição (membros dos órgãos de administração e fiscalização, direção de topo, responsáveis pela gestão do risco, responsáveis pelas funções de controlo, e demais colaboradores). Para tal, aquele órgão deve ter em atenção vários aspetos, como, por exemplo, que a remuneração dos administradores e diretores de topo não deverá propiciar a assunção excessiva de riscos, e deverá, na sua componente variável, ser determinada numa base plurianual e de harmonia com os ciclos económicos. Deverá ainda assegurar-se que a remuneração dos responsáveis por funções de controlo abstrai do desempenho das unidades sujeitas a controlo.

f) A direção de topo deve prosseguir e gerir as atividades do banco tendo em atenção a estratégia comercial, a política de apetência e gestão de risco e o sistema de governo interno definidos pela administração, garantindo transparência e prestação de contas ao longo de toda a hierarquia e assegurando que as diversas unidades seguem os procedimentos e as normas necessárias para garantir a conformidade com as políticas existentes e assimilam, nomeadamente, as preocupações existentes em matéria de identificação, assunção, monitorização e alerta de riscos.

g) Como "segunda linha de defesa" após a implementação de procedimentos ao nível das unidades de atividades, deve criar-se funções independentes de gestão de risco e de *compliance*, cada qual eventualmente presidida por um gestor de topo (*chief risk officer* e *chief compliance officer*, respetivamente). À função de gestão de risco, em particular, competirá não apenas identificar, avaliar e monitorizar os riscos já incorridos, mas também conduzir análises de risco relativas a novos produtos ou a cenários novos de fusão ou reestruturação da instituição, ponderar o contexto macroeconómico externo e o seu impacto no banco, sugerir soluções novas de mitigação de riscos, realizar testes de esforço (*stress tests*) para aferir da situação do banco em cada momento, verificar a qualidade de análises passadas através da comparação dos resultados finais com as previsões iniciais (*backtesting*) e manter com os órgãos de administração e fiscalização (possivelmente através do comité de gestão de risco) um canal de comunicação totalmente transparente para reporte e alerta de situações.

h) Como "terceira linha de defesa" em sobreposição à segunda referida, deve igualmente criar-se uma função independente de auditoria interna, desejavelmente chefiada por um gestor de topo (*chief auditor officer*). A esta função competirá verificar a qualidade e efetividade de todo o sistema de governo interno e processos de controlo interno e gestão do risco, devendo, para o efeito, possuir integral acesso aos ficheiros, documentação, contas e propriedades do banco, incluindo sistemas de gestão de informação e atas das reuniões dos diversos órgãos consultivos ou decisórios, assim como acesso direto aos órgãos de comunicação e fiscalização (eventualmente por via do comité de auditoria interna) para reporte dos resultados da avaliação em condições de total transparência.

i) No caso de grupos de instituições bancárias, é importante assegurar que a estruturação do grupo não seja excessivamente complexa, ao ponto de obstruir o comando da estrutura pela empresa-mãe ou dificultar a supervisão pelo regulador. O órgão de administração da empresa-mãe deverá definir uma política de apetência e de gestão de risco harmónica para todo o grupo, assim como constituir funções de controlo e de auditoria numa base consolidada (sem prejuízo das especificidades de algumas filiais em função das suas atividades ou regulação local). As relações intragrupo deverão desfrutar de bons canais de comunicação e ser monitorizadas para evitar conflitos de interesses.

j) Por fim, uma última obrigação muito relevante é a obrigação de divulgação pública pelos bancos das suas políticas de recursos humanos e de organização interna indicadas nas diversas alíneas anteriores, incluindo as reservas de fundos próprios para a cobertura dos riscos. O objetivo fundamental desta obrigação de transparência é incentivar os bancos a melhorar os seus sistemas internos por saberem de antemão que essa informação integrará o domínio público (trata-se do chamado Pilar III dos acordos de Basileia II e III)[667].

14. Tomando como ponto de partida estas coordenadas gerais, o BP e o BCE dispõem de competência para apreciar concretamente a adequação do modelo de governo de cada uma das instituições de crédito sujeitas à sua supervisão,

---

[667] A importância das obrigações de divulgação é enfatizada por LAEVEN, Luc, "Corporate Governance: What's Special About Banks?", *op. cit.*, p. 79, o qual, a propósito da divulgação recente dos resultados dos testes de esforço pela Autoridade Bancária Europeia, refere que, "*interestingly, this mandatory release triggered subsequent voluntary disclosures, especially by poorly capitalized banks and banks with risky asset exposures, and was followed by a reduction in risky asset exposures [...]. These findings suggest that mandatory disclosures may be beneficial to the market discipline of banks*".

tomando medidas corretivas ou de apreciação de risco na base dessa análise. Veremos, em seguida, em que é que se traduz essa supervisão.

4.2. Apreciação concreta do modelo de governo de cada instituição

15. Aqueles reguladores são chamados a apreciar a adequação concreta do *governance* das instituições *em vários momentos*.

16. Uma primeira apreciação tem lugar no contexto da própria decisão que autoriza a constituição da instituição de crédito. Como já sabemos, tal decisão é tomada pelo BP em conjunto com o BCE (o BP formula o projeto de decisão, que é depois submetido a confirmação do BCE).

Entre os requisitos de autorização da instituição encontram-se alguns respeitantes à adoção de um modelo de governo adequado. Em especial, a instituição deve: "*[a]presentar dispositivos sólidos em matéria de governo da sociedade, incluindo uma estrutura organizativa clara, com linhas de responsabilidade bem definidas, transparentes e coerentes*"; "*[o]rganizar processos eficazes de identificação, gestão, controlo e comunicação dos riscos a que está ou possa vir a estar exposta*"; "*[d]ispor de mecanismos adequados de controlo interno, incluindo procedimentos administrativos e contabilísticos sólidos*"; "*[d]ispor de políticas e práticas de remuneração que promovam e sejam coerentes com uma gestão sã e prudente dos riscos*"; e "*[t]er nos órgãos de administração e fiscalização membros cuja idoneidade, qualificação profissional, independência e disponibilidade deem, quer a título individual, quer ao nível dos órgãos no seu conjunto, garantias de gestão sã e prudente da instituição de crédito*"[668].

O supervisor público – BP e BCE – faz portanto uma avaliação da estrutura organizativa e de governo da instituição, com vista a verificar se essa estrutura é apta a servir de base a uma gestão sã e prudente no futuro. De salientar que a avaliação é feita tomando em conta as circunstâncias concretas e específicas de cada instituição. A lei refere a este propósito que as condições acima identificadas "*devem ser preenchidas de forma completa e proporcional aos riscos inerentes ao modelo de negócio e à natureza, nível e complexidade das atividades de cada instituição de crédito*"[669].

O supervisor público poderá recusar a autorização por razões ligadas à estrutura de governo da sociedade. Em especial, tal recusa poderá ocorrer nos casos em que a sociedade esteja em relação de grupo com outras entidades e essa relação impeça uma supervisão adequada[670]. Por outro lado, uma vez concedida a

---

[668] Cfr. artigo 14º, nº 1, alíneas f) a j), do RGICSF.
[669] Cfr. artigo 14º, nº 2, do RGICSF.
[670] Cfr. artigo 20º, nº 1, alínea f), do RGICSF.

autorização, pode igualmente suceder que esta venha a ser revogada em consequência da deteção de irregularidades graves na administração, organização contabilística ou fiscalização interna da instituição de crédito[671].

17. A apreciação pelo regulador do modelo de governo das instituições também ocorre, naturalmente, ao longo da vida destas instituições e no decurso das suas operações. Nesse contexto, várias são as ocasiões em que o regulador – BP ou BCE, consoante as entidades supervisionadas sejam significativas ou não – é chamado a apreciar e ponderar a adequação do modelo de governo.

Desde logo, o supervisor efetua essa apreciação no âmbito do chamado *processo de revisão e avaliação pelo supervisor* da situação das instituições. A legislação europeia[672] e, por exigência desta, a legislação nacional[673] preveem que a aferição da posição global dos bancos em termos de exposição ao risco não se baseie apenas no cumprimento das regras de fundos próprios para cobertura de um percentual mínimo (8%)[674] do valor ponderado total dos ativos sujeitos a riscos de crédito, operacionais e de mercado. Para além do cumprimento desse regime (que corresponde ao chamado Pilar I dos acordos de Basileia II e III), o supervisor avalia também regularmente, de uma forma global e menos estrita, a situação do banco, tomando em consideração vários outros fatores como os mecanismos existentes de prevenção ou controlo de outros tipos de risco – como riscos de liquidez, de alavancagem excessiva, ou de titularização –, ou os resultados de testes de esforço. Um outro fator que o supervisor toma em conta é a adequação do modelo de governo interno e do sistema de controlos do banco. Todo este processo de revisão e avaliação pelo supervisor em sobreposição ao cumprimento das regras mínimas de fundos próprios corresponde ao Pilar II dos acordos de Basileia II e III[675].

Na sequência da revisão e avaliação da posição global do banco, e em particular no que concerne ao sistema de governo e de controlos do banco, o supervisor pode essencialmente adotar uma de duas medidas básicas caso considere que o modelo adotado pela instituição não é satisfatório. O supervisor pode exigir à instituição um reforço dos fundos próprios para além do mínimo exigido nos

---

[671] Cfr. artigo 22º, nº 1, alínea e), do RGICSF.
[672] Cfr. artigos 97º ss. da CRD IV. No artigo 98º, nº 7, em especial, refere-se: *"A revisão e avaliação efetuadas pelas autoridades competentes devem abranger as disposições de governo das instituições, a sua cultura e valores empresariais e a capacidade dos membros do órgão de administração para desempenhar as suas funções. [...]"*.
[673] Cfr. artigos 116º-A a 116º-C do RGICSF.
[674] Cfr. artigo 92º do CRR IV.
[675] Sobre o Pilar II dos acordos de Basileia, cfr. THEISSEN, Roel, "EU Banking Supervision", 2014, cap. 14.

termos do Pilar I, a fim de cobrir os riscos adicionais resultantes das falhas no sistema de governo[676]; ou, em alternativa, poderá exigir que a instituição reforce os seus mecanismos ou processos de governo interno, com vista a erradicar aqueles riscos adicionais[677].

De salientar por fim que, ao efetuarem a revisão e avaliação das instituições, o BP e o BCE se guiam pelo referencial técnico emitido pela Autoridade Bancária Europeia ("ABE"). Atualmente em vigor encontram-se, para esse efeito, as *Orientações relativas aos procedimentos e metodologias comuns a seguir no âmbito do processo de revisão e avaliação pelo supervisor (SREP)*, emitidas pela ABE em 19 de dezembro de 2014 (EBA/GL/2014/13). O título V desse documento aborda precisamente o tema da avaliação do modelo de governo e de controlos das instituições de crédito.

18. Fora do contexto do designado Pilar II e da apreciação regular a ele inerente (*processo de revisão e avaliação pelo supervisor*), o supervisor deverá ainda apreciar o modelo de governo dos bancos nos casos patológicos em que estas instituições sejam encontradas em incumprimento grave das normas ou em situações de grave desequilíbrio financeiro.

Efetivamente, se a instituição de crédito for encontrada em situação de prevaricação das normas que disciplinam a sua atividade, em particular no que toca ao modelo de governo, o supervisor estará legalmente habilitado a lançar mão de medidas corretivas de reforço das disposições, processos, mecanismos e estratégias relativos ao governo da sociedade, controlo interno e autoavaliação de riscos[678]. Mais, se a referida instituição se encontrar em situação de desequilíbrio financeiro – ou em risco de resvalar para uma situação desse tipo –, e tenha sido obrigada, em consequência, a apresentar ao supervisor um plano de recuperação, este plano deverá muito possivelmente abordar a introdução de reajustes no modelo de governo interno, e, pelo menos, descrever pormenorizadamente a forma como o planeamento da recuperação será integrado e assimilado pelo governo da instituição[679]. Um dos motivos que poderá levar a que o supervisor não aprove o plano de recuperação proposto pela entidade será, precisamente, a necessidade de rever a estratégia empresarial, nomeadamente alterando a orga-

---

[676] Cfr. artigo 104º, nº 1, alínea a), da CRD IV; e artigo 116º-C, nº 2, alínea a), e nº 3, alínea a), do RGICSF.
[677] Cfr. artigo 104º, nº 1, alínea b), da CRD IV; e artigo 116º-C, nº 2, alínea b), do RGICSF.
[678] Cfr. de novo, como preceitos habilitantes, o artigo 104º, nº 1, alínea b), da CRD IV e o artigo 116º-C, nº 2, alínea b), do RGICSF, os quais também funcionam fora do cenário de apreciação regular da situação do banco.
[679] Cfr. artigo 116º-D, nº 2, alínea i), do RGICSF.

nização jurídico-societária, a estrutura de governo ou a estrutura operacional, ou as do grupo em que a instituição se integre[680].

O mesmo se dirá da apresentação pela instituição de crédito de um plano de reestruturação, como medida corretiva para fazer face a uma situação de desequilíbrio financeiro[681].

19. A avaliação do modelo de governo dos bancos torna-se, por fim, potencialmente importante na fase descendente em que sejam adotadas medidas de resolução dos bancos, precipitadas por situações de desequilíbrio financeiro particularmente grave em que a mera adoção de medidas corretivas não se mostre já suficiente. A este respeito, é sabido que, atualmente, na sequência da entrada em vigor e transposição da Diretiva nº 2014/59/UE do Parlamento Europeu e do Conselho, de 15 de maio, que estabeleceu um enquadramento para a recuperação e a resolução de instituições de crédito e de empresas de investimento, o quadro legal da resolução das instituições de crédito ganhou um particular fôlego e previu, inclusive, a adoção de planos de resolução por todas as instituições em antecipação à ocorrência efetiva ou sequer previsível de cenários de desequilíbrio ou falência financeira.

Na avaliação desses planos de resolução, o supervisor procura aferir da "resolubilidade" da instituição no sentido de verificar se a instituição reúne condições satisfatórias para, num eventual cenário de colapso financeiro, permitir a adoção eficaz de qualquer das medidas de resolução consistentes na alienação, transferência ou segregação e transferência, total ou parcial, das suas atividades, ou ainda na sua recapitalização interna (*bail-in*). As disposições de governo interno tornam-se, a esse nível, relevantes, na medida em que é necessário assegurar que as funções críticas da instituição sejam facilmente separáveis, jurídica, económica e operacionalmente, com vista à sua alienação ou transferência em cenário de crise[682].

Em caso de resolução bancária propriamente dita, deve ainda notar-se que, se a instituição de crédito for viabilizada através de medidas de recapitalização interna (*bail-in*), nos termos das quais a dívida subordinada da instituição seja abatida nominalmente e convertida em capital social, a administração da instituição terá o ónus de apresentar ao supervisor um plano de reorganização do banco, no qual, entre outros aspetos, terá de apresentar medidas de melhoramento dos

---

[680] Cfr. artigo 116º-G, nº 2, alínea d), do RGISCSF.
[681] Cfr. artigo 142º do RGICSF.
[682] Cfr. artigo 116º-O, nº 2, alíneas b), g) e l), e artigo 116º-P, nº 4, alínea g), do RGICSF.

mecanismos internos de governo[683]. Também neste ponto, pois, o supervisor será chamado a apreciar a adequação do *governance*.

4.3. Apreciação concreta dos membros dos órgãos de administração e fiscalização e dos titulares de funções essenciais

20. A apreciação da adequação dos titulares que assumem as funções mais relevantes na vida interna do banco – seja de administração e fiscalização, seja de controlos – constitui uma componente muito importante da supervisão do governo dos bancos. Não se trata aqui já de conformar o esquema de repartição de responsabilidades e funções relativas à gestão e controlo das operações do banco; mas sim de apreciar a adequação das próprias individualidades que, em cada momento, encarnam e dão vida àquelas responsabilidades e funções, no seu nível decisório mais relevante. Também neste ponto o supervisor público deverá ter uma palavra a dizer.

21. O BP e o BCE, em particular, dispõem hoje de algumas competências relativamente intensas de controlo da adequação dos membros dos órgãos de administração e fiscalização das instituições supervisionadas. Nos termos legais, estas individualidades devem, em permanência, oferecer garantias de capacidade para assegurar uma gestão sã e prudente, tendo em vista a salvaguarda do sistema financeiro e dos interesses dos respetivos clientes, depositantes, investidores e demais credores[684]. A lei adstringe-os, em particular, à observância de requisitos de idoneidade, qualificação profissional, independência e disponibilidade, requisitos que encontram um grau razoável de concretização quer no quadro legal, quer, eventualmente, em regulamentação ulterior do supervisor ou em normas da ABE[685].

O acesso à função de membro dos órgãos de administração e fiscalização carece de autorização prévia do supervisor. Nos casos em que a própria instituição esteja ainda pendente de autorização para iniciar atividade, a apreciação daqueles membros será feita no contexto dessa decisão inicial[686].

A adequação dos membros dos órgãos de administração e fiscalização é avaliada não só no momento de acesso ao cargo, mas também ao longo do man-

---

[683] Cfr. artigo 145º-W, nº 1, do RGICSF.
[684] Cfr. artigo 91º da CRD IV; e artigo 30º, nº 2, do RGICSF.
[685] No plano legal, cfr., nomeadamente, os artigos 30º-D, 31º e 31º-A do RGICSF.
[686] Cfr. artigo 30º-B do RGICSF.

dato[687]. Deve salientar-se que a autorização para o exercício de funções pode ser revogada a todo o tempo em razão da ocorrência de circunstâncias (subjetiva ou objetivamente) supervenientes, reveladoras do não preenchimento dos requisitos de que depende a autorização[688]. Por outro lado, a autorização é revogada quando se verifique que foi obtida por meio de falsas declarações ou de outros expedientes ilícitos[689].

O supervisor dispõe ainda de alguma flexibilidade no processo de afastamento dos titulares. Se achar conveniente, pode determinar uma suspensão provisória de funções, a título cautelar e para evitar grave dano para a instituição, ficando tal suspensão dependente de uma decisão final quanto à manutenção ou não do titular em funções[690]. O supervisor pode também dar um prazo à instituição em causa para que as falhas detetadas possam ser remediadas sem recurso à destituição do titular, resolvendo-se o problema nomeadamente através de uma recomposição do órgão ou da redistribuição de pelouros[691].

No que toca ao requisito da disponibilidade de tempo por parte do titular do cargo, o supervisor tem competência para se opor a que os membros dos órgãos de administração ou fiscalização exerçam funções dessa natureza noutras entidades, caso tal acumulação seja suscetível de prejudicar o exercício das funções que o interessado já esteja a desempenhar, nomeadamente por existirem riscos de graves conflitos de interesses ou tão-somente para salvaguardar a disponibilidade de tempo para o exercício competente do cargo[692]. O supervisor também pode fazer o inverso, e autorizar os membros dos órgãos de administração e fiscalização a acumular um cargo não-executivo adicional em situações em que a lei os barraria de proceder a essa acumulação[693].

De notar, por fim, que o supervisor tem competência para suspender ou mesmo destituir os membros dos órgãos de administração e fiscalização nos casos em que se verifique que o banco se encontra em desequilíbrio financeiro muito grave e insuscetível de ser solucionado através de simples medidas corretivas, ou em situações em que seja detetada uma violação grave ou reiterada de normas legais ou regulamentares e normas estatutárias, ou em que existam motivos atendíveis para suspeitar da existência de irregularidades graves na instituição[694].

---

[687] Cfr. artigo 30º, nº 1, do RGICSF.
[688] Cfr. artigo 30º-C, nº 4, do RGICSF.
[689] Cfr. artigo 30º-C, nº 5, do RGICSF.
[690] Cfr. artigo 32º-A, do RGICSF.
[691] Cfr. artigo 32º, nº 4, do RGICSF.
[692] Cfr. artigo 33º, nº 1, do RGICSF.
[693] Cfr. artigo 33º, nº 7, do RGICSF.
[694] Cfr. artigo 145º, nº 1, do RGICSF.

Em circunstâncias que tais, o supervisor pode inclusivamente intervir na gestão da instituição através da nomeação de administradores provisórios[695].

22. Para além dos membros dos órgãos de administração e fiscalização, o supervisor possui ainda alguns poderes de controlo sobre os titulares de funções com influência significativa na gestão da instituição de crédito. O apuramento desses titulares variará de instituição para instituição, mas compreenderá, pelo menos, os responsáveis pelas funções de *compliance*, auditoria interna, controlo e gestão de riscos da instituição de crédito, bem como outras funções que como tal venham a ser consideradas pela instituição de crédito ou pelo supervisor[696].

Os poderes do supervisor relativamente a estes titulares têm bastante menos intensidade do que os poderes que vimos incidirem sobre os membros dos órgãos de administração e fiscalização.

Em particular, os titulares de funções essenciais são avaliados para efeitos de admissão apenas pela instituição de crédito, não ficando pois sujeitos a autorização prévia do supervisor[697]. Porém, o supervisor pode, a todo o tempo, exigir a realização de uma nova avaliação se considerar que a avaliação inicial foi manifestamente deficiente ou se entender que esse novo escrutínio é justificado pela ocorrência de circunstâncias supervenientes[698]. Depreende-se também do jogo de remissões no RGICSF que o supervisor pode intimar as instituições a realocar aqueles titulares ou eventualmente a substitui-los na função, caso os titulares não mostrem garantias de preencher os requisitos de idoneidade, qualificação profissional e disponibilidade que a lei prescreve[699].

Fica-se com a sensação de que a lei poderia ter ido mais longe no reconhecimento de poderes ao supervisor para a apreciação e controlo dos titulares de funções essenciais, em particular das funções de controlo. É certo que estes titulares já tenderão a enfrentar um primeiro grau de escrutínio no contexto dos respetivos organismos profissionais. No entanto, não custa admitir que o supervisor do setor bancário pudesse, por sobre esse primeiro grau de controlo, fazer incidir um segundo e mais específico grau de responsabilização dada a relevância decisiva que os titulares destas funções poderão assumir enquanto "*gatekeepers*" da instituição. Salienta-se que, por exemplo, no Reino Unido (Estado não participante do MUS), após as alterações de 2013 ao *Financial Services and Markets Act 2000*, os diretores de topo e titulares de funções relevantes de controlo (mem-

---

[695] Cfr. artigo 145º-A do RGICSF.
[696] Cfr. artigo 33º-A do RGICSF.
[697] Cfr. remissões no artigo 33º-A, nº 3, do RGICSF.
[698] Cfr. artigo 33º-A, nº 5, do RGICSF.
[699] Cfr. artigo 32º, "ex vi" do artigo 33º-A, nº 3, do RGICSF.

bros do *"senior management"*) passaram a ser sujeitos a um requisito adicional de escrutínio ao terem de apresentar em anexo ao seu pedido de aprovação pelo supervisor uma declaração das responsabilidades a que se propõem (*"statement of responsibilities"*), dando, assim, uma maior densidade ao padrão de sindicância que incidirá depois sobre eles[700].

23. Naturalmente, a apreciação dos membros dos órgãos de administração e fiscalização, bem como dos titulares de função essenciais, ocorre também no contexto e através do exercício de poderes sancionatórios, designadamente de aplicação de sanções contraordenacionais pelo supervisor.

A este respeito, deve louvar-se o facto de a legislação nacional – que também poderá aproveitar ao supervisor europeu[701] – reconhecer de forma expressa a responsabilidade de pessoas singulares a par da responsabilidade de pessoas coletivas no campo das instituições de crédito[702]. Clarifica-se assim que os agentes das instituições de crédito, em particular os titulares de funções mais proeminentes, de que aqui curamos, não ficam imunes a responsabilidade sancionatória pelo simples facto de atuarem por detrás do véu da personalidade coletiva. O adveniente risco de responsabilização – que já tem vindo a ser acionado em decisões do BP – poderá funcionar como um importante fator de dissuasão de práticas abusivas e de gestão danosa, ou mesmo de simples comportamento negligente, se considerarmos que a lei nacional é também clara ao estatuir a punibilidade da negligência no domínio contraordenacional aqui considerado[703].

Em contrapartida, parece-nos que a lista de infrações contraordenacionais constante dos artigos 210º e 211º do RGICSF poderia ser mais bem organizada e articulada, nomeadamente em função das diversas áreas do governo da instituição. Ainda que o cenário teoricamente mais desejável fosse aquele em que lista de infrações fosse sumamente abrangente, esgotando os diversos aspectos da

---

[700] Sobre a supervisão pública dos membros dos órgãos diretivos e da gestão de topo dos bancos no Reino Unido, cfr. ALEXANDER, Kern, "Corporate governance and banks: The role of regulation in reducing the principal-agent problem", in *Journal of Banking Regulation*, 2006, nº 7, pp. 17 ss.; e, em termos mais atuais e em linha com as alterações recentes, cfr. CHIU, Iris H-Y, "Regulating (From) the Inside...", *op. cit.*, pp. 202 ss.

[701] É, de resto, o próprio artigo 18º, nº 5, do Regulamento MUS a clarificar que, para efeitos do exercício dos poderes sancionários, em particular sobre membros individuais das instituições, *"o BCE pode solicitar às autoridades nacionais competentes que instaurem um processo, com vista a assegurar que seja possível aplicar sanções adequadas de acordo com os atos a que se refere o artigo 4º, nº 3, primeiro parágrafo, e com qualquer legislação nacional aplicável que confira poderes específicos atualmente não exigidos pelo direito da União. As sanções aplicadas pelas autoridades nacionais competentes devem ser efetivas, proporcionadas e dissuasivas"*.

[702] Cfr. artigo 204º do RGICSF.

[703] Cfr. artigo 205º do RGICSF.

atividade relevantes e passíveis de sancionamento, temos de reconhecer que só dificilmente esse desiderato poderia ser atingido, e que, por outro lado, a simples remissão para normas de conduta puramente principiológicas e omnicompreensivas – à semelhança do sistema inglês de "*statements of principle and code of practice for approved persons*"[704] –, dificilmente poderia ser conciliado com o princípio da legalidade sancionatória vigente no ordenamento jurídico português. Em qualquer caso, parece-nos também que os preceitos relevantes do RGICSF poderiam ser trabalhados no sentido de criar tipos de infração especificamente direccionados para as funções de controlo interno das operações (gestão do risco, *compliance* e auditoria interna), paralelamente a outros com vocação específica para a administração e gestão das instituições. O leque de infrações tal como atualmente existe nos preceitos assinalados envolve uma amálgama de violações cuja cobertura global poderá revelar-se bastante porosa ante os diversos casos concretos, com prejuízo para a efetividade do regime.

5. PROPOSTA DE VIAS ADICIONAIS DE ATUAÇÃO DO SUPERVISOR COM VISTA AO FORTALECIMENTO DO SISTEMA DE CONTROLOS DOS BANCOS

24. Para além dos poderes acima referidos, algumas vias adicionais de atuação poderão ser sugeridas tendo em perspetiva uma intervenção mais orgânica do supervisor no fortalecimento das funções quer internas, quer externas de controlo dos bancos. Essa intervenção poderá concretizar-se através do estreitamento de relações entre o supervisor e as referidas linhas de controlo (auditores internos e externos), a fim de intensificar a independência destas últimas linhas e/ou de as funcionalizar à prossecução dos objetivos regulatórios públicos.

5.1. Articulação com os organismos profissionais relativos às funções internas de controlo

25. Como já sabemos, as funções internas de controlo integram as denominadas "segunda e terceira linhas de defesa" dos bancos (na terminologia de Basileia), abarcando mais precisamente as funções de gestão do risco, *compliance* e auditoria interna.

---

[704] Cfr. ALEXANDER, Kern, "Corporate governance and banks: ...", *op. cit.*, pp. 29-30; CHIU, Iris H-Y, "Regulating (From) the Inside...", *op. cit.*, pp. 205 ss.

O problema de base que se coloca em relação à efetividade destas linhas de defesa e controlo dos bancos reside na circunstância de os respetivos titulares serem *quadros internos* da instituição, ao mesmo tempo que são chamados a escrutinar as operações desta numa ótica tanto quanto possível independente, profissionalmente cética e desligada dos objetivos comerciais. Se o problema da independência do regulador e da eventual captura deste pelo regulado é já um problema que se coloca diante de agentes externos de controlo e auditoria, o tema suscita-se de modo ainda mais candente no contexto da atribuição de responsabilidades dessa natureza a quadros da própria instituição.

26. Uma das formas de superar ou pelo menos atenuar a tensão entre, de um lado, o comprometimento com as responsabilidades de controlo e, de outro lado, o sentimento de pertença e fidelidade à instituição consiste em incrementar a dignidade e a autonomia profissionais daquelas responsabilidades, em termos tais que os respetivos detentores sejam sensibilizados para um padrão de deontologia e de práticas profissionais cuja relevância exceda os limites da própria instituição em que eles se integrem em cada momento.

Esta solução de incentivar a profissionalização das funções internas de controlo como antídoto contra a perda de independência em face das instituições é defendida por Autores como Iris H-Y Chiu[705]. Trata-se, no fundo, de procurar substituir o sentimento de fidelidade à instituição por um sentimento de fidelidade ao código de valores e de práticas da profissão – numa palavra, por um sentimento de fidelidade à dignidade da profissão. De um prisma jurídico, tal substituição opera-se pelo reconhecimento de um espaço de *reserva decisória* e de *autonomia técnica* aos titulares das funções de controlo, os quais não poderão ser condicionados nos seus juízos profissionais por necessidades comerciais espúrias das instituições.

27. O supervisor do setor bancário poderá tentar criar condições para este "*professional enhancement*" das funções de controlo através de uma articulação mais estreita com os respetivos organismos profissionais. Tal articulação poderia traduzir-se na criação de normas de conduta pormenorizadas para o setor bancário, no leccionamento de cursos de formação específica ou mesmo criação de

---

[705] In "Regulating (From) the Inside...", *op. cit.*, pp. 270 ss., referindo o Autor que "*enhanced professionalism may be related to an increased sense of autonomy due to a stronger professional identity which reinforces respect for the competence of professionals*" (p. 272) e, mais adiante, que "*enhanced professionalism for internal control functions needs to be supported by regulatory involvement as much of internal control responsibilities are aimed at meeting regulatory expectations anyway, and such expectations need to be shaped in dialogue with the professions in order to be fairly, clearly and realistically framed*" (p. 273).

certificação específica para essas funções e, ainda, na intensificação dos poderes de reação disciplinar do organismo profissional contra potenciais violações das referidas normas, mediante ou não a apresentação de queixas pelo supervisor bancário.

Entre os organismos profissionais relevantes neste domínio, destaca-se, nomeadamente, o Instituto Português de Auditoria Interna, relativamente ao exercício da profissão de auditor interno com as inerentes componentes de gestão de risco e *compliance*. Este Instituto desenvolve um código de ética para a profissão, assim como cria e reconhece certificações específicas em linha com os "*standards*" internacionais advenientes do *The Institute of Internal Auditors*. Também relevante poderá ser, ainda, a Ordem dos Advogados a nível nacional, especificamente no tocante à componente de *compliance* e na medida em que o exercício desta função englobe o aconselhamento jurídico na observância das normas regulatórias aplicáveis às instituições bancárias.

Tanto quanto temos conhecimento, a articulação do BP com os organismos profissionais referidos poderá ainda ser desenvolvida e aprofundada no futuro.

5.2. Articulação com os auditores externos

28. Por seu lado, no que respeita aos auditores externos, existem já hoje garantias legais bastante desenvolvidas em matéria de controlo da sua independência em face das instituições auditadas. A questão coloca-se aqui num ponto distinto, mais precisamente quanto a saber se, pelo menos no universo bancário ou do setor financeiro mais em geral, a função do auditor externo não deverá ir além da mera revisão e certificação legal de contas e progredir para uma lógica de apoio ao regulador público no exercício da supervisão prudencial. Esta ampliação do escopo material de responsabilidades dos auditores externos das instituições de crédito ocorre, por exemplo, no sistema suíço, em que, desde 1934, os auditores externos se perfilam como um verdadeiro "braço avançado" do supervisor público dos bancos[706].

29. Comecemos por introduzir algumas notas acerca do sistema de supervisão e de garantia de independência e qualidade dos auditores externos.

---

[706] Para uma descrição do sistema suíço de supervisão pública dos auditores externos dos bancos, cfr., em termos que ainda se mantêm largamente atuais, HÜPKES, Eva H. G., "The external auditor and the bank supervisor: 'Sherlock Holmes and Doctor Watson?'", *op. cit.*, pp. 145 ss.

Até aproximadamente o início do século XXI, um pouco por toda a parte, os auditores externos eram fundamentalmente autorregulados, sendo isso assegurado através da sua integração numa ordem profissional que desenvolvia regras de conduta e impunha disciplina (no caso português, a Ordem dos Revisores Oficiais de Contas). Entretanto, o escândalo *Enron* nos EUA (ocorrido em final de 2001) e outras falências importantes geraram um movimento tendente à criação de mecanismos de supervisão pública dos auditores[707]. Assim, nos EUA, o *Sarbanes-Oxley Act 2002* criou o *Public Company Accounting Oversight Board* com vista a proceder ao controlo de qualidade e observância de normas pelos auditores, em substituição do anterior organismo profissional *American Institute of Certified Public Accountants*[708].

Esta política de supervisão pública dos auditores externos acabou também por ser replicada na União Europeia através, inicialmente, da adoção da Diretiva nº 2006/43/CE do Parlamento Europeu e do Conselho, de 17 de maio, relativa à revisão legal das contas anuais e consolidadas[709]. Esta Diretiva impôs aos Estados-Membros a criação de um supervisor público nacional para os auditores, mas reconheceu liberdade aos Estados-Membros para criarem sistemas mistos em que as associações profissionais dos auditores seriam mantidas e colocadas sob a alçada do referido supervisor público (havendo assim, nesses casos, um duplo grau de controlo sobre os auditores). Portugal, à semelhança de outros Países como a Espanha, a Bélgica e a Alemanha[710], optou por este sistema misto, tendo mantido a Ordem dos Revisores Oficiais de Contas enquanto primeira instância de controlo mais próxima dos auditores e, por sobre ela, criado o Conselho Nacional de Supervisão de Auditoria, através do Decreto-Lei nº 225/2008, de 20 de novembro.

A crise financeira de 2008 veio imprimir renovada força à supervisão pública dos auditores externos. Na União Europeia, na sequência da publicação pela

---

[707] Imputando o caso *Enron* especificamente a falhas dos auditores (*"Enron has clearly roiled the market and created a new investor demand for transparency. Behind this disruption lies the market's discovery that it cannot rely upon the professional gatekeepers – auditors, analysts, and others – whom the market has long trusted to filter, verify and assess complicated financial information. Properly understood, Enron is a demonstration of gatekeeper failure, and the question it most sharply poses is how this failure should be rectified"*), cfr. COFFEE JR., John C., "Understanding Enron: It's About the Gatekeepers, Stupid", 2002, acessível em http://ssrn.com/abstract=325240; cfr. também, de forma mais desenvolvida, COFFEE JR., John C., "Gatekeepers", Oxford, 2006.

[708] FUENTES, Cristina De, ILLUECA, Manuel, PUCHETA-MARTINEZ, Maria Consuelo, "External investigations and disciplinary sanctions against auditors: the impact on audit quality", in *Journal of the Spanish Economic Association*, Series, 2015, nº 6, pp. 314-315.

[709] *Idem*, p. 315.

[710] *Idem*, pp. 317-318.

Comissão em 13 de outubro de 2010 de um Livro Verde intitulado "*Política de auditoria: as lições da crise*", o regime de supervisão foi aprofundado através da adoção da Diretiva nº 2014/56/UE do Parlamento Europeu e do Conselho, de 16 de abril (que alterou a anterior Diretiva de 2006, acima referida) e, sobretudo, através da adoção do Regulamento nº 537/2014 do Parlamento Europeu e do Conselho, de 16 de abril, o qual criou um regime específico de revisão legal das contas das *entidades de interesse público*, entre as quais se contam as instituições de crédito e outras sociedades do setor financeiro.

Tal regime específico converteu basicamente as normas principiológicas que já existiam desde 2006 no domínio das ditas entidades de interesse público em normas de conteúdo muito mais concretizado e densificado. Entre as normas específicas do novo regime destacam-se, designadamente: *(i)* normas sobre os honorários de auditoria (p. ex., os honorários não podem ser contingentes; e a totalidade dos honorários por serviços distintos da revisão legal de contas não pode exceder 70% dos honorários pagos, nos últimos três exercícios consecutivos, por essa revisão); *(ii)* normas de proibição ou de condicionamento da prestação de serviços distintos da revisão legal de contas, a fim de evitar situações de autorrevisão; *(iii)* normas de revisão interna pelos auditores do controlo de qualidade do seu trabalho, bem como de publicação anual pelos auditores de relatórios de transparência; *(iv)* normas de duração mínima e de rotatividade dos mandatos de auditoria; *(v)* normas de avaliação de ameaças à independência dos auditores, e de apresentação de relatórios de auditoria adicionais quer ao comité de auditoria ou órgão de fiscalização das entidades auditadas, quer ao supervisor público destas; e, ainda, *(vi)* normas sobre a contratação dos auditores pelas entidades auditadas, obrigando a que as entidades de interesse público sigam um procedimento de contratação de natureza concorrencial, liderado pelo comité de auditoria ou órgão de fiscalização, e proibindo-as de adotar quaisquer cláusulas contratuais pelas quais elas se comprometam perante terceiros a escolher o auditor de entre uma lista ou categoria específica de auditores ("*the Big Four clauses*").

Todo este regime foi recentemente integrado no ordenamento jurídico português através da Lei nº 140/2015, de 7 de setembro – que aprovou o novo Estatuto da Ordem dos Revisores Oficiais de Contas –, e da Lei nº 148/2015, de 9 de setembro – que aprovou o regime jurídico da supervisão de auditoria. Nos termos destes diplomas, todos os auditores que pretendam exercer funções de revisão e certificação legal de contas passaram a ser sujeitos a autorização prévia (mediante registo) da Comissão do Mercado de Valores Mobiliários ("CMVM"), para além de terem de se inscrever na Ordem dos Revisores Oficiais de Contas. Por outro lado, a CMVM passou a assumir competências exclusivas em matéria de controlo de qualidade e inspeção dos auditores que realizem a revisão legal de contas das entidades de interesse público (entre as quais se contam os bancos), assim como em matéria de instrução e decisão de processos contraordenacionais sobre todos os auditores registados na CMVM. Assim, o Conselho Nacional de Supervisão de Auditoria transitou para uma mera função consultiva e de apoio à CMVM no exercício das suas competências regulatórias.

30. Pois bem, além da supervisão propriamente dita da revisão legal de contas, a questão que crescentemente se coloca a respeito dos auditores externos no contexto especificamente bancário consiste em saber se estes profissionais não deverão ser chamados a colaborar com o supervisor público dos bancos no cumprimento da missão de supervisão prudencial.

Conforme já acima se salientou, a delegação nos auditores externos de incumbências relativas à supervisão prudencial dos bancos corresponde ao modelo adotado na Suíça há já várias décadas. Com efeito, para além de rodear os auditores de todas os controlos e garantias de independência e idoneidade que vimos terem sido adotados na União Europeia, o sistema suíço possui ainda o traço diferenciador de vincular os auditores externos dos bancos não apenas à elaboração de um relatório de análise das demonstrações financeiras dos bancos e certificação legal das suas contas, mas também ao cumprimento de tarefas de supervisão prudencial tais como a realização de inspeções e a elaboração de relatório sobre o cumprimento das regras de supervisão prudencial pelas instituições auditadas[711]. Os auditores externos perfilam-se, assim, como agentes privados *investidos numa função quase-governamental de controlo das instituições de crédito*[712].

As reformas que têm vindo a ser adotadas noutros Países apontam para uma certa tendência de aproximação ao modelo suíço, embora em termos ainda incipientes ou pouco decisivos. Nomeadamente, no Reino Unido, a reforma de 2012 ao *Financial Services and Markets Act 2000* incumbiu a *Prudential Regulatory Authority* de estabelecer as bases do seu relacionamento com os auditores externos no sentido de potenciar a partilha de informação e de opiniões com esses agentes para o exercício da função regulatória[713]. Uma solução deste teor tem o mérito de ser flexível, mas tem também a desvantagem de não estabelecer decisivamente e à partida um esquema estável de repartição de competências entre o regulador e os auditores, confiando ao invés no estabelecimento de entendimentos "*a*

---

[711] Cfr. HÜPKES, Eva H. G., "The external auditor and the bank supervisor: 'Sherlock Holmes and Doctor Watson?'", *op. cit.*, pp. 151-152.
[712] *Idem*, p. 153.
[713] Cfr. SINGH, Dalvinder, "The Role of External Auditors in Bank Supervision: A Supervisory Gatekeeper?", in *The International Lawyer*, 2013, 47 (1), pp. 65-97.

posteriori" que poderão vir a revelar-se puramente casuísticos, pouco eficientes e propiciadores de conflitos de competência, positivos ou negativos[714].

Por seu turno, a União Europeia deu também um passo relevante ao ter previsto, no artigo 12º do Regulamento nº 537/2014 acima citado, que os revisores legais de contas das entidades de interesse público (instituições de crédito, em particular) deverão reportar ao supervisor público dessas entidades as situações detetadas que envolvam, entre outros aspetos, "*uma violação material das disposições legislativas, regulamentares e administrativas que estabelecem, quando aplicável, as condições de autorização ou que regem de modo específico o exercício das atividades [da] entidade de interesse público*", ou "*uma ameaça concreta ou uma dúvida concreta em relação à continuidade das operações da entidade de interesse público*". Esta solução é importante na medida em que vincula os auditores externos a ir além da mera análise contabilística das demonstrações financeiras, e a detetar e alertar o supervisor para situações de desequilíbrio financeiro, atual ou potencial, das entidades auditadas[715]. A crise de 2008 mostrou à exaustão que a mera correção contabilística das demonstrações financeiras nada diz sobre a solidez financeira das instituições.

Embora a norma do Regulamento nº 537/2014 citada seja já um passo meritório, parece-nos contudo que o seu alcance é ainda insuficiente para assegurar uma relação de colaboração estável entre os auditores externos e o supervisor e, assim, para concretizar uma verdadeira mobilização dos auditores externos para as tarefas da supervisão prudencial. Tal mobilização seria necessária na medida em que permitiria ao supervisor público suprir lacunas de capital humano e dificuldades práticas de acompanhamento intensivo da vida das instituições. Por outro lado, o estabelecimento da referida relação entre os auditores e o supervisor público poderia ainda ser relevante para atingir o objetivo paralelo de reforçar e garantir a independência dos auditores perante as instituições auditadas. Neste âmbito, poderia inclusivamente pensar-se num modelo em que os auditores externos fossem contratados pelo supervisor público, numa base plurianual e com observância das regras de contratação pública, sendo depois alocados às diversas instituições por decisão do supervisor. Num modelo dessa natureza, o supervisor público procederia ao pagamento dos honorários dos auditores externos através de um fundo criado através de contribuições cobra-

---

[714] Acompanhamos assim o criticismo manifestado também em SINGH, Dalvinder, "The Role of External Auditors in Banking Supervision: ...", *op. cit.*, pp. 65-97.

[715] De notar, porém, que, nos termos do novo artigo 25º-A da Diretiva nº 2006/43/CE, "*o âmbito da revisão legal de contas não inclui uma garantia quanto à viabilidade futura da entidade auditada nem quanto à eficiência ou eficácia com que o órgão de gestão ou de administração conduziu ou irá conduzir as atividades da entidade*".

das sobre as instituições auditadas. Transitar-se-ia assim, de modo decisivo, para um sistema de *mandato público* dos auditores externos dos bancos e das entidades de interesse público, no âmbito do qual os auditores externos atuariam como delegatários do supervisor público, sendo por ele pagos e por ele diretamente responsabilizados.

No caso especificamente português, deve notar-se que o entretecimento de relações entre o BP e os auditores externos dos bancos é ainda dificultado pela circunstância de a supervisão pública destes últimos ter sido recentemente colocada a cargo da CMVM. Embora se consiga compreender a vantagem de concentrar as competências de supervisão pública dos auditores externos numa autoridade pública única, dificilmente se consegue admitir que a supervisão dos auditores do setor financeiro seja exclusivamente entregue à CMVM, com exclusão do BP e da Autoridade de Supervisão dos Seguros e Fundos de Pensões. No limite, deveria ter-se continuado a concentrar essas competências regulatórias no Conselho Nacional de Supervisão de Auditoria, no qual têm assento os representantes dos vários supervisores do setor financeiro em Portugal.

6. CONCLUSÃO

31. Do acima exposto concluímos que a supervisão bancária atual, quer em Portugal, quer na União Europeia, confere uma importância central ao modelo de governo dos bancos, seguindo, a esse propósito, as recomendações internacionais emitidas por instituições como a OCDE e o Comité de Basileia desde o final do século XX. O supervisores nacional (BP) e europeu (BCE) fazem uma avaliação regular do modelo de governo dos bancos, traduzido, no caso de deteção de insuficiências, seja na imposição de medidas corretivas, seja, em alternativa, na imposição de fundos próprios adicionais para cobertura dos riscos advenientes daquelas insuficiências. Por outro lado, estes supervisores tendem também a fazer uma avaliação estreita dos membros dos órgãos de administração e fiscalização dos bancos, bem como – ainda que com menos intensidade, o que é um aspeto a corrigir – dos titulares de outras funções essenciais, de que são exemplo as funções de controlo interno.

32. Sugere-se um aprofundamento e clarificação, ao nível legislativo, dos poderes sancionatórios do supervisor incidentes, a título individual, sobre quer os membros da administração e fiscalização, quer os diretores de topo do banco e chefias das funções internas de controlo. É importante que haja uma maior efetividade neste domínio.

A terminar, sugere-se também um mais intenso envolvimento orgânico do supervisor no próprio sistema de controlos dos bancos, em especial por via de relações institucionais com as ordens profissionais que enquadram as funções de controlo interno (Instituto Português de Auditoria Interna e Ordem dos Advogados) e por via de uma mais decisiva partilha de responsabilidades regulatórias com os auditores externos dos bancos, convertendo estes últimos em delegatários da missão pública de regulação.

CAPÍTULO XIII

O GOVERNO DO MECANISMO ÚNICO DE SUPERVISÃO

Francisco Mendes Correia

1. INTRODUÇÃO

Como qualquer fenómeno complexo, a crise financeira de 2007 e a crise das dívidas soberanas que a seguiu não foram mono-causais: antes pelo contrário, foram muitos os factores que contribuíram para o eclodir da crise, de forma isolada ou em articulação com outros, e a sua identificação e hierarquização tem sido objecto de múltiplas análises, segundo metodologias diversas e mundividências particulares[716].

A reação regulatória à crise financeira também foi marcada pela complexidade: ocorreu em velocidades diferentes nos Estados Unidos da América ("EUA") e na União Europeia ("UE") e revelou particulares tensões entre soluções populistas e resistência (poderosa) dos agentes económicos à mudança. Nesta vaga reformista pós-crise fez-se sentir o risco de voluntarismo, e fizeram-se notar com especial intensidade constrangimentos políticos e constitucionais, no plano nacional e em especial na UE[717].

A União Bancária Europeia surge como a resposta principal no plano europeu à crise financeira de 2007 e à crise das dívidas soberanas. Sob a égide deste

---

[716] Entre nós, por todos, António Menezes Cordeiro, *Direito Bancário*, 5ª ed., 2014, Almedina, Coimbra, 131-152. Na literatura em língua estrangeira, por todos, para um resumo da cronologia da crise, com inúmeras referências bibliográficas Eilís Ferran, *Crisis-driven regulatory reform: where in the world is the EU going?*, AAVV, "The Regulatory Aftermath of the Global Financial Crisis", 2012, CUP, 11-17. Para uma perspectiva muito crítica da crise financeira e da resistência das instituições financeiras às mudanças regulatórias necessárias para evitar a sua repetição, Anat Admati/Martin Hellwig, *The bankers' new clothes*, 2013, Princeton University Press.

[717] Eilís Ferran, *Crisis-driven regulatory reform: where in the world is the EU going?*, cit., 1-6.

conceito, a UE pretende reformar a arquitectura da regulação e supervisão do sistema financeiro europeu, assentando-a em três pilares: um Mecanismo Único de Supervisão ("MUS"), um Mecanismo Único de Resolução ("MUR") e um quadro normativo único (*Single Rulebook*).

No presente artigo não se pretende abordar as grandes linhas do novo quadro conceptual e jurídico a partir de uma *perspectiva macroprudencial,* para avaliar nomeadamente se as soluções estruturais adoptadas foram as mais adequadas a evitar novas crises financeiras[718]. Apenas se pretende tentar uma primeira abordagem ao MUS e, a propósito dele, muito especificamente, a análise de duas questões em matéria de governo: os mecanismos *internos* que foram adoptados para assegurar a autonomia entre as funções de condução da política monetária e de supervisão prudencial pelo BCE e as soluções encontradas para a relação entre o BCE e as autoridades nacionais de supervisão, condenadas que estão a cooperar de forma *reforçada.*

Ficam por isso fora do âmbito deste artigo os restantes aspectos de governo com incidência *externa,* de cariz mais político, como sejam os mecanismos de enquadramento das relações entre o BCE e as demais instituições europeias, tratadas sobretudo no Regulamento (UE) Nº 1024/2013[719] ("Regulamento MUS") a propósito da independência do BCE (artigo 19º)[720], da obrigação de prestação de contas e apresentação de relatórios (artigo 20º) e das relações entre o BCE e os parlamentos nacionais (artigo 21º)[721].

---

[718] Por todos, sobre as dificuldades de uma tal tarefa, Eilís Ferran, *Crisis-driven regulatory reform: where in the world is the EU going?,* cit., 5-6; Eilís Ferran, *European Banking Union – Imperfect, but it can work,* in Danny Busch/Guido Ferrarini, "European Banking Union", OUP, 2015, 56-90: em resumo, não é possível comparar o modelo que foi implementado a final com um modelo ideal se tivermos em conta os constrangimentos históricos, constitucionais (ex. doutrina Meroni) e políticos que condicionaram a concepção da UBE; por outro lado, o processo de sistematização e determinação dos princípios de supervisão financeira é gradual e de natureza incremental, e com avanços bruscos durante as crises financeiras: não é por isso possível comparar uma solução final com um conjunto de princípios puros, como seria o caso de uma concepção *ex novo* de um sistema de supervisão financeira.

[719] Regulamento (UE) Nº 1094/2013 do Conselho de 15 de Novembro de 2013, JOUE L-287, 29-Out.-2013, 63-89.

[720] Sobre a independência do BCE, no exercício das novas atribuições em matéria de supervisão, que deve ser vista em moldes semelhantes à independência garantida ao BCE na condução da política monetária (cfr. TJ, 10-Jul.-2003, C-11/00, Comissão v. BCE, § 134), mas considerando as novas regras de controlo democrático dos artigos 20º e 21º do Regulamento MUS, por todos, Martin Selmayr, in Hans von der Groeben/Jürgen Schwarze/Armin Hatje, *Europäisches Unionsrecht* (2015), 7ª ed., Vol. 4, Nomos, Baden-Baden, 1294-1297.

[721] Sobre estes aspectos, para uma primeira abordagem: Eilís Ferran/Valia Babis, *The European Single Supervisory Mechanism,* JCLS (2013), Vol. 13, 2, 255-285 (270-273).

2. A UNIÃO BANCÁRIA EUROPEIA ENQUANTO FASE DA REFORMA *PERMANENTE* DA ARQUITETURA DE SUPERVISÃO E REGULAÇÃO DO SISTEMA FINANCEIRO EUROPEU

O quadro normativo de supervisão financeira europeia anterior à crise de 2007 era sobretudo protagonizado pelas autoridades de supervisão nacionais, segundo uma regra de distribuição de competências baseada no binómio Estado--Membro de origem/Estado-membro de acolhimento. A coordenação supranacional era realizada de forma limitada nos comités de Nível 3 (CEBS, CEIOPS, CESR) e o nível de harmonização de práticas de supervisão era também ele limitado[722]. Por outro lado, apesar dos esforços de harmonização legislativa ao nível europeu, subsistiam diferenças consideráveis quer no plano do quadro normativo aplicável, quer no plano das práticas regulatórias, criando oportunidades para arbitragem regulatória[723].

A crise financeira de 2007, a crise das dívidas soberanas e os nexos causais entre as duas colocaram porém em evidência a fragilidade desta arquitectura de supervisão e a fragmentação nacional do sistema financeiro europeu.

> Num cenário em que os Estados-Membros tivessem que utilizar os orçamentos de Estado para resgatar uma instituição de crédito que apresentasse risco sistémico, as consequências económicas e financeiras a nível nacional daí decorrentes iriam repercutir-se na (representação pelo mercado) da sua solvabilidade e por isso numa escalada do custo da dívida pública; sendo os bancos (sobretudo nacionais) detentores tradicionais de dívida pública, este processo causal apresentava todas as características de um ciclo vicioso, com a consequente diminuição do activo das instituições de crédito. No limite, o aumento do custo da dívida enfrentado pelos Estados-membros – combinado com a desaceleração económica que naturalmente decorre do consumo do orçamento do Estado no resgate às instituições financeiras –, colocava em causa a própria solvabilidade dos Estados-membros e, em última análise, a estabilidade do euro[724].

Por outro lado, as tentativas de reação tomadas no plano nacional durante a crise financeira – pense-se nas alterações descoordenadas aos limites de proteção de depósitos tomadas por alguns Estados-membros –, revelaram de forma especialmente intensa a necessidade de uma maior integração e coordenação, a nível europeu.

---

[722] Eilís Ferran, *Crisis-driven regulatory reform: where in the world is the EU going?*, cit., 6.
[723] Eddy Wymeersch, *The Single Supervisory Mechanism: Institutional Aspects*, in Danny Busch/Guido Ferrarini, "European Banking Union", OUP, 2015, 93-117 (93-95).
[724] Eddy Wymeersch, *Single Supervisory Mechanism: Institutional Aspects*, cit., 94-95.

A reação regulatória à crise pode analisar-se em duas fases: uma primeira, de resposta a necessidades imediatas[725] e uma segunda, de concepção e implementação de uma agenda de reforma de médio e longo prazo, destinada a introduzir alterações estruturais que evitem o eclodir de novas crises[726].

Esta segunda fase também foi marcada pelo gradualismo. Num período inicial, os legisladores da União Europeia seguiram (assumidamente[727]) a recomendação do Grupo de Peritos liderado por Jacques de Larosière, de reforma da arquitectura de supervisão financeira europeia. Por um lado, aceitaram a recomendação de criação de uma nova estrutura de supervisão macro-prudencial, que substituiu o comité de supervisão bancária do BCE, e que tomou o nome de *European Systemic Risk Board* ("ESRB")[728]. Por outro, e no plano da supervisão micro-prudencial, aceitaram a recomendação de substituição dos comités de nível 3, anteriormente existentes, por verdadeiras autoridades de supervisão europeias[729].

Estas autoridades de supervisão não esgotariam as competências das autoridades nacionais, que continuariam a ter a competência supletiva de supervisão, mas segundo um princípio de subsidiariedade, assumiriam as tarefas que são desempenhadas de forma mais eficiente a nível europeu[730].

Assim, no plano macro-prudencial, foi criado o Comité Europeu do Risco Sistémico (ou "ESRB", *European Systemic Risk Board*)[731]. No plano micro-prudencial, foram criadas três autoridades de supervisão financeira: a Autoridade Bancária Europeia (ou "EBA", *European Banking Authority*)[732], a Autoridade Europeia dos Valores Mobiliários e dos Mercados (ou "ESMA", *European Secu-*

---

[725] Centrada sobretudo na estabilidade sistémica e institucional: Niamh Moloney, *The legacy effects of the financial crisis on regulatory design in the EU*, in AAVV, "The Regulatory Aftermath of the Global Financial Crisis", 2012, CUP, 111-117.

[726] Eilís Ferran, *Crisis-driven regulatory reform: where in the world is the EU going?*, cit., 12.

[727] Regulamento (UE) Nº 1093/2010, Considerando 3.

[728] De Laroisière Report, §§ 177 e ss. e Recomendações 16 e 17.

[729] Mesmo esta transição não foi abrupta: após a sua criação, entre 2001 e 2003, os comités de nível 3 começaram paulatinamente a abandonar um modelo meramente consultivo e recomendatório, para assumirem competências de supervisão cada vez mais relevantes. O melhor exemplo é dado pelo CESR, que assumiu competências de supervisão sobre as agências de notação de risco e os repositórios de transações. Sobre esta transição, por todos, Eilís Ferran, *Understanding the new institutional architecture of EU financial Market supervision*, in Eddy Wymeersch, Klaus Hopt e Guido Ferrarini, "Financial Regulation and Supervision: a Post-Crisis Analysis", OUP, 2012, 111-158.

[730] De Laroisière Report, §§ 183 e ss. e Recomendação 18.

[731] Regulamento (UE) Nº 1092/2010 do Parlamento Europeu e do Conselho de 24 de Novembro de 2010, JOUE L-331, 15-Dez.-2010, 1-11.

[732] Regulamento (UE) Nº 1093/2010 do Parlamento Europeu e do Conselho de 24 de Novembro de 2010, JOUE L-331, 15-Dez.-2010, 12-47 ("Regulamento EBA").

rities and Markets Authority)⁷³³ e a Autoridade Europeia dos Seguros e Pensões Complementares de Reforma (ou "EIOPA", *European Insurance and Occupational Pensions Authority*)⁷³⁴.

As mudanças registadas não se resumiram ao plano institucional, se bem que a substituição de três comités de coordenação, sem personalidade jurídica, por autoridades com personalidade jurídica e orgânica própria sempre seria de relevar. Mas é nas competências das três autoridades europeias que importa concentrar a atenção. Em resumo, as autoridades europeias de supervisão ganharam competência para aprovar normas técnicas de regulamentação e execução, de cariz vinculativo[735], em áreas previamente determinadas, assim como para investigar e sancionar o incumprimento de legislação europeia que, em condições excepcionais, pode implicar a adopção de decisões individuais, directamente dirigidas a instituições participantes nos mercados financeiros (ex. artigo 17º/6, Regulamento EBA). São de assinalar, de igual modo, as competências para actuar em situações de emergência que, em caso de incumprimento por parte de uma autoridade de supervisão nacional, podem também redundar na emissão de decisões directamente dirigidas a instituições financeiras (ex. artigo 18º/4, Regulamento EBA). Por último, e de notável valor simbólico, refira-se a competência para resolver de forma vinculativa (em situações de último recurso) diferendos entre autoridades de supervisão nacionais, a propósito de situações transfronteiriças (ex. artigo 19º, Regulamento EBA).

Como era previsto por alguns Autores, já nos primeiros anos desta década, a assunção de competências de supervisão pelas novas autoridades europeias – ainda que de forma tímida –, foi apenas um primeiro passo para a afirmação de um novo modelo de supervisão, assente numa verdadeira distribuição de competências de supervisão entre autoridades pan-europeias e autoridades nacionais de supervisão[736].

---

[733] Regulamento (UE) Nº 1095/2010 do Parlamento Europeu e do Conselho de 24 de Novembro de 2010, JOUE L-331, 15-Dez.-2010, 84-119.
[734] Regulamento (UE) Nº 1094/2010 do Parlamento Europeu e do Conselho de 24 de Novembro de 2010, JOUE L-331, 15-Dez.-2010, 48-83.
[735] As normas técnicas de regulamentação e execução são formalmente apresentadas à Comissão, para aprovação (artigos 10º/1 e 15º/1, Regulamento EBA), mas por questões constitucionais, i.e., pela proibição de delegação em agências de poderes regulatórios genéricos conferidos a instituições europeias (a doutrina *Meroni*: Acórdão TJCE, 13-Jun.-1958, Meroni & Co. c. Alta Autoridade, Processo 9-56, Col. 1954-1961, 175). Sobre este assunto, Comissão Europeia, *European Governance: a White Paper*, COM(2001) 428, 23-24 (27-Jul.-2001).
[736] Eilís Ferran, *Understanding the new institutional architecture of EU Financial Market Supervision*, cit., 113.

Verifica-se assim que a União Bancária Europeia – como novo modelo de supervisão bancária –, não deve ser vista de forma isolada, como um sistema de supervisão e regulação desenhado numa folha em branco, mas antes em perspectiva, num processo de evolução gradual: desde uma abordagem baseada no consenso e na mera convergência de políticas de supervisão – assente nos comités de Nível 3 –, passando pela criação de autoridades de supervisão europeias com personalidade jurídica, com processos de decisão por maioria e poderes (ainda que excepcionais) de supervisão directa sobre intervenientes nos respectivos mercados, até à União Bancária e ao Mecanismo Único de Supervisão.

Este último passo do processo evolutivo teria de ser dado de forma a superar as limitações constitucionais expressas na doutrina Meroni, e por isso dificilmente poderia assentar no reforço das competências das autoridades europeias de supervisão. Por outro lado, teria de ter em conta a estreita ligação entre o reforço de certas competências, nomeadamente em situações de emergência e as suas consequências orçamentais: ou se encontrava uma nova entidade que suportasse os custos destas intervenções, ou a competência teria de permanecer no plano nacional (i.e., em quem suporta os custos).

3. A UNIÃO BANCÁRIA EUROPEIA E O MECANISMO ÚNICO DE SUPERVISÃO

A UBE aparece assim como uma resposta – integrada como se viu num processo gradual – à crise financeira, mas em especial à crise das dívidas soberanas, que revelou com especial intensidade um ciclo vicioso entre bancos (i.e., custo de financiamento dos bancos) e Estados soberanos (i.e. representação da respectiva solvabilidade, com impacto no custo da dívida). Os objectivos principais desta reforma são assim a estabilização do sistema bancário europeu, bem como da zona euro em geral. É de assinalar, porém, que no plano político a reforma do sistema de supervisão financeira foi escolhida como condição para a possibilidade de financiamento directo aos bancos europeus pelo Mecanismo Europeu de Estabilidade[737].

---

[737] Declaração da Cimeira da Zona Euro, 29 de Junho de 2012: "When an effective single supervisory mechanism is established, involving the ECB, for banks in the euro area the ESM could, following a regular decision, have the possibility to recapitalize banks directly".

Como acima referido, a UBE assenta em três pilares: um mecanismo único de supervisão ("MUS"), um mecanismo único de resolução ("MUR")[738] e um *Single Rulebook,* conceito que identifica o quadro normativo comum a que estão sujeitos os vários actores do sistema financeiro europeu, composto por directivas, regulamentos e respectivas medidas delegadas e de regulamentação[739]. Apenas trataremos do MUS.

O MUS não é uma nova instituição, mas antes uma realocação de competências entre o BCE e as autoridades nacionais de supervisão ("ANC"), que anteriormente estavam concentradas a nível nacional. Em resumo – e como se detalha melhor adiante (4.d), o BCE passa a desempenhar um papel de liderança e coordenação, assumindo uma competência de supervisão prudencial directa em relação a determinados aspectos aplicáveis a todas as instituições de crédito, e uma competência de supervisão quotidiana, em relação aos principais bancos da zona euro[740] (se bem que os Estados-membros que não pertençam à zona euro possam aderir numa base voluntária ao MUS). Às ANC fica reservada a competência para a supervisão prudencial quotidiana das instituições de relevância local, bem como uma função de apoio ao desempenho pelo BCE das competências agora realocadas.

Como pano de fundo, convém não esquecer que o BCE *já* estava apetrechado com a possibilidade de exercer supervisão prudencial no TFUE (artigo 127/6, TFUE e 25º/2, Protocolo BCE). Nessa medida, optar pelo BCE foi uma solução facilitada pelo leque de possibilidades, mais do que uma solução pensada numa folha em branco[741].

Mas mesmo esta solução – a de fundamentar a atribuição de competências de supervisão ao BCE no artigo 127º/6 do TFUE (como faz o Regulamento MUS) – não é isenta de críticas. Em resumo – porque é matéria que não pode ser aqui tratada – o artigo 127º/6, TFUE permite conferir ao BCE "atribuições específicas", sendo o carácter acessório e auxiliar desta possibilidade confirmado pelos

---

[738] Por sua vez assente na BRRD (Directiva 2014/59/UE, de 15 de Maio de 2914), no Regulamento (UE) Nº 806/2014, de 15 de Julho de 2014 e na Directiva sobre proteção de depósitos (Directiva 2014/49/de 16 de Abril de 2014).

[739] E onde podem ser incluídos, pelo menos, a CRD IV (Directiva 2013/36/UE, de 26 de Junho de 2013), o CRR (Regulamento (UE) Nº 575/2013, de 26 de Junho de 2013), o EMIR (Regulamento (UE) Nº 648/2012, de 4 de Julho de 2012), o Regulamento CSD (Regulamento (UE) Nº 909/2014, de 23 de Julho), a MIFID II (Directiva 2014/65/UE, de 15 de Maio de 2014) e o Regulamento MIFIR (Regulamento (UE) Nº 600/2014, de 15 de Maio de 2014).

[740] Para uma análise detalhada e crítica dos critérios de delimitação de competências entre o BCE e as autoridades nacionais de supervisão, por todos: Gunnar Schuster, *The Banking Supervisory Competences and Powers of the ECB,* EuZW-Beilage (2014), 3-8.

[741] Eilís Ferran/Valia Babis, *The European Single Supervisory Mechanism,* cit., 255-285.

artigos 3º-3 e 25º-1 do Protocolo BCE. Aliás, o artigo 127º/5, TFUE estabelece que o "SEBS contribuirá para a boa condução das políticas desenvolvidas pelas autoridades competentes no que se refere à supervisão prudencial das instituições de crédito", o que reforça o papel auxiliar e acessório da (possível) intervenção do BCE nesta área. Não são por isso infundadas as preocupações dos Autores que colocam em causa a suficiência do artigo 127º/6, TFUE como fundamento constitucional para a realocação generalizada de competências de supervisão no BCE, sobretudo quando se refere a instituições significativas[742].

4. O GOVERNO DO MUS

Como foi acima antecipado, não vão ser analisados todos os aspectos de governo do MUS, mas antes abordadas duas questões específicas: uma primeira relativa a um risco latente na nova arquitetura e uma segunda a propósito de um desafio operacional incontornável.

Quanto à primeira, e depois de descritos sumariamente os riscos em matéria de conflitos de interesse decorrentes da reunião na mesma entidade – o BCE –, de competências de supervisão e condução da política monetária, serão abordados os mecanismos propostos para a sua superação.

a. O risco de conflitos de interesse

Como é sabido, o BCE dirige o SEBC, e está encarregue nos termos dos Tratados pela condução da política monetária da União, com um mandato concreto de manutenção da estabilidade dos preços (artigo 282º/1, TFUE). A possibilidade de existirem conflitos de interesse no desempenho das funções monetárias e de supervisão prudencial foram por isso assinaladas, quer nas fases de discussão dos traços essenciais da reforma do modelo de supervisão financeira que antecedeu a criação do MUS, quer após a sua aprovação[743]. Os riscos existem, e enunciam-

---

[742] Por todos, Mathias Lehman/Cornelia Manger-Nestler, *Einheitlicher Europäischer Aufsichtsmechanismus: Bankenaufsicht durch die EZB,* ZBB (2014), 1, 2-21 (5-7). Para uma visão mais moderada, contrabalançando as objeções normalmente apresentadas com argumentos favoráveis à invocação do artigo 127º/6, TFUE: Gunnar Schuster, *The Banking Supervisory Competences and Powers of the ECB,* EuZW-Beilage (2014), 3-8.
[743] Por todos, Charles Goodhart/Dirk Schoenmaker, *Should the Functions of Monetary Policy and Banking Supervision be Separated?* (1995) 47 Oxford Economic Papers, 539-560; Eddy Wymeersch, *The Single Supervisory Mechanism: Institutional Aspects,* cit., 100-101; Tolek Petsch, *Legal Implications of the Euro Zone Crisis,* Wolters Kluwer, 2014, 95-96.

-se facilmente: nem sempre estarão alinhadas as prioridades e os objectivos da condução da política monetária e do exercício da supervisão prudencial[744]. Os conhecimentos adquiridos no exercício de uma das funções primordiais (ex. a condução de política monetária) podem influenciar e determinar o sentido das decisões a tomar no âmbito da outra (ex. supervisão prudencial). Este condicionamento pode consistir numa sinergia vantajosa ou num condicionamento que determina uma decisão menos que óptima, na medida em que faça prevalecer de forma desadequada uma das prioridades/objectivos em detrimento do outro[745]. Por outro lado, nota-se a este propósito que mesmo numa situação em que as funções fossem desenvolvidas por instituições autónomas, sempre seria desejável que no exercício de uma delas se tivessem em conta as preocupações e objectivos subjacentes à outra[746].

b. Governo do BCE em geral

Como é sabido, os órgãos com competência decisória no BCE são o Conselho do BCE (artigo 283º/1, TFUE) e a Comissão Executiva (artigo 283º/2, TFEU).

A Comissão Executiva é composta pelo presidente, vice-presidente e quatro vogais, todos nomeados por maioria qualificada pelo Conselho Europeu, por recomendação do Conselho, e após consulta ao Parlamento Europeu e ao Conselho do BCE (artigo 283º/2, TFUE). A duração prolongada do mandato (8 anos) é estabelecida com vista à promoção da independência dos membros da Comissão Executiva.

O Conselho do BCE é composto pelos membros da Comissão Executiva do BCE e pelos governadores dos bancos centrais dos Estados membros cuja moeda seja o euro (artigo 283º/1, TFUE).

---

[744] Tolek Petsch, *Legal Implications of the Euro Zone Crisis*, cit., 95-96, ilustra a questão, concretizando, a título de exemplo alguns conflitos eventuais: "It is not fanciful to suggest that the implications of an increase in the level of interest rates may, in certain circumstances, be influenced by knowledge of the effect of such a decision on the capital position or profitability of banks supervised by the ECB. Equally, there is the possibility of supervisory decisions in relation to systemically important institutions or groups being informed by the possible consequences for the broader economy or the stability of the euro zone".
[745] Eilís Ferran, *European Banking Union: Imperfect but it can work*, cit., 62: na ausência de um fator que permita escolher entre as sinergias da conjugação das funções monetária e de supervisão e as vantagens em matéria de conflitos de interesse da sua separação, a Autora sugere que se concentre a análise na gestão e prevenção dos conflitos, através dos mecanismos de governo adequados.
[746] Eddy Wymeersch, *The Single Supervisory Mechanism: Institutional Aspects*, cit., 101.

Na distribuição de competências entre os dois órgãos decisórios do BCE podem identificar-se traços hierárquicos entre o Conselho e a Comissão Executiva[747]: é ao Conselho que cumpre definir as grandes linhas de actuação em matéria de política monetária, na medida em que "adopta as orientações e toma as decisões necessárias ao desempenho das atribuições cometidas ao SEBC pelos Tratados" (artigo 12º-1 do Protocolo relativo aos Estatutos do Sistema Europeu de Bancos Centrais e do BCE: "Protocolo BCE"). A Comissão, por seu lado, executa a política monetária definida pelo Conselho (artigo 12º-1, § 2º, Protocolo BCE), prepara as reuniões do Conselho (artigo 12º-2, Protocolo BCE) e é responsável pela gestão das actividades correntes do BCE (artigo 11º-6, Protocolo BCE)[748].

c. Separação de funções

O risco acima assinalado, relativo aos eventuais conflitos de interesse decorrentes da reunião numa única instituição das funções de condução da política monetária e supervisão prudencial não passou obviamente desapercebido ao legislador da União Europeia[749]. A solução encontrada baseia-se na separação funcional, dentro do BCE, na maior medida possível, das funções monetária e de supervisão.

---

[747] Sobre esta distribuição de competências, e também afirmando estes traços hierárquicos, ainda que moderados pelo facto de os membros da Comissão Executiva pertencerem também ao Conselho e o Presidente de ambos os órgãos ser o mesmo (artigo 13º-1, Protocolo BCE), Ulrich Häde, em Christian Calliess/Matthias Ruffert (eds.), *EUV/AEUV Kommentar*, 4ª ed., 2011, Beck, München, 2425-2429.

[748] Sobre o governo do BCE em geral, e sobre o controlo político e democrático das respetivas decisões – um tema clássico na literatura de Direito da União Europeia –, por todos, Fabian Amtenbrink, "On the Legitimacy and Democratic Accountability of the European Central Bank: Legal Arrangements and Practical Experiences", em Anthony Arnull/Daniel Wincott (eds), *Accountability and Legitimacy in the European Union*, OUP, 2002, 147-163; cfr. também Alicia Hinarejos, "Economic and Monetary Union", em Catherine Barnard/Steve Peers (eds), *European Union Law*, OUP, 2014, 567-590.

[749] A título de exemplo, o Considerando 65 do Regulamento MUS: "O BCE é responsável pela função de política monetária com vista a manter a estabilidade dos preços, nos termos do artigo 127º, nº 1 do TFUE. A função de supervisão tem por objetivo proteger a segurança e a solidez das instituições de crédito, bem como a estabilidade do sistema financeiro. Por conseguinte, as referidas funções deverão ser desempenhadas de forma plenamente separada, para evitar conflitos de interesses e para garantir que cada função é exercida em conformidade com os objetivos aplicáveis".

Esta separação é afirmada no plano dos princípios, quer pela clarificação da autonomia e independência das atribuições (artigo 25º/2, Regulamento MUS[750]), quer pela proclamação da autonomia organizacional interna (artigo 25º/2, § 2º, Regulamento MUS).

A tradução destes princípios para o plano normativo não é, no entanto, isenta de problemas. As soluções concretas para a autonomização são, essencialmente, a criação de uma nova estrutura interna no BCE, exclusivamente consagrada à prossecução da supervisão prudencial, e a aprovação de um conjunto de regras de autonomização funcional.

Com efeito, foi criada uma nova estrutura interna – o Conselho de Supervisão – que será o responsável exclusivo pelo planeamento e execução das atribuições do BCE em matéria de supervisão prudencial. O Conselho de Supervisão tem a seguinte composição: (a) um Presidente[751] e um Vice-Presidente[752], nomeados pelo próprio Conselho de Supervisão, mas após aprovação pelo Parlamento Europeu (por proposta do BCE); (b) quatro representantes do BCE, nomeados pelo Conselho do BCE, que deixam necessariamente de exercer funções relacionadas com a condição da política monetária (artigo 26º/1 e 5, Regulamento MUS); (c) um representante da autoridade nacional de supervisão bancária de cada Estado-membro participante).

O Conselho de Supervisão prepara e propõe ao Conselho do BCE os projectos de decisão em matéria prudencial (artigo 26º/8, Regulamento MUS), mas em última análise é a este órgão que cabe tomar uma decisão final. Num desenho institucional sem constrangimentos, a nova estrutura interna encarregue da supervisão prudencial teria competência para adoptar decisões vinculativas, assegurando assim total autonomia funcional[753]. Sucede porém que nos termos do Tratado, e como acima se verificou, apenas o Conselho do BCE e a Comissão Executiva são órgãos decisórios do BCE. A criação de um novo órgão com autonomia plena decisória iria por isso ser confrontada com limites constitucionais.

---

[750] "As atribuições conferidas ao BCE pelo presente Regulamento não devem interferir com as suas atribuições no domínio da política monetária, nem ser determinadas por estas últimas".

[751] O Presidente do Conselho de Supervisão é escolhido através de um procedimento de concurso, de entre personalidades de reconhecida experiência na área, que não sejam membros do Conselho do BCE. Uma vez nomeado, desempenha as suas funções a tempo inteiro, por mandatos de cinco anos, não renováveis (artigo 26º/1 e 3, Regulamento MUS).

[752] O Vice-Presidente do Conselho de Supervisão é selecionado de entre os membros da Comissão Executiva do BCE, e nesta decisão não têm voto os membros do Conselho que não sejam Estados-membros participantes no MUS (artigo 26º/3, Regulamento MUS).

[753] Acresce que o Conselho do BCE é na sua maioria formado pelos governadores dos bancos centrais nacionais que, em alguns casos, não acumulam funções de supervisão prudencial: Eilís Ferran/Valia Babis, cit., 268.

A este propósito é relevante a referência à jurisprudência do Tribunal de Justiça em matéria de delegação interna de competências. Num caso que envolveu precisamente o BCE[754], foi suscitada a questão de saber se a delegação de poderes de prorrogação dos períodos experimentais de funcionários do BCE podia ser delegada pela Comissão Executiva no Vice-Presidente do BCE. O Tribunal considerou que "as instituições e os organismos comunitários dispõem de um amplo poder de apreciação na sua organização interna em função das missões que lhe são confiadas" (§ 58) e que a faculdade já reconhecida especificamente à Comissão de "sem com isso prejudicar o princípio da colegialidade que rege o seu funcionamento, habilitar os seus membros a tomar certas medidas em seu nome" (§ 59) era extensível ao BCE (§ 60). Porém, é igualmente relevante assinalar os limites deste raciocínio, traçados pelo próprio Tribunal: a delegação no caso em apreço era possível "na medida em que o sistema em causa não determina a privação da comissão executiva do seu poder regulamentar e que as decisões de prorrogação do período experimental tomadas pelo vice-presidente do BCE o são em nome da comissão executiva, que por elas assume inteira responsabilidade" (§ 60).

Era assim necessário encontrar um equilíbrio difícil: por um lado, aprofundar a autonomia funcional das duas funções de supervisão e condução da política monetária, e por outro ficar aquém de uma situação em que a atribuição de funções a um *novo* órgão interno do BCE privasse o Conselho do BCE de funções atribuídas pelos Tratados.

A solução encontrada para, nos limites destes constrangimentos, assegurar na maior medida possível, os interesses funcionais e constitucionais é engenhosa[755]: por um lado, os projetos de decisão apresentados pelo Conselho de Supervisão consideram-se adoptados pelo Conselho do BCE, a menos que este formule objeções num prazo não superior a 10 duas úteis. Caso as objeções se fundem em preocupações de política monetária, o Conselho do BCE tem um dever de fundamentação expresso (artigo 26º/8, Regulamento MUS). Por outro lado, foi criado de um painel de mediação, cuja função é dirimir as divergências expressas pelo Conselho do BCE a um projeto de decisão do Conselho de Supervisão (artigo 25º/5, Regulamento MUS).

As decisões finais em matéria de supervisão são assim do Conselho do BCE, um órgão com competência decisória inequívoca, em termos constitucionais; mas assegura-se em grande medida a autonomia do Conselho de Supervisão, facilitando a adopção tácita das decisões por si propostas, e dificultando a formulação de objeções pelo Conselho do BCE.

---

[754] Ac. TJ 26-Mai.-2005, *Tralli v. BCE*, C-301/02 P.
[755] Eilís Ferran/Valia Babis, *The European Single Supervisory Mechanism*, cit., 266-270.

Quanto às demais regras de autonomização funcional, cumpre referir a exclusividade temática das reuniões do Conselho do BCE (não podem ser combinados na ordem de trabalhos assuntos relativos as funções monetária e de supervisão: artigo 25º/3, Regulamento MUS), a separação orçamental interna (artigo 29º/1, Regulamento MUS) e a criação de estruturas organizacionais autónomas de pessoal (artigo 25º/2, § 2º, Regulamento MUS[756]).

d. A relação entre o BCE e as ANC

Como é amplamente sublinhado a propósito deste tema, o MUS não é uma nova entidade, mas um mecanismo de redistribuição de competências de supervisão. No entanto, se forem consideradas as competências de supervisão que são realocadas por virtude do MUS, rapidamente se terá noção da dimensão dos desafios que se colocam ao BCE, e à necessidade de uma articulação estreita com as autoridades nacionais de supervisão. As regras de delimitação da competência (subjectiva e material) do BCE ao abrigo do MUS são bastante complexas, e comportam excepções relevantes: apenas podem ser analisadas nesta sede de forma geral, e apresentadas resumidamente.

Como já foi antecipado, a participação no MUS apenas é obrigatória para os Estados-Membros cuja moeda seja o euro; os demais apenas participam caso tenham instituído um mecanismo de cooperação estreita, nos termos do artigo 7º, Regulamento MUS, ou seja, a inclusão das instituições de crédito aí referidas no universo abrangido pela realocação de funções de supervisão resultará sempre de uma adesão voluntária por parte do Estado-membro de origem. Para simplificar, pode afirmar-se que este universo é formado por todas as instituições de crédito estabelecidas nos Estados-membros do euro, e por todas as instituições de crédito estabelecidas em Estados-membros que tenham aderido ao MUS de forma voluntária, com base no mecanismo de cooperação estreita[757].

Para traçar de forma esquemática as grandes linhas de delimitação da competência de supervisão do BCE, podem autonomizar-se três áreas: uma primeira, de competência exclusiva do BCE, sobre todas as instituições de créditos estabe-

---

[756] Os membros do pessoal consagrados à função de supervisão prudencial respondem perante o Presidente do Conselho de Supervisão (Considerando 66, Regulamento MUS).

[757] Isto não quer dizer, porém, que o MUS careça de efeitos directos nos Estados-membros que não tenham adoptado o euro como moeda e não tenham aderido ao mecanismo de forma voluntária. Basta pensar no caso de uma instituição de crédito relevante, estabelecida num Estado-membro do euro, com subsidiárias (bancárias) em Estados-membros não participantes. O exercício pelo BCE das competências de supervisão ao nível da entidade bancária consolidante terá efeitos nos (e que devem ser reconhecidos pelos) Estados-membros das subsidiárias.

lecidas em Estados-membros participantes, e uma segunda, onde a competência é partilhada com as autoridades competentes nacionais ("ANC"). Nesta última área – e em traços gerais –, o BCE assume as competências de supervisão prudencial directa e quotidiana em relação aos principais bancos[758], ficando reservada para as ANC a competência de supervisão prudencial quotidiana das instituições de relevância local, bem como uma função de apoio ao desempenho pelo BCE das competências agora realocadas. Analisam-se de seguida os modelos de interação entre o BCE e as ANC, consoante as áreas que acabam de se delimitar.

i. A cooperação nas matérias de competência exclusiva do BCE

Como acima foi aflorado, o BCE passou a ter competência exclusiva de supervisão sobre todas as instituições sedeadas em Estados-membros participantes em matéria da respetiva autorização e da revogação de autorização (artigo 4º/1, alínea *a*), Regulamento MUS), assim como da apreciação de notificações de aquisição e alienação de participações qualificadas (excepto em casos de resolução bancária) (artigo 4º/1, alínea *c*), Regulamento MUS). Mas mesmo nestas áreas, o MUS baseia-se na *cooperação* entre o BCE e as ANC, que continuam a figurar como primeiras destinatárias dos pedidos de autorização/apreciação (artigos 14º/1 e 15º/1, Regulamento MUS) e a quem incumbe a instrução do processo e a preparação de um projeto de decisão (artigos 14º/2 e 15º/2, Regulamento MUS)[759]. Também nos casos de revogação da autorização – e pese embora o BCE poder desencadear o processo por sua iniciativa, nos termos do artigo 14º/5, Regulamento MUS – é prevista a intervenção das ANC nas primeiras fases do processo, devendo apresentar ao BCE propostas de decisão revogatória (artigo 15º/5, § 2º, Regulamento MUS).

Numa primeira análise, poderiam aplaudir-se alguns aspectos destes mecanismos de cooperação, do ponto de vista da celeridade do procedimento e do realismo subjacente ao recurso planeado à capacidade instalada das ANC (ex. a autorização para o início da actividade bancária considera-se concedida caso o projeto de decisão vá nesse sentido e o BCE não se pronuncie no prazo de 10

---

[758] Os conceitos utilizados para a delimitação de competências de supervisão directa são os de "instituições menos significativas em base consolidada" e de "instituições significativas". Como é sabido, a relevância das instituições é aferida, para este propósito, com base na dimensão e carácter transfronteiriço da sua actividade. Também são consideradas significativas as instituições que tenham recebido assistência financeira pública e as três instituições mais significativas de cada Estado-Membro (artigo 6º/4, Regulamento MUS).

[759] Para uma crítica à exiguidade dos prazos que o BCE terá para apreciar os projetos de decisão (ex. 10 dias no caso das autorizações), findos os quais se considera a decisão adoptada, Gunnar Schuster, *The Banking Supervisory Competences and Powers of the ECB*, EuZW-Beilage (2014), 7.

dias). Mas o reverso da medalha também deve ser assinalado: sendo a interação dos interessados com as ANC, que preparam e instruem o processo e elaboram um projeto de decisão, podem suscitar-se dúvidas sobre a *autoria* das decisões, em especial nos casos em que o BCE não se pronuncie de forma expressa. Estas dúvidas acarretam uma incerteza indesejável para os particulares, entre outros aspectos no que se refere à lei aplicável à decisão e ao contencioso para a impugnar[760].

Como já referido, o BCE adquire através do MUS competências extensas em matéria de supervisão, mas não em matéria de resolução; nesta última área, as autoridades nacionais podem coincidir com as ANC, existindo por isso motivo para temer eventuais conflitos entre o BCE enquanto entidade competente para a revogação da autorização, no âmbito do MUS, e as ANC, enquanto entidades competentes para a aplicação de medidas de resolução, no âmbito do MUR. Para prevenir estes conflitos eventuais, o artigo 14º/6, Regulamento MUS reconhece às ANC um poder para formular objeções a projetos de revogação da autoria do BCE, quando uma decisão deste tipo possa colocar em causa os interesses prosseguidos no âmbito do MUR. Uma vez formulada uma objeção, o BCE não pode revogar a autorização durante um período a estabelecer de comum acordo com a ANC competente para a resolução.

ii. A cooperação nas matérias de competência directa do BCE

Tendo em conta a articulação entre os artigos 4º/1 e 6º/4, § 1º, ambos do Regulamento MUS, o BCE passa a ter competência directa e quotidiana em relação aos aspectos centrais de supervisão prudencial sobre as instituições de crédito mais significativas: entre outros, assegurar o cumprimento dos requisitos de fundos próprios, titularização, limites aos grandes riscos, alavancagem financeira e divulgação pública da respetiva informação, bem como em matéria de governo societário (ex. adequação e idoneidade, gestão de riscos, controlo interno, remuneração, etc.) ou efetuar e avaliar os resultados decorrentes dos testes de esforço (alíneas *d)*, *e)* e *f)*, artigo 4º/1, a título de exemplo).

Também aqui o BCE deve contar com o apoio das ANC e não podem ser totalmente excluídas a hipótese de conflito, até porque as ANC mantêm importantes funções de supervisão, mesmo sobre estas instituições mais significativas (ex. medidas de prevenção e combate ao branqueamento de capitais, condutas de mercado, sigilo bancário, serviços de pagamento). O Regulamento MUS é parco em soluções de cooperação, que são depois desenvolvidas no Regulamento-Qua-

---

[760] Sobre este aspecto, Kerstin Neumann, *The Supervisory Powers of National Authorities and Cooperation with the ECB – a new epoch of banking supervision*, EuZW-Beilage 2014, 9-14.

dro MUS[761], através do estabelecimento de equipas conjuntas de supervisão (artigos 3 a 6º, Regulamento-Quadro MUS). Qualquer mecanismo de cooperação deve no entanto ser analisado no contexto geral do dever de cooperação leal e de troca de informações (artigo 6º/2, § 2º, Regulamento MUS), e no dever das ANC acatarem as instruções emitidas pelo BCE, nas matérias de competência directa sobre instituições significativas (artigo 6º/3, Regulamento MUS).

iii. A cooperação nas matérias de competência indirecta do BCE

Por último, cumpre assinalar que o BCE, enquanto garante último do funcionamento eficaz e coerente do MUS (artigo 6º/1, Regulamento MUS), tem competências indirectas sobre as instituições menos significativas. Neste universo, e como foi referido, as ANC mantêm as suas competências quotidianas de supervisão, mas o MUS tem ainda assim um efeito transformador sobre o perfil jurídico destas competências, que deve ser assinalado. O BCE tem poderes bastante intrusivos, podendo solicitar informações sobre o modo como as ANC exercem os seus poderes de supervisão em relação às instituições menos significativas (artigo 6º/5, alínea *e*), Regulamento MUS) e, em última análise, avocar as competências de supervisão directa sobre estas instituições (artigo 6º/5, alínea *b*), Regulamento MUS). Em paralelo, cumpre assinalar que o BCE pode atrair *ab initio* para a sua esfera de competência directa instituições que seriam consideradas menos significativas pelos critérios quantitativos, tendo em conta o carácter transnacional da sua actividade (artigo 6º/4, § 3º, Regulamento MUS).

5. CONCLUSÕES

Mesmo que se reconheça a criatividade e o engenho subjacentes a muitas das soluções de governo do MUS, sobretudo nas matérias que acabam de se analisar – conflito de interesses e relações BCE/ANC –, também é necessário assinalar as fragilidades e dúvidas que pairam sobre muitos dos aspectos jurídicos tratados. Simplesmente, e em jeito de conclusão, estas incertezas não podem causar grande surpresa ao intérprete, atendendo às limitações políticas e constitucionais em que foi desenhado o novo quadro de supervisão financeira europeia, e à complexidade dos problemas que visava resolver.

---

[761] Regulamento (UE) Nº 468/2014 do Banco Central Europeu de 16 de Abril de 2014, JOUE L-141, 14-Mai.-2014, 1-50.

Sendo o MUS um mecanismo de realocação baseado, sobretudo e como se disse, na atribuição ao BCE de competências diretas de supervisão, irá acarretar seguramente uma intervenção mais frequente do Tribunal de Justiça, a quem caberá decidir em muitas circunstâncias sobre a interpretação de muitos dos conceitos jurídicos subjacentes ao MUS. Neste contexto, o Tribunal de Justiça pode revelar-se um aliado inesperado no plano da harmonização de práticas de supervisão e da interpretação das normas e princípios do Direito financeiro europeu.

PARTE II
ESTUDOS POR PAÍS

CAPÍTULO XIV

O GOVERNO DOS BANCOS EM ANGOLA

Sofia Vale

1. FONTES ANGOLANAS ESPECÍFICAS SOBRE A GOVERNAÇÃO DE INSTITUIÇÕES FINANCEIRAS BANCÁRIAS

Em Angola, os bancos são classificados como instituições financeiras bancárias (art. 4º, nº 2, da Lei de Bases das Instituições Financeiras[762], doravante simplesmente designada por "LBIF"), *"cuja actividade principal consiste em receber do público depósitos ou outros fundos reembolsáveis, a fim de os aplicar por conta própria, mediante a concessão de crédito"* (art. 2º, nº 13, da LBIF). A LBIF aplica-se aos bancos que se constituam como sociedade anónima de capitais maioritariamente privados (art. 15º, al. b), da LBIF), bem como aos bancos que revistam a forma de empresa pública, i.e., aqueles que assim sejam classificados de acordo com a Lei de Bases do Sector Empresarial Público[763] (doravante simplesmente designada por "LBSEP"), como previsto no art. 1º, nº 2, da LBIF.

Neste momento, Angola está a trabalhar para que a BODIVA – Bolsa de Dívida e Valores de Angola possa oficialmente realizar transacções em 2017, procedendo à avaliação e registo das empresas que tenham solicitado a sua presença em bolsa. Entre as primeiras entidades que solicitaram o seu registo contam-se alguns bancos angolanos. No momento em que se escreve este artigo, os bancos angolanos são ainda, na íntegra, sociedades anónimas de capital fechado, mas tendo em conta a futura abertura do capital de empresas angolanas à subscrição

---

[762] Lei nº 12/15 – Lei de Bases das Instituições Financeiras, de 17 de Junho, publicada no Diário da República, I Série, nº 89.

[763] Lei nº 11/13 – Lei de Bases do Sector Empresarial Público, de 13 de Setembro, publicada no Diário da República, I Série, nº 169.

pública, foi recentemente aprovado o Código de Valores Mobiliários[764] (doravante simplesmente designado por "CVM"). Este trata dos intermediários financeiros que prestam serviços de investimento e, nessa medida, aplicar-se-á aos bancos que actuem como intermediários financeiros. O CVM regula ainda as sociedades abertas (art. 2º, al. p), do CVM) e, por conseguinte, aplicar-se-á aos bancos que venham a transaccionar as suas ações em bolsa. Para além do CVM, os bancos que atuem como intermediários financeiros ou que venham a classificar-se como sociedades abertas ficam também submetidos à regulamentação emanada pela Comissão de Mercado de Capitais que se lhes aplique (art. 8º, nº 3, 2ª parte, da LBIF).

No panorama de Angola, que atualmente se defronta com uma retração económico-financeira significativa, a atividade dos bancos está muito centrada na receção de depósitos, na concessão de créditos e na comercialização de moeda estrangeira, essencial ao cumprimento das obrigações das pessoas singulares e das empresas angolanas no estrangeiro, já que o Kwanza apenas está autorizado a circular no mercado interno. A atuação dos bancos como banca de investimento (art. 6º, nº 1, al. e), da LBIF) é ainda muito reduzida, mas tudo indica que venha a ser incrementada num futuro próximo, assim que a economia angolana retomar alguma pujança. Por essa razão, o quadro legal mais recente para a actividade bancária não pode deixar de ter em conta que os clientes dos bancos são os depositantes, os mutuários, os investidores e os emitentes no mercado de capitais, todos eles partes interessadas no governo das instituições financeiras bancárias angolanas.

Do ponto de vista de hierarquia das normas[765], os bancos são regulados, em primeira linha, pela LBIF, o diploma mais relevante em matéria de constituição, registo, organização e funcionamento dos bancos angolanos, que contém também um conjunto de regras específicas que têm em conta as idiossincrasias dos bancos face às sociedades anónimas que operam noutros setores de actividade[766], impondo-lhes deveres de proteção singulares em relação aos interesses dos seus clientes. Sendo constituídos como sociedade anónima, a sua regulamentação é, em segunda linha (art. 5º, nº 1, 2ª parte, da LBIF), disciplinada pela Lei das

---

[764] Lei nº 22/15 – Código de Valores Mobiliários, de 31 de Agosto, publicado no Diário da República, I Série, nº 124.

[765] Sobre as fontes do *corporate governance* em Angola, veja-se Sofia Vale, *As Empresas no Direito Angolano – Lições de Direito Comercial*, ed. autor, Luanda, 2015, pp. 762 e ss.

[766] Estas especificidades da boa governação dos bancos são postas em causa por Cristoph Van Der Elst, "Corporate governance and banks: how justified is the match?", 2015, disponível em http://papers.ssrn.com/sol3/papers.cfm?abstract_id=2562072, consultado em 19.09.2015.

Sociedades Comerciais[767] (doravante "LSC"), que regula a estrutura orgânica deste tipo de sociedade, a articulação entre os respetivos órgãos sociais, contendo algumas regras sobre remuneração e sobre incompatibilidades e impedimentos quanto ao exercício de funções no âmbito dos órgãos sociais. Seguidamente, consoante o tipo de sociedade anónima[768] que revistam, aplica-se-lhes a respetiva regulamentação setorial: se forem empresas pertencentes ao setor empresarial público, há ainda que ter em conta a LBSEP e, se se classificarem como sociedades cotadas, haverá que ter em conta o CVM e a regulamentação emanada pela Comissão de Mercado de Capitais.

As preocupações com o bom governo das instituições financeiras bancárias são, entre nós, relativamente recentes[769]. O Banco Nacional de Angola foi percursor na publicação de normas de boa governação quando, em 2013, fez sair um pacote regulamentar que veio impor regras mais detalhadas, maior rigor e um aumento de transparência em matérias respeitantes a conflitos de interesses, composição, organização e funcionamento dos órgãos de administração e de fiscalização dos bancos, controlo interno e políticas remuneratórias. Apesar da LBIF datar de 2015, o Aviso nº 1/13[770], o Aviso nº 2/13[771], o Aviso nº 3/13[772] e o Aviso nº 4/13[773] encontram-se perfeitamente atualizados e mantêm-se em vigor, pois haviam já sido gizados perspetivando o surgimento desta nova LBIF.

Seguiu-se-lhes, ainda em 2013, a LBSEP, que se revelou inovadora em matéria de organização e funcionamento do órgão de administração das empresas colocadas sob a sua égide. Se bem que apenas se aplique a entidades pertencentes ao sector empresarial público, a LBSEP tem também relevância para o governo dos bancos angolanos, na medida em que em Angola há vários bancos que se enqua-

---

[767] Lei nº 1/04, de 13 de Fevereiro, Das Sociedades Comerciais, publicada no Diário da República, I Série, nº 13.

[768] PAULO CÂMARA e GABRIELA FIGUEIREDO DIAS, "O Governo das Sociedades Anónimas", in O Governo das Organizações – A Vocação Universal do Corporate Governance, Almedina, Coimbra, 2011, pp. 43 e ss.

[769] Para uma boa perspetiva dos recentes desenvolvimentos, veja-se GILBERTO LUTHER, "Breves notas sobre a *corporate governance*", in *Estudos Jurídicos e Económicos em Homenagem à Professora Maria do Carmo Medina* (coord. Elisa Rangel Nunes), Faculdade de Direito da Universidade Agostinho Neto, Luanda, 2014, pp. 361-408.

[770] Aviso nº 1/13, de 19 de Abril, que Regula as Obrigações das Instituições Financeiras no que toca à Governação Corporativa, publicado no Diário da República, I Série, nº 73.

[771] Aviso nº 2/13, de 19 de Abril, que Regula a Obrigação de Estabelecimento de um Sistema de Controlo Interno, publicado no Diário da República, I Série, nº 73.

[772] Aviso nº 3/13, de 22 de Abril, que Estabelece o âmbito de Supervisão Em Base Consolidada, para Efeitos Prudenciais, publicado no Diário da República, I Série, nº 74.

[773] Aviso nº 4/13, de 22 de Abril, que Regula a Actividade de Auditoria Externa, publicado no Diário da República, I Série, nº 74.

dram no setor empresarial público. E, acima de tudo, deve ser olhada como um diploma legislativo que relfete uma crescente preocupação por parte do legislador angolano em promover e melhor disciplinar a governação das empresas angolanas.

Do que antecede, facilmente se conclui que o legislador angolano tem focado a sua atenção em diversos aspetos relacionados com a gestão das empresas angolanas que, crê, deverão merecer a melhor atenção do nosso direito. No cerne deste movimento encontra-se o Banco Nacional de Angola, que, mercê da sua política regulamentar, tem impulsionado a criação e a implementação de regras de bom governo no seio dos bancos angolanos. E esta atuação do Banco Nacional de Angola tem tido, constatámos, um efeito multiplicador, que se vai propagando a outras empresas angolanas, que operam noutros setores de atividade.

No que respeita a regras de *soft law*, a Comissão de Mercado de Capitais foi a única instituição angolana que, até agora, publicou um Código de Boas Práticas de Governação Corporativa[774], elencando um conjunto de diretrizes cuja observância recomenda às empresas que pretendam estar cotadas. Para as instituições financeiras bancárias não existe, até à data, um código de conduta específico. Isto permite-nos concluir que, em Angola, as regras de bom governo dos bancos se encontram integralmente vertidas na lei e na regulamentação (*hard law*) aplicável a este setor[775].

Sem prejuízo, cabe a cada banco angolano elaborar e fazer cumprir o seu próprio código de conduta, nos termos do art. 19º do Aviso 1/13, o que promoverá um melhor conhecimento das regras de *corporate governance* entre os seus colaboradores, fomentando melhores práticas nos bancos angolanos.

2. ADMINISTRAÇÃO

As sociedades anónimas, em geral, seguem o modelo clássico ou latino de governo das sociedades[776], existindo a par do conselho de administração (ou

---

[774] Sobre o conteúdo deste documento, VALE, *As Empresas...*, op. cit., p. 764.
[775] A regulamentação bancária acaba por funcionar como um substituto para o *corporate governance*. Veja-se, a este propósito, RENÉE ADAMS e HAMID MEHRAN, "Is Corporate Governance Different for Bank Holding Companies?", in *FRBNY Economic Policy Review*, 2003, também disponível em http://www.newyorkfed.org/research/epr/03v09n1/0304adam.pdf, consultado em 19.09.2015.
[776] VALE, *As Empresas...*, op. cit., pp. 765 e ss. No direito estrangeiro, PAULO CÂMARA, "Os Modelos de Governo das Sociedades Anónimas", in *Jornadas em Homenagem ao Professor Doutor Raúl Ventura*, Almedina, Coimbra, 2007, p. 207. Sobre este tema, veja-se ainda, do mesmo autor, "Códigos de Governo das Sociedades", in *Cadernos do Mercado de Valores Mobiliários*, nº 15, Edição da Comissão do

administrador único) um conselho fiscal (ou fiscal único), sem prejuízo das competências últimas que sempre radicam na assembleia geral[777].

Nas instituições financeiras bancárias, o conselho de administração deve assegurar que a gestão corrente do banco é delegada em alguns dos seus membros[778] (art. 17º, nº 2, da LBIF e art. 8º, nº 2, do Aviso 1/13). Caso o banco em questão se classifique como uma empresa pública, admite-se que, em alternativa ao conselho de administração, o órgão de administração compreenda um conselho de coordenação e orientação estratégica e uma comissão executiva (art. 48º, nº 1, da LBIF), cabendo a esta última a gestão corrente do banco.

2.1. Idoneidade e qualificação profissional dos administradores

Ao selecionarem uma pessoa para integrar o órgão de administração, os bancos angolanos devem aferir se esta é idónea (art. 9º, nº 2, al. b), do Aviso 1/13), tendo em conta *"o modo como a pessoa gere habitualmente os negócios ou exerce a sua profissão"* (art. 31º, n.º 2, 1ª parte, da LBIF), pois só assim essa pessoa poderá assegurar *"uma gestão sã e prudente da instituição bancária"* (art. 31º, nº 1, 2ª parte, da LBIF).

O legislador angolano aponta indícios de falta de idoneidade, a título de cláusula geral, *"nos aspectos que revelem incapacidade para decidir de forma ponderada e criteriosa ou tendência para não cumprir pontualmente as suas obrigações, ou para ter comportamentos incompatíveis com a preservação da confiança no mercado"*. Para além destes, apontam-se ainda fatores de cariz mais específico, indiciadores da falta de idoneidade (art. 31º, nº 3, da LBIF), tais como: (i) a pessoa ter sido declarada falida ou insolvente, ou ter sido responsável pela falência ou insolvência de uma empresa na qual era sócio dominante, administrador ou director; (ii) a pessoa ter sido condenada por crimes de natureza económica; e (iii) a pessoa ter sido sancionada pela infração das regras que disciplinam qualquer tipo de instituição financeira bancária ou não bancária. Para aferir da idoneidade de uma determinada pessoa relevam tanto os atos praticados em Angola como no estrangeiro.

Mercado de Valores Mobiliários, 2002, disponível em http://www.cmvm.pt/CMVM/Publicacoes/Cadernos/Pages/caderno15.aspx., consultado em 19.09.2015, pp. 65 e ss.

[777] Sobre o equilíbrio das relações administração – assembleia geral, veja-se GRACIANO KALUKANGO, *Sobre a Responsabilidade Civil dos Administradores e Gerentes das Sociedades Anónimas e Por Quotas para com os Sócios na Ordem Jurídica Angolana*, Integracons Editora, Luanda, 2013, pp. 45-62.

[778] Sobre a separação da gestão, em geral, da gestão corrente, veja-se LUCA ENRIQUES e DIRK ZETZSCHE, "Quack Corporate Governance, Round III? Bank Board Regulation Under the New European Capital Requirement Directive", 2014, disponível em http://papers.ssrn.com/sol3/papers.cfm?abstract_id=2412601, consultado em 19.09.2015, pp. 21-23.

Com esta maior precisão do que deve entender-se por idoneidade dos administradores, e de todos quantos exercem funções de chefia e de direção no seio da instituição financeira bancária, o legislador angolano procurou ir ao encontro das orientações de Basileia[779], e fomentar uma cultura de integridade e cumprimento[780] na administração dos bancos angolanos. Este é o primeiro passo para que exista entre nós uma cultura de idoneidade e de integridade no processo de tomada de decisão ao nível das instituições financeiras bancárias, que deve necessariamente perpassar todos os níveis decisórios dentro da instituição[781].

No que concerne à qualificação profissional, o legislador angolano impõe *"experiência adequada"* (art. 32º, nº 1, da LBIF), que se presume existir *"quando a pessoa em causa tenha exercido funções no domínio financeiro, com reconhecida competência em matéria económica ou jurídica e de gestão"* (art. 32º, nº 2, da LBIF e art. 9º, nº 2, al. a), do Aviso 1/13). Note-se que o nível de experiência anterior e o grau de responsabilidade das funções anteriormente exercidas *"devem estar em consonância com as características e dimensão da instituição financeira bancária"* em questão (art. 32º, nº 4, da LBIF).

2.2. Independência

A LBIF não se refere expressamente à figura do administrador independente[782], que é regulada apenas no Aviso 1/13. Ao administrador independente cabem funções de controlo e de vigilância da actuação do próprio conselho de administração, designadamente, efetuando juízos valorativos e tomando decisões sobre as políticas e processos da instituição financeira bancária sem a influência da gestão diária corrente e de interesses exteriores contrários aos objectivos

---

[779] *Guidelines on Corporate Governance for Banks*, emanados pelo *Basel Committee on Banking Supervision*, de Julho de 2015, disponível em http://www.bis.org/bcbs/publ/d328.pdf, consultado em 19.09.2015. Veja-se, em particular, o *Principle 2*, no subponto *Board member selection and qualification*s.

[780] Sofia Leite Borges, " O Governo dos Bancos", in *O Governos das Organizações – A Vocação Universal do Corporate Governance*, Almedina, Coimbra, 2011, pp. 310-311.

[781] E. Steven Creech, *Leadership, Ethics and Corporate Governance*, 15 de Junho de 2015, disponível em http://www.academia.edu/13084169/Leadership_Ethics_and_Corporate_Governance, consultado em 19.09.2015, p. 6, onde se refere *"Moral decision-making does not lie solely with senior management. Ethical leadership needs to be top driven, down to every employee, especially focusing on the first line supervisors"*.

[782] Sobre esta figura, veja-se Rui de Oliveira Neves, "O Administrador Independente", in *Código das Sociedades Comerciais e Governo das Sociedades*, Almedina, Coimbra, 2008, p. 143 e ss, e Bang Dang Nguyen e Kaspar Meisner Neilsen, "The Value of Independent Directors: Evidence from Sudden Deaths", in *Journal of Financial Economics*, Vol. 98, 2010, disponível em http://papers.ssrn.com/sol3/papers.cfm?abstract_id=1342354##, consultado em 19.09.2015, pp. 550 e ss.

desta (art. 3, nºs 2 e 9, do Aviso 1/13). Entende-se que um administrador é independente quando, em relação a ele, não se verificam os aspetos apontados nos diversas alíneas do art. 3º, nº 9, do Aviso 1/13, destinados a confirmar a autonomia subjectiva do mesmo no processo de tomada de decisão.

O administrador independente é, necessariamente, um administrador não executivo, que integra o conselho de administração do banco, a quem cabe avaliar o desempenho da comissão executiva (esta atua com base em poderes delegados pelo conselho de administração, nos termos do art. 426º, n.º 3, da LSC e do art. 10º do Aviso 1/13), tomar decisões quanto à estratégia do negócio, à estrutura orgânica e funcional do próprio conselho de administração (procedendo a uma autoavaliação), efectuar a divulgação da informação legal e estatutariamente prevista e das operações relevantes, proceder à avaliação do risco associado e das características especiais das operações a realizar (nos termos do art. 9º, nº 5, do Aviso 1/13).

A atuação do administrador independente está, pensamos, ainda bastante condicionada entre nós[783]. Em primeiro lugar, porque o quadro legal vigente não estabelece regras para o real enquadramento desta figura no seio do conselho de administração[784]. Em segundo lugar, porque nos bancos em que exista um grande acionista de referência (como acontece nos bancos colocados sob a égide da LBSEP), será difícil ao administrador independente fiscalizar o relacionamento do acionista de referência com a sociedade, evitando conflitos de interesses[785].

2.3. Disponibilidade e acumulação de funções

Os membros do conselho de administração de uma instituição financeira bancária estão impedidos de exercer outros cargos de gestão e quaisquer outras funções noutras instituições financeiras bancárias ou não bancárias (art. 34º, nº 1, da LBIF). O requisito de disponibilidade, assim erigido, é condição essencial para que os administradores dos bancos possam *"actuar com a diligência de um gestor criterioso e ordenado"*[786] (art. 72º da LBIF), conhecendo, a fundo, as matérias que

---

[783] Como já referimos em Sofia Vale, "A governação de sociedades em Angola", in *A Governação de Sociedades Anónimas nos Sistemas Jurídicos Lusófonos*, Almedina, Coimbra, 2013, p. 62.
[784] Veja-se João Gomes da Silva e Rui Oliveira Neves, "Incompatibilidade e Independência", in *Código de Governo das Sociedades Anotado*, Almedina, Coimbra, 2012, pp. 125 e ss.
[785] Quanto a este ponto, Silva e Neves, "Incompatibilidades...", op. cit., pp. 135 e ss.
[786] Sobre o critério de diligência de um gestor criterioso, veja-se Vale, *As Empresas...*, op. cit., p. 791, Sofia Vale, "Os deveres dos administradores das sociedades nos direitos angolano e português: estudo de direito comparado", in *Estudos jurídicos e económicos em homenagem à Professora Maria do Carmo Medina* (coord. Elisa Rangel Nunes), Faculdade de Direito da Universidade Agostinho

são submetidas ao órgão de administração e contribuindo para um processo de tomada de decisão fundamentado.

Esta regra geral contém, porém, uma exceção. Se as diferentes instituições financeiras bancárias ou não bancárias se encontrarem numa relação de grupo (tal como definida pelo art. 2º, nºs 10 e 11, da LBIF), então a acumulação de funções pode ser permitida (art. 34º, nº 2, da LBIF). Esta maior flexibilidade para a acumulação de funções em instituições financeiras que se encontram em relação de grupo (que não é autorizada pelo art. 419º, nº 2, da LSC, para os grupos de sociedades em geral) compreende-se pelo facto de Angola ter ainda falta significativa de profissionais altamente qualificados, habilitados para o exercício de cargos de administração em instituições financeiras bancárias. Entendemos que a acumulação de funções deveria não ser admitida, por princípio, mesmo no seio de grupos financeiros[787], de modo a evitar potenciais conflitos de interesses, mas estamos cientes de que tal desiderato só, no longo prazo, poderá ser conseguido.

Sem prejuízo, o Banco Nacional de Angola tem sempre a possibilidade de se opor à acumulação de funções, podendo determinar a interrupção do último mandato registado, caso entenda que existe grave risco de conflito de interesses ou quando se tratar de um administrador executivo (tal como definido no art. 3º, nº 1, do Aviso nº 1/13), em obediência ao art. 34º, nº 3, da LBIF.

Caso os administradores dos bancos angolanos pretendam cumular funções de administração noutras empresas de cariz não financeiro, poderão fazê-lo, contanto que comuniquem a sua intenção ao Banco Nacional de Angola, com pelo menos quinze dias de antecedência, para que este se possa pronunciar (art. 34º, nº 4, da LBIF).

2.4. Comissão de nomeação

A existência de uma comissão de nomeação de colaboradores é facultativa, devendo a sua implementação ter em conta a dimensão da instituição financeira bancária em questão e os respetivos processos organizativos (art. 8º, nº 1, do Aviso 1/13).

Querendo, pode o conselho de administração delegar em alguns dos seus membros competências no que respeita à nomeação, avaliação e remuneração dos seus colaboradores (art. 8º, nº 4, do Aviso 1/13). Esta comissão seria, pois, um

---

Neto, Luanda, 2014, pp. 951-1012, e Sofia Vale e Teresinha Lopes, "A responsabilidade civil dos administradores de facto", in *Revista da Faculdade de Direito da Universidade Agostinho Neto*, edição da Faculdade de Direito da Universidade Agostinho Neto, Luanda, nº 10, 2011, pp. 55-77.

[787] Como já referimos em Vale, "A governação...", op. cit., p. 62.

braço do conselho de administração que estaria encarregue da gestão dos recursos humanos do banco, facilitando o acompanhamento contínuo da aferição do requisito de idoneidade em relação a cada pessoa individualmente considerada (art. 31º, nº 1, da LBIF). A atenção desta comissão centrar-se-ia em evitar potenciais conflitos de interesses que pudessem afetar o processo de tomada de decisão nos níveis imediatamente inferiores ao conselho de administração, fomentando uma cultura decisória de independência e de competência.

O art. 15º do Aviso 1/13 dispõe, a este propósito, que nesta comissão deverão ter assento, de forma equilibrada, administradores executivos e não executivos. E, do mesmo modo, indica que as suas principais funções se reconduzem à definição das políticas e dos processos de remuneração para os colaboradores do banco, recomendação da nomeação de novos colaboradores para funções de direção, apoiar e supervisionar o processo de avaliação dos colaboradores e definir a política de contratação de novos colaboradores.

2.5. Controlo do regulador

No âmbito do processo de criação de instituições financeiras bancárias, o Banco Nacional de Angola verifica, entre outros, se os membros do órgão de administração preenchem os requisitos de qualificação profissional e de idoneidade a que fizemos referência supra (art. 19º, nº 1, al. i), da LBIF). Estando estes requisitos preenchidos, o Banco Nacional de Angola inscreve os nomes dos administradores no registo respeitante à instituição em causa (art. 58º, nº 1, al. b), da LBIF).

Após a instituição financeira bancária ter iniciado a sua atividade, deve também comunicar ao Banco Nacional de Angola as mudanças que se operem no seio do órgão de administração, após a designação de novos membros, para averbamento no referido registo (art. 60º, nº 1, da LBIF). Também as reconduções de mandato devem ser averbadas (art. 60º, nº 2, da LBIF). Em qualquer dos casos, o Banco Nacional de Angola poderá recusar o registo dos administradores que não preencham os requisitos de idoneidade e de experiência profissional (art. 60º, nº 3, da LBIF), devendo o banco promover a substituição imediata dos administradores recusados (art. 60º, nº 4, da LBIF).

A nova LBIF fomenta o controlo sistemático da idoneidade dos administradores dos bancos angolanos, razão pela qual faz impender sobre o banco a obrigação de comunicar ao Banco Nacional de Angola qualquer fato superveniente passível de afetar a idoneidade de um administrador designado e inscrito no registo da respetiva instituição (art. 61º, nºs 1 e 2, da LBIF). Perante os fatos que lhe foram comunicados, pode o Banco Nacional de Angola determinar o cancelamento do registo do administrador que qualifique como inidóneo (art. 61º, nº 4, da LBIF).

Mas, realça-se, este controlo por parte do Banco Nacional de Angola também se verifica, de modo contínuo, em relação a outras pessoas que exerçam funções de chefia ou de direcção dentro do banco. A falta de idoneidade de qualquer destas pessoas leva a que o Banco Nacional de Angola, quando disso tomar conhecimento, fixe um prazo para que o banco regularize a situação (art. 33º, nº 1, da LBIF), sob pena de ver revogada a sua autorização para operar (art. 33º, nº 2, da LBIF).

3. FISCALIZAÇÃO

A fiscalização dos bancos angolanos é assegurada por um conselho fiscal ou por um fiscal único (nos termos do art. 17º, nº 5, da LBIF, art. 432º, nº 1, da LSC, e do art. 49º da LBSEP, caso o referido banco se classifique como uma empresa pública)[788].

3.1. Idoneidade e qualificação profissional

Os membros do conselho fiscal das instituições financeiras bancárias devem também possuir os requisitos de idoneidade e de qualificação profissional constantes, respectivamente, dos arts. 31º e 32º da LBIF, tal como os descrevemos supra quando nos reportamos ao órgão de administração. Estes requisitos estão também consagrados no art. 9º, nº 2, al. b) a e), do Aviso 1/13 (por remissão do art. 11º, nº 1, do referido diploma).

Sem prejuízo dos requisitos de idoneidade e de qualificação profissional que a lei consagra, é necessário motivar os membros do conselho fiscal dos bancos angolanos a exercerem as suas funções de controlo com mais veemência. Nos últimos anos, temos assistido ao exercício mais efetivo, por parte do órgão de fiscalização, das competências (art. 441º da LSC) e dos poderes (art. 442º da LSC) que a lei lhe atribui. Em 2010 foi criada a Ordem dos Peritos Contabilistas de Angola[789], que tem vindo a realizar ações de formação continuadas para os

---

[788] VALE, *As Empresas...*, op. cit., pp. 848 e ss.
[789] O Decreto Presidencial nº 232/10, de 11 de Outubro, publicado no Diário da República, I Série, nº 193, aprovou o Estatuto da Ordem dos Contabilistas e dos Peritos Contabilistas. Para um maior detalhe dos requisitos que estes devem preencher para se poderem inscrever na Ordem dos Peritos Contabilistas, veja-se VALE, *As Empresas...*, op. cit., p. 852.

seus membros, conferindo-lhes mais competências para que possam exercer com maior amplitude, segurança e, acima de tudo, confiança, as funções de que estão incumbidos, designadamente enquanto membros dos órgãos de fiscalização dos bancos angolanos.

3.2. Isenção e independência

O legislador angolano procurou assegurar a maior isenção possível por parte dos membros do órgão de fiscalização, pelo que previu um conjunto de incompatibilidades, cuja verificação importa a nulidade da eleição das pessoas em relação às quais essas incompatibilidades se verifiquem (art. 343º, nº 4, da LSC). O art. 434º, nº 1, da LSC, que a elas se reporta inclui, designadamente: (i) os beneficiários de vantagens particulares por parte da sociedade, (ii) os que tiverem exercido funções de administrador nos últimos três anos, (iii) os que exerçam funções de administração ou fiscalização em sociedade com a qual esta se encontre numa relação de domínio ou de grupo, (iv) os que prestem, com carácter de permanência, serviços à sociedade fiscalizada ou a outra que se encontre em relação de grupo com ela, (v) os que exerçam funções em empresas concorrentes, (vi) os cônjuges, parentes e afins em linha reta ou colateral até ao terceiro grau de pessoas em relação às quais se verifique uma incompatibilidade e (vii) as pessoas singulares que já exerçam funções de administração ou de fiscalização em cinco sociedades.

O fato de uma pessoa ser sócia não constitui de *per si* impedimento para que integre o conselho fiscal (art. 433º, nº 2, da LSC) de um banco angolano. Tal só sucede quanto ao fiscal único, seu suplente, ou membro do conselho fiscal que exerce funções de perito contabilista e respectivo suplente (art. 433º, nº 4, da LSC). Também as sociedades de peritos contabilistas que sejam acionistas da sociedade ficam impedidas de integrar o órgão de fiscalização (art. 434º, nº 2, da LSC).

Na verdade, no nosso modelo de governo, os peritos contabilistas e as sociedades de peritos contabilistas têm deveres acrescidos, uma vez que lhes cabe proceder a todos os exames e verificações relativos à revisão e certificação legal de contas[790] da instituição financeira bancária (art. 441º, nº 3, da LSC), o que se reflete num acréscimo das restrições que lhes são impostas. A lei prevê, inclusivamente, um dever de diligência particular para o perito contabilista que integre

---

[790] A Lei nº 3/01, de 23 de Março, sobre o Exercício da Contabilidade e Auditoria, publicada no Diário da República, I Série, nº 14, atribui o exercício da actividade de auditoria a peritos contabilistas, cabendo aos contabilistas a preparação das demonstrações financeiras.

o órgão de fiscalização (art. 444º, nº 1, da LSC), impondo-lhe que comunique imediatamente e por escrito ao presidente do conselho de administração todos os fatos que cheguem ao seu conhecimento e que sejam suscetíveis de afetar a realização do objeto social ou a situação financeira da sociedade. Na verdade, cabendo ao perito contabilista que integra o órgão de fiscalização apresentar parecer (art. 452º, nº 1, da LSC) sobre a adequação das demonstrações financeiras apresentadas pelo conselho de administração para parecer do conselho fiscal (art. 441º, nº 1, al. g), da LSC), reveste-se de extrema importância que esse parecer do perito contabilista dê garantias de fiabilidade e de credibilidade bastantes. Sabendo nós que a tendência do conselho fiscal será a de confiar na opinião técnica emitida pelo perito contabilista que o integra, torna-se essencial assegurar que este exprime a sua opinião com objetividade e integridade, sendo independente de fato[791] em relação à sociedade a fiscalizar.

O art. 11º, nº 3, do Aviso 1/13 manda aplicar ao perito contabilista que integra o órgão de fiscalização dos bancos angolanos os requisitos de independência constantes do Aviso 4/13. Concomitantemente, o art. 6º, nº 1, do Aviso 4/13, indica que o perito contabilista deve actuar com independência, i.e., deve ser capaz de realizar *"juízos objectivos e imparciais, em todas as matérias relacionadas com as suas funções"*, tendo conhecimento e aplicando as regras nacionais e internacionais e observando as melhores práticas em matéria de auditoria. Sobre o perito contabilista recaem, em consequência, um conjunto de incompatibilidades elencadas no art.6º, nº 2, do Aviso 4/13, a saber: (i) está impedido de prestar serviços não relacionados com auditoria, nos termos do art. 7º do Aviso 4/13, (ii) tem de observar as regras de relacionamento elencadas no art. 8º do Aviso 4/13, e (iii) não pode possuir interesses financeiros no banco em questão, como previsto no art. 9º daquele diploma.

Como vimos, o legislador angolano apenas exige independência ao perito contabilista que integra o conselho fiscal. Pensamos que a atuação do conselho fiscal sairia grandemente reforçada se se exigisse a presença no conselho fiscal de um número mínimo de membros independentes[792], o que permitiria assegurar uma maior proteção dos interesses dos *stakeholders* envolvidos na atividade bancária.

---

[791] Sobre a distinção entre independência aparente e independência de fato, veja-se HELENA R. MORAIS, "Deveres Gerais de Informação", in *Código de Governo das Sociedades Anotado*, Almedina, Coimbra, 2012, pp. 287-288.

[792] Sobre a questão da independência do conselho fiscal, veja-se GABRIELA FIGUEIREDO DIAS, "A Fiscalização Societária Redesenhada: Independência, Exclusão de Responsabilidade e Caução Obrigatória dos Fiscalizadores", in *Reformas do Código das Sociedades*, Almedina, Coimbra, 2007, pp. 279 e ss.

4. FUNÇÕES DE CONTROLO INTERNO

O Aviso 2/13 atribui ao órgão de administração a responsabilidade pela definição, implementação e revisão periódica de um sistema de controlo interno (art. 7º, nº 1, do Aviso 2/13), especialmente direcionado e adequado à dimensão, natureza, complexidade, perfil de risco e grau de centralização/delegação de competências da instituição em causa (art. 5º, nº 1, do Aviso 2/13). O conselho de administração deve delegar em administradores executivos, de preferência independentes, as funções de acompanhamento do sistema de controlo interno (art. 13º do Aviso 1/13). Pretende-se, deste modo, promover uma estrutura organizacional nas instituições financeiras bancárias que, do ponto de vista orgânico e funcional, claramente distinga as funções de gestão de risco e de *compliance*.

A monitorização deste sistema de controlo interno recai sobre diferentes níveis da estrutura organizacional das sociedades (conselho de administração, colaboradores com funções de direção e colaboradores em geral, tal como se indica no art. 16º, nº 2, do Aviso 2/13), cabendo, em especial ao auditor interno a avaliação da efetividade, eficácia e adequação do mesmo (art. 17º, nº 1, do Aviso 2/13).

As instituições financeiras ficam ainda obrigadas a remeter individualmente ao Banco Nacional de Angola um relatório sobre o respectivo sistema de controlo interno, numa base anual (art. 19º, nº 1, do Aviso 2/13). A empresa mãe do grupo financeiro deve também remeter relatório anual correspondente ao Banco Nacional de Angola (art. 19º, nº 3, do Aviso 2/13).

4.1. Gestão de riscos

A gestão de riscos de um banco importa a existência de uma estrutura organizacional adequada que permita a implementação eficiente do sistema de gestão de risco previsto no art. 10º do Aviso 2/13. O desenvolvimento do governo de um banco exige, assim, que a sua estrutura organizacional consiga (i) definir, de modo claro e objetivo a cadeia de responsabilidades, (ii) assegurar a segregação de funções, e (iii) definir claramente os deveres de todos os intervenientes, de modo a evitar potenciais conflitos de interesses.

Deste modo, procura-se assegurar que o sistema de gestão de riscos implementado no seio de uma dada instituição financeira bancária consiga (i) identificar todos os riscos relevantes (art. 10º, nº 2, al. b), do Aviso 2/13) e (ii) prestar informação atempada ao banco, permitindo que as conclusões obtidas com as análises de gestão de risco influenciem ativamente as decisões (art. 10º, nº 2, al. a), do Aviso 2/13), (iii) quer estas sejam tomadas ao nível do conselho de administração ou ao nível da direção de topo (art. 10º, nº 2, al. a), do Aviso 2/13). De fato, cada banco tem o seu próprio perfil de risco, que lhe cabe conhecer e gerir, assegurando que as decisões que toma são devidamente sustentadas e não extravasam o seu perfil de risco.

O legislador angolano está consciente da importância da função de gestão de risco, enquanto elemento essencial para a boa governação dos bancos angolanos. Por essa razão, determinou no art. 11º, nº 1, do Aviso 2/13, que os bancos devem instituir esta função de modo autónomo, permitindo-lhe identificar e compreender os riscos a que aquela concreta instituição financeira bancária está exposta, determinar os níveis de tolerância ao risco que essa instituição comporta e definir estratégias destinadas a melhor gerir, mitigar e controlar esses riscos[793].

Esta função de gestão de risco deve ser atribuída a um diretor de topo, que deverá interagir diretamente com o conselho de administração (art. 11º, nº 2, do Aviso 2/13). Note-se que o conselho de administração pode criar uma comissão responsável pela gestão de risco, delegando poderes quanto a esta matéria nos administradores que dela façam parte, podendo esta comissão integrar ainda diretores de topo (art. 10º, nº 4, do Aviso 2/13), tais como o diretor encarregue da gestão de riscos.

O art. 11º, nº 3, do Aviso 2/13, faz referência à necessidade desta função ser exercida com independência (elemento essencial para que possa ter relevância no seio da instituição), estar dotada de meios materiais e humanos bastantes e ter acesso a todas as atividades e respectivos documentos. Sem prejuízo da bondade da previsão legislativa, o certo é que a banca angolana está ainda a desenvolver a sua cultura organizacional no sentido de facultar um acesso de largo espetro (a todas as actividades, decisões e respetiva documentação) por parte de alguém que, no seio da instituição, tem apenas a função de diretor, ainda que de topo. A relevância que a função de diretor de gestão de riscos poderá vir a ter no seio da banca angolana passará muito pelo carisma, pela credibilidade e pelo grau de independência que quem desempenhe essa função consiga imprimir junto do respetivo conselho de administração.

---

[793] Sobre a gestão de riscos nas empresas seguradoras, veja-se ANA RITA ALMEIDA CAMPOS, "O Governo das Seguradoras", in *O Governo das Organizações – A Vocação Universal do Corporate Governance*, Almedina, Coimbra, 2011, p. 438.

4.2. Compliance

À semelhança do que se passa com a função de gestão de risco, também a função de *compliance* deve ser autonomizada no quadro das instituições financeiras bancárias (art. 12º, nº 1, do Aviso 2/13).

A ideia central consiste em assegurar que o cumprimento das obrigações legais e das diretizes internas do banco em questão é controlado de forma autónoma e independente (art. 12º, nº 3, al. a), do Aviso 2/13). Esta função cabe a um diretor de *compliance*, a quem devem ser atribuídos poderes suficientes, recursos humanos e materiais bastantes (art. 12º, nº 3, al. b), do Aviso 2/13) e amplo acesso a informação e documentação (art. 12º, nº 3, al. c), do Aviso 2/13) para o exercício das suas funções, cabendo-lhe interagir directamente com o conselho de administração (art. 12º, nº 2, do Aviso 2/13).

Se pensarmos que este director está incumbido das tarefas indicadas nas diversas alíneas do nº 4 do art. 12º do Aviso 2/13, que lhe impõe, designadamente, a constituição de processos destinados à prevenção e deteção de atividades criminosas (em especial, no âmbito do branqueamento de capitais e da prevenção do terrorismo), articulando-se com as entidades competentes (em especial, a Unidade de Informação Financeira), facilmente concluímos que o seu leque de responsabilidades é grande e pesado. O exercício efetivo destas tarefas dependerá muito da abertura que o conselho de administração de cada banco conceder ao respectivo diretor de *compliance*. E, como já referimos, este é um processo que exige maturação, proporcionando a sedimentação de uma cultura empresarial mais sólida, impregnada de um forte pendor ético.

A prática dos bancos angolanos tem indicado que o maior problema da autonomização da função de *compliance* radica no fato de haver ainda poucos especialistas nesta matéria em Angola. E, consequentemente, a maioria dos bancos angolanos delega esta função exclusivamente no diretor de *compliance*, que, em muitos casos, ainda trabalha sozinho, sem equipa. É um *one man show*, que não é suficiente para a promoção do bom governo dos bancos angolanos.

4.3. Auditoria interna

A auditoria interna tem o propósito de controlar e fiscalizar a atuação dos órgãos societários (em especial, do conselho de administração) e das diversas unidades funcionais da instituição financeira bancária, promovendo uma melhor gestão dos riscos associados.

No âmbito do pacote legislativo especialmente direcionado para a implementação de regras de boa governação nas instituições financeiras bancárias, o projeto do Aviso 1/13 previa a obrigatoriedade das instituições financeiras bancárias instituírem uma comissão de auditoria[794]. A referida comissão de auditoria seria nomeada pelo conselho de administração e composta por administradores não executivos, com uma maioria de administradores independentes, cabendo a um deles presidir. A proposta da comissão de auditoria obrigatória acabaria por desaparecer da versão final do Aviso 1/13, uma vez que representava o acolhimento em Angola das comissões de auditoria já conhecidas do modelo de governo anglo-saxónico[795], que se acreditou ser incompatível com o modelo de governo único, de raiz latina, consagrado na LSC.

A comissão de auditoria constante do projeto do Aviso 1/13 aparecia como o órgão fiscalizador do sistema de controlo interno, a quem cabia também supervisionar a atividade e independência dos auditores externos[796]. O cerne das funções atribuídas a esta comissão prendia-se com a revisão de todas as informações de caráter financeiro, assegurando uma maior fiabilidade no seu processo de elaboração e divulgação. Sem retirar as competências que radicam no conselho de administração e no conselho fiscal, esta comissão facilitaria as tarefas daqueles dois órgãos, permitindo uma maior fluidez de informação (que se pretendia mais bem tratada e previamente analisada) entre eles, e entre os auditores externos. Do mesmo modo, o fato da comissão de auditoria ser integrada maioritariamente por administradores independentes (figura que se reconhece estar mais bem posicionada para gerir conflitos de interesses) fomentaria práticas de governo societário mais sãs. Do nosso ponto de vista, a solução legal poderia ter sido diferente, porquanto a comissão de auditoria poderia ter sido encarada como um órgão social atípico (para efeitos da LSC), com funções meramente consultivas e cujas deliberações, para se tornarem vinculativas, sempre careceriam de ser sancionadas pelos órgãos tipificados na LSC.

---

[794] Sobre o papel das comissões de auditoria, veja-se ROBERT SMITH, *Audit Committees – Combined Code Guidance*, Edição do Financial Reporting Council Limited, Londres, 2003, disponível em http://www.fide.org.my/v1/publications/reports/0008_rep_20081211.pdf, consultado em 19.09.2015, pp. 3 e ss.

[795] Sobre este ponto, veja-se em particular CÂMARA, "Os Modelos...", op. cit., pp. 223 e ss.

[796] As instituições financeiras bancárias estão obrigadas (nos termos do art. 97º da LBIF) a realizar uma auditoria externa anual às suas contas. O Banco Nacional de Angola remete para a conselho de administração a tarefa de contratar um auditor externo (art. 4º, al. a), do Aviso 4/13) que deve ser necessariamente uma pessoa coletiva (art. 5º, nº 3 do referido diploma). Este diploma aponta ainda para o cumprimento de determinados parâmetros relacionados com a averiguação da independência do auditor externo (art. 6º e 7º), com a averiguação do relacionamento do auditor externo com a instituição financeira e com pessoas com ela relacionadas (art. 8º), bem como com a inexistência de interesses financeiros, diretos ou indiretos, na instituição auditada (art. 9º).

Não obstante, a função de auditoria interna acabou por ser autonomizada mas entregue a um diretor de auditoria (art. 17º, nº 1, do Aviso 2/13), que deve atuar com autonomia na avaliação da efetividade do sistema de controlo interno implementado pelo banco. Entre outras, cabe ao diretor de auditoria interna elaborar um relatório sobre as suas atividades que deverá entregar ao conselho de administração e ao órgão de fiscalização (art. 17º, nº 5, do Aviso 2/13). As ressalvas que indicamos em relação ao exercício efetivo das respectivas funções por parte do diretor de gestão de riscos e do diretor de *compliance* têm toda a aplicação em relação ao diretor de auditoria interna.

5. PRÁTICAS E POLÍTICAS REMUNERATÓRIAS

A determinação da remuneração dos membros dos órgãos de administração e de fiscalização de um banco angolano é da competência da respetiva assembleia geral (nos termos do art. 17º, nº 1, 1ª parte, do Aviso 1/13 e, subsidiariamente, do art, 420º, nº 1, da LSC, no que toca ao órgão de administração, e do art. 326º, nº 1, que remete para o art. 239º, nº 4, ambos da LSC, ainda que de modo menos evidente, no que respeita ao órgão de fiscalização). Já a determinação da remuneração de todos os demais colaboradores é atribuída ao conselho de administração (art. 18º, nº 1, do Aviso 1/13).

Cabe a cada banco angolano estabelecer uma política remuneratória consistente, que seja *"adequada à natureza, dimensão, complexidade e situação económica"* da respetiva instituição, como indicado no art. 16º, nº 1, 1ª parte, do Aviso 1/13.

5.1. Nível de remuneração

No art. 16º, nº 2, do Aviso 1/13 estabelece-se um princípio geral aplicável à remuneração de todos os recursos humanos de um banco. Aí se dispõe que a política de remuneração deve ter em conta princípios de proporcionalidade capazes de atrair e reter os recursos humanos da instituição, tendo em conta os riscos assumidos, e evitando diferenças excessivas que prejudiquem a motivação e a coesão das equipas.

Na determinação da remuneração dos administradores, o legislador angolano estabeleceu, de modo geral, que a assembleia geral deve ter em conta a situação económica da sociedade e as funções exercidas pelos administradores (art. 420º, nº 1, última parte, da LSC), o que, por si, justificaria uma diferença de remuneração entre administradores executivos e não executivos. Nenhum dos diplomas legais consultados nos dá um critério mais específico que nos permita determinar o nível de remuneração dos administradores, nem tão pouco as práticas remuneratórias dos administradores da banca angolana.

5.2. Composição do pacote remuneratório

A remuneração dos colaboradores de um banco pode ser fixa ou incluir também uma componente variável. No art. 16º, nº 3, do Aviso 1/13, refere-se que as componentes fixa e variável da remuneração devem estar adequadamente equilibradas, não incentivando uma excessiva tomada de risco nem potenciando conflitos de interesses. Este equilíbrio erige-se como princípio geral.

No caso dos administradores, a parte variável da sua remuneração[797] deve respeitar os requisitos do art. 420º, nº 2 e 3, da LSC: (i) o contrato de sociedade deve prever a percentagem dos lucros destinada a remunerar os administradores; (ii) essa percentagem só pode incidir sobre o lucro de exercício distribuível; e (iii) tal remuneração só pode ser paga depois de pagos os lucros dos acionistas. Na prática, estas disposições têm sido desconsideradas.

Só os administradores executivos podem ter uma remuneração que compreenda uma parte fixa e uma parte variável, associada ao desempenho da instituição (art. 17º, nº 4, do Aviso 1/13). No projeto do art. 17º, nº 4, do Aviso 1/13 previam-se critérios mais concretos quanto à parte variável da remuneração, designadamente, que esta fosse parcialmente diferida por prazo não inferior a dois anos (sendo este período determinado por referência aos objetivos da instituição), que se consistisse numa percentagem das receitas ou dos lucros da instituição, deveria ter um limite máximo absoluto, e que se fosse constituída por planos de atribuição de ações[798], obrigações ou derivados financeiros (daquela instituição ou de outra instituição do grupo), deveria também ser diferida por prazo não inferior a dois anos. O condicionamento do efetivo recebimento da remuneração ao momento em que se fixou que a instituição deveria cumprir determinado objetivo tinha a maior relevância, funcionando como estímulo para o desempenho dos administradores executivos. Com pena, vimos esta redação abandonada na

---

[797] Para uma abordagem doutrinal ampla sobre remuneração variável e a sua relação com a crise financeira, veja-se GUIDO FERRARINI, "CRD IV and the mandatory structure of bankers' pay", 2015, disponível em http://papers.ssrn.com/sol3/papers.cfm?abstract_id=2593757, consultado em 19.09.2015, pp. 6-9.

[798] Sobre a possibilidade de os administradores serem remunerados através da atribuição de ações, veja-se FRANKLIN BALOTTI, CHARLES ELSON e TRAVIS LASTER, "Equity Ownership and the Duty of Care: Convergence, Revolution, or Evolution?", in *Business Lawyer*, nº 55, 2000, disponível em http://papers.ssrn.com/sol3/papers.cfm?abstract_id=223493, consultado em 19.09.2015, pp. 661 e ss.

versão definitiva do art. 17º, nº 4, do Aviso 1/13, que apenas refere que a componente variável da remuneração é associada ao desempenho da instituição e não deve incentivar a tomada excessiva de risco.

Os administradores não executivos, os membros do órgão de fiscalização e os membros da assembleia geral não podem receber uma remuneração variável, nos termos do art. 17º, nº 3, do Aviso 1/13. O legislador assume que, porque não estão envolvidos na gestão corrente do banco, não devem assumir um excessivo grau de risco, mantendo, por isso, uma remuneração fixa.

No modelo de governo dos bancos angolanos, os administradores não executivos têm as mesmas responsabilidades de administração que os demais administradores executivos (como refere o art. 426º, nº 5 e nº 6, da LSC), na medida em que todos integram o conselho de administração, sendo, por isso, mais justo que também recebessem uma parte de remuneração variável[799].

No que respeita aos colaboradores do banco que atuam em áreas de tomada de risco, refere-se que a sua remuneração pode associar uma componente em dinheiro a uma componente não monetária, conquanto vá ao encontro dos objetivos da instituição no longo prazo (art.17º, nº 3, do Aviso 1/13). Por oposição, os colaboradores que assumam funções de controlo (i.e., de auditoria interna, controlo interno, *compliance* e gestão de risco) não devem ver a sua remuneração diretamente associada aos resultados das áreas tomadoras de risco (art. 17º, nº 4, do Aviso 1/13).

Refira-se, por último, que a transparência no que tange a remunerações é promovida pelo art. 17º, nº 5, do Aviso nº 1/13. Aí se incumbe o órgão de administração de promover a divulgação da política remuneratória do banco, respetivos critérios e métodos utilizados, junto de todos os colaboradores da respetiva instituição.

5.3. Comissão de remuneração

O legislador angolano exorta os bancos a constituírem uma comissão de remuneração (art. 8º, nº 3, al. a, do Aviso 1/13), que atua com competência delegada da assembleia geral (art. 17º, nº 1, do Aviso 1/13).

Esta comissão deve ser constituída por acionistas que não integram os órgãos sociais, podendo contratar consultores para a auxiliar (art. 17º, nº 2, do Aviso 1/13). Deve entender-se que a atuação da comissão de remuneração tem de ser

---

[799] Para Paulo Câmara, "Remunerações", in *Código de Governo das Sociedades Anotado*, Almedina, Coimbra, 2012, p. 185, deve apenas ser interdita remuneração variável que *"venha deprimir a sua capacidade de avaliação crítica do desempenho da gestão"*.

sempre sancionada pela assembleia geral (art. 17º, nº 5, 1ª parte, do Aviso 1/13), pelo que as propostas de remuneração dos órgãos sociais apresentadas por aquela deverão ficar vertidas em ata da assembleia geral. A criação desta comissão revela-se importante, uma vez que afasta a intervenção dos administradores (em especial, dos administradores que são acionistas) na determinação da sua própria remuneração.

De realçar que os critérios, parâmetros e métodos de cálculo utilizados na determinação da (i) remuneração dos membros dos órgãos sociais e na (ii) determinação da remuneração variável dos administradores executivos devem ser sempre divulgados pelo comissão de remuneração à assembleia geral (art. 17º, nº 5, do Aviso 1/13).

6. SUPERVISÃO DO SISTEMA DE GOVERNO

6.1. A competência do regulador, em geral

O Banco Nacional de Angola é a entidade reguladora a quem cabe assegurar a regulamentação da atividade (art. 6º, nº 2, da LBIF) e a supervisão (art. 65º, nº 1, da LBIF) das instituições financeiras bancárias. Esta atividade de supervisão é um processo contínuo, que tem início com o registo da constituição do banco e só termina com a sua dissolução[800].

Em primeiro lugar, há que ter presente que a atividade de supervisão do Banco Nacional de Angola se realiza em base individual (incidindo apenas sobre a concreta instituição financeira bancária) e em base consolidada (permitindo ao Banco Nacional de Angola avaliar a integração e pertença de um dado banco a um grupo financeiro mais amplo), tal como previsto no art. 66º, nº 1, da LBIF. Os critérios para a realização de supervisão em base consolidada constam do Aviso 3/13, mas, atenta a dimensão deste trabalho, não os iremos aqui referir.

Em segundo lugar, merece destaque o facto de a LBIF distinguir duas vertentes da atividade de supervisão que recai sobre o Banco Nacional de Angola, a saber, a supervisão comportamental (art. 70º e ss da LBIF) e a supervisão prudencial (art. 87º e ss da LBIF). Ambas são de extrema relevância para que o Banco Nacional de Angola tenha uma ideia clara, abrangente e realista do modo como os bancos angolanos estão a implementar as políticas de boa governação que vão sendo gizadas.

---

[800] Seguimos EDDY WYMEERSH, "Banking Union; Aspects of the Single Supervisory Mechanism and the Single Resolution Mechanism compared", 2015, disponível em http://papers.ssrn.com/sol3/papers.cfm?abstract_id=2599502, consultado em 19.09.2015, p. 5.

6.2. Supervisão comportamental

A supervisão comportamental levada a cabo pelo Banco Nacional de Angola é bastante abrangente, e procura aferir a qualidade e a eficiência da prestação dos serviços bancários perante o cliente (art. 70º da LBIF), se os membros dos órgãos de administração, os diretores de topo e demais colaboradores actuam com a diligência de um gestor criterioso e ordenado (art. 72º da LBIF), se os bancos prestam informação fiável e assistência aos clientes (art. 73º da LBIF), se os membros do órgão de administração e fiscalização dos bancos, bem como os demais colaboradores, respeitam o segredo profissional a que estão vinculados (art. 76º e ss da LBIF), se os bancos não concedem crédito a membros dos órgãos sociais ou a pessoas relacionadas, gerando situações de conflito de interesses (arts. 83º e 84º da LBIF), e se os bancos respeitam as regras de concorrência do mercado angolano (art. 85º da LBIF) e as restrições aplicáveis em matéria de publicidade (art. 86º da LBIF).

A supervisão comportamental, com incidência nos tópicos indicados supra, é uma atividade contínua de que o Banco Nacional de Angola está incumbido. Cabe ao Banco Nacional de Angola otimizar os procedimentos que lhe permitam assegurar uma eficiente supervisão dos aspetos comportamentais das instituições financeiras bancárias angolanas, respetivos membros dos órgãos sociais e colaboradores.

Sem prejuízo, o fato de a LBIF incidir bastante na supervisão comportamental, em comparação com o diploma que veio revogar, é, pensamos, um fator importante para a promoção de boas práticas de governação por parte dos bancos angolanos e para se evitarem conflitos de interesses.

6.3. Supervisão prudencial

A supervisão prudencial exercida pelo Banco Nacional de Angola tem início com a emissão da autorização e registo para a entrada em operação de um banco em Angola (arts. 14º a 23º da LBIF). Depois, continua a ser exercida ao longo da vida da instituição financeira bancária e abarca, por último, o processo de intervenção do Banco Nacional de Angola em instituições financeiras bancárias em crise (arts. 121º a 136º da LBIF), a que nos referimos *infra*.

A LBIF estabelece, no seu art. 90º, nº 1, um conjunto de regras prudenciais que o legislador angolano erigiu como mais importantes. Estas respeitam, designadamente, a (i) adequação de capital, definição de um rácio de solvabilidade e instrumentos a considerar para a composição de fundos próprios, (ii) limites à tomada firme de emissões de valores mobiliários; (iii) limites e formas de cobertura de recursos alheios e de responsabilidades perante terceiros; (iv) limites à concentração de riscos; (v) registo e prestação de informação financeira; (vi) relação das participações sociais com os fundos próprios da participante; (vii) relação das participações sociais com o capital da participada; (viii) limites às imobilizações; (xix) governação corporativa; (x) controlo interno e (xi) abuso dos serviços financeiros.

As regras supra mencionadas, que são depois complementadas por Avisos e por Instrutivos, devem ser adequadas à dimensão do banco em questão, afigurando-se proporcionais, e tendo em conta o perfil de risco do banco e a sua importância sistémica (art. 90º, nº 2, da LBIF).

6.3.1. Relatório sobre governação corporativa e sistema de controlo interno, em base individual

Como referimos, o Banco Nacional de Angola, afere o cumprimento das regras prudenciais respeitantes à governação corporativa, incluindo os processos destinados a assegurar transparência, divulgação de informação e tratamento de transações com partes relacionadas (art. 90º, nº 1, al, i), da LBIF), e relativas ao sistema de controlo interno, designadamente a processos de gestão e de concentração de riscos (art. 90º, nº 1, al. j), da LBIF).

De modo a disponibilizar ao Banco Nacional de Angola informação bastante para que ele possa eficazmente exercer a sua atividade de supervisão prudencial, as instituições financeiras bancárias ficam obrigadas a elaborar um relatório anual sobre governação corporativa (art. 23º, nº 1, do Aviso 1/13) e um outro sobre o sistema de controlo interno (art. 19º, nº 1, do Aviso 2/13).

Os referidos relatórios deverão obedecer aos parâmetros que constam do Instrutivo nº 1/2013[801], designadamente, estratégia, organização interna, sistema de gestão de risco, prevenção do branqueamento de capitais e do financiamento do terrorismo, auditoria interna e deficiências do sistema de controlo interno.

6.3.2. O processo de intervenção do regulador em instituições financeiras bancárias

Os bancos são sociedades comerciais que, em primeira linha, procuram gerar lucros para distribuir pelos seus acionistas e, em segunda linha, assegurar os interesses de outros *stakeholders* envolvidos nesta atividade (depositantes, investi-

---

[801] Instrutivo nº 1/2013, de 22 de Março, Relatório sobre a Governação Corporativa e o Sistema de Controlo Interno, disponível em http://www.bna.ao/uploads/%7Be72f663d-a7bc-43e1-b203-db1fb4294450%7D.pdf, consultado em 19.09.2015.

dores, administradores e trabalhadores). Não obstante, existe também, entre nós, a consciência de que os bancos desempenham uma função de interesse público[802], na medida em que a atividade bancária cria relações de interdependência entre outras instituições que atuam no âmbito do sistema financeiro (os grupos financeiros a que se reporta o art. 2º, nº 11, da LBIF) e mesmo noutros setores da atividade económica (art. 2º, nº 10, da LBIF). Ora, estas relações de interdependência fazem com que, mais do que em qualquer outro setor de actividade, a falência de um banco se possa repercutir na falência de outras instituições financeiras e, eventualmente, na falência de outras empresas atuantes noutros setores de atividade. O Executivo angolano tem consciência do risco sistémico[803] inerente à atividade bancária e das suas potenciais repercussões em todo o sistema económico-financeiro angolano, bem como na perda de confiança por parte dos mercados. Por essa razão, em 2015, socorreu o BESA – Banco Espírito Santo de Angola, SA (hoje, Banco Valor), injetando-lhe fundos públicos, de modo a evitar a sua falência.

O interesse público a que nos reportamos ressalta da intervenção da entidade reguladora. Se um banco se encontra numa situação de elevado risco financeiro, o regulador é chamado a intervir, nos termos previstos na LBIF[804]. A intervenção do Banco Nacional de Angola, que tem sempre em vista a recuperação e manutenção no mercado de um banco em crise, encontra-se prevista no art. 121º e ss da LBIF. A ideia central é obstar a que se chegue a uma situação limite em que o Banco Nacional de Angola se veja forçado a revogar a autorização do banco para operar (art. 134º da LBIF, que trata das medidas de resolução) e, eventualmente, ter de requerer ao Procurador-Geral da República que requeira judicialmente a declaração de falência do banco em questão (art. 135º da LBIF)[805].

---

[802] BORGES, "O Governo...", op. cit., p. 275, que refere que se pode *"arrumar a multiplicidade de interesses a que se terá de atender no governo dos bancos em interesses privados, interesses difusos e interesses públicos"*.

[803] VAN DER ELST, Corporate..., op. cit, p. 8, quando refere que *"due to the provision of liquidity and the open positions that banks do take, banks are at the same time vulnerable for their own positions but also for the open positions of other banks, thus creating systemic risks, a contagion effect"*. Para maiores desenvolvimentos quanto ao risco sistémico, veja-se PAULO CÂMARA, "A renovação do direito bancário no início do novo milénio", in *O Novo Direito Bancário*, Almedina. Coimbra, 2012, pp. 33 e ss.

[804] Ainda que à luz da anterior legislação sobre instituições financeiras, veja-se VALE, *As Empresas...*, op. cit., pp. 295-298.

[805] Note-se que, em Angola, não existe um regime de intervenção que com este tenha paralelo, já que todas as demais empresas que não consigam fazer face aos seus compromissos financeiros são remetidas para um processo de falência, substancialmente arcaico e desajustado aos tempos correm, que se encontra regulado no Código de Processo Civil.

CAPÍTULO XV

A GOVERNAÇÃO DOS BANCOS NO BRASIL

Maurício Andere von Bruck Lacerda

INTRODUÇÃO E BREVE PANORAMA DO CENÁRIO BANCÁRIO BRASILEIRO

O propósito central do presente estudo é estabelecer um panorama geral sobre a governação[806] dos bancos na realidade jurídica brasileira, promovendo-se a análise do regime jurídico aplicável, com destaque para as peculiaridades em relação à governação das sociedades do setor não financeiro.

O tema é altamente relevante, pois em razão das atividades estratégicas desempenhadas pelas sociedades empresárias do setor, as quais são classicamente definidas como *"as empresas comerciais, cujo objetivo principal consiste na intromissão entre os que dispõem de capitais e os que precisam obtê-los, isto é, em receber e concentrar capitais para, sistematicamente, distribuí-los por meio de operações de crédito"*[807]. Enfatiza-se que,

---

[806] Na realidade brasileira em geral, os trabalhos técnicos a respeito do assunto costumam empregar a expressão "governança corporativa", em adaptação ao termo inglês *"corporate governance"*, a qual pode ser definida como *"o sistema pelo qual as organizações são dirigidas, monitoradas e incentivadas, envolvendo os relacionamentos entre proprietários, Conselho de Administração, Diretoria e órgãos de controle. As boas práticas de Governança Corporativa convertem princípios em recomendações objetivas, alinhando interesses com a finalidade de preservar e otimizar o valor da organização, facilitando seu acesso a recursos e contribuindo para sua longevidade."*, conforme "Código das Melhores Práticas de Governança Corporativa", que se encontra na sua 4ª edição (2009). Disponível em: <http://www.ibgc.org.br/inter.php?id=18180>.

[807] Consoante definição adotada por Abrão, Nelson. *Direito Bancário*. 14ª edição (atualiz. Carlos Henrique Abrão). São Paulo: Saraiva, 2011, p. 48. Sem prejuízo da relevância social das atividades desenvolvidas, tais como a captação da poupança popular, a concessão de empréstimos, o financiamento das atividades econômicas em geral, a arrecadação de tributos e contas de serviços públicos, consoante previsto no "Termo de Ajustamento de Conduta" celebrado entre órgãos do Ministério

em qualquer economia, o sistema bancário caracteriza-se por um dos segmentos estratégicos. Diante do inquestionável interesse público que recai sobre o setor, as companhias que nele atuam estão sujeitas à marcante regulação estatal.

A relevância do estudo específico das características da governação dos bancos na realidade brasileira se ressalta diante da necessidade de contínuo aprimoramento dos mecanismos de transparência, prestação de contas e controle de referido ambiente, com o propósito de preservar os interesses das inúmeras categorias de *stakeholders* que gravitam entorno da atividade bancária, especialmente diante dos inúmeros conflitos decorrentes da já constatada separação entre propriedade e controle, nomeadamente nas sociedades anônimas de capital aberto[808].

As peculiaridades e os riscos relacionados às atividades que envolvem o sistema bancário, diante da complexidade, do dinamismo e do volume das operações que realiza, associados ao rigoroso aparato regulatório aplicável às instituições de diferentes portes, indicam a necessidade de abordagem própria e distinta daquela conferida aos mecanismos de governação das sociedades anônimas em geral[809].

Público Estaduais e Federal e a Federação Brasileira dos Bancos (FEBRABAN), disponível na íntegra em: <https://www.febraban.org.br/Febraban.asp?id_pagina=264&id_paginaDe=95>.
[808] Com destaque para os conflitos decorrentes da relação de agência, conforme constatado, entre outros, por BERLE, Adolf A.; MEANS, Gardiner C. *The Modern Corporation and the Private Property*. Trad. Olavo Miranda. Rio de Janeiro: Ipanema Editora, 1957, em análise à realidade norte-americana em 1930 e que ainda se mostra bastante atual (p. 159). Referidos autores classificaram (p. 98) cinco tipos principais de exercício do poder de controle no âmbito das sociedades anônimas, quais sejam: i) controle através da participação quase completa; ii) controle da maioria; iii) controle através de um mecanismo jurídico; iv) controle da minoria e v) controle da diretoria. No direito brasileiro, COMPARATO, Fabio Konder. *O Poder de Controle na Sociedade Anônima*. 3ª ed. Rio de Janeiro: Forense, 1983, p. 38 e ss. reafirma tal análise, embora reconheça as diferenças existentes entre as realidades brasileira e norte-americana. Sobre os inúmeros conflitos de interesses existentes no ambiente financeiro e bancário e na intermediação financeira ver SALAMA, Bruno Meyerhof e PRADO, Viviane Muller. *Operações de crédito dentro de grupos financeiros: governança corporativa como complemento à regulação bancária*. in "Os Grupos de Sociedades: Organização e exercício da empresa" (Org. Danilo B. S. G Araujo e Walfrido J. Warde Jr.) São Paulo: Saraiva, 2012, p. 239 e CÂMARA, Paulo. *Conflito de Interesses no Direito Financeiro e Societário: Um Retrato Anatómico*. in "Conflito de interesses no Direito Societário e Finaceiro: Um balança a partir da crise financeira" (Org. Paulo Câmara). Coimbra: Almedina, 2010, p. 9/72.
[809] Nesse sentido, ABRÃO, Nelson. *Direito Bancário*. 14ª edição (atualiz. Carlos Henrique Abrão). São Paulo: Saraiva, 2011, p. 566 destaca a importância do tema da regulação bancária, como *"o "conjunto de normas, medidas e diretrizes implementadas"*, salientando que *"a flexibilidade, maior ou menor, do papel do Estado na atividade bancária cresce proporcionalmente, fruto da crise e do mecanismo de funcionamento do sistema."* Sobre o caráter complementar da governança corporativa em relação à regulação bancária ver SALAMA, Bruno Meyerhof e PRADO, Viviane Muller. *Operações (...)*, cit., p. 246/247. Referidos autores salientam, inclusive, (p. 239) que as principais causas das "quebras bancárias"

Nesse contexto, serão analisadas as fontes legais e infra-legais – incluindo-se os mecanismos de *soft law* – específicas a respeito do assunto na realidade brasileira, destacando as principais características da regulação do setor. Em seguida tratar-se-á das estruturas relacionadas aos órgãos de administração e de fiscalização dos bancos, bem como dos mecanismos de controle interno, abrangendo as práticas e políticas remuneratórias e, por fim, serão analisados os mecanismos de supervisão dos sistemas de governo, abordando-se os órgãos de controle, de regulação e de fiscalização e punição das instituições que exercem atividade bancária e de seus gestores.

Além do destaque conferido ao arcabouço normativo que envolve a matéria e da análise de alguns precedentes jurisprudenciais relacionados ao tema, o presente estudo abordará elementos da doutrina e principalmente estudos específicos a respeito do tema no âmbito dos órgãos de controle e das próprias instituições, com o propósito de contribuir para as reflexões e para o aprimoramento dos mecanismos de governação das instituições bancárias na realidade brasileira[810].

Com relação ao cenário atual, de acordo com o Banco Central do Brasil (BACEN), autarquia federal responsável pela regulação do sistema financeiro nacional, são 156 instituições bancárias (bancos comerciais, múltiplos e caixa econômica) em funcionamento no território brasileiro[811], sendo que destas, aproximadamente vinte e duas instituições bancárias encontram-se registradas perante a Comissão de Valores Mobiliários (CVM) e listadas na Bolsa de Valores, Mer-

---

(má-gestão do crédito, insuficiência de capital e de liquidez, e empréstimos a partes relacionadas) estão relacionadas a *"falhas nos esquemas de governança interna"*.

[810] Que tem se dedicado, principalmente, ao estudo do tema da governação com relação às sociedades dos setores não-financeiros. Para conhecer a abordagem conferida ao tema com relação à governação das sociedades em geral, ver LEITE, Leonardo Barém. *"Governança Corporativa: Considerações sobre sua aplicação no Brasil (Das 'Limitadas' às Sociedades Anônimas de Capital Pulverizado"*, in "Poder de Controle e Outros Temas de Direito Societário e Mercado de Capitais" (Org. Rodrigo M. Castro e Luís A. N. M. Azevedo). São Paulo: Quartier Latin, 2010, p. 503/529 e MATTOS FILHO, Ary Oswaldo e PALMA, Juliana Bonacorsi de. *A Governação das Sociedades no Brasil*, in "A Governação das Sociedades nos Sistemas Jurídicos Lusófonos" (Org. Paulo Câmara). Coimbra: Almedina, 2013, p. 81/118.

[811] Não estão inseridos em referido panorama os conglomerados financeiros, bancos de investimento e de desenvolvimento, sociedade corretoras de TVM e câmbio, sociedades de crédito, financiamento e investimento, entre outras. Além de referida ressalva, cumpre salientar que das 156 instituições bancárias registradas, algumas integram, juntamente com outras sociedades anônimas, grupos econômicos maiores, como ocorre, por exemplo, com os Grupos econômicos Itaú Unibanco e Bradesco, o que contribui para a redução da quantidade de agentes econômicos no setor. Dados disponíveis em: <http://www.bcb.gov.br/?RELINST>.

cadorias e Futuros de São Paulo (BM&FBOVESPA S.A.)[812], que se caracteriza como o principal ambiente de administração de mercados organizados de títulos e valores mobiliários, entre outras operações, na realidade brasileira e latino-americana[813]. No cenário das companhias de capital aberto do setor, destaca-se a existência de oito sociedades de economia mista[814] e catorze bancos privados[815], entre os quais se destacam os maiores bancos do Brasil, constatando-se que, na média, os bancos brasileiros com capital aberto e com valores mobiliários negociados na BM&FBOVESPA apresentam estrutura de propriedade concentrada[816]. A presente análise focar-se-á em tal ambiente das instituições bancárias de capital aberto, em razão da maior complexidade das estruturas societárias nele inseridas, da relevância econômica de tais bancos no cenário brasileiro e da maior quantidade de material e estudos disponíveis para consultas.

1. FONTES LEGAIS E INFRA-LEGAIS SOBRE GOVERNAÇÃO DOS BANCOS NO BRASIL

As pessoas jurídicas que exercem atividade bancária se caracterizam como instituições financeiras[817], as quais devem obrigatoriamente assumir a forma de sociedades anônimas[818], sujeitando-se, por se tratarem de estruturas societárias

---

[812] Bovespa Mais, Bovespa Mais Nível 2, Novo Mercado, Nível 2 e Nível 1 de governança Corporativa, Tradicional BOVESPA, Balcão Organizado, BDR'S Patrocinados e Empresas Incentivadas.

[813] Mais detalhes em: <http://www.bmfbovespa.com.br/pt-br/intros/intro-sobre-a-bolsa.aspx?idioma=pt-br>.

[814] Banco da Amazônia, Banco do Brasil, Banco de Brasília, Banco do Estado do Sergipe, Banco do Estado do Pará, Banco do Nordeste, Banestes e Banrisul.

[815] Banco ABC Brasil, Banco Alfa, Banco Bradesco, BTG Pactual, Banco Daycoval, Banco Industrial e Comercial, Banco Indusval, Itaú-Unibanco, Banco Mercantil do Brasil, Banco Pan, Banco Pine, Santander, Banco Sofisa, Paraná Banco.

[816] SOUZA, Luiza F. de; e COSTA, Davi R. M. *Separação do Processo Decisório dos Bancos com Capital Aberto na BM&FBOVESPA, in* "Contabilidade, Gestão e Governança". Brasília, Vol. 18, n. 2, maio-ago/2015, p. 94.

[817] Nos termos do que estabelece a Lei 4.595, de 31 de dezembro de 1964, a qual dispõe sobre a "Política e as Instituições Monetárias, Bancárias e Creditícias, Cria o Conselho Monetário Nacional e dá outras providências", cujo art. 17 estabelece: *"Consideram-se instituições financeiras, para os efeitos da legislação em vigor, as pessoas jurídicas públicas ou privadas, que tenham como atividade principal ou acessória a coleta, intermediação ou aplicação de recursos financeiros próprios ou de terceiros, em moeda nacional ou estrangeira, e a custódia de valor de propriedade de terceiros."*

[818] Nos termos do que estabelece o art. 25 da Lei 4.595, segundo o qual *"as instituições financeiras privadas, exceto as cooperativas de crédito, constituir-se-ão unicamente sob a forma de sociedade anônima, devendo a totalidade de seu capital com direito a voto ser representada por ações nominativas."* Na doutrina, ver, entre outros, ABRÃO, Nelson. *Direito Bancário*, cit., p. 299 e ss. Sob o ponto de vista

complexas, às normas da Lei 6.404, de 15 de dezembro de 1976, que dispõe sobre as "Sociedades por Ações" (LSA). Assim, embora as instituições financeiras, nomeadamente as instituições bancárias, também estejam sujeitas à disciplina de governação aplicável às sociedades anônimas em geral, as peculiaridades das atividades desenvolvidas e as características próprias que envolvem as sociedades que operam no sistema bancário – incluindo-se o rigoroso aparato regulatório tanto por ocasião da sua constituição, quanto no decorrer do seu funcionamento[819] – bem como a possibilidade de que ostentem portes e perfis variados[820], exigem uma abordagem e formatação distinta dos mecanismos de governação aplicáveis às sociedades anônimas em geral.

O exercício das atividades financeiras na realidade brasileira é – por força do disposto no artigo 192 da Constituição da República Federativa do Brasil (CF)[821] – regulado especialmente por algumas leis federais[822], as quais, entre variados temas, dispõem sobre: i) a aplicação do capital estrangeiro e as remessas de valores para o exterior[823]; ii) a política e as instituições monetárias, ban-

---

histórico, referido autor destaca (p. 45) o marco inicial do sistema bancário brasileiro, com a criação do Banco do Brasil, no ano de 1808, com a chegada da família real portuguesa em território brasileiro.

[819] Que dependerá de autorização especial do Banco Central para funcionar, nos termos do disposto nos artigos 10, inciso X, alínea "a" e 18 da Lei 4.595.

[820] Podendo ser de natureza pública ou privada, submetidas a tratamento diferenciado a depender do porte e da natureza da instituição e classificadas como Bancos Comerciais, Bancos Múltiplos com ou sem carteira comercial, Caixas Econômicas, integrantes ou não de Conglomerados Bancários, consoante classificação disponível em http://www4.bcb.gov.br/top50/port/esc_met.asp. A título de exemplo do tratamento diferenciado, destaca-se o disposto no art. 10, III da Lei 4.595 que ao estabelecer as funções de competência privativa do BACEN confere-lhe o poder de *"determinar o recolhimento de até cem por cento do total dos depósitos à vista e de até sessenta por cento de outros títulos contábeis das instituições financeiras, seja na forma de subscrição de Letras ou Obrigações do Tesouro Nacional ou compra de títulos da Dívida Pública Federal, seja através de recolhimento em espécie, em ambos os casos entregues ao Banco Central do Brasil, a forma e condições por ele determinadas, podendo: a) adotar percentagens diferentes em função: 1. das regiões geoeconômicas; 2. das prioridades que atribuir às aplicações; 3. da natureza das instituições financeiras."*

[821] *"Art. 192. O sistema financeiro nacional, estruturado de forma a promover o desenvolvimento equilibrado do País e a servir aos interesses da coletividade, em todas as partes que o compõem, abrangendo as cooperativas de crédito, será regulado por leis complementares que disporão, inclusive, sobre a participação do capital estrangeiro nas instituições que o integram."*

[822] Em razão de atribuição expressa do artigo 21, inciso VIII da Constituição Federal, que prevê a competência da União *"para administrar as reservas cambiais do País e fiscalizar as operações de natureza financeira, especialmente as de crédito, câmbio e capitalização, bem como as de seguros e de previdência privada;"*

[823] Lei 4.131, de 3 de setembro de 1962.

cárias e creditícias[824]; iii) o mercado de capitais e estabelece medidas para o seu desenvolvimento[825]; iv) a intervenção e a liquidação extrajudicial de instituições financeiras[826]; v) o sigilo das operações de instituições financeiras[827]; entre outras[828].

Destaca-se, ainda, a possibilidade de referidas instituições bancárias ostentarem a forma de sociedades anônimas fechadas ou abertas. Sendo que nesta segunda hipótese sujeitar-se-ão, complementarmente, às regras e à fiscalização exercidas pela Comissão de Valores Mobiliários (CVM), a fim de que possam emitir, distribuir e negociar títulos e valores mobiliários em bolsa de valores e em mercados de balcão[829], com destaque para as instruções normativas e para a atuação sancionadora de referida autarquia federal[830].

Constata-se, outrossim, que além do estabelecimento de regras gerais e da definição dos elementos estruturais do setor financeiro brasileiro em geral, referidas leis tratam pontualmente de aspectos relativos à governação das instituições financeiras públicas e privadas, definindo algumas regras e limites à atuação de seus gestores, consoante se analisará pontualmente nos capítulos seguintes.

Ainda no tocante às fontes normativas específicas, merecem destaque os atos administrativos (resoluções, circulares, portarias, entre outros) infra-legais[831]

---

[824] Lei 4.595, de 31 de dezembro de 1964, que também criou o Conselho Monetário Nacional, e foi recepcionada, pela Constituição Federal de 1988, como Lei Complementar, conforme destacam SALAMA, Bruno Meyerhof e PRADO, Viviane Muller. **Operações (...)**, cit., p. 237.

[825] Lei 4.728, de 14 de julho de 1965.

[826] Lei 6.024, de 13 de março de 1974.

[827] Lei complementar 105, de 10 de janeiro de 2001.

[828] Tais como a Lei 7.492, de 16 de junho de 1986, que define os crimes contra o sistema financeiro nacional e a Lei 9.613, de 3 de março de 1998, que dispõe sobre os crimes de "lavagem" ou ocultação de bens, direitos e valores; a prevenção da utilização do sistema financeiro para os ilícitos previstos nesta Lei; cria o Conselho de Controle de Atividades Financeiras – COAF, e dá outras providências.

[829] Nos termos do que estabelece a Lei 6.385, de 7 de dezembro de 1976, que também criou a "Comissão de Valores Mobiliários", conferindo-lhe as funções normativa, fiscalizatória e punitiva.

[830] A título de exemplo, destaca-se o conteúdo da Instrução Normativa CVM nº 358, de 3 de janeiro de 2002 e suas alterações, que entre outras determinações estabelece o dever de informação sobre a aquisição e a alienação de participação acionária relevante, bem como sobre negociações de controladores e acionistas.

[831] Tais como a Resolução BACEN nº 3.921, de 25.11.2010, que dispõe sobre a política de remuneração de administradores das instituições financeiras e demais instituições autorizadas a funcionar pelo Banco Central do Brasil; a Resolução BACEN nº 4.222, de 23 de maio de 2013, que altera e consolida as normas que dispõem sobre o estatuto e o regulamento do Fundo Garantidor de Créditos (FGC), o qual se caracteriza por uma associação civil sem fins lucrativos, com personalidade jurídica de direito privado, que tem por finalidades proteger depositantes e investidores no

editados pelo Conselho Monetário Nacional (CMN) e pelo BACEN[832] – na condição, respectivamente, de órgão do Sistema Financeiro Nacional e autarquia federal, responsáveis por estabelecer os parâmetros e as regras de regulação e fiscalização da atuação das instituições financeiras em território brasileiro – os quais objetivam garantir a solidez e a segurança do setor financeiro, promovendo, por exemplo, a implantação, em âmbito interno, das recomendações do "Comitê de Supervisão Bancária da Basileia", tal como ocorrido, desde o ano de 2013, no tocante ao conjunto de recomendações conhecido por "Basileia III", relativo à estrutura de capital de instituições financeiras, com o propósito de *"aperfeiçoar a capacidade das instituições financeiras de absorver choques, fortalecendo a estabilidade financeira e a promoção do crescimento econômico sustentável."*[833].

Em tal contexto, no tocante aos contributos relacionados às regras de governação dos bancos, são objetivos expressos do CMN[834], entre outros, *"propiciar o aperfeiçoamento das instituições e dos instrumentos financeiros, com vistas à maior eficiência do sistema de pagamentos e de mobilização de recursos"* e *"zelar pela liquidez e solvência das instituições financeiras."*, de forma a conferir segurança e credibilidade ao sistema, tanto perante os investidores, incluindo-se controladores e

---

âmbito do sistema financeiro, até os limites estabelecidos pela regulamentação; contribuir para a manutenção da estabilidade do Sistema Financeiro Nacional e contribuir para prevenção de crise bancária sistêmica.

[832] Sobre o papel de referidos órgãos (CMN e BACEN) na realidade brasileira, ver SADDI, Jairo. *Crise e Regulação Bancária: Navegando mares revoltos*. São Paulo: Editora Texto Novo, 2001, p. 155 e ss.

[833] Nesse sentido, as simulações realizadas indicam que o sistema está bem capitalizado. *"O Sistema Financeiro Nacional (SFN) como um todo manterá capital superior aos valores exigidos pela nova estrutura de BIII"*, dispensando a *"necessidade de capital principal adicional para o SFN como um todo de 2014 até 2019, além daqueles valores resultantes das práticas correntes de retenção de resultados. Mesmo descendo a estimativa para o nível instituições individuais, nenhum banco precisaria levantar capital em 2013, 2014, 2015 e 2016. (...)"*, conforme detalhado em http://www.bcb.gov.br/pt-br/paginas/banco-central-implanta--recomendacoes-de-basileia-iii-1-3-2013.aspx. Para maiores detalhes sobre o acolhimento das recomendações Basiléia III pelo CMN, ver Resoluções BACEN nºs 4.277, 4.278, 4.279, 4.280, 4.281 e Circulares 3.673, 3.674, 3.675, 3.676, 3.677, 3.678 e 3.679. Sobre a implementação gradual das recomendações internacionais no cenário brasileiro já no final dos anos 1980 ver SALAMA, Bruno Meyerhof e PRADO, Viviane Muller. *Operações (...)*, cit., p. 237 e SADDI, Jairo. *Crise (...)*, cit., p. 107 e ss. Ainda sobre a importância do acolhimento das recomendações internacionais no cenário nacional, destaca-se a relevância da "Resolução BACEN 3.988, de 30 de junho de 2011", por meio de qual se implementou a estrutura de gerenciamento de capital nas grandes instituições financeiras, com o propósito precípuo de monitorar e controlar o capital mantido pela organização, em relação aos riscos a que a instituição esteja sujeita. Disponível em http://www.bcb.gov.br/pre/normativos/busca/normativo.asp?tipo=res&ano=2011&numero=3988.

[834] Consoante previsto no art. 3º, incisos V e VI da Lei 4.595.

acionistas de várias categorias, quanto em relação aos depositantes e à sociedade de uma forma geral, que dependem de um sistema bancário saudável para o desenvolvimento das mais variadas atividades econômicas e empreendimentos humanos.

Verifica-se, portanto, significativo grau de intervenção de referidos órgãos estatais sobre a atuação das instituições bancárias e de seus órgãos da administração, na medida em que, entre outras atribuições, compete ao CMN, também, *"determinar a percentagem máxima dos recursos que as instituições financeiras poderão emprestar a um mesmo cliente ou grupo de empresas; estipular índices e outras condições técnicas sobre encaixes, mobilizações e outras relações patrimoniais a serem observadas pelas instituições financeiras; expedir normas gerais de contabilidade e estatística a serem observadas pelas instituições financeiras; delimitar, com periodicidade não inferior a dois anos o capital mínimo das instituições financeiras privadas, levando em conta sua natureza, bem como a localização de suas sedes e agências ou filiais"*[835].

Não obstante se constate a presença de regras e mecanismos expressos de governação na legislação federal que regula o setor e, consequentemente, nos atos administrativos que disciplinam a atuação dos agentes reguladores estatais, merecem destaque, especialmente no ambiente privado, as inúmeras fontes normativas específicas (*soft law*) surgidas no âmbito de entidades privadas, tais como a Associação Brasileira de Bancos (ABBC)[836], a Federação Brasileira de Bancos (FEBRABAN)[837],

---

[835] Art. 4º, incisos X a XIII da Lei 4.595.

[836] Que desde o ano de 2009 disponibiliza ao Mercado uma "Cartilha de Governança Corporativa", destinada especialmente às instituições financeiras de pequeno e médio porte, disponível em http://www.abbc.org.br/ADM/publicacoesconfig/uploads/30333550179494052001_ABBC_Cartilha_Governanca_Corporativa.pdf.

[837] Que conta com 118 instituições bancárias associadas e, desde o ano de 2007, com um *"sistema de autorregulação bancária"* – cujo órgão normativo e de administração (Conselho de Autorregulação Bancária) é atualmente composto por 16 membros, dos quais 8 membros (50%) representam os bancos com maiores bases de clientes; 4 membros (25%) representam a sociedade civil e 4 membros (25%) as demais instituições signatárias – focado, inicialmente, na relação entre as instituições bancárias e seus clientes pessoas físicas. Sob tal contexto foram elaborados dois instrumentos normativos básicos – aos quais 19 instituições bancárias associadas aderiram – caracterizados pelo *"Código de Autorregulação Bancária"*, que trata do funcionamento do sistema; e as *"Regras de Autorregulação Bancária (normativo 001)"*, que estabelecem uma série de normas a serem seguidas pelos bancos signatários e se encontram em vigor desde o ano de 2009, no que tange a padrões de conduta a serem adotados no relacionamento com clientes pessoas físicas. Desde então, além do mencionado normativo 001, foram editados 15 normativos destinados a autorregular temas diversos, tais como "Prevenção e Combate à Lavagem de Dinheiro", "Responsabilidade sócio-ambiental". Detalhes e íntegra dos documentos, disponível em http://www.autorregulacaobancaria.com.br/index.asp.

o Instituto Brasileiro de Governança Corporativa (IBGC)[838] e, especialmente, a BM&FBOVESPA, com destaque para os segmentos especiais de listagem, que apresentam regulamentos específicos "Nível 1", "Nível 2" e "Novo Mercado", além do nível obrigatório "Tradicional". Nesse contexto, das vinte e duas instituições bancárias[839] listadas na BM&FBOVESPA, dez delas encontram-se listadas no segmento "Bovespa Tradicional"; seis no segmento "Nível 1"; cinco no segmento "Nível 2" e um Banco no segmento "Novo Mercado"[840], cujas principais regras, características e distinções são ilustradas no quadro comparativo abaixo:

---

[838] Que desde 1995 atua com o propósito de promover as boas práticas de governação das sociedades empresárias na realidade brasileira e na busca de seus objetivos divulga desde 1997 um "Código das Melhores Práticas de Governança Corporativa", doravante denominado apenas "Código IBGC" e no qual figuram como associados mantenedores, entre outros, quatro das maiores instituições bancárias do mercado brasileiro, quais sejam Bradesco, Itaú, Santander e Banrisul. Sendo que o referido "Código IBGC" recomenda em sua cláusula 6, que *"Além do respeito as leis do país, toda organização deve ter um Código de Conduta que comprometa administradores e funcionários. O documento deve ser elaborado pela Diretoria de acordo com os princípios e políticas definidos pelo Conselho de Administração e por este aprovados. O Código de Conduta deve também definir responsabilidades sociais e ambientais. O código deve refletir adequadamente a cultura da empresa e enunciar, com total clareza, os princípios em que está fundamentado. Deve ainda apresentar caminhos para denúncias ou resolução de dilemas de ordem ética (canal de denuncias, ombudsman)."*

[839] Tal quantidade considera apenas as instituições cadastradas como "Bancos" perante a Bovespa e o cadastro do Bacen. Não abrange, portanto, outras instituições do ramo financeiro, tais como seguradoras, corretoras, sociedade de arrendamento mercantil, holdings, conglomerados financeiros, entre outras. Disponível em http://www.bmfbovespa.com.br/Cias-Listadas/Empresas--Listadas/BuscaEmpresaListada.aspx?segmento=Bancos&idioma=pt-br.

[840] Sendo que, do segmento "Bovespa Tradicional" participam, o Banco do Estado do Espírito Santo, o Banco Alfa de Investimento, o Banco da Amazônia, o Banco BTG Pactual, o Banco do Estado de Sergipe, o Banco do Estado do Pará, o Banco Mercantil do Brasil, o Banco Nordeste do Brasil, o Banco Santander Brasil e o Banco de Brasília; do "segmento N1" participam, Itau Unibanco S.A., Bradesco, Banco do Paraná, Banco do Estado do Rio Grande do Sul, Banco Industrial e Comercial e Banco Pan; do "segmento N2" Banco Sofisa, Banco Pine, Banco Indusval, Banco Daycoval e Banco ABC Brasil e, finalmente no segmento do "Novo Mercado" apenas o Banco do Brasil.

	BOVESPA MAIS	BOVESPA MAIS NÍVEL 2	NOVO MERCADO	NÍVEL 2	NÍVEL 1	TRADICIONAL
Características das Ações Emitidas	Permite a existência somente de ações ON	Permite a existência de ações ON e PN	Permite a existência somente de ações ON	Permite a existência de ações ON e PN (com direitos adicionais)	Permite a existência de ações ON e PN (conforme legislação)	Permite a existência de ações ON e PN (conforme legislação)
Percentual Mínimo de Ações em Circulação (free float)	25% de free float até o 7º ano de listagem		No mínimo 25% de free float			Não há regra
Distribuições públicas de ações	Não há regra		Esforços de dispersão acionária			Não há regra
Vedação a disposições estatutárias	Quórum qualificado e "cláusulas pétreas"		Limitação de voto inferior a 5% do capital, quórum qualificado e "cláusulas pétreas"		Não há regra	
Composição do Conselho de Administração	Mínimo de 3 membros (conforme legislação), com mandato unificado de até 2 anos		Mínimo de 5 membros, dos quais pelo menos 20% devem ser independentes com mandato unificado de até 2 anos		Mínimo de 3 membros (conforme legislação), com mandato unificado de até 2 anos	Mínimo de 3 membros (conforme legislação)
Vedação à acumulação de cargos	Não há regra		Presidente do conselho e diretor presidente ou principal executivo pela mesma pessoa (carência de 3 anos a partir da adesão)			Não há regra
Obrigação do Conselho de Administração	Não há regra		Manifestação sobre qualquer oferta pública de aquisição de ações da companhia		Não há regra	
Demonstrações Financeiras	Conforme legislação		Traduzidas para o inglês		Conforme legislação	
Reunião pública anual	Facultativa		Obrigatória			Facultativa
Calendário de eventos corporativos	Obrigatório					Facultativo
Divulgação adicional de informações	Política de negociação de valores mobiliários		Política de negociação de valores mobiliários e código de conduta			Não há regra
Concessão de Tag Along	100% para ações ON	100% para ações ON e PN	100% para ações ON	100% para ações ON e PN	80% para ações ON (conforme legislação)	
Oferta pública de aquisição de ações no mínimo pelo valor econômico	Obrigatoriedade em caso de cancelamento de registro ou saída do segmento, exceto se houver migração para Novo Mercado	Obrigatoriedade em caso de cancelamento de registro ou saída do segmento, exceto se houver migração para Novo Mercado ou Nível 2	Obrigatoriedade em caso de cancelamento de registro ou saída do segmento		Conforme legislação	
Adesão à Câmara de Arbitragem do Mercado	Obrigatório				Facultativo	

Fonte: <http://www.bmfbovespa.com.br/pt-br/servicos/solucoes-para-empresas/segmentos-de-listagem/o-que-sao-segmentos-de-listagem.aspx?idioma=pt-br>.

Cumpre salientar que para disponibilizarem e negociarem seus valores mobiliários em tais ambientes da BM&FBOVESPA os vinte e dois bancos e seus administradores necessitam aderir às regras específicas dos referidos "níveis de listagem", os quais, conforme demonstrado no quadro acima, se caracterizam por estabelecerem distintas normas, mais ou menos rígidas, de governação, de acordo com os perfis das companhias, objetivando transmitir maior transparência e segurança ao mercado, de forma a atrair investidores, conferindo-lhes determinados direitos e garantias, incluindo-se a divulgação de informações mais completas para controladores, gestores e participantes do mercado, e sujeitando, ainda, as instituições infratoras e seus gestores a sanções pecuniárias e restritivas de direitos[841].

Destaca-se, também, a existência de padrões e códigos internos de ética e de conduta estabelecidos no âmbito das próprias instituições bancárias atuantes no território brasileiro, com destaque para as companhias abertas[842]. Registra-se a existência tanto de regramentos internos genéricos, normalmente identificados por "códigos de ética"[843], quanto a existência de códigos específicos, destinados a orientar a conduta daqueles que atuam diretamente em determinados ambientes, como por exemplo, no mercado de valores mobiliários[844].

Apresentado um breve panorama acerca das principais fontes normativas específicas em matéria de governação dos bancos, passa-se a analisar aspectos específicos de referidas normas e do regramento infra-legal que delas decorre,

---

[841] Nesse sentido, vale destacar que o modelo adotado pela BM&FBOVESPA tem sido seguido por outras instituições, a exemplo do Banco Nacional de Desenvolvimento Econômico e Social (BNDES), que condiciona a concessão de empréstimos a agentes econômicos de determinados setores à observância das regras de governação editadas pelos níveis especiais da BM&FBOVESPA, consoante verificado em: <http://www.bndes.gov.br/SiteBNDES/bndes/bndes_pt/Areas_de_Atuacao/Infraestrutura/Logistica/condicoes_apoio_concessoes_rodoviarias.html>, no tocante aos leilões para concessões rodoviárias da 3ª etapa do Programa de Investimentos em Logística (PIL) do Governo Federal.

[842] Nesse sentido, destaca-se como exemplos, em razão do porte e importância das instituições para o mercado, os "códigos de ética" do Itaú Unibanco (aprovado em abril de 2013, pelo Conselho de Administração do Itaú Unibanco Holding S.A., destinado aos administradores e colaboradores do Conglomerado Itaú Unibanco, no Brasil e no exterior.) e do Bradesco, ambos disponíveis na CVM e listados no segmento N1 da BM&FBOVESPA.

[843] Os quais se destinam não apenas aos administradores, mas também aos colaboradores da instituição bancária, com os propósitos de instruir, disciplinar e orientar as suas condutas pessoais e profissionais, perante os demais membros da instituição, bem como perante clientes, fornecedores, acionistas (*stakeholders* em geral), estabelecendo regras e definindo padrões de conduta com o fim de aprimorar os mecanismos de governação e de *compliance*.

[844] Como por exemplo o "Código de Governança Corporativa do Banco do Brasil – CGC-BB", disponível em: <http://www.bb.com.br/portalbb/page3,136,3491,0,0,1,8.bb?codigoMenu=203&codigoNoticia=648&codigoRet=815&bread=1>.

no âmbito da administração, da fiscalização, das funções de controle interno e da supervisão dos sistemas de governo das instituições bancárias.

2. ADMINISTRAÇÃO

No tocante à administração dos bancos, não se verifica a existência de diferenças estruturais em relação à administração das sociedades anônimas não financeiras em geral. Os órgãos de gestão das companhias do setor bancário são compostos, normalmente, por Conselho de Administração e Diretoria, nos termos do que estabelece o artigo 138 da LSA[845], sendo certo que as companhias abertas e aquelas de capital autorizado devem, obrigatoriamente, contar com ambos os órgãos.

Em tal contexto, o Conselho de Administração caracteriza-se como órgão colegiado responsável por orientar o processo decisório e o planejamento estratégico dos negócios da companhia, incluindo-se a análise e a prevenção dos riscos de determinadas condutas e a supervisão da atuação dos órgãos de gestão. Exerce papel fundamental na definição e na aplicação das boas práticas de governação, com os objetivos de cumprir o objeto social e de atender aos interesses da sociedade e de seus acionistas, bem como dos demais interessados na boa gestão dos negócios. Já a Diretoria, coordenada pelo diretor-presidente – que também é responsável pela indicação dos demais membros da diretoria – se caracteriza como órgão da gestão operacional da companhia, responsável por executar, na prática, as diretrizes delineadas pelo conselho de administração, a quem deve prestar contas. Cada um dos diretores é pessoalmente responsável por suas atribuições na gestão.

Em razão da forte regulação exercida sobre as companhias atuantes no setor financeiro em geral, verifica-se – além dos requisitos e atribuições genéricas constantes da LSA[846] – que diferentemente do que ocorre, por exemplo, no setor

---

[845] *"Art. 138. A administração da companhia competirá, conforme dispuser o estatuto, ao conselho de administração e à diretoria, ou somente à diretoria. § 1º O conselho de administração é órgão de deliberação colegiada, sendo a representação da companhia privativa dos diretores.§ 2º As companhias abertas e as de capital autorizado terão, obrigatoriamente, conselho de administração."*

[846] *"Art. 142. Compete ao conselho de administração: I – fixar a orientação geral dos negócios da companhia; II – eleger e destituir os diretores da companhia e fixar-lhes as atribuições, observado o que a respeito dispuser o estatuto; III – fiscalizar a gestão dos diretores, examinar, a qualquer tempo, os livros e papéis da companhia, solicitar informações sobre contratos celebrados ou em via de celebração, e quaisquer outros atos; IV – convocar a assembléia-geral quando julgar conveniente, ou no caso do artigo 132; V – manifestar-se sobre o relatório da administração e as contas da diretoria; VI – manifestar-se previamente sobre atos ou contratos, quando o estatuto assim o exigir; VII – deliberar, quando autorizado pelo estatuto, sobre a emissão de ações ou de bônus*

não financeiro, a posse e o exercício dos cargos de administração dos bancos, incluindo-se os órgãos consultivos e fiscais, devem observar requisitos específicos previstos na lei[847] e em outros instrumentos normativos infra-legais que regulam o setor, com destaque, por exemplo, para a Resolução BACEN nº 4.122, de 2 de agosto de 2012[848].

São requisitos exigidos dos ocupantes dos cargos de administração dos bancos, além de possuir capacitação técnica compatível com as atribuições do cargo para o qual foi eleito ou nomeado, ter reputação ilibada; ser residente no país, nos casos de diretor, de sócio-administrador e de conselheiro fiscal, entre outras[849].

Salienta-se, inclusive, que os indicados, eleitos ou nomeados para o exercício de cargos em órgãos estatutários ou contratuais da instituição estão sujeitos a convocação para entrevista técnica perante o BACEN, a quem caberá aprovar ou recusar o nome do membro eleito.

---

de subscrição; VIII – autorizar, se o estatuto não dispuser em contrário, a alienação de bens do ativo não circulante, a constituição de ônus reais e a prestação de garantias a obrigações de terceiros; IX – escolher e destituir os auditores independentes, se houver". E os requisitos constantes dos artigos 143 a 147 do mesmo diploma legal.

[847] Consoante estabelecido pela Lei 4.595, que no art. 10, XI prevê como sendo de competência do BACEN o estabelecimento de *"condições para a posse e para o exercício de quaisquer cargos de administração de instituições financeiras privadas, assim como para o exercício de quaisquer funções em órgãos consultivos, fiscais e semelhantes, segundo normas que forem expedidas pelo Conselho Monetário Nacional;"* e no art. 33 estabelece o seguinte: *"Art. 33. As instituições financeiras privadas deverão comunicar ao Banco Central da República do Brasil os atos relativos à eleição de diretores e membros de órgão consultivos, fiscais e semelhantes, no prazo de 15 dias de sua ocorrência, de acordo com o estabelecido no art. 10, inciso X, desta lei. § 1º O Banco Central da República do Brasil, no prazo máximo de 60 (sessenta) dias, decidirá aceitar ou recusar o nome do eleito, que não atender às condições a que se refere o artigo 10, inciso X, desta lei. § 2º A posse do eleito dependerá da aceitação a que se refere o parágrafo anterior."*

[848] Que estabelece requisitos e procedimentos para constituição, autorização para funcionamento, cancelamento de autorização, alterações de controle, reorganizações societárias e condições para o exercício de cargos em órgãos estatutários ou contratuais das instituições que especifica em seu "Regulamento anexo II".

[849] Tais como, não estar impedido por lei especial, nem condenado por crime falimentar, de sonegação fiscal, de prevaricação, de corrupção ativa ou passiva, de concussão, de peculato, contra a economia popular, a fé pública, a propriedade ou o Sistema Financeiro Nacional, ou condenado a pena criminal que vede, ainda que temporariamente, o acesso a cargos públicos; não estar declarado inabilitado ou suspenso para o exercício de cargos de conselheiro fiscal, de conselheiro de administração, de diretor ou de sócio-administrador nas instituições referidas no art. 1º ou em entidades de previdência complementar, sociedades seguradoras, sociedades de capitalização, companhias abertas ou entidades sujeitas à supervisão da Comissão de Valores Mobiliários; não responder, nem qualquer empresa da qual seja controlador ou administrador, por protesto de títulos, cobranças judiciais, emissão de cheques sem fundos, inadimplemento de obrigações e outras ocorrências ou circunstâncias análogas.

No tocante à vedação de determinadas condutas – com o propósito de fortalecer os deveres de diligência e de lealdade dos administradores previstos nos artigos 153 a 155 da LSA, de forma a evitar a ocorrência de conflitos de interesses – o artigo 34 da Lei 4.595 veda expressamente a concessão, pelas instituições financeiras, de empréstimos ou adiantamentos aos seus diretores e membros dos conselhos consultivos ou administrativo, fiscais e semelhantes, bem como aos respectivos cônjuges e parentes, até o 2º grau; e também às pessoas físicas ou jurídicas que participem de seu capital, com mais de 10% (dez por cento), salvo autorização específica do BACEN, entre outros, sob pena, inclusive, de caracterização de crime punível com pena de reclusão.

Além das previsões legais supra descritas, a composição do conselho deve pautar-se pelo conhecimento e experiência multidisciplinar de seus membros, promovendo um ambiente que permita o debate de ideias e a troca de experiências em benefício do alcance dos objetivos da companhia[850]. É comum, ainda, que as próprias instituições bancárias prevejam, em seus estatutos ou códigos de conduta, as características pessoais exigidas daqueles que ocupam cargos de gestão da companhia, bem como situações hipotéticas que culminem com a destituição do cargo[851].

No caso das instituições bancárias de capital aberto, destaca-se a existência de normas mais rígidas destinadas a regular a composição dos órgãos de administração e a atuação de seus membros, emanadas tanto dos órgãos reguladores, quanto do próprio mercado. Nesse sentido, destacam-se as regras específicas dos segmentos de listagem da BM&FBOVESPA, que determinam, por exemplo, que os administradores da companhia que componham os órgãos da administração ou de fiscalização de outras sociedades ou entidades, informem tal fato a BM&FBOVESPA[852] ou, ainda, que o conselho de administração das companhias

---

[850] Nesse sentido destaca-se, por exemplo, as cláusulas 2.4 e 2.5 do *"Código IBGC"*.

[851] Tal como se verifica, por exemplo, no CGC-BB, que, entre outras disposições a respeito dos administradores, estabelece na cláusula *"6.3. São órgãos da Administração o Conselho de Administração e a Diretoria Executiva, integrados por brasileiros dotados de notórios conhecimentos, inclusive sobre as melhores práticas de governança corporativa, experiência, idoneidade moral, reputação ilibada e capacidade técnica compatível com o cargo ocupado. (Estatuto, art. 11)"* e que *"7.13. Perderá o cargo o membro do Conselho de Administração que deixar de comparecer, com ou sem justificativa, a três reuniões consecutivas ou a quatro reuniões ordinárias alternadas durante o prazo do mandato. (Estatuto, art. 15, inciso I)."*

[852] Consoante disposto na cláusula *"4.4. Divulgação de Cargos. Os membros do conselho de administração deverão entregar à Companhia, dentro dos prazos indicados no item 4.4.1 abaixo, lista dos cargos que ocupem no conselho de administração, conselho fiscal, comitês e órgãos executivos de outras sociedades ou entidades."* do regramento do segmento de listagem Nível 1. Para análise evolutiva do Conselho de Administração dos Bancos na realidade brasileira, ver ZAGATTI, Willian dos Santos e RIBEIRO, Maisa de SOUZA. *Governança Corporativa e Conselho de Administração dos Bancos*, in Revista de Administração FACES Journal. Belo Horizonte, Vol. 4. n. 1, jan-jun/2005, p. 23/32, no qual os autores desenvolvem uma

listadas no segmento do "Novo Mercado" seja necessariamente composto por, no mínimo, cinco membros, dos quais vinte por cento sejam conselheiros independentes[853].

Entre outras características, considera-se que o "Conselheiro Independente"[854] não deva ter qualquer vínculo com a companhia, exceto participação não relevante no capital, entre outros requisitos específicos[855].

Além disso, tais segmentos especiais da BM&FBOVESPA limitam o mandato dos conselheiros pelo período máximo de dois anos[856], enquanto a LSA exige número mínimo de três membros, com mandato máximo de três anos. Da mesma

---

análise dos conselhos de administração dos três maiores bancos brasileiros à época e KLOTZLE, Marcelo Cabus e COSTA, Luciana de Andrade. *Governança Corporativa e Desempenho dos Bancos no Brasil*, in Revista Eletrônica de Gestão Organizacional. Vol. 4, N. 4, set/dez. 2006, p. 1/15.

[853] Nesse contexto, a cláusula 2.15 do "Código IBGC" além de recomendar que o Conselho seja composto apenas por conselheiros externos e independentes, define três classes de conselheiros, quais sejam "Independentes", que ostentem as características destacadas a seguir; "Externos", que não tenham vínculo atual com a companhia, mas não são Independentes a exemplo de ex-diretores ou ex-funcionários, bem como advogados e consultores que prestem serviços a empresa, etc. e "Internos", que atuem como diretores ou funcionários da companhia.

[854] Consoante cláusula 2.16 do "Código IBGC". Sendo que a presença de conselheiros independentes se fortalece em estruturas nas quais os cargos de presidente do conselho e de diretor presidente sejam exercidos pela mesma pessoa, bem como nas sociedades cujo capital social esteja pulverizado, não se verificando a presença de um acionista controlador.

[855] Tais como, não seja sócio controlador, membro do grupo de controle ou de outro grupo com participação relevante, cônjuge ou parente até segundo grau destes, ou ligado a organizações relacionadas ao sócio controlador; não esteja vinculado por acordo de acionistas; não tenha sido empregado ou diretor da companhia (ou de suas subsidiárias) há pelo menos três anos; não seja fornecedor, comprador ou negocie, direta ou indiretamente, serviços e/ou produtos com a companhia; não seja cônjuge ou parente até segundo grau de algum diretor ou gerente da organização; não receba outra remuneração da organização, além dos honorários de conselheiro (dividendos oriundos de participação não relevante no capital estão excluídos desta restrição); mantenha-se independente em relação ao CEO e não dependa financeiramente da remuneração da organização, recomendando-se também que participem de, no máximo, cinco conselhos de administração.

[856] Consoante destacam MATTOS FILHO, Ary Oswaldo e PALMA, Juliana Bonacorsi de. *A Governação (...)*, cit, p. 104. Ver cláusula 4.3. do "Regulamento do Novo Mercado" disponível em: <http://bmfbovespa.com.br/pt-br/servicos/download/Regulamento-de-Listagem-do-Novo-Mercado.pdf>. É o caso, por exemplo, do Banco do Brasil (sociedade de economia mista), consoante estabelecido no CGC-BB, cláusula *"7.5. Das oito vagas no Conselho, no mínimo duas são preenchidas por Conselheiros Independentes (considerados como tais aqueles assim definidos no Regulamento de Listagem do Novo Mercado da BM&FBOVESPA e os membros eleitos pelos acionistas minoritários). (Estatuto, art. 18, § 7º)"*. Ainda no tocante ao prazo de duração dos mandatos dos conselheiros e sobre a possibilidade de reeleição, a cláusula 2.7. do "Código de Boas Práticas do IBGC", fortalece a recomendação dos 2 anos e reconhece as vantagens da reeleição dos membros, mas recomenda que não ocorra de forma automática, salientando, ainda, a importância de se estabelecer um número máximo de anos de serviços contínuos prestados pelo conselheiro, evitando-se a vitaliciedade.

forma, por força das regras específicas de tais segmentos especiais, aplicáveis a doze instituições bancárias listadas no "Novo Mercado", no "Nível 1" e no "Nível 2" da BM&FBOVESPA, é vedada a cumulação de cargos de presidente do conselho de administração e de diretor presidente ou principal executivo da companhia[857], bem como impõe-se que a Companhia e os administradores realizem, ao menos uma vez ao ano, reunião pública com analistas e quaisquer outros interessados, para divulgar informações quanto à sua respectiva situação econômico-financeira, projetos e perspectivas.[858]

Consoante se verifica, além de conferir maior transparência aos atos da administração em geral, por intermédio de reuniões públicas anuais com analistas, nas quais são disponibilizadas informações mais completas e detalhadas aos interessados na gestão empresarial, tais regras especiais também contribuem para um controle maior dos atos de gestão, ao reduzir a duração do mandato, possibilitando a substituição natural dos membros do conselho.

No tocante à tendência que se verifica em estimular-se a não cumulação, por um único sujeito, dos cargos de presidente do conselho de administração e de diretor presidente ou principal executivo da companhia, embora haja respaldo teórico consistente acerca das vantagens relacionadas à separação do processo decisório e à consequente mitigação dos conflitos nas sociedades empresárias de estrutura mais complexa, evitando-se a concentração de poder em prejuízo da supervisão adequada gestão[859], constata-se a necessidade de estudos mais aprofundados acerca dos reflexos de tais medidas no âmbito das instituições bancárias brasileiras, a fim de se apurar a eficiência da adoção de tal prática em referido mercado específico, no qual se verifica a presença de agentes ecomicos de diferentes perfis[860].

---

[857] De acordo com SOUZA, Luiza F. de; e COSTA, Davi R. M. *Separação (...)*, cit, p. 94, em estudo recente de natureza contábil, no qual foram coletados dados relativos à administração de 21 bancos brasileiros listados na BMF&BOVESPA, *"De acordo com a amostra, aproximadamente 17% dos bancos brasileiros com capital aberto na BM&FBOVESPA possuíam unificação dos cargos CEO e Chairman em 2011. Os demais separavam os cargos, seguindo as boas práticas de governança corporativa."*

[858] Nos termos, por exemplo, das cláusulas 4.3., 5.4. e 5.5. do "Regulamento do Nível 1", disponível em: <http://www.bmfbovespa.com.br/empresas/download/regulamentonivel1.pdf>.

[859] Consoante prevê, entre outros, a cláusula 2.10. do "Código IBGC". Sem prejuízo de se que, ocasionalmente, os executivos, assessores técnicos ou consultores sejam convidados a prestar informações, expor suas atividades ou apresentar opiniões sobre assuntos de sua especialidade, sem, contudo, participarem das deliberações. (Cláusula 2.12 do "Código IBGC".)

[860] A respeito da vedação à cumulação de cargos de presidente do conselho de administração e de diretor presidente ou principal executivo da companhia, merece destaque o resultado alcançado no estudo de SOUZA, Luiza F. de; e COSTA, Davi R. M. *Separação (...)*, cit., no qual se conclui, p. 96, que *"Com relação à variável de desempenho (ROE), significante a 5%, nota-se que elevações no desempenho dos bancos aumentam a probabilidade de CEO ser igual ao Chaiman. Isto é, os bancos com melhores desempenhos*

A GOVERNAÇÃO DOS BANCOS NO BRASIL

No âmbito da lei 6.024, que dispõe sobre a intervenção e a liquidação extrajudicial de instituições financeiras[861] são tratadas, entre outras questões, dos aspectos relacionados à responsabilidade civil dos administradores, prevendo-se que além de estarem sujeitos à indisponibilidade de bens, se submeterão a inquérito no âmbito do próprio BACEN. Sendo certo que a doutrina[862] e os tribunais brasileiros discutem acerca da natureza subjetiva ou objetiva de referida responsabilidade, inclinando-se, atualmente, pela necessidade de se apurar a culpa dos administradores, consoante decidido no âmbito do Superior Tribunal de Justiça[863].

---

são aqueles em que o Chairman ocupa simultaneamente o cargo de CEO. Novamente, este resultado é contrário ao que aponta Fama e Jensen (1983)". Assim, segundo referido estudo, embora os bancos com estruturas complexas promovam a separação do processo de decisão (decisões de controle e de gestão), tal separação não necessariamente resulta no melhor desempenho das instituições estudadas, não confirmando no setor bancário brasileiro, ao menos em parte, as conclusões constantes de estudos clássicos a respeito do tema, com destaque para FAMA, E. F.; JENSEN, M. C. *Separation of ownership and control. Journal of Law and Economics*, v. 26, june, 1983, p. 301-327.

[861] *"Art. 39. Os administradores e membros do Conselho Fiscal de instituições financeiras responderão, a qualquer tempo, salvo prescrição extintiva, pelos que tiverem praticado ou omissões em que houverem incorrido. Art. 40. Os administradores de instituições financeiras respondem solidariamente pelas obrigações por elas assumidas durante sua gestão, até que se cumpram. Parágrafo único. A responsabilidade solidária se circunscreverá ao montante e dos prejuízos causados. Art. 41. Decretada a intervenção, da liquidação extrajudicial ou a falência de instituição financeira, o Banco Central do Brasil procederá a inquérito, a fim de apurar as causas que levaram a sociedade àquela situação e a responsabilidade de seus administradores e membros do Conselho Fiscal."*

[862] Ver VERÇOSA, Haroldo Malheiros Duclerc. *Responsabilidade civil especial nas instituições financeiras e nos consórcios em liquidação extrajudicial*. São Paulo: Editora Revista dos Tribunais, 1993, na qual o autor aborda as discussões, na doutrina e na jurisprudência brasileiras, acerca da aplicação dos encetados artigos 39 e 40 da Lei 6.024.

[863] *"Recurso Especial nº 447.939/SP (2002/0086717-5). Direito civil e bancário. Liquidação extrajudicial de Consórcio, pelo Banco Central, com fundamento na Lei nº 6.024/74. Propositura de ação civil pública para a responsabilização dos administradores. Acolhimento, pelo Tribunal a quo, da tese de que seria objetiva sua responsabilidade, com fundamento no art. 40 da Lei nº 6.024/74. Reforma da decisão. (...) A regra do art. 39 da Lei nº 6.024/74 regula uma hipótese de responsabilidade contratual; a do art. 40 da mesma lei, uma hipótese de responsabilidade extracontratual. Ambas as normas, porém, estabelecem a responsabilidade subjetiva do administrador de instituições financeiras ou consórcio. Para que se possa imputar responsabilidade objetiva, é necessário previsão expressa, que a Lei nº 6.024/74 não contém. O art. 40 meramente complementa o art. 39, estabelecendo solidariedade que ele não contempla. – A Lei nº 6.024/74, todavia, autoriza a inversão do ônus da prova, de modo que compete aos administradores da instituição demonstrar que atuaram com o devido zelo, impedindo sua responsabilização pelos prejuízos causados. Não tendo sido conferido aos réus a oportunidade comprovar sua ausência de culpa, é necessária a anulação do processo para que o processo ingresse na fase de instrução, devolvendo-se os autos ao juízo de primeiro grau. Recurso especial provido".* Contrariamente ao entendimento ora prevalente, destaca-se o teor do *"Recurso Especial nº 592.069 – SP (2003/0166107-1) Rel. Min. Carlos Alberto Menezes Direito. Julgado em 15.2.2007. Ação de responsabilidade. Lei nº 6.024/74 e Lei nº 9.447/97. Matéria constitucional. Legitimidade do Ministério Público. Natureza da responsabilidade.*

3. FISCALIZAÇÃO

A fiscalização no âmbito interno das estruturas dos bancos é exercida pelo conselho fiscal, o qual de acordo com os artigos 161 e seguintes da LSA é órgão obrigatório, embora seja de funcionamento facultativo. Trata-se, portanto, de órgão da própria instituição bancária, composto, em regra, por 3 a 5 membros, os quais têm como principais atribuições fiscalizar os atos dos administradores e o cumprimento dos deveres legais e estatutários destes, opinando sobre o relatório anual da administração. De uma forma geral, impõe-se aos membros do conselho fiscal deveres e responsabilidades análogas àquelas definidas para os administradores, consoante previsão legal expressa da LSA[864].

No tocante à regulação específica da atuação dos membros do conselho fiscal, vale destacar que, assim como os membros do conselho de administração, estão sujeitos, em geral, ao regramento constante do Regulamento Anexo II à Resolução BACEN nº 4.122, de 2 de agosto de 2012, que estabelece, entre outros assuntos, condições para o exercício de cargos em órgãos estatutários ou contratuais das instituições bancárias, incluindo-se os de conselheiro fiscal[865].

Precedentes da Corte. 1. A matéria sobre a recepção pela Constituição Federal de determinados dispositivos da Lei nº 6.024/74 está fora do âmbito do especial. 2. Considerando o disposto na Lei nº 6.024/74 e na Lei nº 9.447/97, o Ministério Público é parte legítima para ajuizar a ação de responsabilidade civil. 3. A natureza da responsabilidade civil na Lei nº 6.024/74, como assentado em precedente da Corte, é subjetiva nos termos do art. 39 e objetiva e solidária nos termos do art. 40. 4. Recurso especial não conhecido.", ambos disponíveis em: <http://www.stj.jus.br/SCON/>

[864] *"Art. 165. Os membros do conselho fiscal têm os mesmos deveres dos administradores de que tratam os arts. 153 a 156 e respondem pelos danos resultantes de omissão no cumprimento de seus deveres e de atos praticados com culpa ou dolo, ou com violação da lei ou do estatuto. § 1º Os membros do conselho fiscal deverão exercer suas funções no exclusivo interesse da companhia; considerar-se-á abusivo o exercício da função com o fim de causar dano à companhia, ou aos seus acionistas ou administradores, ou de obter, para si ou para outrem, vantagem a que não faz jus e de que resulte, ou possa resultar, prejuízo para a companhia, seus acionistas ou administradores.§ 2º O membro do conselho fiscal não é responsável pelos atos ilícitos de outros membros, salvo se com eles foi conivente, ou se concorrer para a prática do ato. § 3º A responsabilidade dos membros do conselho fiscal por omissão no cumprimento de seus deveres é solidária, mas dela se exime o membro dissidente que fizer consignar sua divergência em ata da reunião do órgão e a comunicar aos órgãos da administração e à assembléia-geral. Art. 165-A. Os membros do conselho fiscal da companhia aberta deverão informar imediatamente as modificações em suas posições acionárias na companhia à Comissão de Valores Mobiliários e às Bolsas de Valores ou entidades do mercado de balcão organizado nas quais os valores mobiliários de emissão da companhia estejam admitidos à negociação, nas condições e na forma determinadas pela Comissão de Valores Mobiliários."* Registra-se que o Código IBGC (cláusula 5.1 e seguintes) reforça tais características e as incrementa ao prever, por exemplo, *"que o princípio da representatividade de todos os sócios no Conselho Fiscal deve ser preservado"*.

[865] *"Art. 1º A posse e o exercício de cargos em órgãos estatutários ou contratuais de instituições financeiras e demais instituições autorizadas a funcionar pelo Banco Central do Brasil são privativos de pessoas cuja eleição ou nomeação tenha sido aceita pela Autarquia, a quem compete analisar os respectivos processos e tomar*

Além disso, os membros do conselho fiscal também se sujeitarão às sanções constantes da lei 6.024, que dispõe sobre a intervenção e a liquidação extrajudicial de instituições financeiras, conforme previsão expressa do artigo 39 e seguintes, nos termos do que fora analisado acima em relação ao membros do conselho de administração.

No tocante à remuneração dos conselheiros fiscais, recomenda-se que a mesma seja ponderada de acordo com a experiência e a qualificação necessárias ao exercício da função. Salienta-se que o montante deve ser fixado em função da remuneração total atribuída aos executivos, incluindo valores recebidos por estes através de diferentes empresas de um mesmo grupo e que os mesmos não devem receber remuneração variável[866].

Ainda no que se refere à fiscalização e por força do disposto na Resolução BACEN nº 3.198, de 27 de maio de 2004[867], importante registrar a obrigatoriedade de que as *"instituições financeiras e demais instituições autorizadas a funcionar pelo Banco Central do Brasil, exceto as sociedades de crédito ao microempreendedor"* contratem prestadores de serviços de auditoria independente, os quais podem ser pessoas físicas ou jurídicas, desde que registradas na CVM e que atendam os requisitos mínimos fixados pelo BACEN[868].

De acordo com referido regramento, estarão sujeitos à auditoria, entre outros documentos, *"as demonstrações contábeis, inclusive notas explicativas"* das instituições financeiras, sendo que tais instituições *"devem fornecer ao auditor independente todos os dados, informações e condições necessárias para o efetivo desempenho na prestação de seus serviços, bem como a carta de responsabilidade da administração, de acordo com as normas do Conselho Federal de Contabilidade (CFC)"*. De forma a garantir a independência dos referidos auditores, será vedada a contratação e a manutenção de auditor

---

as decisões que considerar convenientes ao interesse público. Art. 2º São condições para o exercício dos cargos referidos no art. 1º, além de outras exigidas pela legislação e pela regulamentação em vigor: I – ter reputação ilibada; II – ser residente no País, nos casos de diretor, de sócio-administrador e de conselheiro fiscal; (...)". No âmbito interno das instituições bancárias, destaca-se, por exemplo, o disposto na cláusula 11.1. do CGC-BB a respeito do Conselho Fiscal: *"O Conselho Fiscal, que funciona de modo permanente, é o órgão fiscalizador dos atos de gestão administrativa, com o objetivo de proteger os interesses do Banco, satisfeitas as exigências do bem público e da função social da companhia. (Estatuto, art. 37; Regimento Interno do Conselho Fiscal, art. 2º)"*.

[866] Consoante cláusula 5.8. do Código do IBGC.
[867] Disponível em: <http://www.bcb.gov.br/pre/normativos/busca/downloadNormativo.asp?arquivo=/Lists/Normativos/Attachments/46402/Res_3198_v9_P.pdf>.
[868] Consoante estabelecido na Instrução CVM nº 308, de 14 de maio de 1999, que dispõe sobre o registro e o exercício da atividade de auditoria independente no âmbito do mercado de valores mobiliários e define os deveres e as responsabilidades dos administradores das entidades auditadas no relacionamento com os auditores independentes. Disponível em: <http://www.cvm.gov.br/legislacao/inst/inst308.html>.

independente, caso se verifique alguma das situações previstas na encetada Resolução BACEN 3.198[869].

Impõe-se, outrossim, a substituição periódica do *"responsável técnico, diretor, gerente, supervisor e qualquer outro integrante, com função de gerência, da equipe envolvida nos trabalhos de auditoria, após emitidos pareceres relativos a, no máximo, cinco exercícios sociais completos."*[870]. Sendo certo, ainda, que a depender do porte da instituição financeira, de acordo com os critérios estabelecidos pelo artigo 10º da referida Resolução BACEN nº 3.198[871], impõe-se a constituição de comitê de auditoria, o qual será composto, no mínimo, por três integrantes, com o mandato máximo de cinco anos para as instituições com ações negociadas em bolsa de valores; e sem mandato fixo para aquelas de capital fechado, nos termos do artigo 12 de referido regramento e seus parágrafos, os quais impõem uma série de outros requisitos de acordo com a natureza (aberta ou fechada) ou do controle privado ou público da instituição.

Entre as inúmeras atribuições, caberá ao comitê de auditoria *"revisar, previamente à publicação, as demonstrações contábeis semestrais, inclusive notas explicativas, relatórios da administração e parecer do auditor independente"* e *"avaliar a efetividade das auditorias independente e interna, inclusive quanto à verificação do cumprimento de dispositivos legais e normativos aplicáveis à instituição, além de regulamentos e códigos*

---

[869] Consoante disposto, mais precisamente, no artigo 6º da Resolução BACEN nº 3.198, de 27 de maio de 2004, tais como: i) qualquer causa de impedimento ou incompatibilidade para a prestação do serviço de auditoria independente previstas em normas e regulamentos da CVM, do CFC ou do Instituto dos Auditores Independentes do Brasil (Ibracon); ii) participação acionária, direta ou indireta, do auditor independente, responsável técnico, diretor, gerente, supervisor ou qualquer outro integrante, com função de gerência, da equipe envolvida nos trabalhos de auditoria, na entidade auditada ou em suas ligadas; iii) existência de operação ativa ou passiva junto à entidade auditada ou suas ligadas, inclusive por meio de fundos de investimento por elas administrados, de responsabilidade ou com garantia do auditor independente, responsável técnico, diretor, gerente, supervisor ou qualquer outro integrante, com função de gerência, da equipe envolvida nos trabalhos de auditoria na instituição; iv) participação de responsável técnico, diretor, gerente, supervisor ou qualquer outro integrante, com função de gerência, nos trabalhos de auditoria de firma sucessora, em prazo inferior ao previsto no art. 9º; v) pagamento de honorários e reembolso de despesas do auditor independente, relativos ao ano-base das demonstrações contábeis objeto de auditoria, pela entidade auditada, isoladamente, ou em conjunto com suas ligadas, com representatividade igual ou superior a 25% do faturamento total do auditor independente naquele ano.

[870] Ver art. 9º da referida Resolução BACEN 3.198.

[871] *"Art. 10. Devem constituir órgão estatutário denominado comitê de auditoria as instituições referidas no art. 1º, inciso I, alínea "a", que tenham apresentado no encerramento dos dois últimos exercícios sociais: I – Patrimônio de Referência (PR) igual ou superior a R$1.000.000.000,00 (um bilhão de reais); ou II – administração de recursos de terceiros em montante igual ou superior a R$1.000.000.000,00 (um bilhão de reais); ou III – somatório das captações de depósitos e de administração de recursos de terceiros em montante igual ou superior a R$5.000.000.000,00 (cinco bilhões de reais)."*

internos", produzindo relatório semestral de suas atividades, os quais deverão ser mantidos à disposição do BACEN pelo prazo de cinco anos[872].

Nesse sentido, vale advertir que embora possa haver alguma sobreposição de atribuições, o Conselho Fiscal não se confunde com o Comitê de Auditoria, pois enquanto o primeiro é instrumento de fiscalização com atribuições definidas diretamente pelos sócios e por lei e não se subordina ao Conselho de Administração; o segundo é órgão de controle com funções delegadas pelo próprio Conselho de Administração, recomendando-se que coordenem as atividades, inclusive junto aos auditores independentes[873].

Cumpre destacar, por fim, que os auditores independentes terão liberdade para expressar sua opinião sobre as demonstrações contábeis e respectivas notas explicativas, inclusive quanto à adequação às normas contábeis emanadas do CMN e do BACEN, ainda que haja divergência com relação às apurações promovidas pelos órgãos internos da instituição, impondo-se, inclusive, que comuniquem formalmente ao BACEN, no prazo máximo de três dias úteis da identificação, a existência ou as evidências de erro ou fraude representadas pela: i) inobservância de normas legais e regulamentares, que coloquem em risco a continuidade da entidade auditada; ii) fraudes de qualquer valor perpetradas pela administração da instituição; iii) fraudes relevantes perpetradas por funcionários da entidade ou terceiros; iv) erros que resultem em incorreções relevantes nas demonstrações contábeis da entidade[874].

---

[872] Conforme previsto, por exemplo, na cláusula 12 do "Código Governança BB" *"Comitê de Auditoria. 12.1. Órgão estatutário, constituído conforme regulamentação do Conselho Monetário Nacional (CMN), que tem como atribuição, entre outras funções previstas na legislação, assessorar o Conselho de Administração no exercício de suas funções de auditoria e fiscalização. (Estatuto, art. 33, § 4º; Regimento do Comitê de Auditoria, art. 2º). (...) 12.5. O Comitê de Auditoria reúne-se, ordinariamente, duas vezes por mês, previamente à reunião ordinária do Conselho de Administração, e, no mínimo trimestralmente, com o Conselho de Administração, com o Conselho Diretor, com a Auditoria Interna e com a auditoria Independente. Além disso, reúne-se com o Conselho de Administração e com o Conselho Fiscal, por solicitação destes e, extraordinariamente, por convocação de seu coordenador, ou sempre que julgado necessário, por qualquer um de seus membros ou por solicitação da Administração. (Estatuto, art. 33, § 4º, inciso I; Regimento Interno do Comitê de Auditoria, art. 9º).(...)"disponível em:* <http://www.bb.com.br/portalbb/page3,136,3491,0,0,1,8.bb?codigoMenu=203&codigoNoticia=648&codigoRet=815&bread=1>.

[873] Conforme recomenda, por exemplo, o código IBGC (cláusula 5.5). O CGC-BB faz menção expressa, em sua cláusula 10, aos órgãos internos de fiscalização e controle, quais sejam: Conselho Fiscal, Comitê de Auditoria, o Comitê de Remuneração e Unidade Auditoria Interna (cláusula 14); bem como à auditoria independente (cláusula 15).

[874] Ver art. 23 da referida Resolução BACEN 3.198.

4. FUNÇÕES DE CONTROLE INTERNO: AUDITORIA INTERNA, MECANISMOS DE *COMPLIANCE* E DE GESTÃO DE RISCOS

Além dos mecanismos próprios de fiscalização, destaca-se, por força da Resolução BACEN 2.554, de 24 de setembro de 1998, a existência de regramento próprio destinado à implantação e à implementação de controles internos voltados para as atividades desenvolvidas pelas instituições bancárias, seus sistemas de informações financeiras, operacionais e gerenciais e o cumprimento das normas legais e regulamentares a elas aplicáveis, de forma a otimizar as boas práticas de governação, com o propósito de mitigar os mais variados riscos inerentes a tais ambientes.

Com relação aos riscos próprios da gestão, recomenda-se, por exemplo, que a diretoria – liderada pelo Diretor-Presidente e auxiliada pelos demais órgãos de controle vinculados ao Conselho de Administração – seja responsável pela elaboração e proposição de sistemas destinados a monitorar o cumprimento dos processos operacionais e financeiros, assim como os riscos de não conformidade, submetendo-os a revisões anuais, com o propósito de estimular que os órgãos da administração – encarregados de monitorar e fiscalizar – adotem atitude preventiva, prospectiva e proativa na minimização e antecipação de riscos[875].

A referida Resolução BACEN 2.554 determina, ainda, que os controles internos – cujas disposições devem ser acessíveis a todos os funcionários da instituição, de forma a assegurar o conhecimento da respectiva função e as responsabilidades atribuídas aos diversos níveis da organização – prevejam, por exemplo, *"meios de identificar e avaliar fatores internos e externos que possam afetar adversamente a realização dos objetivos da instituição; a existência de canais de comunicação que assegurem aos funcionários o acesso a confiáveis, tempestivas e compreensíveis informações consideradas relevantes para suas tarefas e responsabilidades; o acompanhamento sistemático das atividades desenvolvidas, de forma a que se possa avaliar se os objetivos da instituição estão sendo alcançados, se os limites estabelecidos e as leis e regulamentos aplicáveis estão sendo cumpridos, bem como a assegurar que quaisquer desvios possam ser prontamente corrigidos."*

Ainda com relação ao aprimoramento dos mecanismos internos de controle, merecem destaque as recomendações do IBGC[876] no tocante à constituição de órgãos de apoio (comitês) ao desenvolvimento das atividades do conselho de

---

[875] Consoante reforçado pela cláusula 3.6. do "Código IBGC".
[876] Ver Código IBGC, cláusulas 2.28 e seguintes, nas quais se evidencia, por exemplo, a preferência pelos próprios conselheiros na composição de tais comitês, conferindo-se posição de coordenação e destaque aos conselheiros independentes e aos especialistas na matéria objeto de análise, advertindo-se, ainda, para a necessidade de elaboração de "regimentos internos" no âmbito de cada um de referidos órgãos auxiliares.

administração – com enfoque para os comitês de Auditoria, de Recursos Humanos, de Remuneração, de Finanças, entre outros – que embora não devam assumir, por delegação, as atividades próprias do conselho de administração, poderão auxiliá-lo, fornecendo-lhe – por meio do desenvolvimento de estudos mais aprofundados nas áreas específicas – subsídios mais sólidos que proporcionem um processo mais seguro de tomada de decisões. Adverte-se, contudo, que a quantidade de comitês deve observar o porte da organização, pois uma quantidade excessiva de tais grupos pode provocar interferência inoportuna na gestão, não sendo possível prescindir-se da instalação dos órgãos obrigatórios por lei, consoante analisado no tópico anterior.

Embora a criação de comitês tenha representado significativo avanço no aprimoramento das práticas de governação, destaca-se a existência de críticas acerca do conteúdo de determinados dispositivos de referido normativo, os quais permitem a participação de diretores na composição dos comitês de auditoria nas entidades de capital fechado, contrariando princípios fundamentais em matéria de governação das sociedades, tais como o da independência e o da mitigação dos conflitos de interesses[877].

Nesse mesmo contexto, com o propósito de regular a figura do "comitê de auditoria" no âmbito das companhias abertas, merece destaque a Instrução Normativa CVM nº 509, que, entre outras disposições, vedou a participação de diretores no "Comitê de Auditoria Estatutário" (CAE) exigindo, inclusive, a observância de outros requisitos de caráter pessoal para ocupação do cargo[878].

---

[877] Conforme previsto no artigo 11, § 1º, inciso I e no artigo 13, inciso II, "a" da Resolução 3.198/04, com a redação dada pela Resolução 4.329/14. Consoante crítica formulada em carta aberta publicada pelo IBGC e disponível em: <http://www.ibgc.org.br/userfiles/files/CARTA_DE_OPINIAO_-_Comite_de_Auditoria_de_IF_fechadas.pdf> (de julho de 2014), na qual recomenda ao BACEN a unificação do modelo de comitê de auditoria para instituições financeiras, sejam elas de capital aberto ou fechado, somente permitindo a participação de membros independentes. Referido Instituto também disponibiliza um "Guia de Orientação para Melhores Práticas de Comitês de Auditoria" e defende que *"os Comitês de Auditoria devem ser, de preferência, formados exclusivamente por membros independentes do Conselho, sem a presença de conselheiros internos (com funções executivas na organização)."*

[878] Que alterou a Instrução CVM 308/99, no seguinte sentido *"Art. 31-C O CAE deve ser composto por, no mínimo, 3 (três) membros, indicados pelo conselho de administração, que exercerão seus cargos por, no máximo, 10 (dez) anos, sendo: I – ao menos, 1 (um) membro do conselho de administração da companhia, que não participe da diretoria; e II – a maioria de membros independentes. (...) § 2º Para que se cumpra o requisito de independência de que trata o inciso II do caput, o membro do CAE: I – não pode ser, ou ter sido, nos últimos 5 (cinco) anos: a) diretor ou empregado da companhia, sua controladora, controlada, coligada ou sociedade em controle comum, diretas ou indiretas; ou b) responsável técnico da equipe envolvida nos trabalhos de auditoria da instituição; (...)"*. Referido normativo também trata das competências do CAE (Art. 31-D) no tocante à contratação e destituição do auditor independente para a elaboração de auditoria externa independente ou para qualquer outro serviço entre outras atribuições.

Salienta-se, ainda, a presença de referida preocupação nos códigos internos de conduta das próprias instituições financeiras – cuja elaboração é obrigatória para aquelas instituições bancárias aderentes aos segmentos especiais da BM&FBOVESPA[879] – nos quais se verifica, por exemplo, previsão expressa no sentido de que as decisões, em qualquer nível da instituição, sejam tomadas de forma colegiada, com o propósito de envolver todos os executivos na definição de estratégias e aprovação de propostas para os diferentes negócios do Banco[880]. Questiona-se, contudo, se o estímulo à adoção de decisões colegiadas pelos executivos em qualquer nível da empresa não acaba por provocar o efeito contrário, burocratizando e, consequentemente, tornando menos eficiente o processo de tomada de decisões.

No tocante ao aprimoramento dos mecanismos de *compliance* merecem destaque algumas normas específicas constantes, de uma forma geral, dos códigos de ética e conduta elaborados no âmbito das próprias instituições bancárias, em especial as de capital aberto, que contém expressamente previsões análogas à seguinte: *"No exercício de suas atividades, o funcionário, independentemente do nível hierárquico, responsabiliza-se por cumprir e fazer cumprir estritamente a legislação aplicável à sua atividade, incluindo os atos e regulamentos expedidos pelos órgãos reguladores e as normas e procedimentos internos estabelecidos pelo Santander."*[881]

Além de referida previsão genérica, as instituições bancárias de capital aberto apresentam uma área específica de *Compliance* destinada a tratar, por exemplo, de *"situações que caracterizem ações de discriminação, assédio sexual, assédio moral ou intimidação de qualquer ordem, em relação ao público externo ou aos colegas de trabalho"* ou da *"avaliação prévia sobre possíveis conflitos de interesses em decorrência da contratação, transferência ou indicação de parentes para ocuparem cargos na instituição"*, bem como de outras situações passíveis de caracterizar o descumprimento do código de ética ou de outro código de conduta específico[882], incluindo-se a análise de dúvidas quanto a *"restrições relacionadas aos investimentos pessoais com utilização de*

---

[879] Conforme previsto na cláusula 5.8. do Regulamento Nível 1 da BM&FBOVESPA.
[880] Conforme previsto na cláusula *"6.2. As decisões, em qualquer nível da Empresa, são tomadas de forma colegiada (ressalvadas as situações em que uma estrutura organizacional mínima não o permita). Com o propósito de envolver todos os executivos na definição de estratégias e aprovação de propostas para os diferentes negócios do Banco do Brasil, a Administração utiliza comitês, subcomitês e comissões de nível estratégico, que garantem agilidade, qualidade e segurança à tomada de decisão. (Política Geral de Direcionamentos Operacionais)"* do "Código Governança BB" (supra).
[881] Consoante previsões constantes do Código de Ética do Banco Santander (de 21.6.2012), p. 2 e ss. disponível pela CVM.
[882] Consoante previsões constantes do Código de Ética do Banco Santander (de 21.6.2012), p. 2 e ss. disponível pela CVM. (Citações constantes deste parágrafo)

informações confidenciais e/ou privilegiadas" por parte dos próprios membros da instituição ou de pessoas jurídicas a eles relacionadas.

5. PRÁTICAS E POLÍTICAS REMUNERATÓRIAS

No tocante às práticas e políticas remuneratórias, merece destaque a Resolução BACEN nº 3.921, de 25 de novembro de 2010, que dispõe sobre a política de remuneração de administradores das instituições financeiras e demais instituições autorizadas a funcionar pelo Banco Central do Brasil[883]. Consoante se passa a demonstrar, referidas regras se mostram mais rígidas do que aquelas destinadas a regular a remuneração dos administradores das sociedades do ramo não financeiro[884].

De acordo com tal normativo, os diretores estatutários, bem como os membros dos conselhos de administração das instituições financeiras se sujeitarão a regras remuneratórias específicas, as quais objetivam compatibilizar a adoção de política remuneratória apta a atrair profissionais qualificados e experientes, com a adequada gestão dos riscos da instituição, de forma a desestimular comportamentos capazes de elevar a exposição a riscos que ultrapassem determinados patamares tolerados – em respeito às estratégias de curto, médio e longo prazos da instituição – e a mitigar os inúmeros conflitos de interesses que se verificam em referida matéria.

Em tal contexto, determina-se, por exemplo, que os administradores das áreas de controle interno e de gestão de riscos tenham sua atuação de desempenho avaliada de acordo com os objetivos de suas próprias funções e não com base no desempenho das unidades por eles controladas ou avaliadas[885].

---

[883] Disponível em: <http://www.bcb.gov.br/pre/normativos/busca/downloadNormativo.asp?arquivo=/Lists/Normativos/Attachments/49511/Res_3921_v1_O.pdf>.
[884] Conforme analisado por MATTOS FILHO, Ary Oswaldo e PALMA, Juliana Bonacorsi de. *A Governação (...)*, cit, p. 108, 109. Embora se reconheça que, ao menos no âmbito das companhias abertas, a Instrução CVM nº 480/2009 tenha intensificado as regras acerca da remuneração dos administradores, passando a exigir sucessivas informações e providências, tais como a descrição de política ou prática de remuneração dos membros do conselho de administração, a composição da remuneração, o atrelamento da remuneração a indicadores de desempenho, entre outras.
[885] A remuneração variável dos administradores deve se pautar, entre outros fatores: i) pelos riscos correntes e potenciais a que se encontram expostos; ii) pelo resultado geral da instituição, em particular o lucro recorrente realizado; iii) pela capacidade de geração de fluxos de caixa da instituição; iv) com o ambiente econômico em que a instituição está inserida e suas tendências e v) com as bases financeiras sustentáveis de longo prazo e ajustes nos pagamentos futuros em função dos riscos assumidos, das oscilações do custo do capital e das projeções de liquidez, levando-se

Como mecanismo de estímulo à confluência de interesses do gestor e da companhia, determina-se que no mínimo 50% da remuneração variável seja paga em ações ou instrumentos baseados em ações, compatíveis com a criação de valor a longo prazo e com o horizonte de tempo do risco, sendo que para as instituições que não possuam ações negociadas no mercado e que não emitam instrumentos baseados em ações, tais pagamentos tomem como base a variação ocorrida no valor contábil do patrimônio líquido da instituição, livre dos efeitos das transações realizadas com os proprietários.

Prevê-se, outrossim, que o pagamento de ao menos 40% da remuneração variável seja efetuado de forma diferida e escalonada, ao longo de um período mínimo de 3 anos, de acordo com os riscos e a atividade do administrador, estando sujeita, inclusive, à redução, caso se verifique a diminuição significativa do lucro ou na hipótese de resultado negativo da instituição ou da unidade de negócios durante o período de diferimento[886].

No tocante à competência para regular a matéria no âmbito interno das entidades bancárias, referido normativo estabelece que o conselho de administração é o órgão responsável pela política de remuneração dos administradores, com as atribuições de supervisionar o planejamento, a operacionalização, o controle e a revisão da referida política, sendo que no âmbito das instituições financeiras que atuem sob a forma de companhia aberta ou que sejam obrigadas a constituir comitê de auditoria, exige-se, desde 2012, que instituam comitê de remuneração[887].

Embora se destinem às "organizações" de uma forma geral, verifica-se que, respeitadas algumas particularidades, as determinações que emanam do órgão regulador do sistema financeiro encontram-se em sintonia com as práticas remuneratórias recomendáveis às demais companhias[888]. Registra-se, também, que

---

em conta o desempenho individual do gestor, o desempenho da unidade de negócios em que atua e o desempenho da instituição como um todo.

[886] Salienta-se que a garantia de pagamento de valor mínimo de bônus ou de outros incentivos somente pode ocorrer em caráter excepcional, por ocasião da contratação ou transferência de administradores para outra área, cidade ou empresa do mesmo conglomerado, limitada ao primeiro ano após o fato que der origem à garantia.

[887] O comitê de remuneração, por sua vez, reportar-se-á diretamente ao conselho de administração e será composto por, no mínimo, três integrantes (sendo ao menos um membro não administrador), com mandato fixo e vedada a permanência de integrante por prazo superior a dez anos. São atribuições do referido comitê, entre outras, a definição, a supervisão e a revisão das políticas remuneratórias, com base, inclusive, nos cenários futuros e nas práticas remuneratórias do mercado, a fim de afastar discrepâncias. Ao final de cada exercício, os comitês deverão elaborar relatório detalhado de sua atuação, os quais ficarão à disposição do BACEN pelo prazo mínimo de cinco anos.

[888] Consoante se extrai da cláusula 2.24 do Código IBGC, que ressalta a necessidade de que *"as estruturas de incentivo da remuneração do Conselho sejam diferentes daquelas empregadas para a gestão, em*

não obstante a existência de regulamentação expressa por parte do agente regulador, as instituições financeiras estabelecem regras específicas internas de natureza complementar[889].

6. SUPERVISÃO DOS SISTEMAS DE GOVERNO (COMPETÊNCIA, CONTEXTUALIZAÇÃO, ENQUADRAMENTO)

No que tange aos mecanismos externos de controle destaca-se a atuação do CMN, que além da função normativa e regulatória, tem atribuições fiscalizatória e punitiva, competindo-lhe *"regular a constituição, funcionamento e fiscalização dos que exercerem atividades subordinadas a esta lei, bem como a aplicação das penalidades previstas."*, nos termos do que estabelece o art. 4º, VIII da Lei 4.595. Na prática, contudo, por força do disposto no artigo 9º do referido diploma legal[890], compete *"privativamente"* ao BACEN, consoante estabelecido pelo artigo 10, incisos IX e X e §1º da mesma Lei 4.595, *"exercer a fiscalização das instituições financeiras e aplicar as penalidades previstas"*, sendo que tal atuação se verifica desde antes do início das atividades, por meio da *"análise dos pedidos que lhe sejam formulados"* no que tange ao funcionamento de tais instituições, para o fim de *"conceder ou recusar a autorização pleiteada, podendo incluir as cláusulas que reputar convenientes ao interesse público"*.

Ainda com relação à aplicação dos dispositivos de referida lei federal 4.595, competirá ao BACEN fiscalizar o cumprimento das normas dos artigos 35 a 37, as

---

razão da natureza distinta destas duas instâncias da organização". Defende que *"a remuneração baseada em resultados de curto prazo deve ser evitada para o Conselho"* e que *"as entidades devem ter um procedimento formal e transparente de aprovação de suas políticas de remuneração e benefícios aos conselheiros de administração, incluindo os eventuais incentivos de longo prazo pagos em ações ou nelas referenciados. Ninguém deve estar envolvido em qualquer deliberação que inclua sua própria remuneração."*

[889] Tal como se verifica no CGC-BB, cuja cláusula 13 complementa o normativo do BACEN e regula algumas particularidades do *"Comitê de Remuneração"* no âmbito da referida Instituição, tal como aquelas previstas nas cláusulas *"13.3. Para o exercício de cargo no Comitê de Remuneração, além dos requisitos previstos na legislação própria, serão observados os mesmos impedimentos à participação nos órgão de Administração previstos no art. 13 do Estatuto. Os integrantes do Comitê de Remuneração deverão possuir a qualificação e a experiência necessárias para avaliar de forma independente a política de remuneração de administradores."* ou *"13.5. O Comitê de Remuneração reúne-se, ordinariamente, no mínimo semestralmente para avaliar e propor ao Conselho de Administração a remuneração fixa e variável dos administradores do Banco, bem como nos três primeiros meses do ano para avaliar e propor o montante global anual de remuneração a ser fixado para os membros dos órgãos de administração. Reúne-se extraordinariamente, por convocação do coordenador, sempre que julgado necessário por qualquer um de seus membros ou por solicitação da Administração do Banco."*

[890] Art. 9º da Lei 4.595 *"Compete ao Banco Central da República do Brasil cumprir e fazer cumprir as disposições que lhe são atribuídas pela legislação em vigor e as normas expedidas pelo Conselho Monetário Nacional."*

quais proíbem as instituições financeiras de *"emitir debêntures e partes beneficiárias"*, bem como de *"adquirir bens imóveis não destinados ao próprio uso, salvo os recebidos em liquidação de empréstimos de difícil ou duvidosa solução, caso em que deverão vendê-los dentro do prazo de um ano, a contar do recebimento, prorrogável até duas vezes, a critério do* BACEN", ressalvando-se as exceções previstas em lei[891].

No termos do que dispõem os artigos 42 a 45 da Lei 4.595, a concessão de empréstimo ou adiantamento proibidos por referida lei, assim como a infração a outros deveres impostos por ela impostos, sujeitará os responsáveis pela Instituição (diretores, gerentes, membros dos conselhos de administração, fiscal e semelhantes) a sanções de natureza civil e administrativa, bem como a multa correspondente ao dobro do valor do empréstimo ou adiantamento, sem prejuízo da aplicação de penalidades que podem variar de simples advertência, passando pela inabilitação para o exercício das funções de gestão até a reclusão em determinados casos[892].

No âmbito das instituições bancárias de capital aberto, destaca-se a atuação da CVM[893], na condição de autarquia federal que fiscaliza o mercado de valores mobiliários; e da BM&FBOVESPA, que exige não apenas a divulgação de informações acerca do calendário anual dos principais eventos societários para o ano seguinte, como também impõe o dever de divulgação da política de negociação de valores mobiliários, ao menos em relação à Companhia, ao acionista controlador e aos membros do conselho de administração e do conselho fiscal[894], promo-

---

[891] Tais como aquelas constantes, por exemplo, dos artigos *"Art. 35 Parágrafo único. As instituições financeiras que não recebem depósitos do público poderão emitir debêntures, desde que previamente autorizadas pelo Banco Central do Brasil, em cada caso. Art. 36. As instituições financeiras não poderão manter aplicações em imóveis de uso próprio, que, somadas ao seu ativo em instalações, excedam o valor de seu capital realizado e reservas livres. Art. 37. As instituições financeiras, entidades e pessoas referidas nos artigos 17 e 18 desta lei, bem como os corretores de fundos públicos, ficam, obrigados a fornecer ao Banco Central da República do Brasil, na forma por ele determinada, os dados ou informes julgados necessários para o fiel desempenho de suas atribuições."*

[892] Para detalhes a respeito das estatísticas acerca das decisões proferidas em processos administrativos punitivos no âmbito do BACEN, ver http://www4.bcb.gov.br/fis/PAD/relat_gepad.asp?idpai=procadm&idRelatorio=2.

[893] A exemplo do decidido, entre outros, no Processo Administrativo Sancionador CVM nº RJ2013//4328, instaurado pela Superintendência de Registro de Valores Mobiliários (SRE) para apurar a responsabilidade do Banco (...) e de seu diretor (...) por supostas omissões verificadas no prospecto definitivo da 4ª distribuição de cotas do Fundo de Investimento Imobiliário (FII) BTG Pactual Fundo de Fundos, cujas decisões são disponibilizadas em http://www.cvm.gov.br/sancionadores/sancionador.html.

[894] Nos termos das cláusulas 5.5. e 5.7. do "Regulamento Nível 1 da BM&FBOVESPA". *"5.7. Política de Negociação de Valores Mobiliários. A Companhia deverá elaborar, divulgar e enviar à BM&FBOVESPA, política de negociação de valores mobiliários de emissão da Companhia que será aplicável, no mínimo, à própria Companhia, ao Acionista Controlador, aos membros do conselho de administração e do conselho fiscal, quando*

vendo uma maior supervisão do sistema de governação das entidades bancárias aderentes ao exigir, inclusive, acesso aos seus códigos internos de conduta e até mesmo complementando a atuação da autarquia federal que regula o mercado de valores mobiliários, inclusive no que se refere aos aspectos sancionatórios[895].

No tocante ao sistema de autorregulação desenvolvido no âmbito da FEBRABAN, embora o "Código de Autorregulação", vigente desde o ano de 2009, preveja expressamente nos artigos 33 e seguintes, a instauração de "procedimento disciplinar" em razão da violação das normas por parte dos signatários, é relevante registrar a ausência de dados que demonstrem a efetividade de referido mecanismo de controle, fiscalização e punição[896].

CONSIDERAÇÕES FINAIS

Neste tópico de fechamento são apresentadas apenas algumas notas finais conclusivas acerca dos levantamentos e estudos realizados a respeito do tema, sem o propósito, contudo, de exaurir o tratamento do assunto – especialmente diante da amplitude da matéria e do arcabouço normativo a ela relacionado – ou de repetir as reflexões pontuais trazidas ao longo deste trabalho.

Constata-se que o setor bancário brasileiro é sólido e altamente regulado. A atuação dos órgãos oficiais, com destaque para o CMN e o BACEN no que tange às instituições financeiras em geral; e a CVM, no tocante às companhias abertas, contribuem não apenas para afastar os variados riscos que costumam afetar este

---

instalado, aos diretores e a membros de quaisquer órgãos com funções técnicas ou consultivas criados por disposição estatutária." entre outras exigências, consoante analisado por MATTOS FILHO, Ary Oswaldo e PALMA, Juliana Bonacorsi de. *A Governação (...)*, cit, p. 99/100.

[895] Consoante estabelecido nas cláusulas 5.8. e *"6.2.3 Quando houver a dispensa de apresentação de prospecto pela CVM, a cópia dos documentos que tenham sido encaminhados àquela autarquia, relativos à oferta pública de distribuição, deverá ser entregue à BM&FBOVESPA. 6.2.4 Da mesma forma, cópia de todos e quaisquer documentos encaminhados à CVM para registro de ofertas públicas de distribuição deverá, na mesma data, ser encaminhada à BM&FBOVESPA pela Companhia, exceto quando esta tiver pleiteado tratamento sigiloso perante a CVM.".* Detalhes sobre a atuação punitiva da BM&FBOVESPA no âmbito dos segmentos especiais em: <http://www.bmfbovespa.com.br/Cias-Listadas/consultas/NotificacoesMultasAplicadas.aspx?Idioma=pt-br>, havendo, inclusive, previsão expressa de divulgação dos nomes das Companhias a cujos responsáveis tenham sido efetivamente aplicadas penalidades em razão do inadimplemento de obrigações decorrentes do Regulamento de Listagem "Nível 1" (Cláusula 9.6.1) e da responsabilidade solidária da Companhia pelo pagamento das sanções pecuniárias (Cláusula 6.1).

[896] Vale registrar que foram estabelecidos contatos com referida instituição, mas não foram disponibilizadas informações a respeito da atuação em âmbito punitivo, as quais se limitam àquelas disponibilizadas em: <http://www.autorregulacaobancaria.org.br/index.asp>.

importante e estratégico setor da economia – tornando-o menos suscetível a crises sistêmicas e a investidas especulativas – como também colabora para o aprimoramento dos mecanismos de governação das instituições bancárias.

Não obstante o desenvolvimento dos mecanismos de governação exija o aprimoramento contínuo das boas práticas administrativas e não se restrinja à mera adesão das entidades bancárias a sistemas normativos específicos, é possível afirmar que a participação das maiores instituições bancárias brasileiras nos segmentos especiais da BM&FBOVESPA transmite um sinal de segurança ao mercado e contribui para ampliar e consolidar tais práticas no âmbito de referido sistema como um todo. Associado a tais elementos, destaca-se a existência de inúmeros instrumentos de *soft law*, cuja relevância se intensifica no âmbito de tais instituições, as quais passam a ostentar mecanismos internos mais consistentes e aptos a possibilitar o aprimoramento do governo dos bancos na realidade brasileira, com os propósitos de mitigar os riscos inerentes a tais ambientes e de transmitir um nível mais elevado de confiança ao mercado.

CAPÍTULO XVI

O GOVERNO DOS BANCOS EM CABO VERDE

Raquel Spencer Medina

1. FONTES ESPECÍFICAS SOBRE GOVERNAÇÃO DOS BANCOS

Os bancos têm um papel central na economia de qualquer país porquanto mobilizam fundos, alocam recursos financeiros e desempenham um papel decisivo na governação de outras empresas. Consequentemente, bancos eficientes estimulam o crescimento da produtividade e a prosperidade da economia no seu todo. Por outro lado, as crises bancárias podem desestabilizar a situação económica e política de qualquer país e estas externalidades fortes na economia fazem da governação dos bancos uma questão fundamental.

O governo dos bancos é ainda recente em Cabo Verde mas a necessidade de adesão aos padrões internacionais tem determinado um forte impulso nesta matéria e Cabo Verde tem procurado se adaptar a esta nova realidade e aos desafios atuais e prospetivos que se colocam à atividade financeira no país.

Os bancos, enquanto instituições financeiras, estão desde logo sujeitos à Lei de Base do Sistema Financeiro[897] (LBSF) e à Lei de Atividades e de Instituições Financeiras[898] (LAIF). Além disso, na medida em que os bancos são sociedades anónimas, estão também sob a alçada do Código das Empresas Comerciais[899] (CEC) que trata de todas as sociedades comerciais em geral e, ainda lhes é aplicável o Código do Mercado de Valores Mobiliários[900] (CMVM) uma vez que este

---

[897] Lei nº 61/VIII/2014, de 23 de Abril de 2014.
[898] Lei nº 62/VIII/2014, de 23 de Abril de 2014.
[899] Aprovado pelo Decreto-Legislativo nº 3/99, de 29 de Março.
[900] Aprovado pelo Decreto-Legislativo nº 1/2012, de 27 de Janeiro.

regula os intermediários financeiros. Aos bancos que sejam sociedades cotadas[901] também é aplicável o Código do Mercado de Valores Mobiliários.

Em Cabo Verde, os bancos são qualificados como instituições de crédito que exercem a atividade bancária, ou seja, são instituições financeiras que, além de outras atividades financeiras, exercem atividade de concessão de crédito[902]. Os bancos, por imposição legal, devem adotar a forma de sociedade anónima[903], sociedade esta que pode ser cotada.

A atividade bancária consiste na *"atividade exercida pelos bancos, de receção do público de depósitos ou outros fundos reembolsáveis, para utilização por conta própria, designadamente em operações de crédito"* e atividades financeiras são *"as atividades bancária, de intermediação financeira em instrumentos financeiros e de seguros como tal qualificadas pela lei"*.[904]

As normas que em Cabo Verde regulam a governação dos bancos estão dispersas. E, como bem se entende, devido à complexidade e à importância do negócio bancário, os bancos são extremamente regulados. Os órgãos reguladores nacionais[905] emitem normas a fim de, entre outros objetivos, zelar pela liquidez e solvência das instituições financeiras o que, naturalmente não substituí e tão pouco dispensa a adoção de práticas de bom governo.

Como já referido, é aplicável aos bancos, em primeira instância, a Lei de Base do Sistema Financeiro (LBSF) e a Lei de Atividades e de Instituições Financeiras (LAIF) e são nestes diplomas e respetiva regulamentação que se encontram as normas que tratam de forma específica o governo dos bancos. São diplomas legais muito recentes e inovadores, aprovados em 2014, sendo que o primeiro define os princípios orientadores e o quadro normativo de referência para o sistema financeiro e o segundo regula as atividades das instituições financeiras.

A Lei de Atividades e Instituições Financeiras impõe muitos deveres no âmbito do governo de instituições financeiras, recaindo sobre estas, de entre outros, os deveres de apresentar dispositivos sólidos em matéria de governo da sociedade, de organizar processos eficazes de identificação, gestão, controlo e comunicação de riscos, de dispor de mecanismos adequados de controlo interno, incluindo procedimentos administrativos e contabilísticos sólidos, de dispor de políticas e práticas de remuneração que promovam e sejam coerentes com uma gestão sã e prudente dos riscos, de implementar os meios adequados de receção,

---

[901] O Banco Comercial do Atlântico e a Caixa Económica de Cabo Verde são sociedades cotadas.
[902] Artigo 2º, alínea d) da LBSF e artigo 1º, alínea d) da LAIF.
[903] Artigo 4º, alínea b do nº 1 da LAIF.
[904] Artigo 2º, alíneas b) e c) da LBSF e artigo 1º, alíneas b) e c) da LAIF.
[905] Em Cabo Verde, são autoridades de regulação do sistema financeiro o Governo, o Banco de Cabo Verde e, na dependência do Governador do Banco de Cabo Verde, a Auditoria Geral do Mercado de Valores Mobiliários – artigo 9º, nº 2 da LBSF.

tratamento e arquivo das participações de irregularidades graves relacionados com a administração, organização e fiscalização interna e de cuidado e de lealdade dos membros de órgãos sociais.

Os requisitos a que se encontram sujeitos os titulares dos órgãos de administração e fiscalização são os mesmos para todas as instituições financeiras, sendo, contudo, reservada aos bancos a obrigação de segregação entre a fiscalização e a auditoria e certificação legal das contas, para além de, em virtude dos especiais riscos que envolve a atividade de concessão de crédito, os bancos estarem sujeitos a alguns requisitos prudenciais adicionais.

De referir também que a LAIF prevê um Código do Governo das Instituições Financeiras, a estabelecer por aviso do Banco de Cabo Verde e através do qual este fixará recomendações aplicáveis a matérias de maior relevância no âmbito da boa governação das instituições financeiras. Além disso, consagra a obrigação de as instituições financeiras elaborarem e submeterem ao Banco de Cabo Verde um relatório anual sobre o governo societário em que devem descrever o grau de acolhimento ao Código do Governo das Instituições Financeiras, especificando detalhadamente os fundamentos para o eventual não acolhimento de algumas recomendações, seguindo-se aqui o modelo de *comply or explain*[906].

A LAIF compreende, ainda, regras aplicáveis à autorização e registo das instituições financeiras junto do Banco de Cabo Verde, às vicissitudes a que estão sujeitas, à respetiva administração e fiscalização e, finalmente, ao exercício da atividade financeira para que se encontram legalmente habilitadas.

O CMVM contém vários dispositivos relacionados com o governo societário, nomeadamente sobre os deveres dos intermediários financeiros (artigo 52º e ss.), as participações qualificadas em sociedade aberta (artigo 87º e ss.) e a imputação de direitos de votos nestas sociedades. Os emitentes de ações admitidas em bolsa devem divulgar, em capítulo do relatório anual de gestão especialmente elaborado para o efeito ou em anexo deste, informação detalhada sobre a estrutura e práticas de governo societário, sendo que o CMVM indica qual o conteúdo mínimo que estes relatórios devem conter.

A nível do Código das Empresas Comerciais, no que concerne ao governo societário há que atender às normas que versam sobre a organização e o funcionamento dos órgãos sociais, as incompatibilidades e impedimentos dos respetivos membros, entre outras.

Em matéria regulamentar, são vários os avisos do Banco de Cabo Verde com incidência no governo dos bancos, nomeadamente, sobre o controlo interno, os riscos, a supervisão prudencial, a idoneidade, qualificação, independência e incompatibilidade dos membros dos órgãos de administração e fiscalização de

---

[906] Artigo 33º da LAIF.

instituições financeiras, e as regras a serem observadas na comunicação de participações qualificadas em instituições financeiras[907]. Alguns destes avisos estão em certa medida desatualizados com a recente e inovadora Lei de Atividades e de Instituições Financeiras pelo que o Banco de Cabo Verde já tem em preparação nova regulamentação sobre riscos, limites de tomada firme, fundos próprios, rácio de imobilizado e aquisição de imóveis e, ainda, prazos e métodos de amortização.

2. ADMINISTRAÇÃO

O Conselho de Administração é o órgão societário central da governação de uma organização, seja qual for a sua natureza, com especial importância no domínio da atividade financeira.

Para garantir o bom desempenho e funcionamento do conselho de administração dos bancos, o legislador cabo-verdiano teve o cuidado de definir quantitativa e qualitativamente a sua composição, atribuir-lhe de forma específica e direta responsabilidades e, bem assim, como é que a respetiva atuação deve ser complementada.

Nessa decorrência, resulta do artigo 35º da LAIF que o conselho de administração dos bancos deve ser constituído por, pelo menos, cinco membros, devendo a sua composição acautelar, de modo efetivo e criterioso, a máxima realização do seu objeto social e incluir um número adequado de independentes. O conselho de administração dos bancos é responsável por estabelecer, aplicar e rever as políticas e os procedimentos de atuação do banco, incluindo as políticas de gestão de risco, de auditoria interna e de controlo de cumprimentos. A atuação do conselho de administração deve ser complementada por comissões em áreas centrais do governo dos bancos, incluindo a gestão de riscos e o conflito de interesses.

---

[907] Aviso nº 2/1995 de 27 de Março, com alterações introduzidas pelo Aviso nº 5/1999, de 03 de Maio (controlo interno); Aviso nº 9/1999, de 31 de Maio, com alterações introduzidas pelo Aviso nº 7/2007, de 25 de Fevereiro (limites à concentração de riscos de créditos e afins); Aviso nº 3/2007, de 19 de Novembro (Fundos Próprios); Aviso nº 5/2011, de 26 de Outubro (Risco Cambial); Aviso nº 2/2013, de 18 de Abril (Sistema de Gestão do Risco de Crédito); Aviso nº 2/2014, de 17 de Outubro (Regras relativas ao exercício da função de supervisão por parte do Banco de Cabo Verde); Aviso nº 4/2014, de 17 de Outubro (Idoneidade, qualificação, independência e incompatibilidade dos membros dos órgãos de administração e fiscalização de instituições financeiras); Aviso nº 5/2014, de 17 de Outubro (Regras a serem observadas na comunicação de participações qualificadas em instituições financeiras).

2.1. Idoneidade

Impõe o nº 1 do artigo 28 da LAIF que todos os membros do conselho de administração de um banco, aqui incluídos os administradores não executivos, sejam pessoas idóneas cuja reputação e disponibilidade dêem garantias de gestão sã e prudente, nomeadamente com vista à segurança dos fundos confiados à instituição em causa.

O nº 2 do mesmo artigo elenca um conjunto de situações que, *ab initio*, determinam a falta de idoneidade, tais como: (i) quem tenha sido destituído das suas funções de instituições financeiras pelo Banco de Cabo Verde; (ii) quem tenha sido condenado pela prática de crime que corresponda pena de prisão de um ano ou mais sem substituição por multa; (iii) quem tenha sido declarado insolvente nos últimos dez anos; (iv) quem tenha sido legalmente impedido do exercício de atividade relacionada com o sistema financeiro; (v) quem tenha sido administrador de uma instituição financeira cuja autorização tenha sido revogada ou cuja resolução tenha sido iniciada durante o seu mandato.

O Banco de Cabo Verde no exercício da competência que lhe é cometida nesta matéria, entendeu necessário estabelecer critérios adicionais de idoneidade dos administradores, além de também regulamentar o processo da respetiva apreciação. Assim, na apreciação da idoneidade dos administradores, o Banco de Cabo Verde tem em conta *"o modo como a pessoa gere habitualmente os negócios ou exerce a profissão, sobretudo quanto aos aspetos que revelem incapacidade para decidir de forma ponderada e criteriosa, ou a tendência para não cumprir pontualmente as suas obrigações ou para ter comportamentos incompatíveis com a preservação da confiança do mercado"* (artigo 2º, nº 1 do Aviso nº 4/2014).

Na apreciação da idoneidade dos membros do conselho de administração dos bancos e complementarmente ao disposto no artigo 28º, nº 2 da LAIF, o Banco de Cabo Verde deve ainda considerar como indiciadores de falta de idoneidade dos candidatos a membros do órgão de administração (artigo 2º, nº 2 do Aviso nº 4/2014):

A destituição das suas funções de instituições financeiras ou entidades análogas, por decisão de uma autoridade estrangeira de supervisão do sector financeiro, análoga ao Banco de Cabo Verde;

A existência de investigações relevantes, presentes ou passadas e/ou a aplicação de medidas coercivas relativas ao membro, ou a imposição de sanções administrativas por incumprimento das disposições que regem a atividade bancária, a intermediação de valores mobiliários ou a atividade seguradora ou qualquer legislação relativa ao sistema financeiro;

A existência de investigações relevantes, presentes ou passadas e/ou a aplicação de medidas coercivas por quaisquer outras entidades reguladoras ou profissionais devido a incumprimento das disposições a que a atividade em causa estiver sujeita;

A falta de cooperação do membro, presente ou passada, com autoridades de supervisão ou regulação, assim como a sua conduta não transparente;

A rejeição de um pedido de registo, autorização, admissão ou licença para o exercício de atividade comercial, empresarial ou profissional, apresentado pelo membro;

A revogação, retirada ou cessação de registo, autorização, admissão ou licença para o exercício de uma atividade comercial, empresarial ou profissional de que o membro beneficiasse;

Desempenho financeiro e empresarial de entidades detidas ou geridas pelo membro ou em que este tenha mantido uma participação significativa que tenha resultado em processo de reabilitação, insolvência ou liquidação, na medida em que o membro tenha contribuído para a situação que conduziu a tal processo.

2.2. Qualificação Profissional e Experiência

Os administradores de bancos devem ser escolhidos de entre pessoas com *"qualificação adequada, nomeadamente através de habilitação académica ou experiência profissional"* (artigo 29º, nº 1 da LAIF).

A qualificação adequada presume-se através de experiência profissional quando a pessoa em causa tenha previamente exercido, de forma competente, funções de responsabilidade no domínio financeiro, sendo certo que a duração da experiência anterior e a natureza e o grau de responsabilidade das funções previamente exercidas devem estar em consonância com as caraterísticas e dimensão da instituição financeira em causa (artigo 29º, nº 2 e nº 3 da LAIF).

A pedido dos interessados, o Banco de Cabo Verde pode verificar o preenchimento do requisito de experiência adequada mediante um processo de consulta prévia, obviando-se assim uma eventual recusa do registo de um administrador com fundamento na falta deste requisito (artigo 29º, nº 4 da LAIF).

O Banco de Cabo Verde fixou também critérios adicionais para a aferição da qualificação profissional e experiência dos administradores. Através do Aviso nº 4/2014, de 17 de Outubro, no seu artigo 3º e sem prejuízo do já estabelecido no artigo 29º da LAIF, acrescentou um conjunto de outros elementos, factos e informações que podem vir a demonstrar-se relevantes na aferição das qualificações profissionais e da experiência dos administradores.

Nessa decorrência, a experiência teórica e prática dos administradores deve ser relevante quando se referir a matéria de (i) mercados financeiros, (ii) regimes e requisitos regulamentares, (iii) planeamento estratégico, compreensão da estratégia comercial ou plano de negócios de uma instituição financeira e da sua realização, (iv) gestão de riscos, (v) avaliação da eficácia dos mecanismos de uma instituição financeira, criação de uma governação, fiscalização e controlos eficazes e (vi) interpretação da informação financeira de uma instituição de crédito, identificação das questões-chave com base nessa informação e controlos e medidas apropriados.

A experiência prática e profissional adquirida nos cargos anteriores, por sua vez, deve ser avaliada atendendo, em especial, (i) o tempo de serviço, (ii) a natureza e complexidade da atividade da empresa onde o cargo foi exercido, incluindo a sua estrutura organizacional, (iii) o âmbito de competências, poderes de decisão e responsabilidades, (iv) os conhecimentos técnicos adquiridos no exercício do cargo sobre a atividade de uma instituição de crédito e a compreensão dos riscos a que as instituições de crédito estão expostas e (v) o número de subordinados.

2.3. Processo de Apreciação da Idoneidade, Qualificação Profissional e Experiência

O controlo da idoneidade, qualificação profissional e experiência dos administradores dos bancos processa-se em dois níveis: pelas instituições financeiras, *in casu*, os bancos e pelo Banco de Cabo Verde.

As instituições financeiras, por um lado, devem elaborar uma política de seleção e de avaliação dos membros do órgão de administração, tendo em conta a natureza, a dimensão e a complexidade da atividade desenvolvida pela instituição. O quadro mínimo dos aspetos que a política adotada deve abranger e regular está previsto nas alíneas do nº 1 do artigo 4º do Aviso nº 4/2014, destacando-se aqui o procedimento interno de avaliação da aptidão de um membro, as informações e comprovativos que os candidatos devem submeter à instituição para que esta possa proceder à avaliação da respetiva aptidão e as oportunidades de formação dos membros dos órgãos de administração.

A política de seleção e avaliação dos membros do órgão de administração deve constar de capítulo autónomo do relatório anual sobre o governo societário da instituição financeira[908].

A nível do Banco de Cabo Verde, os requisitos de idoneidade, qualificação profissional e experiência dos candidatos a membro ou membros do Conselho de Administração dos bancos são apreciados e controlados a quando do pedido

---

[908] Este relatório vem referido no nº 2 do artigo 33º da LAIF.

do registo a que estão sujeitos junto desta instituição após a respetiva designação, registo este que é feito a requerimento da instituição financeira (artigo 23º da LAIF).

Por forma a permitir essa apreciação, os pedidos de registo são instruídos com diferentes elementos dos quais se destacam o questionário devidamente preenchido, o *"curriculum vitae"* detalhado com os elementos comprovativos do seu descritivo e o certificado do registo criminal atualizado.

Este controlo não se esgota no ato do registo dos administradores e, como bem se entende, deve ser dinâmico e permanente. Assim, sempre que se verifique a alteração de qualquer informação contida no questionário, um novo questionário atualizado deve ser remetido ao Banco de Cabo Verde. Mais, o questionário tem uma validade de três anos a contar da data da respetiva apresentação, devendo ser renovado com o primeiro pedido subsequente de recondução que deve ser averbada no registo a pedido da instituição financeira, ou com o primeiro pedido subsequente de registo, junto do Banco de Cabo Verde, na qualidade de titular de outro cargo sujeito a registo na mesma ou em outra instituição (artigo 8º do Aviso nº 4/2014).

A falta de idoneidade, experiência ou disponibilidade dos administradores é fundamento de recusa do registo (artigo 23º, nº 5 da LAIF).

2.4. Independência

A eficácia do conselho de administração está diretamente relacionada com a sua composição, em particular, ao seu grau de independência em relação aos gestores. Os membros do conselho de administração são livres para decidir dentro dos limites legais estabelecidos e segundo suas convicções sobre todas as matérias e assuntos da sua responsabilidade. É portanto natural supor que essa liberdade se manifeste em maior grau nos membros independentes, porquanto menos sujeitos às pressões emanadas do controlador ou da administração.

Atualmente, em Cabo Verde, exige-se que o conselho de administração de bancos inclua um número adequado de membros independentes, cabendo ao Banco de Cabo Verde fixar esse número (artigo 35º nº 2 da LAIF). De realçar que a exigência de o conselho de administração ser integrado por membros independentes ainda não foi contemplada na legislação comercial, mais concretamente, no Código das Empresas Comerciais, tendo no entanto sido consagrada na LAIF para os bancos.

O Banco de Cabo Verde no desenvolvimento da competência que lhe foi cometida determinou que o conselho de administração dos bancos deve incluir, pelo menos, três administradores executivos aos quais esteja confiada a gestão corrente da instituição e fixou o número adequado de administradores independentes num mínimo de um quarto do número total de administradores (artigo 5º, nº 1 do Aviso nº 4/2014).

Considera-se administrador independente, a pessoa que não esteja associada a qualquer grupo de interesses específicos na sociedade, nem se encontre em alguma circunstância suscetível de afetar a sua isenção de análise ou de decisão pelo facto de, designadamente, ser titular ou atuar em nome ou por conta de titulares de participações qualificada ou superior a 2% do capital da sociedade e de ter sido reeleita por mais de dois mandatos, de forma contínua ou intercalada (artigo 5º, nº 3 do Aviso nº 4/2014).

2.5. Acumulação de Cargos

Os membros do conselho de administração de bancos, assim como de qualquer outra instituição financeira, podem acumular cargos exercendo funções de administração noutras sociedades.

Entendendo porém que *"essa acumulação é suscetível de prejudicar o exercício das funções que o interessado já desempenhe, nomeadamente por existirem riscos graves de conflito de interesses, ou, tratando-se de pessoas a quem caiba a gestão corrente da instituição, por não se verificar disponibilidade suficiente para o exercício do cargo"*, o Banco de Cabo Verde pode opor-se a que os membros do conselho de administração das instituições financeiras exerçam essas funções de administração noutras sociedades. Fica porém ressalvado desta oposição o exercício cumulativo de cargos de administração de instituições financeiras ou outras entidades que estejam incluídas no mesmo perímetro de supervisão em base consolidada, nos termos em que vier a ser regulamentado pelo Banco de Cabo Verde por aviso.

Tratando-se de uma entidade sujeita a registo no Banco de Cabo Verde, o poder de oposição deste deve ser exercido a quando do processo de registo. Nos demais casos, cabe ao interessado comunicar ao Banco de Cabo Verde a sua pretensão com antecedência mínima de trinta dias sobre a data de início das novas funções e, se o Banco de Cabo Verde não se pronunciar dentro deste prazo entende-se que não se opõe à acumulação (artigo 31º da LAIF).

3. FISCALIZAÇÃO

O regime atual da fiscalização dos bancos em Cabo Verde vem delineado na LAIF e respetiva regulamentação e ainda pelo Código das Empresas Comerciais na parte respeitante às sociedades anónimas.

Uma vez que a LAIF não determina o número de membros que devem compor o conselho fiscal dos bancos, este deve ser composto por três membros efetivos e dois suplentes, sendo obrigatório que um dos membros efetivos e um dos suplentes seja contabilista ou auditor certificado, como determina o artigo 440º, nº 2 do CEC. De notar ainda que, da redação dada ao artigo 36º da LAIF é de se concluir que o legislador afastou a possibilidade de a fiscalização de um banco ser feita por um fiscal único tal como permitido no nº 1 do artigo 440º do CEC nas sociedades anónimas.

3.1. Idoneidade e Qualificação Profissional

São exigidos aos membros do conselho de fiscal dos bancos os mesmos requisitos de idoneidade e de qualificação profissional exigidos aos administradores dos bancos, já indicados e que estão consagrados nos artigos 28º e 29º da LAIF. De igual modo os critérios para a aferição da idoneidade, qualificação profissional e experiência dos membros do conselho fiscal pelo Banco de Cabo Verde e o respetivo processo de avaliação, são os já descritos a propósito dos administradores e constantes dos artigos 2º, 3º e 4º do Aviso nº 4/2014. Aliás, não poderia ser diferente porquanto quer o conselho de administração quer o conselho fiscal merecem igual exigência enquanto órgão societários centrais e fulcrais para qualquer sociedade.

O conselho fiscal dos bancos deve incluir pelo menos um membro que tenha as habilitações literárias adequadas ao exercício das suas funções e conhecimentos de auditoria ou contabilidade.

O controlo da idoneidade, qualificação profissional dos membros do conselho fiscal dos bancos processa-se também em dois níveis (pelos bancos e pelo Banco de Cabo Verde) e nos termos já indicado na parte relativa aos administradores (artigo 23º da LAIF, artigo 4º e artigo 8º do Aviso nº 4/2014).

3.2. Incompatibilidades e Independência

Os membros do conselho fiscal devem exercer as suas funções de forma consciensiosa e imparcial, guardando sigilo quanto às informações que obtenham no exercício das suas funções, como resulta do artigo 447º do CEC.

É ainda imposto aos membros do conselho fiscal dos bancos, a observação dos deveres de cuidado, empregando para o efeito elevados padrões de diligência profissional e deveres de lealdade, no interesse da instituição (artigo 34º, nº 2 da LAIF) e são-lhes aplicáveis as regras relativas aos respetivos requisitos e incompatibilidades estabelecidas na LAIF e no Código das Empresas Comerciais (artigo 36º da LAIF).

Para garantia do cumprimento das suas funções, o legislador teve a preocupação de estabelecer um conjunto de requisitos e incompatibilidades para os membros do conselho fiscal (artigo 441º do CEC).

O conselho fiscal pode ser integrado por não acionista e a escolha dos seus membros deve recair sobre pessoas singulares com capacidade jurídica plena, devendo um deles e o suplente ser contabilista ou auditor certificado escolhidos de entre pessoas que não se encontrem ligadas à sociedade, nem a nenhuma outra que com esta esteja em relação de domínio, por contrato de trabalho ou de prestação de serviços.

É ainda estabelecido um conjunto de impedimentos para o exercício de funções no conselho fiscal (artigo 441º, nº 3 do CEC), não podendo por isso serem eleitas para exercer essas funções:

- As pessoas que exerçam funções de administradores da sociedade ou tenham ocupado essas funções nos últimos dois anos não podem nela exercer funções de membro do conselho fiscal, respetivos cônjuges parentes e afins em linha reta e até o terceiro grau, inclusive, na linha colateral;
- Os membros dos órgãos de sociedade que se encontrem em relação de domínio ou de grupo com a sociedade fiscalizada, respetivos cônjuges parentes e afins em linha reta e até o terceiro grau, inclusive, na linha colateral;
- As pessoas que prestem serviços remunerados com carácter de permanência à sociedade ou a sociedade que com ela se encontre em relação de domínio, respetivos cônjuges parentes e afins em linha reta e até o terceiro grau, inclusive, na linha colateral;
- As pessoas que exerçam funções em empresa concorrente;
- Os interditos, os inabilitados, os insolventes, os falidos e os condenados a pena que implique inibição, ainda que temporária, do exercício de funções públicas.

Acresce-se ainda, no caso dos bancos, que um auditor certificado ou a sociedade de auditores a quem compete realizar a auditoria e a certificação legal de contas não pode ser membro do conselho fiscal (artigo 37º, nº 1, b) da LAIF).

Na composição do respetivo conselho fiscal, os bancos devem incluir um número adequado de membros independentes a fixar pelo Banco de Cabo Verde (artigo 36º da LAIF).

Ora, o Banco de Cabo Verde ao determinar o número de independentes que deve integrar o conselho fiscal dos bancos, "*atendendo à importância deste órgão na supervisão interna societária e à relevância da governação da sociedade no sector financeiro*" optou "*por um patamar ambicioso, mas em linha de conta com as melhores práticas internacionais: a maioria dos membros do conselho fiscal*"[909] (artigo 5º, nº 2 do Aviso nº 4/2014).

Na determinação desse número adequado de independentes para o conselho fiscal, além de dever ser a maioria dos respetivos membros, há que ter em conta entre outros fatores a dimensão da instituição bancária e a complexidade das atividades desenvolvidas. É independente, a pessoa que não esteja associada a qualquer grupo de interesses específicos na sociedade, nem encontre em alguma circunstância suscetível de afetar a sua isenção de análise ou de decisão pelo facto de, designadamente, ser titular ou atuar em nome ou por conta de titulares de participações qualificada ou superior a 2% do capital da sociedade e de ter sido reeleita por mais de dois mandatos, de forma contínua ou intercalada (artigo 5º, nº 3 do Aviso nº 4/2014).

4. FUNÇÕES DE CONTROLO INTERNO

Um sistema eficiente de controlo interno é uma componente fundamental da gestão de instituições financeiras, com especial enfoque na gestão bancária, e o alicerce para as operações seguras e sadias destas organizações.

Em Cabo Verde, as instituições financeiras devem criar, manter e operar um sistema eficaz de controlo interno apropriado à dimensão da instituição e à natureza, ao âmbito e ao risco da sua atividade. Tal é imposto pelo artigo 29º da LBSB, segundo o qual as instituições financeiras dispõem de sistemas de controlo interno, sob responsabilidade do órgão de administração e nos termos da lei.

Os sistemas de controlo interno devem ser eficazes, independentemente da complexidade e dimensão da instituição em causa. Daí que se exija que os sistemas de controlo interno das instituições financeiras sejam adequados e proporcionais, designadamente (i) às atividades financeiras que exerçam ou se proponham exercer; (ii) à dimensão atual ou prevista para essas atividades; (iii) à gestão dos riscos a que se encontrem expostas ou que aceitem expor-se; (iv) à complexidade dos mercados financeiros onde operem; e (v) à dimensão e

---

[909] In nota preambular do Aviso nº 14/2014, de 17 de Outubro.

complexidade da sua organização (artigo 29º, n.º 1 da LBSF e n.º 2 e 3 do Aviso n.º 2/95, de 27 de Março[910]).

Os controlos internos destinam-se a assegurar que os bancos alcancem as suas metas bem como os seus objetivos de rendibilidade a longo prazo de um modo seguro, prudente e controlável. Mais concretamente, um sistema eficaz de controlo interno pode assegurar que as operações bancárias sejam eficientes e eficazes, o registo das transações seja exato, os relatórios financeiros e os de gestão sejam fidedignos e completos, os sistemas de controlo de riscos sejam eficazes, o respeito pelas leis e os regulamentos, bem como, o cumprimento das políticas e os procedimentos internos vigentes. É esse o alinhamento adotado pelo Banco de Cabo Verde ao estabelecer os objetivos que todo o sistema de controlo interno deve prosseguir por forma a minimizar os riscos de fraude, irregularidade e erros, bem como, assegurar a sua prevenção e deteção tempestiva (n.º 3 do Aviso n.º 2/95, de 27 de Março).

Com vista a atingir este desiderato, o legislador definiu o âmbito mínimo de incidência dos sistemas de controlo, ao determinar que devam incidir sobre (i) os procedimentos operacionais internos; (ii) a recolha, o registo e o tratamento da informação, aqui incluída a informação divulgada; (iii) a conservação dos documentos de suporte da informação registada; (iv) a recolha, o registo e o tratamento dos movimentos de tesouraria; (v) a recolha, o registo e o tratamento das perdas incorridas por efeito de riscos que se concretizarem; (vi) as áreas vulneráveis a conflitos de interesse; e (vii) a identificação e correção das falhas no cumprimento das normas legais e das regras prudenciais em vigor (artigo 29º, n.º 2 da LBSF).

O legislador responsabiliza, individual e solidariamente os administradores e as pessoas que exercem funções de direção nas instituições financeiras pela conformidade dos respetivos sistemas de controlo interno com as normas legais e regulamentares aplicáveis (artigo 29º, n.º 3 da LBSF).

O conselho de administração acompanha diretamente a criação e a atualização do sistema de controlo interno, competindo-lhe, ainda, verificar o seu funcionamento e eficácia. A função de avaliar a eficácia do sistema de controlo interno está separada do da formulação e execução do mesmo e, por esse facto, a sua qualidade e a adequabilidade devem ser avaliados de forma independente mediante a contratação de serviços externos que emitam parecer designadamente sobre a coerência e eficácia do sistema (n.º 7 do Aviso n.º 2/95, de 27 de Março).

Os bancos devem enviar, anualmente, ao Banco de Cabo Verde um relatório sobre o sistema de controlo interno, relatório este que deve ser acompanhado de parecer do conselho fiscal (n.º 9 e 10 do Aviso n.º 2/95, de 27 de Março).

---

[910] Com as alterações introduzidas pelo Aviso n.º 5/99, de 3 de Maio.

A propósito dos sistemas de controlo interno, aos bancos que sejam das sociedades cotadas é ainda aplicável o artigo 131º da CMVM que manda incluir na informação anual sobre o governo das sociedades, entre outras matérias, a informação detalhada sobre os sistemas de controlo interno e de risco de gestão implementados na sociedade.

4.1. Gestão de Riscos

O controlo do risco, em todas as suas vertentes, dados os novos requisitos de capital e de cumprimento de rácios de liquidez, passou para o topo das preocupações de gestão das instituições financeiras tornando ainda mais premente, que todos os colaboradores de um banco, e não apenas a gestão de topo, partilhem uma clara ideia do impacto das suas propostas e decisões nos riscos assumidos e, consequentemente, no capital consumido.

Os bancos estabelecidos em Cabo Verde, assim como qualquer outra instituição financeira, devem adotar políticas e procedimentos para identificar e gerir os riscos relacionados com as suas atividades, procedimentos e sistemas, considerando o nível de risco tolerado, cabendo-lhes adotar procedimentos adequados e eficazes e acompanhar o cumprimento destes por parte de todos os colaboradores e membros de órgãos sociais e a adequação e a eficácia das medidas tomadas para corrigir eventuais deficiências naqueles (artigo 71º da LAIF).

Dada a importância da função de gestão de riscos numa instituição bancária, o serviço de gestão de riscos a estabelecer nos bancos deve ser um serviço independente, assegurar a aplicação da política e dos procedimentos por eles adotados, prestar aconselhamento ao órgão de administração, além de elaborar e apresentar ao órgão de fiscalização um relatório, pelo menos uma vez por ano, relativo à gestão de riscos, indicando se foram tomadas as medidas adequadas para corrigir eventuais deficiências (artigo 71º, nºs 3 e 4 da LAIF).

Uma avaliação do risco deve identificar e sopesar os fatores internos e externos que poderão afetar negativamente os objetivos planeados pelo banco, nomeadamente os de execução, de informação e de conformidade. Essa avaliação deve abranger todos os riscos que o banco enfrenta (tais como, risco do crédito, risco do país e transferências, risco do mercado, risco da taxa de juro, risco da liquidez, risco operacional, risco legal e risco reputacional).

Esta matéria foi objeto de regulamentação através do Aviso nº 2/2013, de 18 de Abril, que estabelece os princípios e as disposições fundamentais por que se rege a implementação do sistema de gestão de risco de crédito num banco. A Lei de Atividades e de Instituições Financeiras consagrou algumas normas inovadoras nesta matéria pelo que o referido aviso necessita de uma atualização. Dado este facto e para atender a esta necessidade, o Banco de Cabo Verde tem em preparação um aviso sobre o sistema de gestão de riscos cujos principais temas a tratar vão ser a regulação dos riscos que uma instituição está sujeita, o estabelecimento de limites à concentração de riscos, as provisões para a cobertura de riscos e, bem assim os critérios de constituição e aplicação de reservas, alinhados com os princípios e normas consagradas na LAIF.

Tratando-se de um banco que seja uma sociedade cotada, é de se atender também ao Regulamento nº 1/2012, de 22 de Janeiro de 2013, que estabelece as regras e os princípios gerais da supervisão prudencial exercida pela Auditoria Geral do Mercado de Valores Mobiliários e determina no seu artigo 3º que as entidades sujeitas a esta supervisão devam manter sistemas de controlo dos riscos apropriados à monitorização dos riscos inerentes às suas atividades, indicando os objetivos subjacentes à definição dos procedimentos a adotar para o efeito para além de impor uma revisão anual sobre a adequação e a eficácia dos sistemas de controlo de riscos, em vista do cumprimento desses mesmos objetivos.

4.2. Complience

A função complience é um dos pilares da boa governação dos bancos e, por isso mesmo, é-lhes imposto a adoção de políticas e procedimentos adequados a detetar qualquer risco de incumprimento dos deveres a que se encontram sujeitos, aplicando medidas para os minimizar ou corrigir. Esta obrigação decorre do artigo 70º da LAIF.

Nos bancos, em particular, o sistema de controlo do cumprimento é independente e deve abranger, no mínimo, (i) o acompanhamento e a avaliação regular da adequação e da eficácia das medidas e procedimentos adotados para detetar qualquer risco de incumprimento dos deveres a que se encontrem sujeitos, bem como das medidas tomadas para corrigir eventuais deficiências no cumprimento destes, (ii) a identificação das operações sobre instrumentos financeiros suspeitas de lavagem de capitais, de financiamento de terrorismo, (iii) a prestação imediata ao órgão de administração de informação sobre quaisquer indícios de violação de deveres regulamentares ou legais e (iv) a elaboração e apresentação ao órgão de administração e ao órgão de fiscalização de um relatório, de periodicidade pelo menos anual, sobre o sistema de controlo do cumprimento, identificando os incumprimentos verificados e as medidas adotadas para corrigir eventuais deficiências.

4.3. Auditoria Interna

A auditoria interna desempenha papel fundamental dentro de qualquer organização e tem por objetivo examinar a integridade, adequação e eficácia dos controlos internos e das informações físicas, contábeis, financeiras e operacionais das organizações.

Em Cabo Verde, os bancos devem estabelecer um serviço de auditoria interna e este funciona de forma independente (artigo 72º da LAIF). Na verdade, os objetivos da auditoria interna só serão alcançados se esta for independente e imparcial.

O serviço de auditoria interna nos bancos é responsável por (i) adotar e manter um plano de auditoria para examinar e avaliar a adequação e a eficácia dos sistemas, procedimentos e normas que suportam o sistema de controlo interno do intermediário financeiro, (ii) emitir recomendações baseadas nos resultados das avaliações realizadas e verificar a sua observância e (iii) elaborar e apresentar ao órgão de administração e ao órgão de fiscalização um relatório, de periodicidade pelo menos anual, sobre questões de auditoria, indicando e identificando as recomendações que foram seguidas.

5. PRÁTICAS E POLÍTICAS REMUNERATÓRIAS

No âmbito da adoção de mecanismos e procedimentos de bom governo societário que são impostos aos bancos, enquanto instituições financeiras, estes devem dispor de políticas e práticas de remuneração que promovam e sejam coerentes com uma gestão sã e prudente dos riscos e com os objetivos de longo prazo da instituição. Trata-se de uma obrigação recente e inovadora, consagrada no artigo 32º da LAIF.

Embora a obrigação de disporem de políticas e práticas de remuneração em obediência aos princípios acima citada seja um bom pronúncio no âmbito do bom governo dos bancos, falta ainda regulamentar os princípios e regras que devem reger a política de remuneração dos membros dos órgãos de administração e fiscalização, bem como dos colaboradores dos bancos e o Banco de Cabo Verde[911] formular a sua recomendação nesta matéria.

Sendo os bancos sociedades comerciais, há que aplicar nesta matéria o previsto no Código das Empresas Comerciais e não afastado pela legislação especí-

---

[911] Uma das recomendações a fixar pelo Banco de Cabo Verde no Código do Governo das Instituições Financeiras que deverá estabelecer, como estatui o nº 1 do artigo 33º da LAIF, é sobre a remuneração.

fica. Assim, é de referir que aquele código afasta os administradores do processo de fixação da sua remuneração, atribuindo essa competência à assembleia geral ou a uma comissão de vencimentos composta por três ou cinco acionistas por aquela eleitos (art. 429º, nº 2 do CEC).

Quanto à composição da remuneração dos administradores, é admitida a possibilidade desta consistir numa percentagem dos lucros fixada na deliberação geral na qual sejam eleitos os membros do conselho de administração (artigo 429º do CEC). Em consequência, a remuneração dos administradores pode ser fixa, compreendendo uma importância em dinheiro mas também podendo compreender outras componentes acessórias não monetárias, pode ser variável, consistindo na percentagem de lucro acima referida e, bem assim, em parte certa e noutra parte variável.

O Código das Empresas Comerciais é omisso quanto à remuneração dos membros do conselho fiscal das sociedades anónimas, não fazendo qualquer referência se o exercício dessas funções são remuneradas e tão pouco indicando a quem compete a fixação das remunerações e em que deve consistir.

É de obsevar que a prática e as políticas remuneratórias praticadas pelos bancos em Cabo Verde ainda são pouco divulgadas e conhecidas.

6. SUPERVISÃO DOS SISTEMAS DE GOVERNO

A supervisão das instituições financeiras em Cabo Verde compete ao Banco de Cabo Verde com poderes para, no exercício desta função, estabelecer diretivas para a atuação destas entidades, realizar inspeções e averiguações, instaurar e instruir processos respeitantes às infrações verificadas e aplicar as sanções correspondentes.[912]

Compete Banco de Cabo Verde, no âmbito da sua competência de fiscalização, a orientação e fiscalização dos mercados monetário, financeiro e cambial regulando o seu funcionamento, pela adoção de providências genéricas e intervindo sempre que necessário para garantir o cumprimento dos objetivos de política económica, exercendo a supervisão das instituições financeiras.

A supervisão exercida pelo do Banco de Cabo Verde sobre as instituições financeiras é comportamental e prudencial e tem como objetivos (i) preservação da estabilidade do sistema financeiro; (ii) a prevenção do risco sistémico; (iii) a proteção dos interesses legítimos dos adquirentes de serviços financeiros, incluindo os consumidores e investidores não qualificados, e o reforço do grau

---

[912] Artigo 23º da Lei Orgânica do Banco de Cabo Verde, aprovada pela Lei nº 10/VI/2002, de 15 de Julho.

de literacia financeira; (iv) a defesa do funcionamento regular dos mercados financeiros; (v) a promoção da livre e sã concorrência e da eficiência dos mercados financeiros; (vi) a prevenção, processamento e sancionamento de ilícitos financeiros e (vii) a prevenção da utilização do sistema financeiro para efeitos de branqueamento de capitais e de financiamento do terrorismo (artigo 11º da LBSF).

O acompanhamento da atividade das instituições financeira pelo Banco de Cabo Verde é contínuo e assenta no processo regular de supervisão, competindo-lhe regular, por aviso, o processo geral de supervisão (artigos 90º e 91º da LAIF).

Ao Banco de Cabo Verde cabe a prorrogativa de exigir que as instituições financeiras que não cumpram as normas por que se rege a atividade adotem rapidamente as medidas ou ações necessárias para corrigir a situação e, mais concretamente no âmbito do governo societário, determinar o reforço das disposições, processos, mecanismos e estratégias criadas para efeitos do governo societário, controlo interno e autoavaliação de riscos, determinar a destituição de um ou mais administradores ou restringir a remuneração dos membros de órgãos sociais (artigo 95º da LAIF).

A supervisão prudencial é exercida, por um lado, a nível macro prudencial, ou seja, incidindo sobre o sistema financeiro como um todo e com a principal função a limitação dos riscos de instabilidade financeira e as perdas daí decorrente no seu todo e, por outro, a nível micro prudencial, assentando sobre cada instituição financeira, individualmente considerada e integrada no respetivo perímetro de consolidação, bem como sobre cada mercado financeiro, individualmente considerado (artigo 10º da LBSF).

No exercício da supervisão prudencial, o Banco de Cabo Verde é competente para apreciar os pedidos de constituição de instituições financeiras e controla a idoneidade dos titulares dos órgãos de administração e gestão, das pessoas que dirigem efetivamente a atividade e dos titulares de participações qualificadas, com vista à manutenção, a todo o tempo, de uma gestão sã e prudente da instituição financeira (artigo 96º da LAIF). Neste âmbito é atribuído um importante leque de competências ao Banco de Cabo Verde, abrangendo ações e procedimentos de supervisão e que, em sede dos planos de recuperação e resolução apresentados, incluem os poderes bastantes para exigir a conformação da organização e estruturação da atividade financeira da instituição em questão com o exercício da função de supervisão e com a eventual necessidade de atuação, por parte do supervisor, em caso de crise bancária, para fins de saneamento e recuperação ou de estabilização (artigo 96º e ss. da LAIF).

A atuação do Banco de Cabo Verde no âmbito da supervisão comportamental assenta, essencialmente em três fatores: o poder de fiscalização, o poder de decisão e o poder de sanção.

No exercício da supervisão comportamental, várias são as competências do Banco de Cabo Verde com impacto no governo dos bancos, competindo-lhe em especial analisar os códigos de conduta submetidos pelas instituições financeiras, emitir instruções sobre os códigos de conduta e definir, por aviso, normas orientadoras para esse efeito e ainda exigir as alterações aos códigos de conduta submetidos que considere necessárias para assegurar o adequado cumprimento dos objetivos subjacentes aos mesmos (artigo 102º da LAIF). Ao Banco de Cabo Verde são pois atribuídas competências para emitir recomendações e determinações específicas para que sejam sanadas eventuais irregularidades detetadas e o não acatamento destas determinações, assim como a violação das normas de conduta cujo cumprimento as mesmas visam assegurar, é punível com coimas que podem ir até 50.000.000$00, podendo ainda ser aplicadas sanções acessórias (artigos 102º, 231º, 232º e 238º da LAIF).

CAPÍTULO XVII

O GOVERNO DOS BANCOS NA REGIÃO ADMINISTRATIVA ESPECIAL DA REPÚBLICA POPULAR DA CHINA DE MACAU

José Espírito Santo Leitão

I. INTRODUÇÃO. FONTES ESPECÍFICAS SOBRE GOVERNAÇÃO DOS BANCOS

Nos termos da legislação da RAEM, os bancos constituem uma subespécie das *"instituições de crédito"*[913], sendo como tal regulados pelas normas do RJSF quanto aquele que seria o *terreno* expectável de uma legislação *quadro* de uma actividade socialmente estruturante e económica e tecnicamente complexa como é a bancária.

Assim, é sem surpresa que encontramos no RJSF regulação detalhada sobre o licenciamento e constituição de bancos na RAEM, normas específicas sobre a estrutura orgânica dos bancos enquanto sociedades comerciais bem como o quadro geral das obrigações prudenciais dos bancos. A este complexo de regras juntam-se normas sobre as infracções próprias das actividades financeira e bancária e ainda um regime de intervenção pública sobre as instituições financeiras (sujeita à verificação de determinadas circunstâncias melhor descritas *infra*) das quais ressuma, como nota mais saliente, o elevado grau de poder de supervisão da AMCM sobre a actividade financeira em geral e bancária em particular.

Sobre o governo dos bancos em sentido próprio, a regulação do RJSF é menos incisiva, quiçá por, em 1992 – ano em que o RJSF entrou em vigor, para não mais ser alterado – o domínio do *corporate governance* não revestir ainda a acuidade que reveste nos dias de hoje, e/ou por várias das questões que hoje compõem o núcleo duro do *governance* bancário (e.g., branqueamento de capitais, *big data*, etc.) não

---

[913] Definidas pelo Artigo 1º a) do RJSF como *"empresa cuja actividade consiste em receber do público depósitos ou outros fundos reembolsáveis e conceder crédito por conta e risco próprios"*.

suscitarem o mesmo tipo de preocupações. Assim, os bancos acabam por, grosso modo, estar sujeitos às mesmas regras de *governance* que emergem do CCom para as sociedades anónimas na RAEM (tipo societário imposto aos bancos nos termos do RJSF[914]) em geral.

No entanto, a AMCM, a coberto das suas competências regulamentares nos termos do Artigo 6º do RJSF, tem vindo a dirigir-se a algumas destas questões de forma *avulsa*, através de circulares e avisos com força equiparável às das normas do RJSF, embora continue a faltar – e a *fazer falta* – um verdadeiro código de conduta dos bancos, à semelhança, por exemplo, do emitido pela AMCM para o sector dos seguros[915]. De entre estes avisos e circulares, e com relevo para este estudo, salientamos os seguintes:

a) Circular nº 169/B/2002-DSB/AMCM, que estabelece directivas para o controle interno das instituições de crédito autorizadas;

b) Circular nº 003/B/2008-DSB/AMCM, que estabelece directivas sobre gestão de risco da banca electrónica;

c) Circular nº 008/B/2008-DSB/AMCM, que estabelece directivas sobre gestão de risco do território;

d) Circular nº 052/B/2008-DSB/AMCM, que estabelece directivas sobre gestão de investimento;

e) Aviso nº 010/2009-AMCM, que estabelece directivas contra o branqueamento de capitais e o financiamento do terrorismo para **(i)** instituições financeiras e **(ii)** sobre transacções em numerário;

f) Circular nº 003/B/2011-DSB/AMCM, que emite instruções sobre a gestão de risco relativo à liquidez; e

g) Circular nº 016/B/2015-DSB/AMCM, que cria a directiva relativa à contratação de auditores externos, suas atribuições e relações com a AMCM.

Assim, o presente capítulo cuida apenas da combinação das regras específicas do RJSF e das circulares e avisos emitidos pela AMCM com relevo para os temas ora em análise, convindo ainda notar, em sede desta curta introdução, a existência de normas diferentes no RJSF consoante a instituição de crédito tenha sido constituída *ex novo* na RAEM ou seja uma sucursal de uma instituição de crédito sediada no exterior.

---

[914] Artigo 20º do RJSF.
[915] Aviso Nº 016/2013-AMCM, relativo ao Estabelecimento de *"Directivas Sobre Governança Empresarial Para as Seguradoras Autorizadas"*

II. ADMINISTRAÇÃO

a) Estrutura administrativa

Estando os bancos legalmente obrigados a constituírem-se na RAEM como sociedades anónimas, as exigências legais ao nível de existência e composição do seu CA fluem, em primeira análise, do Artigo 454º do CCom, que prevê um número mínimo de três administradores, que poderão ou não ser accionistas da sociedade, bem como a possibilidade de previsão estatutária de suplentes (com o máximo de três), cuja ordem de precedência deve constar da deliberação que os nomeie.

Esta exigência é majorada pelo requisito do Artigo 47º do RJSF que determina que os membros do CA o CA das instituições de crédito constituídas na RAEM **(i)** gozem de *reconhecida idoneidade* (a ser verificada pela AMCM em termos melhor descritos *infra*); **(ii)** demonstrem capacidade e experiência adequadas ao exercício das funções (cuja aferição cabe também à AMCM, embora em termos não definidos no RJSF) e disponham de poderes para efectivamente determinarem a orientação da actividade da instituição de crédito; e **(iii)** sejam residentes na RAEM, uma exigência habitual da legislação da RAEM no que toca a actividades reguladas, sendo de notar que, embora o conceito de *"residente"* parecesse originalmente referir-se a quaisquer pessoas que tivessem fixado a sua residência em Macau, a entrada em vigor da Lei nº 4/2003 e do Regulamento Administrativo nº 5/2003, que definem e regulam a condição jurídica de *"residente"* e condições para a sua obtenção e manutenção, tem feito com que esta se estenda com progressiva força à interpretação desta exigência, quando plasmada em lei anterior[916].

Já quanto à estrutura orgânica das sucursais de instituições de crédito com sede no exterior, esta, por motivos óbvios, que se prendem com a sua constituição no exterior e consequente organização nos termos da legislação da sua jurisdição de origem, reveste matizes diferentes. Assim, as sucursais de instituições de crédito com sede no exterior devem integrar entre os seus representantes legais nomeados nos termos do Artigo 178º do CCom, pelo menos duas pessoas dotadas de idoneidade e experiência profissional adequadas, com residência na RAEM e que disponham de poderes para dirigirem efectivamente a actividade da sucursal.

---

[916] Embora, na opinião do autor, a norma da lei, interpretada do ponto de vista gramatical, deixe pouca margem para dúvidas: Se o legislador tivesse pretendido que o critério fosse o do direito de residência (reservado a certas pessoas) ao invés do de residência física no território (conceito que abarcaria também estrangeiros não-residentes em sentido jurídico), teria alterado a norma do RJSF para que esta exigisse que o administrador fosse residente da RAEM e não na RAEM.

No restante, a estrutura administrativa dos bancos na RAEM é regulada pelas normas do CCom quanto às sociedades anónimas relativamente a temas como designação e destituição de administradores (sem prejuízo das limitações emergentes do controlo de idoneidade e qualificação dos administradores, a levar a cabo pela AMCM), nomeação de administradores-delegados e competências do CA[917-918].

Ainda assim, encontramos algumas particularidades dignas de nota no tocante às exigências e responsabilidades específicas dos administradores dos bancos autorizados a operar na RAEM, nomeadamente no domínio da prevenção e mitigação de eventuais conflitos de interesse se conseguem perceber preocupações específicas do RJSF, fruto da natureza da actividade bancária e de necessidades acrescidas de transparência no seu exercício. Assim, o RJSF proíbe, nos termos do seu Artigo 51º, que os titulares de órgãos sociais de bancos participem na apreciação e decisão de operações em que intervenham empresas de que aqueles sejam sócios ou a cujos órgãos de gestão pertençam, ou que, de modo directo ou indirecto, lhes interessem[919]. A este respeito é ainda de notar que o RJSF impõe a aprovação unânime de todos os restantes elementos do CA do banco, bem como o visto do órgão de fiscalização para que uma operação que envolva directa ou indirectamente um titular dos órgãos sociais do banco[920]. Na mesma linha desta norma, o RJSF afasta não só da esfera de decisão como até do processo preparatório de apreciação das operações bancárias todos os trabalhadores do banco relativamente a operações e transacções em que intervenham empresas de que sejam sócios ou a cujos órgãos de gestão pertençam ou que, de modo directo ou indirecto[921], lhes interessem. Para efeitos destas restrições, o RJSF equipara a aquisição de partes de capital em sociedades directa ou indirectamente controladas à concessão de crédito, embora exclua operações com sociedades que sejam objecto de supervisão consolidada juntamente com o banco em causa por parte da AMCM nos termos do Artigo 9º do RJSF.Por fim, o Artigo 51º do RJSF, estipula que os administradores, directo-

---

[917] Artigos 214º a 251º e 454º a 468º do CCom.
[918] *Vide* a este respeito o Capítulo relativo à RAEM d' *"A Governação de Sociedades Anónimas nos Sistemas Jurídicos Lusófonos"*, Almedina, Coimbra, Governance Lab, 2013.
[919] O RJSF estabelece uma presunção – ilidível, no nosso entender – de interesse indirecto na operação em causa quando os seus beneficiários forem o cônjuge, parente ou afim em primeiro grau ou ainda uma empresa directa ou indirectamente controlada pelos titulares dos órgãos sociais do banco (Artigo 51º, Nº 4).
[920] No entanto, o RJSF não resolve uma dificuldade prática que cria com esta exigência, nomeadamente a do caso em que seja o fiscal único a participar na transacção em causa, caso em que não existe qualquer outra pessoa que possa efectuar o visto exigido pela lei.
[921] *Vide* nota de rodapé 7 a este respeito.

res, gerentes, membros dos órgãos de fiscalização ou presidentes das mesas da assembleia geral, advogados, auditores externos, consultores ou empregados de uma instituição de crédito, quando desempenhem funções de gestão ou de mandatários com poderes de gerência noutra instituição com actividade idêntica, não podem participar nas decisões que impliquem conflito de interesses entre as instituições em causa, nem no respectivo processo preparatório.

Também a responsabilidade dos titulares órgãos sociais dos bancos foi especificamente regulada no RJSF em termos diferentes dos previstos no CCom, com o Artigo 52º do RJSF a prever a responsabilidade solidária daqueles por todos os actos contrários à lei ou aos estatutos das instituições, desde que neles tenham participado sem manifestar por escrito a sua oposição ou discordância, estendendo esta responsabilidade aos membros do órgão de fiscalização que tomem conhecimento dos actos ilegais em cause não manifestem por escrito a sua oposição ou discordância.

b) Comissões

A legislação da RAEM não prevê, enquanto órgão geneticamente obrigatório, a criação de quaisquer comissões para as instituições de créditos, tudo se passando, ao nível orgânico em sentido próprio, como se de sociedades não reguladas se tratassem. No entanto, a evolução da prática bancária na RAEM e as crescentes preocupações com o controlo interno e responsabilização dos titulares de órgãos sociais dos bancos levaram a que a AMCM emitisse, através da já referida Circular nº 169/B/2002-DSB/AMCM, um conjunto de directivas para o controle interno dos bancos, que compreendem a criação de várias comissões, com as seguintes atribuições:

    a) *Comissão de Auditoria*: Criada com o intuito de se constituir como uma comissão que reporte directamente ao CA do banco de forma transparente e independente e a quem cabe a supervisão aos auditores internos e externos do banco, aprovando as suas nomeações e demissões, revendo e aprovando os parâmetros e a frequência da auditoria, bem como assegurar que o CA toma acções correctivas atempadas e apropriadas sobre as deficiências de controle, não conformidade com as políticas, leis e regulamentos, bem como de outros problemas identificados pelos auditores.

    b) *Comissão de Gestão de Activos e Passivos*: A esta comissão cabe a supervisão do risco de mercado do banco e, de um modo particular, assegurar que o banco tem a liquidez suficiente para solver os seus compromissos, é tendencialmente composta pelo presidente do CA, o director financeiro, o tesoureiro, o director de crédito, e o director responsável pelos depósitos.

c) **Comissão de Gestão de Risco**: De acordo com a referida Circular, esta comissão tem por objecto a supervisão das actividades da direcção na gestão do crédito, do mercado, da liquidez, operacional, legal e de outros riscos do banco, devendo ser composta pelas *"chefias dos principais ramos de negócio do banco"*, bem como por *"representantes de algumas unidades orgânicas especiais, como por exemplo, administração de crédito, auditoria"*.

d) **Comissão de Compensação**: Trata-se de uma verdadeira comissão de remunerações, que tem como competências a supervisão das remunerações do pessoal da direcção e das chefias bem como de outros trabalhadores chaves, bem como assegurar uma compensação consistente com a cultura, estratégia, visão e ambiente de controlo do banco, devendo a aprovação das políticas salariais e pacotes relevantes por parte do CA ser feita com base nas recomendações da comissão.

e) **Comissão de Nomeação**: Por fim, a Circular nº 169/B/2002-DSB/AMCM impõe aos bancos a criação de uma comissão que forneça uma avaliação sobre a eficácia do CA e dirija o processo de renovação e substituição dos membros daquele. Esta comissão deve assegurar que *"apenas os indivíduos mais competentes sejam nomeados para o conselho e outros lugares chaves de chefia"* e o CA deve aprovar as nomeações dos seus membros com base nas recomendações da comissão.

c) Qualificação e Idoneidade dos administradores

Embora a organização dos bancos enquanto sociedades anónimas não deixe perceber uma grande diferenciação destes em relação às demais sociedades anónimas, uma análise mais profunda revela que é na ponderação do elemento humano da administração dos bancos que o legislador da RAEM depositou maiores preocupações e que foi a este nível que preferiu acautelar o são governo dos bancos. Com efeito, o RJSF contém diversas normas relativas ao escrutínio – prévio e continuado – dos titulares dos órgãos sociais dos bancos, quer pela imposição **(i)** de deveres especiais de diligência e zelo; e **(ii)** requisitos de idoneidade e qualificação.

A este respeito, e em tema de deveres de diligência, importa salientar que o CCom já impõe, enquanto obrigação geral dos administradores, um dever geral de diligência e zelo no desempenho das suas funções (Artigo 235º No. 2). No entanto, o RJSF vai mais longe no seu Artigo 51º, ao impor a todos os titulares de órgãos sociais de instituições de crédito o exercício das suas funções não só de forma prudente e criteriosa, de forma independente e com respeito pela lei, como resultaria, em qualquer caso, das normas do CCom, como lhes impõe a obrigação específica de promoção de *"adequada diversificação do risco e segurança das aplicações em atenção aos interesses da instituição, dos depositantes e dos demais credores"*.

Já quanto à idoneidade dos administradores dos bancos[922], e conforme avançado *supra*, o RJSF exige, no Artigo 47º, que os titulares de órgãos sociais de bancos gozem de *"reconhecida idoneidade"*. A apreciação desta idoneidade é feita nos termos do Artigo 48º do RJSF, com base numa avaliação das pessoas em causa com base no critério geral de apreciação por parte da AMCM quanto ao *"modo habitual como a pessoa conduz os seus negócios ou exerce a sua profissão, em especial nos aspectos que revelem uma incapacidade para decidir de forma ponderada e criteriosa ou evidenciem incumprimento das suas obrigações ou a adopção de comportamentos incompatíveis com a preservação da reputação da instituição de crédito"*. Este critério geral está densificado no No. 2 do mesmo artigo do RJSF, que prevê a consideração pela AMCM de várias circunstâncias que o legislador reputou de idóneas para revelarem a idoneidade (ou falta dela) dos titulares de órgãos sociais dos bancos:

a) Declaração de falência ou insolvência da pessoa em causa, por sentença, ou existência de decisão judicial que a julgue responsável por falência ou insolvência de empresa por ela dominada ou de que tenha sido administradora, directora ou gerente;

b) O facto de a pessoa em causa ser ou ter sido administradora, directora ou gerente de empresa cuja falência ou insolvência tenha sido prevenida, suspensa ou evitada por providências extraordinárias de saneamento financeiro, ou ainda detentora de uma posição de domínio em empresa nessas condições desde que, em qualquer dos casos, se reconheça a sua responsabilidade por essa situação;

c) Condenação ou pronúncia por crimes de falsificação, furto, roubo, burla, peculato, suborno, extorsão, abuso de confiança, usura, corrupção, emissão de cheques sem provisão ou recepção não autorizada de depósitos ou outros fundos reembolsáveis;

d) Existência comprovada de responsabilidade por infracções às regras legais ou regulamentares que regem a actividade das instituições de crédito e das demais instituições sujeitas a supervisão da AMCM, quando a gravidade ou a reiteração dessas infracções o justifique.

Em tema de qualificação profissional dos administradores e demais titulares de órgãos sociais, é de notar que o RJSF exige apenas que estes sejam suficientemente qualificados, sem estabelecer requisitos específicos de formação académica ou de experiência profissional em actividade bancária. A este respeito, as instruções para licenciamento emitidas pela AMCM indicam a necessidade de apresentação de informação profissional, nomeadamente o *curriculum vitae* dos administradores, no entanto não se estabelece nenhum mínimo em termos de qualificação, circunstância que aumenta de forma substancial a margem de

---

[922] O RJSF estende os requisitos de idoneidade dos administradores aos membros do órgão de fiscalização e da mesa da assembleia geral da instituição de crédito, com as adaptações decorrentes da natureza das suas funções.

discricionariedade da AMCM na avaliação da qualificação dos eventuais administradores de bancos na RAEM.

Por fim, o RJSF exige, nos termos no Artigo 49º, o registo dos titulares dos órgãos sociais junto da AMCM como condição para o ínicio de funções. Este registo, cuja confirmação representa o culminar do processo de verificação de idoneidade descrito *supra*, é feito após pedido acompanhado de *curriculum vitae* pormenorizado e de certidão do registo criminal ou documento equivalente aceite pela AMCM, relativos à pessoa ou às pessoas em causa. Trata-se de obrigação de base continuada (Artigo 50º do RJSF), com os bancos a deverem informar a AMCM de quaisquer circunstâncias que afectem o registo, para que esta decida a manutenção ou cancelamento do registo em causa[923]. Nos termos do Artigo 49º No. 4 do RJSF, a falta de registo e/ou de comunicação de factos supervenientes que o afectem, constitui fundamento para a revogação da autorização da instituição de crédito ou para a adopção das providências previstas nos artigos 83º a 105º, mas não determina a invalidade dos actos praticados no exercício da suas funções pela pessoa em causa.

III. FISCALIZAÇÃO

a) Fiscalização Interna

O RJSF não estabelece órgãos de fiscalização interna específicos para as instituições financeiras da RAEM, pelo que entendemos que a função de fiscalização interna dos bancos da RAEM cabe, em primeira linha, ao órgão de fiscalização da sociedade, que se rege nos termos das normas do CCom.

Assim, e em termos análogos aos das sociedades anónimas, o órgão de fiscalização dos bancos pode ser exercido ou por um fiscal único ou por um órgão colegial (conselho fiscal). Quando se trate de órgão colegial, o conselho fiscal deve composto no mínimo por três[924] membros efectivos, que não podem delegar as suas funções (existindo no entanto a possibilidade de designação estatutária de suplentes), sendo que um dos membros efectivos deve ser, ser auditor de contas ou uma sociedade de auditores de contas, sendo que, neste último caso, a

---

[923] Quando deixarem de se mostrar preenchidas, por outro modo, as exigências legais ou estatutárias para o normal funcionamento do órgão em causa devido a factos que afectem o registo dos titulares dos órgãos de administração, a instituição de crédito deve apresentar à AMCM, no prazo por esta fixado, uma composição para o mesmo, diferente da anteriormente apresentada, mantendo-se em funções os membros cessantes.

[924] Quando o conselho tenha número par de membros, o presidente terá voto de qualidade (Artigo 244º, Nº 3 do CCom).

sociedade nomeada deve designar um sócio ou um empregado seu (que também seja auditor de contas), para o exercício das funções do órgão de fiscalização, enquanto que os restantes membros do conselho fiscal deverão ser pessoas singulares com plena capacidade jurídica, mas sempre sujeitas à verificação de idoneidade da AMCM, bem como a registo junto desta, nos termos descritos *supra*.

b) Auditoria Externa

A auditoria externa reveste particular importância no governo dos bancos enquanto garante da independência e fidedignidade das contas dos bancos. Assim, o Artigo 53º do RJSF prevê a obrigatoriedade da verificação das demonstrações financeiras das instituições de crédito auditores independentes que estão sujeitos a aceitação prévia pela AMCM[925-926].

Nos termos do RJSF (Artigo 54º) a relação entre bancos e seus auditores externos deve estar corporizada em contrato de prestação de serviços que tenha como conteúdo mínimo **(i)** o escopo do trabalho a desenvolver pelos auditores; **(ii)** a duração do contrato[927]; e **(iii)** a remuneração correspondente, contrato este que apenas poderá cessar antes do termo do seu prazo mediante revogação por acordo das partes ou justa causa, devendo qualquer uma destas vicissitudes ser devidamente comunicada e justificada à AMCM no prazo de 30 dias, medida que visa claramente proteger a posição de independência dos auditores externos, *blindando-os* contra uma cessação de contrato de cariz *retaliatório* em face daquelas que sejam as conclusões de auditoria.

É de notar que o RJSF confere à AMCM extensos poderes de interacção directa com os auditores dos bancos, sendo permitido aquela convocar, por sua própria iniciativa, ou mediante pedido fundamentado das instituições ou dos respectivos auditores, reuniões para discussão de assuntos relevantes da vida dos

---

[925] De acordo com o RJSF, devem ser nomeados para as sucursais e filiais de instituições de crédito com sede no exterior os auditores da respectiva sede ou da empresa-mãe, sempre que tal seja possível.

[926] A AMCM definiu recentemente os critérios específicos de aceitabilidade dos auditores externos na Circular nº 016/B/2015-DSB/AMCM, exigindo a apresentação de variada documentação a apresentar pelos bancos e pelos auditores externos propostos, com vista à aprovação destes pela AMCM.

[927] A Circular nº 016/B/2015-DSB/AMCM estipula que os bancos devem substituir os seus auditores externos de 5 em 5 anos, podendo no entanto, manter os mesmos auditores, quando estes sejam empresa de auditoria, comunicando essa intenção à AMCM e procedendo pelo menos à mudança do sócio/responsável individual dentro da empresa de auditoria, uma medida claramente desenhada para minimizar qualquer eventual acomodação ou ligação entre auditores e auditados que se possa gerar pelo decurso do tempo.

bancos, ainda que na ausência dos representantes destes (Artigo 55º). Por outro lado, o RJSF impõe aos auditores externos dos bancos o dever legal de comunicação imediata à AMCM de quaisquer factos detectados no exercício das suas funções susceptíveis de provocar grave dano à instituição ou ao sistema de crédito da RAEM, nomeadamente:

    a) Envolvimento do banco, dos titulares dos seus órgãos, ou trabalhadores em quaisquer actividades criminosas ou em práticas de branqueamento de capitais;
    b) Irregularidades que ponham em risco imediato a solvabilidade do banco;
    c) A realização de operações não permitidas;
    d) Outros factos que, em sua opinião, possam afectar gravemente o banco.

Estas normas foram recentemente suplementadas pela Circular nº 016//B/2015-DSB/AMCM, que prevê, entre outras, as seguintes obrigações adicionais para os auditores externos dos bancos:

    a) Obrigação de comunicação dos auditores ao CA do banco de quaisquer irregularidades ou ilegalidades por aqueles detectadas no exercício das suas funções, mesmo que não conduzam a vícios nos registos ou contabilidade do banco, bem como de quaisquer factos que se possam revelar prejudiciais ao banco, como por exemplo a incapacidade previsível deste em cumprir com os requisitos de capital previstos no RJSF ou em circular emitida pela AMCM;
    b) Obrigação, a pedido da AMCM, e com base anual ou *ad hoc*, de informação sobre as políticas de contabilidade e reporte utilizadas pelos bancos; e
    c) Possibilidade de auditoria extraordinária, a ser ordenada pela AMCM e efectuada por terceiros nomeados para o efeito relativamente a quaisquer assuntos que a AMCM entenda convenientes, incluindo auditoria sobre a adequação dos sistemas de controlo interno do banco.

IV. FUNÇÕES DE CONTROLO INTERNO

a) Órgãos com funções de controlo interno

Conforme se deixou exposto *supra*, a principal fonte de regulação na RAEM ao nível do controlo interno de bancos flui referida Circular nº 169/B/2002-DSB//AMCM, que fixa precisamente um conjunto de directivas para o controlo interno dos bancos. Nos termos desta Circular, é no CA que são depositadas as funções principais de controlo interno dos bancos da RAEM, cabendo-lhes as tarefas de "*formulação, aprovação e revisão periódica das estratégias negociais e principais políticas do banco, compreendendo os maiores riscos associados à actividade bancária, estabelecendo limites aceitáveis para os mesmos e assegurar que os membros da direcção tomem as medidas essenciais para identificar, medir, monitorizar e controlar os riscos: aprovar a estrutura organizacional; e definir claramente as autoridades e responsabilidades, utilizando eficazmente o trabalho produzido pelos auditores internos e externos*".

No entanto, a referida Circular, ao mesmo tempo que comete estas funções de controlo interno ao CA, parece reconhecer que **(i)** estas se tratam das linhas gerais de controlo interno, e não de verdadeiras práticas, carecendo como tal de corporização em actividades quotidianas do banco que as implementem; e **(ii)** que numa estrutura complexa como um banco, não é viável o CA assumir sozinho a implementação do controlo interno do banco. Assim, a Circular comete aos "*gerentes principais*" (entendidos como os directores das várias áreas de actuação do banco, e.g., directores financeiros, de crédito, de risco, etc.) a responsabilidade de "*fazer executar as directivas emanadas do conselho de administração, incluindo o da implementação das estratégias e políticas*". Para o efeito, dispõe a Circular que estes gerentes principais devem "*manter uma estrutura organizacional que imputam, com toda a clareza, as relações de responsabilidade, de autoridade e de comunicabilidade*", devendo ainda elaborar procedimentos que "*identifiquem, meçam, monitorizem e controlem os riscos, e de outros procedimentos que recrutem, remunerem, motivem e recompensem trabalhadores capazes com o fim de atrair os mais qualificados a permanecerem no banco*".

b) *Compliance Officer*

Ao contrário do que sucede por exemplo no âmbito específico do combate ao branqueamento de capitais, em que a AMCM entendeu por bem impor aos bancos a nomeação de *Compliance Officer* com a tarefa de zelar pelo cumprimento das regras específicas impostas aos bancos, o RJSF e as Circulares da AMCM não preveem a nomeação de um *Compliance Officer* em sentido próprio e orgânico que assegure o cumprimento das normas de governo dos bancos constantes daqueles.

No entanto, e conforme resulta da já referida Circular nº 169/B/2002-DSB//AMCM, que fixa um conjunto de directivas para o controle interno dos bancos, o CA, em primeira linha, e os gerentes principais das diversas áreas de actuação do banco têm a seu cargo a responsabilidade de elaborar, executar e monitorizar o cumprimento das normas de governo que resultam do RJSF, das Circulares emitidas pela AMCM (*maxime*, a referida Circular nº 169/B/2002-DSB/AMCM), pelo que se verifica que as funções de controlo interno ao nível dos governos dos bancos estão divididas pela, com vista a entretecer a cultura de bom governo entre toda a estrutura dos bancos. Esta opção suscita naturais preocupações ao nível da verdadeira independência na auto-verificação do cumprimento destas normas por parte dos órgãos dos bancos, embora tal preocupação saia mitigada pelo controlo apertado que a AMCM exerce quanto ao cumprimento das regras previstas na Directiva.

V. PRÁTICAS E POLÍTICAS REMUNERATÓRIAS

A este respeito, a legislação da RAEM é omissa, não impondo quaisquer práticas ou políticas remuneratórias às instituições financeiras do território. No entanto, e conforme explanado supra, a Circular prevê a criação de uma *"comissão de compensações"* a quem compete definir – com larga margem de discricionariedade e balizada apenas pelos vectores indicados pela AMCM de consistência das remunerações com a *"cultura, estratégia, visão e ambiente de controlo do banco"* – as remunerações dos órgãos sociais dos bancos.

VI. SUPERVISÃO DOS SISTEMAS DE GOVERNO

A supervisão dos bancos autorizados a operar na RAEM cabe à AMCM, nos termos do disposto no Artigo 5º do RJSF, que estipula que cabe à AMCM assegurar a estabilidade geral e eficaz funcionamento do sistema financeiro, tendo como atribuições específicas:

a) Zelar pelo cumprimento de todas as normas legais e regulamentares que disciplinam os operadores e o funcionamento dos mercados monetário, financeiro e cambial;

b) Tomar as medidas adequadas para assegurar que as instituições submetidas a supervisão sejam geridas de forma sã e prudente;

c) Implementar e encorajar a adopção de elevados padrões éticos de conduta e práticas comerciais transparentes;

d) Promover a supressão de práticas incompatíveis com a natureza das instituições e de situações susceptíveis de afectar o regular funcionamento dos mercados.

Com vista ao bom desempenho destas suas funções de supervisão, a AMCM goza de competência regulamentar (Artigo 6º do RJSF), ao abrigo da qual pode estabelecer directivas relativamente aos mais diversos aspectos da actividade financeira na RAEM, incluindo, sem limitar, as regras prudenciais dos bancos, conduta e controlo internos, *compliance*, provisões, escrita comercial, etc..

A acrescer a estes poderes, a AMCM goza de amplas prerrogativas inspectivas (Artigo 8º do RJSF), podendo, directamente ou por intermédio de pessoas ou entidades devidamente mandatadas para o efeito, examinar, em qualquer momento, com ou sem aviso prévio, as transacções, livros, contas e demais registos ou documentos, quer de instituições financeiras sob a sua alçada, quer de entidades que operem noutros sectores de actividade económica, desde que **(i)** haja fundada suspeita de as mesmas exercerem actividade exclusivamente reservada a instituições financeiras; **(ii)** quando o exame das suas operações se torne indispensável ao esclarecimento da actividade de uma determinada instituição; ou **(iii)** quando se torne necessário avaliar a situação financeira do grupo em que a mesma instituição se insere, podendo inclusive proceder à apreensão de quaisquer documentos ou valores que constituam objecto de infracção ou se mostrem necessários à instrução de quaisquer processos.

Como *ferramenta* para o exercício deste poder, o RJSF impõe às instituições sob a sua supervisão – bem como a outras instituições – o dever de prestação de todos os elementos ou informações necessários ao cumprimento das suas funções (Artigo 7º do RJSF), sendo de notar que o RJSF não densifica ou restringe este critério de necessidade, circunstância que contribui para uma grande margem de discricionariedade na utilização desta prerrogativa e que é elucidativa da importância que o legislador da RAEM reconhece ao papel da AMCM enquanto regulador da actividade financeira no território.

A acrescer a estas competências, a AMCM exerce ainda poder sancionatório sobre os bancos da RAEM nos termos dos Artigos 122º e seguintes do RJSF, sendo de salientar a respeito destes poderes três particularidades:

    a) As sanções previstas no RJSF aplicam-se **(i)** a factos praticados na RAEM; e **(ii)** factos praticados no exterior de que sejam responsáveis instituições com sede no Território, sucursais na RAEM de instituições com sede no exterior, independentemente da nacionalidade do agente;

    b) A responsabilidade pelas infracções previstas no RJSF pode ser imposta a pessoas singulares ou colectivas, mesmo que irregularmente constituídas, bem como a associações sem personalidade jurídica; e

    c) As pessoas colectivas respondem pelas infracções cometidas pelos membros dos respectivos órgãos e pelos titulares de cargos de direcção, chefia ou gerência, no exercício das suas funções, bem como pelas infracções cometidas por representantes do ente colectivo em actos praticados em nome e no interesse deste.[928]

---

[928] Note-se ainda que, nos termos do Artigo 124º do RJSF, **(i)** a responsabilidade do ente colectivo não preclude a responsabilidade individual dos membros dos respectivos órgãos, de quem naquele detenha participações sociais, exerça cargos de direcção, chefia ou gerência, ou actue em sua representação, legal ou voluntária; e **(ii)** que não obsta à responsabilidade dos agentes individuais que representem outrem o facto de o tipo legal do ilícito requerer determinados elementos pessoais, e estes só se verificarem na pessoa do representado, ou requerer que o agente pratique o acto no seu interesse, tendo o representante actuado no interesse do representado.

Por fim, e como é feição de um regulador bancário, a AMCM tem ainda o poder de, em casos de **(i)** verificação de situações de desequilíbrio que, pela sua *"extensão e continuidade, sejam susceptíveis de afectar o regular funcionamento da própria instituição ou de outras instituições, nomeadamente em termos de liquidez ou solvabilidade, ou as condições normais de funcionamento dos mercados monetário, financeiro ou cambial"* (Artigo 82º do RJSF) ou **(ii)** violação continuada das normas do RJSF, das condições de autorização do banco em causa ou das instruções ou de instruções ou determinações da autoridade de supervisão, e mediante despacho do Chefe do Executivo, tomar várias medidas tendentes à normalização ou até extinção da entidade financeira em causa, entre as quais se contam, nos termos do Artigo 83º do RJSF:

    a) restrições temporárias ao exercício da actividade;

    b) designação de uma ou mais pessoas para orientarem uma determinada instituição na tomada de quaisquer decisões;

    c) suspensão preventiva de um ou mais administradores da instituição financeira em causa;

    d) concessão de adequado apoio monetário ou financeiro à instituição ou instituições em causa;

    e) dispensa temporária do cumprimento de determinadas obrigações previstas em legislação aplicável;

    f) Aplicação de medidas de disciplina no reembolso dos depósitos aos clientes;

    g) revogação, suspensão ou alteração da autorização concedida para o exercício da actividade;

    h) Requerimento ao Ministério Público que este promova junto do tribunal competente a declaração da falência da instituição financeira em causa.

A acrescer a estas medidas e quando, nos termos do Artigo 85º do RJSF, a AMCM considere que se verificou uma situação de desequilíbrio que *"prenuncie sérios riscos de incumprimento das (...) obrigações para com os depositantes e outros credores ou ponha em causa a confiança dos agentes económicos no sistema financeiro"* (Artigo 83º do RJSF), pode o Chefe do Executivo lançar mão do regime de intervenção ou liquidação extrajudicial previstos no RJSF[929], nomeando um administrador delegado da instituição em causa ou uma comissão administrativa criada para

---

[929] A aplicação do regime de intervenção do RJSF determina, nos termos do Artigo 85º do mesmo diploma, a suspensão **(i)** de todas as execuções, incluindo as fiscais, contra a instituição de crédito, ou que abranjam os seus bens, sem excepção das que tenham por fim a cobrança de créditos com preferência ou privilégio; e **(ii)** dos prazos de prescrição ou de caducidade oponíveis pela instituição.

o efeito, que poderá aplicar uma de várias das seguintes medidas adicionais em relação às indicadas *supra*:

a) Dispensa temporária do cumprimento pontual das obrigações anteriormente contraídas pela instituição[930];
b) Encerramento temporário de balcões da instituição; ou
c) Sujeição da realização de certas operações ou de certos actos a prévia autorização da AMCM.

---

[930] Sem prejudicar no entanto quaisquer direitos dos credores.

CAPÍTULO XVIII

O GOVERNO DOS BANCOS EM MOÇAMBIQUE

Telmo Ferreira

1. FONTES ESPECÍFICAS SOBRE GOVERNAÇÃO DOS BANCOS

Em Moçambique, os bancos são uma espécie de instituições de crédito[931]. Por sua vez, a Lei das Instituições de Crédito e Sociedades Financeiras ("LICSF")[932] define as instituições de crédito como empresas que integram uma das espécies previstas respectivo art. 3º[933], "... *cuja actividade consiste, nomeadamente, em receber do público depósitos ou outros fundos reembolsáveis, quando o regime jurídico da respectiva espécie expressamente o permita, a fim de os aplicarem por conta própria, mediante a concessão e crédito*" – al. a) do nº 1, do art. 2º, da LICSF.

De entre as várias espécies de instituições de crédito, os bancos são aquelas que podem: (i) receber, do público, depósitos ou outros fundos reembolsáveis; (ii) realizar operações de crédito, incluindo concessão de garantias e outros compromissos; (iii) realizar operações de pagamentos; (iv) proceder à emissão e gestão de meios de pagamento, tais como cartões de crédito, cheques de viagem e cartas de crédito; (v) realizar transacções, por conta própria ou alheia, sobre instrumentos do mercado monetário, financeiro e cambial; (vi) participar em

---

[931] De acordo com o disposto na al. a) do art. 3º da Lei das Instituições de Crédito e Sociedades Financeiras ("LICSF").

[932] Lei nº 15/99, de 1 de Novembro, tal como alterada pela Lei nº 9/2004, de 21 de Julho.

[933] O art. 3º da LICSF identifica as espécies de instituições de crédito, sendo elas: (a) os bancos; (b) as sociedades de locação financeira; (c) as cooperativas de crédito; (d) as sociedades de *factoring*; (e) as sociedades de investimentos; (f) os microbancos, nos diversos tipos admitidos na legislação aplicável; (g) as instituições de moeda electrónica; e (h) outras empresas que, correspondendo à definição da al. a), do nº 1 do art. 2 – ou seja, à definição de instituição de crédito –, como tal sejam qualificadas por Decreto do Conselho de Ministros.

emissões e colocações de valores mobiliários e prestação de serviços correlativos; (vii) proceder à consultoria, guarda, administração e gestão de carteira de valores mobiliários; (viii) realizar operações sobre metais preciosos, nos termos estabelecidos pela legislação cambial; (ix) proceder à tomada de participações no capital de sociedades; (x) proceder à comercialização de contratos de seguro; (xi) proceder ao aluguer de cofres e guarda de valores; (xii) proceder à consultoria de empresas em matérias de estrutura de capital, de estratégia empresarial e questões conexas; (xiii) realizar outras operações análogas que a lei não lhe proíba; e (xiv) realizar actividades de locação financeira e *factoring*, mediante autorização – números 1 e 2 do art. 4º da LICSF.

Como instituições de crédito que são, os bancos, incluindo no que se refere à sua governação, regem-se pelas fontes de direito reguladoras das instituições de crédito e, como tal, regem-se pela LICSF, assim como pelo Regulamento da Lei das Instituições de Crédito e Sociedades Financeiras ("RLICSF")[934].

Por outro lado, porque as instituições de crédito com sede em Moçambique têm que adoptar a forma de sociedade anónima, a governação dos bancos, em Moçambique, regula-se também pelo Código Comercial moçambicano ("CComM")[935].

As *supra* mencionadas são, a nosso ver, as principais fontes sobre a governação de bancos em Moçambique. Nelas se encontram regulados os principais aspectos relacionados com a governação dos bancos, tais como a identificação dos órgãos sociais, composição, competências e modo de funcionamento, nomeação, caducidade e destituição dos respectivos membros, deveres e obrigações, incompatibilidades, relação dos referidos órgãos entre si, com os titulares do capital social, assim como com entidades com competência regulatória e de supervisão, entre muitos outros aspectos.

No entanto, outras fontes existem que devem ser tidas em consideração, na maior parte dos casos por regularem ou complementam os regimes contidos nas principais fontes *supra* identificadas. Limitamos a nossa referência às seguintes fontes por entendermos serem aquelas cujo conteúdo se nos apresenta relevante para o tema em análise:

a) A Lei nº 1/92, de 3 de Janeiro, que define a natureza, os objectivos e funções do Banco de Moçambique como Banco Central da República de Moçambique, vulgarmente designada por "Lei Orgânica do Banco de Moçambique" ("LOBM");

---

[934] Aprovado pelo Decreto nº 56/2004, de 10 de Dezembro.
[935] Aprovado pelo Decreto-Lei nº 2/2005, de 27 de Dezembro e alterado pelo Decreto-Lei nº 2//2009, de 24 de Abril.

b) Aviso nº 11/GGBM/99[936], que estabelece normas de controlo interno;

c) Aviso nº 4/GGBM/2005 que estabelece o capital social mínimo das instituições de crédito e sociedades financeiras;

d) A Circular nº 05/DSB/2005, do Departamento de Supervisão Bancária do Banco de Moçambique, relativa ao registo dos membros dos órgãos sociais das instituições de crédito e sociedades financeiras;

e) Aviso nº 9/GBM/2007, relativo ao crédito correlacionado;

f) Decreto nº 65/2011, de 21 de Dezembro, que aprova o Regulamento da Actividade dos Auditores Externos e Técnicos de Contas Junto das Instituições de Crédito e Sociedades Financeiras;

g) Aviso nº 4/GBM/2013, que estabelece directrizes de gestão de risco; e

h) Aviso nº 15/GBM/2013, que estabelece limites e rácios prudenciais.

Em termos de *soft law* merece-nos especial destaque o Guião de Boas Práticas de Governação Corporativa nas Empresas Participadas pelo Estado ("GBPGCE"), aprovado a 22 de Junho de 2009, pelo Instituto de Gestão das Participações do Estado ("IGEPE"). Com efeito, o número 1.3 do referido guião (âmbito de aplicação) estabelece o seguinte:

"As disposições do presente guião aplicam-se às empresas participadas pelo Estado, cujas participações são geridas pelo IGEPE. Contudo, e dada a abrangência das mesmas, a sua aplicação pode ser extensiva a todo o Sector Empresarial do Estado."

Assim sendo e uma vez que o IGEGE detém uma participação maioritária no capital social do Banco Nacional de Investimento, S.A. ("BNI"), o referido Guião de Boas Práticas de Governação Corporativa nas Empresas Participadas pelo Estado, parece-nos assumir particular relevo, quanto mais não seja no que diz respeito ao governo do BNI.

De mencionar é também o Código de Governação Corporativa de Moçambique ("CGCM") aprovado pelo Instituto dos Directores de Moçambique e em vigor a partir de 16 de Novembro de 2011. De acordo com seu texto, o CGCM destina-se a ser aplicado à generalidade das sociedades comerciais constituídas à luz do ordenamento jurídico Moçambique.

Mais estabelece o CGCM que as respectivas disposições são de carácter auto--regulatório e de aplicação voluntária por parte dos titulares de cargos nos órgãos sociais e pelas empresas.

---

[936] De acordo com o disposto no art. 116º da LICSF, os poderes conferidos pela LICSF ao Banco de Moçambique, de emitir normas para o sistema financeiro, são exercidos por meio de Aviso, a publicar na primeira séria do Boletim da República.

Não nos são perceptíveis, no entanto, quaisquer indícios de influência significativa do CGCM no âmbito da governação dos bancos.

Por último, referimo-nos ao Código de Conduta Bancária da Associação Moçambicana de Bancos, a vigorar desde 1 de Janeiro de 2007, o qual, de acordo com o seu art. 1º, tem por objecto alcançar elevados padrões de honestidade, zelo, integridade, competência e uma actuação reguladora e, preferencialmente, uniforme, no relacionamento entre as Instituições de Crédito filiadas na Associação Moçambicana de Bancos e entre estas e os seus clientes, de forma a evitar condutas prejudiciais e atentatórias aos princípios, bons costumes e boas práticas bancárias. Não se tratando de uma verdadeira fonte de governação dos bancos, estabelece princípios de relacionamento dos bancos, entre si e com os seus clientes que, de algum modo, poderão ter impacto nas políticas e/ou condutas de gestão dos bancos, daí a nossa referência.

2. ADMINISTRAÇÃO

Os bancos, como sociedades anónimas que têm que ser[937], são geridos e representados por um conselho de administração composto por um número impar de membros, que podem ser ou não accionistas (nº 1 do art. 151º e nº 1 do art. 418º, ambos do CComM).

O conselho de administração pode, por seu turno, delegar num ou mais administradores a gestão corrente da sociedade, com excepção das seguintes matérias não delegáveis: (i) relatórios de contas anuais; (ii) prestação de cauções e garantias, pessoais ou reais pela sociedade; (iii) extensões ou reduções da actividade da sociedade; e (iv) projectos de fusão, cisão e de transformação da sociedade (nºs 1 e 2 do art. 432º do CComM).

Embora a generalidade das sociedades anónimas moçambicanas possa ter um só administrador, desde que o capital social não exceda 500.000,00 MT e o contrato de sociedade assim o admita (nº 1 do art. 419º do CComM), tal faculdade não se estende aos bancos, uma vez que o capital social mínimo dos bancos é o de 70.000.000,00 MT[938].

A LICSF, aprovada durante a vigência do já revogado Código Comercial de 1888, estabelece, no nº 1 do seu art. 12º, que a gestão dos bancos é confiada a um conselho de administração ou órgão equiparado. Mais estabelece o nº 2 do

---

[937] De acordo com a al. b) do nº 1 do art. 11 da LICSF, as instituições de crédito, incluindo naturalmente os bancos, com sede em Moçambique devem adoptar a forma de sociedade anónima.
[938] Veja-se o Aviso nº 4/GGBM/2005, que estabelece o capital social mínimo das instituições de crédito e das sociedades financeiras.

mesmo artigo que, *"[a] criação de qualquer órgão, colegial ou individual, a que se atribua a gestão corrente da instituição de crédito ou sociedade financeira, designadamente direcção executiva ou director executivo, comissão executiva, conselho directivo ou equiparados, deve constar ou estar prevista nos estatutos, com indicação expressa das respectivas competências".*

Do exposto parece poder concluir-se que a gestão e administração dos bancos, em Moçambique, cabem a um conselho de administração, composto por um número impar de membros, que podem ser ou não accionistas, o qual pode delegar a gestão corrente num administrador delegado[939], em vários administradores delegados ou numa direcção, enquanto órgão colegial composto por administradores[940], devendo a possibilidade de tal delegação estar prevista nos estatutos, com indicação expressa das competências delegáveis.

Dever-se-á, ainda ter em consideração que, não raras vezes, aos administradores delegados é atribuída a designação de administradores executivos, directores executivos, directores gerais, assim como a direcção é designada por direcção executiva, comissão de gestão, comissão executiva ou conselho directivo[941].

2.1. Idoneidade dos administradores

Resulta do disposto no nº 2 do art. 19º da LICSF que dos órgãos sociais de uma instituição de crédito, designadamente da administração, apenas podem fazer parte pessoas cuja idoneidade dê garantias de gestão sã e prudente, tendo em vista, particularmente, a segurança dos fundos que lhes forem confiados.

Para efeitos da apreciação da referida idoneidade dever-se-á considerar o modo como a pessoa gere habitualmente os negócios ou exerce a profissão, em especial nos aspectos que revelem incapacidade para decidir de forma ponderada e criteriosa, ou tendência para não cumprir pontualmente as suas obrigações ou para ter comportamentos incompatíveis com a preservação da confiança do mercado (nº 4 do art. 19º da LICSF).

---

[939] A designação "administrador delegado" resulta do facto do nº 4 do art. 432 do CComM referir-se como tal aos administradores a favor dos quais são delegadas competências de gestão corrente.
[940] Quanto às diferentes modalidades de delegação de competência de gestão corrente, por parte dos conselhos de administração das sociedades anónimas: Ferreira, Telmo, et. al., A Governação de Sociedades Anónimas nos Sistemas Jurídicos Lusófonos, Almedina, Coimbra, Governance Lab, 2013, pp. de 245 a 248.
[941] A título de exemplo, tenha-se com consideração do disposto no nº 2 do art. 12º do LICSF, o qual refere-se expressamente à *"(...) criação de qualquer órgão, colegial ou individual a que se atribua a gestão corrente da instituição de ou sociedade financeira, designadamente direcção executiva ou director executivo, comissão executiva, conselho directivo ou equiparados (...)".*

De acordo com o nº 4 do art. 19º da LICSF, são, entre outras, consideradas circunstâncias indicadoras da falta de idoneidade, o facto de a pessoa ter sido:

a) Declarada, por sentença preferida em tribunais nacionais ou estrangeiros, falida ou insolvente, ou responsável por falência ou insolvência de empresa por ela dominada ou de que ela tenha sido administradora, directora ou gerente;

b) Condenada, no país ou no estrangeiro, por crimes de falência dolosa, falência por negligência, falsificação, furto, roubo, burla por defraudação, extorsão, abuso de confiança, usura, fraude cambial e emissão de cheques sem provisão, tráfico de drogas, branqueamento de capitais e outros crimes de natureza económica;

c) Administradora, directora ou gerente de empresa no país ou no estrangeiro, cuja falência ou insolvência tenha sido prevenida, suspensa ou evitada por providências de saneamento ou outros meios preventivos ou suspensivos, desde que seja reconhecida pelas autoridades competentes a sua responsabilidade por essa situação;

d) Condenada, no país ou no estrangeiro, pela prática de infracções às regras legais ou regulamentos que regem a actividade das instituições de crédito e das sociedades financeiras, a actividade seguradora e o mercado de valores mobiliários, quando a gravidade ou reincidência dessas infracções o justifique.

Para efeitos da verificação da idoneidade dos administradores dos bancos, o Banco de Moçambique troca informações com outras autoridades de supervisão bancária e dos mercados segurador e de valores mobiliários, quer em Moçambique, quer no estrangeiro (nº 5 do art. 19º da LICSF).

Adicionalmente, o art. 421º do CComM estabelece que são inelegíveis para qualquer cargo de administração da sociedade – no caso em apreço, bancos – *"(...) as pessoas impedidas por lei especial, inclusive as que regulam o mercado de capitais a cargo do Banco de Central, ou condenadas por crime falimentar, de prevaricação, suborno, concussão, peculato, contra a economia e os direitos do consumidor, a fé pública, a propriedade e o meio ambiente ou ainda a pena criminal que vede, mesmo temporariamente, o acesso a cargos públicos"*.

No que se refere à verificação superveniente da falta de idoneidade de algum administrador de banco, deve-se ter em consideração o disposto no art. 21º da LICSF, segundo o qual, *"[s]e, por qualquer motivo, deixarem de estar preenchidos os requisitos legais ou estatutários do normal funcionamento de um órgãos social de uma instituição de crédito ou de uma sociedade financeira, o Banco de Moçambique fixa o prazo para ser alterada a composição do órgão em causa"*. A não alteração da composição do órgão social em causa, em conformidade com o fixado pelo Banco de Moçambique pode resultar na revogação da autorização de constituição ou estabelecimento da instituição de crédito em causa.

2.2. Experiência profissional

Com relação à experiência profissional dos administradores dos bancos, estabelece o nº 1 do art. 20º da LICSF que *"[o]s titulares de cargos sociais de instituições de crédito e sociedades financeiras, em especial do órgão de administração e fiscalização, nomeadamente aqueles a quem caiba assegurar a sua gestão corrente, devem possuir experiência adequada ao desempenho dos respectivos cargos e funções".*

Constitui presunção de experiencia adequada o facto do administrador em causa ter, anteriormente, exercido de forma competente, funções de responsabilidade no domínio financeiro ou o facto de dispor de reconhecida competência em matéria económica, jurídica ou de gestão (nº 2 do art. 20º da LICSF).

A duração da experiência anterior, a natureza e o grau de responsabilidade das funções previamente exercidas devem estar em consonância com as características e dimensão da do banco de que se trate (nº 3 do art. 20º da LICSF).

2.3. Acumulação de cargos e funções

Os administradores de bancos encontram-se impedidos de, cumulativamente ao exercício do seu cargo, exercerem cargos de gestão ou quaisquer outros cargos noutras instituições de crédito – sejam elas bancos ou não – ou sociedades financeiras (nº 1 do art. 22º da LICSF).

O referido impedimento não é, no entanto, aplicável ao exercício de cargos de gestão ou outras funções em instituições de crédito ou sociedades financeiras com as quais o banco em que o administrador exerce, cumulativamente, o seu cargo, mantenha relação de domínio[942] ou de grupo[943] (nº 2 do art. 22º da LICSF).

---

[942] Relação de domínio, para efeitos da LICSF, é definida pela al. l), do nº 2 do respectivo art. 2 como: *"relação que se dá entre uma pessoa singular ou colectiva e uma sociedade, quando a pessoa em causa se encontre numa das seguintes situações:*
   i. [D]etenha, directa ou indirectamente, a maioria dos direitos de voto, considerando-se equiparados aos direitos de voto da participante os direitos de qualquer outra sociedade que com ela se encontre numa relação de grupo;
   ii. [S]eja sócia da sociedade e controle por si só, em virtude de acordo concluído com outros sócios desta, a maioria dos direitos de voto;
   iii. [D]etenha uma participação não inferior a 20% do capital da sociedade, desde que exerça efectivamente sobre esta influência dominante ou se encontrem ambas sob direcção única;
   iv. [S]eja sócia da sociedade e tenha o direito de designar ou destituir mais de metade dos membros do órgão de administração ou de fiscalização;
   v. *[P]ossa exercer uma influência dominante sobre a sociedade por força de contrato ou estatutos desta".*
[943] Relação de grupo, para efeitos da LICSF, é definida pela al. m), do nº 2 do respectivo art. 2 como: *"relação que se dá entre duas ou mais pessoas singulares ou colectivas que constituam uma única entidade do ponto de vista do risco assumido, por estarem de tal forma ligadas que, na eventualidade de uma delas deparar*

O exercício de cargos de gestão noutras sociedades que não sejam instituições de crédito ou sociedades financeiras, por parte de administradores de bancos, deve ser comunicado ao Banco de Moçambique com a antecedência mínima de quinze dias úteis, sob pena do Banco de Moçambique poder cancelar o registo do administrador em causa[944] (nºs 3 e 4 do art. 22º da LICSF).

Por outro lado, uma vez recebida a referida comunicação o Banco de Moçambique pode opor-se, caso entenda que a acumulação de funções é susceptível de prejudicar o exercício de funções no banco em que exerça as funções de administrador (nº 3, do art. 22º da LICSF).

2.4. Registo especial no Banco de Moçambique

O registo especial no Banco de Moçambique é previsto no nº 1 do art. 40º da LICSF, ao estabelecer que, *"[a]s instituições de crédito e sociedades financeiras não podem iniciar a sua actividade enquanto não se encontrarem inscritas em registo especial no Banco de Moçambique"*. Não se trata do normal registo das entidades legais regulado pelo Código de Registo das Entidades Legais, aprovado pelo Decreto-Lei nº 1/2006, de 3 de Maio, mas antes de um registo especial efectuado no Banco de Moçambique e sobre o qual passaremos a nos pronunciar.

Do art. 12º do RLICSF resulta que o registo das instituições de crédito e sociedades financeiras deverá ser requerido ao Governador do Banco de Moçambique, acompanhado por todos os elementos que fundamentem os factos a registar.

O registo das instituições de crédito, incluindo os bancos, com sede em Moçambique abrange, entre outros elementos, a identificação dos membros dos órgãos sociais e outros equiparados, nos termos legalmente estabelecidos, aqui se incluindo os administradores (al. i) do art. 13º do RLICSF).

Para o efeito, o registo dos membros dos órgãos sociais dos bancos, incluindo os respectivos administradores, deverá ser solicitado mediante requerimento do banco juntando-se os elementos informativos fixados pelo Banco de Moçambique (nº 1 do art. 13º do RLICSF).

---

com problemas financeiros, a outra ou todas as outras terão, provavelmente, dificuldades em cumprir com as suas obrigações. Com excepção das empresas públicas ou de outra natureza controladas pelo Estado, considera-se que existe esta relação de grupo, nomeadamente quanto:

    i. *[H]á relação de domínio de uma sobre a outra ou sobre as outras;*
    ii. *[E]xistam accionistas ou associados comuns, que exerçam influência nas sociedades em questão;*
    iii. *[E]xistam administradores comuns;*
    iv. *[H]aja interdependência comercial directa que não possa ser substituída a curto prazo".*

[944] Trata-se do registo do registo especial efectuado pelo Banco de Moçambique previsto no art. 40º da LICSF e regulado pelos arts. de 12º a 18º do RLICSF, a que nos referiremos *infra*.

A propósito dos elementos informativos fixados pelo Banco de Moçambique, refira-se que este, por meio de Circular nº 5/DSB/2005, do então respectivo Departamento de Supervisão Bancária[945], adoptou um questionário a ser preenchido pelas pessoas singulares que se proponham para o exercício das funções de membros dos órgãos sociais de instituições de crédito ou sociedades financeiras, para efeitos do respectivo registo especial no Banco de Moçambique.

O referido questionário contempla aspectos de vária ordem, incluindo aspectos relacionados com a identificação, qualificações académicas, experiência profissional, conflitos de interesse e idoneidade do respectivo signatário. O questionário em causa identifica ainda os seguintes documentos a serem anexos ao pedido de registo especial do respectivo signatário:

    a) Fotocópia autenticada de documento de identificação;
    b) Certidão de registo criminal, válida;
    c) Comprovativos das habilitações académicas e/ou profissionais;
    d) Curriculum vitae;
    e) Acta da assembleia geral que delibere a nomeação para o referido órgão social; e
    f) Demais documentos relevantes para a comprovação das respostas ao questionário.

Resulta do nº 2 do art. 13º do RLICSF que para prevenir a designação e ou contratação de indivíduos que não reúnam os requisitos legalmente estabelecidos, o requerimento de registo especial dos membros dos órgãos sociais de instituições de créditos e sociedades financeiras deverá ser submetido previamente à efectiva designação e ou contratação. Tal disposição tem suscitado dúvidas de vária ordem na generalidade dos bancos. Por um lado, se o requerimento de registo especial deve conter, em anexo, a acta da assembleia geral que delibere a nomeação do membro do órgão social a ser registado, conforme estabelecido na Circular nº 5/DSB/2005, do Departamento de Supervisão Bancária do Banco de Moçambique, como poderá o mesmo requerimento ser submetido em momento anterior à efectiva designação do membro a registar, conforme disposto no nº 2 do art. 13º do RLICSF em apreço? Por outro lado, caso os administradores dos bancos sejam nomeados em momento anterior à submissão do requerimento do registo especial do administrador nomeado, com vista a juntar a respectiva acta de nomeação ao requerimento, que efeitos terá essa nomeação até que que o registo especial seja efectuado pelo Banco de Moçambique?

---

[945] Desde então o Banco de Moçambique foi objecto de reorganização orgânica, tendo o anterior Departamento de Supervisão Bancária sido cindido e dado lugar a diversos outros departamentos com competência de supervisão.

Tais dúvidas têm vindo a ser encaradas com recurso ao disposto nos nºs 6 e 8 do art. 13º do RLICSF, os quais dispõem o que passamos a transcrever:

Artigo 13º, nº 6:

"A recusa do registo com fundamento no número anterior[946] será comunicada aos interessados e à instituição de crédito ou sociedade financeira, a qual tomará as medidas adequadas para que aqueles cessem imediatamente funções."

Artigo 13º, nº 8:

"A falta de registo não determina a invalidade dos actos praticados pela pessoa em causa no exercício das suas funções."

Assim, de entre outras, duas ideias podem-se extrair das disposições acabadas de transcrever:

a) A recusa do registo dever resultar em o banco tomar as medidas adequadas para que o administrador cujo registo tenha sido recusado cesse imediatamente funções (nº 6 do art. 13º do RLICSF). Quer isto dizer que o legislador admitiu que até então o administrador em causa pode exercer funções; e

b) O facto do administrador não se encontrar registado não determina a invalidade dos actos praticados no exercício das respectivas funções (nº 8 do art. 13º do RLICSF). Deste modo, o administrador poderá exercer as respectivas funções validamente enquanto decorre o processo do respectivo registo especial junto do Banco de Moçambique.

O exposto tem resultado em que os bancos e demais instituições de crédito e sociedades financeiras, optem por nomear os respectivos membros dos órgãos sociais em assembleia geral realizada em momento prévio ao da submissão do requerimento de registo especial, juntando a este, como anexo, a acta da assembleia geral na qual os membros dos órgãos sociais tenham sido nomeados. E se, de acordo com a nossa percepção, a maioria dos bancos tem optado por tornar eficazes as nomeações dos seus membros dos órgãos sociais, ainda antes da confirmação do registo do registo especial do Banco de Moçambique, casos há em que as nomeações ficam sujeitas ao registo especial junto do Banco de Moçambique como condição da eficácia da nomeação, procedimento que igualmente permite juntar a acta da reunião de assembleia geral de nomeação ao requerimento de registo.

---

[946] O nº 5, do art. 13º do RLICSF estabelece que a falta de idoneidade ou experiência dos membros dos órgãos sociais é fundamento de recusa do registo.

O prazo para efeitos de se requerer o registo é o de noventa dias a contar do facto a registar, ou seja, no que se refere à nomeação de administradores, da data em que os administradores tenham sido nomeados (nº 1 do art. 18º do RLICSF). Uma vez concluído o processo de registo, deste serão passadas certidões a favor dos bancos e de quem demonstrar interesse legítimo (nº 3 do art. 18º do RLICSF).

Uma vez confirmado o registo, pode o mesmo ser cancelado se, em momento posterior, se concluir não se encontrarem satisfeitos os requisitos de idoneidade e experiência profissional exigidos para o exercício do cargo (nº 2 do art. 17º do RLICSF).

O registo especial dos membros dos órgãos sociais das instituições de crédito e sociedades financeiras, junto do Banco de Moçambique, desempenha, assim, várias funções, entre as quais: (i) a de manter actualizado o registo de tais membros; (ii) a de permitir que o Banco de Moçambique se certifique que aqueles que venham ser identificados para o exercício de funções reúnem os requisitos necessários para o efeito, incluindo requisitos de idoneidade e experiencia profissional; assim como (iii) a de permitir que o Banco de Moçambique se certifique que os mesmos sujeitos não se encontram em situações de conflitos de interesse susceptíveis de prejudicar o exercício de funções.

3. FISCALIZAÇÃO

No que se refere à fiscalização dos bancos, importa considerar, por um lado, a fiscalização interna desempenhada pelo conselho fiscal ou fiscal único e, por outro lado, a auditoria externa.

3.5. Fiscalização interna

Tal como com relação a qualquer sociedade anónima, também a fiscalização interna dos bancos é da competência do conselho fiscal ou fiscal único (nº 1 do art. 436º do CComM).

Se em relação à generalidade das sociedades anónimas não parece haver um critério preponderante quanto à atribuição de competências de fiscalização interna, já no que respeita aos bancos parece poder afirmar-se que os mesmos tendem a optar por confiar a fiscalização interna a conselhos fiscais, não sendo comum atribuir tal competência a um fiscal único

Com relação ao regime especialmente aplicável aos bancos, as disposições da LICSF e RLICSF aplicáveis aos administradores são, em regra, igualmente aplicáveis aos membros dos órgãos de fiscalização. Assim, tudo quanto acima foi referido relativamente à idoneidade, experiência profissional e registo dos administradores de bancos, é igualmente aplicável aos membros do conselho fiscal ou fiscal único. Exceptua-se o regime de acumulação de cargos e funções, estabelecido no art. 22º da LICSF, o qual apenas é aplicável aos administradores.

Sem que se pretenda aqui analisar o regime da fiscalização da generalidade das sociedades anónimas[947], limitar-nos-emos a identificar, pela importância que revestem, as incompatibilidades com o exercício do cargo de membro do conselho fiscal ou de fiscal único. Assim, de acordo com o disposto no nº 1 do art. 155º do CComM, não podem ser membros do conselho fiscal ou fiscal único:

    a) Os administradores da sociedade;

    b) Qualquer empregado da sociedade ou qualquer pessoa que receba da sociedade qualquer remuneração que não seja pelo exercício das funções de membro do conselho fiscal ou fiscal único;

    c) Os cônjuges, parentes ou afins, até ao terceiro grau, inclusive, das pessoas referidas nas alíneas anteriores.

3.6. Auditoria externa

Os bancos em Moçambique encontram-se obrigados, por lei, a serem auditados por auditores externos. Com efeito, estabelece o nº 1 do art. 77º da LICSF que *"[a] actividade das instituições de crédito e sociedades financeiras deve estar sujeita a auditoria externa de uma empresa reconhecida em Moçambique, a qual deve comunicar ao Banco de Moçambique as infracções graves às normas legais e regulamentares para a supervisão, que detecte no exercício da sua actividade".*

A actividade de auditoria aos bancos levada a cabo pelos auditores externos é regulada pelo Regulamento da Actividade dos Auditores Externos e Técnicos de Contas Junto das Instituições de Crédito e Sociedades Financeiras, aprovado pelo Decreto nº 65/2011, de 21 de Dezembro ("RAEICSF").

Do referido regulamento destacam-se os seguintes aspectos:

    a) A possibilidade de, em certas situações previamente autorizadas pelo Banco de Moçambique, a revisão e certificação das contas poder ser feita por técnico de contas (nº 2, do art. 2º e art. 3º do RAEICSF);

    b) Competências técnicas dos auditores e técnicos de contas, as quais incluem o dever de auditarem as contas das instituições de crédito e sociedades financeiras de

---

[947] Sobre o regime da fiscalização da generalidade das sociedades anónimas em Moçambique, Ferreira, Telmo, et. al., A Governação de Sociedades Anónimas nos Sistemas Jurídicos Lusófonos, Almedina, Coimbra, Governance Lab, 2013, pp. de 254 a 268.

acordo com os padrões de auditoria internacionalmente aceites (*ISA – International Standards of Auditing*), estabelecidos pelo *Internacional Federation of Accountants (IFAC)* (art. 4º do RAEICSF);

c) O princípio da rotatividade, de acordo com o qual os auditores externos ou os técnicos de contas não podem auditar a mesma instituição de crédito ou sociedade financeira por um período superior a 5 anos, consecutivos (art. 5º do RAEICSF);

d) Situações de conflito de interesses, com particular destaque para situações de: (i) interesse direito ou indirecto na instituição a ser auditada por parte do auditor ou técnico de contas; (ii) titularidade de participações qualificadas em quaisquer instituições de crédito ou sociedades financeiras por parte dos mesmos ou participação no capital destes por parte da instituição a ser auditada; (iii) dívidas do auditor externo ou técnico de contas para com a instituição a ser auditada; e (iv) situações de influência do auditor ou técnico de contas na gestão da instituição a ser auditada e vice-versa (art. 6º do RAEICSF);

e) Deveres de verificação e recomendação que recaem sobre os auditores e técnicos de contas no exercício das funções, os quais devem verificar e prestar especial atenção a aspectos relacionados com a capacidade de cumprir com os requisitos dos fundos próprios regulamentares, com a capacidade de cumprir com os requisitos de liquidez, dos rácios de solvabilidade e de reservas obrigatórias, com elementos que violam os princípios de boa gestão financeira ou manutenção de um adequado sistema de controlo, assim como com elementos que podem pôr em causa a continuidade dos negócios da instituição ou prejudicar os interesses dos depositantes;

f) Dever de informar o Banco de Moçambique sobre os factos respeitantes às instituições auditadas de que os auditores ou técnicos de contas tenham tido conhecimento no exercício das suas funções e que sejam susceptíveis de: (i) constituir infracção grave às normas legais e regulamentares que estabelecem as condições de autorização ou que regulam o exercício da actividade da instituição de crédito ou sociedade financeira; (ii) afectar a continuidade da exploração da instituição de crédito ou sociedade financeira; (iii) determinar a recusa da certificação das contas ou a emissão de reservas; (iv) pôr em causa os legítimos interesses dos clientes da instituição ou do público em geral; ou (v) violar os princípios de uma gestão sã e prudente ou da manutenção de sistemas adequados de controlo interno da instituição em questão; e

g) Pedido de aprovação do auditor seleccionado, a ser efectuado pela instituição de crédito a ser auditada junto do Banco de Moçambique.

Ainda a propósito da auditoria externa importa referir que sem prejuízo e não obstante a auditoria externa a ser efectuada por auditor a ser seleccionado pelo banco interessado, o Banco de Moçambique pode, ainda: (i) mandar efectuar auditoria externa, ficando os custos referentes a essa iniciativa por conta do banco auditado (nº 2 do art. 77º da LICSF); e (ii) determinar que a auditoria, revisão e certificação de contas dum banco seja feita por mais do que um auditor ou técnico de contas de forma simultânea e permanente, correndo os seus custos por conta do banco auditado (nº 3 do art. 2 do RAEICSF).

4. FUNÇÕES DE CONTROLO INTERNO

4.1. Auditoria interna

O ordenamento jurídico moçambicano não contempla a comissão de auditoria que, no modelo anglo-saxónico de governação, consiste simultaneamente num sub-órgão da administração e num órgão autónomo de controlo que convive permanentemente com a gestão da sociedade, partilhando as suas decisões mais relevantes e encontrando-se presente em todas as reuniões do conselho de administração[948].

Já enquanto mero sub-órgão ou serviço da administração, a auditoria interna, tida como um serviço interno das sociedades destinado a proceder à avaliação da eficácia do sistema de controlo interno e visando, funcionalmente, facultar informações rigorosas aos órgãos de fiscalização e aos accionistas, chamando à atenção da administração para informação relevante com a finalidade de prevenir irregularidades[949], também não é objecto de regulamentação específica no ordenamento jurídico moçambicano e, assim, a existir traduz-se num serviço interno e facultativo da sociedade com competências delegadas pelo conselho de administração.

Diga-se que nos bancos moçambicanos são já frequentes os serviços individualizados de auditoria interna, não o sendo, ainda, na generalidade das demais sociedades moçambicanas. É, porém, notória a crescente preocupação com a implementação de serviços de auditoria interna, designadamente nas sociedades com estruturas de governação amplas e complexas, incluindo bancos, que tendem a adoptar políticas de gestão equiparadas àquelas que são usuais nas sociedades que sobre elas exercem uma relação de domínio, geralmente sediadas fora de Moçambique.

---

[948] CUNHA, Paulo Olavo – *Direito das Sociedade Comerciais*, 4ª Edição, Almedina, Coimbra, 2010, p. 822.
[949] Cf. CÂMARA, Paulo, *Manual de Direito dos Valores Mobiliários*, 2ª Edição, Almedina Coimbra, 2011, pp. 382 e ss.

4.2. *Compliance* ou Controlo interno

O controlo interno dos bancos, traduzido em serviços internos de controlo de cumprimento (*compliance*), encontra consagração jurídica no Aviso nº 11//GGBM/99, que estabelece normas de controlo interno a serem observadas pelas instituições de crédito e sociedades financeiras.

De acordo com o referido Aviso, as instituições de crédito e as sociedades financeiras devem instituir um sistema de controlo interno que abranja, designadamente, a definição da estrutura organizativa das regras contabilísticas e dos métodos e procedimentos adequados à prossecução de objectivos identificados[950], tendo-se em conta o tipo e a dimensão da instituição, bem como a natureza e os riscos das operações por elas realizadas.

Recai sobre as administrações dos bancos o acompanhamento da criação e actualização do sistema de controlo, bem como a verificação do seu funcionamento e eficácia e, em particular:

a) Aprovar estratégias e políticas a adoptar pelo banco;

b) Conhecer os riscos em que o banco incorre no desenvolvimento da sua actividade e estabelecer níveis aceitáveis para a assunção desses riscos;

c) Assegurar que as pessoas responsáveis pela gestão corrente do banco adoptem as medidas necessárias à identificação, avaliação e controlo dos riscos; e

d) Aprovar uma estrutura organizacional que assegure uma contínua avaliação do sistema de controlo interno.

---

[950] Tendo em vista minimizar os riscos de fraudes, irregularidades e erro, assegurando a sua prevenção e detecção em tempo útil, os sistemas de controlo interno devem prosseguir os seguintes objectivos fundamentais:
a) A garantia da existência e segurança dos activos;
b) O controlo dos riscos da actividade da instituição, nomeadamente, os riscos de crédito, de mercado e de liquidez;
c) O cumprimento das normas prudenciais em vigor;
d) A existência de uma completa, fiável e tempestiva informação contabilística e financeira, em particular no que respeita ao seu registo, conservação e disponibilidade;
e) A prestação de informação financeira fiável, completa e tempestiva às autoridades de supervisão;
f) A prudente e adequada avaliação dos activos e das responsabilidades, nomeadamente para efeitos da constituição de provisões;
g) A adequação das operações realizadas pela instituição a outras disposições legais, regulamentares e estatutárias aplicáveis, designadamente às normas internas, às orientações dos órgãos sociais, às normas e aos usos profissionais e deontológicos e a outras regras relevantes para a instituição;
h) A prevenção do envolvimento da instituição em operações relacionadas com branqueamento de capitais.

4.3. Gestão de riscos

A gestão de riscos, considerada como um conjunto de políticas e procedimentos para identificar e gerir os riscos relacionados com as actividades, procedimentos e sistemas e para considerar ou definir o nível de risco tolerado[951], tem regulamentação específica no ordenamento jurídico moçambicano, no que toca à actividade bancária.

Com efeito, relativamente às actividades desenvolvidas pelas instituições de crédito e sociedades financeiras, incluindo os bancos, o Aviso nº 15/GBM/2013[952] estabelece limites e rácios prudenciais, incluindo limites à concentração de risco, a serem observados pelos bancos.

Por outro lado, também o Aviso nº 4/GBM/13 veio estabelecer Directrizes de Gestão de Risco aplicáveis a todos os bancos, impondo a estes a remessa ao Banco de Moçambique dos respectivos Programas de Gestão de Risco, até 31 de Março de cada ano, os quais além de deverem estar em conformidade com as Directrizes de Gestão de Risco estabelecidas pelo Banco de Moçambique, devem, ainda, mostrar-se ajustados à natureza e complexidade da respectiva actividade.

Por este motivo, é frequente que os bancos sejam dotados pelas respectivas administrações de serviços internos especificamente vocacionados para a gestão de risco.

5. PRÁTICAS E POLÍTICAS REMUNERATÓRIAS

Sobre práticas ou políticas remuneratórias bancarias pouco há a dizer. A nível dos órgãos sociais, a remuneração dos respectivos membros, designadamente do conselho de administração e do conselho fiscal ou fiscal único, "*[c]abe ao contrato de sociedade ou, no seu silêncio, à assembleia geral ou a uma comissão de accionistas por ela eleita, fixar a remuneração (...)*"[953].

Se no passado eram frequentes situações em que apenas os administradores com competências delegadas pelo conselho de administração – os comumente chamados administradores executivos – auferiam remuneração regular e contí-

---

[951] Cf. Câmara, Paulo, *Manual de Direito dos Valores Mobiliários*, 2ª Edição, Almedina Coimbra, 2011, p. 38.
[952] Aviso nº 6/GBM/2007, de 30 de Março.
[953] Embora tratando-se de transcrição do nº 2 do art. 424º do CComM, aplicável à remuneração dos administradores, entendemos que na falta de disposição reguladora da remuneração dos membros do conselho fiscal e fiscal único, se deva aplicar a estes, por analogia e com recurso ao art. 7º do CComM, o mesmo regime previsto no nº 2 do art. 424º do CComM relativamente aos administradores.

nua, enquanto os demais membros de órgãos sociais auferiam aquilo a que se tornou usual chamar *"senhas de presença"*, ou seja, uma retribuição pelos actos em que esporadicamente eram chamados a intervir, tal como a participação em reuniões, hoje parece ter-se generalizado a prática de remunerar regular e continuamente todos os membros dos órgãos sociais dos bancos, ainda que tais remunerações tendam a variar em função do nível participativo e de responsabilidade de cada membros de órgão social.

6. SUPERVISÃO DOS SISTEMAS DE GOVERNO

A supervisão dos bancos com sede em Moçambique, incumbe ao Banco de Moçambique, de acordo com a LOBM e LICSF (nº 1 do art. 55º da LICSF).

O Banco de Moçambique tem, entre outras, a finalidade de disciplinar a actividade bancária (al. d) do nº 2 do art. 3º da LOBM) e assume o papel de supervisor das instituições financeiras (nº 1 do art. 16º da LOBM), considerando-se subordinadas à sua supervisão todas as instituições de crédito (nº 1 do art. 37º da LOBM).

Para assegurar a supervisão compete ao Banco de Moçambique, entre outras competências (nº 2 do art. 37º da LOBM):

a) Apreciar a idoneidade dos titulares de participações sociais nas instituições em que representem mais de dez por cento do respectivo capital social, bem como a aptidão técnico-profissional dos seus administradores ou directores e definir as condições imperativas do exercício dessas funções;

b) Estabelecer directivas para a actuação dessas instituições; e

c) Assegurar os serviços de centralização de informações e de riscos de crédito.

Compete, também, ao Banco de Moçambique realizar inspecções nos estabelecimentos das instituições sujeitas à sua supervisão (nº 1 do art. 38º da LOBM e art. 75º da LICSF).

Do art. 72º da LICSF resultam, ainda, as seguintes competências do Banco de Moçambique, no que toca à supervisão:

a) Acompanhar a actividades das instituições de crédito e sociedades financeiras;

b) Zelar pela observância das normas que disciplinam a actividade das instituições de crédito e sociedades financeiras;

c) Emitir recomendações para que sejam sanadas as irregularidades detectadas;

d) Tomar providências extraordinárias de saneamento; e

e) Sancionar as infracções.

Para o exercício das suas competências de supervisão, o Banco de Moçambique vinha contando, até há pouco tempo, com um único departamento com competências de supervisão, o Departamento de Supervisão Bancária. Porém a recente alteração verificada na estrutura orgânica do Banco de Moçambique resultou na cisão do Departamento de Supervisão Bancária em três novos departamentos distintos: (i) O Departamento de Regulamentação e Licenciamento; (ii) o Departamento de Supervisão Comportamental; e (iii) o Departamento de Supervisão Prudencial.

CAPÍTULO XIX

O GOVERNO DE BANCOS EM PORTUGAL

José Miguel Lucas[954]

1. FONTES ESPECÍFICAS SOBRE GOVERNO DOS BANCOS

1.1. Introdução

O presente trabalho pretende abarcar as diversas temáticas relacionadas com o governo interno dos bancos[955], designadamente em matéria *i)* das funções de administração e fiscalização e da adequação (*"fitness and property"*) dos membros dos órgãos sociais; *ii)* das funções de controlo interno; *iii)* de políticas e práticas remuneratórias e *iv)* de supervisão.

---

[954] *O presente documento (e as posições nele refletidas) resultam do entendimento pessoal do seu Autor e não da posição da sua entidade empregadora atual, o Banco de Portugal, não representando, nem vinculando por isso esta instituição.*

[955] Até ao presente momento, a Comissão do Mercado de Valores Mobiliários ("CMVM") e o Instituto Português de Corporate Governance ("IPCG") foram as únicas instituições que publicaram um Código de Governo das Sociedades, procedendo a um elenco de diretivas cuja observância, embora se recomende às sociedades cotadas, consubstancia boas práticas que seria vantajoso que guiassem também as restantes sociedades (e, em particular, as sociedades não cotadas do setor financeiro).

No entanto, face à complexidade destes temas[956], à profusão de normas e à sua constante mutação[957], aos múltiplos interesses que lhes estão subjacentes e ao impacto que podem ter no funcionamento dos bancos – e, consequentemente, na estabilidade financeira e na sociedade civil[958] –, o propósito do presente artigo (atendendo à globalidade da obra na qual se insere e a síntese que se pretende em cada um dos trabalhos individualmente considerados), apenas poderia ser proceder a um elenco do quadro normativo ancilar aplicável, aos bancos em Portugal, em matéria de governo interno. Deste modo, o presente texto pretende dar um contributo para facilitar a compreensão e/ou a aplicação prática das matérias em causa, cingindo-se ao essencial, dando uma perspetiva panorâmica sobre as normas e princípios aplicáveis, destacando aqueles que, no entender do autor, podem assumir particular relevância[959].

Dessa perspetiva, se tivéssemos de elencar o conjunto dos diplomas atualmente incontornáveis em matéria de governo interno e que devem subjazer

---

[956] Sobre as referidas temáticas e com vista ao seu aprofundamento, veja-se RUI OLIVEIRA NEVES, "A governação de sociedades em Portugal", in A governação das sociedades anónimas nos sistemas jurídicos lusófonos, coord. de Paulo Câmara, Almedina, 2013, pp. 269 e ss.; PAULO CÂMARA, "O governo societário dos bancos: em particular, as novas regras e recomendações sobre remuneração na banca", Revista de direito das sociedades, Coimbra, ano 4, nº 1, 2012, pp. 9 e ss.; e SOFIA LEITE BORGES, "O governo dos bancos" in: O Governo das Organizações : a vocação universal do Corporate Governance, coord. de Paulo Câmara, Almedina, 2011, pp. 261 e ss.

[957] Nesse sentido veja-se que o Regime Geral das Instituições de Crédito e Sociedades Financeiras, aprovado em 1992, desde a sua primeira versão já sofreu 42 alterações, das quais 30 ocorreram nos últimos 10 anos.

[958] Nas palavras do *Livro branco sobre o sistema financeiro* "Os problemas de instabilidade que surjam numa instituição de crédito podem propagar-se a outras instituições se provocarem levantamentos generalizados de depósitos e perda de confiança no sistema bancário. Por isso se diz que a estabilidade das instituições do sistema bancário pode frequentemente ser considerada como um bem público.

a. Os depositantes, especialmente os pequenos depositantes, têm dificuldades em avaliar a solidez financeira das várias instituições de crédito onde podem colocar os seus fundos: não têm meios adequados para conhecerem a qualidade dos créditos concedidos, os riscos de perdas das carteiras de títulos e participações, etc.

b. As instituições de crédito apresentam, em regra, rácios entre o passivo e os capitais próprios muito superiores aos das empresas de outros sectores. Por esse facto, elas prestam-se facilmente à prática de fraudes e operações especulativas, baseadas no fácil acesso a capitais alheios".

Cf. *Livro branco sobre o sistema financeiro*, Ministério das Finanças – Conselho para o Sistema Financeiro, 1º v.: As instituições de crédito: relatório principal, p. 335.

[959] O presente documento não deve ser entendido como exaustivo ao ponto de incluir todas as normas e princípios que deverão ser seguidas pelos bancos. Tanto mais que estamos perante matérias que se encontram em constante evolução e densificação, podendo o presente documento remeter para normas que venham a ser alteradas brevemente.

à atividade dos bancos e à relação destes com o supervisor, destacaríamos os seguintes:

1. Regime Geral das Instituições de Crédito e Sociedades Financeiras ("RGICSF")[960];
2. Código das Sociedades Comerciais ("CSC")[961];
3. Diretiva de Requisitos de Capital ("*Capital Requirements Directive*" ou "CRD IV")[962];
4. Regulamento de Requisitos de Capital ("*Capital Requirements Regulation*" ou "CRR")[963];

---

[960] Aprovado pelo Decreto-Lei nº 298/92, de 31 de dezembro, na sua redação atual, conferida pelo Decreto-Lei nº 190/2015, de 10 de setembro, o qual regula, entre o mais, as matérias de constituição, registo, organização e funcionamento dos bancos.

[961] Aprovado pelo Decreto-Lei nº 262/86, de 2 de setembro, na sua redação atual, conferida pela Lei nº 148/2015, de 9 de setembro.
Ainda que não exista no RGICS uma norma relativa à aplicação subsidiária do CSC, sendo um banco constituído sob a forma de uma sociedade anónima, encontra-se subsidiariamente abrangido pelas regras aí constantes, nomeadamente quanto à estrutura orgânica e funcionamento, à articulação entre os respetivos órgãos sociais. Para mais sobre este tema, veja-se PAULO CÂMARA, "Os modelos de Governo das Sociedades Anónimas, nas Jornadas em homenagem ao Professor Doutor Raúl Ventura, Almedina, 2007, p. 197 e ss. O CSC estabelece também regras relativas a incompatibilidades e impedimentos quanto ao exercício de funções no âmbito dos órgãos sociais existindo legislação especial que vai mais longe do que tais normas.
Nesse sentido, por exemplo, além destes dois diplomas principais, poderá ainda ser aplicável regulamentação específica se estivermos perante bancos pertencentes ao sector empresarial do Estado, devendo, para esse efeito, ter-se em consideração o Regime Jurídico do Setor Público Empresarial, aprovado pelo Decreto-Lei nº 133/2013, de 3 de outubro, na redação da Lei nº 75-A//2014, de 30 de setembro e o Estatuto do Gestor Público, aprovado pelo Decreto-Lei nº 71/2007, de 27 de março, com a retificação nº 2/2012, de 25 de janeiro.

[962] Diretiva 2013/36/UE do Parlamento Europeu e do Conselho, de 26 de junho de 2013, alterada pela Diretiva 2014/59/UE do Parlamento Europeu e do Conselho de 15 de maio de 2014.
O Conselho Europeu de 18 e 19 de junho de 2009, solicitou a definição de um conjunto único de regras comunitárias (ou, como é comummente designado: "*single rulebook*") aplicável a todas as instituições financeiras no mercado único, garantindo, assim, a aplicação de Basileia III – matéria sobre a qual nos referiremos em maior detalhe abaixo – a todos os Estados-membros e no qual se incluem (*i*) o Regulamento de Requisitos de Capital, (*ii*) a Diretiva de Requisitos de Capital e (*iii*) a Diretiva relativa à Recuperação e Resolução Bancárias – Diretiva 2014/59/UE, do Parlamento Europeu e do Conselho, de 15 de maio de 2014, que estabelece um enquadramento para a recuperação e a resolução de instituições de crédito e de empresas de investimento – "*Bank Recovery and Resolution Directive* ou tão-só "BRRD".

[963] Regulamento (UE) nº 575/2013 do Parlamento Europeu e do Conselho, de 26 de junho de 2013, alterado pelo Regulamento Delegado (UE) 2015/62 da Comissão, de 10 de outubro de 2014.

5. Regulamento do Mecanismo Único de Supervisão ("Regulamento MUS" ou "Regulamento SSM")[964];

6. Regulamento-quadro do MUS (*"SSM Framework Regulation"*)[965];

7. Aviso nº 5/2008 do Banco de Portugal, publicado a 1 de julho de 2008, sobre controlo interno;

8. Aviso nº 10/2011 do Banco de Portugal, publicado a 9 de janeiro de 2012, sobre práticas e políticas remuneratórias;

9. Instrução nº 12/2015 do Banco de Portugal, publicada a 17 de agosto de 2015, relativa à autorização para o exercício dc funções dos membros dos órgãos de sociais das instituições supervisionadas pelo Banco de Portugal;

10. Orientações (ou mais comumente designadas *"Guidelines"*) da Autoridade Bancária Europeia (European Banking Authority ou "EBA") *i)* em matéria de governo interno das instituições ("GL 44"), de 27 de setembro de 2011; *ii)* sobre a avaliação da adequação dos membros do órgão de administração e fiscalização e de quem desempenha funções essenciais ("EBA/GL/2012/06"), de 22 de novembro de 2012 – as quais se encontram neste momento em processo de revisão; e *iii)* sobre práticas e políticas remuneratórias (*"Guidelines on sound remuneration policies under Articles 74(3) and 75(2) of Directive 2013/36/EU and disclosures under Article 450 of Regulation (EU) No 575/2013 – EBA/GL/2015/22*, aprovadas e divulgadas pela EBA a 21 de dezembro de 2015 e cuja entrada em vigor está prevista para 1 de janeiro de 2017[966].

Feita esta indicação relativamente ao objeto do presente artigo, deve também destacar-se que, de acordo com a al. a) do artigo 3º do RGICSF, os bancos são apenas um dos tipos de instituições de crédito, pelo que o presente documento não abordará em detalhe a regulamentação específica aplicável às demais instituições de crédito, a saber: a) as caixas económicas; b) a caixa central de crédito agrícola mútuo e as caixas de crédito agrícola mútuo; c) as instituições financeiras de crédito; d) as instituições de crédito hipotecário; e e) outras empresas que, correspondendo à definição constante da al. w) do artigo 2º-A do RGICSF, como tal sejam qualificadas pela lei[967].

---

[964] Regulamento (UE) nº 1024/2013 do Conselho, de 15 de outubro de 2013, que confere ao Banco Central Europeu atribuições específicas no que diz respeito às políticas relativas à supervisão prudencial das instituições de crédito.

[965] Regulamento (UE) Nº 468/2014, do Banco Central Europeu, de 16 de abril de 2014.

[966] Cf. ponto 11, p. 24, destas *Guidelines*.

[967] De acordo com o referido artigo, uma instituição de crédito é "a empresa cuja atividade consiste em receber do público depósitos ou outros fundos reembolsáveis e em conceder crédito por conta própria" e enquanto os bancos podem praticar todo o tipo de operações autorizadas às instituições de crédito, de acordo com o artigo 4º, nº 2 do RGICSF, as restantes instituições de crédito só

1.2. Relevância da regulamentação internacional

De modo a podermos ter uma perceção mais contextualizada dos diplomas a que nos referiremos, importa recordar que a crise financeira internacional tornou evidentes as fragilidades do setor bancário e financeiro (e do seu sistema regulador), expondo fragilidades e ineficiências, não apenas das políticas internas e procedimentos de gestão dos riscos, como dos sistemas de governo e controlo interno, responsáveis por aqueles. Esta circunstância, despoletou, por sua vez, uma revisão do enquadramento regulamentar aplicável nas matérias referidas, tanto a nível nacional como internacional.

Neste contexto, no setor bancário, os organismos internacionais procuraram adotar medidas para colmatar as referidas ineficiências, entre as quais cumpre destacar dois exemplos ocorridos em 2010: (i) o Comité de Supervisão Bancária de Basileia ("Basel Committee on Banking Supervision" ou "BCBS") definiu as novas normas conhecidas como Basileia III (revistas em 2011)[968], de modo a "reforçar as regras de definição de capital global e liquidez para promover um setor bancário mais resiliente"[969] e publicou documentos com impacto no governo interno das instituições, entre os quais se destacam os textos intitulados: Conformidade e função de verificação da conformidade nos bancos ("Compliance and the compliance function in banks"), de abril de 2005, A função de auditoria interna nos bancos ("The internal audit function in banks"), de junho 2012 e as Orientações sobre princípios de governo para bancos ("Guidelines on

---

podem exercer as atividades e praticar as operações permitidas pelas normas legais e regulamentares que regem a sua atividade.

[968] A estrutura do acordo anterior (Basileia II) já se baseava em requisitos mínimos de fundos próprios (Pilar I), processo de supervisão (Pilar II) e disciplina de mercado (Pilar III), destacando-se a obrigação de manter uma percentagem mínima dos fundos próprios (capital mínimo que responde por eventuais perdas) destinados a cobrir o *risco operacional*, procurando, assim, aproximar os fundos próprios dos riscos assumidos pelos bancos – para mais, vejam-se os documentos de Basileia III: *"Part 2 – The First Pillar – Minimum Capital Requirements"* e *"Parts 3 and 4: The Second Pillar – Supervisory Review Process and The Third Pillar – Market Discipline"*.

A propósito de risco, de acordo com o glossário das "normas internacionais para a prática profissional de auditoria interna" (*"International Standards for the Professional Practice of Internal Auditing (Standards)"* elaboradas pelo Institute of Internal Auditors, p. 22, risco é "a possibilidade de ocorrer um evento que venha a ter impacto no cumprimento dos objetivos, o que significa que o risco é medido em termos de impacto e de probabilidade". De acordo com os Princípios para uma gestão sólida do risco operacional (*"Principles for the Sound Management of Operational Risk"*) elaborados pelo BCBS, risco operacional é o risco de perdas resultantes de falhas ou inadequação de processos internos, pessoas e sistemas ou devido a fatores externos. Esta definição inclui risco jurídico, mas exclui risco estratégico e risco reputacional – cf. p. 3, nota de rodapé 5, do referido documento.

[969] Cf. *"Basel III: A global regulatory framework for more resilient banks and banking systems"*, §1 do capítulo "Introdução".

corporate governance principles for banks"), de julho de 2015. Por outro lado, (ii) a União Europeia criou a EBA[970], dando continuidade ao trabalho desenvolvido pelo Comité de Supervisores Bancários Europeus ("Committee of European Banking Supervisors" ou CEBS); conferiu atribuições específicas ao Banco Central Europeu ("BCE") no que diz respeito à supervisão prudencial das instituições de crédito; e criou o Mecanismo Único de Supervisão ("MUS", Single Supervisory Mechanism ou "SSM"), composto pelo BCE e pelas autoridades nacionais competentes dos Estados-Membros participantes no eurosistema –, o qual é um pilar essencial da união bancária, que tem por missão o estabelecimento de boas e consistentes práticas de supervisão bancária nos Estados Membros do eurosistema e um acréscimo da segurança do setor bancário e da estabilidade financeira europeus.

De acordo com as disposições conjuntas dos artigos 6º e 4º do Regulamento MUS, o BCE supervisiona diretamente (desde 4 de novembro de 2014[971]) instituições de crédito, companhias financeiras ou companhias financeiras mistas (nos Estados-Membros da União Europeia que adotaram o euro e naqueles que, não o tendo feito, escolh(er)am aderir ao mecanismo) consideradas significativas de acordo com vários critérios estabelecidos no referido regulamento, dos quais se destacam a dimensão e importância económica e sistémica.

Ainda de acordo com o nº 4 do artigo 6º do Regulamento MUS – e a menos que circunstâncias específicas justifiquem outra solução –, o BCE exerce as atribuições de supervisão direta no que respeita às instituições de crédito mais significativas em cada Estado-Membro participante, sem prejuízo de poder também, por iniciativa própria, considerar que uma instituição tem caráter significativo se tiver filiais bancárias estabelecidas em mais de um Estado-Membro participante e os seus ativos ou passivos transfronteiriços representarem uma parte considerável da totalidade dos seus ativos ou passivos. Além destas, o BCE supervisiona diretamente aquelas instituições para as quais foi solicitada ou recebida diretamente assistência financeira pública do Fundo Europeu de Estabilização Financeira ("FEEF") ou do Mecanismo Europeu de Estabilidade ("MEE") que não podem ser consideradas menos significativas. As restantes instituições são supervisionadas pelas autoridades nacionais competentes.

Adicionalmente, tendo em vista a adaptação europeia de Basileia III, foram publicados em 2013 o CRR e a CRD IV, os quais definem um conjunto de regras e requisitos prudenciais aplicáveis às instituições de crédito e às empresas de

---

[970] Cf. Regulamento (UE) nº 1093/2010 do Parlamento Europeu e do Conselho, de 24 de novembro de 2010, alterado pelo Regulamento (UE) nº 806/2014 do Parlamento Europeu e do Conselho, de 15 de julho de 2014.
[971] De acordo com o nº 2 do artigo 33º do referido regulamento.

investimento⁹⁷² e também contemplam matérias de governo interno. Enquanto o primeiro, o CRR, é diretamente aplicável no ordenamento jurídico nacional, a CRD IV, conforme melhor veremos abaixo, foi transposta para o ordenamento jurídico nacional através das alterações introduzidas no RGICSF pelo Decreto-lei nº 157/2014, dia 24 de outubro.

Por último, além dos normativos imperativos acabados de mencionar, em termos internacionais devem também considerar-se as recomendações ou orientações, as quais, embora não tendo caráter vinculativo, consubstanciam um conjunto de princípios e regras a que os bancos devem atender na sua atividade e relativamente ao cumprimento das quais o supervisor também atende no seu escrutínio, como é o caso das *guidelines* da EBA, já referidas acima.

i. Regulamentação nacional

O Decreto-lei nº 157/2014, de 24 de outubro, ao transpor a CDR IV, veio introduzir alterações relevantes no RGICSF em matéria do governo societário dos bancos e permitir uma supervisão em linha com os restantes Estados-Membros, bem como "importar" algumas das orientações da EBA constantes do documento EBA/GL/2012/06, em matéria de avaliação da adequação dos membros dos órgãos sociais. Entre as novidades introduzidas pelo referido diploma destacamos as seguintes:

    1) Consagração expressa e inequívoca da responsabilidade dos órgãos de administração e de fiscalização dos bancos, no âmbito das respetivas competências, pela aplicação de sistemas de governo que garantam a gestão eficaz e prudente daqueles, acompanhando e avaliando periodicamente a eficácia dos seus sistemas de governo, tomando e propondo as medidas adequadas para corrigir quaisquer deficiências detetadas nos mesmos⁹⁷³;

    2) Consagração expressa de que a avaliação da adequação dos membros dos órgãos sociais deve ser efetuada em primeira linha pelos próprios bancos⁹⁷⁴;

---

⁹⁷² Com a uniformização da regulamentação surgiu a necessidade de se rever a regulamentação, por exemplo, em matéria de relatórios, com requisitos e definições uniformes (*"Guidelines for the implementation of the common reporting framework (COREP)"* e quanto ao modelo definido para reporte de informação financeira e contabilística (*"Guidelines for implementation of the framework for consolidated financial reporting (FINREP)"*).

⁹⁷³ Cf. artigo 115º-A do RGICSF.

⁹⁷⁴ Nos termos do nº 3 do artigo 30º-A do RGICSF, as pessoas a designar para os órgãos sociais devem apresentar à instituição todas as informações relevantes e necessárias para a avaliação da sua adequação, incluindo as que forem exigidas no âmbito do processo de autorização do Banco de Portugal, designadamente preenchendo os questionários – e documentos a estes anexos –

3) Estabelecimento de maior exigência e escrutínio na avaliação da adequação dos membros dos órgãos sociais, quer pela instituição, quer pelo supervisor, à luz dos critérios de idoneidade, qualificação profissional, independência e disponibilidade a que se referem os artigos 30º-D e ss. do RGICSF;

4) Obrigatoriedade de aprovação pelos bancos de uma política interna de seleção e avaliação da adequação dos membros dos seus órgãos sociais[975]. Esta política deve promover a diversidade de qualificações e competências necessárias para o exercício da função, fixando objetivos para a representação de homens e mulheres, procurando aumentar o número de pessoas do género sub-representado, nos termos do nº 2 do artigo 30º-A e do nº 6 do artigo 30º, ambos do RGICSF;

5) Clarificação, no que respeita à avaliação do requisito de idoneidade, que devem ser ponderados todos os factos relevantes quanto ao modo como a pessoa gere habitualmente os seus negócios e exerce a sua profissão, podendo tal ponderação abranger expressamente eventuais processos pendentes, conforme resulta do preâmbulo do diploma e do nº 3 e 5 do artigo 30º-D do RGICSF[976];

6) Consagração expressa do princípio da independência na análise da adequação, com enfoque no requisito da inexistência de influência indevida de outras pessoas ou entidades, suscetível de afetar o exercício de funções com isenção;

7) Estabelecimento, no que respeita à avaliação do requisito de disponibilidade, de um limite à acumulação de cargos executivos e não executivos por parte dos

---

previstos pela Instrução nº 12/2015. Trata-se de uma tarefa da maior importância e responsabilidade, sendo a veracidade, precisão e certeza dos dados deles constantes verdadeiramente essencial para o correto desempenho das funções de supervisão do Banco de Portugal, tal como previstas constitucionalmente.
Os signatários declaram sob compromisso de honra que as informações prestadas correspondem à verdade, não tendo omitido quaisquer factos que possam relevar para a sua autorização, estando conscientes que a prestação de falsas declarações constitui não só *i)* fundamento para a recusa da autorização (conforme consta da "declaração do titular" que assinam), como é suscetível de conduzir à *ii)* aplicação de eventuais sanções penais ou *iii)* contraordenacionais, designadamente as previstas nas alíneas a) e i) do nº 1 do artigo 210º do RGICSF e, por último, *iv)* pode ainda ser motivo de revogação da autorização que venha a ser concedida, nos termos do nº 5 do artigo 30º-C do RGICSF.

[975] De acordo com o nº 2 do artigo 30º-A do RGICSF, dessa política devem constar, pelo menos, a identificação dos responsáveis na instituição de crédito pela avaliação da adequação, os procedimentos de avaliação adotados, os requisitos de adequação exigidos, as regras sobre prevenção, comunicação e sanação de conflitos de interesses e os meios de formação profissional disponibilizados.

[976] Destacando-se em particular a importância da acusação ou pronúncia em determinados processos-crime (que passou a estar expressamente prevista na alínea b) do nº 5 do referido artigo 30º-D do RGICSF) e a acusação por infrações de normas que regem a atividade das instituições de crédito (prevista na alínea c) do mesmo preceito).

membros dos órgãos sociais das instituições de crédito significativas[977] em função da sua dimensão, organização interna, natureza, âmbito e complexidade das suas atividades;

8) Obrigatoriedade de, para além da avaliação individual dos membros dos seus órgãos sociais, os bancos terem de proceder a uma apreciação coletiva dos seus órgãos colegiais, tendo em vista verificar se estes, no seu conjunto, reúnem requisitos de qualificação profissional e disponibilidade adequados. Para facilitar esta avaliação, a Instrução nº 12/2015 adotou uma matriz que aborda os conhecimentos de cada elemento do órgão, quer quanto a matéria geral, quer interna do banco e que obriga a uma avaliação através de uma escala que se destina também a aprofundar o conhecimento que a instituição tem de si própria e a auxiliá-la no estabelecimento de uma estratégia destinada a possibilitar o desenvolvimento profissional daqueles, de entre os membros dos seus órgãos sociais, que necessitem de adquirir e aprofundar conhecimentos em determinadas áreas da sua atividade;

9) Redução do elenco de entidades consideradas como "instituição de crédito", tendo sido aditado um artigo 2º-A (que acolhe definições) e alterado o artigo 3º relativo às instituições de crédito, com o propósito de assegurar uma aplicação mais harmonizada no plano europeu do conceito de instituição de crédito;

10) Obrigatoriedade de estabelecimento e manutenção de políticas e práticas remuneratórias, consentâneas com a gestão eficaz dos riscos pelos bancos, com a sua política de longo prazo e com adequados níveis de capital e liquidez;

11) Reforço do elenco de medidas corretivas que o Banco de Portugal pode impor em caso de não cumprimento de normas que disciplinem a atividade dos bancos.

Além das normas definidas no RGICSF importa também destacar um conjunto de diplomas com cariz *infra* legal que disciplinam a atividade dos Bancos, designadamente em matéria de controlo interno (como o Aviso nº 5/2008[978] e a Instrução nº 17/2011[979]), remunerações (como o Aviso nº 10/2011[980] e a Instrução

---

[977] Este conceito não foi, até ao momento, objeto de regulamentação pelo Banco de Portugal. Porém entende-se que, sem prejuízo de outras que assim venham a ser qualificadas à luz do caso concreto, o conceito de "instituição significativa" ora em causa, não pode deixar de abranger, pelo menos as instituições consideradas significativas para efeitos da supervisão direta do BCE no âmbito do MUS.

[978] Que estabelece que os bancos devem dispor de um sistema de controlo interno com vista a garantir um desempenho eficiente e rentável da atividade, a existência de informação financeira e de gestão completa, fiável, pertinente e tempestiva, bem como o respeito pelas disposições legais e regulamentares aplicáveis.

[979] Que determina a manutenção atualizada das informações relativas a crédito a membros dos órgãos sociais (artigo 85º do RGICSF) e a detentores de participações qualificadas (artigo 109º do RGICSF), bem como o envio de elementos informativos ao Banco de Portugal.

[980] Que regulamenta os princípios e regras que devem reger a política de remuneração das instituições, bem como os deveres de divulgação de informação da política de remuneração dos membros

nº 4/2015[981]) e autorizações (dos membros dos órgãos sociais, como a Instrução nº 12/2015, ou dos participantes qualificados, como o Aviso nº 5/2010[982]), antecipando-se a revisão e alteração de alguns destes diplomas pelo Banco de Portugal, dando sequência ao mandato regulatório que lhe é conferido no RGICSF.

2. ADMINISTRAÇÃO

Ao enquadrar o sistema de governo interno de um banco, deve ter-se presente que o mesmo consubstancia um conjunto de regras de governo e controlo, bem como de procedimentos internos que relacionam, em termos gerais, os seus órgãos sociais com os restantes *stakeholders* (a saber, os acionistas, os clientes, depositantes, investidores e demais credores), o mercado financeiro e os supervisores.

Nesta sede, e a propósito dos requisitos exigidos com vista à autorização de uma instituição de crédito em Portugal, o legislador estabelece expressamente, não apenas a exigência de apresentação de "dispositivos sólidos em matéria de governo da sociedade, incluindo uma estrutura organizativa clara, com linhas de responsabilidade bem definidas, transparentes e coerentes", mas também a obrigatoriedade de "ter nos órgãos de administração e fiscalização membros cuja idoneidade, qualificação profissional, independência e disponibilidade deem, quer a título individual, quer ao nível dos órgãos no seu conjunto, garantias de gestão sã e prudente (...)"[983]. A reunião dos requisitos apontados deve, por sua vez, manter-se durante toda a vida da instituição, sob pena de revogação da respetiva autorização.

No que respeita especificamente aos membros do órgão de administração, cumpre relembrar que lhe cabe definir, fiscalizar e responsabilizar-se pela aplicação de um sistema de governo interno, que garanta a gestão eficaz, sã e prudente, assegurando, nomeadamente a separação de funções e a prevenção de conflitos de interesses no seio da organização, bem como acompanhar e avaliar periodica-

---

dos órgãos de administração, fiscalização e colaboradores. Ponderando que se trata de um diploma de 2011, deverá ser lido à luz do RGICSF na sua redação atual.

[981] Que solicita o envio de informação relativa a colaboradores que auferem remunerações elevadas (montante total superior ou igual a 1 milhão de euros/ano).

[982] O qual determina quais as informações devem acompanhar as comunicações de aquisição ou aumento de participações qualificadas em instituições de crédito, sociedades financeiras e empresas de investimento.

[983] Cf. artigo 14º nº 1, alíneas f) e j) e artigo 22º, nº 1, alíneas b), e) e j) do RGICSF.

mente a eficácia dos seus sistemas de governo, tomando e propondo as medidas adequadas para corrigir quaisquer deficiências detetadas nos mesmos[984].

Adicionalmente, cumpre aqui destacar, ainda que de forma breve, dois aspetos essenciais: *i)* os requisitos de adequação para o exercício de funções e *ii)* as funções de administração executiva e não executiva.

Tendo em vista a salvaguarda do sistema financeiro e dos interesses dos respetivos clientes, depositantes, investidores e demais credores, os membros dos órgãos sociais devem, no exercício das suas funções, em permanência, garantir a gestão sã e prudente das instituições de crédito, devendo cumprir requisitos de idoneidade, qualificação profissional, independência e disponibilidade, nos termos estabelecidos na lei[985].

Mais concretamente, os membros dos órgãos sociais devem agir com honestidade, integridade e independência de espírito, razão pela qual a avaliação da sua adequação apenas pode ser feita em concreto, tendo presente as características dos indivíduos em causa e não apenas à luz das referidas disposições legais, mas também da densificação constante das *Guidelines* EBA/GL/2012/06[986].

A este propósito, o Banco de Portugal também divulgou, em 27 de novembro de 2014, uma nota técnica[987] com o seu entendimento sobre a avaliação pelo supervisor do requisito de idoneidade (a qual contém, no entanto, alguns aspetos procedimentais que valem também para os restantes requisitos de adequação dos membros dos órgãos sociais), como o facto de se tratar de um procedimento administrativo, com finalidades preventivas e sem natureza sancionatória, portanto, não baseado em juízos de responsabilidade (criminal, contraordenacional ou outra), mas sim em juízos de confiança e em factos capazes de sustentar essa confiança numa gestão sã e prudente ou factos suscetíveis de criar uma dúvida fundada sobre ela.

Na prossecução destes seus objetivos, o órgão de administração de um banco deve ter sempre presente a exigência de três administradores, como número

---

[984] Cf. artigo 115º-A do RGICSF.
[985] Cf. artigos 30º e ss. do RGICSF. A falta de verificação de qualquer um destes requisitos é fundamento de recusa ou revogação da respetiva autorização para o exercício de funções, nos termos dos nºs 1 e 4 do artigo 30º-C do referido diploma.
[986] Que foram transmitidas pelo Banco de Portugal a todas as sociedades supervisionadas através da carta nº 6/13/DSPDR, com a indicação de que estas "(...) devem, *desde já, dar o adequado cumprimento às linhas de orientação constantes das EBA/GL/2012/6*, no contexto da regulamentação em vigor e, em particular, como complemento do disposto no Aviso nº 5/2008 e nas Instruções nº 30/2010 e nº 73/96" (sublinhado nosso), tendo o regime das referidas instruções sido revogado pela Instrução nº 12/2015 do Banco de Portugal.
[987] Disponível em https://www.bportugal.pt/pt-PT/OBancoeoEurosistema/IntervencoesPublicas/Documents/intervpub20141117-2A.pdf

mínimo para a composição do órgão, ao que acresce a obrigatoriedade de a gestão corrente ser exercida por dois administradores[988], bem como o teor do artigo 407º do CSC, disposição que enquadra as funções dos administradores executivos e não executivos, constituindo o ponto de partida para a adequada compreensão do seu papel vital. Com efeito, se não restam dúvidas que aos administradores executivos cabe a gestão do dia a dia da instituição de crédito, a tomada das decisões correntes (inerentes e necessárias à prossecução do respetivo objeto social), a verdade é que as funções dos administradores não executivos e as responsabilidades que estas acarretam, não são menos importantes, embora a prática demonstre que nem sempre são de fácil compreensão e implementação.

Assim, além dos deveres de cuidado e de empregar a "(...) diligência de um gestor criterioso e ordenado (...)" no âmbito das suas funções[989], cabe aos administradores não executivos, nos termos do nº 8 do referido artigo, a responsabilidade pela "(...) *vigilância geral* da atuação do administrador ou administradores delegados ou da comissão executiva e, bem assim, pelos prejuízos causados por atos ou omissões destes, quando, tendo conhecimento de tais atos ou omissões ou do propósito de os praticar, não provoquem a intervenção do conselho para tomar as medidas adequadas" (sublinhado nosso)[990].

Em suma, os membros não executivos do órgão de administração devem agir com integridade e a independência de espírito que lhes permita avaliar e criticar efetiva e construtivamente as decisões da administração executiva e direção de topo, assumindo, assim, um papel essencial na supervisão interna e monitorização do processo de tomada de decisões em matéria de gestão[991]. A este papel acresce a relevância da integração pelos administradores não executivos de comités internos no seio do órgão de administração, de entre os quais se destaca os expressamente previstos no RGICSF: comité de nomeações, comité de

---

[988] Cf. artigo 15º do RGICSF.

[989] Cf. artigo 64º, nº 1, al. a) do CSC – para mais veja-se ANTÓNIO MENEZES CORDEIRO, "*Os deveres fundamentais dos administradores das sociedades (artigo 64º 1 do CSC)*", in: A reforma do código das sociedades comerciais: jornadas em Homenagem ao Professor Doutor Raúl Ventura, Almedina, 2007, pp. 19 e ss.

[990] Sobre este dever de vigilância, veja-se MARIA ELISABETE RAMOS, "*Responsabilidade Civil dos administradores e diretores de sociedades anónimas perante os credores sociais*", Studia iuridica 67, Coimbra Editora, 2002, pp. 113. e ss.

[991] Neste sentido vejam-se as *Guidelines* da EBA em matéria de governo interno (GL 44) e avaliação dos membros dos órgãos de administração e fiscalização (EBA/GL/2012/06), Título B. ("órgão de administração e fiscalização"), pontos B.1. e B.2.12, designadamente, a título exemplificativo, o ponto 11.3 no qual se indica que "*entre as competências avaliadas podem figurar: capacidade de decisão, visão estratégica, perceção dos riscos, liderança, independência de espírito, poder de persuasão e capacidade e vontade de prosseguir uma aprendizagem e desenvolvimento contínuos*".

remunerações e comité de risco⁹⁹². Estas funções dos administradores não executivos ganham ainda maior relevância quando se atenta ao facto de a delegação de competências de gestão corrente nos administradores executivos não precludir a responsabilidade dos administradores no seu conjunto, incluindo a dos não executivos, pelo exercício das respetivas funções nos termos da lei.

Finalmente, uma última referência às boas práticas em matéria de administração não executiva das sociedades em geral e dos bancos em particular (que têm por missão a salvaguarda das poupanças dos depositantes e a garantia do sistema financeiro), quando recomendam a existência no órgão de administração de um número adequado de administradores independentes, indo mais longe do que o critério de não influência indevida previsto no artigo 31º-A do RGICSF⁹⁹³.

3. FISCALIZAÇÃO

No que respeita, quer aos requisitos impostos à instituição propriamente dita (aquando da sua autorização inicial e ao longo de toda a sua vida) em matéria de governo interno e órgãos sociais, quer aos requisitos de adequação para o exercício de funções pelos membros destes, o RGICSF não estabelece nenhuma distinção entre os requisitos aplicáveis aos membros do órgão de administração e aos membros do órgão de fiscalização, à exceção de requisitos de independência imperativos impostos na composição deste último previstos no artigo 414 e 414-A do CSC.

Pelo que antecede, aos critérios de adequação constantes do RGICSF acima enunciados – que devem ser interpretados e aplicados, indiferenciadamente, a membros do órgão de administração e fiscalização –, acresce a exigência de uma maioria de membros independentes, de entre os quais deve ser escolhido o presidente do órgão⁹⁹⁴, particularidade que, em nosso entender, se prende com as especificidades das competências e responsabilidades do órgão de fiscalização.

---

⁹⁹² Cf., respetivamente, artigos 115º-B, 115º-H, 115º-L todos do RGICSF, devendo ver-se também os pontos 6. e ss. das GL 44 da EBA.
⁹⁹³ A este respeito ver Código do Governo das Sociedades da CMVM (ponto 18.), Código de Governo do IPCG (pontos IV.1. e IV.3.), GL 44 da EBA (pontos 12.2. e 14.5.) e Orientações do BCBS sobre princípios de governo para bancos (pontos 47. e 51., relativo ao Princípio 2) e que atualmente o legislador já impôs expressamente para as sociedades gestoras de fundos de investimento no novo regime dos organismos de investimento coletivo.
⁹⁹⁴ Cf. artigo 31º-A, nº 3, do RGICSF, conjugado com o artigo 3º da Lei nº 148/2015, de 19 de setembro (que, entre o mais, aprova o Regime Jurídico da Supervisão de Auditoria ("RJSA") e o artigo 414º, nº 5 do CSC.

Nesta sede, e para além daquelas competências e responsabilidades que imediata e diretamente se atribuem ao órgão de fiscalização – e que incidem sobre matérias contabilísticas e financeiras –, entende-se ser essencial salientar outras, que assumem especial relevo na atividade de um banco, designadamente na garantia da sua gestão sã e prudente e na manutenção de um sistema de controlo interno adequado à sua dimensão, características e complexidade da sua atividade. A saber: a fiscalização da administração da sociedade, a vigilância da observância da lei e do contrato de sociedade, a fiscalização da eficácia do sistema de gestão de riscos, do sistema de controlo interno e do sistema de auditoria interna (tomando e propondo as medidas adequadas para corrigir quaisquer deficiências detetadas nos mesmos[995]), a receção das comunicações de irregularidades apresentadas por acionistas, colaboradores da sociedade ou outros[996], bem como as competências atribuídas no RGISCF aos membros do órgão de fiscalização, designadamente em matéria remuneratória e nos casos em que seja obrigatória a constituição de comités especializados (comité de remunerações, comité de nomeações e comité de riscos) e inexistam administradores não executivos que os integrem[997].

De tudo o que se expôs resulta que o enquadramento jurídico do governo societário das instituições de crédito atribui um papel essencial aos membros do respetivo órgão de fiscalização, aos quais cabe, em conjunto e articulação com os administradores não executivos, a efetiva supervisão interna de uma gestão e de um sistema de controlo interno adequados às características daquelas instituições.

4. FUNÇÕES DE CONTROLO INTERNO (AUDITORIA INTERNA, *COMPLIANCE* E GESTÃO DE RISCOS)

4.1. Enquadramento

Conforme se referiu, o CSC estabelece no artigo 420º, nº 1, al. i) do CSC que, entre o mais, cabe ao órgão de fiscalização das sociedades anónimas fiscalizar a eficácia do sistema de gestão de riscos, do sistema de controlo interno e do sistema de auditoria interna. Com a transposição da Diretiva nº 2006/48/CE ("CRD I")[998] tornou-se obrigatória no setor bancário a criação de mecanis-

---

[995] Cf. artigo 115º-A do RGICSF.
[996] Cf. artigos 420º, 423º-F e 441º do CSC.
[997] Cf. artigos 115º-B, nº 1, 115º-C, nº 3, d) e nº 6, 115º-H e 115º-L.
[998] Diretiva nº 2006/48/CE, do Parlamento Europeu e do Conselho, de 14 de junho de 2006, transposta pelo Decreto-Lei nº 104/2007, de 3 de abril.

mos adequados de controlo interno dos bancos, designadamente dispositivos sólidos[999] em matéria de governo das sociedades, constando a regulamentação desta matéria atualmente do Aviso nº 5/2008 do Banco de Portugal, o qual estabelece, no artigo 1º que *"as instituições de crédito (...) devem dispor de um Sistema de Controlo Interno que obedeça aos princípios e requisitos mínimos definidos neste Aviso"*[1000].

---

[999] Cf. artigo 14º, al. h) do RGICSF, devendo, aquando da apresentação do pedido de autorização da sociedade, instruir-se o processo com os elementos constantes da al. f) do nº 1 do artigo 17º do RGICSF. De acordo com o nº 2 deste artigo, os dispositivos sólidos em matéria de governo da sociedade devem incluir:
"a) Uma estrutura organizativa clara, com linhas de responsabilidade bem definidas, transparentes e coerentes;
b) Processos eficazes de identificação, gestão, controlo e comunicação dos riscos a que está ou possa vir a estar exposta;
c) Mecanismos adequados de controlo interno, incluindo procedimentos administrativos e contabilísticos sólidos e políticas e práticas de remuneração que promovam e sejam coerentes com uma gestão sã e prudente dos riscos."
No que respeita à articulação entre os membros do órgãos sociais e o governo interno, cumpre relembrar que, de acordo com o nº 1 e nº 3 do artigo 115º-A do RGICSF, *"os órgãos de administração e de fiscalização dos bancos definem, fiscalizam e são responsáveis, no âmbito das respetivas competências, pela aplicação de sistemas de governo que garantam a gestão eficaz e prudente da mesma"* e *"acompanham e avaliam periodicamente a eficácia dos sistemas de governo dos bancos e, no âmbito das respetivas competências, tomam e propõem as medidas adequadas para corrigir quaisquer deficiências detetadas nos mesmos"*.

[1000] De acordo com o artigo 2º do Aviso nº 5/2008, "o sistema de controlo interno define-se como o conjunto das estratégias, sistemas, processos, políticas e procedimentos definidos pelo órgão de administração, bem como das ações empreendidas por este órgão e pelos restantes colaboradores da instituição, com vista a garantir: *a)* Um desempenho eficiente e rentável da atividade, no médio e longo prazos (objetivos de desempenho) (...); *b)* A existência de informação financeira e de gestão, completa, pertinente, fiável e tempestiva (objetivos de informação); *c)* O respeito pelas disposições legais e regulamentares aplicáveis (objetivos de "compliance") (...)".
De acordo com o "Framework for Internal Control Systems in Banking Organizations", do BCBS, de setembro de 1998, p. 1, "Um sistema eficaz de controlo interno constitui uma componente crítica da gestão do banco e uma base para a atividade sólida e segura das organizações bancárias. Um sistema robusto de controlos internos pode ajudar a assegurar (i) que as finalidades e objetivos da organização bancária serão alcançados e (ii) que o banco irá alcançar objetivos de solvabilidade de longo prazo e manter um processo de reporte financeiro e de gestão fiável. Tal sistema assegura também que o banco cumpre as leis e regulamentos aplicáveis, bem como políticas, planos e regras internas, e reduz o risco de perdas inesperadas ou danos na sua reputação".
Na perspetiva do Committee of Sponsoring Organizations of the Treadway Commission ("COSO"), controlo interno é um processo efetuado pela administração de topo, gestores e outro pessoal, desenhado para proporciona uma garantia razoável relativamente à prossecução dos objetivos de eficácia e eficiência, fiabilidade da informação/reporte e conformidade com as leis e regulamentos aplicáveis – cf. *Internal Control – Integrated Framework* (COSO/IC) publicado em 2013, p. 3 do sumário executivo. Devendo ainda atender-se, no âmbito desta temática às Orientações da EBA – GL 44, em particular aos pontos 34 (p. 11) e 24 e ss. (pp. 27 e ss.).

Pode definir-se controlo interno como o *"conjunto de normas organizativas e de práticas dirigido a proporcionarem conforto razoável (reasonable assurance) quanto ao cumprimento dos objetivos da sociedade, segundo cânones de transparência, eficácia e regularidade de funcionamento societário"*[1001].

O objetivo da estrutura de controlo interno é, desde logo, *i)* diminuir riscos inerentes às atividades das sociedades – o que, no caso dos bancos, assume particular relevância, atendendo à natureza da respetiva atividade –, mas também *ii)* proteger os acionistas e demais *stakeholders*, permitindo um escrutínio rigoroso do desempenho da gestão, *iii)* incrementar a prestação de contas eficiente pelo órgão de administração e *iv)* aumentar a eficiência da supervisão[1002].

Em junho de 2011, o BCBS publicou onze "Princípios para uma gestão sólida do risco operacional"[1003], já incluindo alterações no seguimento da crise financeira e da evolução de práticas robustas de gestão de risco operacional – abrangendo: i) governo interno; ii) ambiente de gestão de risco; e iii) divulgação – e referindo-se ao modelo das "três Linhas de Defesa" (ainda que apenas na perspetiva da gestão do risco operacional), o qual constitui uma forma simples e eficiente de clarificar os papéis e responsabilidades essenciais atribuídos às áreas de negócios e operacionais das instituições e a cada uma das suas funções de controlo interno, tendo esta matéria sido novamente referenciada nas recentes *guidelines* do mesmo Comité sobre princípios de governo para bancos[1004], de julho de 2015.

Em termos simples, as unidades de negócio e áreas operacionais de um banco constituem a sua primeira linha de defesa, sendo responsáveis pela identificação, assunção e gestão *ongoing* do risco, designadamente identificando, avaliando e reportando as exposições inerentes aos produtos, atividades, processos e sistemas da sua competência, tendo em conta o perfil de risco da instituição e as suas políticas, processos e controlos. O funcionamento desta primeira linha de defesa é revelador da cultura de risco das instituições, cabendo ao órgão de administração promover uma cultura de risco de forte de adesão a limites e à gestão de exposição ao risco[1005].

Em complemento, como segunda linha de defesa, surgem a função de gestão de risco e a função de *compliance*, que assumem um papel transversal através das suas responsabilidades de monitorização e reporte.

[1001] Cf. Paulo Câmara, "A auditoria interna e o governo das sociedades", in Estudos em Homenagem ao Professor Doutor Paulo de Pitta e Cunha, 2010, p. 305, citando Paolo Montalenti, La Societá Quotata, in Gastone Cottino (org), Trattato di Diritto Commerciale, Vol. IV, Padova, 2004, p.227.
[1002] Cf. Paulo Câmara, "A auditoria interna e o governo das sociedades", ob cit., p. 304.
[1003] *"Principles for the Sound Management of Operational Risk"*.
[1004] *"Corporate governance principles for banks"*. Cf. pontos 13, p. 5, e 38 e ss., p. 11.
[1005] Cf. ponto 40 do referido documento relativo aos Princípios para uma gestão sólida do risco operacional.

Por fim, a terceira linha de defesa é assegurada por uma função de auditoria interna forte e independente, que desafie os controlos de gestão de risco dos bancos, bem como os seus processos e sistemas, sendo vital para assegurar um adequado governo interno, uma cultura de risco sólida e o necessário fluxo de comunicação, nomeadamente entre as três linhas de defesa e entre estas e os órgãos sociais.

Atendendo à respetiva importância no governo interno das instituições, o legislador português previu também um regime especial para os responsáveis das funções de controlo interno, consideradas como funções essenciais, isto é, os *"(...) cargos cujos titulares, não pertencendo aos órgãos de administração ou fiscalização, exerçam funções que lhes confiram influência significativa na gestão da instituição de crédito"*[1006], cabendo nesse conceito, pelo menos *"(...) os responsáveis pelas funções de compliance, auditoria interna, controlo e gestão de riscos da instituição de crédito"*, aos quais se aplica, com as necessárias adaptações, o regime de avaliação da adequação dos membros dos órgãos sociais, à luz dos critérios de idoneidade, independência e qualificação profissional[1007]. Isto é, desde 2014 que as instituições de crédito estão obrigadas a proceder à referida avaliação e a incluir os titulares de funções essenciais na sua política de seleção e avaliação. Os resultados da avaliação dos critérios devem constar igualmente do relatório de avaliação realizada pela instituição de crédito supra referidos[1008].

Por último, e sem prejuízo de o papel das funções de controlo não ser, obviamente, apenas promover o reporte de qualquer situação ao órgão de fiscalização, mas também de promoverem uma análise de cada comunicação recebida, uma palavra para o dever de participação/comunicação de irregularidades (*"whistleblowing"*) previsto no nº 3 do artigo 116º-AA do RGICSF, que reforça o papel das funções de controlo interno e nos termos do qual *"as pessoas que, por virtude das funções que exerçam na instituição de crédito, nomeadamente nas áreas de auditoria interna, de gestão de riscos ou de controlo do cumprimento das obrigações legais e regulamentares (compliance), tomem conhecimento de qualquer irregularidade grave relacionada com a administração, organização contabilística e fiscalização interna daquela ou de indícios de infração a deveres previstos no presente Regime Geral ou no Regulamento (UE) nº 575/2013, do Parlamento Europeu e do Conselho, de 26 de junho, que seja suscetível de a colocar em situação de desequilíbrio financeiro, têm o dever de as participar ao órgão de fiscalização (...)"*[1009].

[1006] Cf. artigo 33º-A, nº 1 do RGICSF.
[1007] Cf. nº 2 do artigos 30º, 30º-A, 30º-D e 31º a 32º-A, aplicáveis, *ex vi* nº 3 do artigo 33º-A todos do RGICSF.
[1008] Cf. artigo 30º-A, nº 7, aplicável *ex vi* artigo 33º-A, nº 4 do RGICSF.
[1009] Para mais sobre este ponto, veja-se PAULO CÂMARA, "A auditoria interna e o governo das sociedades", ob. cit., pp. 314 e ss.

4.2. Gestão de riscos

O governo interno de um banco exige que a sua estrutura organizacional consiga (i) definir, de modo claro e objetivo, a cadeia hierárquica e de responsabilidades, (ii) assegurar uma adequada segregação de funções e (iii) definir claramente os deveres de todos os intervenientes, de modo a evitar potenciais conflitos de interesses[1010].

É neste enquadramento que se procura assegurar que o sistema de gestão de riscos[1011] implementado no seio de um banco consiga (i) identificar todos os riscos relevantes a que o mesmo está exposto e (ii) prestar informação atempada sobre aqueles, possibilitando que as conclusões obtidas com as análises de gestão de riscos influenciem ativamente as decisões, quer estas sejam tomadas ao nível do órgão de administração ou ao nível da direção de topo. Cada banco tem o seu próprio perfil de risco, que lhe cabe conhecer e gerir, assegurando que as decisões que toma são devidamente sustentadas e não extravasam esse perfil.

A função de controlo de riscos assegura que as unidades pertinentes da instituição identificam e gerem adequadamente cada risco importante que esta enfrenta, bem como a apresentação ao órgão da administração e fiscalização de uma perspetiva holística sobre todos os riscos relevantes. Esta função é um elemento organizativa essencial da instituição e está estruturada de modo a poder aplicar políticas em matéria de risco e controlar o quadro de gestão de riscos.

Através do Aviso nº 5/2008 do Banco de Portugal, este supervisor confirma a importância da função de gestão de riscos, enquanto elemento essencial da boa governação dos bancos, determinando que estes devem instituir esta função de modo autónomo e independente e que esta deve identificar e compreender os riscos a que aqueles estão expostos, determinar os seus níveis de tolerância ao risco e definir estratégias destinadas a melhor gerir, mitigar e controlar esses riscos dentro dos limites aprovados pelos responsáveis pela gestão do banco.

A liderança da função de gestão de riscos deve ser atribuída a um responsável, o qual, considerando as competências e responsabilidades atribuídas aos órgãos sociais em matéria de controlo interno, deverá ter acesso direto ao órgão de admi-

---

[1010] Cf. artigos 5º e ss. do Aviso nº 5/2008.
[1011] De acordo com o Commitee of Sponsoring Organizations of the Treadway Comission ("COSO"), em "Enterprise Risk Management – Integrated Framework", de setembro de 2004, gestão de risco é "um processo desenvolvido pela Administração, Gestão e outras pessoas, aplicado na definição estratégica ao longo da organização, desenhado para identificar potenciais eventos que podem afetar a entidade, e gerir os riscos para níveis aceitáveis, fornecendo uma garantia razoável de que os objetivos da organização serão alcançados" – cf. p. 2 do documento. A propósito da criação do COSO, recorda-se que teve a sua origem em meados dos anos 80 numa comissão de iniciativa privada – a National Comission on Fraudulent Financial Reporting, presidida por James Treadway Jr., razão pela qual a Comissão ficou conhecida por Treadway Commission, cujo trabalho foi seguido pelo COSO.

nistração e fiscalização, reportando-lhes periodicamente o exercício da sua atividade, ainda que, no caso do órgão de administração, este possa ter delegado num dos seus membros (caso do Comité de Risco) ou num Comité especializado responsabilidades em matéria de gestão de riscos.

4.3. *Compliance*

Para além da função de gestão de riscos, a segunda linha de defesa integra também uma função independente e efetiva de *compliance* que deve, entre o mais, monitorizar permanentemente o cumprimento da Lei, regulamentação, recomendações e demais regras de governo a que o banco se encontra sujeito.

Enquanto à administração cabe definir, aprovar e difundir (em articulação com a direção de topo) uma política de *compliance* devidamente documentada à função de *compliance* compete assegurar que o cumprimento das obrigações legais regulamentares e recomendatórias, bem como das diretrizes internas do banco é controlado de forma autónoma e independente e passamente. Esta função compete a um responsável de *compliance*, a quem devem ser atribuídos poderes e recursos materiais adequados e recursos humanos suficientes e devidamente qualificados, bem como amplo acesso a informação e documentação para o exercício das suas funções. Se atendermos às tarefas indicadas nas diversas alíneas do nº 1 do artigo 17º do Aviso nº 5/2008, que se impõem a este responsável, designadamente, o acompanhamento e avaliação dos procedimentos de controlo interno em matéria de prevenção do branqueamento de capitais e do financiamento do terrorismo, bem como a centralização da informação e respetiva comunicação às autoridades competentes, facilmente concluímos que o seu leque de responsabilidades é extraordinariamente vasto, razão pela qual o exercício efetivo destas tarefas dependerá muito do modo como a função estiver planeada, organizada e for acompanhada e fiscalizada pelos órgãos sociais no âmbito das suas competências. À semelhança do que acontece relativamente à função de gestão de riscos, também a função de *compliance* deve ter acesso direto aos órgãos de administração e fiscalização, aos quais deverá reportar periodicamente o exercício da sua atividade, ainda que, no que respeita ao órgão de administração, este tenha delegado num dos seus membros executivos responsabilidades pelo acompanhamento das matérias de *compliance*.

4.4. Auditoria interna

A terceira linha de defesa consiste numa função de auditoria interna à qual, entre o mais, cabe efetuar uma revisão independente e objetiva da qualidade e eficácia desse sistema de controlo interno[1012], da primeira e segunda linha de defesa e do enquadramento de gestão de risco, incluindo a ligação para a cultura da organização, bem como a estratégia comercial e processo de tomada de decisão. O auditor interno é um funcionário da sociedade, estando, normalmente, vinculado a esta através de contrato de trabalho (assim se distinguindo do auditor externo). Os responsáveis pela função de auditoria interna têm de ser qualificados e independentes, designadamente das funções operacionais objeto da sua atuação, não devendo estar envolvidos, entre o mais, na gestão de riscos dos bancos e na aprovação das suas operações de crédito.

A função de auditoria interna assume um papel fundamental, devendo ter um caráter permanente e atuar com independência, sendo responsável por facultar informação rigorosa aos órgãos sociais, chamando alertando o órgão de administração para informação relevante e procurando prevenir irregularidades. Isto é, procura examinar e avaliar a adequação e a eficácia das diversas componentes do sistema de controlo interno da instituição, bem como do sistema de controlo interno como um todo; emitir recomendações baseadas nos resultados das avaliações realizadas e verificar a sua efetiva implementação; e contribuir para o conteúdo do relatório de controlo interno ("RCI"), com uma síntese das principais deficiências detetadas, as quais, ainda que sejam imateriais quando considerados isoladamente, podem evidenciar tendências de deterioração do sistema de controlo interno, bem como indicando e identificando as recomendações que foram seguidas e justificando as que não foram.

À semelhança do que acontece relativamente às funções de gestão de riscos e *compliance*, também a função de auditoria interna deve ter acesso direto aos órgãos de administração e fiscalização, aos quais deverá reportar periodicamente o exercício da sua atividade, ainda que, no que respeita ao órgão de administração, este tenha delegado num dos seus membros ou num comité especializado as responsabilidades em matéria de auditoria interna (por exemplo Comité de Auditoria). Esta linha de reporte direto aos órgãos sociais assume particular relevância neste caso, atendendo ao papel de terceira linha de defesa da função de auditoria interna.

[1012] Cf. artigo 22º do Aviso nº 5/2008, nos termos do qual a função de auditoria interna deve ter um caráter permanente, atuar com independência e, entre o mais, ser responsável por examinar e avaliar a adequação e a eficácia das diversas componentes do sistema de controlo interno da instituição, bem como do sistema de controlo interno como um todo.

5. PRÁTICAS E POLÍTICAS REMUNERATÓRIAS

5.1. Enquadramento legal e regulamentar

No que diz respeito às práticas e políticas remuneratórias, o RGICSF – especialmente após a transposição da CRD III e CRD IV e a entrada em vigor do CRR[1013] – apresenta atualmente um regime especial e incomparavelmente mais denso do que o previsto no CSC[1014], regulamentado ainda pelo Aviso nº 10/2011 do Banco de Portugal[1015] – interpretados em conformidade com o Regulamento delegado sobre colaboradores identificados ("*identified staff*") e o Regulamento delegado sobre instrumentos[1016] –, sendo ainda aplicáveis elementos de *soft law*[1017], que constituem importantes auxiliares interpretativos nesta matéria e de entre os quais se destacam os seguintes:

    i. Perguntas e respostas do conjunto único de regras comunitárias sobre remunerações ("Single rulebook Q&As on remuneration") da EBA;[1018]

    ii. Orientações da EBA sobre práticas e políticas remuneratórias ("<u>Guidelines on sound remuneration policies</u>"), de 10 de dezembro de 2010, estarão em vigor até 1 de janeiro de 2017[1019];

[1013] O qual estabelece, no artigo 450º, as regras relativas à política de remuneração.

[1014] Em particular no artigo 399º, aplicável à remuneração dos membros do órgão de administração e de fiscalização (neste caso ex vi artigo 422º-A, nº 2, do CSC).

[1015] Antecipando-se a revisão do mesmo à luz das atuais disposições do RGICSF nesta matéria à luz das últimas orientações da EBA em matéria de remuneração.

[1016] Respetivamente, Regulamento Delegado (UE) nº 604/2014 da Comissão, de 4 de março de 2014 e Regulamento delegado (UE) nº 527/2014 da Comissão de 12 de março de 2014.

[1017] A propósito do não cumprimento de recomendações de *soft law* veja-se MANUEL CARNEIRO DA FRADA, "Ou cumpres ou explicas-te!" sobre a *soft law* no governo societário", in: III Congresso Direito das Sociedades em Revista, Almedina, 2014, p. 339, no qual, entre o mais, o autor, explicita, a propósito do nº 3 do artigo 1º do Regulamento da CMVM nº 4/2013 que o princípio do "(...) "[ou] cumpres ou explicas-te!" constitui um exemplo paradigmático da conjugação entre a denominada *soft law* e o papel da informação, reconhecidamente relevantes na vida e na regulação do governo societário. De facto, o (princípio do) "ou cumpres ou explicas-te!" constitui um meio de pressão suave para melhorar a governação de sociedades. Pelo menos em matérias sobre as quais o legislador entendeu não impor incondicionalmente os seus critérios: seja devido ao caráter experimental de diversas das suas convicções e diretrizes – que quis sujeitar a um período de teste "prático" –, seja por causa da flexibilidade que quis conscientemente conferir às suas opções, configurando-as como meras orientações ou recomendações; estimulando, do mesmo passo, a interiorização das regras propostas e promovendo, em tudo, a transparência, eficiência, credibilidade e razoabilidade da governação da sociedade perante o mercado."

[1018] Disponível em https://www.eba.europa.eu/single-rule-book-qa/_/qna/search/topic.14.

[1019] Cf. ponto 11. das Orientações da Autoridade Bancária Europeia sobre práticas e políticas remuneratórias ("*Guidelines on sound remuneration policies under Articles 74(3) and 75(2) of Directive 2013/36/*

iii. Basileia III – Pilar 3 – requisitos de divulgação de remunerações ("*Pillar 3 disclosure requirements for remuneration*"), do Basel Committee on Banking Supervision, de julho de 2011.

A política de remunerações de uma instituição de crédito deverá, desde logo nos termos previstos na al. i) do nº 1 do artigo 14º do RGICSF, incentivar a gestão sã e prudente dessa instituição, devendo ser, nos termos das alíneas do nº 3 do artigo 115º-C do RGICSF, entre o mais, completa e proporcional aos riscos inerentes ao modelo de negócio e à natureza, nível e complexidade das suas atividades, bem como à sua dimensão e organização internas.

5.2. Âmbito subjetivo da política de remunerações

O nº 2 do artigo 115º-C do RGICSF – complementado pelo sobredito Regulamento delegado sobre colaboradores identificados – prevê que a política de remuneração seja aplicável às seguintes categorias de colaboradores:

a) Aos membros dos órgãos de administração e de fiscalização;
b) À direção de topo;
c) Aos responsáveis pela assunção de riscos;
d) Aos responsáveis pelas funções de controlo;
e) Aos colaboradores cuja remuneração total os coloque no mesmo escalão de remuneração que o previsto para as categorias referidas nas alíneas a), b) ou c), desde que as respetivas atividades profissionais tenham um impacto material no perfil de risco da instituição de crédito.

Sobre o conceito de "direção de topo", o RGICSF[1020] estabelece que ele integra as pessoas singulares que exercem funções executivas numa instituição de crédito ou empresa de investimento e que são diretamente responsáveis perante o órgão de administração pela gestão corrente da mesma, entendendo-se que se incluem nessa categoria, todos os diretores que reportam diretamente ao órgão de administração, incluindo aqueles que sejam responsáveis por funções de controlo interno.

5.3. Estruturas de governo interno e competência para a aprovação da política remuneratória

Confirmando a importância da política de remuneração, o RGICSF[1021] estabelece que esta deve estar presente desde o primeiro momento da vida da insti-

EU and disclosures under Article 450 of Regulation (EU) No 575/2013 – EBA/GL/2015/22"), publicadas a 21 de dezembro de 2015.
[1020] Cf. artigo 2º-A, p) do RGICSF.
[1021] Cf. al. f) do nº 1 e al. c) do nº 2 do artigo 17º do RGICSF.

tuição, devendo o pedido de autorização inicial ser instruído com a indicação dos mecanismos adequados de controlo interno, designadamente as referidas políticas de remuneração, as quais devem, a nosso ver, ser específicas, detalhadas e completas, nomeadamente quanto a um dos pontos mais controversos, conforme melhor veremos abaixo: os termos e critérios de fixação da remuneração variável.

Inicialmente, aquando da apresentação do pedido para constituição de uma instituição de crédito, o primeiro documento sobre esta matéria será elaborado e aprovado pelos propostos acionistas. Uma vez autorizada e constituída a instituição de crédito, a aprovação da política remuneratória cabe à assembleia geral, no caso dos membros dos órgãos sociais (anualmente e após submissão de uma proposta pelo órgão de administração ou pelo comité de remunerações, se existente, nos termos do nº 4 do artigo 115º-C do RGICSF[1022]) ou ao órgão de administração, no caso dos restantes colaboradores abrangidos pela política remuneratória, mencionados nas alíneas b) a e) do nº 2 do referido preceito, designadamente os titulares de funções essenciais (devendo ser revista periodicamente[1023]).

O nº 1 do artigo 115º-H do RGICSF, relativo à obrigatoriedade de um comité de remunerações, apenas se aplica às instituições de crédito significativas, ou seja, instituições consideradas como tal em função da sua dimensão, de organização interna e da natureza, âmbito e complexidade das atividades[1024]. Tal comité deve ser composto por membros do órgão de administração que não desempenhem funções executivas ou por membros do órgão de fiscalização. A este respeito, nota-se que o legislador não exige a independência dos membros em causa, embora as melhores práticas nacionais e internacionais nesta matéria recomendem essa independência, designadamente do presidente[1025].

5.4. Definição da estratégia de remuneração

Constata-se ser transversal a todas as regras e recomendações sobre esta matéria – primordialmente em consequência da mais recente crise financeira – a preocupação de que a política de remuneração de um banco deverá refletir

---

[1022] O legislador apenas estabeleceu a periodicidade anual, não definindo qualquer data, no entanto, reconhecemos algumas vantagens em que tal aprovação ocorra na assembleia geral anual para aprovação das contas, na medida em que permitirá, de forma mais imediata, aos acionistas adequar a remuneração à luz dos resultados obtidos.
[1023] Já não se mencionando nesta sede a periodicidade anual. Cf. artigo 115º, nº 4, do RGICSF
[1024] Não tendo até ao momento sido definido o conceito de "instituição significativa" para os referidos efeitos, entende-se que, até à ocorrência dessa definição, deverá considerar-se o disposto no artigo 7º do Aviso nº 10/2011 que incide sobre esta matéria.
[1025] Código do Governo das Sociedades da CMVM (ponto II.3.1.), Código do Governo do IPCG (pontos V.2.1. e V.2.5.) e Guidelines da EBA GL 44, ponto 19.3. e 4., p. 32.

a necessidade de um maior controlo do nível de risco ao qual este está exposto, procurando alinhar o apetite pelo risco da instituição com a sustentabilidade a longo prazo da mesma, de forma a promover a estabilidade do sistema financeiro.

Tanto assim que compete ao comité de risco (no caso das instituições significativas) ou ao órgão de fiscalização (no caso das restantes e caso não tenham optado por constituir um comité de risco) examinar se os incentivos estabelecidos na política de remuneração da instituição de crédito têm em consideração o risco, o capital, a liquidez e as expectativas quanto aos resultados, de acordo com a al. d) do nº 3 do artigo 115º-L do RGICSF. A política de remuneração de um banco deve, assim, procurar desincentivar a gestão com base no lucro e na maximização do valor para os acionistas no curto prazo. Simultaneamente, procura-se mitigar os efeitos da concorrência entre instituições, a qual, por muitas vezes se baseia na procura/atração de talento leva a práticas remuneratórias generalizadas pouco consentâneas com a estabilidade financeira das instituições. Em termos simples, é, portanto, necessária uma solução de compromisso entre os vários interesses em presença.

5.5. Composição do pacote remuneratório

Assim, a remuneração dos membros dos órgãos sociais deve assentar, primordialmente, no equilíbrio entre partilha de risco e incentivos ao desempenho, apenas existindo uma componente fixa e uma componente variável de remuneração – sem possibilidade de um *tertium genus*.

Por regra, considera-se ser boa prática a atribuição de uma componente variável de remuneração, na medida em que a referida componente alinha os interesses da gestão com os interesses que esta deverá defender. No entanto, nada impede as instituições de optarem por não atribuir uma componente variável, preferindo uma outra estratégia de remuneração, tanto mais que pode ser relativamente fácil aos gestores influenciarem, no curto prazo, os resultados dos *Key Performance Indicators* ("KPIs")[1026] mediante os quais serão avaliados para efeitos de atribuição da componente variável da sua remuneração. Dessa perspetiva, uma partilha ótima (ou talvez melhor, uma partilha cautelosa) dos riscos entre administradores e acionistas (mais predispostos ao risco e à maximização do lucro) e o interesse público na estabilidade financeira (mais conservador) sugeriria que a estrutura de compensação incorporasse uma componente fixa mais significativa. No entanto, a verdade é que a componente fixa não confere um incentivo a que

---

[1026] Parâmetros quantificáveis, discutidos e acordados previamente que refletem os fatores críticos do sucesso de uma organização, de molde a poder ser avaliada a sua evolução, e que variam de instituição para instituição.

os administradores realizem um esforço adicional e procurem a maximização dos recursos. A compensação ótima resulta do equilíbrio entre as duas componentes: uma para aumentar o esforço e outra para promover uma partilha de risco eficiente. Por último, destaca-se que os pacotes remuneratórios dos titulares de funções essenciais devem ser maioritariamente baseados em remuneração fixa e indexados apenas ao seu desempenho e aos seus objetivos, enquanto se considera que os membros não executivos do conselho de Administração e os membros do órgão de fiscalização não podem receber remuneração variável.

Neste contexto, o legislador português, em linha com o legislador europeu que estabeleceu regras concretas e abrangentes na CRD IV sobre esta matéria, previu um conjunto de critérios, designadamente no que diz respeito à estruturação da componente variável da remuneração. Entre estes destacam-se *(i)* a imposição de que, pelo menos, metade da componente variável da remuneração deve consistir num adequado equilíbrio entre: a) ações[1027] ou instrumentos equivalentes, conforme a natureza da instituição, por um lado, e quando possível (destacando-se aqui a possibilidade de tal não ocorrer), b) outros instrumentos na aceção dos artigos 52º ou 63º CRR[1028], ou outros instrumentos que possam ser integralmente convertidos em instrumentos de fundos próprios principais de nível 1 ou cujo valor possa ser reduzido[1029], na medida em que reflitam adequadamente a qualidade creditícia da instituição de crédito e sejam apropriados para efeitos da componente variável da remuneração (vulgo bonus cap), em que a componente variável não poderá exceder em 100% a componente fixa, salvo se for aprovada em Assembleia Geral uma percentagem superior que, contudo, não poderá exceder os 200%[1030]; *(ii)* a previsão de limites para o rácio entre as componentes fixa e variável da remuneração[1031]; e *(iii)* a previsão de um conjunto de mecanismos destinados a evitar certos comportamentos (tutela *ex ante*) e forçar a devolução de remunerações que não deveriam ter sido atribuídas (tutela *ex post*), dos quais destacamos a obrigatoriedade de diferimento da remuneração variável[1032] e a sujeição da componente variável da remuneração a mecanismos de redução (*"malus"*) e reversão (*"claw-*

[1027] No caso de instituições de crédito emitentes de ações, admitidos à negociação em mercado regulamentado, ações ou instrumentos equivalentes emitidos pela mesma, e nos restantes casos, instrumentos indexados às ações ou instrumentos equivalentes não expressos em numerário – cf. artigo 115º-E, nº 3, al. a) do RGICSF.

[1028] Respetivamente, instrumentos de fundos próprios adicionais de nível 1 e instrumentos de fundos próprios de nível 2.

[1029] Esta matéria encontra-se detalhada no Regulamento delegado (UE) nº 527/2014 da Comissão de 12 de março de 2014, Regulamento Delegado sobre instrumentos.

[1030] Cf. nº 3, al. b), do artigo 115º-E do RGICSF.

[1031] Cf. artigo 115º-F do RGICSF.

[1032] Cf. nº 7 do artigo 115º-E do RGICSF.

back"), incidentes, respetivamente, sobre montantes ainda não pagos ou já pagos (por virem a ser considerados excessivos/indevidos)[1033].

No entanto, assentar a remuneração variável em demasia nos sobreditos instrumentos – e daí a importância de um adequado equilíbrio – pode resultar num pior desempenho e/ou num aumento do risco tomado, na medida em que, conforme referido, o gestor pode manipular os resultados de curto prazo para aumentar a sua compensação, sendo necessário ter esse aspeto em consideração – sendo justamente isso que se pretende mitigar com os referidos mecanismos.

6. SUPERVISÃO (DOS SISTEMAS DE GOVERNO PELO BANCO DE PORTUGAL)

Conforme referimos acima, cabe ao BCE a supervisão direta das instituições nacionais consideradas significativas à luz do Regulamento MUS, e ao Banco de Portugal a cooperação com o BCE nesse âmbito, bem como a manutenção da supervisão direta das restantes instituições de crédito a operar no nosso país. Sem prejuízo do exposto, deve notar-se que, em ambos os casos, os exercícios da supervisão em causa estão sujeitos ao Direito europeu e ao direito nacional.

No âmbito do exercício da supervisão microprudencial do sector bancário, nomeadamente do sistema de governo interno das instituições de crédito, o supervisor dispõe de um vasto leque de poderes de autoridade[1034], que se concretizam em atos de controlo prévio (atos de autorização ou de recusa de autorização de instituições de crédito, pessoas ou atividades) e na supervisão contínua, consubstanciando esta *i)* o acompanhamento permanente da atividade das enti-

---

[1033] Cf. nº 9 do artigo 115º-E do RGICSF.
Sobre este tema poderá ver-se também João Pedro Machado Teles, "*Devolução de remunerações indevidamente recebidas ("clawbacks") em instituições de crédito*", 2014.

[1034] Nas palavras de Luís Guilherme Catarino, citando Garcia De Enterria, "a supervisão assenta sobremaneira na possibilidade de controlo e vigilância dos administrados, num ambiente dominado pela vigência de princípios constitucionalmente consagrados de liberdade (de empresa, de iniciativa, de associação, de profissão, de acesso aos diversos sectores de produção), liberdade que tem como contrapartida limitações para controlo do exercício de direitos (comunicações, autorizações, imposição de prestações obrigatórias como as informações periódicas)" – cf. Regulação e Supervisão dos Mercados e Instrumentos Financeiros – fundamento e limites do governo e jurisdição das autoridades independentes, Almedina, 2010, p. 270, nota de rodapé 176.
Ou, mais adiante, nas pp. 280, 287 e 288: "[a] Supervisão traduz a atuação da Administração tendo em vista assegurar que os agentes que operam num determinado setor (ou sistema) económico cumprem o estabelecido para o exercício da sua atividade e do mercado onde opera (controlo e vigilância), assegurando o interesse público e a proteção dos direitos e garantias dos administrados que entram em relação".

dades sujeitas à supervisão, designadamente através da verificação do pontual cumprimento da lei e da regulamentação aplicáveis a essa atividade, da exigência de reportes periódicos e da tomada de medidas de supervisão, consoante os contextos que estejam em causa[1035] e *ii)* inspeções no local, dedicadas, sempre que o supervisor entenda que o contexto das instituições o justifica.

Especificamente quanto à supervisão contínua, o RGICSF estabelece expressamente os respetivos procedimentos[1036], nos quais se incluem:

  a. O acompanhamento da atividade das instituições de crédito;
  b. A vigilância do cumprimento das normas que disciplinam a atividade das instituições de crédito;
  c. A emissão de recomendações e determinações específicas, para que sejam sanadas irregularidades detetadas no exercício da atividade das instituições de crédito;
  d. O sancionamento de infrações.

Adicionalmente, e indo mais longe na densificação normativa dos procedimentos de supervisão contínua, o legislador estabelece[1037] que ao supervisor cabe analisar as disposições, estratégias, processos e mecanismos aplicados pelas instituições de crédito para dar cumprimento ao RGICSF e ao CRR e avaliar os riscos a que as instituições de crédito estejam ou possam vir a estar expostas e, com base na análise e avaliação referidas, decidir se as disposições, estratégias, processos e mecanismos aplicados pelas instituições de crédito e os fundos próprios que detêm, garantem uma gestão sólida e a cobertura dos seus riscos, incluindo os riscos associados ao governo interno. Neste exercício, o supervisor

---

[1035] No âmbito da supervisão contínua, o Banco de Portugal vê-se muitas vezes confrontado com o seguinte dilema:
a. se a regulamentação e medidas a implementar forem muito limitativas, as instituições enfrentarão obstáculos substanciais na maximização da sua rendibilidade, que podem afetar a sua eficiência e a sua capacidade competitiva;
b. se for pouco exigente e se a supervisão for pouco efetiva, os riscos de insolvência de instituições de crédito e de fraudes nessas instituições podem atingir dimensões perigosas e redundar em problemas graves – cf. Ob. Cit., *Livro branco...*, p. 336.
Nas palavras de ANTÓNIO PEDRO FERREIRA, há "(...) necessidade de um acompanhamento vigilante, embora não castrador, da iniciativa empresarial, que garanta o exercício da atividade num quadro de sã e controlada concorrência" – Cf. *O Governo das sociedades e a supervisão bancária – interações e complementaridades*, Lisboa, 2009, p. 69; NAZARÉ DA COSTA CABRAL, *O princípio da Desregulação e o Sector Bancário*, Revista da Faculdade de Direito da Universidade de Lisboa, pp. 447 e ss. e 454 e ss., Coimbra, v.38, n.2, 1997; e GIUSEPPE ROMA, *I controlli sull'attività bancaria: obietivi e linee guida per l'efficienza e la stabilità*, Milão, Edibank, 1999, p. 22, para quem as especificidades do sistema bancário e a relevância dos interesses públicos em causa justificam a existência de controlos mais intensos e penetrantes na atividade desenvolvida.
[1036] Cf. nº 1 do artigo 116º do RGICSF.
[1037] Cf. nºs 1 e 2 do artigo 116º-A do RGICSF.

tem em conta todas as situações de identificação de riscos e o modo como estes interagem com as características das instituições, apurando e definindo depois, preferencialmente em conjunto com estas, os resultados aos quais se pretende chegar e dispondo nesta sede de poderes para adotar vários tipos de medidas[1038].

Por sua vez, os dois tipos de supervisão referidos – acompanhamento permanente e inspeções no local – contam com instrumentos importantes, os quais acrescem a documentos como relatórios e contas, relatórios de governo societário das instituições, constituindo igualmente fontes de informação supervisiva incontornáveis.

O primeiro desses instrumentos é o relatório de controlo interno ("RCI"), cujo objetivo e conteúdo mínimo constam atualmente do Aviso nº 5/2008[1039] e dos quais se destaca informação ao supervisor sobre a estratégia de negócio prosseguida, o organograma indicando todas as unidades de estrutura das instituições, a identificação das suas áreas funcionais (áreas de negócio e funções de grupo), a inclusão de informação sobre as suas funções de controlo interno e sobre as suas práticas e políticas remuneratórias.

O segundo instrumento é o Processo de Autoavaliação da Adequação do Capital Interno (*Internal Capital Adequacy Assessment Process*) ("ICAAP"), previsto no RGICSF[1040] e regulamentado através da Instrução do Banco de Portugal nº 15/2007, o qual consiste numa avaliação levada a cabo pelas instituições com

---

[1038] Designadamente:
a. atos administrativos não tipificados, necessários ao acompanhamento das instituições (artigo 116º, nº 1, alínea a));
b. Recomendações (artigo 116º, nº 1, alínea e));
c. Determinações específicas (artigo 116º, nº 1, alínea c)) – são qualificáveis como determinações específicas todos os comandos emanados pelo Banco de Portugal no contexto das suas atribuições supervisivas, desde que invocada a al. c) do nº 1 do artigo 116º. De outra forma, tratar-se-ão de atos administrativos enquadrados no acompanhamento da atividade das instituições de crédito, prevista na al. a) do mesmo preceito;
d. Medidas corretivas (artigo 116º-C) – caso o Banco de Portugal verifique que alguma instituição de crédito não cumpre alguma norma (imperativa) ou disponha de informação evidenciando que não as cumprirá no prazo de um ano, pode exigir a adoção de medidas corretivas. A título de exemplo, dispõe da possibilidade de exigir que as instituições de crédito limitem a remuneração variável em termos de percentagem dos lucros líquidos quando essa remuneração não seja consentânea com a manutenção de uma base sólida de fundos próprios;
e. Medidas de intervenção corretiva (nº 1 dos artigos 139º e artigo 141º), dirigidas, de modo individualizado, às instituições de crédito;
ou avançar para outro tipo de soluções, como:
f. Medidas de administração provisória (artigo 145º); e
g. Medidas de resolução (artigo 145º-E).

[1039] Artigo 25º do Aviso nº 5/2008.
[1040] Cf. artigo 115º-J do RGICSF.

vista a aferir a adequação dos seus níveis de capital. Entre os objetivos fundamentais prosseguidos pelo ICAAP destaca-se a garantia da existência de uma estrutura organizacional e tecnológica e de práticas de governo interno e controlo interno adequadas à avaliação, gestão e planeamento do capital interno e dos riscos das instituições, devendo estas dispor e facultar ao supervisor documentação sobre os procedimentos de governo interno sustentadas no exercício, preencher uma tabela com a indicação da adesão aos princípios fundamentais sobre governo interno e descrever os procedimentos de governo interno que sustentam o ICAAP.

Finalmente, cumpre aludir ainda ao importante *Supervisory Review and Evaluation Process* ("SREP"), um processo supervisivo no âmbito do qual o supervisor segue uma metodologia destinada a avaliar os riscos a que um banco está exposto, o seu sistema de governação, a sua situação de capital e liquidez e procedem a uma análise compreensiva do ICAAP das instituições[1041]. O SREP é um processo atualmente aplicável no contexto da União Bancária, tanto às instituições significativas, como às instituições menos significativas, sem prejuízo da consideração do princípio da proporcionalidade. Em consequência dessa avaliação, o artigo 116º-C do RGICSF, confere poderes ao Banco de Portugal para, entre outras medidas, exigir que os bancos detenham fundos próprios superiores às exigências mínimas do CRR, a fim de cobrir os riscos a que estejam ou possam vir a estar expostos. Assim, sob a epígrafe "medidas corretivas", o citado artigo do RGICSF transpõe para a ordem jurídica portuguesa o artigo 104º da CRD IV, que estabelece os poderes que as autoridades competentes devem dispor para efeitos do SREP, abordado no artigo 97º da CRD IV e transposto pelo artigo 116º-A do RGICSF.

[1041] Para mais, vejam-se as *guidelines* da EBA relativas aos procedimentos e metodologias comuns a seguir no âmbito do processo de revisão e avaliação pelo supervisor (SREP) ("*EBA Guidelines – EBA/GL/2014/13 on Guidelines on Common procedures and methodologies for the supervisory review and evaluation process (SREP)*"), publicadas a 19 de dezembro de 2014.

CAPÍTULO XX

A GOVERNAÇÃO DE BANCOS EM SÃO TOMÉ E PRÍNCIPE

Kiluange Tiny

1. INTRODUÇÃO E FONTES ESPECÍFICAS

1.1. Nótula introdutória

Como parte de um ordenamento jurídico mais vasto onde coabitam normas injuntivas (i.e., vulgarmente designadas por *hard law*) e voluntárias (contrapondo-se semanticamente àquelas por uma designação menos impositiva de *soft law*), a governação de sociedades[1042] (da expressão anglo-saxónica *corporate governance*[1043]) resulta de factores condicionantes próprios, daí algumas normas

---

[1042] Para efeitos do presente ensaio, aderimos – sem reservas – e remetemos para a noção proposta por Paulo Câmara e Bruno Ferreira, "A Identidade Lusófona da Governação de Sociedades", *in* Paulo Câmara *et all*, *A Governação das Sociedades Anónimas nos Sistemas Jurídicos Lusófonos*, Almedina, Coimbra 2013, 9-32: 9.

[1043] Na falta de unanimidade na doutrina lusófona, sobre a terminologia a utilizar, em português, utilizaremos a proposta que tem vindo a fazer caminho neste grupo de reflexão do Governance Lab: governo de sociedades. Similarmente, a mero título de exercício ilustrativo, o Instituto Português do Corporate Governance adere a uma tradução próxima mas não igual, traduzindo do inglês *corporate governance* para governo da sociedade. V. Artur Santos Silva et all, Instituto Português de Corporate Governance, 2006 *Livro Branco Sobre Corporate Governance em Portugal*: 12 (em especial nota 1). Falamos aqui em falsos gémeos: os conceitos são aproximados mas não idênticos porque a diferença, ainda que subtil, no primeiro caso a utilização do determinante indefinido "de" e no segundo "da" (uma contração do determinante de com o artigo definido) indicia, como de resto se percebe na leitura dos dois textos citados que o governo de sociedades pretende "ir mais além" do governo da sociedade cotada em bolsas. Por defeito de ofício, carreio o exemplo de Angola: nesse ordenamento a Comissão de Mercado de Capitais, no seu Guia de Boas Práticas de Governação Corporativa, adoptou a terminologia "governação corporativa". Diferentemente, o

ainda em vigor em São Tomé e Príncipe ainda poderem ser considerados um anacronismo[1044].

Como qualquer regime jurídico especial (quer se materializem em *hard law* quer revistam a forma de *soft law*) as normas do sistema jurídico acompanham o desenvolvimento daqueles factores condicionantes. Como apontam Paulo Câmara e Bruno Ferreira, entre esses factores – que os autores lucidamente designam por "motores de desenvolvimento da governação de sociedades"[1045] – contam-se o papel do Estado e dos reguladores, a (in)existência de uma bolsa de valores mobiliários e a sua sofisticação, a pressão das associações representativas do sector privado. Ao que acrescentaríamos da nossa pena, a dimensão e integração económica do Estado[1046]. Parece-nos de igual relevância para o tema invocar também a tradição e a cultura jurídicas do ordenamento jurídico[1047] em causa.

1.2. Fontes específicas

Fruto daquelas condicionantes, não se torna difícil perceber que o assento principal, em rigor, o regime geral das normas sobre a governação das sociedades comerciais anónimas ainda seja o *Código Comercial*[1048] – aprovado pela Carta de Lei de 28 de Junho de 1888 e com as alterações que lhe foram dadas, designadamente pelos Decreto-lei nº 49 381, de 15 de Novembro de 1969 e Decreto-lei nº 648/70, de 28 de Dezembro, que alteraram o regime jurídico da fiscalização das sociedades comerciais e da responsabilidade dos administradores[1049]. A mais recente alteração de relevo foi dada pela Lei nº 14/2009, de 31 de Dezembro.

Centro de Corporate Governance adopta no seu projecto de *Carta de Corporate Governance de Angola* adopta a terminologia de "governo das sociedades". Aqui, as diferenças parecem-nos mais notórias e acentuadas, não obstante o governo das sociedades ainda assim se aproximar mais do consenso. Para efeitos do presente sobre a realidade jurídica santomense, utilizaremos o termo "governo de sociedades" por se revelar a luva que melhor calça com os intentos do presente trabalho.

[1044] Nesse sentido, Bruno Xavier de Pina e Clara Martins Pereira, "A Governação das Sociedades em São Tomé e Príncipe", *in* Paulo Câmara *et all*, *A Governação das Sociedades Anónimas nos Sistemas Jurídicos Lusófonos*, Almedina, Coimbra, 2013, 359-370: 360.

[1045] Paulo Câmara e Bruno Ferreira, *op. cit.*: 27 *et ss*.

[1046] Associado a este motor estará, intrinsecamente, a necessidade de adopção de normativos ou padrões regionais ou internacionais, conforme o caso, fruto da pressão dos pares, do mercado (nesse caso dos investidores ou dos mercados concorrentes) ou dos organismos reguladores.

[1047] Diríamos mesmo que empiricamente a relação é causal: quanto mais sofisticada a tradição e cultura jurídicas, maior será a sofisticação e – não havendo bela sem senão – a produção normativa prolixa.

[1048] Também designado mais classicamente por *Código Veiga Beirão*. Designação essa já quase senão em franco desuso na prática jurídica santomense.

[1049] Os citados Decretos-lei entraram em vigor no ordenamento jurídico santomense, por força, respectivamente, das Portarias nº 352/70, de 13 de Julho e nº 9/71, de 5 de Janeiro.

No que se refere aos bancos comerciais[1050], devemos fazer um *zoon in* e captar as normas específicas que, para além ou em relação de especialidade com o *Código Comercial*, regem as instituições financeiras. Nesse âmbito especial apreendemos a *Lei das Instituições Financeiras* (a Lei nº 9/92, de 3 de Agosto), que se conjuga com o *Código Comercial*, pois, no ordenamento jurídico santomense, os bancos comerciais devem organizar-se – leia-se constituir-se – como sociedades anónimas[1051] emitentes de acções nominativas[1052-1053].

Cite-se, ainda, em sede de legislação primária a Lei Orgânica do Banco Central (Lei nº 8/92, de 3 de Agosto)[1054] que, na qualidade de órgão regulador[1055], tem um papel central no governo dos bancos santomenses.

Como nota em sede de legislação primária geral ou especial, apontamos o facto da legislação bancária santomense não ter incorporado as normas necessárias prudenciais, comportamentais e regulatórias pós-crise 2008-2010. Com efeito, cotejando a Lei nº 14/2009, de 31 de Dezembro, verifica-se que o diploma – para além conter alteração da disciplina "das" sociedades comerciais em geral, altera-se o capital social mínimo das sociedades anónimas (e expressamente as financeiras) que passa a ser Dbs[1056] 500.000.000[1057] e a diminuição do número mínimo de sócios para cinco[1058]. Como nota de âmbito especial, para o caso dos bancos, o *Norma de Aplicação Permanente 29/11– Regulamento do Pedido de Autoriza-*

[1050] A definição de banco comercial consta da Lei das Instituições Financeiras: Bancos Comerciais, cuja actividade principal é o exercício das operações bancárias correntes, nomeadamente, a concessão de créditos e a captação de depósitos à ordem, movimentáveis por meio de cheques, bem como depósitos a prazo fixo inferior a um ano, e ainda à pratica de outras operações de curto prazo previstas no respectivo estatuto (artigo 3º, nº 1, alínea b).

[1051] Artigo 14º da *Lei das Instituições Financeiras*.

[1052] Artigo 15º da *Lei das Instituições Financeiras*.

[1053] O regime é regulamentado pelo Banco Central, através da *Norma de Aplicação Permanente – Regulamento do Pedido de Autorização para Funcionamento de Instituição Financeira*, de 30 de Dezembro 2011, que entrou em vigor em 2 de Janeiro de 2011.

[1054] Fora deste estudo, mas com interesse cognitivo, importa fazer ainda referência às normas que regem os bancos *offshore*: o Decreto-Lei nº 2/90, 15 de Janeiro que regula a organização dos Bancos Offshore; e o Decreto-Lei nº 62/95 que estabelece o regime de criação e funcionamento de sociedades offshore instaladas em S. Tomé e Príncipe e que exercem actividades bancárias *offshore*.

[1055] Cf. Artigo 1º, nº 2 da *Lei Orgânica do Banco Central*.

[1056] O acrónimo de "dobras", a moeda com curso legal santomense.

[1057] Cfr. nova redação do artigo 105-B do *Código Comercial*, dada pelo artigo 1º da Lei nº 14/2009, de 31 de Dezembro.

[1058] Anteriormente à revisão o número mínimo de sócios das sociedades anónimas era de 10 sócios (cf. Artigo 162º, nº 1 do Código Comercial). Nova redação foi dada pelo artigo 1º da Lei nº 14/2009, de 31 de Dezembro.

ção para Funcionamento de Instituição Financeira fixa em 83.300.000.000 (equivalentes a EU€ 83.300.000)[1059].

Antes de finalizarmos esta secção preliminar, convém mencionar que é em sede de normação secundária (i.e., regulamentos) resultantes da actividade normativa do Banco Central de São Tomé e Príncipe, onde apreendemos as mais das normas de governo de bancos comerciais santomenses. Referimo-nos designadamente à *Norma de Aplicação Permanente nº 29/2011 – Regulamento do Pedido de Autorização para Funcionamento de Instituição Financeira*, de 30 de Dezembro 2011, que entrou em vigor em 2 de Janeiro de 2011 e à *Norma de Aplicação Permanente nº 20/2009 – Intervenção do Banco Central*, aprovada pelo Banco Central em 31 de Dezembro de 2009 e que vigora desde 1 de Janeiro de 2010, regulamenta os poderes e procedimento de intervenção do Banco Central na qualidade de entidade de supervisão, que como veremos nas secções adiante, desenvolvem o quadro do governo societário dos bancos comerciais.

Como dissecaremos nas secções seguintes, face às grandes preocupações do mundo moderno, o ordenamento jurídico santomense ainda não integrou as normas de governo de sociedades bancárias mais modernas e que vêm fazendo caminho tanto na forma de *hard law* como na forma de *soft law*. Tanto quanto pudemos apurar, não existe um código, guia, carta ou recomendação de governo de sociedades comerciais (e em especial de governo de sociedades financeiras ou bancárias) em proposta, produção ou em vigor em São Tomé e Príncipe.

Não sendo este o lugar para uma apologia da opção normativa, parece-nos valer como justificação tanto a exiguidade da economia santomense como a sua posição relativa na economia-mundo[1060]. No entanto – aqui coligido apenas como *soft advise* por ser um indicador importante no ambiente de negócios santomense – sempre se dirá a que falta de um bom sistema de protecção de sócios minoritários (um dos princípios de governo de sociedade comumente aceite e recomendado) é apontado pelo Banco Mundial como um dos piores indicadores dos 10 que compõe o "cabaz de indicadores", colocando-o na 183ª posição de entre 189 países no *ranking*[1061].

[1059] Artigo 1º, nº 1 da *Norma de Aplicação Permanente – Regulamento do Pedido de Autorização para Funcionamento de Instituição Financeira*.
[1060] Para uma caracterização detalhada sobre a economia santomense, v. Flávio A. Soares da Gama, *African Economic Outlook 2014 – Sao Tome and Principe*. Disponível em www.africaneconomicoutlook.org. Última consulta: 10 de Outubro de 2015.
[1061] World Bank, *Doing Business 2015 Going Beyond Efficiency – Economy Profile 2015 Sao Tome and Principe*. Disponível em www.worldbank.org. Última consulta: 10 de Outubro de 2015.

2. ADMINISTRAÇÃO

2.1. Órgão de administração

Estabelece a *Lei das Instituições Financeiras* que a administração de instituição financeira estabelecida no território nacional compete ao conselho de administração, colegial e aos directores[1062] com funções executivas e de representação da instituição[1063] eleita pela Assembleia Geral[1064]. Conjugadas as disposições – injuntivas – dos diplomas principais (Lei das Sociedades Financeiras e Código Comercial), concluímos que ao abrigo da legislação santomense, todos os directores deverão ter funções executivas[1065].

É que, como fizemos referência, em ambos os preceitos citados, a lei é inequívoca: referem-se a directores com funções executivas; não havendo norma expcecionando ou autorizando a delegação. Antes pelo contrário: no que se refere às funções da administração, o artigo 21º da Lei das Instituições Financeiras dispõe que toda a instituição financeira deverá ter um regimento interno que, observadas as normas do estatuto social, disporá sobre a estrutura da administração e dos serviços operacionais e administrativos, seus órgãos e funções, os cargos de chefia e as relações de subordinação[1066]; e as atribuições de cada director e os serviços sob sua direcção e fiscalização[1067].

[1062] Esclarece-se que à luz da legislação santomense, os directores são os que em outras jurisdições se designam por administradores (cf. Artigos 171º e 172º do *Código Comercial*). Não havendo por isso um sistema como o estabelecido para as sociedades anónimas brasileiras, como explicam Ary Oswaldo Mattos Filho e Juliana Bonacorsi de Palma , "A governação de sociedades no Brasil", in Paulo Câmara *et all, A Governação das Sociedades Anónimas nos Sistemas Jurídicos Lusófonos*, Almedina, Coimbra, 2013, 81-118: 88 e 91. No fundo, aproximando-se, no caso dos sociedades de capital aberto ao modelo europeu dualista (composto por um conselho geral não executiva; correspondente ao conselho de administração brasileiro e uma comissão executiva correspondente à directoria brasileira), enquanto o santomense se aproximaria mais do europeu monista clássico (ao qual são cometidas funções executivas aos administradores ou directores).

[1063] Artigo 20º da *Lei das Instituições Financeiras*.

[1064] Artigo 171º do *Código Comercial*.

[1065] Concordamos claramente com as conclusões de Bruno Xavier de Pina e Clara Martins Pereira, *op. cit.*: 367, de que se assiste a uma *praxis contra legem*, devendo o Banco Central, na qualidade de regulador, se for o caso, tomar as devidas medidas – sancionando ou adoptando os paradigmas de governo de sociedades financeiras – para repor a injuntividade da estatuição legal.

[1066] Alínea a) do nº 1 do artigo 21º da *Lei das Instituições Financeiras*.

[1067] Alínea b) do nº 1 do artigo 21º da *Lei das Instituições Financeiras*.

2.2. Composição e mandato

Quanto a normas de idoneidade dos directores, a *Lei das Instituições Financeiras* prescreve que todas as pessoas eleitas ou nomeadas para cargos de administração, deverão preencher requisitos de habilitação, experiência, conduta pessoal, e reputação previamente especificados pelo Banco Central e não poderão ser investidas no cargo sem aprovação formal de eleição e nomeação por parte do Banco Central[1068].

Parece-nos – mas não peremptoriamente e sem reservas – que deve fazer-se uma interpretação actualista e conjugada com o *Código Comercial*. Donde, para as instituições bancárias é admissível que se possam eleger pessoas que não sejam sócios da sociedade para a directoria, *rectius*: Conselho de Administração. Sendo aceite esta interpretação, concluiríamos que o artigo 172º do Código Comercial – que prescreve a eleição de directores "de entre os sócios" e não apenas pelos sócios – não se aplica às sociedades financeiras bancárias, às quais por sua vez se aplica o regime de constituição e funcionamento prescrito pela *Lei das Instituições Financeiras*.

Quanto à eleição dos administradores, parece-nos que o regime é de dupla legitimidade: por um lado, como prescreve o *Código Comercial*, a direcção é eleita pelos sócios em assembleia-geral. Podendo a primeira direcção pode ser designada no instrumento de constituição da sociedade[1069], não podendo, contudo, durar mais de três anos, e sem prejuízo do direito de revogação nos termos do diploma e dos poderes do Banco Central.

Concretizando a forma geral de eleição da administração, i.e., caso não sejam designados no acto constitutivo, o Código Comercial[1070] prescreve que a eleição dos directores será feita de entre os sócios por tempo certo e determinado não excedente a três anos, e sem prejuízo da revogabilidade do mandato, sempre que qualquer assembleia-geral o julgue conveniente.

De acordo com esse regime os estatutos determinam se, findo o prazo do mandato, poderá haver reeleição; e, não o determinando, entender-se-á esta proibida. Igualmente caberá aos estatutos indicar o modo de suprir as faltas temporárias de qualquer dos directores, e, não o indicando, competirá ao conselho fiscal,

---

[1068] Artigo 22º da *Lei das Instituições Financeiras*. A relação dos membros do conselho de administração, conselho fiscal, respectivos mandatos e remunerações devem constar do "dossier" que instrói a constituição do banco (cfr. artigo 5º, nº 8 da *Norma de Aplicação Permanente – Regulamento do Pedido de Autorização para Funcionamento de Instituição Financeira*).
[1069] Artigo 171º do *Código Comercial*.
[1070] Artigo 172º do *Código Comercial*.

ou, na falta deste, à mesa da assembleia-geral, nomear os directores, até à reunião da mesma assembleia.

Como enunciámos acima, a administração goza de uma dupla legitimidade: a de – se assim podemos designar – de 1º grau, que resulta da designação dos sócios; e a de 2º grau, que resulta da aprovação pelo Banco Central. Com efeito, resulta da *Lei das Instituições Financeiras* que os directores "(...) não poderão ser investidas no cargo sem aprovação formal de eleição e nomeação por parte do Banco Central"[1071]. Em rigor trata-se da verificação e confirmação ou rejeição do cumprimento dos requisitos de idoneidade. É, pois, esta disposição que justifica a "cassação" do mandato em caso de prevaricação por parte do director[1072].

2.3. Competências

Quanto à estrutura e funções, o regimento interno do banco deverá definir, com observância dos estatutos da instituição, a estrutura da administração e dos serviços operacionais e administrativos, seus órgãos e funções, os cargos de chefia e as relações de subordinação[1073]. Igualmente, tal regimento deverá definir as atribuições e competências do conselho de administração e da directoria (i.e., cada um dos directores) em conformidade com a lei das sociedades anónimas e nos estatutos e regulamento interno da instituição[1074]. Sendo o regimento interno da instituição aprovado pelo conselho de administração e uma cópia autenticada do texto ou das alterações deverá ser enviada ao Banco Central[1075].

[1071] Artigo 22º da *Lei das Sociedades Comerciais*. Essa aprovação ou rejeição terá em conta os requisitos legais a aprovar pelo Banco Central em conformidade com o estabelecido na primeira parte do citado preceito.

[1072] O artigo 42º, nº 1, alínea d) prevê a inabilitação do diretor em caso de infrações. O processo segue os trâmites previsto no nº 3 do citado artigo.

[1073] Artigo 21º, nº 1, alínea a) da *Lei das Instituições Financeiras*.

[1074] Artigo 21º, nº 1, alínea b) da *Lei das Instituições Financeiras*.

[1075] Artigo 21º, nº 2 da *Lei das Instituições Financeiras*. Esta norma parece ter sido "anormalmente" regulada ou transporta para o *Norma de Aplicação Permanente – Regulamento do Pedido de Autorização para Funcionamento de Instituição Financeira*, no sentido em que este regulamento determina que o regulamento interno (um dos documentos que instroem o pedido de constituição) seja aprovado pelos sócios fundadores "nos termos da *Lei das Instituições Financeiras*" [sic] (artigo 5º, nº 1, alínea e). Não podemos deixar de notar a contradição *contra legem*, diga-se a boca pequena; e em jeito de glosa breve custa entender o contributo destas redações para a higienização do governo da sociedade, visto que, apesar ou por causa da separação entre a propriedade e a administração, apenas existe um meio de controlo – e note-se que meramente estatístico – por parte do Banco Central. Claro está que não olvidamos que a lei injuntivamente requer a aprovação prévia do Banco Central a qualquer alteração ao estatuto da sociedade (cfr. artigo 24º). Parece, pois, avisado que

2.4. Conflitos de interesses

Quanto a normas para evitar conflito de interesses mitigar alguns dos problema da agência e da captura da sociedade pela administração, a Lei das Instituições Financeiras prescreve – em sede de normas operacionais – que "[é] vedado às instituições financeiras emitir obrigações que possam dar lugar ao exercício de direito de gestão da instituição pelos detentores das mesmas."[1076] Questionar sobre o destinatário da norma é legítimo e uma simples interpretação das competências para emitir obrigações responde à questão: essa competência é da administração; pelo que são os directos os destinatários da norma.

Mas se dúvidas pairassem, mais egrégio e directo é o regime do Código Comercial ao mitigar conflitos de interesses, proibindo *ex professo* práticas que conduzam a conflitos de interesse de acordo com quatro directrizes:

- Os directores das sociedades anónimas não contraem obrigação alguma pessoal ou solidária pelas operações da sociedade; respondem, porém, pessoal e solidariamente, para com ela e para com terceiros, pela inexecução do mandato e pela violação dos estatutos e preceitos da lei[1077].
- Os directores de qualquer sociedade anónima não podem fazer por conta da sociedade operações alheias ao seu objecto ou fim, sendo os factos contrários a este preceito considerados violação expressa do mandato[1078].
- É expressamente proibido aos directores destas sociedades negociar por conta própria, directa ou indirectamente, com a sociedade, cuja gerência lhes estiver confiada[1079].
- Os directores de qualquer sociedade anónima não poderão exercer pessoalmente comércio ou indústria iguais aos da sociedade, salvo os casos de especial autorização concedida expressamente em assembleia-geral[1080].

---

os accionistas redijam estatutos suficientemente detalhados ou claros quanto a competência da administração para que não haja necessidades de preenchimentos de "blackholes" ou zonas cinzentas que resultem de uma interpretação *in dubio pro administrationem* a ser regulada no regimento interno. De notar que essa competência é exclusiva, mas nada proíbe que o Conselho proponha aos sócios uma deliberação sobre as orientações gerais sobre o mesmo (cfr. artigo 179º, § único, 3º do *Código Comercial*). Não fosse a falha protocolar – da pirâmide *kelseniana* – da precedência de lei sobre o regulamento, optaríamos e aplaudiríamos como contribuindo para uma melhor saúde pública a norma constante da *Norma de Aplicação Permanente – Regulamento do Pedido de Autorização para Funcionamento de Instituição Financeira*.

[1076] Artigo 26º da *Lei das Instituições Financeiras*.
[1077] Caput do artigo 173º do *Código Comercial*.
[1078] Artigo 173º, §2 do *Código Comercial*.
[1079] Artigo 173º, §3 do *Código Comercial*.
[1080] Artigo 173º, §4 do *Código Comercial*.

No entanto, diz o Código que desta responsabilidade são isentos os directores que não tiverem tomado parte na respectiva resolução, ou tiverem protestado contra as deliberações da maioria antes de lhes ser exigida a competente responsabilidade[1081]. Haverá quem se questione sobre o sincronismo ou anacronismo desta norma.

Parece-nos que desde 2008, mas os episódios mais recentes da banca portuguesa, angolana e mesmo santomense demonstram que por vezes as normas aparentemente anacrónicas precisam de ser revisitadas. Parafraseando o apanágio cristão, diríamos: se a salvação é individual, a condenação também o será. No entanto, a norma – ou se preferirmos, numa visão mais holística – o sistema é imperfeito, pois deveria estar mais robustecido com normas de controlo interno através de um modelo de administração que permita controlo por não executivos e pelos próprios mecanismos de controlo interno de que adiante daremos conta.

3. FISCALIZAÇÃO

3.1. Órgão de fiscalização

A fiscalização dos bancos comerciais santomenses é cometida a um conselho fiscal composto de três membros, nomeados pela assembleia geral[1082].

3.2. Mandado e composição

Compulsados os respectivos regimes (*Código Comercial* e *Lei das Instituições Financeiras*), deve concluir-se que o conselho fiscal é composto por, pelo menos, de três membros[1083-1084], eleitos pela assembleia-geral. Já sobre o mandato dos

---

[1081] Artigo 173º, §1 do *Código Comercial*. Entendemos que tais votos ou protestos devem ser expressamente lavrada em acta nos termos, para os efeitos e em conformidade com o prescrito no artigo 37º do *Código Comercial* e com idêntico sentido normativo, v. Artigo 28º, nº 1, alínea d) e nº 2 da *Lei das Instituições Financeiras*.

[1082] Artigo 25º, nº 1 da *Lei das Instituições Financeiras*.

[1083] Artigo 25º, nº 1 da *Lei das Instituições Financeiras*. Já o *Código Comercial* refere-se a sócios (artigo 175º do *Código Comercial*). Remetemos a argumentação interpretativa para a mesma que expedimos quanto à administração, pois para além das razões (identidade de razão) nos parecerem as mesmas, também o regime ínsito na Lei das Instituições Financeiras para além de ser especial, ela reflecte uma vontade mais actualizada do legislador e uma evolução natural do governo das sociedades. Estes regimes pecam por não exigir um especialista em contabilidade ou disciplina análoga. Antes

membros do conselho fiscal, parece consensual a previsão do *Código Comercial* com a da *Lei das Instituições Financeiras*: o mandato é de três anos, isto porque aquele diploma prevê o limite temporal[1085] uma vez que manda aplicar as regras da administração; já a *Lei das Instituições Financeiras* é omisso quanto ao tema.

3.3. Competência

Ao abrigo dos estatutos, da lei comercial e da *Lei das Instituições Financeiras*, compete ao conselho fiscal, genericamente: a) Verificar a regularidade dos livros, registos contabilísticos e documentos que lhe servem de suporte, bem como a exactidão do balanço e demonstração de resultados, bem como do parecer sobre o relatório e contas; b) Acompanhar o cumprimento das leis e regulamentos aplicáveis à instituição financeira e submeter ao conselho de administração as situações que julgar convenientes[1086]; c) Pronunciar-se sobre qualquer matéria que lhe seja submetida pelo conselho de administração[1087].

---

pelo contrário, a *Lei das Instituições Financeiras* admite que o Conselho Fiscal pode ser auxiliado por técnicos especialmente designados ou contratados para esse efeito (cf. Artigo 25º, nº 5 da *Lei das Instituições Financeiras*). Parece-nos, no entanto, que o previsto no artigo 1º, nº 3 do Decreto-lei nº 648/70, de 28 de Dezembro nos permite uma solução metodológica ao *conundrum* criado pelas normas atrás citadas: é que ao abrigo desse preceito de 1970, ainda em vigor, os membros do conselho fiscal podem ou não ser sócios da sociedade e um deles ou o fiscal único, quando possam ser admitidos, deve ser um revisor oficial de contas.

[1084] De notar igualmente que ao abrigo do Decreto-Lei nº 648/70, de 28 de Dezembro, o conselho fiscal é composto por três membros efectivos e um ou dois suplentes, ou por cinco efectivos e dois suplentes (cf. Artigo 1º, nº 2). Numa perspectiva de pura hermenêutica mais agarrada ao purismo literal (uma exegese radical), parece-nos, no entanto, que a lei nova especial prevalece sobre a lei geral anterior, não se aplicando esta composição aos bancos. No entanto – numa interpretação mais comezinha mas temperada de bom-senso –, o legislador bancário devia permitir que tal composição fosse admissível, num princípio de interpretação enunciativa cujo enunciado seria: o que abunda não prejudica; ou melhor, uma solução mais prudente não prejudica a solução insatisfatória.

[1085] Artigo 172 e §1º, por força do artigo 175º, §2º do *Código Comercial*.

[1086] Poderíamos ver aqui uma incompleta – justificada pelo contexto histórico – função de vigilante genérico de *compliance* da sociedade.

[1087] Artigo 25º, nº 2 da *Lei das Instituições Financeiras*. V. ainda artigo 176º do *Código Comercial*.

4. FUNÇÕES DE CONTROLO PREVENTIVO (AUDITORIA, *COMPLIANCE* E GESTÃO DE RISCOS)

4.1. Auditoria interna

Entre os sistemas orgânicos obrigatórios aos bancos é a existência da auditoria interna[1088].

4.2. *Compliance* (ou controlo de conformidade)

A menção expressa a uma unidade orgânica de *compliance* a qual compita assegurar a conformidade da entidade bancária com a legislação não consta da *Lei das Instituições Financeiras*.

No entanto, atentos aos cânones da prudência interpretativa, parece-nos de admitir que estas podem estar implicitamente previstas na *Lei das Instituições Financeiras* ao referir-se genericamente ao sistema de comissões internas[1089]; e ainda deve conjugar-se com o previsto na *Norma de Aplicação Permanente – Regulamento do Pedido de Autorização para Funcionamento de Instituição Financeira*. Nesta sede, referindo-se aos mecanismos de controlo dos sistemas operacionais[1090].

4.3. Gestão de riscos

Relativamente à gestão de riscos, a *Lei das Instituições Financeiras* não prevê[1091] o conjunto de funções ou resultados pretendidos pela gestão de riscos a observar pelos bancos. No entanto, essas "normas" ou melhor, a referência à gestão do risco consta do *Norma de Aplicação Permanente – Regulamento do Pedido de Autorização para Funcionamento de Instituição Financeira*.

[1088] Artigo 21º, nº 1, alínea c) da *Lei das Instituições Financeiras* e artigo 5º, nº 9 da *Norma de Aplicação Permanente – Regulamento do Pedido de Autorização para Funcionamento de Instituição Financeira*.

[1089] Artigo 21º, nº 1, alínea c) da *Lei das Instituições Financeiras*.

[1090] Artigo 1º, nº 7 da *Norma de Aplicação Permanente – Regulamento do Pedido de Autorização para Funcionamento de Instituição Financeira*.

[1091] Diferentemente do que acontece, por exemplo, no caso português. V. Artigo 115-M do *Regime Geral das Instituições de Crédito e Sociedades Financeiras* (aprovado pelo Decreto-Lei nº 298/92, de 31 de Dezembro).

Com efeito, um dos requisitos do estudo de viabilidade que deve acompanhar o pedido de constituição do banco comercial é a administração dos riscos[1092]. De acordo com esse regime, o estudo de viabilidade deve conter uma secção que contenha "descrição do processo de administração dos riscos do banco: identificação do risco, medida, seguimento e controlo." O 2º segmento do artigo preceitua que o estudo deve conter "comentários" (assim mesmo), sobre os plano de controlo de riscos de administração de activos e passivos incluindo liquidez, taxa de juros e prazos; riscos de crédito; risco operacional; risco de mercado; risco informático e ainda uma "cláusula residual" que se refere a "todos os demais riscos a que o banco está exposto"[1093].

Vale ainda referir que o do mesmo dispositivo regulamentar concretiza que o estudo deverá especificar elementos do risco de crédito, no que se refere a créditos a accionistas, administradores, pessoas ligadas ou relacionadas; plano de mitigação do concentração de riscos; e sistema de qualificação e classificação dos riscos.

Face a este sistema, duas glosas simples ao regime:

A primeira desde logo para dizer que, salvo melhor opinião, a função de gestão de risco devia estar consagrado no próprio texto legal e não relegada para regulamento (de autorização de constituição). Importa em rigor prover o sistema de uma natureza injuntiva e não como "elementos descritivos" do estudo de viabilidade[1094].

A segunda nota vai para a definição de pessoa ligada consta do artigo 36º da *Lei das Instituições Financeiras*. A nosso ver, é um elenco suficientemente rígido mas deixam passar algumas entidades por entre a latitude geral de alguns parâmetros[1095].

[1092] Artigo 7º, nº 5 da *Norma de Aplicação Permanente – Regulamento do Pedido de Autorização para Funcionamento de Instituição Financeira*, sob a denominação "administração de riscos".

[1093] Artigo 7º, nº 5 alíneas a) a f) da *Norma de Aplicação Permanente – Regulamento do Pedido de Autorização para Funcionamento de Instituição Financeira*.

[1094] Ou seja, questiona-se – sem uma resposta definitiva – sobre a natureza das normas sobre a gestão dos riscos bancários no sistema jurídico santomense.

[1095] A olho nu e dispensando qualquer visão telescópica, face ao estado geral da legislação, o elenco peca por não definir o que se entende por grupo financeiro da instituição financeira. Não será preciso uma análise exaustiva para incorporar a recente experiência portuguesa no pensamento ao interpretar-se o elenco das pessoas ligadas. Questione-se ainda a "participação qualificada" de 10% – a qualificação é nossa – prevista no mesmo preceito é o mais recomendável. Ou seja, pressentimos que a malha definidora deva ser refinada para evitar favorecimentos encapotados no nevoeiro dos conceitos indeterminados ou ligeiramente amplos de preencher. Também auscultada a *Norma de Aplicação Permanente – Regulamento do Pedido de Autorização para Funcionamento de Instituição Financeira*, verifica-se uma mera referência mas não um conteúdo normativo (cf. Artigo 5º, nº 9).

5. PRÁTICAS E POLÍTICAS REMUNERATÓRIAS

No que se refere à política remuneratória, o *Código Comercial* remete para os sócios a definição da remuneração dos membros da direcção e do conselho fiscal são remuneradas, salva a disposição dos estatutos em contrário (cf. artigo 177º).

O normativo especial do sector não prevê expressamente comissões de remuneração. No entanto, sempre se dirá que ao abrigo do artigo 21º, nº 1, alínea c) da *Lei das Instituições Financeiras*, os bancos podem criar comissões internas, nomeadamente para fixação de remunerações dos titulares de cargos sociais.

6. SUPERVISÃO DOS SISTEMAS DE GOVERNO (COMPETÊNCIA, CONTEXTUALIZAÇÃO E ENQUADRAMENTO)

6.1. Entidade supervisora e competência

A supervisão bancária em São Tomé e Príncipe é exercida pelo Banco Central, ao qual comete genericamente a atribuição de fiscalizar e controlar o sistema financeiro nacional[1096]. Concretizando mais, a lei confere ao Banco Central ainda: autorizar o estabelecimento e o funcionamento de instituições financeiras de acordo com a lei[1097]; velar pelo bom funcionamento do sistema financeiro e prestar-lhe o seu apoio financeiro conforme as prescrições do seu estatuto orgânico[1098]; promover o desenvolvimento do sistema bancário e intervir, em condições extraordinárias, designadamente se estiver em causa a estabilidade do sistema, como refinanciador de última instância do sistema bancário[1099].

Detalhando melhor o elenco dos poderes exercíveis pelo supervisor, ao Banco Central, a lei comete um elenco extenso de competências para assegurar a supervisão das instituições a ele sujeitas. Compete ao Banco Central, designadamente[1100-1101]:

[1096] Artigo 7º, nº 6 da *Norma de Aplicação Permanente – Regulamento do Pedido de Autorização para Funcionamento de Instituição Financeira*.
Artigo 1º, nº 2, *in fine*, da *Lei Orgânica do Banco Central*.
[1097] Artigo 8º, nº 1, alínea c) da *Lei Orgânica do Banco Central*.
[1098] Artigo 8º, nº 1, alínea d) da *Lei Orgânica do Banco Central*.
[1099] Artigo 8º, nº 1, alínea i) da *Lei Orgânica do Banco Central*.
[1100] Artigo 38º da *Lei Orgânica do Banco Central*.
[1101] A *Norma de Aplicação Permanente nº 20/2009 – Intervenção do Banco Central*, aprovada pelo Banco Central em 31 de Dezembro de 2009 e que vigora desde 1 de Janeiro de 2010, regulamenta os poderes e procedimento de intervenção do Banco Central na qualidade de entidade de supervisão.

- Autorizar a constituição das referidas instituições, com vista ao exercício da sua actividade, bem como sobre a sua fusão, cisão ou transformação, e ainda, revogar as autorizações concedidas, quando for caso disso;
- Definir as condições de abertura de filiais, sucursais, agências e outras formas de representação das mencionadas instituições, no território nacional ou no estrangeiro e decidir sobre os respectivos pedidos;
- Apreciar em tais instituições, a idoneidade dos titulares de participações sociais nas instituições em que representam mais de 10% do respectivo capital social, bem como a aptidão técnico-profissional dos seus administradores, e definir as condições impeditivas do exercício dessas funções;
- Verificar as relações quantitativas entre os diversos elementos de Balanço que as instituições financeiras devem observar, com o fim de garantir a respectiva liquidez e solvabilidade, considerando designadamente a relação entre o montante de fundos próprios e o risco associado às operações que estão autorizadas a realizar;
- Proceder à suspensão temporária, no âmbito do cumprimento de determinadas obrigações, designadamente daquelas previstas na alínea anterior, das instituições em que tal se justifique, evitando assim a superveniência de situações que possam dificultar o seu funcionamento regular ou do sistema monetário e financeiro;
- Estabelecer directivas para a actuação das instituições, nomeadamente quanto à sua organização contabilística e ao sistema de controlo interno;
- Definir os elementos de informação estatística e de natureza comportamental das instituições financeiras a prestar ao Banco ou ao público em geral, e a respectiva periodicidade;
- Promover a constituição de um Fundo Geral de Garantia das responsabilidades das instituições financeiras e definir o regime contributivo destas para o aludido Fundo.

Em suma, o supervisor goza dos seguintes poderes de autoridade[1102]: realização de inspecções nos estabelecimentos das instituições financeiras sujeitas à sua supervisão e proceder a averiguações junto de qualquer entidade ou no local onde haja fundadas suspeitas de prática irregular de actividades monetárias, financeiras ou cambiais; instauração de processos adequados à verificação das infracções cometidas que não sejam de natureza criminal, aplicando as respectivas sanções; e participar às autoridades judiciais e policiais competentes quaisquer actos ou factos irregulares de que tome conhecimento e que exorbitem da sua competência de intervenção.

[1102] Artigo 40º da *Lei Orgânica do Banco Central*.

6.2. Contexto e enquadramento

Os poderes do Banco Central decorrem da sua qualidade de "guardião do sistema" clássico: característico, apto a responder cabalmente, com a necessária independência e capacidade de intervenção, às funções de fundamental importância, de emissão monetária, e de banqueiro do Estado e, numa acepção ampla, de autoridade monetária e cambial de São Tomé e Príncipe[1103].

Na verdade, e justificando a opção, o legislador esclarece na inscrição preambular do diploma que "[a] profunda reestruturação da economia nacional que se encontra em curso implica a organização de um sistema financeiro renovado que abra espaço à intervenção no mercado de crédito, de um leque diversificado de intermediários financeiros e seja susceptível de tirar melhor partido das organizações existentes".

Neste sentido, e paralelamente à publicação de uma lei de reorganização do sistema financeiro e das estruturas bancárias, com um certo grau de especialização, que vem viabilizar a actuação na praça são-tomense de instituições bancárias e parabancárias, quer através da integração do Fundo Social e de Infra-estrutura (FSI) no quadro do sistema financeiro e da própria reorganização da actual Caixa Popular substituindo-a por Caixa Nacional de Poupança e Crédito, quer por via da constituição de novos intermediários financeiros de capital privado para além da prevista criação de um banco comercial, de capital misto, com participações nacionais e estrangeiros, torna-se indispensável proceder a uma redefinição em profundidade do âmbito funcional do Banco Nacional de São Tomé e Príncipe, que será extinto sendo substituído por um Banco Central com estatuto institucional, funções e estrutura operativa inteiramente novos.[1104]"

Como nota histórica, deve-se anotar que este processo resultou da convergência de três factores importantes: o pluri-partidarismo, com uma renovação política profunda[1105]; a reformas económicas[1106]; e uma aspiração popular por novos padrões de organização do Estado.

[1103] Inscrição preambular da *Lei Orgânica do Banco Central*.
[1104] *Idem*.
[1105] A mudança da direcção política do país – Presidência, Governo e Parlamento –, tendo o poder político passado do partido político de massas e raízes independentista e de ideologia de raiz marxista, para um partido, na era considerado como um partido de quadros, virada para uma ideologia de mercado e reformista.
[1106] Virando-se de uma economia centralizada e planificada para uma economia de mercado.

7. REFERÊNCIAS NORMATIVAS[1107]

7.1. Diplomas Legais

- *Código Comercial* (aprovado pela Carta de Lei de 28 de Junho de 1888);
- Decreto-lei nº 49 381, de 15 de Novembro de 1969 (em vigor em São Tomé por força da Portaria nº 352/70, de 13 de Julho);
- Decreto-lei nº 648/70, de 28 de Dezembro (em vigor em São Tomé por força da Portaria nº 9/71, de 5 de Janeiro);
- *Lei Orgânica do Banco Central* (Lei nº 8/92, de 3 de Agosto);
- *Lei das Instituições Financeiras* (a Lei nº 9/92, de 3 de Agosto);
- Lei nº 14/2009, de 31 de Dezembro (que altera o Código Comercial).

7.2. Diplomas regulamentares

- *Norma de Aplicação Permanente (NAP) nº 20/2009* – Intervenção do Banco Central, aprovada pelo Banco Central em 31 de Dezembro de 2009;
- *Norma de Aplicação Permanente (NAP) nº 29/2011* – Regulamento do Pedido de Autorização para Funcionamento de Instituição Financeira, de 30 de Dezembro 2011.

[1107] Apenas as especialmente dirigidas ao governo de bancos comerciais.

CAPÍTULO XXI

O GOVERNO DE BANCOS EM TIMOR-LESTE

Bernardo Correia Barradas

NOTA INTRODUTÓRIA

O Sector Financeiro de Timor-Leste nasce em 2000 ainda no quadro da administração da UNTAET com a chegada ao país do primeiro banco, a Caixa Geral de Depósitos de Portugal e, com a aprovação do Regulamento UNTAET 2000/8 de 25 de fevereiro, pelo então Administrador Transitório, Sérgio Vieira de Mello, Este Regulamento, como veremos, ainda é o diploma base da atividade bancária no país, ao qual vieram acrescer os Regulamentos, Instruções, Regras, Ordens e Diretrizes do Banco Central de Timor-Leste[1108].

Atualmente, o sector financeiro nacional é composto pelo Banco Central de Timor-Leste, enquanto autoridade de supervisão e regulação; sucursais de três bancos estrangeiros: a Caixa Geral de Depósitos – Sucursal Timor[1109], de Portugal, o Australian New Zealand Banking Group Timor, da Austrália e Nova Zelândia e o PT. Bank Mandiri (Persero) Tbk. Dili – Agência Timor-Leste, da vizinha Indonésia; um banco de capitais públicos, o Banco Nacional de Comércio de Timor-Leste ou BNCTL; duas companhias de seguros – a National Insurance Timor-Leste, S.A. ou INTL, de capitais locais e de Singapura e a Sinarmas Insurance, S.A. da divisão financeira do Grupo Sinar Mas da Indonésia; nove (9) Pres-

---

[1108] Esta terminologia sofreu alterações com a entrada em vigor da lei orgânica do Banco Central de Timor-Leste em 2011, sendo que, atualmente, apenas se encontram previstos Regulamentos, Instruções, Circulares e Ordens, não obstante, as Circulares, devido à indistinção que a lei faz entre estas e as Instruções, raramente são utilizadas e, o Banco Central ainda emite Diretrizes, sob a forma de *"Guidelines"*.

[1109] A Caixa Geral de Depósitos utiliza em Timor-Leste, como marca, BNU Timor.

tadores de Serviços de Transferências de Fundos (PSTF), duas Casas de Câmbio e duas instituições de microcrédito[1110].

Para além das instituições referidas, começa a assistir-se ao surgimento – mesmo que de modo informal e, ainda, fora da supervisão do Banco Central – de cooperativas financeiras e grupos de poupança comunitários.

Não se revela fácil a tarefa do Banco Central de Timor-Leste no âmbito do seu papel de supervisor e regulador, quando, como se viu, das seis principais instituições financeiras do país, duas são indonésias, uma portuguesa, uma Austro-Neozelandesa, outra de Singapura (ainda que estabelecida localmente) e apenas uma Timorense. Além dos dialetos autóctones, são correntes quatro idiomas distintos (português, tétum, língua indonésia[1111] e inglês) no contacto destas instituições entre si, com o Banco Central e no mercado, inclusivamente, no contacto com o público, seja através de publicidade, língua utilizada nos documentos contratuais ou mesmo, a língua utilizada pelos funcionários.

Como exemplo sintomático do que acabamos de expor, é de notar que os formulários em uso para abertura de conta ou transferência de fundos nos quatro bancos encontram-se redigidos em quatro línguas diferentes – uma por cada instituição!

Apesar de termos a honra de poder contribuir com o presente capítulo para *"A Governação de Bancos nos Sistemas Jurídicos Lusófonos"*, o sistema financeiro timorense ainda se encontra longe de poder considerar-se *"lusófono"*. De resto, trata-se de um sistema ainda numa fase embrionária, mas em incessante evolução, conferindo a esta análise o estatuto de um "primeiro olhar" que esperamos útil mas, que, muito em breve, justificará atualizações.

I. FONTES ESPECÍFICAS SOBRE GOVERNAÇÃO DOS BANCOS

A principal fonte sobre a governação dos bancos continua a ser Regulamento UNTAET 2000/8, de 25 de fevereiro, que disciplina o Licenciamento e a Supervisão Bancária (doravante "Regulamento 2000/8") *maxime* as suas secções 15 a 19, que versam, respetivamente, sobre: (i) Estatutos e Regimento Interno, (ii) Estrutura Administrativa dos Bancos, (iii) Qualidade[1112] dos Administradores;

[1110] Em processo de transformação em OIRD/ODTI (outras instituições receptoras de depósitos/ *other deposit taking institutions*).

[1111] Comumente referido como "*bahasa* indonésio" ou, simplesmente "*bahasa*" que significa língua ou idioma.

[1112] Dever-se-á ler "qualificações" tratando-se de, em nosso entender, um erro de tradução.

(iv) Administradores e Principais Acionistas – Desqualificação e Destituição, e
(v) Comissões.

Adicionalmente, a ordem jurídica timorense conta com um conjunto de Instruções do CPO/ABP/BCTL[1113] que visam regular aspetos específicos do referido Regulamento, e que listamos *infra* em VII d).

Num sistema em que três dos quatro bancos são sucursais de instituições bancárias estrangeiras, compreende-se que as regras em vigor apenas se apliquem plenamente ao único banco local (BNCTL) e, que o sistema seja influenciado e, por vezes moldado, por práticas vindas de Portugal, da Austrália e da Indonésia, quer na relação dos bancos com o mercado quer na interação corrente entre si e com o Regulador.

Esta influência é visível, designadamente ao nível da regulamentação emitida pelo BCTL que, destinando-se a responder às necessidades do mercado, é inexoravelmente moldada pelo influxo originado pelo relacionamento, troca de informações e experiências entre os vários agentes.

Pouco resta do período indonésio[1114] no sector e atividade bancários, uma vez que as instituições e a maioria dos respetivos quadros abandonaram o território ao longo de 1999. Como tal, assistimos ao nascimento de um regime novo, influenciado por uma enorme pluralidade de fontes, das quais destacamos a ONU, o Banco Mundial, a atual legislação portuguesa (incluindo regulamentação emitida pelo Banco de Portugal) e a legislação e práticas indonésias e australianas.

Com referência a *soft law*, ou direito indicativo ou meramente ordenador, apesar de o BCTL já ter anunciado a intenção de avançar para um Código de Conduta do Sistema Financeiro e, mesmo, para códigos de conduta sectoriais[1115], este passo ainda não foi dado. Todavia, a Instrução CPO/B-2001/5 sobre os Sistemas de Controlo Interno dos Bancos[1116] elenca, no seu ponto IV os princípios a que devem obedecer os sistemas de controlo interno, recepcionados diretamente da *"Framework for Internal Control Systems in Banking Organizations"*, Publicação nº 40 do *Basel Committee on Banking Supervision* de setembro de 1998[1117].

[1113] Iremos, doravante, referir-nos, indistintamente, a CPO, ABP e BCTL apenas como "BCTL" ou, genericamente, "Regulador".
[1114] De 7 de dezembro de 1975 a 30 de agosto de 1999.
[1115] *Plano Diretor para o Desenvolvimento do Sector Financeiro em Timor-Leste 2014-2025*, p. 134 *Conduta Profissional e Resolução de Litígios*, publicado pelo Banco Central de Timor-Leste em finais de 2013.
[1116] Apenas publicada em língua inglesa como *Instruction CPO/B-2001/5 Bank's Internal Control Systems*.
[1117] Disponível em http://www.bis.org/publ/bcbs40.pdf.

II. ADMINISTRAÇÃO

a) Estrutura administrativa

Nos termos do disposto no Regulamento 2000/8, cada banco é administrado por um conselho de administração, composto por um número ímpar de membros não inferior a três e não superior a sete, nomeados pela assembleia geral para mandatos de quatro anos, sendo permitido que cumpram mais do que um mandato[1118].

Ao Conselho de Administração cabe, nos termos da Secção 16.2 do Regulamento atrás referido: "(...) *estabelecer as políticas operacionais e a supervisão da sua implementação.*".

É vedado ao Conselho de Administração e aos seus membros delegarem responsabilidades a terceiros, conforme disposto na Secção 16.5 do Regulamento 2000/8.

Além do Conselho de Administração, a estrutura orgânica de cada banco é composta por um Conselho Fiscal e uma Comissão de Risco, podendo esta última ser substituída por duas comissões separadas: uma de Gestão do Crédito e dos Ativos e outra de Gestão do Passivo, conforme previsto nas Secções 16.1 e 19.5 do Regulamento 2000/8.

b) Comissões

As comissões obrigatoriamente constituídas pelos bancos encontram-se reguladas na Secção 19 do Regulamento 2000/8, sendo elas o Conselho Fiscal e a Comissão de Gestão de Riscos.

1. Conselho Fiscal

O Conselho Fiscal é composto por três membros, nomeados pela assembleia geral, para mandatos de dois anos. Garante-se a incompatibilidade entre os cargos de membro do Conselho Fiscal e do Conselho de Administração[1119].

O Conselho Fiscal reúne-se, ordinariamente uma vez por trimestre, sem prejuízo de poder ser convocado pelo Conselho de Administração ou por dois dos

---

[1118] Secções 16.1 e 16.2 do Regulamento 2000/8.
[1119] Secção 19.1 do Regulamento 2000/8.

seus membros[1120].As deliberações são adotadas pela maioria dos membros presentes[1121] e proibidas as abstenções.

2. Comissão de Gestão de Riscos

A Comissão de Gestão de Riscos integra três membros do Conselho de Administração, com um mandato de dois anos renovável[1122] e a quem compete, nos termos do disposto nas alíneas a), b) e c) da Secção 19.3 do Regulamento 2000/8:

"(a) estabelecer e monitorar a implementação de procedimentos para avaliação de crédito, administração de empréstimos e gestão do ativo e do passivo, inclusive aqueles prescritos pelo Gabinete Central de Pagamentos[1123], abrangendo assuntos como normas de subscrição, aprovação de grandes créditos e de todos os investimentos acionários[1124], requisitos de garantia real ou para a concessão de crédito, classificação de ativos duvidosos e respetivas provisões, cobrança junto a tomadores e emitentes inadimplentes, administração da taxa de juros e dos risco de mercado;

(b) monitorar o cumprimento das leis e regulamentos aplicáveis ao risco creditício e outros riscos e prestação de contas ao Conselho de Administração; e

(c) emitir pareceres sobre quaisquer assuntos que lhe forem submetidos pelo Conselho de Administração ou que a própria comissão deseje abordar."

De acordo com a Secção 19.4 do Regulamento 2000/8, a Comissão de Gestão de Riscos reúne mensalmente, com carácter ordinário, e, extraordinariamente quando convocada pelo Conselho de Administração ou por dois dos seus membros.

Também as suas deliberações são tomadas pela maioria dos membros presentes não sendo permitidas abstenções.

É permitido aos bancos, como se adiantou, estabelecerem comissões distintas de Gestão do Crédito e dos Ativos e de Gestão do Passivo, em lugar da Comissão de Gestão de Riscos. Na falta de normas específicas no Regulamento 2000/8, cremos que as regras de composição e funcionamento previstas para a Comissão de Gestão de Riscos são de aplicar, *cum grano salis*, às comissões que exercem as suas funções.

[1120] Secção 19.2 do Regulamento 2000/8.
[1121] Obrigatoriamente dois.
[1122] Secção 19.3 do Regulamento 2000/8.
[1123] BCTL.
[1124] Acionistas.

c) Qualificação dos administradores

De acordo com o disposto na Secção 17 do Regulamento 2000/8, cabe ao BCTL aprovar os administradores[1125] e estabelecer os critérios relativos às qualificações, experiência e integridade que estes terão que demonstrar e que, conformarão a referida aprovação.

Os requisitos a que devem obedecer os quadros superiores dos bancos em Timor-Leste encontram-se previstos na Instrução CPO/B-2000/4 (*Qualifications of Administrators*). Um instrumento que, convém referir, se encontra algo desatualizado e, porque articulado numa linguagem demasiado imprecisa e vaga, nem sempre se presta a uma adequada regulamentação.

Sem nos alargarmos em demasia neste ponto, propomo-nos deixar nota dos principais requisitos que, em nossa opinião, um quadro superior de um banco em Timor-Leste deve cumprir, de forma a ser aprovado pelo BCTL[1126]:

i. possuir formação universitária comprovada por diploma;
ii. ter assumido, ao longo da carreira, posições de responsabilidade crescente;
iii. não constarem indícios consistentes de irregularidades financeiras ou administrativas no anterior vínculo laboral, público ou privado;
iv. não haver indícios consistentes de fraude financeira, evasão fiscal ou insolvência;
v. não apresentar antecedentes criminais[1127];
vi. não ser réu em processos cíveis que ponham em causa a sua probidade, o que naturalmente ressalva não ter sido nem estar a ser executado por dívidas[1128];
vii. deter bom conhecimento e experiência prática da área em que se inserem e, no caso dos cargos de chefia e de gestão sénior, pelo menos três anos em cargos semelhantes em instituições de dimensão equivalente;
viii. não ter sido acionista principal, membro do órgão de administração, chefia ou quadro sénior de um banco "problemático[1129]" sendo que, este requisito não é aplicável a cargos de chefia e gestão sénior quando os respetivos interessados possam provar, para satisfação do BCTL, que

---

[1125] Para a definição da expressão *administrador* remetemos para o que é dito *infra* no ponto V.
[1126] Tradução nossa do original em língua inglesa.
[1127] Deve ser entendido como nos quais seja arguido ou arguida com acusação formulada.
[1128] Do original em língua inglesa "*money judgements*".
[1129] Um banco que se encontra sujeito a medidas de aplicação coerciva por parte do BCTL ou da autoridade de supervisão do país de origem ou que se encontre em processo de insolvência, falência ou liquidação.

não tiveram qualquer responsabilidade direta nos problemas que afetaram o banco;
ix. não se encontrar inibido por lei de fazer parte de órgãos de administração de pessoas coletivas;
x. não ter atuado enquanto auditor no BCTL ou, na administração desta instituição, nos 12 (doze) meses anteriores;
xi. não haver indícios apurados pelo BCTL de ter violado o disposto no Regulamento 2000/8 ou de qualquer regulamentação derivada; e
xii. não ser parte, enquanto devedor, em qualquer processo de insolvência.

O BCTL deve poder, sob requerimento devidamente fundamentado do interessado, dispensar o cumprimento de um ou mais dos requisitos constantes das alíneas i) a ix). Por conseguinte não deve ser permitida a dispensa de qualquer das condições constantes das alíneas x) a xiv).

III. FISCALIZAÇÃO

a) Fiscalização Interna

Internamente, a fiscalização dos bancos em Timor-Leste cabe, como vimos[1130], a um Conselho Fiscal nomeado em Assembleia Geral e composto por três membros, cabendo-lhe, nos termos das alíneas a) a d) da Secção 19.1 do Regulamento 2000/8:

"(a) estabelecer os procedimentos e controles contábeis adequados para o banco, inclusive os prescritos pelo Gabinete Central de Pagamentos[1131] nos termos da Secção 31 do presente Regulamento, supervisionar o cumprimento desses procedimentos e, conforme julgue apropriado, contratar por conta do banco serviços de auditoria para examinar todos ou quase todos os registos do banco;

(b) monitorar o cumprimento do presente regulamento e das leis aplicáveis ao banco e prestar contas ao Conselho de Administração;

(c) contratar peritos por conta do banco para prestar assistência no cumprimento das responsabilidades do Conselho Fiscal; e

(d) emitir pareceres sobre quaisquer assuntos que lhe forem submetidos pelo Conselho de Administração ou que o próprio Conselho Fiscal deseje abordar."

[1130] Cf. supra II.b.1
[1131] BCTL.

Nos termos da alínea c) do número 2 da Secção 15 do Regulamento 2000/8, cabe ao Conselho de Administração aprovar o regimento do banco, nos termos dos seus Estatutos, que deverá estabelecer:

"as funções do Conselho Fiscal, Comissão de Gestão de Riscos (ou comissões separadas de Gestão do Crédito e dos Ativos e de Gestão do Passivo), e outras comissões internas e carácter permanente;"

Esta norma deve ser interpretada de par com o disposto nas alíneas a) a d) da Secção 19.1 do Regulamento 2000/8. Estas normas são, quanto a nós, imperativas, não podendo o Conselho de Administração (e a Assembleia Geral em sede de Estatutos) afastar estes preceitos. Compete-lhe, sim, densificá-las e regulá-las.

b) Auditoria Externa

Dispõe a Secção 32 do Regulamento 2000/8 que cada banco deve nomear, mediante recomendação do seu Conselho Fiscal, um auditor externo independente, aprovado pelo BCTL e, a quem compete:

i. assistir o banco na manutenção de contas e registos corretos, inclusive na forma que vier a ser estipulada pelo BCTL nos termos da Secção 31[1132] do Regulamento 2000/8;
ii. elaborar um relatório anual e um parecer de auditoria sobre se as demonstrações financeiras apresentam uma visão completa e razoável da situação financeira do banco, em conformidade com as disposições do Regulamento 2000/8;
iii. examinar a adequação das práticas e procedimentos de auditoria e controles internos e apresentar recomendações ao seu aperfeiçoamento;
iv. notificar o BCTL de quaisquer atos fraudulentos cometidos por administradores, funcionários ou agentes de um banco ou de uma sua subsidiária

---

[1132] *"Secção 31*
Contas e Demonstrações Financeiras
31.1 Os bancos manterão contas e registos sempre atualizados e elaborarão demonstrações financeiras anuais que reflitam corretamente as suas operações e situação financeira, em consonância com normas contábeis internacionais uniformes.
31.2 As contas e demonstrações financeiras terão a forma e o nível de detalhamento previstos nas instruções do Gabinete Central de Pagamentos sobre a elaboração e apresentação das contas bancárias.
31.3 As contas registos e demonstrações financeiras dos bancos também refletirão as operações e a situação financeira das suas subsidiárias e agências, apresentadas tanto em base individual quanto consolidada."

ou, irregularidades ou falhas na gestão ou operação das quais possam resultar prejuízos materiais para esse mesmo banco ou subsidiária.

De notar que, embora o Regulamento 2000/8 refira na Secção 32.2 a possibilidade de, nos bancos cujos ativos não ultrapassem um montante estipulado periodicamente pelo BCTL, as competências do auditor externo independente poderem ser exercidas pelo auditor interno – desde que, este tenha um mínimo de dez anos de experiência profissional na área –, o BCTL nunca chegou a regular esta situação. Assim, a exigência de um auditor externo é ainda aplicável a todos os bancos a operar em Timor-Leste.

IV. FUNÇÕES DE CONTROLO INTERNO

As funções de controlo interno dos bancos encontram-se reguladas, em primeira linha, pelo disposto no Regulamento 2000/8 e enformadas pelos princípios constantes da *"Framework for Internal Control Systems in Banking Organizations"*, princípios esses transpostos para a ordem jurídica interna pela Instrução CPO/ /B-2001/5 sobre os Sistemas de Controlo Interno dos Bancos, competindo, nos seus termos, ao Conselho de Administração de cada banco (i) aprovar, e rever periodicamente, as estratégias e políticas globais; (ii) identificar os riscos mais significativos enfrentados, estabelecer níveis aceitáveis para esses mesmos riscos e, assegurar-se que os responsáveis[1133] do banco adotam as medidas necessárias para identificar, quantificar, monitorizar e controlar esses riscos; (iii) aprovar a estrutura organizacional do banco e; (iv) assegurar que os responsáveis do banco monitorizam a eficácia dos sistemas de controlo interno em vigor.

a) Órgãos com funções de controlo interno

Cabe ao Conselho de Administração a responsabilidade última de assegurar a implementação e eficácia de um sistema de controlo interno, conforme o disposto no número 1 do ponto A da Instrução CPO/B-2001/5, responsabilidade esta reforçada pela Secção 16 números 2 e 5, que dispõem caber a este órgão *"estabelecer as políticas operacionais e a supervisão da sua implementação"* bem como a impossibilidade de delegação dessas mesmas responsabilidades a terceiros.

[1133] Da expressão em inglês *administrators*, que abordaremos em maior detalhe no ponto V.

Os sistemas de controlo interno dos bancos em Timor-Leste passam pela atuação do Conselho Fiscal, cuja composição e competências abordámos[1134] e, pela Comissão de Gestão de Risco ou, em sua substituição, a Comissão de Gestão do Crédito e dos Ativos e a Comissão de Gestão do Passivo conforme será descrito *infra*.

b) *Compliance Officer*

A figura do *Compliance Officer* ou Responsável pela Conformidade surge pela primeira vez no ordenamento Timorense através da Instrução Pública nº 02/2004 sobre a Prevenção de Branqueamento de Capitais, Identificação de Clientes e Manutenção de Registos[1135], onde se encontra definido[1136] como:

> "(...) an officer who is responsible for ensuring that a bank complies with its obligations in accordance with the present Public Instruction".

Cabe ao *Compliance Officer*, nos termos do número 5 da Secção III desta Instrução Pública, apresentar relatórios trimestrais à administração do banco concernentes à implementação das políticas de KYC ou Conhecer o Seu Cliente, tendo em conta as leis e regulamentos aplicáveis. Este relatório deve ser facultado aos inspetores do BCTL no âmbito das suas inspeções *on-site*.

Cabendo, ao Conselho de Administração, sem possibilidade de renúncia nem delegação, assegurar a efetiva implementação e eficácia dos sistemas de controlo interno, o *Compliance Officer* acaba por, no âmbito desta Instrução Pública nº 02/2004, assumir um papel de fiscalização dos sistemas em vigor[1137] e, sobretudo, de cumprimento das obrigações de reporte constantes da Secção 13 (Comunicação de Transações Suspeitas).

A figura do *Compliance Officer* acabaria por ver as suas funções mais claramente delimitadas, isto apesar de não ser diretamente referenciado, com a Lei nº 17/2011, de 28 de dezembro, que estabelece o Regime Jurídico da Prevenção e do Combate ao Branqueamento de Capitais e ao Financiamento do Terrorismo,

---

[1134] Cf. *supra* III.
[1135] Traduzido do original em língua inglesa: "*On the Prevention of Money Laundering, Customer Identification and Record Keeping.*"
[1136] Em Secção II, Definições.
[1137] Apesar da Regulamentação Timorense não cumprir integralmente os *International Standards on Combating Money Laundering and the Finance of Terrorism e Proliferation* da FATF que, referem na sua nota interpretativa à Recomendação 18 dever o *Compliance Officer* ser nomeado a nível de quadro superior.

na redação da Lei nº 5/2013, de 14 de agosto, e que dispõe, no nº2 do seu artigo 12º (Programas internos de prevenção e combate ao branqueamento de capitais e ao financiamento do terrorismo) que "*As entidades referidas no artigo 3º*[1138] *designam um funcionário responsável por assegurar internamente o cumprimento das regras e procedimentos previstos na presente lei.*"

O *Compliance Officer*, torna-se assim, no elemento primordial de ligação dos bancos à Unidade de Informação Financeira, uma entidade criada pela Lei nº 17/2011, de 28 de dezembro e posteriormente regulada pelo Decreto-Lei nº 16/2014, de 18 de junho, e, que sucedeu ao BCTL em muitas das funções que, até à data, este vinha desempenhando no combate ao branqueamento de capitais e financiamento do terrorismo. Isto, sem prejuízo de, a Unidade de Informação Financeira de Timor-Leste ter sido, à semelhança do modelo italiano[1139], criada enquanto entidade administrativa *junto*[1140] do BCTL.

V. PRÁTICAS E POLÍTICAS REMUNERATÓRIAS

Este é outro domínio onde ainda nos deparamos com alguma escassez de regulamentação em Timor-Leste. No nº 4 da Secção 16 do Regulamento nº 2000/8, é conferida à Assembleia Geral de acionistas a faculdade de "*fixar uma remuneração para os Administradores, desde que a remuneração do Conselho de Administração e dos dirigentes do banco seja submetida à aprovação do Gabinete Central de Pagamentos nos primeiros três anos das operações do banco.*"

Esta disposição não se encontra redigida de forma inteiramente clara e compreensível – talvez por influência de uma tradução do original em língua inglesa. Adicionalmente e tendo em conta que o único instrumento regulamentar que versa sobre esta temática, a CPO/B-2001/9 *Remuneration of Members of the Governing Board and of Senior Management of Newly Licensed Banks*, se encontra redigido em língua inglesa, optamos por utilizar aqui a versão original do Regulamento nº 2000/8, cujo o artigo 16º nº4 estabelece:

> "*The general meeting of shareholders of a bank may establish remuneration for Board members; provided, however, that remuneration of the Governing Board and senior management of a bank shall be subject to approval of the Central Payments Office for the first three years of the operations of a bank.*"

[1138] Onde se incluem todas as entidades financeiras, máxime os bancos.

[1139] Em Portugal, por exemplo, esta entidade funciona junto da Polícia Judiciária.

[1140] Um termo que não foi isento de polémica aquando da elaboração e discussão do Decreto-Lei nº 16/2014, de 18 de junho, nomeadamente pelas interpretações distintas adotadas pelo Governo e pelo regulador sobre o mesmo.

Infelizmente, também esta redação suscita demasiadas dúvidas, uma vez que, na Secção 49 do Regulamento nº 2000/8 não se encontra a definição de *"Board members"* ou *"senior management"*, encontrando-se, ao invés, a definição de *Administrator*, como segue:

> *"administrator" means any person who is an officer of a bank, or other juridical person, including any member of the Governing Board or the Audit Committee and further including any person who alone or together with one or more other has the authority to enter into commitments for the account of such juridical person."*

Recorreremos assim à já referida CPO/B-2001/9, que nos fornece três definições que acabam por vir esclarecer a redação menos conseguida do Regulamento nº 2000/8, são elas, a definição de *Members of the Governing Board, Remuneration* e *Senior Management*.

É de salientar que, é entendimento generalizado que a CPO/B-2001/9 se aplica apenas a bancos com sede em Timor-Leste e não a sucursais de bancos estrangeiros, opinião com a qual discordamos.

Assim, a CPO/B-2001/9, define (tradução nossa):

> *Membros do Órgão de Administração/Gestão: pessoas que sejam membros do mais alto órgão de gestão do banco responsável pela adoção das políticas para as operações do banco e pela supervisão da sua implementação.*
>
> *Gestão Sénior[1141]: o núcleo de funcionários responsáveis pelo banco. Para efeitos da presente instrução, gestão sénior deverá ser entendida como incluindo os seguintes administradores[1142]: Presidente, Vice-Presidentes, Responsável pela Contabilidade; Responsável pela Concessão de Crédito, Diretor Financeiro, Responsável pela Auditoria, outros chefes de departamento e outros administradores que ocupem posições de nível semelhante no banco.*

É nosso entendimento que, perante a redação propositadamente abrangente, a interpretação que atribuímos ao termo "banco", constante do Regulamento 2000/8, em conjunto com as razões que possibilitam uma não-aprovação da remuneração por parte do BCTL e que analisaremos, indica encontrarem-se abrangidas, por esta Instrução, as sucursais de bancos estrangeiros a operar em Timor-Leste.

[1141] Expressão comummente utilizada em Timor-Leste, em Portugal dir-se-ia "quadros superiores" ou "cargos de direção".

[1142] Conforme definição constante do artigo 49º a) do Regulamento 2000/8.

a) CPO/B/2001/9

Nos termos desta Instrução, emitida em 2001 e, consequentemente, prévia à emissão de todas as licenças bancárias atualmente existentes em Timor-Leste com exceção da atribuída à Caixa Geral de Depósitos no ano anterior, a aprovação da remuneração dos administradores[1143] encontra-se vinculada à emissão das licenças por parte do BCTL (na altura ainda CPO). Dispõe-se no ponto IV A. que a concessão de licença por parte do BCTL/CPO equivale à aprovação da remuneração dos administradores por um triénio.

Este ponto IV. A. constitui, segundo estamos em crer, uma disposição que estritamente visou regularizar a situação existente à altura, ao mesmo tempo que o ponto IV. B. veio estabelecer o verdadeiro (e único) mecanismo de controlo da política remuneratória dos bancos a operar em Timor-Leste.

Dispõe o ponto IV. B. da Instrução CPO/B/2001/9 (tradução nossa):

Todas as alterações efetuadas à remuneração dos membros do Órgão de Administração ou Gestão Sénior, tendo em conta a informação apresentada no requerimento da licença, carecem de aprovação escrita e prévia por parte do BCTL.

O processo de aprovação de alterações às remunerações do banco, é instruído com os seguintes documentos e informações[1144]:

- para membros do Órgão de Administração: uma cópia certificada da deliberação adotada em assembleia de acionistas do banco relativa à remuneração dos membros do Órgão de Administração;
- para Gestão Sénior: uma cópia certificada da deliberação adotada pelo Órgão de Administração do banco relativa à remuneração da Gestão Sénior.

As deliberações atrás referidas devem, nos termos da alínea C. do ponto V., incluir, obrigatoriamente:

- a identificação da ou das pessoas afetadas pelas alterações;
- a alteração proposta a nível de remuneração;
- os montantes totais das remunerações das pessoas afetadas, antes e depois da alteração;
- as razões específicas que justificam a alteração;
- um sumário da prognose do impacto das alterações propostas no desempenho e condição financeira do banco;

[1143] *i.e.* Membros do Órgão de Administração e Quadros Superiores/Gestão Sénior.
[1144] Ponto V. A, B e C da Instrução CPO/B/2001/9.

- a data prevista para a entrada em vigor das alterações – que nunca poderá ser anterior à aprovação por parte do BCTL.

Nos termos do ponto D. o BCTL deve, no prazo de 30 dias após recepção do pedido de autorização do banco (por escrito e devidamente instruído), aprovar ou recusar a alteração, notificando, por escrito, o requerente.

No entanto, o ato de aprovação por parte do BCTL é, em larga medida, vinculado, uma vez que, nos termos do disposto no ponto E. o BCTL **deve** aprovar as alterações à remuneração solicitadas pelo banco, exceto ocorrendo alguma das seguintes situações:

- apresentação de informação falsa, enganosa ou incompleta;
- inclusão pela remuneração proposta da possibilidade de aquisição de classes de ações, diferentes das disponíveis aos investidores e, que conferiram um número de votos superior;
- inclusão pela remuneração proposta da possibilidade de aquisição de ações no banco a um preço inferior ao pago pelos restantes investidores;
- inclusão pela remuneração proposta de *warrants* ligados ao capital do banco que apresentem (1) um preço abaixo o preço original de emissão do capital; (2) não estejam sujeitos a uma cláusula de renúncia ou caducidade no caso de o capital do banco se tornar inferior ao capital regulamentar mínimo ou; (3) tenham um termo superior a 10 anos;
- Suscetibilidade de afetar negativamente os lucros ou a condição financeira do banco;
- violação, por alguma forma, do estabelecido pelo BCTL através da *Instruction CPO/B-2000/6 Transactions with Related Persons, Related Banks and Financial Institutions, and Affiliates*;
- justificadas preocupações do ponto de vista da supervisão.

São ainda estabelecidas condições específicas para a aprovação da remuneração de membros do Órgão de Administração e Gestão Sénior, assim, o BCTL pode recusar a alteração proposta, se:

i. em relação a membros do Órgão de Administração:
- a remuneração proposta não for baseada na presença em reuniões do órgão;
- a remuneração proposta exceder o vencimento[1145] da Gestão Sénior do banco;
- a remuneração proposta incluir a previsão de bónus.

[1145] Esta disposição é interpretada pelo regulador como referente à remuneração mais elevada auferida por um quadro do banco não membro do órgão de administração.

ii. Em relação a Gestão Sénior:
- a alteração proposta for incluída num contrato de trabalho que não preveja o despedimento com justa causa[1146];
- a remuneração proposta não se encontrar alinhada com remunerações auferidas em cargos similares, ocupados por pessoas com qualificações similares e em bancos que exerçam as mesmas atividades;
- a remuneração proposta contiver incentivos (bónus) que não se encontrem indexados à estratégia comercial de longo-prazo nem à condição financeira do banco, mas antes ao volume, rentabilidade de curto-prazo, lucros ou atividades que envolvem risco excessivo.

Não obstante, o certo é que apenas o BNCTL foi sujeito a este regime aquando a sua criação em janeiro de 2011. As demais sucursais de instituições bancárias estrangeiras aplicam internamente as políticas remuneratórias estabelecidas pelas respetivas sedes sem que se encontrem sujeitas a aprovação por parte do BCTL.

A situação descrita encontra-se, contudo, em análise por parte do Regulador no âmbito da revisão do regime geral das atividades financeiras atualmente em curso.

VI. SUPERVISÃO DOS SISTEMAS DE GOVERNO

Em Timor-Leste, a regulação, licenciamento, registo e supervisão das instituições financeiras, incluindo a imposição de medidas corretivas e sanções administrativas, compete, nos termos do disposto no número 1 do artigo 31º da Lei nº 5/2011, de 15 de junho que aprova a Lei Orgânica do Banco Central de Timor-Leste (doravante "Lei Orgânica do BCTL") exclusivamente, ao BCTL. Isto apesar de, e ao contrário do que sucede em outros ordenamentos jurídicos[1147], não ser nítida a distinção entre supervisão prudencial e supervisão comportamental. É notória aliás a carência de disposições nesta última, nomeadamente no que concerne a defesa do consumidor.

Aos bancos é ainda garantida plena autonomia jurídica, operacional, financeira e administrativa em relação a qualquer outra pessoa, inclusive o BCTL e o Governo, conforme se encontra inscrito na Secção 11.3 do Regulamento 2000/8,

---

[1146] Esta disposição foi esvaziada no seu conteúdo pela entrada em vigor do Regulamento UNTAET n.º 2002/5 que estabeleceu um Código Laboral, diploma entretanto revogado pela Lei n.º 4/2012 de 21 de fevereiro (Lei do Trabalho).
[1147] Nesse sentido o RGICSF em Portugal e a Lei de Bases das Instituições Financeiras em Angola.

uma redação que se encontra, na nossa opinião, deficientemente conseguida e carece de alteração urgente. Embora compartilhemos a opinião de que se destinava a assegurar a autonomia e operacionalidade dos bancos num período inicial e conturbado de Timor-Leste e não, a cercear o poder regulatório do BCTL que, aliás vem a ser plenamente consagrado na Lei Orgânica do BCTL, a verdade é que se justifica uma alteração num futuro próximo

Não obstante esta "autonomia jurídica, operacional, financeira e administrativa", o BCTL tem ainda, no âmbito do seu poder de regulador, um conjunto de instrumentos, nomeadamente regulamentares e sancionatórios, que lhe permitem supervisionar a conformidade dos sistemas de governo dos bancos com o disposto na legislação aplicável, quer no momento da concessão da licença quer ao longo da vida da instituição.

a) Poder regulamentar

Atendendo à desatualização da legislação em vigor, e às variadíssimas lacunas ainda presentes no ordenamento jurídico-bancário e financeiro em Timor-Leste, o BCTL, enquanto regulador e, suportado nas disposições da sua Lei Orgânica, nomeadamente no disposto nos artigos 5º alíneas i) e j), 29º e 31º nº 1, vê-se confrontado com um largo campo de ação e, mais relevante ainda, com a necessidade de, tendo em vista o cumprimento das suas funções, regulamentar, muitas vezes sem o útil amparo legislativo, todos os aspetos do sistema bancário e financeiro timorense.

Esta atual situação reclama crescente atenção por parte das autoridades, sendo certo que o BCTL (e os seus antecessores CPO e ABP) tem lidado com um sistema bancário de reduzida dimensão e com uma atividade por enquanto diminuta. Contudo, é igualmente de admitir que, com a sofisticação do mercado e dos seus agentes, o incremento do número de clientes bancários e os montantes envolvidos, tenderão a surgir áreas de litígio e confrontação – a mais patente das quais na questão do crédito – onde será necessária uma base legal adequada que forneça segurança jurídica e permita que ao Regulador atuar sobre bases sólidas.

Não obstante o que acabamos de referir e, sem prejuízo da nota de declaração de interesses que se impõe, o papel do Banco Central de Timor-Leste deve ser justamente reconhecido. Ao longo dos anos, tem avançado, de forma prudente e no âmbito dos seus poderes, com a regulamentação que se revelava mais necessária ao desenvolvimento do sector financeiro de Timor-Leste ou, quando não se afigurava possível regular, através da prudente utilização de *soft power*, em áreas como a prevenção e combate ao branqueamento de capitais, importação e exportação de numerário, atividade bancária sem filiais, sistema de registo de informação de crédito, seguros e atividade de prestadores de serviços de transferência de fundos.

b) Poder sancionatório

No que toca à matéria de infrações, sanções e medidas corretivas, convém sublinhar que o BCTL, ao longo da sua existência, praticamente não utilizou estes poderes sobre os bancos (o mesmo já não ocorre em relação a prestadores de serviços de transferências de fundos e casas de câmbio). Este facto, aliado à inexistência, em Timor-Leste, de um regime das contraordenações[1148] e de uma jurisdição contenciosa administrativa, não favorecem a formação de jurisprudência nem estimulam a produção doutrinária doutrina sobre este domínio. Ainda assim, vale a pena abordar as principais disposições legais sobre a matéria.

Dispõe o artigo 29º, nº 1 da Lei Orgânica do BCTL que cabe exclusivamente ao BCTL a "(...) *imposição de medidas corretivas e sanções administrativas* (...)" às instituições financeiras que se encontram sob a sua supervisão, e, em concreto, sendo essa uma competência do Governador nos termos da alínea d) do nº1 do artigo 46º do mesmo diploma.

Ainda no âmbito da Lei Orgânica, dispõe o artigo 67º:

"*Artigo 67º*
Sanções Administrativas
1. O Banco pode aplicar sanções administrativas às pessoas singulares e coletivas que violem o disposto na presente lei ou em legislação ou regulamento aplicáveis.
2. As sanções administrativas incluem coimas e outras medidas administrativas, tais como advertências ou ordens escritas, suspensão e demissão de administradores de instituições financeiras supervisionadas, revogação de licença e outras medidas, tal como especificado por lei.
3. As coimas podem ser impostas pelo Banco, num montante máximo de até 200 por cento do valor de referência da transação ou instrumento financeiro por infração, exceto quando a lei disponha em contrário.
4. As coimas referidas nos números anteriores podem ser impostas diariamente por cada dia em que se verifique a infração até que cesse a conduta.
5. O Banco notifica a pessoa individual ou coletiva, expondo os factos e fundamentos da imposição da sanção administrativa e garantindo o contraditório.
6. O Banco não fica obrigado ao previsto no número anterior relativamente às sanções mencionadas no nº 3 do artigo 15º e no nº 2 do artigo 31º da presente lei.

[1148] Mais corretamente, a inexistência em Timor-Leste de um Regime Geral do Processo Contra-Ordenacional.

7. O regime das contraordenações é determinado por regulamento.
8. A aplicação de quaisquer sanções administrativas tem em consideração:
a) A gravidade da infração;
b) Se é uma infração reiterada;
c) Se os depositantes ou terceiros sofreram danos;
d) Se a pessoa a ser penalizada irá beneficiar da conduta em curso e os recursos financeiros de cada pessoa;
e) Quaisquer circunstâncias atenuantes;
f) Outros fatores que pela sua relevância o Banco considere atendíveis.
9. A aplicação de sanções administrativas nos termos do disposto na presente lei não preclude a responsabilidade civil ou criminal."

Em relação ao disposto neste artigo cumpre ressalvar, em comparação com a outra disposição legal com relevância nesta matéria – a Secção 36 do Regulamento 2000/8 – (i) o estabelecimento de um limite às coimas que podem ser impostas pelo BCTL no número 3, (ii) a ausência de tipificação de todas as medidas, em concreto, que podem ser aplicadas e, os respetivos fundamentos e, (iii) a previsão de circunstâncias atenuantes.

É de referir ainda a ausência do regulamento previsto no nº 7 deste artigo, a condicionar a exequibilidade da norma.

Já a referida Secção 36 procede à tipificação, ainda que de forma lata, tanto das infrações passíveis de punição como das medidas e penalidades aplicáveis, referindo no nº 1, serem passíveis de punição[1149], as seguintes infrações, cometidas pelo banco, os seus administradores ou acionistas principais:[1150]

- violação das disposições do Regulamento 2000/8 ou de quaisquer regulamentos do BCTL;
- violação das condições, restrições e disposições aplicáveis à autorização concedida ao banco pelo BCTL;
- violação das disposições de acordos de cumprimento firmados entre o banco e o BCTL[1151].

Em relação às medidas e penalidades aplicáveis, encontra-se previsto no nº 3 da Secção 36:

- advertências por escrito;

[1149] Mais concretamente da aplicação de uma das medidas ou penalidades descritas no número 3 da mesma Secção.
[1150] Alguém que, direta ou indiretamente, detenha 10% ou mais, de qualquer tipo de ações com direito a voto de um banco.
[1151] Este acordo é uma das medidas aplicáveis no âmbito da Secção 36.3 do Regulamento 2000/8.

- assinatura de um acordo de cumprimento para a realização de um programa de medidas corretivas;
- emissão de ordens para que cessem as infrações e se iniciem ações corretivas;
- coimas aplicáveis à instituição, aos administradores ou principais acionistas, em montante entre US$ 500 (quinhentos dólares norte-americanos) e US$ 5.000 (cinco mil dólares norte-americanos) por cada dia de infração cometida;
- suspensão ou destituição dos administradores do banco, com perda de remuneração;
- revogação da licença e nomeação de liquidatário.

Para além das disposições atrás referidas, convém ainda salientar a Secção 37 do Regulamento 2000/8 que, permite ao BCTL atuar contra administradores, funcionários e detentores de participações significativas[1152], podendo, caso se apure que o agente infringiu deliberada ou repetidamente o disposto no Regulamento 2000/8, em regulamentos do BCTL emitidos ao abrigo daquele, ou reincidiu deliberadamente nessas infrações após ser advertido por escrito pelo BCTL e, dai tenha resultado prejuízo material para o banco ou ganho financeiro para a pessoa em causa, emitir uma ordem escrita contendo uma ou mais das seguintes medidas:

- pedido de destituição da pessoa do seu cargo no banco;
- proibição de que essa pessoa participe, de qualquer forma, da condução das atividades do banco;
- proibição de que essa pessoa exerça, direta ou indiretamente, os direitos de voto vinculados às ações do banco;
- ordem para que essa pessoa aliene, no todo ou em parte, a sua participação no banco;
- ordem para que essa pessoa ressarça o banco pelos prejuízos causados.

c) Intervenção do BCTL em instituições bancárias

O poder de intervenção do BCTL em bancos dá-se, para além do atrás descrito em relação ao seu poder regulamentar e sancionatório, essencialmente, em dois momentos: (i) na concessão da licença, momento no qual, e nos termos do

---

[1152] O controlo, direta ou indiretamente, de 20% ou mais do capital ou de qualquer tipo de ações com direito a voto ou que possibilite o exercício de uma influência significativa sobre a gestão ou políticas do banco.

disposto na Secção 6 do Regulamento 2000/8, cabe ao BCTL um certo grau discricionário[1153], não só na concessão ou não da licença como na exigência do cumprimento de exigências adicionais, e (ii) revogação da licença.

A revogação da licença de um banco, que, nos termos das Secções 10 e 38 do Regulamento 2000/8, implica que o BCTL tome posse e assuma o controlo imediato do banco por intermédio de um liquidante nomeado pelo próprio BCTL, pode ocorrer, para além em caso de infração, mediante solicitação do próprio banco, por vícios insanáveis no processo de licenciamento e, caso o banco não tenha iniciado as suas operações no prazo estabelecido para o fazer, nas seguintes situações:

i. deixar de captar depósitos ou outros recursos reembolsáveis por mais de oito meses (Secção 9.1 c ii);
ii. ter sido revogada a licença de um banco, detentor de participação significativa no banco em questão (Secção 9.1 c iii);
iii. ter ocorrido fusão ou consolidação do banco ou venda de quase todos os seus ativos (Secção 9.1 c iv);
iv. terem os proprietários do banco decidido proceder à sua dissolução ou liquidação ou o mesmo deixar de existir enquanto entidade jurídica ou operacionalmente autónoma (Secção 9.1 v);
v. serem as atividades do banco nos primeiros três anos de operação substancialmente diversas das descritas no requerimento de licença e, no parecer do BCTL, tal discrepância não se justificar por motivos de mudanças na conjuntura económica (Secção 9.1 c vi);
vi. no caso de um banco estrangeiro, se o mesmo não tiver ou houver perdido a autorização para captar depósitos ou outros recursos reembolsáveis no país de origem (Secção 9.3);
vii. insolvência do banco (Secção 38.1 a); e
viii. haver motivos razoáveis para crer que o banco virá a tornar-se insolvente nos próximos 90 dias (Secção 38.1 b).

Nesta matéria e, à semelhança do que foi feito pelo legislador português no Título VIII do RGICSF, é urgente regular em Timor-Leste a possibilidade de aplicação dos institutos da intervenção corretiva, administração provisória e resolução (ou similares) tendo em vista, sobretudo, a possibilidade de recuperação e

---

[1153] Este poder discricionário revela-se sobretudo na apreciação que o BCTL faz, nos termos da Secção 6.7, da exigência de que o plano de atividades baseia-se em hipóteses razoáveis, o banco irá cumprir todas as disposições do Regulamento 2000/8 e, que as qualificações, experiência e integridade dos administradores e principais acionistas são adequadas ao plano de atividades.

manutenção em atividade de bancos que se encontrem numa das situações acima descritas, incluindo a alienação do seu património para outras instituições.

Chamamos a atenção, por fim, para a inexistência, em Timor-Leste, de legislação que verse sobre a falência, insolvência, liquidação e recuperação de empresas o que tornará um processo de liquidação de um banco em Timor-Leste num exercício de difícil concretização.

VII. LEIS E REGULAMENTOS APLICÁVEIS À ATIVIDADE BANCÁRIA

Para facilidade de consulta, enumeramos *infra*, de forma exaustiva, a lista de Leis, Decretos-Lei, Instruções, Regulamentos, Regras e Diretivas aplicáveis, direta e indiretamente, à Governação de Bancos em Timor-Leste, acompanhada dos respetivos links para os sítios na internet[1154].

a) Legislação da UNTAET

Regulamento nº 2000/8 Sobre Licenciamento e Supervisão Bancária – https://www.bancocentral.tl/Download/Regulations/Reg2000-08por.pdf

b) Leis do Parlamento Nacional

Lei nº 5/2011 de 15 de junho (Lei Orgânica do Banco Central de Timor-Leste) – www.jornal.gov.tl/public/docs/2011/serie_1/serie1_no22.pdf

Lei nº 17/2011, de 28 de dezembro que aprova o Regime Jurídico da Prevenção e do Combate ao Branqueamento de Capitais e ao Financiamento do Terrorismo (conforme alterada em 2013) – www.jornal.gov.tl/public/docs/2013/serie_1/serie1_no28.pdf

Lei nº 4/2004, de 21 de abril, sobre Sociedades Comerciais – www.jornal.gov.tl/public/docs/2002_2005/leis_parlamento_nacional/4_2004.pdf

---

[1154] Esta lista tem carácter meramente informativo e não dispensa a consulta dos originais em Jornal da República.

c) **Decretos-Lei**

Decreto-Lei nº 16/2014, de 18 de junho (Unidade de Informação Financeira) – www.jornal.gov.tl/public/docs/2015/serie_1/SERIE_I_NO_21.pdf
Decreto-Lei nº 17/2015, de 24 de julho (Sistema Nacional de Pagamentos) – www.jornal.gov.tl/public/docs/2015/serie_1/SERIE_I_NO_23.pdf
Decreto-Lei nº 3/2011, de 26 de janeiro que transforma o Instituto de Micro-Finanças em Sociedade Anónima de Capitais Públicos – www.jornal.gov.tl/public/docs/2011/serie_1/serie1_no3.pdf
Decreto-Lei nº 20/2003, de 13 de novembro, sobre a Moeda Legal em Timor-Leste www.jornal.gov.tl/public/docs/2002_2005/decreto_lei_governo/20_2003.pdf

d) **Instruções do BCTL**[1155]

Instrução Pública nº 02/2004 referente a prevenção de atividades de lavagem de dinheiro, identificação de clientes dos bancos e registo e manutenção de dados – https://www.bancocentral.tl/Download/Regulations/BPA-Pub-Inst-2004-02por.pdf
Instruction CPO/B[1156]-2000/1 on Applications for Bank License – https://www.bancocentral.tl/Download/Regulations/CPO-B-2000-01.pdf
Instruction CPO/B-2000/2 on Regulatory Capital – https://www.bancocentral.tl/Download/Regulations/CPO-B-2000-2.pdf
Instruction CPO/B-2000/3 on Bank Liquidity – https://www.bancocentral.tl/Download/Regulations/CPO-2000-3.pdf
Instruction CPO/B-2000/4 Qualifications of Administrators – https://www.bancocentral.tl/Download/Regulations/CPO-B-2000-4.pdf
Instruction CPO/B-2000/5 Large Credit Exposures – https://www.bancocentral.tl/Download/Regulations/CPO-B-2000-5.pdf
Instruction CPO/B-2000/6 Transactions with Related Persons, Related Banks and Financial Institutions, and Affiliates – https://www.bancocentral.tl/Download/Regulations/CPO-B-2000-6.pdf

---

[1155] Listamos aqui a versão original (por vezes única) do respetivo ato, quando em língua inglesa, tal significa que não existiu publicação em Português e/ou Tétum.
[1156] A letra "B" destina-se a identificar o âmbito da Instrução, sendo "B" para *Banks*, "CEB" para *Currency Exchange Bureaus* e "I" para *Insurance*. Este sistema de numeração foi abandonado pelo BCTL (na altura ABP) em meados de 2004.

Instruction CPO/B-2000/8 Bank Reporting and Publication of Balance Sheet – https://www.bancocentral.tl/Download/Regulations/CPO-B-2000-8.pdf

Instruction CPO/B-2000/9 Audits, Publication of Auditor's Opinion and Annual Report – https://www.bancocentral.tl/Download/Regulations/CPO-B-2000-9.pdf

Instruction CPO/B-2001/1 Holding Equity Interest in a Bank – https://www.bancocentral.tl/Download/Regulations/CPO-B-2001-1.pdf

Instruction CPO/B-2001/2 Equity Investments of Banks – https://www.bancocentral.tl/Download/Regulations/CPO-B-2001-2.pdf

Instruction CPO/B-2001/4 Asset Classification – https://www.bancocentral.tl/Download/Regulations/CPO-B-2001-4.pdf

Instruction CPO/B-2001/5 Bank's Internal Control Systems – https://www.bancocentral.tl/Download/Regulations/CPO-B-2001-5.pdf

Instruction CPO/B-2001/9 on Remuneration of Members of the Governing Board and of Senior Management of Newly Licensed Banks – https://www.bancocentral.tl/Download/Regulations/CPO-B-2001-9.pdf

Instruction BPA[1157]/B-2002/1 Chart of Accounts for Banks – https://www.bancocentral.tl/Download/Regulations/CPO-B-2002-1.pdf

Instruction nº 02/2003 on the Reporting of Consolidated Financial Condition – https://www.bancocentral.tl/Download/Regulations/BPA-B-2003-2.pdf

Public Instruction[1158] nº 02/2004 on the Prevention of Money Laundering, Customer Identification and Record Keeping – https://www.bancocentral.tl/Download/Regulations/BPA-B-2004-2.pdf

Guidelines on the Use of Agents in Branchless Banking – Carta-Circular n.º 14//2015 – https://www.bancocentral.tl/Download/Regulations/Quideline%20usage%20of%20agents%20in%20branchless.pdf

---

[1157] Em novembro de 2011, através do Regulamento da UNTAET nº 2001/30 a ABP substitui o CPO.

[1158] *Public Instruction* ou Instrução Pública e Instrução são termos que se referem ao mesmo instrumento jurídico.

APRESENTAÇÃO DOS AUTORES

Paulo Câmara – Professor Convidado da Faculdade de Direito da Universidade Católica Portuguesa e do Instituto dos Valores Mobiliários. Advogado e Managing Partner da Sérvulo & Associados.
No passado desempenhou funções como: Vice-Presidente do *Public Company Practice and Regulation Subcommittee* da *International Bar Association* (2011-2012); Membro da Comissão de Redação do Código de Corporate Governance do Instituto Português de Corporate Governance (2011-2013 – Portugal) e da AGMVM (2015 – Cabo Verde); Director da Comissão do Mercado de Valores Mobiliários (1998-2008); Assistente da Faculdade de Direito de Lisboa (1993-2006); Membro da Comissão de Revisão do Código do Mercado de Valores Mobiliários (1997-1999); Membro do *European Securities Committee* (2006-2008); Membro do *Steering Group on Corporate Governance* organizado pela OCDE (1999-2008). Autor de mais de meia centena de publicações na área do governo das sociedades, direito dos valores mobiliários e direito financeiro.

Bruno Ferreira – Licenciado em Direito (Faculdade de Direito da Universidade de Coimbra, 2001) e Mestre em Direito (Faculdade de Direito da Universidade de Lisboa, 2010). Advogado (Garrigues).

Miguel Ferreira – Professor Catedrático da Nova School of Business and Economics (Nova SBE) e titular da cátedra Banco BPI em Finanças. É também research associate do European Corporate Governance Institute (ECGI) e do Center for Economic Policy Research (CEPR), e consultor do Banco de Portugal. É doutorado em Finanças pela University of Wisconsin-Madison, mestre em Economia pela Universidade Nova de Lisboa e licenciado em Gestão pelo ISCTE-IUL. Recebeu várias bolsas e prémios de investigação de entidades internacionais e nacionais incluindo o European Research Council (ERC) e a Fundação para a Ciência e Tecnologia (FCT). As suas áreas de investigação são corporate finance, corporate governance e asset management tendo os seus trabalhos sido publicados em revistas académicas internacionais incluindo o Journal of Finance, Journal of Financial Economics, Journal of Financial and Quantitative Analysis, Review of Finance e Review of Financial Studies.

José Ferreira Gomes – Professor da Faculdade de Direito da Universidade de Lisboa (FDUL), jurisconsulto, árbitro e consultor externo da Comissão do Mercado de Valores Mobiliários (CMVM). É Doutor em Direito pela FDUL; LL.M. pela Columbia University (Nova Iorque); e licenciado pela Faculdade de Direito da Universidade Católica Portuguesa (2001). Foi *Visiting Scholar and Research Fellow* na Columbia University (Nova Iorque), investigador no Max-Planck-Institut für ausländisches und internationales Privatrecht (Hamburgo) e na Ludwig-Maximilians-Universität München (Munique). Recebeu várias bolsas e prémios de investigação de instituições nacionais e internacionais. É membro do Governance Lab, do European Corporate Governance Institute, do Instituto de Direito Privado (IDP) e do Centro de Investigação de Direito Privado (CIDP), da comissão de redação da Revista de Direito das Sociedades, da comissão executiva do Código das Sociedades Comerciais Anotado, e da direção do Gabinete Erasmus e de Relações Internacionais da FDUL. Entre 2001 e 2007 exerceu advocacia na Uría Menéndez; entre 2008 e 2013, exerceu advocacia em prática individual; entre 2008 e 2009, assessorou a comissão do Instituto Português de Corporate Governance de redação do Código de Bom Governo das Sociedades; entre outubro de 2013 e novembro de 2014, foi jurista da CMVM, no Departamento de Supervisão de Mercados, Emitentes e Informação (DMEI). Em 2015, assessorou o grupo de trabalho do Banco de Portugal que formulou recomendações sobre o governo das instituições de crédito. Participa na elaboração de projetos legislativos nas áreas do Direito comercial, das sociedades comerciais e dos valores mobiliários, tanto em Portugal como noutros países lusófonos. As suas áreas de investigação são o Direito civil e o Direito comercial, com destaque para sociedades comerciais (maxime, *corporate governance*), valores mobiliários e bancário.

Manuel Requicha Ferreira –Licenciado em Direito (Faculdade de Direito da Universidade de Coimbra, 2004) e Mestre em Direito (Faculdade de Direito da Universidade de Lisboa, 2012). Advogado (Cuatrecasas, Gonçalves Pereira) e autor de publicações na área do Direito dos Valores Mobiliários e Direito da Insolvência.

Ana Perestrelo de Oliveira – Doutora em Direito e Professora Auxiliar da Faculdade de Direito de Lisboa; advogada e jurisconsulta, sócia da Eduardo Paz Ferreira & Associados. Investigadora do Centro da Investigação de Direito Privado (FDL) e membro da Direção do Instituto de Direito Privado (FDL). Membro do conselho da redação da Revista de Direito das Sociedades e da Comissão executiva do Código das Sociedades Comerciais anotado. Membro da lista de árbitros do Centro de Arbitragem Comercial da Associação Comercial do Porto. Autora de diversos artigos e monografias e oradora em conferências e cursos de pós-graduados.

Hugo Moredo Santos – Licenciado e Mestre em Direito (FDL, 2009) e advogado na Vieira de Almeida & Associados desde 2001, integrando como sócio as Áreas de Bancário & Financeiro e Mercado de Capitais. Membro de Direção do Instituto dos Valores Mobiliários. Orador convidado em mestrados, pós-graduações e conferências sobre Direito dos Valores Mobiliários, Direito das Sociedades e Direito Bancário. Autor de diversas obras e artigos nesses ramos jurídicos.

Orlando Vogler Guiné – Licenciado e Mestre em Direito (FDUC, 2009) e advogado na Vieira de Almeida & Associados desde 2006, integrando como associado coordenador as Áreas de Bancário & Financeiro e Mercado de Capitais. Orador convidado em mestrados, pós-graduações e conferências sobre Direito dos Valores Mobiliários, Direito das Sociedades e Direito Bancário. Autor de diversas obras e artigos nesses ramos jurídicos.

Diogo Costa Gonçalves – Doutor em Direito e Professor da Faculdade de Direito da Universidade de Lisboa. É membro da associação *Friends of the Hamburg Max Planck Institute for Comparative and International Private Law* e da *Associação Luso-Alemã de Juristas (Deutsch-Lusitanische Juristenvereinigung)*. Realiza, com frequência, períodos de investigação junto do *Max-Planck-Institut für Ausländisches und Internationales Privatrecht* (Hamburgo) e da *Ludwig-Maximilians-Universität München*. É ainda membro da direção do *Instituto de Direito Privado – IDT* e investigador do *Centro de Investigação de Direito Privado* (CIDP), ambos ligados à Faculdade de Direito de Lisboa.
Desde 2009, integra a comissão executiva do Código das Sociedades Comerciais Anotado (*CSC Clássica*) e a comissão de redação da Revista de Direito das

Sociedades (*RDS*). Participou na elaboração de diversos projetos legislativos nas áreas do Direito comercial, das sociedades comerciais e dos valores mobiliários nos países lusófonos, designadamente Angola, Guiné-Bissau e Cabo Verde. As suas áreas de investigação preferenciais são o Direito Civil, Direito Comercial (societário e valores mobiliários) e Arbitragem. É jurisconsulto e árbitro.

Rui Cardona Ferreira – Doutorando da Faculdade de Direito da Universidade Nova de Lisboa, Mestre em Direito (Faculdade de Direito da Universidade Católica – Lisboa) e Licenciado em Direito (Faculdade de Direito da Universidade de Lisboa). Pós-Graduado em Ciências Jurídico-Administrativas e Justiça Administrativa pela Faculdade de Direito da Universidade de Lisboa e pela Faculdade de Direito da Universidade de Coimbra, respetivamente.
Exercendo atualmente a profissão de Advogado enquanto sócio da sociedade Sérvulo & Associados – onde passou a colaborar desde 2006 –, foi, anteriormente, advogado-estagiário e advogado associado da sociedade Morais Leitão, Galvão Teles, Soares da Silva & Associados (1999-2005) e assessor jurídico do Secretário de Estado do Tesouro (2005-2006).

André Figueiredo – Doutoramento em Direito Privado pela Faculdade de Direito da Universidade Nova de Lisboa, 2012; LL.M, New York University, School of Law, 2004. Licenciado em Direito pela Faculdade de Direito da Universidade de Lisboa, 2001. Advogado em PLMJ – Sociedade de Advogados R.L.

Francisco Mendes Correia – Licenciado, Mestre e Doutor em Direito pela Faculdade de Direito da Universidade de Lisboa. Atualmente, é Professor Auxiliar da FDL. As suas principais áreas de trabalho são o Direito Bancário, o Direito Civil, o Direito da Insolvência e o Direito das Sociedades Comerciais, onde tem desenvolvido o seu trabalho académico e profissional, como advogado na Sérvulo & Associados. É membro do Centro de Investigação de Direito Privado e do Governance Lab.

Vasco Freitas da Costa – Licenciado em Direito pela Universidade de Lisboa em 2010. Diplomado pela Academia Europeia de Direito Público (Sounio, Grécia) em 2013. Mestre em Direito pela Faculdade de Direito de Columbia (Nova Iorque, Estados Unidos da América) em 2015. Advogado-Estagiário e Associado na Sérvulo & Associados entre 2010 e 2014. Associado na Linklaters LLP, Escritório de Lisboa, desde 2015. Atualmente em fase de admissão à Ordem dos Advogados de Nova Iorque, Estados Unidos da América.

Sofia Vale – Professora da Faculdade de Direito da Universidade Agostinho Neto (Angola) desde 2004, onde é regente da cadeira de Direito Comercial. Consultora do CREL – Centro de Resolução Extrajudicial de Litígios do Ministério da Justiça e dos Direitos Humanos (Angola), actua também como árbitro. É ainda consultora no escritório MG Advogados (Angola). Licenciada em Direito pela Faculdade de Direito da Universidade de Coimbra (Portugal), concluiu Mestrado em Direitos Humanos na Universidade de Pádua (Itália) e encontra-se actualmente a preparar Doutoramento em Direito, ao abrigo do 1º Programa Conjunto de Doutoramento realizado entre a Faculdade de Direito da Universidade Agostinho Neto e a Faculdade de Direito da Universidade Nova de Lisboa.

Maurício Andere von Bruck Lacerda – Mestre em Ciências jurídico-empresariais pela Faculdade de Direito da Universidade de Lisboa (FDUL). Especialista em Direito Contratual pela COGEAE-PUC/SP. Professor de Direito nas Faculdades Metropolitanas Unidas (Uni-FMU) e na Escola Paulista de Direito (EPD). Professor-Convidado nos Cursos de Pós-Graduação lato sensu da Escola Paulista de Direito (EPD), da Escola Superior da Advocacia (ESA-SP), da Pós-Direito FGV-SP, entre outros. Autor de obras e de artigos jurídicos nas áreas do direito privado, publicados no Brasil e no exterior. Advogado, sócio da Advocacia Von Bruck Lacerda.

Raquel Spencer Medina – Licenciada em Direito pela Faculdade de Direito da Universidade de Coimbra (1987). Foi Diretora dos Serviços Jurídicos do Banco de Cabo Verde. Advogada e Consultora Jurídica em Cabo Verde (Amado & Medina – Advogadas), com experiência nas áreas de Direito Bancário, Direito Comercial, Direito dos Seguros, Direito Civil, Direito Laboral e Direito da Família.

José Espírito Santo Leitão – Licenciado em Direito (Faculdade de Direito da Universidade de Lisboa), advogado em Macau (MdME), dedicado ao Direito bancário e direito da construção (empreitadas privadas e de obras públicas).

Telmo Ferreira – Licenciado em Direito, pela Faculdade de Direito da Universidade Eduardo Mondlane, Maputo, Moçambique (1999). Advogado (CGA – Couto, Graça e Associados), dedicado ao Direito Comercial (societário, aquisições, fusões, cisões, reestruturações, cambial, investimento, mercado de valores mobiliários, entre outros) e ao Direito Civil (contratos, imobiliário).

José Miguel Lucas – Mestre em Direito pela Universidade de Coimbra, em Ciências Jurídico-Políticas, com dissertação na Área de Direito Administrativo; Pós-Graduado em Contencioso Administrativo e frequência da Pós-Graduação em Direito da Propriedade Industrial, ambas lecionadas na Faculdade de Direito da Universidade de Lisboa. Foi Advogado na Sociedade Vicira de Almeida e Associados, em Lisboa, entre 2007 e 2013, nas Áreas de Direito Público e Propriedade Intelectual (designadamente impugnando atos administrativos de autorização de introdução no mercado de medicamentos nos tribunais administrativos e arbitrais). Em outubro de 2014 passou a integrar os quadros do Departamento de Supervisão Prudencial do Banco de Portugal.

Kiluange Tiny – Advogado, membro da Ordem dos Advogados Portugueses e da Ordem dos Advogados de São Tomé e Príncipe. Iniciou a prática jurídica em 2001, após concluir a sua Licenciatura em Direito na Faculdade de Direito da Universidade de Lisboa. Desempenha atualmente funções como Diretor Geral da CFA – Firma de Advogados e como Sócio-administrador da sociedade de advogados portuguesa Noronha Tiny & Associados – Sociedade de Advogados. Tem como principais áreas de prática a assessoria a empresas e investimentos em Angola, nas áreas de petróleo e gás, infra-estruturas e construções; e comercial/investimento privado.

Bernardo Correia Barradas – Presentemente a terminar o L.L.M em Petroleum Law and Policy na Universidade de Dundee, Licenciado em Direito pela Faculdade de Direito da Universidade Clássica de Lisboa.
É, atualmente, Consultor Jurídico do Banco Central de Timor-Leste e do Fundo Petrolífero de Timor-Leste desde 2013 e advogado da Heineken Asia Pacific, em Singapura. Foi assessor do Presidente da República de Timor-Leste, Taur Matan Ruak e passou ainda pelas sociedades portuguesas Abreu & Associados e Vieira de Almeida. É, com frequência, consultor do Governo, tendo participado ativamente na elaboração de vários diplomas com relevo para a atividade bancária, tais como os Decretos-Lei relativos ao Sistema Nacional de Pagamentos e Unidade de Informação Financeira e, ainda, na revisão da Lei sobre a Prevenção e o Combate ao Branqueamento de Capitais e Financiamento do Terrorismo.

BIBLIOGRAFIA

AAVV, *Corporate Boards in Law and Practice. A comparative analysis in Europe*, Oxford University Press (2013)

ABBADESSA, Pietro, *La gestione dell'impresa nella società per azioni: profili organizzativi*, Milano: Giuffrè (1975)

ABRÃO, Nelson. *Direito Bancário*. 14ª edição (atualiz. Carlos Henrique Abrão). São Paulo: Saraiva, (2011)

ABREU, Coutinho de, *Curso de Direito Comercial*, Vol. II, 4ª ed., Coimbra (2011)

ABREU, JORGE COUTINHO DE, *Código das Sociedades Comerciais em comentário*, VI (2013)

ABREU, Jorge Coutinho de, *Governação das Sociedades Comerciais*, Almedina (2006)

ACHAYA, Viral/COOLEY, Thomas/RICHARDSON, Mathew/WALTER, Ingo (ed.), *Regulation Wall St.: The Dodd-Frank Act and the New Architecture of Global Finance*, New Jersey (2011)

ADAMS, Renée/MEHRAN, Hamid, "Is Corporate Governance Different for Bank Holding Companies?", in *FRBNY Economic Policy Review*, Vol. 9, Nr. 1 (April 2003)

ADAMS, Renée/MEHRAN, Hamid, "Is Corporate Governance Different for Bank Holding Companies?", in *FRBNY Economic Policy Review* (2003), também disponível em http://www.newyorkfed.org/research/epr/03v09n1/0304adam.pdf

AKINAMI, Folarin, "Is meta-regulation all it's cracked up to be? The case of UK financial regulation", in *Journal of Banking Regulation*, Vol. 14, Nr. 1 (2013), 16-32

ALEXANDER, Kern, "Corporate governance and banks: The role of regulation in reducing the principal-agent problem", in *Journal of Banking Regulation*, Nr. 7 (2006), 17-40

ALMEIDA, António Pereira de, *Sociedades Comerciais, Valores Mobiliários, Instrumentos Financeiros e Mercados*, Vol. 1, 7ª ed., Coimbra (2013)

ALPA, Guido/MARIO BESSONE, Mario, *Trattato di Diritto Privato*, 14 – Obbligazioni e contratti, Tomo VI (1982)

AMERICAN BAR ASSOCIATION, *Corporate Director's Guidebook* (1976)

ANDENAS, Mads/CHIU, Iris H-Y, *The Foundations and Future of Financial Regulation. Governance for Responsibility*, London/New York (2014)

ARENS, Alvin A./ELDER, Randal J./BEASLEY, Mark S., *Auditing and Assurance Services. An Integrated Approach*, Prentice-Hall (2003)

Associazione fra le Società Italiane per Azioni, "Circolare ASSONIME nr. 16/2010", in *Rivista delle Società*, 55:4 (2010)

Bainbridge, Stephen, "Dodd-Frank: Quack Federal Corporate Governance Round II", in *Minnesota Law Review*, 95 (2011)

Bainbridge, Stephen, *Corporate Governance and the Financial Crisis*, Oxford (2012)

Bainbridge, Stephen, *The corporate governance provisions of Dodd-Frank Act* (2010), http://ssrn.com/abstract=1698898

Baker, J.C., *Directors and their functions: a preliminary study*, Boston: Division of Research, Graduate School of Business Administration, Harvard University (1945)

Baldus, Christian, "Gut meinen, gut verstehen? – Historischer Umgang mit historischen Intentionen", in *Gesetzgeber und Rechtsanwendung* (Christian Baldus/Frank Theisen/Friederike Vogel) (2013), 5-28

Balotti, Franklin/Elson, Charles/Laster, Travis, "Equity Ownership and the Duty of Care: Convergence, Revolution, or Evolution?", in *Business Lawyer*, Nr. 55 (2000), 661-677, disponível em http://papers.ssrn.com/sol3/papers.cfm?abstract_id=223493

Banco de Portugal, *Comunicado sobre as Recomendações do Grupo de Avaliação às Decisões e à Atuação do Banco de Portugal na Supervisão ao Banco Espírito Santo, SA* (2015), disponível em https://www.bportugal.pt/pt-PT/OBancoeoEurosistema/ComunicadoseNotasdeInformacao/Lists/FolderDeListaComLinks/Attachments/545/combp20150604.pdf

Banco de Portugal, *Recomendações do Grupo de Trabalho sobre os Modelos e as Práticas de Governo, de Controlo e de Auditoria das Instituições Financeiras*, (2015), disponível em https://www.bportugal.pt/pt-PT/OBancoeoEurosistema/ComunicadoseNotasdeInformacao/Lists/FolderDeListaComLinks/Attachments/546/combp20150612.pdf

Basel Committee on Banking Supervision, *Compensation Principles and Standards Assessment Methodology* (Jan. 2010)

Basel Committee On Banking Supervision, *Enhancing Corporate Governance for Banking Organizations* (2006)

Basel Committee on Banking Supervision, *Enhancing Corporate Governance for Banking Organizations* (Sep. 1999)

Basel Committee on Banking Supervision, *Guidelines Corporate Governance Principles for banks* (Julho 2015), disponível em https://www.bis.org/publ/bcbs176.pdf

Basel Committee on Banking Supervision, *Pillar 3 disclosure requirements for remuneration* (2011)

Basel Committee on Banking Supervision, *Principles for enhancing corporate governance* (Oct. 2010)

Basel Committee on Banking Supervision, *Principles for sound operational risk management*, www.bis.org/publ/bcbs195.pdf

Basel Committee on Banking Supervision, *Range of methodologies for risk and performance alignment of remuneration* (2011)

Basel Committee on Banking Supervision, *The internal audit function in banks*, www.bis.org/publ/bcbs223.pdf

Basileia I, *A New Capital Adequacy Framework* (1999)

BELCREDI, Massimo/FERRARINI, Guido, "Corporate Boards, incentive pay and shareholder activism in Europe: main issues and policy perspectives", in MASSIMO BELCREDI/GUIDO FERRARINI, *Boards and Shareholders in European Listed Companies* (2013), 10

BERLE, Adolf A.; MEANS, Gardiner C. *The Modern Corporation and the Private Property*. Trad. Olavo Miranda. Rio de Janeiro: Ipanema Editora, (1957)

BIANCA, Massimo, *Diritto Civile – 5 –* La Responsabilità, Milão (1994)

BINDER, Jens-Hinrich, "Interne Corporate Governance im Bankkonzern", em KLAUS HOPT/GOTTFRIED WOHLMANNSTTETER, *Handbuch Corporate Governance von Banken*, München (2011), 686-715

BIRD, Robert C./BOROCHIN, Paul/KNOPF, John D., "The Role of the Chief Legal Officer in Corporate Governance", in *Journal of Corporate Finance* (2016), disponível em http://ssrn.com/abstract=2379612

BONELLI, Franco, *La responsabilità degli amministratori di societá per azioni*, Milano: Giuffrè (1992)

BORGES, Sofia Leite, "O Conflito de interesses na intermediação financeira", in *Conflito de interesses no Direito Societário e Financeiro – Um balanço a partir da crise*, Almedina, Coimbra (2010), 315-418

BORGES, Sofia Leite, *Mulheres em cargos de administração: algumas notas sobre a proposta de Directiva COM (2012) 614 final relativa à melhoria do equilíbrio entre homens e mulheres no cargo de administrador não executivo das empresas cotadas em bolsa e a outras medidas conexas*, in Revista de Direito das Sociedades, Ano V, Nº 3, Almedina (2013), 427-461

BORGES, Sofia Leite," O Governo dos Bancos", in *O Governos das Organizações – A Vocação Universal do Corporate Governance*, Almedina, Coimbra (2011), 310-311

BRAINBRIDGE, Stephen M., *Corporate Law*, 2ª edição, Foundation Press (2009)

BRANDEIS, Louis D., *Other People's Money and How the Bankers Use It*, Boston/New York (reimp. 1995)

BRECHT, Marco/BOLTON, Patrick/RÖEL, Ailsa, "*Why bank governance is different*", in Oxford Review of Economic Policy, Vol. 27, Nr. 3 (2011), 437-463

BROWN, J. Robert/CASEY, Lisa L., *Corporate Governance: Cases and Materials*, LexisNexis (2011)

CÂMARA, Paulo/DIAS, Gabriela Figueiredo, "O Governo das Sociedades Anónimas", in *O Governo das Organizações – A Vocação Universal do Corporate Governance*, Almedina, Coimbra (2011) 43-94

CÂMARA, Paulo/MAGALHÃES, Manuel, *O Novo Direito Bancário*, 2ª ed. (2016)

CÂMARA, Paulo/TAVARES, Brian, "United States Regulatory developments in Banking law", in PAULO CÂMARA/MANUEL MAGALHÃES, *O Novo Direito Bancário*, 2ª ed. (2016), 535-573

CÂMARA, Paulo et al, *A Designação de Administradores*, Almedina (2015)

CÂMARA, Paulo, "A Comissão de Remunerações", in *Revista de Direito das Sociedades*, Ano III, Nº 1, Almedina (2011), 9-52

CÂMARA, Paulo, "A renovação do Direito bancário no início do novo milénio", in PAULO CÂMARA/MANUEL MAGALHÃES, *O Novo Direito Bancário*, 2ª ed. (2016), 11-70

CÂMARA, Paulo, "Códigos de Governo das Sociedades", in *Cadernos do Mercado de Valores Mobiliários*, Nº 15, Edição da Comissão do Mercado de Valores Mobiliários (2002), disponível em http://www.cmvm.pt/CMVM/Publicacoes/Cadernos/Pages/caderno15.aspx., consultado

CÂMARA, PAULO, "Conflito de interesses no direito financeiro e societário: um retrato anatómico", in *Conflito de interesses no direito financeiro e societário – Um balanço a partir da crise financeira* (2010), 9-74

CÂMARA, Paulo, "Crise Financeira e Regulação", in *Revista da Ordem dos Advogados* (2009), 697-728

CÂMARA, Paulo, "El Say on Pay Portugués", in *Revista de Derecho de Mercado de Valores* Nº 6 (2010), 83-96

CÂMARA, Paulo, "Introdução: Designação de Administradores e Governo das Sociedades", in *A Designação de Administradores* (2015), 25-33

CÂMARA, Paulo, "Introdução", em *Código do Governo das Sociedades Anotado* (2012), 11-43

CÂMARA, Paulo, "Medidas Regulatórias Adoptadas em Resposta à Crise Financeira: Um Exame Crítico", em *Direito dos Valores Mobiliários*, Vol. IX (2009), 95-97

CÂMARA, Paulo, "O governo das sociedades e a reforma do Código das Sociedades Comerciais", em *Código das Sociedades Comerciais e Governo das Sociedades* (2008), 189

CÂMARA, Paulo, "O governo das sociedades em Portugal: Uma introdução", em *Cad. MVM* Nº 12 (2001), 45-55

CÂMARA, Paulo, "O Governo de Grupos Bancários", em *Estudos de Direito Bancário*, Coimbra Editora (1999), 111-205

CÂMARA, Paulo, "O Governo societário dos bancos – em especial as novas regras e recomendações sobre remuneração na banca", em *Revista de Direito das Sociedades* Nº 1 (2012), 9-46

CÂMARA, Paulo, "O Governo societário dos bancos", em *O Novo Direito Bancário* (2016), 141-174

CÂMARA, Paulo, "Os Modelos de Governo das Sociedades Anónimas", in *Jornadas em Homenagem ao Professor Doutor Raúl Ventura*, Almedina, Coimbra (2007), 197-258

CÂMARA, Paulo, "Remunerações", in *Código de Governo das Sociedades Anotado*, Almedina, Coimbra (2012), 181-203

CÂMARA, Paulo, "Say on Pay: O dever de apreciação da política remuneratória pela assembleia geral", em *Revista de Concorrência e Regulação* Nº 2 (2010), 321-344

CÂMARA, Paulo, "Supervisão bancária: recentes e próximos desenvolvimentos", em *I Congresso de Direito Bancário*, Coimbra (2014), 284-324

CÂMARA, Paulo, "The AFM's Governance and Remuneration Committees", em DIRK ZETZSCHE (ed.), *The Alternative Investment Fund Managers Directive: European Regulation of Alternative Investment Funds*, Wolters Kluwer (2015), 237-251

CÂMARA, Paulo et al, *Código das Sociedades Comerciais e Governo das Sociedades* (2008)

CÂMARA, Paulo et al, *Conflito de Interesses no Direito Societário e Financeiro* (2010)

CÂMARA, Paulo, *Manual de direito dos valores mobiliários*, 2ª ed., Coimbra: Almedina (2011)

CAMPOS, Ana Rita Almeida, "Comissões Especializadas", in *Código de Governo das Sociedades Anotado*, Almedina, Coimbra (2012), 253-268

CAMPOS, Ana Rita Almeida, "O governo das seguradoras", em *O Governo das Organizações* (2011), 415-454

CAPPUCCI, Michael T., "Prudential Regulation and the Knowledge Problem. Towards a New Paradigm of Systemic Risk Regulation", in *Virginia Law & Business Review*, Vol. 9, Nr. 1 (2014)

CARNAXIDE, Visconde de, *Sociedades anonymas: Estudo theorico e pratico de direito interno e comparado*, Coimbra: F. França Amado (1913)

CATARINO, Luís Guilherme, *O Controlo Administrativo da Idoneidade nos corpos sociais das Instituições de Crédito e Sociedades Financeiras*, Instituto dos Valores Mobiliários/Estudos (2015)

CEBS, *Guidelines on Remuneration Policies and Practices* (2010)

CHEFFINS, Brian, "Did Corporate Governance "Fail" During the 2008 Stock Market Meltdown? The Case of the S&P 500 (May 2009)", in *ECGI – Law Working Paper* Nr. 124 (2009). Disponível em SSRN: http://ssrn.com/abstract=1396126

CHIAPPETTA, Francisco, *Diritto del Governo Societario. La corporate governance delle società quotate*, Cedam, Verona (2007)

CHIU, Iris H-Y, *Regulation (From) the Inside. The legal framework for internal control in banks and financial institutions*, Oxford (2015)

CMVM, *Governo das sociedades anónimas: propostas de alteração ao Código das Sociedades Comerciais*, Processo de Consulta Pública Nº 1/2006 (Janeiro de 2006)

CMVM, *Relatório Anual sobre o Governo das Sociedades Cotadas em Portugal*, CMVM (2013)

COFFEE JR., John C., "Political Economy of Dodd-Frank: Why Financial Reform Tends to be Frustrated and Systemic Risk Perpetuated", in *Cornell Law Review*, Vol. 97, Nr. 5 (2012), acessível em : http://ssrn.com/abstract=1982128

COFFEE JR., John C., "Understanding Enron: It's About the Gatekeepers, Stupid", in *The Business Lawyer*, Vol. 57, Agosto (2002), 1415 e ss., acessível em http://ssrn.com/abstract=325240

COFFEE JR., John C., *Gatekeepers*, Oxford (2006)

COMISSÃO EUROPEIA, *Livro verde sobre o governo das sociedades nas instituições financeiras e as políticas de remuneração*, COM (2010), 284 final

COMISSÃO PARLAMENTAR DE INQUÉRITO À GESTÃO DO BES E DO GES, *Relatório Final* (28 abr. 2015)

COMMITTEE OF EUROPEAN BANKING SUPERVISORS, *Guidelines on Remuneration Policies and Practices* (2010)

COMMITTEE OF SPONSORING ORGANIZATIONS OF THE TREADWAY COMMISSION, *Internal Control – Integrated Framework*, Jersey City (Maio 2013)

COMMITTEE ON THE FINANCIAL ASPECTS OF CORPORATE GOVERNANCE, *Report on the financial aspects of corporate governance* (1992) (Relatório Cadbury)

COMPANY LAW REVIEW STEERING GROUP, *Modern company law for a competitive economy: Developing the framework* (2000)

COMPARATO, Fabio Konder. *O Poder de Controle na Sociedade Anônima*. 3ª ed. Rio de Janeiro: Forense, (1983)

CONARD, Alfred F. et al., "Functions of directors under the existing system", in *Business Lawyer*, 27 (1972)

CORDEIRO, António Menezes, "Vernáculo jurídico: directrizes ou directivas?", in *ROA* 64, I/II (2004), 609-614

CORDEIRO, António Menezes, *Código das Sociedades Comerciais Anotado*, 2ª ed., Coimbra (2014)
CORDEIRO, António Menezes, *Da boa fé no direito civil*, Coimbra: Almedina (1984)
CORDEIRO, António Menezes, *Direito Bancário*, 5ª ed., Coimbra (2014)
CORDEIRO, António Menezes, *Direito das Sociedades I*, 3ª ed., Coimbra (2011)
CORDEIRO, António Menezes, *Direito das Sociedades II – Das Sociedades em Especial*, Coimbra, 2014 (reimp. da 2ª ed. de 2007)
CORDEIRO, António Menezes, *Manual de Direito Bancário*, 4ª edição, Almedina (2010)
CORDEIRO, António Menezes; "Artigo 391º", in MENEZES CORDEIRO (coord.), *Código das Sociedades Comerciais Anotado*, Almedina (2009)
CORREIA, Sérvulo, *Direito do Contencioso Administrativo*, I, Lisboa (2005)
COSTA, Carlos, *Discurso na tomada de posse* (10 jul. 2015), disponível em http://www.bportugal.pt/pt-PT/OBancoeoEurosistema/IntervencoesPublicas/Paginas/intervpub20150710.aspx
COSTA, Tiago Freitas e, *Da Nova Arquitectura de Supervisão Bancária – Considerações a Propósito da Medida de Resolução*, FDUC (2015)
COX, James D./HAZEN, Thomas L., *Cox & Hazen on corporations: Including unincorporated forms of doing business*, 2ª ed., New York: Aspen Publishers (2003)
CREECH, E. Steven, *Leadership, Ethics and Corporate Governance*, 15 de Junho de 2015, disponível em http://www.academia.edu/13084169/Leadership_Ethics_and_Corporate_Governance
CUNHA, Paulo Olavo, *Direito das Sociedade Comerciais*, 4ª ed., Almedina, Coimbra (2010)
CUNHA, Paulo Olavo, *Direito das Sociedades Comerciais*, 5ª ed., Almedina, Coimbra (2012)
DASSESSE, Marc/ISAACS, Stuart/PENN, Graham, *EC Banking Law*, London/New York/Hamburg/Hong Kong (1994)
DAVIES, Howard/GREEN, David, *Global Financial Regulation. The Essential Guide*, Cambridge (2008)
DAVIES, Paul, "Board structure in the UK and Germany: Convergence or continuing divergence", in *International and Comparative Corporate Law Journal*, 2:4 (2001)
DAVIES, Paul, "Corporate Boards in the United kingdom", in AAVV, *Corporate Boards in Law and Practice. A comparative analysis in Europe*, Oxford University Press (2013), 713 e ss.
DAVIES, Paul/HOPT, Klaus/NOWAK, Richard/SOLINGE, Gerard Van, "Boards in Law and Practice: A cross-country analysis in Europe", in AAVV, *Corporate Boards in Law and Practice. A comparative analysis in Europe*, Oxford University Press (2013), 3 e ss.
DAVIES, Paul/RICKFORD, Jonathan, "An introduction to the new UK Companies Act", in *European Company & Financial Law Review*, 5:1 (2008)
DAVIES, Paul/WORTHINGTON, Sarah, *Principles of modern company law*, 9ª ed., London: Sweet & Maxwell (2012)
DEMOTT, Deborah A., "The Discrete Roles of General Counsel", in *Fordham Law Review* Nr. 74 (2005), 955-981
DIAS, Gabriela Figueiredo, "A Fiscalização Societária Redesenhada: Independência, Exclusão de Responsabilidade e Caução Obrigatória dos Fiscalizadores", in *Reformas do Código das Sociedades*, Almedina, Coimbra (2007), 279 e ss.

Dias, Gabriela Figueiredo, *Fiscalização de sociedades e responsabilidade civil* (2006)
Domingues, Paulo Tarso, "O(s) secretário(s) das sociedades comerciais", em *Revista Eletrónica de Direito* Nº 1 (Fev. 2015)
Domingues, Paulo Tarso, Código das Sociedades Comerciais em Comentário, Vol. VI (2013), 850 e ss
Duarte, Rui Pinto, "Contratos de Intermediação no Novo Código dos Valores Mobiliários", in *Cadernos do Mercado de Valores Mobiliários* Nº 7 (Abril de 2000), 352 a 372
EBA, *Guidelines on Internal Governance* (GL 44), (27 Set. 2011)
EBA, *Guidelines on sound remuneration policies. Final report* (2015)
EBA, *Guidelines on the assessment of the suitability of members of the management body and key function holders* (2012)
EBA, *Guidelines on triggers for use of early intervention measures pursuant to Article 27(4) of Directive 2014/59/EU* (Final report), EBA/GL/2015/03, disponível em http://www.eba.europa.eu
Eisenberg, Melvin Aron, *The structure of the corporation: A legal analysis*, Washington DC: Beard Books (reimp. 2006)
Engisch, Karl, "Logische Studien zur Gesetzesanwendung", in 2ª ed., Heidelberg: Carl Winter *Universitätsverlag* (1942)
Enriques, Luca/Zetsche Dirk, *"Quack Corporate Governance, Round III? Bank Board Regulation Under the New European Capital Requirement Directive"*, in *Theoretical Inquiries in Law*, 16:1 (2015)
ESMA, *Guidelines on sound remuneration policies under the AIFMD. Final report* (2013)
European Banking Authority, *Guidelines on Internal Governance (GL44)*, 2011, disponível em http://www.eba.europa.eu/regulation-and-policy/internal-governance/guidelines-on-internal-governance
European Banking Authority, *Guidelines on Internal Governance*, GL 44 (Set. 2011)
European Banking Authority, *Guidelines on the assessment of the suitability of members of the management body and key function holders*, GL 06 (22 Nov. 2012)
European Central Bank, *Regulation to complete the requirements about how banks shall report supervisory financial information* (2014)
European Commission, *Green Paper. Corporate governance in financial institutions and remuneration policies*, COM (2.6.2010)
European Commission, *Women on Boards. Factsheet 2. Gender Equality in the Member States* (2012)
Fama, E. F.; Jensen, M. C. *Separation of ownership and control. Journal of Law and Economics*, v. 26, june, (1983), p. 301-327.
Ferran, Eilís, "Crisis-driven EU financial regulatory reform: where in the world is the EU going?", in Eilís Ferran, Niamh Moloney, Jennifer G. Hill e John C. Coffee, Jr. (eds.), *The regulatory aftermath of the global financial crisis*, Cambridge: Cambridge University Press (2012)
Ferran, Eilís, "Corporate law, codes and social norms: Finding the right regulatory combination and institutional structure", in *Journal of Corporate Law Studies*, 2 (2001)

FERRAN, Eilis, "The Existential Search of the European Banking Authority", in *University of Cambridge Faculty of Law Research Paper* Nrº 40 (2015), disponível em http://ssrn.com/abstract=2634904

FERRAN, Eilís, *Company law and corporate finance*, Oxford, New York: Oxford University Press (1999)

FERRARINI, Guido/UNGUREANU, Maria Cristina, "Lost in Implementation: the rise and value of the FSB Principles for Sound Compensation Practices at Financial Institutions", in *Revue Trimestrielle de Droit Financier*, No. 1/2 (2011), 60-65, Available at SSRN: http://ssrn.com/abstract=1753657

FERRARINI, Guido, "CRD IV and the Mandatory Structure of Banker's Pay", in *ECGI WP* Nr. 289 (2015), 22-25. Disponível em

FERRARINI, Guido/PERUZZO, Gian Giacomo/ROBERTI, Marta, "Corporate Boards in Italy", in AAVV, *Corporate Boards in Law and Practice. A comparative analysis in Europe*, Oxford University Press (2013), 367 e ss.

FERREIRA, PATRÍCIA MARQUES, *O Whistleblowing: O Reporte Protegido nos Artigos 116º-AA e 116º-AB do RGICSF*, Dissertação de mestrado, Universidade Nova de Lisboa (2015)

FERRI, Giuseppe, "Le Società", in Filippo Vassalli, *Trattato di Diritto Civile Italiano*, 10:3, Torino: UTET (1971)

FERRI, Giuseppe, Jr., "L'amministrazione delegata nella riforma", in *Rivista del Diritto Commerciale e del Diritto Generale delle Obbligazioni*, 101:1 (2003)

FIKENTSCHER, Wolfgang, *Methoden des Rechts*, 5 - Nachträge, Register, Tübingen: Mohr (1977)

FINANCIAL STABILITY BOARD, *Guidance on Supervisory Interaction with Financial Institutions on Risk Culture: A Framework for Assessing Risk Culture* (Apr. 2014)

FINANCIAL STABILITY BOARD, *Implementation Standards for FSB Principles for Sound Compensation Practices* (Sep. 2009)

FINANCIAL STABILITY BOARD, *Implementing the FSB Principles for Sound Compensation Practices and their Implementation Standards. Fourth Annual Progress Report* (Nov. 2015)

FINANCIAL STABILITY BOARD, *Principles for Sound Compensation Practices* (Apr 2009)

FISCHEL, Daniel R., "The corporate governance movement", in *Vanderbilt Law Review*, 35:6 (1982)

FISCHER, Reinfrid, in Karl-Heinz Boos, Reinfrid Fischer e Hermann Schulte-Mattler (eds.), Kreditwesengesetz: *Kommentar zu KWG und Ausführungsvorschriften*, 4ª ed., München: Beck (2012), 36 e ss.

FLEISCHER, Holger, "*Leitungsaufgabe des Vorstands im Aktienrecht*", in Zeitschrift für Wirtschaftsrecht, 24:1 (2003)

FLEISCHER, Holger, "Leitungsaufgabe des Vorstands", in Holger Fleischer (ed.), *Handbuch des Vorstandsrechts*, München: Beck (2006)

FLEISCHER, Holger, "Überwachungspflicht der Vorstandsmitglieder", in Fleischer, Holger (ed.), *Handbuch des Vorstandsrechts*, München: Beck (2006)

FLEISCHER, Holger, in Gerald Spindler e Eberhard Stilz (eds.), *Kommentar zum Aktiengesetz*, München: Beck (2015), 77 e ss.

FUENTES, Cristina De/ILLUECA, Manuel/PUCHETA-MARTINEZ, Maria Consuelo, "External investigations and disciplinary sanctions against auditors: the impact on audit quality", in *Journal of the Spanish Economic Association*, Series Nr. 6 (3) Julho (2015), 313-347

GALGANO, Francesco, "Diritto Civile e Commerciale", Vol. II, *Le Obbligazioni e i Contratti*, T. II, 3ª ed., Pádua (1999)

GIESELER, Konrad, "Der Aufsichtsrat in Kreditinstituten", in *NZG* (2012), 1321 e ss.

GOLDEN, Jeffrey, "Preface", in *The International Capital Markets Review* (2013)

GOMES, José Ferreira, "Novas regras sobre o governo das instituições de crédito: primeiras impressões e densificação da obrigação de administração de acordo com o "princípio da responsabilidade global", in *Revista de Direito das Sociedades*, 7:1 (2015)

GOMES, José Ferreira, *Da Administração à Fiscalização das Sociedades: A obrigação de vigilância dos órgãos da sociedade anónima*, Coimbra: Almedina (2015)

GOMES, José João Ferreira, "Novas regras sobre o governo de instituições de crédito", in *Revista de Direito das Sociedades*, Ano VII, Nº 1 (2015), 12 e ss.

GONÇALVES, DIOGO COSTA, *Pessoa coletiva e sociedades comerciais – Dimensão problemática e coordenadas sistemáticas da personificação jurídico-privada* (2015)

GORDON, Jeffrey N., "The rise of independent directors in the United States, 1950--2005: Of shareholder value and stock market prices", in *Standford Law Review*, 59: 6 (2007)

GORDON, Robert Aaron, *Business leadership in the large corporation*, Washington, D. C.: The Brookings Institution (1945)

GÖTZ, Heinrich, "Leitungssorgfalt und Leitungskontrolle der Aktiengesellschaft hinsichtlich abhängiger Unternehmen", in *Zeitschrift fur Unternehmens- und Gesellschaftsrecht*, 27:3 (1998)

GROUP OF 30, *A New Paradigm: Financial Institution Boards and Supervisors* (Oct. 2013)

GROUP OF 30, *Banking Conduct And Culture: A Call For Sustained And Comprehensive Reform* (2015)

GUERRA MARTÍN, Guillermo José, *El gobierno de las sociedades cotizadas estadounidenses – Su influencia en el movimiento de reforma del derecho europeo*, Arazandi, Cizur Menor (2003)

HABERSACK, Mathias, in *Münchener Kommentar zum Aktiengesetz*, Band 2, 4 Auflage, Verlag C.H. Beck (2014)

HAMBLOCH-GESINN, Sylvie/GESINN, Franz-Josef, in HÖLTERS, *Aktiengesetz*, Verlag C.H. Beck, 2. Auflage (2014)

HENN, Harry G./ALEXANDER, John R., *Laws of corporations and other business enterprises*, 3ª edição, St. Paul, Minnesotta (1983)

HIGGS, Derek, *Review of the role and effectiveness of non-executive directors*, 2003, disponível em http://www.ecgi.org/codes/all_codes.php (Relatório Higgs)

HIGH-LEVEL EXPERT GROUP, *Report on reforming the structure of the EU banking sector* (2012) (Relatório Liikanen)

HOCKETT, Robert, "The macroprudential turn: from institutional 'safety and soundness' to systemic 'financial stability' in financial supervision", in *Virginia Law & Business Review*, Vol. 9, Nr. 2 (2015)

HOFFMANN-BECKING, Michael, "Zur rechtlichen Organisation der Zusammenarbeit im Vorstand der AG", in *Zeitschrift für Unternehmens- und Gesellschaftsrecht*, 27:3 (1998)

Hopt, Klaus J., "Corporate Governance of Banks after the Financial Crisis", in Wymeersch, Eddy, Klaus J. Hopt e Guido Ferrarini (eds.), *Financial Regulation and Supervision, A post-crisis analysis*, Oxford: Oxford University Press (2012)

Hopt, Klaus J., "Corporate Governance – Zur nationalen und internationalen Diskussion", in Klaus J. Hopt e Gottfried Wohlmannstetter (eds.), *Handbuch Corporate Governance von Banken*, München: Beck (2011)

Hopt, Klaus J., "Corporate Governance of Banks and Other Financial Institutions After the Financial Crisis", in *Journal of Corporate Law Studies*, 13:2 (2013)

Hopt, Klaus, "Better Governance of Financial Institutions", in *Max Planck Institute for Comparative and International Private Law* (2013), disponível em http://ssrn.com/abstract=2212198

Hopt, Klaus, "Corporate governance – Zur nationale und internationalen Diskussion", in Klaus Hopt/Gottfried Wohlmannstteter, *Handbuch Corporate Governance von Banken*, München (2011), 8 e ss.

Hopt, Klaus, "Corporate Governance in Europe. A Critical review of the European Commission's Initiatives on Corporate Law and Corporate Governance", in *ECGI WP* 296 (2015)

Hopt, Klaus, "Corporate Governance of banks after the financial crisis", in Eddy Wymeersch/Klaus Hopt/Guido Ferrarini (eds.), *Financial Regulation and Supervision: A post-crisis analysis*, Oxford University Press (2012), 337-367

http://papers.ssrn.com/sol3/papers.cfm?abstract_id=2593757, consultado em 19.09.2015

Hu, Chen Chen, "The Bank Recovery Framework under the BRRD: an analysis", in *International Company and Comercial Law Review*, Thomson Reuters (2015), 333 e ss.

Hüffer, Uwe, "Der Vorstand als Leitungsorgan und die Mandats – sowie Haftungsbeziehungen seiner Mitglieder", in Walter Bayer e Mathias Habersack (eds.), *Aktienrecht im Wandel*, 2, Grundsatzfragen des Aktienrechts, München: C.H. Beck (2007)

Hüffer, Uwe, *Aktiengesetz*, 10ª ed., München: C.H. Beck (2012)

Hüffer, Uwe, *Aktiengesetz*, 11ª ed., München: C.H. Beck (2014)

Hüpkes, Eva H. G., "The external auditor and the bank supervisor: 'Sherlock Holmes and Doctor Watson?'", in *Journal of Banking Supervision*, Nº 7 (2006), 145 e ss.

Ianuzzi, Antonia Patrizia, *Le politiche di remunerazione nelle banche tra regolamentazione e best practices*, Napoli (2013)

Institute of Directors (IoD), "Action list for deciding board composition dos guidelines", in *Standard for the Board* (2006)

Institute of Internal Auditors, *Leveraging COSO across the three lines of defense* (Jul. 2015)

Institute of Internal Auditors, *The Three Lines of Defense in Effective Risk Management and Control* (Jan. 2015)

Jensen, Michael/Murphy, Kevin, "CEO Incentives: It's Not How Much You Pay, But How", in *Harvard Business Review* Nr. 3 (May/June 1990), 138-153

Kalukango, Graciano, *Sobre a Responsabilidade Civil dos Admiistradores e Gerentes das Sociedades Anónimas e por Quotas para com os Sócios na Ordem Jurídica Angolana*, Integracons Editora, Luanda (2013)

KIRKPATRICK, Grant, *The corporate governance lessons from the financial crisis*, OECD (2009)
KOKKINIS, Andreas, "A primer on corporate governance in banks and financial institutions: are banks special?", in CHIU, Iris H-Y, *The law on corporate governance in banks* (2015), 169-195
KREMER, Thomas, in RINGLEB/KREMER/LUTTER, *Deutscher Corporate Governance Kodex. Kommentar*, 5. Auflage, Verlag C.H. Beck (2014)
KLOTZLE, Marcelo Cabus e COSTA, Luciana de Andrade. *Governança Corporativa e Desempenho dos Bancos no Brasil, in* Revista Eletrônica de Gestão Organizacional. Vol. 4, N. 4, (set/dez. 2006)
LABAREDA, João, "O direito à informação", in AA.VV., *Problemas de Direito das Sociedades*, Coimbra (2002)
LABAREDA, João, *Contributo para o Estudo do Sistema de Controlo e da Função de Cumprimento («Compliance»)*, Instituto dos Valores Mobiliários/Estudos (2014)
LAEVEN, Luc, "Corporate Governance: What's Special About Banks?", in *Annual Review of Financial Economics* Nr. 5 (2013), 63-92
LARCKER, David F./TAYAN, Brian, "CEO Succession Planning: Who's behind door number one?", in *Rock Center for Corporate Governance at Stanford University Closer Look Series: Topics, Issues and Controversies in Corporate Governance*, CGRP-05
LARENZ, Karl, *Metodologia da ciência do Direito*, Lisboa: Fundação Calouste Gulbenkian (2005)
LAUTENSCHLÄGER, Sabine/KETESSIDIS, Adam, *Führung von gruppenangehörigen Banken und ihre Beaufsichtigung* (2011)
LEBLANC, Richard/GILLIES James, *Inside the boardroom : How boards really work and the coming revolution in corporate governance*, Mississauga: Wiley (2005)
LEITÃO, Luís Menezes, "Atividades de intermediação e responsabilidade dos intermediários financeiros", in *Direito dos Valores Mobiliários*, Vol. II, Coimbra Editora, Coimbra (2000), 129 a 156
LEITE, Leonardo Barém. *"Governança Corporativa: Considerações sobre sua aplicação no Brasil (Das 'Limitadas' às Sociedades Anônimas de Capital Pulverizado", in* "Poder de Controle e Outros Temas de Direito Societário e Mercado de Capitais" (Org. Rodrigo M. Castro e Luís A. N. M. Azevedo). São Paulo: Quartier Latin, (2010)
LEUBE, Berthold/WIECZOREK, Bernd J., "Kompetenzorientierte Auswahl von Aufsichtsratsmitgliedern", in *Der Aufsichtsrat*, Heft 3 (2008)
LEVINE, Ross, "The Corporate Governance of Banks: A concise discussion of concepts & evidence", in *Global Corporate Governance Forum* (2003)
LEYENS, Patrick C./SCHMIDT, Frauke, "Corporate Governance durch Aktien-, Bankaufsichts- und Versicherungsaufsichtsrecht, Ausgewählte Einflüsse, Impulse und Brüche", in *AG*, Heft 15 (2013), 533 e ss.
LIBERTINI, Mario, "Il sistema dei controlli nelle banche", in VINCENZO CATALDO, *La Governance delle Societá Bancarie*, Milano (2014), 63 e ss.
LIEDER, Jan, "The German Supervisory Board on its way to professionalism", in *German Law Journal*, Vol. 11 (2012), 115 e ss.
LIIKANEN, Erkki et. al., *High-level Expert Group on reforming the structure of the EU banking sector* (2012), disponível em http://ec.europa.eu

LORSCH, Jay W., "Board Challenges 2009", in SUN/STEWART/POLLARD (ed.), *Corporate Governance and the Financial Crisis. International Perspectives*, Cambridge University Press (2012)
LORSCH, Jay W./MACIVER Elizabeth, *Pawns or potentates: The reality of America's corporate boards*, Boston: Harvard Business School Press (1989)
LOWNEY, Chris, *Liderança Heróica* (2013)
LUTHER, Gilberto, "Breves notas sobre a *corporate governance*", in *Estudos Jurídicos e Económicos em Homenagem à Professora Maria do Carmo Medina* (coord. Elisa Rangel Nunes), Faculdade de Direito da Universidade Agostinho Neto, Luanda (2014), 361-408
LUTTER, Marcus, "Corporate governance aus deutscher Sicht", in *ZGR Symposium* zum 60. Geburstag von Klaus Hopt (Março 2001), 229 e ss.
LUTTER, Marcus, "Die Empfehlungen der Kommission vom 14.12.2004 und vom 15.2.2005 und ihre Umsetzung in Deutschland", in *EuZW* (2009), 799 e ss.
MACAVOY, Paul W./MILLSTEIN, Ira M., *The Recurrent Crisis in Corporate Governance*, Hampshire/New York (2003)
MACE, Myles L., *Directors: Myth and reality*, Boston: Division of Research, Graduate School of Business Administration, Harvard Univ. (1971)
MACE, Myles L., *The board of directors in small corporations*, Boston: Division of Research, Graduate School of Business Administration, Harvard Univ. (1948)
MACEY, Jonathan/O'HARA, Maureen, "The Corporate Governance of Banks", in *FRBNY Economic Policy Review* (April 2003), 91-107
MAGALHÃES, Manuel, "A evolução do direito prudencial bancário no pós-crise: Basileia III e CRD IV", PAULO CÂMARA e MANUEL MAGALHÃES in (coord.) *O Novo Direito Bancário*, Almedina (2012), 285-371.
MAGALHÃES, MANUEL, "A evolução do Direito prudencial no pós-crise: Basileia III e CRD IV", em PAULO CÂMARA/MANUEL MAGALHÃES, *O Novo Direito Bancário*, 2ª ed. (2016), 285-371
MAIA, Pedro, *Função e funcionamento do conselho de administração da sociedade anónima*, Coimbra: Coimbra Editora (2002)
MALLIN, Chris A., *Corporate Governance*, 4ª edição, Oxford University Press (2013)
MARTENS, Klaus-Peter, "Der Grundsatz gemeinsamer Vorstandsverantwortung", in *Festschrift für Hans-Joachim Fleck zum 70. Geburtstag am 30. Januar 1988*, Berlin: de Gruyter (1988)
MARTINS, Alexandre de Soveral, "Anotação *sub* artigos 288º-291º", em *Código das Sociedades Comerciais em Comentário* (coord. COUTINHO DE ABREU), Vol. V, Coimbra (2014)
MEDER, Manuel, "Der Nominierungsausschuss in der AG – Zur Änderung des Deutschen Corporate Governance Kodex 2007", in *ZIP* (2007), 1538 e ss.
MEHRAN, Hamid/MORRISON, Alan/SHAPIRO, Joel, "Corporate Governance and Banks: What Have We Learned from the Financial Crisis?", in *FRB of New York Staff Report* Nr. 502 (2011)
MERTENS, Hans-Joachim, *Kölner Kommentar zum Aktiengesetz*, 2ª ed., Köln, Berlin, München: Heymanns (1996), 76 e ss.
MERTENS, Hans-Joachim/CAHN, Andreas Kölner, *Münchener Kommentar zum Aktiengesetz*, Band 2/2, 3 Auflage, Carl Heymanns Verlag (2012)

MINTO, Andrea, *La Governance Bancaria tra Autononomia Privata ed Eteronomia*, Milano (2012)
MONTALENTI, Paolo, "Corporate governance e sistema dei controlli interni", in *Saggi sui Grandi Temi della Corporate Governance*, Instituto per il Governo Societario, Milano (2013), 90 e ss.
MORAIS, Helena R., "Deveres Gerais de Informação", in *Código de Governo das Sociedades Anotado*, Almedina, Coimbra (2012), 271-305
MÜLBERT, Peter/WILHEIM, Alexander, "CRD IV framework for banks' corporate governance", in GUIDO FERRARINI/DANNY BUSCH (ed.), *European Banking Union* (2015), 155-199
MÜLBERT, Peter, "Corporate Governance of Banks after the Crisis: Theory, Evidence, Reforms", in *ECGI* Nr. 130 (2009)
MÜLBERT, Peter, "The uncertain role of banks' corporate governance in systemic risk regulation", in *ECGI* Nr. 179 (2011)
MULLINEUX, Andy, "The Corporate Governance of Banks", in *Journal of Financial Regulation and Compliance*, Vol. 14, Nr. 4 (2006), 375-382
MURPHY, Michael E., "The nominating process for corporate boards of directors: A decision-making analysis", in *Berkeley Business Law Review*, Vol. 5, Nr. 2 (2008)
NAGARAJAN, Vijaya, "Banks as Regulators of Corporate Governance: The Possibilities and Challenges", in *Law in Context*, Vol. 30 (2014), 171-196
NESTOR ADVISORS, *Corporate governance principles for banks – Response to the consultative document* (8 jan. 2015)
NEVES, António Castanheira, *O actual problema metodológico da interpretação jurídica*, 1, Coimbra Editora (2003)
NEVES, Rui de Oliveira, "O Administrador Independente", in *Código das Sociedades Comerciais e Governo das Sociedades*, Almedina, Coimbra (2008), 143-194
NGUYEN, Bang Dang/NEILSEN, Kaspar Meisner, "The Value of Independent Directors: Evidence from Sudden Deaths", in *Journal of Financial Economics*, Vol. 98 (2010), 550--567. Disponível em http://papers.ssrn.com/sol3/papers.cfm?abstract_id=1342354##
NOLAN, Richard C., "The legal control of directors' conflicts of interest in the United Kingdom: Non-executive directors following the Higgs Report", in JOHN ARMOUR e JOSEPH A. MCCAHERY (eds.), *After Enron: Improving corporate law and modernising securities regulation in Europe and the US*, Oxford, Portland: Hart (2006)
NUNES, Pedro Caetano, *Dever de gestão dos administradores de sociedades anónimas*, Almedina (2012)
NYSE – CORPORATE ACCOUNTABILITY AND LISTING STANDARDS COMMITTEE, *Report, Recommendation to the NYSE Board of Directors*
OECD, *The Financial Crisis – Reform And Exit Strategies* (2009)
OLIVEIRA, Fernando Faria de, *Corporate Governance: Nomeações para os Órgãos de Gestão*, APB (23 set. 2015)
PEREIRA, ANTÓNIO PINTO, *A diretiva comunitária* (2014)
PESSOA, Diogo/LEITE, Marta Vasconcelos, "A Resolução De Instituições De Crédito: O Regime Nacional", in *Working Paper Governance Lab* 1 (2016)

Piçarra, Nuno, "A Separação de Poderes na Constituição de 1976", in AA.VV., *Nos dez anos da Constituição*, Lisboa (1986)

Plagemann, "Der Aufsichtsratsausschuss für Integrität, Unternehmenskultur und Unternehmensreputation am Beispiel des Integritätsausschusses der Deutsche Bank AG", in *NGZ* (2013), 1293 e ss.

Prudential Regulatory Authority, *Internal Governance*, Supervisory Statement SS21 (Apr. 2015)

Recalde Castells, Andrés/León Sanz, Francisco/Latorre Chiner, Nuria, "Corporate Boards in Spain", in *AAVV, Corporate Boards in Law and Practice. A comparative analysis in Europe*, Oxford University Press (2013), 549 e ss.

Resende, João Mattamouros, "A imputação de direitos de voto no mercado de capitais", in *CVM* 26 (2007), 59-69

Romano, Roberta, "*The Sarbanes-Oxley Act and the Making of Quack Corporate Governance*", in Yale Law Journal, Vol. 114, Nr. 7 (2005), 1521-1611

Roth, Marcus, "Corporate Boards in Germany", in *AAVV, Corporate Boards in Law and Practice. A comparative analysis in Europe*, Oxford University Press (2013), 253 e ss.

Roth, Marcus, "Information und Organisation des Aufsichtsrats", in *ZGR* (2012), 343--381

Ruigrok, Winfried/Peck, Simon/Tacheva, Sabina/Greve, Peder/Hu, Yan, "The determinants and effects of board nomination committees", in *Journal of Management and Governance*, 10:2 (2006), 119-148

Ryan, Dan/Gilbert, Adam/Meyer, Armen/Alix, Mike/Sethi, Bhushan, "Bank culture: it's more than bad apples", in *CLS Blue Sky Blog* (10 dec. 2015)

Saddi, Jairo. *Crise e Regulação Bancária: Navegando mares revoltos*. São Paulo: Editora Texto Novo, (2001)

Salama, Bruno Meyerhof e Prado, Viviane Muller. *Operações de crédito dentro de grupos financeiros: governança corporativa como complemento à regulação bancária*. in "Os Grupos de Sociedades: Organização e exercício da empresa" (Org. Danilo B. S. G Araujo e Walfrido J. Warde Jr.) São Paulo: Saraiva, (2012)

Salvi, Cesare, *La Responsabilità Civile*, Milão (1998)

Santos, Artur Santos/Vitorino, António/Alves, Francisco/Arriaga da Cunha, Arriaga da/Monteiro, Manuel, *Livro branco sobre corporate govrnance em Portugal. Práticas de governo das principais empresas* (2006)

Santos, Hugo Moredo dos, *Transparência, OPA obrigatória e imputação de direitos de voto* (2011)

Schillig, Michael, *Bank Resolution Regimes in Europe I – Recovery and Resolution Planning, Early Intervention* (2012), disponível em http://ssrn.com/abstract=2136101

Schmidt, Sarah-Lena/Kolkin, Zachary/Reinstein, Jonathan, "EU Overview", in Arthur Kohn/Richard Susko (ed.), *The Executive Remuneration Review*, London (2014), 98-110

Schwartz-Ziv, Miriam, "Gender and Board Activeness: The Role of a Critical Mass", in *Journal of Financial and Quantitative Analysis* (2016), disponível em http://ssrn.com/abstract=1868033

SEALY, Len/WORTHINGTON Sarah, *Cases and materials in company law*, 8ª ed., Oxford, New York: Oxford University Press (2008)
SECURITIES AND EXCHANGE COMMISSION, *Corporate Governance Issues, Including Executive Compensation Disclosure and Related SRO Rules*, (2010), disponível em https://www.sec.gov/spotlight/dodd-frank/corporategovernance.shtml
SEIBT, Christoph H., in Karsten Schmidt e Marcus Lutter (eds.), *Aktiengesetz Kommentar*, 1, Köln: Schmidt (2008), 77 e ss.
SELIGMAN, Joel, "A sheep in wolf's clothing: The American Law Institute Principles of Corporate Governance project", in *George Washington Law Review*, 55 (1987)
SEMEDO, Rui, "As escolhas que temos pela frente", in AAVV, *Portugal: E Agora? Que fazer?* (2010), 171 e ss.
SEMEDO, Rui, "São as pessoas que fazem as organizações", in *Executive Digest* (Jan. 2012), 22-26
SEMEDO, Rui, *Comportamento individual e Corporate Governance*, *Governar* (Abr. 2009)
SEMLER, Johannes, "Die interne Überwachung in der Holding", in Marcus Lutter (ed.), *Holding Handbuch: Recht, Management*, Steuern, 4ª ed., Köln: Schmidt (2004)
SEMLER, Johannes, *Leitung und Überwachung der Aktiengesellschaft*, 2ª ed., Bonn, München: Heymann (1996)
SEMLER, Johannes/PELTZER Martin, *Arbeitshandbuch für Vorstandsmitglieder*, München: C. H. Beck (2005)
SILVA, João Gomes da/NEVES, Rui Oliveira, "Incompatibilidade e Independência", in *Código de Governo das Sociedades Anotado*, Almedina, Coimbra (2012), 125-138
SILVA, JOÃO SOARES DA, "Algumas observações em torno da tripla funcionalidade da técnica de imputação de votos no Código dos Valores Mobiliários", in *CVM* 26 (2007), 47-58
SILVA, PAULA COSTA E, "A imputação de direitos de voto na oferta pública de aquisição", in *Direito dos Valores Mobiliários*, VII (2007), 403-441
SILVA, PAULA COSTA E, "O conceito de accionista e o sistema de *record date*", in *Direito dos Valores Mobiliário*, VIII (2008), 447-460
SILVA, PAULA COSTA E, "Organismos de investimento coletivo e imputação de direitos de voto", in *CVM* 26 (2007), 70-81
SINGH, Dalvinder, "The Role of External Auditors in Bank Supervision: A Supervisory Gatekeeper?", in *The International Lawyer*, 47 (1) (2013), 65 e ss.
SKEEL, David, *The New Financial Deal. Understanding the new Dodd-Frank Act and its (unintended) consequences*, New Jersey (2011)
SMITH, Robert, *Audit Committees – Combined Code Guidance*, Edição do Financial Reporting Council Limited, Londres (2003), disponível em http://www.fide.org.my/v1/publications/reports/0008_rep_20081211.pdf
SOUZA, Luiza F. de; e COSTA, Davi R. M. *Separação do Processo Decisório dos Bancos com Capital Aberto na BM&FBOVESPA, in* "Contabilidade, Gestão e Governança". Brasília, Vol.18, n.2, (maio-ago/2015)
SPENCER STUART, *Spencer Stuart Board Index 2013*, Spencer Stuart (2013), disponível em https://www.spencerstuart.com/~/media/PDF%20Files/Research%20and%20Insight%20PDFs/SSBI-2013_01Nov2013.pdf

STILES, Philipp, "Board Committees", in WRIGHT/SIEGEL/KEASEY/FILATOTCHEV, *The Oxford Handbook of Corporate Governance*, Oxford University Press (2013)

SUN, William/STEWART, Jim/POLLARD, David, *Corporate Governance and the Global Financial Crisis. International Perspectives*, Cambridge (2012)

TELES, João Pedro Machado, "Devolução de remunerações indevidamente recebidas ("claw-back") de instituições de crédito", in *Governance Lab WP* 6 (2014)

THE CONFERENCE BOARD, *Corporate Handbook* (2005)

THE HIGH LEVEL GROUP ON FINANCIAL SUPERVISION IN THE EU, *Report* (25 Feb. 2009)

THE INSTITUTE OF INTERNAL AUDITORS, *Code of Ethics* (2013)

THEISSEN, Roel, *EU Banking Supervision* (2014)

TRIUNFANTE, Armando Manuel, *A Tutela das Minorias nas Sociedades Anónimas – Direitos Individuais*, Coimbra (2004)

TROCADO, Sofia Thibaut, "A nova estrutura europeia de supervisão bancária, em especial a Autoridade Bancária Europeia", em PAULO CÂMARA/MANUEL MAGALHÃES (coord.), O Novo Direito Bancário, 2ª edição (2016), 71-101

VALE, Sofia/LOPES, Teresinha, "A responsabilidade civil dos administradores de facto", in *Revista da Faculdade de Direito da Universidade Agostinho Neto*, edição da Faculdade de Direito da Universidade Agostinho Neto, Luanda, Nº 10 (2011), 55-77

VALE, Sofia "A governação de sociedades em Angola", in *A Governação de Sociedades Anónimas nos Sistemas Jurídicos Lusófonos*, Almedina, Coimbra (2013), 33-80

VALE, Sofia, "Os deveres dos administradores das sociedades nos direitos angolano e português: estudo de direito comparado", in *Estudos jurídicos e económicos em homenagem à Professora Maria do Carmo Medina* (coord. Elisa Rangel Nunes), Faculdade de Direito da Universidade Agostinho Neto, Luanda (2014), 951-1012

VALE, Sofia, *As Empresas no Direito Angolano – Lições de Direito Comercial*, ed. autor, Luanda (2015)

VAN DER ELST, Cristoph, "Corporate governance and banks: how justified is the match?" (2015), disponível em http://papers.ssrn.com/sol3/papers.cfm?abstract_id=2562072

VAN ROMPUY ET. AL., *Towards a Genuine Economic and Monetary Union* (2012), disponível em http://www.consilium.europa.eu

VAZ, JOÃO CUNHA, *A OPA e o controlo societário – A regra da não frustração* (2013)

VENTURA, Raul, *Estudos vários sobre sociedades anónimas: Comentário ao Código das Sociedades Comerciais*, 1ª reimp., Coimbra: Almedina (2003)

VENTURA, Raúl, *Novos Estudos sobre Sociedades Anónimas e Sociedades em Nome Coletivo*, Coimbra (1994)

VERÇOSA, Haroldo Malheiros Duclerc. *Responsabilidade civil especial nas instituições financeiras e nos consórcios em liquidação extrajudicial*. São Paulo: Editora Revista dos Tribunais, (1993)

VISINTINI, Giovanna, *Trattato Breve della Responsabilità Civile*, Turim (2005)

WERDER, Axel/WIECZOREK, Bernd, "Anforderungen an Aufsichtsratsmitglieder und ihre Nominierung", in *DB* (2007), 297 e ss.

WERDER, Axel/BARTZ, Jenny, "Corporate Governance Report 2013", in *Der Betrieb*, Heft 17 (2013), 885 e ss.

WINTER, Jaap, "Does good Corporate Governance matter and how to achieve it?", in EDDY WYMEERSCH/KLAUS HOPT/GUIDO FERRARINI (eds.), *Financial Regulation and Supervision: A Post-Crisis Analysis*, Oxford (2012), 378-388

WINTER, Jaap/ET ALLII, *Report of the High Level Group of Company Law Experts on a Modern Regulatory Framework for Company Law in Europe*, disponível em http://ec.europa.eu/internal_market/company/docs/modern/report_en.pdf

WOHLSMANNSTETTER, Gottfried, "Corporate Governance von Banken", em KLAUS HOPT/GOTTFRIED WOHLSMANNSTETTER, *Handbuch Corporate Governance von Banken* (2011), 38-43

WYMEERSCH, Eddy, "Banking Union; Aspects of the Single Supervisory Mechanism and the Single Resolution Mechanism compared" (2015), disponível em http://papers.ssrn.com/sol3/papers.cfm?abstract_id=2599502

WYMEERSCH, Eddy, "The European Financial Supervisory Authorities or ESA's", in EDDY WYMEERSCH/KLAUS HOPT/GUIDO FERRARINI (eds.), *Financial Regulation and Supervision: A Post-Crisis Analysis*, Oxford (2012), 232-317

XAVIER, Pedro Lobo, "Das medidas de resolução de instituições de crédito em Portugal – análise do regime dos bancos de transição", in *Revista da Concorrência e Regulação* Nº 18 (abril/junho 2014), 49 e ss.

ZAGATTI, Willian dos Santos e RIBERIO, Maisa de SOUZA. *Governança Corporativa e Conselho de Administração dos Bancos, in* Revista de Administração FACES Journal. Belo Horizonte, Vol. 4. n. 1, (jan-jun/2005)

ZAMPERETTI, Giorgio Maria, *Il dovere di informazione degli amministratori nella governance della società per azioni*, Milano: Giuffrè (2005)

ZEHNDER, Egon, *European Board Diversity Analysis* (2014)

ÍNDICE

PRINCIPAIS ABREVIATURAS E SIGLAS UTILIZADAS	5
APRESENTAÇÃO	7

PARTE I – ESTUDOS GERAIS	11
CAPÍTULO I – O Governo dos Bancos: Uma Introdução *Paulo Câmara*	13
CAPÍTULO II – O Governo dos Bancos e o Desempenho *Clara Raposo*	63
CAPÍTULO III – As Novas Regras de Adequação dos Membros do Órgão de Administração *Bruno Ferreira*	77
CAPÍTULO IV – Os Princípios da Responsabilidade e da Direção Global *José Ferreira Gomes*	89
CAPÍTULO V – Os Comités de Nomeações dos Bancos *Manuel Requicha Ferreira*	123
CAPÍTULO VI – O Governo dos Grupos Bancários *Ana Perestrelo de Oliveira*	151
CAPÍTULO VII – Conflitos de Interesses na Intermediação Financeira Obrigatória em Sede de Ofertas Públicas *Hugo Moredo Santos/Orlando Vogler Guiné*	167

CAPÍTULO VIII – Deveres de Informação 187
Rui Cardona Ferreira

CAPÍTULO IX – Política de Remuneração e Risco 211
Miguel Ferreira

CAPÍTULO X – A Remuneração dos Administradores das Instituições de Crédito: O *Comité de Remunerações* 225
Diogo Costa Gonçalves

CAPÍTULO XI – Governo das Instituições de Crédito em Desequilíbrio Financeiro e Intervenção Precoce do Banco de Portugal 249
André Figueiredo

CAPÍTULO XII – Aspetos Relativos à Supervisão do Governo dos Bancos 271
Vasco Freitas da Costa

CAPÍTULO XIII – O Governo do Mecanismo Único de Supervisão 301
Francisco Mendes Correia

PARTE II – ESTUDOS POR PAÍS 319

CAPÍTULO XIV – O Governo dos Bancos em Angola 321
Sofia Vale

CAPÍTULO XV – A Governação dos Bancos no Brasil 345
Maurício Von Bruck Lacerda

CAPÍTULO XVI – O Governo dos Bancos em Cabo Verde 375
Raquel Spencer Medina

CAPÍTULO XVII – O Governo dos Bancos na Região Administrativa Especial da República Popular da China de Macau 395
José Espírito Santo Leitão

CAPÍTULO XVIII – O Governo dos Bancos em Moçambique 411
Telmo Ferreira

Capítulo XIX – O Governo de Bancos em Portugal　　　　429
José Miguel Lucas

Capítulo XX – A Governação de Bancos em São Tomé e Príncipe　　　459
Kiluange Tiny

Capítulo XXI – O Governo de Bancos em Timor-Leste　　　475
Bernardo Correia Barradas

apresentação dos autores　　　　499
bibliografia　　　　505
índice　　　　523